AF483330

TRIUNFOS A TRAVÉS DE LA FE EN JESUCRISTO

David Saccoh Wright
Triunfos a través de la fe en Jesucristo

Todos los derechos reservados
Copyright © 2024 por David Saccoh Wright

No se puede reproducir, distribuir ni transmitir ninguna parte de esta publicación en ninguna forma ni por ningún medio, incluyendo fotocopiado, grabación u otros métodos electrónicos o mecánicos, sin el permiso previo por escrito del editor, excepto en el caso de breves citas incluidas en reseñas críticas y ciertos otros usos no comerciales permitidos por la ley de derechos de autor.
Las opiniones expresadas en este libro son únicamente del autor.

Publicado por Spines
ISBN: 979-8-89569-672-9

TRIUNFOS A TRAVÉS DE LA FE EN JESUCRISTO

HISTORIAS DE SUPERACIÓN ANTE LA ADVERSIDAD

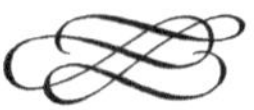

DAVID SACCOH WRIGHT

ÍNDICE

INTRODUCCIÓN

Bienvenidos a *Triunfos a través de la fe en Jesucristo*, un libro que explora el profundo impacto de la fe en Dios a través de la vida de personajes ficticios provenientes de diversos rincones del mundo. Esta colección de historias, dirigida a estudiantes de secundaria, tiene como objetivo inspirar, elevar y brindar esperanza al ilustrar cómo la resiliencia, la fortaleza del espíritu humano y una fe inquebrantable pueden llevar a resultados positivos, incluso ante los desafíos más difíciles.

En este libro, recorrerás las vidas de personajes de distintos orígenes y culturas, cada uno enfrentando adversidades únicas. Sus historias están entrelazadas por un hilo común: sus triunfos nacen de su fe en Jesucristo. A medida que leas, descubrirás cómo estos individuos, mediante su confianza en Dios, encuentran la fuerza para superar obstáculos y salir victoriosos.

Estas son las historias inspiradoras que encontrarás:

1. **La historia de Angélica: Superando la adversidad en Michigan** - Angélica enfrenta numerosos desafíos en su vida, pero su fe la guía a través de cada dificultad.
2. **Las luchas financieras de Sofía en la ciudad de Nueva York -** En la bulliciosa ciudad de Nueva York, Sofía batalla con

dificultades financieras, confiando en su fe para encontrar un camino adelante.

3. **La batalla de salud de Raj en Mumbai, India** - Los problemas de salud de Raj parecen insuperables, pero su creencia en Jesucristo le da esperanza y sanidad.

4. **Los conflictos familiares de Elena en Buenos Aires, Argentina** - Los conflictos familiares amenazan con destrozar la vida de Elena, pero su fe la ayuda a navegar por la turbulencia.

5. **Los desafíos educativos de Jorge en Río de Janeiro, Brasil** - Jorge sueña con un futuro mejor a pesar de las barreras educativas, con su fe iluminando el camino.

6. **El viaje como refugiado de Jochar en Aleppo, Siria** - El viaje de Jochar como refugiado está lleno de peligros, pero la fe le da el coraje para perseverar.

7. **La batalla contra la adicción de David en Londres, Inglaterra** - La lucha de David con la adicción parece interminable, pero su fe en Jesucristo lo lleva a la recuperación.

8. **La pérdida y el duelo de Layla en El Cairo, Egipto** - Layla enfrenta una profunda pérdida y duelo, encontrando consuelo y fuerza a través de su fe.

9. **La lucha de Hiro contra la discriminación en Tokio, Japón** - Frente a la discriminación, Hiro recurre a su fe para encontrar aceptación y autoestima.

10. **La recuperación del trauma de Fatima en Kabul, Afganistán** - Las experiencias traumáticas de Fatima la desafían profundamente, pero la fe la guía hacia la sanidad.

11. **La lucha de Mateo como huérfano en Nairobi, Kenia** - Huérfano y solo, Mateo encuentra familia y esperanza a través de su fe inquebrantable.

12. **El viaje de Parleh desde las luchas hasta el éxito en Freetown, Sierra Leona** - El viaje de Parleh de luchas a éxito es un testimonio del poder de la fe y la determinación.

13. **El viaje de Aiden desde las dificultades al éxito en Dublín, Irlanda** - La historia de Aiden muestra cómo la fe puede llevar al éxito contra todas las probabilidades.

14. **El viaje de Mei desde las dificultades al éxito en la China rural** - Las luchas de Mei en la China rural son superadas por su profunda fe y resiliencia.

15. **El viaje de Ahmed de persecución a éxito en Bamako, Malí** - La fe de Ahmed lo lleva de la persecución al triunfo.

16. **El viaje de Bianca desde la enfermedad a la sanidad en Roma, Italia** - La enfermedad de Bianca es grave, pero su fe provoca una sanidad milagrosa.

17. **El viaje de Vihaan de la pobreza al éxito en la India rural** - A pesar de la pobreza, la fe de Vihaan lo ayuda a lograr un gran éxito.

18. **El viaje de Yvonne desde la adicción a laesperanza en Johannesburgo, Sudáfrica** - La batalla de Yvonne contra la adicción es feroz, pero la fe le trae esperanza y recuperación.

19. **El viaje de Hiroshi desde la depresión hasta la defensa en Tokio, Japón** - Luchando contra la depresión, Hiroshi encuentra propósito y se convierte en un defensor a través de su fe.

20. **El viaje de Polina desde el abuso a la defensa en Moscú, Rusia** - Polina se transforma de una víctima de abuso a una defensora, gracias a su fe.

21. **El viaje de Thabo de violencia a paz en Botsuana** - La vida de violencia de Thabo se convierte en una de paz a través de su fe en Jesucristo.

Cada historia de este libro es un faro de esperanza, demostrando que, sin importar las circunstancias, la fe en Jesucristo, nuestro Señor y Salvador, sanador, protector y proveedor, puede llevar a transformaciones notables.

Esperamos que, al leer estas historias, quienes enfrenten situaciones difíciles y desafiantes encuentren la inspiración y la fortaleza para perseverar, sabiendo que, con fe, todo es posible.

LA HISTORIA DE ANGÉLICA: SUPERANDO LA ADVERSIDAD EN MICHIGAN

Capítulo 1: Comienzos en Michigan

• **Introducción a Angélica:** Nacimiento en Michigan, EE.UU.

• **Antecedentes familiares:** Los padres se separan después de su nacimiento; acuerdo de crianza compartida.

• **Desafíos iniciales:** Angélica es diagnosticada con dificultades de aprendizaje.

Capítulo 2: Primeras dificultades y apoyo

• **Dificultades en el aprendizaje:** Problemas en el preescolar y los primeros años de la primaria.

• **Clase de educación especial:** Asignada a una clase para niños con desafíos de aprendizaje.

• **La fe y oraciones del padre:** Su padre reza por Angélica, esperando la gracia de Dios.

Capítulo 3: Progresos y retrocesos

• **Hitos en 5to grado:** Progreso en la escuela a pesar de estar en un programa de educación especial.

• **Disrupción por COVID-19:** Las escuelas cierran; el aprendizaje se traslada en línea.

• **Aprendizaje en casa:** Angélica y su padre se adaptan a la enseñanza en casa, manteniendo la esperanza.

Capítulo 4: Desafíos en la escuela secundaria

• **Transición a la secundaria:** Nuevos desafíos académicos y sociales.

• **Problemas de socialización:** Dificultades para hacer amigos debido a las influencias de las redes sociales.

• **Esperanzay esfuerzo continuo:** Perseverancia con el apoyo de su padre.

Capítulo 5: Triunfos en la escuela secundaria

• **Finalización de la secundaria:** Logro de hitos académicos.

• **Exámenes de ingreso:** Preparación y realización de pruebas para ingresar a una escuela secundaria privada.

• **Aceptación:** Admitida en una prestigiosa escuela secundaria católica privada para niñas.

Capítulo 6: Aventuras en la escuela secundaria

• **Nuevos comienzos:** Adaptación a la vida en la escuela secundaria.

• **amistades y actividades:** Hacer amigos, participar en deportes y unirse a clubes.

• **Dulces dieciséis:** Celebración de una memorable fiesta de cumpleaños de 16 años en la piscina con amigos.

Capítulo 7: Crecimiento académico y espiritual

• **Desarrollo de pasiones:** Interés en ciencias, matemáticas, redacción y programación.

• **Fortalecimiento de la fe:** Crecimiento en su relación con Dios, aprendizaje sobre Jesús y el Espíritu Santo.

• **Reconocimiento de la gracia de Dios:** Reconocimiento de la gracia divina en su progreso académico y personal.

Capítulo 8: Preparación para el futuro

• **Graduación:** Finalización exitosa de la escuela secundaria.

• **Admisión universitaria:** Aceptada en una universidad de renombre en Canadá para estudiar psicología.

• **Nueva independencia:** Más autosuficiente y ambiciosa.

Capítulo 9: Años universitarios

• **Conociendo a Angel:** Formando una relación con Angel, un estudiante de ingeniería y compañero creyente.

• **Éxito académico:** Tanto Angélica como Ángeldestacan en sus respectivos campos.

• **Amor y compromiso:** Su relación se profundiza, llevándolos a planes futuros.

Capítulo 10: Alcanzando sueños

• **Graduación y carreras:** Angélica se convierte en psicóloga; Ángel consigue un trabajo en ingeniería.

• **Matrimonio y familia:** La pareja se casa y comienza una familia con tres hijos: John, Esther y Ruth.

• **fe y familia:** Criando a sus hijos con fuertes valores cristianos.

Epílogo: Reflexiones e inspiraciones

• **Superación de la adversidad:** Reflexión sobre el camino de Angélica, desde un comienzo desafiante hasta el éxito.

• **Mensaje de esperanza:** Alentar a los niños a creer en sí mismos, mantener una actitud positiva y confiar en la gracia de Dios.

• **Palabras finales:** Enfatizar la importancia de padres solidarios, ambición y fe para lograr el éxito.

"La historia de Angélica: Superando la adversidad en Michigan"

Capítulo 1: Comienzos en Michigan

Érase una vez, en el pintoresco estado de Michigan, nació una niña llamada Angélica. Su llegada fue una fuente de inmensa alegría y esperanza, pero pronto se hizo evidente que Angélica enfrentaba desafíos únicos. Diagnosticada con discapacidades de aprendizaje, sus primeros años estuvieron marcados por luchas e incertidumbre. Sus padres, Sarah y Michael, profundamente afectados por la noticia, finalmente decidieron separarse, pero se comprometieron a criar juntos a su amada hija.

Introducción a Angélica

En un pequeño pueblo de Michigan, rodeado de frondosos bosques y lagos resplandecientes, nació Angélica, una niña que llenó de alegría y esperanza a sus padres. Sarah y Michael esperaban con ansias las aventuras de la paternidad, soñando con una vida llena de amor, risas y recuerdos familiares. Desde el principio, Angélica fue un torbellino de calidez y luz; sus ojos curiosos lo absorbían todo con asombro, y sus dulces risas llenaban la casa de felicidad.

Sin embargo, a medida que Angélica crecía, sus padres notaron que no se desarrollaba al mismo ritmo que otros niños. Tenía dificultades con tareas simples, y su habla y motricidad estaban retrasadas. Preocupados, Sarah y Michael consultaron a médicos y especialistas. Después de numerosas evaluaciones, Angélica fue diagnosticada con discapacidades de aprendizaje, una noticia que fue un duro golpe para ellos. Habían imaginado un futuro lleno de facilidades para su hija, pero ahora se enfrentaban a un camino lleno de desafíos.

Antecedentes familiares

El diagnóstico afectó la relación de Sarah y Michael. Aunque amaban profundamente a Angélica, el estrés de manejar sus necesidades, junto con sus propias expectativas y miedos, comenzó a distanciarlos. A pesar de sus esfuerzos por apoyarse mutuamente, las presiones se volvieron insostenibles y decidieron separarse. Acordaron criar a

Angélica en un régimen de crianza compartida, viviendo en casas separadas.

Michael se mudó a un pueblo cercano para estar cerca de Angélica, mientras que Sarah permaneció en el hogar familiar. Aunque sus corazones estaban pesados por la separación, ambos padres siguieron unidos en su amor por Angélica y en su compromiso con su bienestar.

Desafíos iniciales

La crianza compartida no fue fácil, pero Sarah y Michael estaban decididos a hacer lo mejor por Angélica. Asistieron juntos a las reuniones con sus maestros y terapeutas, aprendieron cómo apoyarla mejor y crearon entornos en casa que favorecieran su desarrollo. Aunque las dificultades eran muchas, encontraban consuelo en pequeñas victorias: una nueva palabra que Angélica aprendía a decir o una habilidad que lograba dominar.

Angélica, en su inocencia, parecía comprender que era profundamente amada. La dedicación y el cuidado constante de sus padres le brindaron la seguridad que necesitaba para enfrentar sus desafíos con valentía. Aunque sus primeros años estuvieron marcados por dificultades, también hubo momentos de alegría pura. Los fines de semana en familia, explorando la belleza natural de Michigan, ayudaron a Angélica a desarrollar un amor por la naturaleza y una paz interior que la acompañarían a lo largo de su vida.

Capítulo 2: Primeras dificultades y apoyo

La educación temprana de Angélica estuvo llena de obstáculos que pusieron a prueba su resiliencia y la fortaleza de su familia. Mientras que otros niños aprendían rápidamente habilidades básicas, Angélica encontraba tareas simples desalentadoras. Aprender el alfabeto, contar números e incluso sostener un lápiz correctamente representaban desafíos significativos para ella. Sus días en preescolar y jardín de infancia eran a menudo frustrantes, marcados por lágrimas y momentos de duda.

Dificultades en el aprendizaje: En la escuela, los maestros notaron las dificultades de Angélica y fueron comprensivos, pero realistas acerca de sus necesidades. Recomendaron que fuera colocada en una clase especializada para niños con desafíos de aprendizaje. Esta clase ofrecía un enfoque más personalizado, con menos estudiantes y más atención individual de educadores capacitados. La decisión no fue fácil para Sarah y Michael, quienes albergaban la esperanza de que Angélica pudiera integrarse en una clase convencional. Sin embargo, sabían que este era el mejor camino para darle el apoyo que necesitaba.

Clase de educación especial

La clase de educación especial de Angélica se convirtió en un refugio de crecimiento. Los maestros, comprensivos y pacientes, empleaban diversas técnicas para adaptarse a su estilo único de aprendizaje. Usaban ayudas visuales, actividades prácticas y ejercicios repetitivos para ayudar a Angélica a comprender conceptos que antes le resultaban esquivos. El aula era un espacio vibrante y alentador, donde cada pequeño logro se celebraba con entusiasmo.

A pesar de estos cambios positivos, el viaje no estuvo exento de su costo emocional. Angélica a menudo se sentía aislada de sus compañeros en las clases convencionales. Notaba las diferencias entre ella y los demás niños y, a veces, luchaba con sentimientos de insuficiencia. Sarah y Michael trabajaban arduamente para reforzar su autoestima, recordándole diariamente su valía y potencial.

Sarah asistía a todas las reuniones de padres y maestros, buscando constantemente formas de apoyar mejor a su hija en casa. Adaptó el entorno hogareño para incluir juegos educativos y herramientas que reforzaran lo que Angélica aprendía en la escuela. Tarjetas didácticas decoraban las paredes y canciones educativas llenaban la casa, creando un ambiente de aprendizaje inmersivo.

Mientras tanto, Michael, aunque vivía por separado, seguía profundamente involucrado en la vida de Angélica. La llamaba todas las noches para preguntar sobre su día y escuchar sus triunfos y desafíos. Su fe jugaba un papel central en su enfoque de la paternidad. Todas las noches se arrodillaba junto a su cama y rezaba fervientemente, pidiendo la gracia de Dios para iluminar a Angélica y guiarla hacia la mejora. Creía profundamente que, con la ayuda divina, Angélica superaría sus obstáculos.

Fe y oraciones del padre

Las oraciones de Michael fueron una fuente de fortaleza para él y, de manera indirecta, para Angélica. Compartía su fe con ella de manera suave, enseñándole a rezar y alentándola a confiar en el plan de Dios para su vida. Los fines de semana, cuando Angélica se quedaba con él, asistían juntos a la iglesia. La congregación recibía a Angélica con los brazos abiertos, proporcionándole un sentido de comunidad y pertenencia que se extendía más allá de su vida escolar y hogareña.

La iglesia se convirtió en una parte significativa de la rutina de Angélica, ofreciéndole alimento espiritual y un sentido de paz. Los maestros de la escuela dominical eran amables e inclusivos, adaptando las lecciones para asegurarse de que pudiera participar plenamente. Aquí, Angélica aprendió sobre el amor de Dios, las historias de Jesús y la presencia reconfortante del Espíritu Santo. Estas enseñanzas se convirtieron en una fuente de consuelo y fortaleza para ella.

Durante estos primeros años, la dedicación de Sarah y Michael a la co-paternidad se mantuvo inquebrantable. Coordinaban sus esfuerzos, asegurando consistencia en las rutinas y estrategias educativas de Angélica. Su comunicación era abierta y honesta, siempre enfocada en lo mejor para su hija. Este frente unido proporcionó a Angélica una base estable, incluso en medio de las complejidades de sus vidas separadas.

En medio de sus luchas, Angélica también descubrió sus propias fuentes de alegría y talento. Tenía una afinidad natural por la música y el arte, encontrando paz y expresión en el dibujo y el canto. Sus padres fomentaron estos intereses, inscribiéndola en clases de arte y proporcionándole instrumentos musicales. Estas salidas creativas se convirtieron en una parte esencial de su desarrollo, permitiéndole experimentar el éxito y construir confianza.

A pesar de los muchos desafíos, estos primeros años también estuvieron llenos de amor, risas y momentos de triunfo. Cada pequeño paso adelante, cada nueva palabra aprendida y cada obstáculo superado fue un testimonio de la resiliencia de Angélica y del apoyo inquebrantable de sus padres. El camino fue largo y, a menudo, difícil, pero la base de fe, amor y dedicación que Sarah y

Michael construyeron guiaría a Angélica hacia adelante, dándole la fuerza para enfrentar lo que viniera.

Capítulo 3: Progresos y retrocesos

Para cuando Angélica llegó al quinto grado, comenzaron a notarse pequeños pero significativos avances. Sus maestros vieron su determinación y las mejoras graduales en su aprendizaje. Sin embargo, cuando el mundo enfrentó la pandemia sin precedentes de COVID-19, las escuelas se vieron obligadas a cerrar sus puertas. Angélica y su padre se adaptaron a la nueva realidad del aprendizaje en línea. A pesar de los desafíos, se negaron a perder la esperanza, sacando fuerzas de su fe y del apoyo mutuo.

Hitos en 5to grado

Cada año había traído su propio conjunto de desafíos y triunfos, pero la inquebrantable determinación de Angélica empezó a dar frutos visibles. Ahora podía leer oraciones simples, resolver problemas matemáticos básicos y expresar sus pensamientos con mayor claridad. Estos logros, aunque lentos, eran celebrados con entusiasmo tanto por su familia como por sus maestros.

En el aula, sus profesores elogiaban su perseverancia y actitud positiva. Habían trabajado con muchos estudiantes con desafíos similares, pero el espíritu de Angélica sobresalía. Enfrentaba cada día con una tenacidad que inspiraba a quienes la rodeaban. Incluso sus compañeros en la clase de educación especial comenzaron a unirse en su apoyo, creando un ambiente de camaradería y aliento.

Disrupción por COVID-19

Justo cuando parecía que todo iba en una trayectoria ascendente, el mundo enfrentó la pandemia de COVID-19. En la primavera de su quinto año escolar, las escuelas de todo el mundo cerraron sus puertas para frenar la propagación del virus. Para Angélica y su familia, esta interrupción repentina trajo nuevos desafíos. El entorno estructurado del aula, tan crucial para su progreso, ya no estaba disponible.

Angélica y su padre tuvieron que adaptarse rápidamente al aprendizaje en línea. Michael, que ahora trabajaba desde casa, se involucró más en su educación diaria. El comedor se convirtió en una improvisada aula, con una computadora, materiales educativos y un horario diseñado para imitar un día escolar típico. La transición no fue fácil; las dificultades técnicas, las distracciones en casa y la falta de interacción cara a cara con maestros y compañeros hicieron que el aprendizaje fuera más complicado.

A pesar de estos obstáculos, Angélica y su padre no perdieron la esperanza. Se apoyaron mutuamente y encontraron nuevas formas de enfrentar las complejidades del aprendizaje a distancia. Michael continuó rezando cada noche, pidiendo la guía y la gracia de Dios para ayudar a Angélica a adaptarse y prosperar en estos tiempos inciertos.

Sarah también jugó un papel crucial, coordinándose con los maestros para asegurar que Angélica tuviera todos los recursos necesarios. Asistía a reuniones virtuales, manteniéndose al tanto del progreso de su hija y buscando estrategias para apoyarla en casa. Ambos padres mantenían una comunicación constante con los maestros, quienes brindaron un apoyo invaluable adaptando las lecciones al formato en línea.

Aprendizaje en casa

A pesar de los desafíos, este período trajo consigo algunas ventajas inesperadas. Angélica tuvo la oportunidad de desarrollar nuevas habilidades, como el uso de la tecnología para el aprendizaje. Se familiarizó con las computadoras y adquirió habilidades básicas de alfabetización digital que le serían útiles en el futuro.

El aprendizaje a distancia también fortaleció el vínculo entre Angélica y su padre. Pasaban más tiempo juntos, no solo en las tareas escolares, sino también en actividades recreativas que reforzaban su relación. Jugar, caminar y realizar proyectos creativos aportaban momentos de normalidad y alegría en medio de la incertidumbre.

Incluso los servicios de la iglesia se trasladaron en línea, lo que permitió a la familia asistir virtualmente. Las sesiones proporcionaban sustento espiritual y un sentido de comunidad, a pesar de la distancia física. Angélica participaba en clases dominicales virtuales, continuando su aprendizaje sobre la fe y manteniendo contacto con sus amigos de la iglesia.

Resiliencia y progreso

Con el paso de los meses, Angélica mostró una notable resiliencia. A pesar de los contratiempos y la falta de familiaridad con el aprendizaje en línea, logró adaptarse y continuar progresando. Sus maestros notaron su capacidad para mantenerse comprometida y su constante mejora en diversas materias. El esfuerzo conjunto de sus padres y maestros, sumado a su propia determinación, creó un marco de apoyo que le permitió prosperar en medio de estos tiempos difíciles.

Reflexión final

La pandemia subrayó la importancia de la flexibilidad y la adaptabilidad. Le enseñó a Angélica y a su familia valiosas lecciones sobre la perseverancia y el poder de la fe. A pesar de la crisis global, encontraron maneras de mantener la esperanza y seguir adelante. Las experiencias vividas durante este tiempo se convirtieron en una parte fundamental de la historia de Angélica, demostrando su capacidad para superar la adversidad con el apoyo de sus seres queridos y la fortaleza de su fe.

Al final del quinto grado, Angélica había atravesado uno de los períodos más desafiantes de su vida. Los progresos que logró, tanto académica como personalmente, establecieron una base sólida para su futuro. Los retrocesos solo sirvieron para resaltar su resiliencia y el apoyo inquebrantable de su familia. Juntos, emergieron de la pandemia más fuertes y unidos, listos para enfrentar los desafíos que vinieran.

Capítulo 4: Desafíos de la escuela secundaria

La transición a la escuela secundaria trajo nuevos obstáculos para Angélica. Se encontró en un entorno desconocido, con mayores exigencias académicas y la intimidante tarea de hacer nuevos amigos. El auge de las redes sociales complicó aún más el proceso de socialización en persona. Aunque Angélica luchó en muchos aspectos, su esperanzainnata y el apoyo inquebrantable de su padre fueron constantes fuentes de aliento.

Transición a la escuela secundaria

El paso a la escuela secundaria marcó un hito importante en el viaje de Angélica, trayendo consigo nuevos desafíos y oportunidades. Al ingresar en esta nueva etapa, se enfrentó a un entorno más grande y complejo. Los pasillos estaban llenos de estudiantes y las demandas académicas aumentaron notablemente. Cada asignatura tenía su propio profesor, y las expectativas para el trabajo independiente y el pensamiento crítico eran mucho mayores.

La transición fue intimidante. Angélica se había acostumbrado al ambiente acogedor de su clase de educación especial en la escuela primaria, pero la secundaria, con sus nuevas rutinas y rostros desconocidos, se sentía a veces abrumadora. El tamaño de la escuela y el ritmo acelerado del día escolar fueron ajustes importantes para ella.

Problemas con la socialización

Uno de los mayores desafíos de esta etapa fue la tarea de hacer nuevos amigos. Socializar siempre había sido difícil para Angélica, y la escuela secundaria presentaba un entorno social más complejo. El auge de las redes sociales lo complicó aún más. Mientras muchos de sus compañeros usaban plataformas como Instagram y Snapchat para mantenerse conectados y formar grupos sociales, Angélica encontraba estas interacciones en línea confusas y a menudo excluyentes. La presión de compartir fotos, actualizaciones y de proyectar una imagen perfecta añadían ansiedad a sus experiencias sociales.

A pesar de estos desafíos, Angélica abordaba cada día con su característica positividad. Estaba decidida a encontrar su lugar en este nuevo entorno. Su padre, Michael, seguía siendo su mayor apoyo, brindándole aliento constante y recordándole sus fortalezas y el progreso que había logrado. Su inquebrantable fe en sus habilidades y sus oraciones diarias por su éxito fueron una fuente de consuelo y motivación para ella.

En la escuela, los maestros de Angélica jugaron un papel crucial en su adaptación. Eran conscientes de sus dificultades de aprendizaje y trabajaron colaborativamente para crear un ambiente inclusivo. Implementaron estrategias de aprendizaje individualizadas que permitieron a Angélica mantenerse al día con sus tareas académicas. Las reuniones regulares entre sus padres y los coordinadores de educación especial ayudaron a ajustar su plan educativo a sus necesidades específicas.

Actividades extracurriculares y crecimiento social

Michael alentó a Angélica a unirse a actividades extracurriculares como una forma de desarrollar sus habilidades sociales y formar conexiones. Creía que participar en un equipo o club le proporcionaría oportunidades para hacer amigos y encontrar un sentido de pertenencia. Angélica se unió al coro de la escuela, donde pudo canalizar su amor por la música, y también participó en el club de arte, donde expresaba su creatividad y colaboraba con otros estudiantes en proyectos.

Estas actividades se convirtieron en un refugio para Angélica. Los ensayos del coro y las reuniones del club de arte eran lugares donde se sentía aceptada y valorada. Comenzó a formar amistades con otros estudiantes que compartían sus intereses, y estas relaciones se extendieron más allá del horario escolar. Poco a poco, Angélica empezó a sentirse más cómoda en su nuevo entorno.

Esperanzay esfuerzo continuo

Michael también la animó a seguir participando en las actividades de la iglesia. El grupo de jóvenes de la congregación era otra comunidad de apoyo donde Angélica podía construir relaciones y crecer en su fe. Las actividades del grupo, como proyectos de servicio comunitario, sesiones de estudio bíblico y reuniones sociales, ayudaron a Angélica a desarrollar un sentido de propósito y conexión.

Con el tiempo, Angélica aprendió a equilibrar sus responsabilidades académicas con sus actividades sociales y extracurriculares. Se dio cuenta de que, aunque era importante trabajar duro en la escuela, también lo era dedicar tiempo a las cosas que amaba y a las personas que la apoyaban.

Conclusión

La escuela secundaria fue un período de crecimiento significativo para Angélica. Enfrentó sus desafíos de frente, aprendiendo valiosas lecciones sobre la perseverancia, la adaptación y la importancia de contar con una red de apoyo sólida. El apoyo inquebrantable de su padre y la fuerza que obtuvo de su fe fueron fundamentales para ayudarla a superar este período complicado.

Al finalizar la escuela secundaria, Angélica no solo había logrado éxito académico, sino que también había construido una base sólida de amistades e intereses que la guiarían en el futuro. Su paso por la escuela secundaria, marcado por la determinación y la resiliencia, la preparó para la siguiente etapa de su vida, infundiéndole confianza en sí misma y la creencia de que podía superar cualquier obstáculo.

La historia de Angélica durante estos años es un testimonio del poder del positivismo, del impacto de un apoyo incondicional y de la resiliencia del espíritu humano. Mientras se preparaba para la escuela preparatoria, llevaba consigo las valiosas lecciones aprendidas y la fortaleza desarrollada durante los desafíos de la escuela secundaria, lista para enfrentar el futuro con valentía y determinación.

Capítulo 5: Triunfos en la escuela secundaria

A pesar de las dificultades, la perseverancia de Angélica valió la pena. Completó la escuela secundaria, superando muchos obstáculos en el camino. Con la mirada puesta en un futuro más brillante, se preparó diligentemente para los exámenes de ingreso a una escuela preparatoria privada. Su arduo trabajo fue recompensado cuando fue aceptada en una prestigiosa escuela preparatoria católica privada para chicas.

Finalización de la escuela secundaria

A pesar de los numerosos desafíos que Angélica enfrentó durante sus años en la escuela secundaria, su perseverancia y resiliencia inquebrantables finalmente la llevaron al triunfo. Navegó por las complejidades de la adolescencia con determinación, superando obstáculos y emergiendo más fuerte que nunca.

Al acercarse el último año de la escuela secundaria, Angélica reflexionaba sobre su camino hasta ese momento. Había enfrentado dificultades académicas, presiones sociales y dudas personales, pero con el apoyo de su familia y la fuerza de su fe, logró perseverar. Finalizar la escuela secundaria no fue solo un hito; fue un testimonio de su tenacidad y esfuerzo.

Exámenes de ingreso

Con la vista puesta en un futuro prometedor, Angélica comenzó a prepararse para el próximo capítulo de su educación: la escuela preparatoria. Sabía que sentar una base sólida era crucial para su crecimiento académico y personal, y abordó el proceso con determinación. A pesar de sus desafíos con el aprendizaje, Angélica estaba decidida a perseguir sus sueños y desarrollar todo su potencial.

Uno de sus objetivos era asistir a una prestigiosa escuela preparatoria privada que le ofreciera un entorno enriquecedor y de apoyo. Sabía que en una institución así encontraría los recursos y oportunidades necesarias para destacar académicamente y continuar desarrollándose como persona. Con esto en mente, se dedicó a sus estudios y buscó recursos adicionales que complementaran su aprendizaje.

La preparación para los exámenes de ingreso a la escuela preparatoria privada requirió un esfuerzo constante. Angélica pasó incontables horas estudiando, practicando estrategias para los exámenes y recibiendo orientación de sus maestros y tutores. A pesar de las dificultades, se mantuvo enfocada, impulsada por el deseo de alcanzar sus metas.

Cuando llegó el día de los exámenes, Angélica se enfrentó a una mezcla de nervios y emoción. Sabía que era su oportunidad de demostrar sus habilidades y preparación para los desafíos futuros. Se sentó confiada, apoyándose en todo lo que había aprendido y practicado, sabiendo que su esfuerzo la había preparado bien.

Aceptación

Las semanas posteriores estuvieron llenas de anticipación mientras Angélica esperaba los resultados de sus exámenes. Cuando finalmente llegó la carta de aceptación de la prestigiosa escuela secundaria católica privada para chicas, su corazón se llenó de alegría y orgullo. Había sido aceptada en la escuela de sus sueños, un logro que reflejaba su arduo trabajo, su determinación y su perseverancia.

La noticia fue recibida con entusiasmo por su familia. Sabían que esta aceptación representaba mucho más que un éxito académico; era la validación de la resiliencia, la determinación y el potencial de Angélica. Con el apoyo de su familia y las oportunidades que le brindaría su nueva escuela, Angélica se sentía preparada para continuar su camino de crecimiento.

La transición a la escuela preparatoria traería nuevos desafíos, pero Angélica enfrentaba el futuro con confianza y optimismo. Sabía que, al haber superado obstáculos antes, tenía la fuerza y la capacidad para vencer cualquier dificultad que pudiera presentarse. Con gratitud por sus logros pasados y una renovada determinación, Angélica estaba lista para aprovechar todas las oportunidades que le esperaban.

Capítulo 6: Aventuras en la escuela secundaria

La escuela secundaria abrió un nuevo capítulo en la vida de Angélica. Abrazó el nuevo entorno, hizo nuevos amigos y participó en diversas actividades. Se unió a equipos deportivos, se involucró en clubes estudiantiles y disfrutó de la camaradería de sus compañeros. Su cumpleaños número 16 fue un hito, celebrado con una inolvidable fiesta en la piscina, rodeada de amigos.

Nuevos comienzos

La escuela secundaria marcó un nuevo comienzo para Angélica, lleno de emoción, crecimiento y oportunidades. Al cruzar las puertas de su prestigiosa escuela secundaria católica, sintió una mezcla de nervios y anticipación, ansiosa por abrazar todo lo que el nuevo entorno tenía para ofrecer.

Desde el primer día, Angélica se lanzó con entusiasmo a las nuevas experiencias. Aunque al principio los cambios le generaban nervios, su amabilidad y calidez hicieron que pronto se ganara el cariño de quienes la rodeaban.

Amistades y actividades

Uno de los aspectos más destacados de su experiencia fue el sentido de comunidad y pertenencia que encontró en la escuela. Rodeada de compañeros que compartían su amor por el aprendizaje y el crecimiento personal, Angélica formó amistades profundas y duraderas.

Además de sus actividades académicas, se sumergió con entusiasmo en las oportunidades extracurriculares. Se unió a equipos deportivos, descubriendo una nueva pasión por el fútbol y el atletismo. La emoción de la competencia y el compañerismo de sus equipos la ayudaron a canalizar su energía y entusiasmo.

Fuera de los deportes, también se involucró en diversos clubes estudiantiles, desde el coro hasta el club de debate, explorando sus intereses y pasiones. Estas actividades le proporcionaron una valiosa oportunidad de aprendizaje y crecimiento personal.

Dulces dieciséis

Uno de los momentos más memorables en la vida de Angélica fue su cumpleaños número 16, celebrado con una alegre fiesta en la piscina rodeada de amigos y seres queridos. Mientras apagaba las velas, sintió gratitud por las amistades y recuerdos que había creado hasta entonces.

Aunque la escuela secundaria trajo sus propios desafíos, Angélica los enfrentó con la misma determinación que la había llevado hasta allí. Con el apoyo de su familia y las valiosas lecciones aprendidas, continuó floreciendo, confiada en su capacidad para superar cualquier obstáculo.

A medida que avanzaba por sus años en la escuela secundaria, Angélica se convirtió en una joven segura y compasiva, llena de sueños y con un espíritu inquebrantable. Mientras miraba hacia el futuro, sabía que las lecciones y amistades que había forjado serían parte de ella, guiándola en su camino hacia la grandeza. La escuela secundaria fue un tiempo de crecimiento y transformación, preparándola para los desafíos y éxitos que estaban por venir.

Mientras se encontraba al borde de la adultez, Angélica sentía una sensación de emoción y anticipación por el futuro. Sabía que las lecciones que había aprendido y las amistades que había forjado se mantendrían siempre consigo, guiándola en el camino hacia la grandeza. La escuela secundaria había sido un tiempo de descubrimiento, crecimiento y transformación, preparando a Angélica para los desafíos y triunfos que la esperaban al comenzar el siguiente capítulo de su vida.

Capítulo 7: Crecimiento académico y espiritual

A medida que Angélica avanzaba en la escuela secundaria, sus intereses por la ciencia y las matemáticas se profundizaban. Desarrolló una pasión por el cableado y la programación, destacándose en estas materias. Junto con su crecimiento académico, la fe de Angélica floreció. Aprendió más sobre Dios, Jesucristo y el Espíritu Santo, viendo la gracia de Dios reflejada en el progreso de su propia vida.

Desarrollando pasiones

A medida que Angélica recorría los pasillos de su prestigiosa escuela secundaria, se sentía más atraída hacia los campos de la ciencia y las matemáticas. Lo que comenzó como un interés pasajero pronto se convirtió en una ferviente pasión, encendiendo una chispa dentro de ella que iluminó el camino hacia la excelencia académica.

En las aulas de su escuela, el intelecto de Angélica brillaba mientras exploraba los misterios de la ciencia y las matemáticas. Conceptos que antes parecían intimidantes ahora se presentaban como acertijos esperando ser resueltos, y Angélica abordaba cada problema con una tenacidad y curiosidad que la distinguía. Ya fuera desentrañando los enigmas del cálculo o explorando las complejidades de la informática, su entusiasmo no conocía límites.

Fue en el ámbito del cableado y la programación donde Angélica realmente encontró su vocación. La lógica y precisión de la programación resonaron profundamente con ella, y se dedicó a dominar los lenguajes de programación con una determinación casi obsesiva. Con cada línea de código, Angélica sentía un sentido de logro y empoderamiento, sabiendo que estaba utilizando la tecnología para moldear su entorno.

Sus maestros se maravillaban de su aptitud y dedicación, reconociendo en ella un talento poco común. La alentaron a perseguir sus pasiones con entusiasmo, dándole oportunidades para participar en competencias de programación, clubes de robótica y proyectos de investigación científica. A través de estas experiencias, Angélica perfeccionó sus habilidades y amplió sus horizontes, sentando las bases para un futuro lleno de posibilidades.

Fortalecimiento de la fe

El crecimiento de Angélica no se limitó solo al ámbito académico. A la par de sus logros intelectuales, emprendió un viaje espiritual que moldeó su comprensión del mundo y de su lugar en él.

La escuela secundaria le brindó múltiples oportunidades para profundizar su fe y explorar las enseñanzas del cristianismo. Participó con entusiasmo en estudios bíblicos, asistió a retiros religiosos y ofreció su tiempo para ayudar a los demás. A través de estas experiencias, Angélica adquirió una comprensión más profunda de las enseñanzas de Dios, Jesucristo y el Espíritu Santo, encontrando consuelo y guía en la sabiduría de la Biblia.

Reconocimiento de la gracia de Dios

A medida que crecía en su fe, Angélica comenzó a reconocer la gracia de Dios reflejada en su propio camino. Veía la mano divina guiando cada paso, incluso en los momentos de mayor incertidumbre. Cada desafío que enfrentaba y cada obstáculo que superaba eran un testimonio del poder de la fe y del amor transformador de Dios.

En momentos de duda o dificultad, Angélica encontraba refugio en la oración, buscando en Dios la fortaleza y guía necesarias. Sentía una profunda paz al saber que no estaba sola, que la presencia del Espíritu Santo la acompañaba en todo momento, guiándola por el camino correcto.

Para cuando se graduó de la escuela secundaria, Angélica había florecido en una joven de notable intelecto y fe inquebrantable. Su viaje académico no solo había afinado su mente, sino que también enriqueció su alma, convirtiéndola en un faro de luz y esperanza en un mundo a veces incierto.

Mientras se preparaba para embarcarse en el siguiente capítulo de su vida, Angélica llevaba consigo las lecciones de sus años en la secundaria. Sabía que, con Dios a su lado, no había desafío que no pudiera superar, ni sueño que no pudiera alcanzar. Su crecimiento académico y espiritual la habían preparado para los desafíos y triunfos futuros, estableciendo las bases para un futuro lleno de promesas y oportunidades.

Capítulo 8: Preparación para el futuro

La graduación marcó final de la secundaria y el comienzo de un nuevo viaje. Los logros académicos de Angélica le ganaron un lugar en una universidad de renombre en Canadá, donde planeaba perseguir su sueño de convertirse en psicóloga. Esta nueva fase trajo consigo un sentido de independencia y una renovada determinación para triunfar.

Graduación

El día de la graduación llegó, una ocasión trascendental que marcaba la culminación del viaje de Angélica por la secundaria y el inicio de un nuevo capítulo en su vida. Cuando se paró en el escenario, vestida con toga y birrete, Angélica sintió una oleada de orgullo y gratitud inundarla. Los años de arduo trabajo, dedicación y perseverancia habían dado sus frutos, allanando el camino hacia un futuro brillante y prometedor.

Con su diploma de secundaria en mano, Angélica miraba hacia el horizonte, donde la promesa de nuevas aventuras la aguardaba. Sus logros académicos le habían ganado reconocimientos y elogios, pero, más importante aún, le habían abierto puertas a oportunidades que darían forma a su vida de manera profunda.

Entre los muchos caminos que tenía por delante, su corazón estaba fijado en un objetivo singular: perseguir su sueño de convertirse en psicóloga. Desde joven, había sido atraída por las complejidades de la mente humana y el comportamiento. Ahora, con una pasión ardiente y una sed de conocimiento, estaba decidida a embarcarse en un viaje de descubrimiento que la llevaría al corazón de su campo elegido.

Admisión universitaria

Canadá la llamaba, con sus prestigiosas universidades y una abundancia de recursos para estudiantes como Angélica. Con una planificación meticulosa y una determinación inquebrantable, aseguró su lugar en una universidad de renombre, donde comenzaría sus estudios de pregrado en psicología.

La idea de estudiar en el extranjero le generaba una mezcla de emoción y expectativa, con un toque de nerviosismo. Para Angélica, significaba salir de su zona de confort y abrazar una nueva cultura, un nuevo ambiente y un sentido renovado de independencia. Pero ella afrontaba el reto con los brazos abiertos, sabiendo que era un paso necesario para alcanzar sus sueños.

Mientras se preparaba para esta nueva etapa, Angélica sintió un renovado sentido de propósito. Se sumergió en el estudio de la psicología, leyendo libros, asistiendo a conferencias y participando en debates que desafiaban su intelecto y ampliaban sus horizontes. Cada clase, cada tarea y cada interacción con profesores y compañeros alimentaba su pasión y reafirmaba su compromiso con su carrera.

Nueva independencia

Pero el viaje de Angélica no solo se centraba en lo académico; también era una etapa de crecimiento personal y autodescubrimiento. Aprovechó la oportunidad de explorar nuevos intereses, hacer amigos y encontrar su lugar en el mundo. A través de trabajo voluntario, pasantías y actividades extracurriculares, buscó expandir sus horizontes y tener un impacto positivo en su entorno.

A medida que se adaptaba a su nueva vida en Canadá, Angélica se encontró rodeada de una vibrante comunidad de académicos que compartían su pasión por la psicología y su deseo de marcar una diferencia en el mundo. Juntos, se embarcaron en un viaje de aprendizaje, empujando los límites del conocimiento y esforzándose por descubrir los secretos de la mente humana.

Con cada día que pasaba, Angélica se sentía más confiada en sus habilidades y más determinada a tener éxito. Sabía que el camino por delante estaría lleno de desafíos, pero los enfrentaba con valentía y resiliencia, convencida de que estaba preparada para superar cualquier obstáculo.

La graduación había marcado final de un capítulo en la vida de Angélica, pero solo el comienzo de una nueva y emocionante aventura. Cuando miraba hacia el futuro, lo hacía con esperanza, optimismo y un renovado sentido de propósito. Con el mundo a sus pies y sus sueños al alcance, Angélica estaba lista para aprovechar las oportunidades que la vida le ofrecía y dejar su huella en el mundo.

Capítulo 9: Años universitarios

En la universidad, Angélica cruzó caminos con un hombre maravilloso llamado Ángel, un estudiante de ingeniería que compartía su fe y valores. Su vínculo se fortaleció a medida que se apoyaban mutuamente en sus estudios. Angélica destacó en sus cursos de psicología, mientras que Ángel prosperó en ingeniería. Su relación floreció, llena de amor, fe y respeto mutuo.

Conociendo a Ángel

A medida que Angélica comenzaba su viaje universitario, se encontró inmersa en un mundo de posibilidades infinitas y nueva independencia. El bullicioso campus estaba repleto de energía y emoción, mientras estudiantes de todos los ámbitos de la vida se reunían para perseguir sus pasiones y aspiraciones. Para Angélica, la universidad representaba no solo una continuación de su trayectoria académica, sino también un período de crecimiento personal y descubrimiento.

En medio del mar de rostros y pasillos ajetreados, el camino de Angélica se cruzó con el de un joven notable llamado Ángel. Un estudiante de ingeniería con un corazón de oro y una fe inquebrantable, Ángel compartía los valores y convicciones de Angélica. Desde su primer encuentro, había una chispa innegable entre ellos, una conexión que trascendía los límites de la amistad y florecía en algo verdaderamente especial.

A medida que Angélica y Ángel enfrentaban los desafíos de la vida universitaria, su vínculo se fortalecía con cada día que pasaba. Se apoyaban mutuamente a través de las exigencias de sus respectivos estudios, ofreciendo palabras de aliento, prestando una mano amiga y celebrando los éxitos del otro. Juntos, formaron un equipo formidable, unidos por sus sueños y aspiraciones compartidos.

Éxito académico

Para Angélica, la universidad le brindó la oportunidad de profundizar en su campo elegido de la psicología. Ella prosperó en sus cursos, devorando libros de texto, participando en discusiones animadas y sumergiéndose en las complejidades de la mente humana. Sus profesores se maravillaban de su intelecto y pasión, reconociéndola como una estrella en ascenso en el campo. Con cada semestre que pasaba, la comprensión de Angélica sobre la psicología se profundizaba, y su compromiso de ayudar a los demás florecía.

Mientras tanto, Ángel sobresalía en sus estudios de ingeniería, aplicando su aguda inteligencia y habilidades para resolver problemas para abordar desafíos complejos e innovar soluciones. Su dedicación y perseverancia le ganaron el respeto y la admiración de sus compañeros y profesores. Juntos, Angélica y Ángel formaron un dúo dinámico, cada uno aportando sus fortalezas y talentos únicos, y juntos conquistaron el paisaje académico con gracia y determinación.

Amor y compromiso

Pero su relación era más que solo éxito académico; estaba arraigada en el amor, la fe y el respeto mutuo. Compartían un vínculo profundo forjado en las llamas de la adversidad y fortalecido por su inquebrantable compromiso el uno con el otro. En momentos de duda e incertidumbre, encontraban consuelo en los brazos del otro, extrayendo fuerza de su fe compartida y del conocimiento de que estaban destinados a caminar juntos en este viaje.

A medida que navegaban por los altibajos de la vida universitaria, el amor de Angélica y Ángel continuaba floreciendo y creciendo.

Atesoraban cada momento que pasaban juntos, ya fuera estudiando hasta altas horas de la noche, explorando el campus de la mano, o simplemente disfrutando de la compañía del otro en momentos tranquilos de reflexión. Su amor trascendía el tiempo y el espacio, un vínculo que soportaría las pruebas y tribulaciones del viaje de la vida.

A medida que se acercaba el día de la graduación, Angélica y Ángel se encontraban lado a lado, listos para embarcarse en el próximo capítulo de sus vidas. Sabían que el camino por delante estaría lleno de desafíos e incertidumbres, pero lo enfrentaban con valentía, determinación y fe inquebrantable. Juntos, eran imparables, una fuerza a tener en cuenta, unidos por un amor que no conocía límites. Y al salir al mundo de la mano, lo hacían con corazones llenos de esperanza y sueños que alcanzaban las estrellas.

Capítulo 10: Alcanzando sueños

Después de años de arduo trabajo, tanto Angélica como Ángel se graduaron y comenzaron sus carreras profesionales. Angélica se convirtió en psicóloga, ayudando a las personas a superar sus desafíos psicológicos. Ángel consiguió un trabajo prometedor en ingeniería. Su historia de amor culminó en una hermosa boda, y pronto formaron una familia, bendecidos con tres hijos: John, Esther y Ruth. Juntos, inculcaron en sus hijos los mismos valores de fe, perseverancia y la importancia de la gracia de Dios.

Graduación y carreras

Después de años de esfuerzo y dedicación, Angélica y Ángel se encontraban en el umbral de sus sueños, listos para comenzar la siguiente etapa de sus vidas. El día de la graduación marcaba Final de sus estudios universitarios y el inicio de sus carreras profesionales.

Para Angélica, el camino hacia convertirse en psicóloga había estado lleno de desafíos, pero su fe y perseverancia la llevaron al éxito. Con su título en mano y un profundo deseo de ayudar a los demás, se adentró en el campo de la psicología, donde encontró satisfacción ayudando a sus clientes a superar sus dificultades. Cada vida que tocaba era un recordatorio del poder de la compasión y la importancia de su vocación.

Por su parte, Ángel también inició su carrera en ingeniería, ganándose el respeto y la admiración de sus colegas por su enfoque innovador y su habilidad para resolver problemas. Con cada proyecto que completaba, se reafirmaba su pasión por la ingeniería, y su éxito profesional fue motivo de orgullo para él y su familia.

Matrimonio y familia

Su relación, que había florecido durante sus años universitarios, culminó en una hermosa ceremonia de boda rodeada de sus seres queridos. Fue un día lleno de alegría, amor y promesas, cuando Angélica y Ángel se comprometieron a caminar juntos por el resto de sus vidas.

Bendecidos con tres hijos: John, Esther y Ruth, Angélica y Ángel comenzaron el viaje de la paternidad, guiados por los valores que habían marcado sus vidas. Su hogar estaba lleno de amor, risas y fe, mientras criaban a sus hijos con el deseo de transmitirles la importancia de la perseverancia, el trabajo duro y la gracia de Dios.

Fe y familia

A medida que sus hijos crecían, Angélica y Ángel observaban con orgullo y gratitud cómo se convertían en personas llenas de fe y compasión. Les inculcaron los valores que habían guiado su propia vida: una profunda creencia en Dios, el poder de la perseverancia y la importancia de ser amables y compasivos con los demás.

Mientras miraban hacia atrás en su viaje, Angélica y Ángel sabían que habían sido verdaderamente bendecidos. Su historia de amor era un testimonio del poder de la fe y la creencia de que, con Dios a su lado, no había límites para lo que podían lograr.

Epílogo: Reflexiones e inspiraciones

Desde sus humildes comienzos, marcados por discapacidades de aprendizaje y un hogar roto, el viaje de Angélica es un testimonio del poder de la fe, el trabajo arduo y el apoyo inquebrantable. Su historia inspira a niños de todo el mundo, demostrando que con una actitud positiva, ambición, padres solidarios y, lo más importante, la gracia de Dios, cualquier desafío puede ser superado.

Superación de la adversidad

Desde los comienzos humildes de la vida de Angélica, caracterizados por sus discapacidades de aprendizaje y los retos de un hogar roto, su camino se erige como un poderoso testimonio de la resistencia del espíritu humano y el poder transformador de la fe, el trabajo arduo y el apoyo incondicional. La historia de Angélica no es solo la superación de obstáculos; es una celebración del triunfo del espíritu humano sobre la adversidad. A pesar de enfrentar dificultades desde temprana edad, Angélica no permitió que sus circunstancias la definieran. En lugar de eso, abrazó cada desafío como una oportunidad de crecimiento y transformación, decidida a forjar un futuro más brillante.

Cuando era niña, las discapacidades de aprendizaje hacían que la escuela fuera un reto intimidante para Angélica. Le costaba mantenerse al nivel de sus compañeros y, a menudo, era incomprendida por maestros y compañeros. La separación de sus padres añadió otra capa de complejidad a su vida joven, pero Angélica encontró consuelo en la presencia constante y amorosa de su padre, cuya dedicación a su bienestar y educación nunca flaqueó. Pasó incontables horas rezando por ella y ayudándola con sus tareas escolares, inculcándole la creencia de que con la ayuda de Dios, podía superar cualquier obstáculo.

A cada paso, Angélica fue guiada por el apoyo inquebrantable de su padre, cuyas oraciones y estímulos fueron una fuente constante de fortaleza e inspiración. Su fe en ella nunca vaciló, incluso ante los obstáculos más grandes, y su confianza en el poder de la gracia de Dios para guiar y proteger a Angélica fue una luz guía en su viaje.

Fe y superación

A medida que Angélica progresaba en la escuela, comenzó a avanzar lentamente en su educación. Las persistentes oraciones de su padre y su propio esfuerzo empezaron a dar frutos. Para el quinto grado, estaba mostrando mejoras significativas gracias a la dedicación de sus maestros de educación especial y la atención individualizada que recibía. Su padre siguió siendo un pilar inquebrantable de apoyo, confiando tanto en Dios como en su hija.

Lo más notable del viaje de Angélica fue el papel central que la fe jugó en su vida. En cada prueba y tribulación, Angélica encontró consuelo y fortaleza en su relación con Dios. Aprovechó la gracia y la sabiduría que fluyen de la fe, y fue esta profunda creencia en el poder de la intervención divina la que la sostuvo en los momentos más oscuros y la impulsó hacia un futuro brillante.

Durante la pandemia de COVID-19, cuando las escuelas cerraron, Angélica y su padre se adaptaron al aprendizaje en línea. Convirtieron su hogar en un mini salón de clases, y las oraciones de su padre siguieron siendo su fuente de consuelo. Juntos leían versículos de la Biblia, encontrando inspiración en pasajes como Jeremías 29:11: "Porque yo sé los planes que tengo para ti", declara el Señor, "planes de bienestar y no de calamidad, para darte un futuro y una esperanza".

Mensaje de esperanza

El arduo trabajo y la fe inquebrantable de Angélica la llevaron a la secundaria, donde fue aceptada en una prestigiosa escuela católica para niñas. Allí, prosperó académica y socialmente, destacando en varias actividades, incluyendo deportes y clubes, y descubriendo su pasión por la psicología y la programación. Su 16º cumpleaños fue un hito especial, celebrado con amigos que admiraban su resiliencia y positivismo.

Graduándose con honores, Angélica fue aceptada en una universidad de élite en Canadá, donde estudió psicología. Allí, continuó su trayectoria de éxitos académicos y crecimiento personal. Conoció a Ángel, un compañero cristiano que compartía sus valores y sueños, y juntos formaron una relación sólida basada en la fe y el respeto mutuo.

Después de completar sus estudios, Angélica y Ángel comenzaron carreras exitosas en Canadá. Angélica se convirtió en psicóloga, ayudando a niños con desafíos psicológicos, mientras Ángel prosperaba como ingeniero. Se casaron y formaron una familia, criando a tres hijos: John, Esther y Ruth, en un hogar lleno de amor y fe.

Palabras finales

La vida de Angélica es un faro de esperanza e inspiración para niños y adultos por igual, demostrando que ningún desafío es insuperable cuando se tiene fe, perseverancia y un apoyo inquebrantable. Su viaje es un testimonio de la resiliencia del espíritu humano y el potencial ilimitado que reside en cada uno de nosotros.

A medida que la historia de Angélica llega a su fin, recordamos la verdad profunda de que con fe, determinación y apoyo incondicional, todo es posible. Su camino estuvo lleno de altibajos, pero emergió más fuerte, más sabia y más resiliente que nunca. Su legado de fe, perseverancia y generosidad continuará inspirando a todos los que escuchen su historia.

Que su viaje sirva como recordatorio de que, frente a la adversidad, siempre hay esperanza, y que con la gracia de Dios, cualquier obstáculo puede ser superado.

Fin

LAS LUCHAS FINANCIERAS DE SOFÍA EN LA CIUDAD DE NUEVA YORK

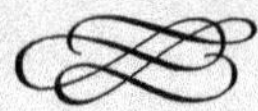

Capítulo 1: Un giro inesperado

• **Introducción a Sofía:** Madre soltera que vive en la ciudad de Nueva York, dedicada a su fe y a su hijo pequeño, Jacob.

• **Pérdida de empleo:** Sofía pierde su trabajo debido a una reducción de personal, sumiéndola en dificultades económicas.

• **Impacto inmediato:** Lucha para pagar el alquiler, las facturas y mantener a Jacob, lo que genera sentimientos de miedo e incertidumbre.

Capítulo 2: Apoyándose en la fe

• **Recurrir a la oración:** Sofía encuentra consuelo en la oración y en las escrituras, buscando guía y fortaleza en Jesús.

• **Apoyo de la comunidad eclesiástica:** Su familia de la iglesia se une a ella, ofreciéndole oraciones, apoyo moral y ayuda financiera ocasional.

• **Mantener la positividad:** A pesar de los desafíos, Sofía se mantiene esperanzada y le enseña a Jacob la importancia de la fe y la confianza en Dios.

Capítulo 3: Pequeñas bendiciones y oportunidades inesperadas

• **Trabajo freelance:** Sofía comienza a realizar pequeños trabajos freelance y a cuidar niños, lo que le proporciona algún ingreso, aunque no es suficiente.

• **Red de contactos:** A través de un amigo de la iglesia, Sofía conoce personas que le ofrecen trabajos temporales, ayudándola a llegar a fin de mes.

• **Signos alentadores:** Pequeños milagros, como encontrar alimentos extra dejados en su puerta o recibir un sobre anónimo con dinero, fortalecen su fe.

Capítulo 4: Un punto de inflexión

• **Entrevista de trabajo:** Sofía recibe una llamada inesperada para una entrevista en una empresa reconocida.

• **Preparación y dudas:** Se prepara meticulosamente, pero lucha contra la inseguridad, orando fervientemente por la guía de Dios.

• **Intervención divina:** La entrevista resulta excepcionalmente bien, y siente una paz y confianza que solo provienen de su fe.

Capítulo 5: Un nuevo comienzo

• **Oferta de trabajo:** Sofía recibe una oferta de trabajo con un salario que no solo cubre sus necesidades, sino que también ofrece potencial de crecimiento.

• **Estabilidad financiera:** Comienza su nuevo empleo, que le proporciona estabilidad y le permite planificar el futuro.

• **Reflexionando sobre la gracia de Dios:** Sofía reflexiona sobre cómo la provisión de Dios la acompañó en sus momentos más difíciles.

Capítulo 6: Retribución

• **Ayudando a otros:** Con su nueva estabilidad, Sofía comienza a retribuir a su comunidad e iglesia, ayudando a otros que están en dificultades financieras.

• **Compartiendo su testimonio:** Comparte su historia de fe y perseverancia con su iglesia, inspirando a otros a confiar en la provisión de Dios.

• **Enseñando a Jacob:** Sofía inculca en Jacob la importancia de la fe, la gratitud y la generosidad.

Capítulo 7: Bendiciones continuas

• **Crecimiento profesional:** Sofía se destaca en su trabajo, recibiendo ascensos y reconocimiento por su arduo trabajo y dedicación.

• **Hogar y seguridad:** Puede mudarse a un vecindario más seguro y proporcionar un mejor hogar para Jacob.

• **Gratitud y adoración:** Sofía se mantiene humilde y agradecida, siempre dando gloria a Dios por Sus continuas bendiciones.

Epílogo: Reflexiones y esperanzas futuras

• **Mirando hacia atrás:** Sofía reflexiona sobre su camino desde las dificultades económicas hasta la estabilidad, reconociendo las muchas formas en que Dios la guió y apoyó.

• **Aspiraciones futuras:** Sueña con continuar su educación y fundar una organización sin fines de lucro para ayudar a madres solteras necesitadas.

• **Legado de fe:** La historia de Sofía es un testimonio del poder de la fe inquebrantable, la perseverancia y las formas milagrosas en las que Dios provee para aquellos que confían en Él

"Las luchas financieras de Sofía en la ciudad de Nueva York"

Capítulo 1: Un giro inesperado

Sofía es una madre soltera dedicada que vive en un modesto apartamento en la ciudad de Nueva York con su hijo de seis años, Jacob. Ella equilibra las responsabilidades del trabajo y la maternidad, encontrando fuerza y consuelo en su fe. Su rutina diaria incluye oraciones nocturnas con Jacob y asistir a los servicios dominicales en su iglesia local, que se ha convertido en una segunda familia para ellos.

Una mañana, Sofía recibe un correo electrónico inesperado de su empleador solicitando una reunión urgente. Con una sensación de angustia creciente, entra en la oficina de su jefe y se le informa que la empresa está reduciendo personal, debido a problemas financieros. Pronto, eliminaran su puesto de trabajo, junto con muchos. Sofía queda devastada, ya que los ingresos estables de los que dependía desaparecen en un instante.

Introducción a Sofía

Sofía vive en un pequeño pero acogedor apartamento en Nueva York con su hijo Jacob. Aunque el espacio es modesto, está lleno de calidez y amor. Las paredes están adornadas con los dibujos de Jacob y fotos de momentos familiares, recuerdos tangibles de la resiliencia y el cariño que comparten. Cada mañana, Sofía se despierta temprano para preparar el desayuno y asegurarse de que Jacob esté listo para la escuela antes de dirigirse a su trabajo como secretaria en una pequeña editorial.

A pesar de la agitada rutina, Sofía encuentra un profundo consuelo en su fe. Las oraciones nocturnas con Jacob y la asistencia a los servicios dominicales en su iglesia local han sido pilares de fortaleza y esperanza. Su fe les ha brindado una red de apoyo inquebrantable en momentos de dificultad.

Pérdida de empleo

Una mañana fresca de otoño, Sofía recibe un correo electrónico urgente de su empleador. Una sensación de inquietud la invade mientras se dirige al trabajo, presintiendo que la noticia no será buena. Al llegar a la oficina de su jefe, Sofía recibe la devastadora noticia: debido a las dificultades financieras de la empresa, su puesto, junto con muchos otros, ha sido eliminado.

El mundo de Sofía se desmorona. Los ingresos que le permitían mantener a Jacob y a ella misma desaparecen en un instante. Su jefe le explica el paquete de indemnización y le ofrece palabras de consuelo, pero todo lo que Sofía puede pensar es en cómo enfrentará la vida sin ese empleo que proporcionaba estabilidad a su hogar.

Impacto inmediato

La pérdida del empleo sume a Sofía en serias dificultades financieras. En las semanas que siguen, lucha por mantener el control mientras la ansiedad por el futuro se apodera de ella. Los ahorros que tenía se agotan rápidamente, y cada día se convierte en una lucha por pagar el alquiler, las facturas y los comestibles. Explicarle a Jacob por qué no pueden comprar sus bocadillos favoritos o tener que pedirle al arrendador más tiempo para el alquiler se convierte en su nueva realidad.

Sofía intenta no mostrar su angustia frente a Jacob, pero en su interior, la preocupación y el miedo la abruman. Lo que antes eran simples rutinas ahora parecen llenas de obstáculos insuperables, y el futuro se torna cada vez más incierto.

A pesar de la incertidumbre, Sofía se niega a rendirse. Sabe que debe mantenerse fuerte por Jacob. Cada noche, mientras se arrodillan juntos para orar, Sofía pide orientación y fuerza. Enseña a Jacob a confiar en Dios incluso en los momentos más difíciles, recordándole que siempre hay esperanza, aunque el camino que están recorriendo sea incierto.

Capítulo 2: Apoyándose en la fe

En los momentos más oscuros de su vida, Sofía se refugia en la oración, encontrando consuelo y fortaleza en su fe. Las noches son silenciosas, pero están llenas de reflexión, ya que pasa horas leyendo las escrituras, buscando guía y consuelo. La oración se convierte en un ancla para su espíritu, un ritual que le devuelve la esperanza y la fuerza que necesita para seguir adelante.

Recurrir a la oración

En las semanas posteriores a la pérdida de su empleo, Sofía se enfrenta a un miedo y una incertidumbre crecientes. Los días parecen interminables y las noches están llenas de insomnio. En estos momentos, Sofía se vuelve hacia la oración, buscando el consuelo que solo su fe le puede brindar. Después de acostar a Jacob, se arrodilla junto a su cama y entrega sus preocupaciones a Dios, rogando por fortaleza, sabiduría y guía.

Las escrituras se convierten en su refugio. Encuentra consuelo en pasajes como Jeremías 29:11, que le asegura que Dios tiene planes de prosperidad y esperanza para su futuro. Estas palabras le brindan consuelo, recordándole que, a pesar de las dificultades, hay un plan divino para ella y Jacob.

Apoyo de la comunidad eclesiástica

La noticia de la situación de Sofía no tarda en difundirse entre su comunidad eclesiástica. Los amigos y feligreses, que siempre han sido como una familia para ella, se acercan para ofrecer apoyo. Le brindan palabras de aliento, oraciones constantes y, en algunos casos, apoyo financiero. La iglesia organiza una pequeña recaudación de fondos para ayudar a Sofía a cubrir algunos de sus gastos inmediatos, como el alquiler y las facturas de los servicios públicos.

Este acto de generosidad y el apoyo de su comunidad eclesiástica levantan el ánimo de Sofía. Saber que no está sola en este difícil desafío le devuelve un sentido de esperanza, recordándole el poder del amor compartido y la fe en acción.

Manteniendo la esperanza

A pesar de las dificultades, Sofía sigue enseñándole a Jacob la importancia de la gratitud y la confianza en Dios. En sus oraciones nocturnas, ambos incluyen palabras de agradecimiento por las bendiciones que aún tienen, y Sofía le muestra a Jacob cómo ver más allá de las dificultades inmediatas. Su positivismo inquebrantable ayuda a Jacob a mantenerse fuerte y enfocado, tanto en sus estudios como en sus pasatiempos favoritos.

Sofía hace todo lo posible por mantener una apariencia de normalidad en sus vidas, no solo por el bien de Jacob, sino también por ella misma. Sabe que debe mantener la calma y la fortaleza necesarias para enfrentar los retos que el futuro les depara.

El apoyo de su iglesia y su fe en Dios la ayudan a enfrentar cada día con renovada determinación. Pequeñas bendiciones comienzan a llegar en los momentos más inesperados: un sobre anónimo con una tarjeta de regalo, una cesta de alimentos dejada en su puerta. Estos gestos de bondad refuerzan su creencia de que, aunque el camino sea difícil, no está sola.

Sofía se aferra a su fe, sabiendo que con la gracia de Dios y el apoyo incondicional de su comunidad, ella y Jacob encontrarán una manera de superar este oscuro periodo y salir fortalecidos.

Capítulo 3: Pequeñas bendiciones y oportunidades inesperadas

Decidida a llegar a fin de mes, Sofía comienza a tomar pequeños trabajos freelance y a cuidar niños. Aunque estos le proporcionan algún ingreso, no es suficiente para cubrir todos sus gastos. Sin embargo, cada trabajo le brinda una pequeña sensación de logro y esperanza. A través de una amiga de la iglesia, Sofía conoce a varias personas que le ofrecen trabajos temporales. Estas conexiones la conducen a oportunidades freelance más consistentes, como editar manuscritos para una pequeña editorial y proporcionar apoyo administrativo a negocios locales. Cada trabajo, por pequeño que sea, la ayuda a mantenerse a flote. Pequeños milagros comienzan a ocurrir: Sofía encuentra alimentos extra dejados en su puerta y recibe un sobre anónimo con dinero justo cuando más lo necesita. Estos actos de bondad y la divina providencia aumentan su fe y la animan a seguir adelante.

Trabajo freelance

Decidida a llegar a fin de mes, Sofía se niega a dejar que sus circunstancias la derroten. Comienza a tomar pequeños trabajos freelance y a cuidar niños, publicitando sus servicios a través del tablón de anuncios de su iglesia y centros comunitarios locales.

Aunque estos trabajos son esporádicos y la paga es modesta, cada uno de ellos le trae una pequeña sensación de logro y esperanza. Cuida a los hijos de una pareja joven los viernes por la noche, edita documentos para un pequeño negocio local e incluso ayuda a una vecina mayor a organizar su ático. A través de una amiga de la iglesia, Sofía conoce a varias personas que le ofrecen trabajos temporales.

Red de contactos

Un domingo después del servicio, su amiga María le presenta al Sr. Thompson, quien dirige una pequeña editorial. Él queda impresionado con la experiencia administrativa de Sofía y le ofrece algunas horas de trabajo cada semana editando manuscritos. Esta conexión resulta invaluable, llevándola a oportunidades freelance más consistentes. Comienza a proporcionar apoyo administrativo a negocios locales, gestionando horarios y manejando la correspondencia. Estos trabajos, por pequeños que sean, ayudan a Sofía y a Jacob a mantenerse a flote.

Cada trabajo que Sofía realiza le trae una pequeña sensación de logro. Se siente orgullosa de poder contribuir a los ingresos de su familia, y cada tarea completada aumenta su confianza. También comienza a construir una reputación en su comunidad como una persona confiable y trabajadora. Este reconocimiento de boca en boca conduce a más oportunidades freelance, aumentando sus ingresos de manera lenta pero constante.

Signos alentadores

En medio del ajetreo de compaginar varios trabajos y cuidar de Jacob, comienzan a ocurrir pequeños milagros. Una fría mañana, Sofía abre la puerta principal para encontrar una canasta de alimentos frescos en el umbral. Otro día, recibe un sobre anónimo en el correo que contiene justo el dinero suficiente para pagar la factura de la electricidad. Estos actos de bondad, ya sean de amigos, vecinos o bienhechores anónimos, llegan en los momentos más necesarios. Una semana particularmente difícil, cuando Sofía estaba más preocupada por el alquiler, encuentra una nota deslizada debajo de su puerta de parte del propietario. La nota dice: "No te preocupes por el alquiler de este mes. Cuida de tu familia primero. Dios te bendiga". Lágrimas de gratitud corren por su rostro al darse cuenta del alcance del apoyo que la rodea.

Estas pequeñas bendiciones y actos de providencia divina sirven como recordatorios constantes de la presencia de Dios en su vida. Cada acto de bondad, por pequeño que sea, aumenta su fe y la anima a seguir adelante. Siente un renovado sentido de propósito y esperanza, sabiendo que no está sola en su lucha. El apoyo de su comunidad de fe refuerza su creencia de que Dios está cuidando de ella y de Jacob, guiándolos a través de estos tiempos difíciles.

Sofía comparte estas experiencias con Jacob, enseñándole la importancia de la gratitud y de reconocer las bendiciones, incluso en tiempos difíciles. Le explica que estos pequeños milagros son ejemplos del amor de Dios y del poder de la comunidad. Juntos, agradecen a Dios por cada bendición, grande o pequeña, y oran por fortaleza y orientación continuas.

Mientras se arrodillan juntos cada noche, sus oraciones incluyen agradecimientos por los desconocidos y amigos amables que los han ayudado, por los pequeños trabajos que han llegado a Sofía, y por la mano invisible de Dios que continúa guiándolos. Jacob aprende a ver lo bueno en su situación, tomando ejemplo de la fe inquebrantable y la esperanzade su madre.

A pesar de los desafíos, la determinación y la fe de Sofía son inquebrantables. Ella continúa buscando nuevas oportunidades, aferrándose a la esperanza de que algo mejor está en el horizonte. Sabe que con la gracia de Dios y el apoyo de su comunidad, ella y Jacob superarán este periodo difícil y saldrán más fuertes del otro lado.

Capítulo 4: Un punto de inflexión

Un día, Sofía recibe una llamada inesperada de una empresa de renombre que encontró su currículum en línea. La invitan a una entrevista. Esta oportunidad se siente como un faro de esperanza, y está decidida a aprovecharla. Sofía se prepara meticulosamente para la entrevista, actualizando su currículum y practicando sus respuestas. A pesar de su preparación minuciosa, lucha con la inseguridad, preguntándose si es lo suficientemente buena. Ora fervientemente, pidiendo la guía de Dios, buscando paz y confianza. El día de la entrevista, Sofía siente una calma inesperada que se apodera de ella. La entrevista va excepcionalmente bien, y se va con una sensación de paz que solo puede venir de su fe. Cree que, sea cual sea el resultado, es parte del plan de Dios para ella.

Entrevista de trabajo

Una fría mañana, mientras Sofía revisa su bandeja de entrada de correos electrónicos, nota un mensaje de una empresa que no reconoce. Intrigada, abre el correo electrónico para descubrir que es de una firma de renombre en la ciudad. Encontraron su currículum en línea y están impresionados con sus calificaciones. El correo electrónico la invita a una entrevista para un puesto administrativo. El corazón de Sofía salta de esperanza: esta oportunidad se siente como un rayo de luz en medio de sus dificultades. Decidida a aprovecharla, Sofía comienza a prepararse meticulosamente. Pasa horas actualizando su currículum, asegurándose de que resalte sus habilidades y experiencias de manera efectiva. Investiga extensamente la empresa, familiarizándose con su misión, valores y proyectos recientes. Incluso practica sus respuestas a posibles preguntas de entrevista, a menudo quedándose despierta hasta tarde después de que Jacob se ha ido a la cama.

Preparación y duda

A pesar de su preparación exhaustiva, Sofía no puede evitar los sentimientos persistentes de inseguridad. Le preocupa si es lo suficientemente buena para el puesto, atormentada por los recientes meses de lucha financiera y trabajos temporales. En esos momentos de duda, recurre a la oración, buscando la guía y la fortaleza de Dios. Ora fervientemente, pidiendo paz y confianza, y se recuerda a sí misma que Dios tiene un plan para ella y Jacob. Llega la mañana de la entrevista y Sofía se despierta temprano para prepararse. Elige cuidadosamente su atuendo: un vestido profesional pero sencillo que la hace sentir segura. Después de dejar a Jacob en la escuela, se dirige al edificio de oficinas con una mezcla de nervios y esperanza. Al entrar en el vestíbulo, respira hondo y ora en silencio, pidiendo a Dios que la guíe durante la entrevista. Para su sorpresa, una calma inesperada se apodera de ella, tranquilizando sus nervios. Esta sensación de paz le da la confianza que necesita al entrar en la sala de entrevistas.

Sofía es recibida cálidamente por el panel de entrevistadores. Las preguntas comienzan, y ella se encuentra respondiéndolas con claridad y aplomo. Su preparación da frutos mientras discute sus experiencias pasadas, sus habilidades y cómo puede contribuir a la empresa. Comparte anécdotas que destacan sus habilidades para resolver problemas y su compromiso con la excelencia. A medida que avanza la entrevista, se siente cada vez más a gusto. Hacia Final, uno de los miembros del panel le pregunta cómo se mantiene motivada durante los tiempos difíciles. Ella habla con el corazón, compartiendo cómo su fe y el apoyo de su comunidad eclesial la han ayudado a superar sus desafíos recientes. Habla sobre los pequeños trabajos freelance que ha realizado y la esperanza que encuentra en las bendiciones cotidianas. El panel parece conmovido por su autenticidad y resiliencia.

Intervención divina

Después de la entrevista, Sofía sale del edificio con una sensación de paz que solo puede venir de su fe. Se siente segura de haber hecho su mejor esfuerzo y de que, sea cual sea el resultado, es parte del plan de Dios para ella. Mientras camina a casa, ora con gratitud por la oportunidad y pide orientación continua. Los días que siguen están llenos de una mezcla de anticipación y oración constante. Sofía se mantiene ocupada con su trabajo freelance y cuidando a Jacob, pero la entrevista nunca está lejos de su mente. Habla con Jacob sobre la entrevista, explicándole que hizo su mejor esfuerzo y que deben confiar en los tiempos de Dios.

Una semana después, Sofía recibe una llamada de la empresa. Su corazón late con fuerza mientras contesta, y se llena de alegría al escuchar las palabras: "Nos gustaría ofrecerle el puesto." Lágrimas de alivio y gratitud llenan sus ojos mientras agradece y acepta la oferta. Después de colgar, se arrodilla en oración, dando gracias a Dios por esta increíble bendición y por guiarla durante todo el proceso. Esta oferta de trabajo no es solo un salvavidas financiero; es un testamento de su fe y perseverancia. Sofía sabe que este punto de inflexión es el comienzo de un nuevo capítulo para ella y Jacob, uno lleno de esperanza y posibilidades.

Capítulo 5: Un nuevo comienzo

Unos días después, Sofía recibe una oferta de trabajo con un salario que no solo satisface sus necesidades, sino que también ofrece potencial de crecimiento. Exultante y agradecida, acepta el puesto, viéndolo como una respuesta directa a sus oraciones. Comenzar su nuevo trabajo le brinda estabilidad financiera, permitiéndole pagar deudas, planificar para el futuro e incluso ahorrar un poco. La estabilidad le proporciona una nueva sensación de seguridad, y comienza a ver un futuro más brillante para ella y Jacob. A medida que Sofía se acomoda en su nuevo rol, a menudo reflexiona sobre el viaje que la llevó hasta aquí. Ve la mano de Dios en cada giro y reconoce cómo Su provisión llegó durante sus momentos más difíciles.

Oferta de trabajo

Unos días después de la entrevista, el teléfono de Sofía suena. Al ver el nombre de la empresa en la identificación de llamadas, siente una oleada de ansiedad mezclada con esperanza. Con una respiración profunda, contesta. El representante de recursos humanos le informa que quedaron impresionados por su entrevista y que le gustaría ofrecerle el puesto administrativo. El salario no solo satisface sus necesidades inmediatas, sino que también ofrece excelentes beneficios y oportunidades de crecimiento. Exultante y agradecida, Sofía acepta el puesto sin dudarlo. Apenas puede contener su emoción mientras agradece al representante y termina la llamada. Inmediatamente, se arrodilla en oración, agradeciendo a Dios por esta increíble bendición. Ve la oferta de trabajo como una respuesta directa a sus oraciones y un testimonio de su fe y perseverancia.

Estabilidad financiera

Empezar su nuevo trabajo trae una oleada de cambios y emociones. En su primer día, Sofía está tanto nerviosa como emocionada. El ambiente de la oficina es acogedor, y sus colegas son amables y solidarios. Su gerente le proporciona una orientación exhaustiva, y rápidamente se pone al día con sus responsabilidades. Las tareas son desafiantes pero interesantes, y Sofía siente un renovado sentido de propósito.

Con un ingreso constante, Sofía finalmente puede empezar a pagar las deudas que se acumularon durante su período de desempleo. Se pone al día con el alquiler, paga facturas pendientes y comienza a presupuestar para futuros gastos. Por primera vez en meses, no tiene que preocuparse por de dónde vendrá la próxima comida o cómo mantener las luces encendidas. Esta estabilidad financiera proporciona una profunda sensación de seguridad y alivio.

Sofía comienza a planificar para el futuro con un sentido de optimismo. Abre una cuenta de ahorros y comienza a guardar una pequeña cantidad cada mes. Sueña con llevar a Jacob de vacaciones, algo que nunca han podido permitirse. La estabilidad también le permite pensar en sus metas a largo plazo, como continuar su educación o comprar una casa modesta para ellos.

Reflexionando sobre la Gracia de Dios

A medida que Sofía se acomoda en su nuevo rol, a menudo reflexiona sobre el viaje que la llevó hasta este punto. Piensa en los meses de incertidumbre, las innumerables oraciones y el apoyo inquebrantable de su comunidad de iglesia. Reconoce cómo la mano de Dios estuvo presente en cada giro, guiándola a través de los tiempos más oscuros. Sofía ve los pequeños milagros que ocurrieron en el camino: los comestibles anónimos, la ayuda financiera inesperada y las oportunidades de trabajo freelance como claros signos de la provisión de Dios.

Con la estabilidad que su nuevo trabajo le brinda, Sofía siente una nueva esperanza para el futuro. Sabe que aún habrá desafíos por delante, pero confía en que con fe, trabajo duro y el apoyo de su comunidad, ella y Jacob continuarán prosperando. El viaje ha sido duro, pero también ha sido transformador, moldeando a Sofía en una persona más fuerte y resiliente.

La historia de Sofía es un testimonio del poder de la fe y la comunidad. Nos recuerda que incluso en los momentos más oscuros, siempre hay esperanza y el potencial de un futuro más brillante. Mientras mira hacia el próximo capítulo de su vida, lo hace con gratitud y una profunda sensación de paz, sabiendo que Dios ha estado con ella en cada paso del camino.

Capítulo 6: Retribución

Con su nueva estabilidad, Sofía comienza a retribuir a su comunidad y a su iglesia. Se ofrece como voluntaria en eventos de la iglesia, ayuda a organizar recaudaciones de fondos y apoya a otras madres solteras que enfrentan dificultades financieras. Sofía comparte su historia de fe y perseverancia con su iglesia, inspirando a otros a confiar en la provisión de Dios. Su testimonio se convierte en una fuente de aliento para muchos, demostrando el poder de la fe para superar la adversidad. Además, Sofía continúa inculcando en Jacob la importancia de la fe, la gratitud y la generosidad. Juntos, participan en proyectos de servicio comunitario, y Jacob aprende la alegría de ayudar a los demás.

Ayudando a otros

Con su nueva estabilidad financiera y un profundo sentido de gratitud por las bendiciones que ha recibido, Sofía siente el deseo de retribuir a su comunidad y a su iglesia. Cree que compartir su viaje y ayudar a otros que están luchando es la mejor manera de mostrar su agradecimiento a Dios y a su comunidad. Sofía comienza ofreciéndose como voluntaria en eventos de la iglesia, uniéndose al comité organizador de la colecta anual de caridad. Sus habilidades administrativas resultan útiles al coordinar voluntarios, gestionar donaciones y asegurarse de que todo funcione sin problemas. Su dedicación inspira a otros, y la colecta de caridad se convierte en una de las más exitosas en años, recaudando fondos significativos para proyectos comunitarios.

Reconociendo el valor del apoyo comunitario, Sofía lidera recaudaciones de fondos para madres solteras en dificultades financieras. Organiza ventas de pasteles y ferias de artesanías, involucrando a feligreses y negocios locales. Los eventos no solo recaudan dinero, sino que también fomentan un sentido de comunidad y solidaridad. La historia personal de Sofía motiva a otros a contribuir generosamente. Se acerca a madres solteras en su iglesia y vecindario, ofreciendo tanto asistencia práctica como apoyo emocional. Crea un pequeño grupo de apoyo donde las madres pueden compartir sus luchas y encontrar ánimo. Con su empatía y comprensión, Sofía se convierte en una mentora de confianza.

Compartiendo su testimonio

Un domingo, durante un servicio de la iglesia, Sofía es invitada a compartir su testimonio con la congregación. De pie en el púlpito, relata con sinceridad su experiencia, desde la pérdida de empleo hasta las dificultades financieras, y el papel que su fe jugó para superar cada obstáculo. Habla sobre las noches en oración, los pequeños milagros que la sostuvieron y el increíble apoyo de su comunidad. Su historia emociona profundamente a los presentes, inspirando lágrimas y reflexiones sobre la importancia de la fe.

El testimonio de Sofía se convierte en una fuente de aliento para muchos. Después del servicio, varios miembros de la congregación se acercan para agradecerle y compartir lo inspirados que se sienten para confiar en la provisión de Dios. La apertura y autenticidad de Sofía fortalecen la fe de sus compañeros y los animan a apoyarse mutuamente de manera más activa.

Enseñando a Jacob

Sofía continúa inculcando en Jacob la importancia de la fe, la gratitud y la generosidad. Involucra a su hijo en sus proyectos de servicio comunitario, enseñándole el valor de ayudar a los demás. Juntos participan en colectas de alimentos, visitan hogares de ancianos y limpian parques locales. Jacob aprende a apreciar las bendiciones que tienen y el valor de retribuir. Un fin de semana, se unen a un proyecto para renovar un centro comunitario. Mientras pintan paredes y plantan flores, Jacob se entusiasma con la tarea, y Sofía lo observa orgullosa.

A través de estas actividades, Sofía imparte importantes lecciones de vida a Jacob. Le enseña que, sin importar cuánto tengan, siempre hay algo que pueden dar, ya sea tiempo, esfuerzo o una palabra amable.

Jacob comienza a entender la importancia de sus oraciones nocturnas, la gratitud y la alegría de ayudar a los demás.

El ejemplo de Sofía crea un efecto dominó dentro de su comunidad. Inspirados por su historia, más miembros de la iglesia comienzan a ofrecerse como voluntarios y a apoyarse mutuamente. La comunidad se fortalece, con un renovado sentido de propósito y fe. El viaje de Sofía, de la dificultad a la estabilidad, se convierte en un faro de esperanza para muchos. A medida que continúa retribuyendo, siente un profundo sentido de realización y propósito.

Capítulo 7: Bendiciones continuas

Sofía sobresale en su trabajo, recibiendo ascensos y reconocimiento por su dedicación. Su crecimiento profesional trae seguridad financiera adicional y satisfacción personal. Con su mayor ingreso, Sofía se muda a un vecindario más seguro, proporcionando un mejor hogar para Jacob. Este nuevo hogar simboliza el progreso que han hecho y el futuro más brillante que les espera. A pesar de su éxito, Sofía sigue siendo humilde y agradecida, y continúa participando en actividades de adoración y comunidad.

Crecimiento profesional

La dedicación de Sofía pronto da frutos en su nuevo trabajo. Aporta ideas innovadoras y soluciones eficientes a la empresa, lo que la convierte en un activo valioso. En menos de un año, recibe su primer ascenso, con mayores responsabilidades y un aumento salarial significativo. Sofía está emocionada y agradecida, viendo este logro como otra bendición de Dios.

Con un ingreso constante, puede pagar todas sus deudas y comenzar a construir ahorros. Consulta con un asesor financiero de su iglesia para establecer un plan de ahorro para la educación de Jacob y su propia jubilación. Con esta nueva estabilidad financiera, Sofía siente una paz que no había experimentado en años.

Hogar y seguridad

Uno de los cambios más significativos es la posibilidad de mudarse a un vecindario más seguro. Tras meses de búsqueda, encuentra la casa perfecta: una acogedora vivienda de dos habitaciones en una zona tranquila y amigable. Jacob está encantado con el nuevo hogar, y Sofía lo decora con calidez, recordando todo lo que han superado.

Gratitud y adoración

A pesar de su éxito, Sofía sigue siendo humilde y profundamente agradecida. Comienza cada día con una oración de agradecimiento y termina cada noche con Jacob, expresando gratitud por las bendiciones del día. Nunca olvida los tiempos difíciles y cómo la fe los sostuvo.

Sofía continúa siendo voluntaria en la iglesia, apoyando a las colectas de fondos y orientando a madres solteras. También se involucra más en actividades comunitarias, abogando por mejores escuelas y calles más seguras. Su liderazgo inspira a otros, y Jacob, transformado por las lecciones de su madre, se convierte en un joven compasivo.

Con estabilidad y seguridad, Sofía sueña con continuar su educación y crear una organización sin fines de lucro para ayudar a madres solteras. Su historia de perseverancia sigue inspirando a quienes la rodean. Mientras reflexiona sobre su viaje, enfrenta el futuro con confianza, sabiendo que la mano de Dios la ha guiado en cada paso del camino.

Epílogo: Reflexiones y esperanzas futuras

Sofía reflexiona sobre su viaje, desde las dificultades financieras hasta la estabilidad, reconociendo las muchas formas en que Dios la guió y la apoyó. Siente un profundo sentido de gratitud por las lecciones aprendidas y la fuerza ganada a través de su fe. Sofía sueña con continuar su educación y comenzar una organización sin fines de lucro para ayudar a madres solteras necesitadas. Quiere usar sus experiencias para marcar una diferencia en la vida de los demás. Su historia sirve como testimonio del poder de una fe inquebrantable, la perseverancia y las formas milagrosas en que Dios provee para aquellos que confían en Él. Su viaje inspira a otros a creer en las posibilidades que la fe puede traer.

Mirando hacia atrás

Mientras Sofía se asienta en su nueva vida de estabilidad y seguridad, a menudo toma momentos para reflexionar sobre el increíble viaje que la llevó hasta aquí. Recuerda los días de incertidumbre y miedo, las noches de insomnio llenas de oraciones pidiendo guía, y las pequeñas y milagrosas bendiciones que la mantuvieron en marcha. Cada recuerdo es un testimonio de su fe inquebrantable y de la fuerza que ganó a través de su relación con Dios. Sentada en su nuevo hogar, observa el espacio que ahora se siente como un santuario de esperanza y progreso. Piensa en la primera noche que se mudaron, cuando ella y Jacob se sentaron en el suelo de la sala, comiendo pizza y soñando con su futuro. Ese momento simboliza cuánto han avanzado, desde contar cada centavo hasta disfrutar de placeres simples sin preocupaciones.

Sofía siente un profundo sentido de gratitud por las lecciones aprendidas durante su viaje. Ha comprendido el valor de la resiliencia, la importancia de la comunidad y el poder de la fe. Cada dificultad que enfrentó le enseñó algo nuevo sobre sí misma y su capacidad para superar la adversidad. A menudo comparte estas lecciones con Jacob, asegurándose de que entienda la importancia de la fe y la gratitud. Quiere que él crezca sabiendo que, sin importar los desafíos que enfrente, puede encontrar fuerza en Dios y en el apoyo de quienes lo aman.

Aspiraciones futuras

Con su nueva estabilidad, Sofía comienza a pensar en sus metas a largo plazo. Uno de sus sueños es continuar su educación. Siempre ha sido apasionada por el aprendizaje y ve un título avanzado como una forma de abrir aún más puertas para ella y su familia. Considera obtener un título en administración de empresas, lo cual no solo mejoraría su carrera, sino que también le proporcionaría las habilidades necesarias para alcanzar sus sueños más grandes.

Sofía comienza a investigar cursos en línea y programas nocturnos que le permitirán balancear el trabajo, la crianza y los estudios. Está emocionada ante la posibilidad de volver a la escuela y las nuevas oportunidades que esto traerá.

Otro sueño cercano a su corazón es iniciar una organización sin fines de lucro dedicada a ayudar a madres solteras necesitadas. Quiere usar sus experiencias para hacer una diferencia en las vidas de otras personas que enfrentan las mismas dificultades que ella. Su visión es crear una red de apoyo que ofrezca asistencia financiera, capacitación laboral, cuidado infantil y apoyo emocional, similar a la ayuda que recibió de su iglesia.

Sofía comienza a sentar las bases para su organización sin fines de lucro. Se pone en contacto con su iglesia y sus contactos comunitarios, buscando consejo y apoyo. Asiste a talleres sobre gestión de organizaciones sin fines de lucro y recaudación de fondos, decidida a convertir su sueño en realidad. La idea de ayudar a otras madres solteras la llena de un sentido de propósito y emoción.

La historia de Sofía sirve como un poderoso testimonio del poder de la fe inquebrantable, la perseverancia y las formas milagrosas en que Dios provee para aquellos que confían en Él. Su viaje, desde las dificultades financieras hasta la estabilidad y el éxito, es un faro de esperanza para muchos. Ella sigue compartiendo su historia con su iglesia y comunidad, inspirando a otros a creer en las posibilidades que la fe puede traer.

A menudo habla en eventos de la iglesia, reuniones comunitarias e incluso en escuelas locales, compartiendo su testimonio y alentando a otros a mantener su fe durante los tiempos difíciles. Su autenticidad y pasión resuenan profundamente con su audiencia, y muchos encuentran una fuerza y esperanza renovadas a través de sus palabras.

Legado de fe

Jacob también crece y prospera en su nueva vida. Sobresale en la escuela, hace nuevos amigos y se involucra activamente en proyectos de servicio comunitario. Inspirado por el viaje de su madre, Jacob desarrolla un profundo sentido de empatía y un deseo de ayudar a los demás. Sofía observa con orgullo cómo él encarna los valores de fe, gratitud y generosidad que ella se ha esforzado tanto en inculcarle.

El viaje de Sofía es más que una historia de triunfo personal; es un legado de fe que ella espera inspire a generaciones futuras. Documenta sus experiencias, escribiendo un libro de memorias que detalla sus luchas, su camino de fe y las formas milagrosas en que Dios proveyó para ella y Jacob. Sueña con algún día publicar su libro para llegar a una audiencia más amplia, difundiendo su mensaje de esperanza y perseverancia.

Cuando Sofía mira hacia el futuro, lo hace con un corazón lleno de esperanza y gratitud. Sabe que habrá desafíos por delante, pero los enfrenta con confianza, sabiendo que su fe y su comunidad continuarán guiándola y apoyándola. Sueña con expandir su organización sin fines de lucro, continuar su educación y ver a Jacob convertirse en un joven compasivo y exitoso.

La historia de Sofía es un poderoso recordatorio de la fuerza y la resiliencia que se pueden encontrar en la fe. Su viaje de la adversidad a la esperanza sirve como una inspiración para todos los que la escuchan, demostrando que con perseverancia, apoyo comunitario y una fe inquebrantable en Dios, todo es posible.

Fin

LA BATALLA DE SALUD DE RAJ EN MUMBAI, INDIA

Capítulo 1: La vida antes del diagnóstico

• **Introducción a Raj:** Un joven ambicioso que vive en Mumbai, India, trabajando como ingeniero de software.

• **Vida diaria:** Descripción de la familia unida de Raj, su vida social activa y su participación en la iglesia local.

• **Primeros signos de enfermedad:** Raj comienza a experimentar síntomas inusuales, como fatiga y pérdida de peso inexplicada.

Capítulo 2: El diagnóstico

• **Consulta médica:** Raj visita al médico para un chequeo completo.

• **Noticia impactante:** Es diagnosticado con una enfermedad potencialmente mortal, leucemia.

• **Reacción familiar:** El impacto emocional en Raj y su familia se caracteriza por el miedo y la incertidumbre.

Capítulo 3: fe en medio del miedo

• **Volviendo a Jesús:** A pesar del pronóstico sombrío, Raj recurre a su fe en Jesús en busca de fortaleza y consuelo.

- **Oración y apoyo:** La familia de Raj y la comunidad eclesiástica se unen en oración, ofreciendo apoyo espiritual y emocional.

- **Luchas diarias:** Los desafíos que enfrenta Raj a medida que comienza su tratamiento, incluyendo dolor físico y trastornos emocionales.

Capítulo 4: La batalla comienza

- **Tratamiento médico:** Raj se somete a quimioterapia y otros tratamientos, experimentando tanto esperanza como desespero.

- **fe y esperanza:** Raj continúa confiando en su fe, leyendo las escrituras y orando diariamente por fortaleza y sanidad.

- **Sistema de apoyo:** El apoyo inquebrantable de su familia y la comunidad eclesiástica ayuda a Raj a mantenerse positivo.

Capítulo 5: Sanidad milagrosa

- **Punto de inflexión:** En medio del tratamiento, Raj experimenta una mejora significativa en su salud, sorprendiendo a sus médicos.

- **Intervención divina:** Raj y su familia creen que su sanidad es el resultado de sus fervientes oraciones y de la intervención de Dios.

- **Asombro de los médicos:** Los profesionales médicos quedan desconcertados por la inesperada recuperación de Raj, llamándola un milagro.

Capítulo 6: Testimonio e inspiración

- **Compartiendo su historia:** Raj comienza a compartir su testimonio de fe y sanidad con otros, tanto en su iglesia como más allá.

- **Inspirando a otros:** La historia de Raj inspira a muchos que enfrentan sus propias batallas, trayendo esperanza y una renovada fe a quienes lo rodean.

- **Discurso público:** Es invitado a hablar en varios eventos, compartiendo su viaje y el poder de la oración.

Capítulo 7: La vida después de la sanidad

• **Nuevos comienzos:** Raj reanuda su carrera y su vida personal con un renovado sentido de propósito y gratitud.

• **Fe que permanece:** Continúa profundamente involucrado en su iglesia, participando en ministerios y programas de extensión.

• **Defensa de la salud:** Raj se convierte en un defensor de la concienciación sobre la salud y la importancia de la fe en tiempos difíciles.

Epílogo: Reflexiones y legado

• **Mirando hacia atrás:** Raj reflexiona sobre su viaje desde el diagnóstico hasta la sanidad, reconociendo los milagros y el poder de la fe.

• **Aspiraciones futuras:** Sueña con comenzar una fundación para ayudar a otros que luchan contra enfermedades graves, combinando apoyo médico con cuidado espiritual.

• **Legado de fe:** La historia de Raj deja un impacto duradero en su comunidad, ejemplificando el poder de la fe, la esperanza y las obras milagrosas de Dios.

<u>"La batalla de salud de Raj en Mumbai, India"</u>

Capítulo 1: La vida antes del diagnóstico

Raj es un joven ambicioso que vive en la bulliciosa ciudad de Mumbai, India. Trabaja como ingeniero de software para una destacada empresa tecnológica, donde es conocido por su dedicación y pensamiento innovador. Raj también es un miembro activo de su iglesia local, donde se ofrece como voluntario regularmente y participa en varios programas de alcance comunitario. Raj vive en una familia muy unida que incluye a sus padres y a su hermana menor, Priya. Su familia es su mayor sistema de apoyo, proporcionándole amor y aliento. La vida social activa de Raj incluye pasar tiempo con amigos, explorar la vibrante cultura de Mumbai y participar en actividades de la iglesia. Le gusta jugar al cricket los fines de semana, asistir a reuniones de oración y ayudar a organizar eventos de la iglesia.

Un día, Raj comienza a notar síntomas inusuales. Se siente fatigado incluso después de dormir toda la noche y empieza a perder peso sin ningún cambio en su dieta o rutina de ejercicios. Inicialmente, descarta estos signos como estrés del trabajo. Sin embargo, a medida que los síntomas persisten y empeoran, Raj se siente cada vez más preocupado. Su energía ilimitada habitual esreemplazada por una sensación constante de agotamiento, lo que dificulta que pueda mantener su estilo de vida activo.

Introducción a Raj

Raj es un joven ambicioso, de veintitantos años, que vive en la bulliciosa metrópolis de Mumbai, India. Trabaja como ingeniero de software para una prominente empresa tecnológica, conocido por su dedicación, pensamiento innovador y habilidades para resolver problemas. Sus colegas admiran su capacidad para abordar desafíos complejos de codificación y entregar soluciones bajo plazos ajustados. Raj siente pasión por la tecnología y pasa muchas noches trabajando en proyectos de codificación personales o leyendo sobre los últimos avances en el mundo tecnológico. Raj vive en un modesto apartamento en el corazón de Mumbai con su unida familia. Sus padres, Arun y Meera, son maestros jubilados que le inculcaron los valores del trabajo duro, la integridad y la fe. Su hermana menor, Priya, es una estudiante universitaria que estudia biología. La familia comparte un fuerte vínculo, a menudo reuniéndose para las comidas y compartiendo sus experiencias del día. Los padres de Raj son su mayor sostén, quienes lo alientan a perseguir sus sueños y lo apoyan en los altibajos de la vida.

Raj tiene una vida social activa que equilibra con su exigente horario de trabajo. Tiene un grupo de amigos muy unido, muchos de los cuales conoce desde la infancia. A menudo se reúnen para explorar la vibrante cultura de Mumbai, probar nuevos restaurantes, visitar galerías de arte y asistir a conciertos. Raj disfruta de la animada atmósfera de la ciudad, desde las bulliciosas calles de Colaba hasta la serena Marine Drive. Raj también está profundamente involucrado en su iglesia local, Santa María, donde se ofrece como voluntario regularmente. Participa en varios programas de alcance comunitario, como la organización de colectas de alimentos para los desfavorecidos y la tutoría de niños en los barrios marginales. La fe de Raj es una piedra angular en su vida, proporcionándole guía y fuerza. Es miembro del coro de la iglesia y ayuda a organizar eventos como la obra anual de Navidad y retiros juveniles. Su comunidad eclesiástica aprecia su liderazgo y dedicación, a menudo recurriendo a él para pedirle consejos y apoyo.

En su tiempo libre, a Raj le gusta jugar al cricket, un deporte que le ha encantado desde la infancia. Todos los domingos se une a sus amigos para un partido amistoso en el parque local. El cricket le proporciona un descanso necesario de su vida centrada en la tecnología, permitiéndole relajarse y vincularse con sus amigos. Raj también es un ávido lector, con un interés particular en la ficción histórica y las biografías. A menudo, pasa sus noches inmerso en un buen libro, encontrando consuelo en las historias de otros.

Primeros signos de enfermedad

Un día, Raj comienza a notar síntomas inusuales que interrumpen su estilo de vida activo. A pesar de dormir toda la noche, se siente constantemente fatigado y lucha por mantener los ojos abiertos durante el día. También comienza a perder peso sin cambios en su dieta o rutina de ejercicios. Inicialmente, Raj descarta estos signos como estrés del trabajo. Atribuye la fatiga a las largas horas frente a la computadora y la pérdida de peso a su ocupado horario, que a veces le hace saltarse las comidas.

Sin embargo, a medida que los síntomas persisten y empeoran, Raj se preocupa cada vez más. Su energía ilimitada de antes es reemplazada por una sensación constante de agotamiento, lo que le dificulta mantener sus actividades habituales. Le resulta difícil concentrarse en el trabajo, y su rendimiento comienza a disminuir. Sus amigos notan que ya no es el mismo de siempre durante sus partidos de cricket, y su familia se preocupa por sus frecuentes quejas de cansancio y falta de apetito. Raj decide tomarse un descanso de sus actividades habituales de fin de semana para descansar, con la esperanza de que los síntomas se disipen. Pero, incluso después de unos días de descanso, no se siente mejor. Sus padres le instan a ver a un médico, pero Raj, para no preocuparlos más, insiste en que solo es estrés laboral y que pronto estará bien.

A medida que pasan las semanas, la salud de Raj continúa deteriorándose. Tareas simples como subir las escaleras a su apartamento lo dejan sin aliento, y comienza a experimentar frecuentes dolores de cabeza. Su piel, antes radiante, comienza a verse pálida y se le forman ojeras. Priya, al notar que la condición de su hermano empeora, le suplica que busque ayuda médica. Finalmente, reconociendo la gravedad de su situación, Raj decide visitar a un médico. Programa una cita para un chequeo completo, con la esperanza de obtener algunas respuestas y alivio ante la creciente preocupación de que algo está gravemente mal. Mientras espera su cita, Raj reza por fuerza y guía, confiando en que su fe lo ayudará a navegar los desafíos que le esperan.

El día de la cita llega, y Raj siente una mezcla de anticipación y miedo. Sabe que algo no está bien con su cuerpo, pero espera que el médico pueda darle alguna explicación respecto a su estado. Mientras se sienta en la sala de espera, reflexiona sobre su vida, su familia, su trabajo y la vida que ha construido en Mumbai. Ora en silencio, pidiendo la guía y la fuerza de Dios para enfrentar las noticias que puedan venir. Raj no sabe que esta visita marcará el comienzo de un viaje que pondrá a prueba su fe y resiliencia de maneras que nunca habría imaginado.

Capítulo 2: El diagnóstico

Preocupado por el deterioro de su salud, Raj decide visitar al doctor Sharma, un médico muy respetado en Mumbai. Después de una revisión exhaustiva y varias pruebas, el médico lo llama para una cita de seguimiento. La expresión seria en el rostro del médico llena a Raj de ansiedad mientras espera escuchar los resultados.

El médico entrega las devastadoras noticias: Raj ha sido diagnosticado con leucemia, una forma de cáncer que afecta la sangre y la médula ósea, y amenaza la vida. El diagnóstico llega como un shock, poniendo el mundo de Raj patas arriba. El médico explica las opciones de tratamiento, que incluyen quimioterapia y la posibilidad de un trasplante de médula ósea. La familia de Raj está devastada por la noticia. Sus padres están abrumados por el miedo y la incertidumbre, luchando por comprender cómo su hijo sano y vibrante podría estar enfrentando una enfermedad tan grave. Priya trata de mantenerse fuerte por su hermano, pero ella también está desconsolada. Toda la familia se reúne. Se funden en un fuerte abrazo, intentando asimilar la complejidad de la situación.

Consulta médica

Raj, cada vez más preocupado por el deterioro de su salud, finalmente decide visitar al Dr. SharmaLa clínica está llena de pacientes, pero Raj es llevado rápidamente a la sala de consulta. El Dr. Sharma escucha atentamente mientras Raj describe sus síntomas: fatiga persistente, pérdida de peso, falta de aliento y dolores de cabeza frecuentes. El Dr. Sharma realiza un examen físico exhaustivo y ordena una serie de pruebas, incluidas análisis de sangre, una biopsia de médula ósea y escáneres de imágenes.

Raj pasa los próximos días en una nube de ansiedad, orando por un resultado satisfactorio, pero temiendo lo peor. La espera por los resultados de las pruebas parece interminable y sus síntomas se acentúan.

Noticia impactante

Después de varios días de angustiosa espera, Raj es llamado nuevamente al consultorio. Sus padres y su hermana lo acompañan, todos ansiosos y llenos de temor por lo que está por venir. La familia se sienta en la sala de espera, tomados de la mano y rezando en silencio. Raj es llamado a la oficina del Dr. Sharma, donde el médico los recibe con una expresión seria. La atmósfera en la habitación es tensa, y el corazón de Raj late con fuerza en su pecho mientras se sienta.

El Dr. Sharma toma una respiración profunda y comienza a explicar los resultados de las pruebas. Informa a Raj que ha sido diagnosticado con leucemia, una forma de cáncer que amenaza la vida y que afecta la sangre y la médula ósea. Raj siente como si el suelo se hubiera desmoronado bajo sus pies. La habitación parece girar mientras trata de procesar las devastadoras noticias. El Dr. Sharma continúa, explicando que la leucemia es una condición seria pero tratable. Describe las opciones de tratamiento, que incluyen varias rondas de quimioterapia para atacar las células cancerosas y posiblemente un trasplante de médula ósea si la quimioterapia sola no es suficiente. El tratamiento será riguroso y desafiante, pero hay esperanza de recuperación.

Reacción familiar

La familia de Raj está devastada por la noticia. Sus padres, Arun y Meera, están abrumados por el miedo y la incertidumbre. Arun, usualmente un pilar de fuerza, lucha para contener las lágrimas, mientras enfrenta el pensamiento de su hijo luchando contra una enfermedad tan grave. Meera, quien siempre ha sido el apoyo emocional de la familia, siente una abrumadora sensación de impotencia y preocupación. Priya trata de mantenerse fuerte por su hermano, pero ella también está desconsolada. Mira a Raj, que parece pálido y conmocionado, y siente una profunda tristeza por el dolor que está a punto de soportar. Toda la familia se reúne, abrazándose fuertemente mientras tratan de procesar la enormidad de la situación.

Su hogar, una vez lleno de risas y calidez, ahora se siente cargado de miedo y tristeza.

Durante los siguientes días, la familia de Raj lucha por aceptar el diagnóstico. Pasan incontables horas discutiendo el plan de tratamiento, tratando de entender lo que les espera. El Dr. Sharma les proporciona información detallada y los conecta con un oncólogo, el Dr. Patel, quien se especializa en el tratamiento de la leucemia. El Dr. Patel explica los detalles del régimen de quimioterapia, los posibles efectos secundarios y el proceso de encontrar un donante adecuado de médula ósea si es necesario. La información es abrumadora, pero Raj y su familia intentan absorber todo lo que puedan. Toman la decisión conjunta de proceder con el tratamiento, aferrándose a la esperanza de que Raj pueda superar esta enfermedad.

En los momentos de tranquilidad, cuando Raj está solo con sus pensamientos, lucha con una tormenta de emociones—miedo, enojo, tristeza y confusión. Se pregunta cómo su vida, que parecía tan llena de promesas, pudo cambiar tan drásticamente. Las ambiciones y sueños que tenía para su futuro ahora parecen distantes e inciertos. Sin embargo, en medio de la tormenta, la fe de Raj sigue siendo una fuente de fortaleza. Reza fervientemente, pidiendo a Dios valor y guía. Se vuelve hacia su Biblia, encontrando consuelo en los versículos que hablan de esperanza y sanidad. Raj sabe que el camino por delante será largo y arduo, pero está decidido a enfrentarlo con fe y resiliencia.

El diagnóstico acerca más a la familia de Raj. Se reúnen a su alrededor, ofreciéndole apoyo y ánimo constantes. Meera se encarga de asegurar que Raj coma comidas nutritivas para ayudar a su cuerpo a soportar el tratamiento. Arun maneja los aspectos logísticos, coordinando con los médicos y gestionando los aspectos financieros del tratamiento. Priya, que siempre ha admirado a su hermano, asume el rol de su principal apoyo emocional, pasando incontables horas a su lado, escuchando sus miedos y compartiendo momentos de esperanza y risa.

La noticia del diagnóstico de Raj rápidamente se difunde por su iglesia local. La comunidad eclesiástica, que siempre ha sido como una familia extendida, se moviliza para apoyar a Raj y su familia.

Organizan círculos de oración, realizan servicios especiales para rezar por la sanidad de Raj, y visitan a la familia regularmente para ofrecer apoyo emocional y espiritual. La iglesia también organiza una campaña de recaudación de fondos para ayudar a cubrir los gastos médicos, aliviando parte de la carga financiera de la familia de Raj. La demostración de amor y apoyo de su comunidad fortalece la determinación de Raj y le recuerda que no está solo en esta batalla.

A medida que se acerca la fecha de la primera sesión de quimioterapia de Raj, la familia se prepara para el viaje que les espera. Hacen arreglos para asegurar la comodidad de Raj durante sus estadías en el hospital y establecen un horario para que los miembros de la familia lo acompañen en sus tratamientos. Los amigos y colegas de Raj también intervienen, ofreciendo ayudar en todo lo que puedan. A pesar del miedo y la incertidumbre, Raj siente una sensación de determinación. Sabe que el camino por delante será desafiante, pero con el apoyo inquebrantable de su familia, amigos y comunidad de fe, cree que puede superar esta enfermedad. Raj está listo para enfrentar la batalla que le espera, fortalecido por su fe en Dios y el amor que lo rodea.

Capítulo 3: Fe en medio del miedo

A pesar del pronóstico sombrío, Raj recurre a su fe en Jesús para obtener fortaleza y consuelo. Siempre ha creído en el poder de la oración, y ahora, más que nunca, se apoya en su fe para guiarlo a través de este tiempo oscuro. Raj pasa horas leyendo las escrituras, encontrando consuelo en los versículos que hablan de esperanza y sanidad. La noticia de la enfermedad de Raj rápidamente se difunde por su comunidad eclesiástica. Amigos, feligreses y líderes de la iglesia se unen para apoyar a Raj y su familia. Organizan círculos de oración, realizan servicios de oración especiales y visitan a Raj regularmente para ofrecer sus ánimos y oraciones. La demostración de amor y apoyo de la comunidad eclesiástica ayuda a elevar el ánimo de Raj. A medida que Raj comienza su tratamiento, enfrenta numerosos desafíos. La quimioterapia causa un gran impacto en su cuerpo, produciendo efectos secundarios severos como náuseas, pérdida de cabello y fatiga debilitante. Hay días en que el dolor físico es casi insoportable, y Raj se siente abrumado por la agitación emocional de su batalla. A pesar de estas luchas, continúa rezando diariamente, buscando fortaleza en su fe y en el apoyo de sus seres queridos.

Volviendo a Jesús

A pesar del pronóstico sombrío, Raj recurre a su fe en Jesús para encontrar fuerza y consuelo. Desde joven, a Raj le enseñaron la importancia de la oración y la confianza en Dios, pero ahora, más que nunca, se apoya en su fe para guiarlo a través de este tiempo oscuro. La Biblia se convierte en su compañera constante, y Raj pasa horas cada día leyendo las escrituras, encontrando consuelo en versículos que hablan de esperanza y sanidad. Pasajes como el Salmo 23:4, "Aunque ande en valle de sombra de muerte, no temeré mal alguno, porque tú estarás conmigo," e Isaías 41:10, "No temas, porque yo estoy contigo; no desmayes, porque yo soy tu Dios," le brindan la fuerza para enfrentar cada día.

Oración y apoyo

La noticia de la enfermedad de Raj se difunde rápidamente en su comunidad eclesiástica. La noticia es recibida con conmoción y tristeza, pero también con una determinación de apoyar a Raj y su familia de cualquier manera posible. Amigos, compañeros feligreses y líderes de la iglesia se unen, organizando círculos de oración y servicios especiales de oración dedicados a la sanidad de Raj. Estos encuentros están llenos de oraciones sinceras, himnos de esperanza y momentos de reflexión silenciosa. La demostración de amor y apoyo de la comunidad eclesiástica ayuda a levantar el ánimo de Raj. Los miembros visitan a Raj regularmente, llevando comidas, ofreciendo ayuda con las tareas del hogar y simplemente pasando tiempo con él para brindarle apoyo emocional. Su presencia es un recordatorio constante del poder de la comunidad y el amor de Cristo.

Raj siente el poder de estas oraciones colectivas mientras comienza su tratamiento. Cada sesión de quimioterapia es precedida por una oración, donde Raj pide fuerza y sanidad. Su familia sostiene sus manos, con la cabeza inclinada en oración, mientras buscan intervención divina. El personal del hospital, al notar la fuerte fe de Raj, a menudo se une a estos momentos, conmovidos por la devoción de la familia.

Luchas diarias

Cuando Raj comienza su quimioterapia, enfrenta numerosos desafíos. El tratamiento cobra un gran peaje en su cuerpo, causando efectos secundarios severos como náuseas, pérdida de cabello y fatiga debilitante. El antes enérgico y activo Raj ahora encuentra difícil realizar incluso las tareas más simples. Hay días en los que el dolor físico es casi insoportable, y Raj se siente abrumado por la agitación emocional de su batalla.

A pesar de estas luchas, Raj se mantiene firme en su fe. Continúa orando diariamente, buscando fuerza en Dios y el apoyo de sus seres queridos. Sus sesiones de oración se convierten en momentos de profunda conexión con Jesús, donde expresa sus miedos y encuentra consuelo en la presencia de Dios. Incluso en sus días más débiles, Raj siente una sensación de paz y consuelo sabiendo que no está solo. La familia de Raj es su roca durante este tiempo desafiante. Sus padres y Priya se turnan para quedarse con él en el hospital, asegurándose de que nunca esté solo durante sus tratamientos. Le ofrecen palabras de ánimo, comparten escrituras que hablan del poder sanador de Dios y le recuerdan las muchas oraciones que se elevan en su nombre. Su apoyo inquebrantable le da a Raj la fuerza para soportar los tratamientos agotadores.

El apoyo de la comunidad eclesiástica continúa desempeñando un papel crucial en la jornada de Raj. Las visitas regulares de los miembros de la iglesia proporcionan a Raj la tan necesaria compañía y ánimo. Traen libros, tarjetas de oración y mensajes de esperanza de otros feligreses. Se llevan a cabo servicios especiales de oración en la iglesia, donde la congregación ora colectivamente por la recuperación de Raj. Un servicio particularmente conmovedor se lleva a cabo en vísperas de la sesión de quimioterapia más intensiva de Raj. La iglesia está llena de velas, y los miembros se turnan ofreciendo oraciones y leyendo pasajes de las escrituras. La familia de Raj está allí, tomados de las manos y sintiendo la fuerza de la comunidad a su alrededor. El servicio termina con un poderoso himno, y Raj se va sintiéndose alentado y listo para enfrentar el próximo desafío.

Durante este período, Raj reflexiona profundamente sobre su fe y su relación con Jesús. Lleva un diario donde escribe sobre sus luchas diarias, sus momentos de desesperación y sus oraciones por sanidad. Este diario se convierte en una fuente de consuelo y un registro de su jornada, capturando las muchas formas en que su fe lo sostiene. A pesar de los muchos desafíos, Raj encuentra esperanza en pequeñas victorias. Hay días en los que los efectos secundarios del tratamiento son menos severos, permitiéndole disfrutar de placeres simples como leer un libro o ver una película con su familia. Estos momentos son apreciados, y Raj agradece a Dios por cada pequeña misericordia y respiro. La comunidad eclesiástica continúa encontrando formas de apoyar a Raj y su familia. Se organizan esfuerzos de recaudación de fondos para ayudar a cubrir el costo de los tratamientos médicos, y los amigos de Raj del coro de la iglesia lo visitan regularmente para cantar himnos y levantarle el ánimo. El apoyo de la comunidad es inquebrantable, y le recuerda a Raj la poderosa red de amor y fe que lo rodea.

El viaje de Raj a través del tratamiento está marcado por una fe profunda y constante. Él sabe que el camino por delante es largo e incierto, pero confía en el plan de Dios para su vida. Su fe le da el valor para enfrentar cada día, y el apoyo de su familia y de la comunidad de su iglesia le proporciona la fuerza para seguir luchando. A medida que Raj continúa su batalla contra la leucemia, se mantiene esperanzado y decidido. Obtiene fuerza de su fe en Jesús, de las oraciones de sus seres queridos y del apoyo inquebrantable de su comunidad eclesiástica. Cada día es un testimonio del poder de la fe y la resiliencia del espíritu humano, y Raj enfrenta el futuro con valentía y esperanza, confiando en la gracia y misericordia de Dios.

Capítulo 4: La battalla comienza

Raj se somete a tratamientos médicos rigurosos, incluyendo múltiples rondas de quimioterapia. Cada sesión lo deja más débil, pero sigue decidido a luchar contra la enfermedad. El hospital se convierte en un segundo hogar, y Raj forma lazos con el personal médico y los demás pacientes que también están luchando contra el cáncer. Durante su tratamiento, Raj se aferra a su fe. Mantiene una Biblia junto a su cama, leyendo pasajes que inspiran esperanza y coraje. Versos como Isaías

41:10, "No temas, porque yo estoy contigo; no desmayes, porque yo soy tu Dios," le brindan consuelo en los momentos más difíciles. La fe inquebrantable de Raj lo ayuda a mantener una perspectiva positiva, incluso cuando las probabilidades parecen insuperables. La familia y la comunidad eclesiástica de Raj juegan un papel crucial en su viaje. Se turnan para quedarse con él en el hospital, asegurándose de que nunca esté solo. Las oraciones constantes, las visitas y las palabras de aliento de sus seres queridos ayudan a Raj a mantenerse positivo y motivado. Su iglesia organiza recaudaciones de fondos para ayudar a cubrir los gastos médicos, aliviando la carga financiera de su familia.

Tratamiento médico

Raj comienza sus rigurosos tratamientos médicos con una mezcla de determinación y ansiedad. El plan de tratamiento implica múltiples rondas de quimioterapia, cada sesión destinada a destruir las células de leucemia en su cuerpo. Las sesiones de quimioterapia son agotadoras, dejando a Raj física y emocionalmente exhausto. Cada vez que visita la sala de oncología, el olor estéril y la vista de otros pacientes sometiéndose a tratamiento se vuelven demasiado familiares. A medida que los medicamentos de quimioterapia gotean lentamente en sus venas, Raj siente una ola de agotamiento y náuseas invadirlo. El tratamiento lo deja más débil con cada sesión, drenando su fuerza y energía. Su antes poblada cabellera comienza a adelgazarse y caerse, y su piel se vuelve pálida y frágil. A pesar de estos cambios físicos, Raj se mantiene resuelto en su lucha contra la enfermedad.

El hospital se convierte rápidamente en un segundo hogar para Raj. Pasa incontables horas en la sala de oncología, sometiéndose a tratamientos y recuperándose de sus efectos debilitantes. Durante estas largas horas, Raj forma lazos con el personal médico y con otros pacientes que también están enfrentando el cáncer. Las enfermeras, que son compasivas y atentas, brindan no solo cuidados médicos sino también apoyo emocional. A menudo comparten palabras de aliento e historias de otros pacientes que han superado desafíos similares. Raj también se conecta con otros pacientes, encontrando consuelo en sus experiencias y luchas compartidas. Forman un pequeño grupo de apoyo, animándose mutuamente y compartiendo consejos sobre cómo manejar los efectos secundarios de la quimioterapia. Estas amistades se convierten en una fuente de fuerza para Raj, recordándole que no está solo en esta batalla.

Fe y esperanza

Durante todo su tratamiento, Raj se aferra a su fe en Jesús. Mantiene una Biblia junto a su cama, leyendo pasajes que inspiran esperanza y coraje. Versos como Isaías 41:10, "No temas, porque yo estoy contigo; no desmayes, porque yo soy tu Dios," y Salmos 46:1, "Dios es nuestro refugio y fortaleza, nuestro pronto auxilio en las tribulaciones," le brindan consuelo durante los momentos más difíciles. Estas escrituras le recuerdan a Raj que nunca está solo, y que Dios está con él en cada paso del camino. La fe inquebrantable de Raj lo ayuda a mantener una perspectiva positiva, incluso cuando las probabilidades parecen insuperables. Ora diariamente, pidiendo fuerza y sanidad, y encuentra consuelo en los momentos tranquilos de reflexión y conexión con Dios. Su fe se convierte en un faro de esperanza, guiándolo a través de los días más oscuros de su tratamiento.

Sistema de apoyo

La familia de Raj y la comunidad eclesiástica juegan un papel crucial en su viaje. Sus padres y Priya se turnan para quedarse con él en el hospital, asegurándose de que nunca esté solo. Le brindan apoyo emocional, compartiendo escrituras y oraciones que elevan su espíritu. También le traen comidas caseras, libros y pequeños consuelos para hacer más soportables sus estancias en el hospital. Las constantes oraciones, visitas y palabras de aliento de sus seres queridos ayudan a Raj a mantenerse positivo y motivado. Su presencia inquebrantable es una fuente de inmensa fortaleza, recordándole a Raj el amor y apoyo que lo rodea.

Comprendiendo la carga financiera que el tratamiento de Raj impone a su familia, la comunidad eclesiástica organiza recaudaciones de fondos para ayudar a cubrir los gastos médicos. Se realizan ventas de pasteles, subastas benéficas y conciertos a beneficio, y todos los ingresos se destinan al tratamiento de Raj. La generosidad desbordante de la comunidad alivia la carga financiera de la familia de Raj, permitiéndoles centrarse en su recuperación sin la preocupación constante de las crecientes facturas.

A pesar del costo físico y emocional del tratamiento, Raj encuentra momentos de reflexión personal y resiliencia. Lleva un diario, documentando su viaje, sus luchas y sus oraciones. Escribir se convierte en una vía terapéutica para él, ayudándole a procesar las emociones abrumadoras que enfrenta a diario. La determinación de Raj para luchar contra la enfermedad nunca flaquea. Incluso en los días más difíciles, cuando el dolor y el cansancio son casi insoportables, él encuentra fuerzas en su fe y el amor de su familia y amigos. Sabe que cada día que soporta el tratamiento lo acerca un paso más a la recuperación.

En medio de los desafíos, hay momentos de esperanza y pequeñas victorias. Raj experimenta días en los que los efectos secundarios del tratamiento son menos graves, permitiéndole disfrutar de placeres simples como leer un libro favorito o ver una película con su familia. Estos momentos son atesorados, y Raj agradece a Dios por cada pequeña misericordia y respiro. El equipo médico de Raj monitorea de cerca su progreso, y comienzan a ver signos positivos. Sus conteos sanguíneos mejoran y la quimioterapia comienza a reducir las células cancerosas en su cuerpo. Estas pequeñas victorias proveen un rayo de esperanza, reforzando la creencia de Raj de que puede superar esta enfermedad.

El apoyo inquebrantable de la comunidad eclesiástica de Raj continúa siendo una fuente de fortaleza. Las visitas regulares de los miembros de la iglesia traen compañía y aliento. Comparten historias edificantes, oran juntos y brindan ayuda práctica, como hacer diligencias y ayudar con las tareas del hogar. La fe y las oraciones colectivas de la comunidad crean una poderosa red de apoyo que sostiene a Raj durante su tratamiento.

A medida que Raj continúa su batalla contra la leucemia, descubre un pozo profundo de fuerza interior. Su fe en Jesús, el amor de su familia y el apoyo de su comunidad se convierten en los pilares que lo sostienen. Cada día es un testimonio de la resiliencia del espíritu humano y el poder de la fe. El viaje de Raj a través del tratamiento está marcado por momentos de dolor, miedo e incertidumbre, pero también por esperanza, coraje y fe inquebrantable. Enfrenta cada desafío con determinación, sabiendo que cuenta con el apoyo de una comunidad que lo ama y un Dios que lo sostiene. La batalla está lejos de terminar, pero Raj está preparado para luchar con todas sus fuerzas, confiando en la fuerza y gracia de Dios para verlo hasta el final.

Capítulo 5: Sanidad milagrosa

Después de meses de un tratamiento agotador, Raj experimenta una mejora significativa en su salud. Sus médicos son inicialmente cautos, pero a medida que sus resultados continúan mostrando un progreso positivo, su cauteloso optimismo se convierte en asombro. El cáncer está en remisión y la fortaleza de Raj comienza a regresar. Raj y su familia están convencidos de que su sanidad es el resultado de sus fervientes oraciones y la intervención de Dios. Ven este cambio notable como un milagro, un testimonio del poder de la fe y la oración. La recuperación de Raj es nada menos que extraordinaria, y él acredita su fe por darle la fuerza para soportar el tratamiento y superar la enfermedad. Los profesionales médicos que trataron a Raj están desconcertados por su inesperada recuperación. Habían preparado a Raj y a su familia para una batalla larga y difícil, pero la velocidad y la totalidad de su remisión desafiaron sus expectativas. Los médicos reconocen que, aunque el tratamiento médico jugó un papel crucial, la actitud positiva de Raj y su fuerte sistema de apoyo también fueron factores significativos en su recuperación.

Punto de inflexión

Después de meses de agotadora quimioterapia e incontables oraciones, Raj comienza a notar una mejora significativa en su salud. Una mañana, se despierta sintiéndose menos fatigado y con una sorprendente cantidad de energía. Es un cambio drástico en comparación con la debilitante debilidad a la que se había acostumbrado. Inicialmente, Raj es reacio a hacerse ilusiones, pero ora por continuar recibiendo fuerza y sanidad. Su próxima cita con el Dr. Patel trae un optimismo cauteloso. El médico nota mejoras en los conteos sanguíneos de Raj y ordena una serie de pruebas de seguimiento para confirmar los hallazgos iniciales. A medida que llegan los resultados, se hace evidente que las células cancerosas se han reducido significativamente. El Dr. Patel, usualmente reservado y pragmático, no puede ocultar su asombro. Le dice a Raj y a su familia que la leucemia parece estar en remisión.

Intervención divina

La noticia de la remisión de Raj es recibida con una inmensa alegría y gratitud. Sus padres, Arun y Meera, lo abrazan fuertemente, con lágrimas de alivio rodando por sus mejillas. Priya está extasiada, su corazón lleno de esperanza y acción de gracias. La familia ofrece inmediatamente oraciones de gratitud, agradeciendo a Dios por esta increíble bendición. Siempre habían creído que sus fervientes oraciones y la fe de su comunidad jugaron un papel crucial en la sanidad de Raj, y este momento se siente como una afirmación divina. Durante las semanas siguientes, la fuerza de Raj continúa regresando. Ya no siente la persistente fatiga que lo había atormentado durante meses. Su apetito mejora y empieza a recuperar algo del peso que perdió. Su cabello comienza a crecer nuevamente y el color vuelve a sus mejillas. Raj comienza a retomar algunas de sus actividades normales, dando paseos cortos por el parque y pasando más tiempo con amigos y familiares.

Asombro de los médicos

La recuperación de Raj es nada menos que extraordinaria. El mismo personal del hospital que lo había visto en su punto más débil ahora es testigo de su notable transformación. Las enfermeras que le brindaron cuidado y consuelo durante sus sesiones de quimioterapia ahora comparten su alegría, maravillándose por la transformación. La sala de oncología, que una vez fue un lugar de inmensa lucha para Raj, ahora se siente como un lugar de esperanza y renovación. El Dr. Patel y el equipo médico que trató a Raj están desconcertados por su inesperada recuperación. Habían preparado a Raj y a su familia para una batalla larga y difícil, y la rapidez y completitud de su remisión superaron sus expectativas. El Dr. Patel reconoce el papel crucial del tratamiento médico pero también enfatiza la actitud positiva de Raj y el fuerte sistema de apoyo que lo rodea. Admite que hay aspectos de la recuperación de Raj que van más allá de la explicación médica, llamándolo un "milagro médico."

Raj y su familia están convencidos de que la intervención divina es responsable de su sanidad. Ven este notable cambio como un milagro, un testimonio del poder de la fe y la oración. Raj reflexiona sobre las innumerables noches pasadas en oración, las escrituras que le brindaron consuelo y la fe inquebrantable que lo sostuvo. Atribuye a su fe el haberle dado la fuerza para soportar el tratamiento y superar la enfermedad.

La noticia de la remisión de Raj se esparce rápidamente por su comunidad eclesiástica. Se organiza un servicio especial de agradecimiento para celebrar su milagrosa sanidad. La iglesia se llena de miembros que han orado incansablemente por la recuperación de Raj. Durante el servicio, Raj se presenta ante la congregación, compartiendo su testimonio de fe y sanidad. Habla sobre los momentos más oscuros de su batalla, la fuerza que encontró en Jesús y el apoyo abrumador de su familia y la iglesia. La congregación escucha con asombro, muchos conmovidos hasta las lágrimas por la historia de Raj. El servicio está lleno de canciones de alabanza, oraciones de agradecimiento y momentos de reflexión silenciosa sobre el poder de la fe. La comunidad eclesiástica siente un renovado sentido de esperanza y unidad, inspirados por la travesía de Raj.

A medida que la salud de Raj continúa mejorando, pasa tiempo reflexionando sobre su viaje. Escribe extensamente en su diario, documentando sus experiencias, las lecciones que aprendió y el profundo impacto de su fe. Raj se da cuenta de que su batalla con la leucemia lo ha cambiado en muchos sentidos. Tiene una apreciación más profunda por la vida, una conexión más fuerte con su fe y un nuevo sentido de propósito. Con su salud restaurada, Raj comienza a pensar en su futuro. Retoma su carrera como ingeniero de software, regresando al trabajo con un renovado sentido de propósito y gratitud. Sus colegas lo reciben con los brazos abiertos, inspirados por su fortaleza y resiliencia. Raj también permanece profundamente involucrado en su iglesia, participando en ministerios y programas de alcance que apoyan a otros que enfrentan desafíos similares.

La experiencia de Raj con la leucemia ha encendido una pasión por la defensa de la salud. Comienza a hacer voluntariado con organizaciones de salud locales, compartiendo su historia y creando conciencia sobre la leucemia y la importancia de la fe en la sanidad. Habla en conferencias de salud y eventos comunitarios, enfatizando la necesidad de un enfoque holístico para el tratamiento que incluya atención médica, apoyo emocional y orientación espiritual.

La historia de Raj deja un impacto duradero en su comunidad. Su viaje desde el diagnóstico hasta la sanidad milagrosa es un testimonio poderoso de la fortaleza del espíritu humano y las obras milagrosas de Dios. Raj continúa compartiendo su testimonio, inspirando a otros a creer en las posibilidades que la fe puede traer. Sueña con iniciar una fundación para ayudar a otros que luchan contra enfermedades graves, combinando apoyo médico con cuidado espiritual. A medida que Raj avanza, lleva consigo las lecciones aprendidas de su batalla contra la leucemia. Su fe sigue siendo su luz guía y está comprometido a utilizar su experiencia para tener un impacto positivo en la vida de los demás. La historia de Raj es un faro de esperanza, demostrando que con una fe inquebrantable, el apoyo de los seres queridos y la gracia de Dios, incluso los desafíos más insuperables pueden ser superados.

Capítulo 6: Testimonio e inspiración

Raj se siente obligado a compartir su historia con los demás. Comienza hablando en su iglesia, contando su viaje desde el diagnóstico hasta la sanidad. Su testimonio está lleno de gratitud por el apoyo recibido y una profunda convicción en el poder de la fe. Las palabras de Raj resuenan profundamente en quienes las escuchan, ofreciendo esperanza e inspiración. La historia de Raj inspira a muchos que están enfrentando sus propias batallas. Recibe mensajes de personas que han sido tocadas por su travesía, expresando cómo su fe y perseverancia les han dado una esperanza renovada. Raj aprovecha cada oportunidad para animar a los demás, recordándoles que no están solos y que siempre hay esperanza, incluso en los momentos más oscuros. Raj es invitado a hablar en varios eventos, incluidas conferencias de salud, reuniones de iglesias y encuentros comunitarios. Comparte su viaje y el poder de la oración, enfatizando la importancia de la fe y el apoyo comunitario para superar la adversidad. Sus discursos están llenos de pasión y sinceridad, y su historia continúa inspirando a innumerables personas.

Compartiendo su historia

Raj siente un profundo sentido de responsabilidad y gratitud al compartir su milagroso viaje con los demás. Sabe que su historia puede traer esperanza e inspiración a aquellos que enfrentan sus propias batallas. Comienza hablando en su iglesia, Santa María, durante un servicio especial organizado para dar gracias por su sanidad. La iglesia está llena de amigos, familiares y miembros de la congregación que lo han apoyado durante su enfermedad. Cuando Raj se para ante la congregación, siente una oleada de emoción. Toma una respiración profunda y comienza a contar su viaje desde el diagnóstico hasta la sanidad. Su voz tiembla ligeramente mientras describe el shock inicial de su diagnóstico de leucemia y los meses agotadores de tratamiento que siguieron. Habla del dolor físico, los momentos de desesperación y el apoyo inquebrantable de su familia y comunidad eclesiástica.

El testimonio de Raj está lleno de gratitud por las innumerables oraciones, visitas y actos de bondad que lo sostuvieron. Expresa su profunda convicción en el poder de la fe, compartiendo cómo las escrituras y la oración le proporcionaron fuerza y esperanza. Raj cita versos que lo sostuvieron en los tiempos más oscuros, como Isaías 41:10 y Salmo 46:1, y explica cómo estas palabras de Dios se convirtieron en un salvavidas para él. La congregación escucha atentamente, muchos conmovidos hasta las lágrimas por las sentidas palabras de Raj. Su historia resuena profundamente en quienes la escuchan, ofreciendo esperanza e inspiración. Después del servicio, la gente se acerca a Raj para agradecerle por compartir su viaje y para decirle cuánto los ha conmovido su testimonio. Raj siente un profundo sentido de propósito y realización, sabiendo que su experiencia puede ayudar a los demás.

Inspirando a otros

La historia de Raj se extiende rápidamente más allá de su comunidad eclesiástica. Comienza a recibir mensajes de personas que han sido tocadas por su travesía, expresando cómo su fe y perseverancia les han dado una esperanza renovada. Algunos comparten sus propias luchas con enfermedades o adversidades, encontrando fuerza en el ejemplo de Raj. Raj aprovecha cada oportunidad para responder a estos mensajes, ofreciendo palabras de aliento y recordándoles a las personas que no están solas y que siempre hay esperanza, incluso en los momentos más oscuros.

El testimonio de Raj llama la atención de organizaciones locales y organizadores de eventos. Lo invitan a hablar en varios eventos, incluidas conferencias de salud, reuniones de iglesias y reuniones comunitarias. En cada evento, Raj comparte su viaje con pasión y sinceridad, enfatizando la importancia de la fe, la oración y el apoyo comunitario para superar la adversidad. En una conferencia de salud, Raj se presenta ante una sala llena de médicos, enfermeras y pacientes. Habla sobre los desafíos físicos y emocionales de luchar contra la leucemia y el papel crítico que la fe y una comunidad de apoyo jugaron en su recuperación. Raj destaca la importancia de un enfoque holístico del tratamiento, uno que aborde no solo las necesidades físicas sino también las espirituales y emocionales de los pacientes. En una reunión de la iglesia, el testimonio de Raj trae un sentido renovado de esperanza y unidad a la congregación. Comparte anécdotas personales de momentos en los que sintió la presencia de Dios y los eventos milagrosos que fortalecieron su fe. Las palabras de Raj inspiran a muchos a profundizar su propia fe y apoyarse unos a otros a través de la oración y actos de bondad.

Discurso público

Raj también habla en reuniones comunitarias, donde se dirige a grupos de personas que enfrentan diversos desafíos, desde problemas de salud hasta dificultades personales. Su mensaje es de resiliencia y esperanza, recordando a todos que no están solos en sus luchas. Raj comparte consejos prácticos sobre cómo mantener la fe y buscar apoyo, basándose en sus propias experiencias. En una de esas reuniones, una mujer se acercó a Raj después, con lágrimas en los ojos. Le dijo que había estado luchando contra una enfermedad grave y quería rendirse, pero escuchar la historia de Raj le había dado la fuerza para seguir luchando. Raj se sintió profundamente conmovido y agradecido de que su historia pudiera hacer una diferencia tan grande en la vida de las personas.

Los discursos de Raj están llenos de pasión y sinceridad, y su historia sigue inspirando a innumerables personas. Se ha convertido en un orador buscado no solo en Mumbai sino también en otras ciudades. Cada vez que comparte su testimonio, Raj siente un profundo sentido de propósito y realización. Sabe que su viaje, aunque increíblemente desafiante, lo ha equipado para ser un faro de esperanza para los demás. A medida que Raj continúa compartiendo su historia, también experimenta crecimiento personal y reflexión. Se da cuenta de que su viaje le ha dado una perspectiva única sobre la vida, la fe y la resiliencia. Raj sigue comprometido con su propio viaje de fe, continuando con la oración, la lectura de las Escrituras y buscando la guía de Dios en todos los aspectos de su vida.

La historia de Raj deja un impacto duradero en todos los que la escuchan. Se convierte en un símbolo de esperanza y resiliencia, demostrando el poder milagroso de la fe y el apoyo comunitario. Raj sigue inspirando a otros con su fe inquebrantable, recordándoles que con la gracia de Dios, incluso los desafíos más insuperables pueden superarse. Mientras Raj mira hacia el futuro, sueña con expandir su alcance, tal vez comenzando una fundación para apoyar a otras personas que luchan contra enfermedades graves. Él imagina un lugar donde las personas puedan encontrar no solo apoyo médico sino también cuidado espiritual y emocional, tal como lo hizo durante su propio viaje. El legado de Raj es uno de fe, esperanza y el increíble poder del amor de Dios, y está decidido a usar su experiencia para tener un impacto positivo en el mundo.

Capítulo 7: La vida después de la sanidad

Con su salud restaurada, Raj reanuda su carrera como ingeniero de software. Vuelve al trabajo con un renovado sentido de propósito y gratitud. La experiencia de luchar contra la leucemia lo ha cambiado, dándole una apreciación más profunda por la vida y un deseo más fuerte de tener un impacto positivo. Raj sigue profundamente involucrado en su iglesia, participando en ministerios y programas de alcance. Ofrece su tiempo para ayudar a otros que enfrentan desafíos difíciles, ofreciéndoles el mismo apoyo y ánimo que él recibió. La fe de Raj continúa siendo la base de su vida, guiando sus acciones y decisiones. Raj se convierte en un defensor de la concienciación sobre la salud y la importancia de la fe en tiempos difíciles. Trabaja con organizaciones locales para promover la detección temprana y el tratamiento de enfermedades como la leucemia. Raj también habla sobre el papel de la fe y la espiritualidad en la sanidad, ayudando a otros a ver el valor de un enfoque holístico de la salud.

Nuevos comienzos

Con su salud restaurada, Raj reanuda su carrera como ingeniero de software en la prominente empresa tecnológica donde había trabajado antes de su diagnóstico. Sus colegas, que siguieron su viaje con preocupación y esperanza, lo recibieron de vuelta con los brazos abiertos. La oficina está llena de felicitaciones y cálidos abrazos, y Raj se siente profundamente agradecido por el apoyo que ha recibido de su lugar de trabajo. Raj regresa al trabajo con un renovado sentido de propósito y gratitud. La experiencia de luchar contra la leucemia lo ha cambiado profundamente, dándole una apreciación más profunda de la vida y un deseo más fuerte de tener un impacto positivo. Cada día que pasa programando, resolviendo problemas complejos y colaborando con su equipo, Raj lo hace con un vigor y entusiasmo renovados.

Fe que permanece

La fe de Raj continúa siendo la base de su vida, guiando sus acciones y decisiones. Comienza cada día con una oración de agradecimiento, pidiendo orientación y fuerza. Su rutina matutina incluye leer un pasaje de la Biblia, lo que establece un tono positivo para el resto del día. El escritorio de Raj en la oficina está adornado con una pequeña cruz y algunas citas inspiradoras de las escrituras, recordatorios del viaje que ha recorrido y la fe que lo sustentó.

Raj sigue profundamente involucrado en su iglesia, Santa María, participando en varios ministerios y programas de alcance. Ofrece su tiempo como voluntario para ayudar a otros que enfrentan desafíos difíciles, ofreciéndoles el mismo apoyo y aliento que él recibió. Raj se une al equipo de cuidado pastoral de la iglesia, visitando a miembros enfermos de la congregación y proporcionando apoyo espiritual.

También ayuda a organizar eventos de recaudación de fondos para familias que enfrentan crisis médicas, asegurando que tengan el apoyo financiero y emocional que necesitan.

Uno de los ministerios favoritos de Raj es el grupo de jóvenes. Disfruta de ser mentor de los jóvenes, compartiendo su historia y enseñándoles sobre la importancia de la fe, la resiliencia y el apoyo comunitario. Raj organiza talleres sobre temas como lidiar con el estrés, el poder de la oración y encontrar propósito en tiempos difíciles. Sus experiencias resuenan profundamente con los jóvenes, muchos de los cuales lo ven como un modelo a seguir.

Defensa de la salud

Raj se convierte en un defensor de la concienciación sobre la salud y de la importancia de la detección temprana y el tratamiento de enfermedades como la leucemia. Trabaja con organizaciones de salud locales para promover campañas educativas y ferias de salud comunitarias. Raj habla en escuelas, centros comunitarios y clínicas de salud, compartiendo su historia y enfatizando el papel crítico de los chequeos de salud regulares y la intervención temprana. En sus charlas, Raj también destaca la importancia de la fe y la espiritualidad en la sanidad. Comparte cómo su propio camino de fe le proporcionó fortaleza y esperanza, ayudando a otros a ver el valor de un enfoque holístico para la salud. Raj colabora con profesionales de la salud para desarrollar programas que integren el tratamiento médico con el apoyo espiritual y emocional, asegurando que los pacientes reciban una atención integral.

La historia de Raj continúa inspirando a muchos, y con frecuencia es invitado a hablar en diversos eventos. Se dirige a reuniones en iglesias, eventos comunitarios y conferencias de salud, compartiendo su testimonio y las lecciones que ha aprendido. Sus discursos están llenos de pasión y sinceridad, y su mensaje de esperanza y resiliencia resuena con audiencias de todos los ámbitos de la vida. En una gran conferencia de salud, Raj se presenta ante una audiencia de profesionales de la salud y pacientes. Habla sobre los desafíos físicos y emocionales de luchar contra la leucemia y el papel crítico que la fe y el apoyo comunitario jugaron en su recuperación. Raj enfatiza la necesidad de un enfoque compasivo y holístico para la atención médica, uno que aborde la mente, el cuerpo y el espíritu.

De vuelta en Mumbai, Raj se convierte en una figura bien conocida en la comunidad. Participa en eventos locales, apoya iniciativas caritativas y colabora con otros líderes comunitarios para abordar problemas apremiantes. El viaje de Raj lo ha convertido en un faro de esperanza, y muchas personas buscan su consejo y apoyo. Se mantiene humilde, siempre atribuyendo su fuerza y éxito a su fe y al apoyo que recibió de su familia y comunidad.

Mientras Raj navega por la vida después de sanar, continúa reflexionando sobre el viaje que lo llevó hasta aquí. Escribe en su diario regularmente, documentando sus pensamientos, experiencias y las lecciones que sigue aprendiendo. La batalla de Raj contra la leucemia le ha enseñado el valor de la gratitud, la importancia de la fe y el poder de la comunidad. Estas ideas lo guían en su vida personal y profesional, influyendo en sus decisiones e interacciones. Raj sueña con expandir sus esfuerzos de alcance y tener un impacto aún mayor. Él imagina iniciar una fundación dedicada a apoyar a individuos y familias que enfrentan enfermedades graves. La fundación proporcionaría asistencia financiera, recursos educativos y cuidado espiritual, asegurando que nadie tenga que enfrentar tales desafíos solo. Raj también sueña con escribir un libro sobre su viaje, compartiendo su historia con una audiencia más amplia y ofreciendo un mensaje de esperanza y resiliencia.

La historia de Raj deja un legado duradero de fe y esperanza. Su viaje desde el diagnóstico hasta la sanidad es un testimonio poderoso de la fortaleza del espíritu humano y de las obras milagrosas de Dios. Raj continúa inspirando a innumerables personas, recordándoles que con una fe inquebrantable, el apoyo de los seres queridos y la gracia de Dios, incluso los desafíos más insuperables pueden ser superados. Mientras Raj mira hacia el futuro, está lleno de un profundo sentido de propósito y realización. Se compromete a usar su experiencia para tener un impacto positivo en el mundo, guiado por su fe e impulsado por el deseo de ayudar a los demás. El viaje de Raj es un faro de esperanza, demostrando el increíble poder de la fe, la resiliencia y el amor de una comunidad de apoyo.

Epílogo: Reflexiones y legado

Mientras Raj reflexiona sobre su viaje desde el diagnóstico hasta la sanidad, está lleno de gratitud. Reconoce los muchos milagros en el camino y el poder de la fe que lo llevó a través de los momentos más oscuros. El viaje de Raj ha fortalecido su creencia en la presencia de Dios y el poder del apoyo comunitario. Raj sueña con iniciar una fundación para ayudar a otros que enfrentan enfermedades graves. Él imagina una organización que combine apoyo médico con cuidado espiritual, proporcionando a los pacientes los recursos y el estímulo que necesitan para luchar contra sus batallas. Raj es apasionado por retribuir y hacer una diferencia en las vidas de quienes están luchando. La historia de Raj deja un impacto duradero en su comunidad y más allá. Ejemplifica el poder de la fe, la esperanza y las obras milagrosas de Dios. El viaje de Raj desde una enfermedad potencialmente mortal hasta un lugar de salud y propósito es un testimonio de la fortaleza del espíritu humano y el profundo impacto de una fe inquebrantable.

Mirando hacia atrás

Mientras Raj se sienta en el balcón de su apartamento en Mumbai, contempla la bulliciosa ciudad que ha sido tanto su hogar como su santuario. La cálida brisa vespertina lleva consigo los sonidos de la ciudad: bocinas de autos, conversaciones distantes y el ocasional llamado a la oración. Es en estos momentos de tranquilidad cuando Raj reflexiona sobre su increíble viaje desde el diagnóstico hasta la sanidad. Raj está lleno de gratitud al recordar los muchos milagros en el camino. Recuerda el impacto inicial de su diagnóstico de leucemia, los meses agotadores de quimioterapia y el abrumador apoyo de su familia, amigos y la comunidad de su iglesia. Cada memoria es un testimonio del poder de la fe y la resiliencia del espíritu humano. Reconoce las innumerables oraciones que fueron respondidas y la fuerza que encontró en su relación con Dios. El viaje de Raj ha fortalecido profundamente su creencia en la presencia de Dios. Siente una abrumadora sensación de paz y realización al saber que su fe lo llevó a través de los momentos más oscuros. Recuerda las escrituras que le brindaron consuelo y las oraciones que le dieron fuerza. Versículos como Isaías 41:10 y Salmos 46:1 fueron sus anclas, recordándole el apoyo inquebrantable de Dios.

Aspiraciones futuras

Inspirado por sus propias experiencias, Raj sueña con iniciar una fundación para ayudar a otros que enfrentan enfermedades graves. Él imagina una organización que combine apoyo médico con cuidado espiritual, proporcionando a los pacientes los recursos y el estímulo que necesitan para luchar contra sus batallas. Raj es apasionado por crear un espacio donde las personas puedan encontrar esperanza, fortaleza y un sentido de comunidad. La fundación ofrecería asistencia financiera a las familias que enfrentan gastos médicos, asegurando que nadie tenga que enfrentar la carga de la enfermedad solo. Proporcionaría recursos educativos sobre la detección temprana y las opciones de tratamiento, empoderando a los pacientes y sus familias con conocimiento. Raj también planea incluir servicios de cuidado espiritual, como grupos de oración, asesoramiento y redes de apoyo basadas en la fe, reconociendo el papel crucial que la fe jugó en su propia recuperación.

El deseo de Raj de retribuir está impulsado por el amor y apoyo que recibió durante su enfermedad. Quiere marcar una diferencia en la vida de aquellos que están luchando, ofreciéndoles la misma esperanza y aliento que lo sostuvieron. Raj comienza a sentar las bases de su fundación, contactando a profesionales de la salud, líderes espirituales y organizadores comunitarios para construir una red de apoyo. Organiza eventos de recaudación de fondos, hablando apasionadamente sobre su visión y el impacto que espera lograr. La historia de Raj resuena profundamente con los donantes y voluntarios, muchos de los cuales se sienten inspirados por su viaje y deseosos de contribuir. La fundación comienza a tomar forma, convirtiéndose en un faro de esperanza para muchos.

La historia de Raj deja un impacto duradero en su comunidad y más allá. Su viaje desde una enfermedad que ponía en peligro su vida hasta un lugar de salud y propósito es un testimonio poderoso de la fortaleza del espíritu humano y del profundo impacto de una fe inquebrantable. La resiliencia y determinación de Raj inspiran a innumerables individuos a creer en las posibilidades que puede traer la fe. A través de sus compromisos de oratoria pública, Raj continúa compartiendo su testimonio, llegando a nuevas audiencias y tocando vidas. Sus discursos están llenos de pasión y sinceridad, ofreciendo un mensaje de esperanza y resiliencia. Enfatiza la importancia de la fe, el apoyo comunitario y el poder de la oración para superar la adversidad.

Legado de fe

Al reflexionar sobre su viaje, Raj siente un profundo sentido de realización. Sabe que sus experiencias lo han moldeado en la persona que es hoy: más fuerte, más compasivo y profundamente conectado con su fe. La relación de Raj con Dios es la piedra angular de su vida, guiando sus acciones y decisiones. Se mantiene comprometido a usar su historia para tener un impacto positivo en el mundo.

El legado de Raj es uno de fe, esperanza y el increíble poder del amor de Dios. Su viaje es un ejemplo brillante de cómo una fe inquebrantable y el apoyo comunitario pueden llevar a resultados milagrosos. La fundación de Raj se ha convertido en una organización próspera, ayudando a innumerables individuos y familias a navegar los desafíos de enfermedades graves. A través de su trabajo, Raj continúa difundiendo el mensaje de que con fe y determinación, todo es posible.

Mirando hacia el futuro, Raj sueña con expandir el alcance de su fundación y asociarse con otras organizaciones para brindar atención integral a aún más personas. Visualiza un mundo donde nadie tenga que enfrentar la enfermedad solo y donde cada paciente tenga acceso al apoyo médico y espiritual que necesita. La dedicación de Raj a esta visión lo impulsa a trabajar incansablemente, siempre guiado por su fe y el deseo de retribuir. Mientras contempla la puesta de sol sobre Mumbai, Raj siente una profunda sensación de paz. Sabe que su viaje tiene un propósito y que está exactamente donde debe estar. La historia de Raj es un faro de esperanza, demostrando que con fe, resiliencia y el apoyo de una comunidad amorosa, incluso los desafíos más insuperables se pueden superar. Su legado continuará inspirando y elevando, mostrando al mundo el poder milagroso de la gracia de Dios.

Fin

LOS CONFLICTOS FAMILIARES DE ELENA EN BUENOS AIRES, ARGENTINA

Capítulo 1: Un hogar fracturado

• **Introducción a Elena:** Una adolescente que vive en Buenos Aires, Argentina, que destaca en la escuela y ama a su comunidad eclesiástica.

• **Discordia familiar:** La vida en el hogar de Elena está llena de constantes discusiones y tensión entre sus padres, lo que conduce a una atmósfera tensa.

• **Impacto en Elena:** La disfunción familiar afecta a Elena emocional y académicamente, haciéndola sentir aislada y angustiada.

Capítulo 2: Encontrando consuelo en la fe

• **Acudiendo a Jesús:** A pesar del caos en casa, Elena encuentra paz y consuelo en su fe, asistiendo regularmente a la iglesia y al grupo juvenil.

• **Comunidad de apoyo:** Sus amigos y mentores de la iglesia le brindan un sistema de apoyo, ofreciendo oraciones y ánimo.

• **Buscando orientación:** Elena ora fervientemente por la sanidad de su familia y recurre a las escrituras en busca de fortaleza y sabiduría.

Capítulo 3: El poder de la oración

• **Oración persistente:** Elena continúa orando por su familia, creyendo en el poder de Dios para traer cambio y sanidad.

• **Pequeñas señales de esperanza:** Ella nota pequeños cambios en el comportamiento de sus padres, lo que le da esperanza de que sus oraciones pueden estar dando fruto.

• **Crecimiento personal:** A través de su viaje de fe, Elena aprende sobre el perdón, la paciencia y la importancia de mantener la esperanza.

Capítulo 4: Un punto de inflexión

• **Un conflicto mayor:** Una discusión particularmente intensa en casa se convierte en un punto de inflexión, llevando a Elena a buscar consejo de su pastor.

• **Intervención de la iglesia:** El pastor y los ancianos de la iglesia intervienen, ofreciendo mediar y proporcionar consejería para la familia de Elena.

• **Resistencia inicial:** Los padres de Elena son inicialmente resistentes, pero finalmente aceptan asistir a las sesiones de consejería.

Capítulo 5: El camino hacia la reconciliación

• **Sesiones de consejería:** La familia comienza a asistir a consejería, donde se abordan problemas arraigados y malentendidos.

• **Fe y perdón:** Los padres de Elena comienzan a explorar su propia fe, inspirados por la firme creencia de Elena y el apoyo de la iglesia.

• **Conversaciones sanadoras:** Conversaciones honestas y abiertas llevan a una reconstrucción gradual de la confianza y la comprensión dentro de la familia.

Capítulo 6: Cambio transformador

• **Relaciones renovadas:** Con el tiempo, la dinámica familiar mejora significativamente, con menos conflictos y más comunicación y empatía.

• **Crecimiento espiritual:** Los padres de Elena comienzan a asistir a la iglesia regularmente, creciendo en su propia fe y encontrando paz en Jesús.

• **Unidad familiar:** La familia empieza a pasar tiempo de calidad junta, fortaleciendo sus lazos y creando nuevos recuerdos positivos.

Capítulo 7: Un testimonio del poder de Dios

• **Compartiendo su historia:** Elena y su familia comparten su testimonio de reconciliación y sanidad con su comunidad eclesiástica.

• **Inspirando a otros:** Su historia inspira a otras familias en la iglesia que enfrentan luchas similares, mostrando el poder de la oración y la fe.

• **Dando gloria a Dios:** La familia reconoce abiertamente el papel de Dios en su transformación, dándole toda la gloria a Él por su renovada unidad y amor.

Epílogo: Reflexiones y esperanzas futuras

• **Recordando el pasado:** Elena reflexiona sobre el viaje de la discordia a la armonía, agradecida por las lecciones aprendidas y la fortaleza de su fe.

• **Crecimiento continuo:** La familia continúa creciendo espiritualmente, permaneciendo activa en su iglesia y apoyando a otros en necesidad.

• **Legado de fe:** La historia de Elena deja un impacto duradero en su comunidad, ejemplificando el poder de la fe, el perdón y el amor transformador de Dios.

<u>"Los conflictos familiares de Elena en Buenos Aires, Argentina"</u>

Capítulo 1: Un hogar fracturado

Elena es una chica brillante de 16 años que vive en Buenos Aires, Argentina. Sobresale en sus estudios y es apasionada por su participación en la iglesia local. Su sonrisa radiante y su actitud positiva a menudo iluminan la habitación, convirtiéndola en un miembro querido de su comunidad eclesiástica. La dedicación de Elena a sus estudios y a su fe es evidente en su constante participación en actividades escolares y programas de la iglesia. A pesar de sus éxitos externos, la vida en el hogar de Elena es tumultuosa. Sus padres, Carlos y María, discuten constantemente. La tensión en el hogar es palpable, con frecuentes gritos que dejan a Elena sintiéndose angustiada y ansiosa. La raíz de sus conflictos varía, desde problemas financieros hasta desacuerdos sobre la crianza, pero el resultado siempre es el mismo: un ambiente tenso y hostil. La discordia constante afecta a Elena, tanto emocional como académicamente. Encuentra difícil concentrarse en sus estudios y sus calificaciones empiezan a bajar. El estrés en casa la deja sintiéndose aislada e impotente. Elena empieza a alejarse de sus amigos, incapaz de explicar el caos que reina en su hogar. La chica que antes era vibrante y confiada empieza a mostrar signos de angustia, y sus maestros notan un cambio en su usual rendimiento sobresaliente.

Introducción a Elena

Elena es una chica de 16 años, brillante y ambiciosa, que vive en la vibrante ciudad de Buenos Aires, Argentina. Es conocida por su excelente desempeño académico y su activa participación en diversas actividades escolares. Elena siente una pasión especial por su participación en la iglesia local, donde es voluntaria en programas juveniles y proyectos de alcance comunitario. Su radiante sonrisa y su actitud positiva suelen iluminar la habitación, convirtiéndola en un miembro querido tanto de su escuela como de su comunidad eclesiástica. El día típico de Elena comienza con oraciones matutinas temprano, seguidas por un riguroso horario escolar. Es diligente en sus estudios, a menudo quedándose despierta hasta tarde para completar tareas y prepararse para exámenes. Sus materias favoritas son literatura e historia, y sueña con convertirse en escritora algún día. Después de la escuela, Elena se dirige a la iglesia, donde ayuda a organizar reuniones de grupos juveniles y participa en sesiones de estudio bíblico. Su dedicación a sus estudios y a su fe es evidente en su constante participación y el respeto que le tienen sus compañeros y mentores.

Discordia familiar

A pesar de sus éxitos externos, la vida en casa de Elena está lejos de ser ideal. Sus padres, Carlos y María, están constantemente en desacuerdo, y sus discusiones se han convertido en algo cotidiano. La tensión en el hogar es palpable, creando una atmósfera de inquietud e incomodidad. La raíz de sus conflictos varía, desde problemas financieros y estrés laboral hasta desacuerdos sobre la crianza y las responsabilidades del hogar. Sin embargo, el resultado siempre es el mismo: un ambiente tenso y hostil que deja a todos sintiéndose al límite. Carlos trabaja largas horas como taxista, a menudo llegando a casa tarde en la noche, exhausto e irritable. María, una costurera a tiempo parcial, trata de manejar las finanzas del hogar, pero su ingreso apenas cubre sus gastos. El estrés de su situación financiera exacerba sus discusiones, llevando a frecuentes gritos que resuenan en el pequeño apartamento. María se siente abrumada por las responsabilidades de manejar la casa y criar a sus hijos, mientras que Carlos siente la presión de ser el principal sostén de la familia.

Impacto en Elena

La constante discordia tiene un impacto significativo en Elena, tanto emocionalmente como académicamente. Le resulta cada vez más difícil concentrarse en sus estudios, y sus calificaciones, antes impecables, comienzan a bajar. El estrés en casa la deja sintiéndose aislada e impotente, mientras lucha por encontrar un sentido de normalidad en medio del caos.

Elena comienza a alejarse de sus amigos, incapaz de explicar el caos que reina en su hogar. Los profesores de Elena notan un cambio en su rendimiento, antes excelente. Antes confiada y participativa, ahora parece distraída y distante. Sus amigos, también, perciben que algo va mal. Elena, que siempre era la primera en ofrecer una mano amiga o una palabra amable, ahora parece preocupada y reservada. Evita las reuniones sociales y pasa más tiempo sola, a menudo retirándose a su habitación para escapar de los argumentos que resuenan en el apartamento.

Por la noche, Elena se acuesta escuchando los sonidos amortiguados de las discusiones de sus padres. Siente un nudo de ansiedad en el pecho, y el sueño se vuelve evasivo. La chica, antes vibrante y confiada, comienza a mostrar signos de angustia: círculos oscuros bajo los ojos, un apetito menguante y una sensación de fatiga que ningún descanso logra aliviar. La tensión emocional comienza a manifestarse de otras maneras también. Elena se vuelve más sensible y fácilmente se altera, a veces rompiendo en llanto por incidentes menores.

Siente un creciente resentimiento hacia sus padres por su incapacidad para mantener la paz en casa. Elena anhela la vida familiar armoniosa que ve en las casas de sus amigos y siente una profunda sensación de vergüenza y pena por la disfunción de su propia familia. A pesar de sus luchas, Elena encuentra momentos de consuelo en su fe. Se aferra a su rutina de oración y se sumerge en las actividades de la iglesia, buscando refugio del tormento en casa. Su pastor juvenil, Javier, nota su angustia y le ofrece palabras de aliento y apoyo. La iglesia se convierte en un santuario donde Elena puede olvidar momentáneamente sus problemas y encontrar algo de paz.

En un intento por lidiar con el caos en casa, Elena comienza a desarrollar ciertos mecanismos de afrontamiento. Pasa más tiempo en la iglesia, ofreciendo su ayuda en actividades adicionales y asumiendo más responsabilidades. Estos compromisos no solo la mantienen ocupada, sino que también le proporcionan un sentido de propósito y pertenencia. Elena también empieza a llevar un diario, donde vierte sus pensamientos y sentimientos. Escribir se convierte en una vía terapéutica, permitiéndole procesar sus emociones y ganar algo de claridad. A pesar de sus esfuerzos, el peso de la discordia familiar sigue presionándola. Elena a menudo se siente dividida entre su lealtad a sus padres y su deseo de una vida pacífica. Ora fervientemente por una resolución, esperando que algún día su hogar esté lleno de amor y armonía en lugar de conflicto y tensión. Mientras navega por los desafíos de su hogar fracturado, Elena se mantiene decidida a aferrarse a su fe y a continuar esforzándose por la excelencia en sus estudios y su participación en la iglesia. Su resiliencia y su inquebrantable creencia en un futuro mejor son lo que la mantienen avanzando, incluso cuando el camino parece lleno de obstáculos. El viaje de Elena es un testimonio de la fortaleza del espíritu humano y el poder de la fe frente a la adversidad.

Capítulo 2: Encontrando consuelo en la fe

En medio del caos en casa, Elena encuentra consuelo en su fe. Asiste regularmente a los servicios de la iglesia, encontrando paz y confort en el santuario. El grupo de jóvenes se convierte en su refugio, un lugar donde se siente comprendida y apoyada. Se sumerge en la oración, buscando guía y fuerza en Jesús. Los amigos y mentores de la iglesia proporcionan un sistema de apoyo crucial. Ofrecen oraciones, ánimos y un oído atento. Su pastor de jóvenes, Javier, se convierte en un confidente de confianza, proporcionando guía espiritual y consejos prácticos. La comunidad eclesiástica se une alrededor de Elena, creando un ambiente de cuidado que contrasta fuertemente con la agitación en su hogar. Elena ora fervientemente por la sanidad de su familia, recurriendo a las escrituras para obtener fuerza y sabiduría. Versículos como el Salmo 34:17-18, "Los justos claman, y el Señor los oye; los libra de todas sus angustias. El Señor está cerca de los quebrantados de corazón y salva a los de espíritu abatido," se convierten en su ancla. Se aferra a la esperanza de que Dios traerá paz a su hogar.

Acudiendo a Jesús

En medio del caos en casa, Elena encuentra consuelo en su fe. Todos los domingos, espera con ansias asistir a los servicios de la iglesia, donde la atmósfera serena del santuario le ofrece un respiro del tumulto en casa. La cálida iluminación de la iglesia, el reconfortante zumbido de la música de órgano y los rostros acogedores de la congregación proporcionan un marcado contraste con el estrés y la discordia que experimenta en casa. El grupo de jóvenes de la iglesia se convierte en su refugio. Liderado por su compasivo pastor de jóvenes, Javier, el grupo es un lugar donde Elena se siente comprendida y apoyada. Las reuniones están llenas de discusiones vivas, oraciones sinceras y actividades que fortalecen su fe y su sentido de comunidad.

Aquí, puede expresar sus sentimientos sin temor al juicio y encontrar consuelo en las experiencias compartidas de sus compañeros. Javier, que tiene un don para conectar con los jóvenes, nota la actitud preocupada de Elena. Se convierte en un confidente de confianza, ofreciéndole guía espiritual y consejos prácticos. Su oficina, llena de libros sobre fe y carteles inspiradores, se convierte en un refugio seguro donde Elena puede desahogar su corazón. Javier escucha pacientemente, ofreciendo sabiduría y la seguridad de que Dios está con ella en cada prueba.

Comunidad de apoyo

Elena se sumerge en la oración, buscando guía y fuerza en Jesús. Pasa momentos tranquilos en la iglesia, arrodillada en el altar con las manos juntas y los ojos cerrados, desahogando sus preocupaciones y temores a Dios. Ora por la sanidad de su familia, pidiendo a Dios que traiga paz a su hogar. Elena encuentra consuelo en la quietud de estos momentos, sintiendo un sentido de cercanía con Jesús que la sostiene en los tiempos más oscuros. Los amigos y mentores de la iglesia de Elena proporcionan un sistema de apoyo crucial. Ofrecen oraciones, ánimos y un oído atento siempre que ella lo necesita. Su amiga cercana, Sofía, a menudo se sienta con ella en los bancos, tomándole la mano durante los servicios particularmente emotivos. La comunidad eclesiástica se une alrededor de Elena, creando un ambiente de cuidado que contrasta fuertemente con la agitación en casa.

Sus mentores de la iglesia, incluida la Sra. Martinez, la maestra de la Escuela Dominical, y el Sr. Gomez, un diácono, la visitan regularmente. No solo le brindan apoyo espiritual sino también ayuda práctica, como sesiones de tutoría cuando las calificaciones de Elena comienzan a bajar. Su apoyo inquebrantable refuerza la fe de Elena y le da la fuerza para seguir adelante. Elena se fortalece con las escrituras, buscando sabiduría y fortaleza. Pasa tiempo cada día leyendo su Biblia, encontrando pasajes que hablan de su situación. Versículos como Salmo 34:17-18, "Claman los justos, y el Señor los oye; los libra de todas sus angustias. El Señor está cerca de los quebrantados de corazón y salva a los de espíritu abatido," se convierten en su ancla. Ella escribe estos versículos en notas adhesivas y las coloca alrededor de su habitación, donde puede verlas todos los días.

Buscando orientación

Elena se aferra a la esperanza de que Dios traerá paz a su hogar. Su fe le enseña sobre el perdón, la paciencia y la importancia de mantener la esperanza, incluso en las circunstancias más desafiantes. Aprende a perdonar a sus padres por sus constantes peleas, comprendiendo que ellos también están luchando y necesitan la sanidad de Dios. A pesar de los conflictos continuos en casa, Elena sigue siendo optimista. Cree que Dios tiene un plan para su familia y que sus luchas actuales son parte de un viaje más grande hacia la sanidad y la reconciliación. Sus oraciones están llenas de gratitud por las pequeñas bendiciones que experimenta, como un momento de paz en casa o una palabra amable de un amigo en la iglesia.

A través de su camino de fe, Elena se vuelve más fuerte y más resiliente. Aprende a confiar en Dios para obtener fortaleza y guía, desarrollando una comprensión más profunda de Su amor y gracia. Su relación con Jesús se convierte en una fuente de consuelo y empoderamiento, dándole el valor para enfrentar cada día con esperanza y determinación. Las experiencias de Elena en la iglesia y en su vida de oración personal la ayudaron a desarrollar un sentido más profundo de empatía y compasión. Se vuelve más consciente de las luchas de los demás y más decidida a ofrecer apoyo y aliento a quienes lo necesitan. Su fe no solo la sostiene, sino que también la inspira a ser un faro de luz para otros que enfrentan desafíos similares.

El camino de fe de Elena inspira a quienes la rodean. Su creencia inquebrantable en el poder de Dios para sanar y restaurar se convierte en una fuente de inspiración para sus amigos y la comunidad eclesiástica. Ven en ella un testimonio de la fortaleza y resiliencia que la fe puede proporcionar, y su historia se convierte en un potente ejemplo del poder transformador de la oración y el apoyo comunitario. Mientras Elena continúa navegando los desafíos en casa, permanece anclada en su fe. Sabe que Dios está con ella en cada paso del camino, y confía en que Él traerá sanidad y paz a su familia en Su tiempo. Su camino es un testamento del poder de la fe para proporcionar esperanza, fortaleza y consuelo frente a la adversidad.

Capítulo 3: El poder de la oración

A pesar de los persistentes conflictos en casa, Elena se mantiene firme en sus oraciones. Ella cree profundamente en el poder de Dios para traer cambio y sanidad. Cada noche, ora por sus padres, pidiendo que sus corazones se ablanden y su relación se restaure. Sus oraciones no son solo súplicas por cambio, sino también expresiones de su fe y confianza en el plan de Dios. Elena comienza a notar pequeños cambios positivos en el comportamiento de sus padres. Hay momentos de paz y civilidad, breves descansos del conflicto habitual. Estos pequeños signos le dan la esperanza de que sus oraciones puedan estar funcionando. Elena se aferra a estos destellos de mejora, viéndolos como evidencia de la mano de Dios en acción. A través de su camino de fe, Elena aprende valiosas lecciones sobre el perdón, la paciencia y el mantenimiento de la esperanza. Se fortalece en su fe, desarrollando una comprensión más profunda del amor y la gracia de Dios. La resiliencia y madurez de Elena impresionan a quienes la rodean, inspirando a su comunidad eclesiástica con su creencia inquebrantable en el poder de Dios para sanar.

Oración persistente

A pesar de los persistentes conflictos en casa, Elena se mantiene firme en sus oraciones. Cada noche, antes de irse a dormir, se arrodilla al lado de su cama, con las manos fuertemente unidas y los ojos cerrados en una súplica sincera. El suave resplandor de una vela y la atmósfera serena de su habitación proporcionan un telón de fondo pacífico para estos momentos íntimos con Dios. Ella cree profundamente en el poder de Dios para traer cambio y sanidad a su familia. Las oraciones de Elena son sentidas y sinceras. Pide a Dios que ablande los corazones de sus padres y restaure su relación. Ora por sabiduría y paciencia para sí misma, pidiendo la fortaleza para soportar la agitación continua. Sus oraciones no son solo súplicas de cambio, sino también expresiones de su fe inquebrantable y confianza en el plan de Dios. Cada noche, mientras ora, siente una sensación de paz y consuelo, creyendo que Dios está escuchando y responderá en Su momento adecuado.

Pequeñas señales de esperanza

A medida que las semanas se convierten en meses, Elena comienza a notar pequeños cambios positivos en el comportamiento de sus padres. Hay momentos de paz y civilidad, breves respiros del conflicto habitual. Una noche, escucha a sus padres teniendo una conversación tranquila y constructiva sobre sus finanzas, un fuerte contraste con las acaloradas discusiones que suelen dominar sus conversaciones. Otro día, los ve compartiendo una taza de té en el balcón, un raro momento de unión. Estas pequeñas señales le dan a Elena esperanza de que sus oraciones puedan estar funcionando. Se aferra a estos destellos de mejora, viéndolos como evidencia de la mano de Dios en acción. Cada vez que nota estos cambios positivos, agradece silenciosamente a Dios, sintiéndose animada a continuar sus oraciones nocturnas. Cada pequeña victoria, por efímera que sea, refuerza su creencia en el poder de la oración y la capacidad de Dios para sanar a su familia.

A través de su viaje de fe, Elena aprende lecciones valiosas sobre el perdón y la paciencia. Se da cuenta de que la sanidad lleva tiempo y que el tiempo de Dios es perfecto, incluso si no se alinea con sus propios deseos. Aprende a perdonar a sus padres por sus constantes peleas, comprendiendo que ellos también están luchando y necesitan el toque sanador de Dios. Las oraciones de Elena a menudo incluyen peticiones de perdón por cualquier resentimiento que pueda albergar. Pide a Dios que la ayude a liberar cualquier amargura y a llenar su corazón de amor y compasión. Esta práctica del perdón le ayuda a mantener un sentido de paz y evita que el conflicto en casa la consuma por completo.

Crecimiento personal

Las oraciones persistentes de Elena y las pequeñas señales de esperanza que observa fortalecen su fe. Desarrolla una comprensión más profunda del amor y la gracia de Dios, reconociendo que Su presencia siempre está con ella, incluso en los momentos más oscuros. Su resiliencia y madurez impresionan a quienes la rodean, inspirando a su comunidad eclesiástica con su creencia inquebrantable en el poder de Dios para sanar. Su pastor de jóvenes, Javier, nota la transformación en Elena. Durante sus conversaciones personales, a menudo la elogia por su fortaleza y fe. La anima a compartir sus experiencias con el grupo de jóvenes, creyendo que su testimonio puede inspirar a otros que enfrentan sus propias luchas.

El viaje de fe de Elena y las pequeñas mejoras que atestigua en casa se convierten en un testimonio poderoso. Comparte su historia con sus amigos y mentores de la iglesia, hablando sobre el poder de la oración y la esperanza que le ha dado. Su historia resuena profundamente con aquellos que la escuchan, ofreciendo aliento e inspiración. En una reunión del grupo de jóvenes, Javier invita a Elena a hablar sobre sus experiencias. Con una voz calmada pero apasionada, relata los conflictos constantes en casa y cómo su fe la ha sostenido. Habla sobre la importancia de la oración persistente, el perdón y la paciencia, y cómo ha visto la mano de Dios en acción de maneras pequeñas pero significativas. Los otros miembros del grupo de jóvenes escuchan atentamente, muchos conmovidos hasta las lágrimas por el testimonio de Elena. Sus palabras los inspiran a profundizar su propia fe y a recurrir a Dios en tiempos de problemas. Ven en Elena un ejemplo brillante de resiliencia y creencia inquebrantable en el poder de Dios para traer curación y cambio.

La historia de Elena también fortalece el vínculo dentro de su comunidad eclesiástica. Sus amigos y mentores se unen a su alrededor, ofreciéndole aún más apoyo y ánimo. Organizan círculos de oración específicamente para la familia de Elena, orando por paz y reconciliación. Estas oraciones colectivas crean un sentido de unidad y propósito, reforzando el poder de la comunidad y la fe compartida. Un domingo, durante un servicio de oración especial, la congregación se une para orar por las familias que enfrentan dificultades. La familia de Elena es mencionada específicamente, y toda la iglesia alza sus voces en oración, pidiendo a Dios que traiga sanidad y paz a su hogar. Elena siente una oleada de esperanza y gratitud, sabiendo que no está sola en su viaje.

A través de sus oraciones persistentes y el apoyo de su comunidad eclesiástica, Elena crece más fuerte en su fe. Se vuelve más confiada y segura, sabiendo que Dios está con ella en cada paso del camino. Su relación con Jesús se profundiza, proporcionándole un sentido de paz y propósito que trasciende la agitación en casa. El crecimiento personal de Elena es evidente en sus interacciones con los demás. Se vuelve más empática y comprensiva, ofreciendo apoyo y ánimo a amigos que también enfrentan desafíos. Su madurez y sabiduría están más allá de sus años, y a menudo la buscan para pedirle consejo y consuelo.

Elena sigue esperanzada para el futuro, confiando en que el plan de Dios para su familia se desarrollará en Su tiempo perfecto. Ella continúa orando fervientemente, creyendo que cada oración acerca a su familia un paso más hacia la sanidad y la reconciliación. Su fe permanece inquebrantable, un faro de luz en medio de la tormenta. Al reflexionar sobre su viaje, Elena siente una profunda gratitud por las lecciones que ha aprendido y la fuerza que ha ganado. Sabe que su fe la ha llevado a través de los momentos más oscuros y que continuará guiándola en el futuro. La historia de Elena es un testimonio del poder de la oración, la fuerza de la fe y el amor transformador de Dios.

Capítulo 4: Un punto de inflexión

Una noche, la discusión entre Carlos y María se vuelve particularmente intensa. Los gritos escalan, y Elena, sintiéndose abrumada, busca refugio en su habitación. Mientras escucha el tumulto, se da cuenta de que la situación no puede continuar así. La pelea se convierte en un punto de inflexión para Elena, lo que la impulsa a buscar ayuda de su pastor de la iglesia. Al día siguiente, Elena se confía al Pastor Javier sobre el conflicto constante en casa. Conmovido por su valentía y angustia, Javier decide intervenir. Organiza una reunión con Carlos y María, ofreciéndose a mediar y proporcionar consejería. Al principio, los padres de Elena son reacios a la idea, temerosos de exponer sus problemas personales a otros. A pesar de su resistencia inicial, Carlos y María eventualmente aceptan asistir a las sesiones de consejería, alentados por su amor por Elena y su deseo de mejorar la dinámica familiar. Las primeras sesiones son tensas, con problemas y malentendidos profundamente arraigados saliendo a la luz. Sin embargo, con la guía de Javier, comienzan a abrirse y comunicar más efectivamente.

Un conflicto mayor

Una noche, la tensión en el hogar de Elena llega a un punto crítico. La discusión entre Carlos y María se vuelve particularmente intensa, más fuerte y más volátil que nunca. Sus voces, agudas y acusatorias, reverberan a través de las paredes de su pequeño apartamento. Elena, sintiéndose abrumada y asustada, se retira a su habitación. Trata de bloquear el ruido cubriéndose los oídos, pero la ira y el dolor en las voces de sus padres la atraviesan. Mientras escucha el tumulto, las lágrimas corren por su rostro. Elena se da cuenta de que la situación no puede continuar así. Las constantes peleas están destrozando a su familia, y siente una necesidad urgente de encontrar una solución. La intensidad de esta discusión la hace temer por el futuro de su familia más que nunca antes. Esta pelea se convierte en un punto de inflexión para Elena, impulsándola a tomar acción decisiva.

Al día siguiente, Elena va a la iglesia, su corazón pesado de preocupación. Encuentra al Pastor Javier en su oficina, preparándose para el servicio dominical. Con lágrimas en los ojos, se confía a él sobre el conflicto constante en casa. Habla del miedo y la impotencia que siente, la ansiedad constante que se ha vuelto parte de su vida diaria. El Pastor Javier la escucha atentamente, su expresión es de profunda preocupación y compasión. Está conmovido por la valentía y angustia de Elena. Entendiendo la gravedad de la situación, decide intervenir. Javier asegura a Elena que ha hecho lo correcto al buscar ayuda y se compromete a hacer todo lo posible para asistir a su familia.

Intervención de la Iglesia

El Pastor Javier organiza una reunión con Carlos y María, ofreciéndose a mediar y proporcionar consejería. Luego los contacta por separado, explicando la urgencia e importancia de abordar los problemas que causan tanto dolor y disrupción en su hogar. La calma y el comportamiento compasivo de Javier ayudan a aliviar su aprensión inicial. Al principio, los padres de Elena son reacios a la idea. Carlos desconfía de exponer sus problemas personales a otros, temiendo el juicio y la vergüenza. María, también, está ansiosa sobre discutir sus luchas privadas frente a alguien fuera de la familia. Sin embargo, la persuasión gentil del Pastor Javier y su énfasis en el potencial de sanidad y reconciliación comienzan a derribar sus defensas.

Resistencia inicial

A pesar de su resistencia inicial, Carlos y María finalmente acceden a asistir a sesiones de consejería, alentados por su amor por Elena y su deseo de mejorar la dinámica familiar. La primera sesión es tensa, con ambos padres llegando con sus defensas en alto. Javier comienza creando un espacio seguro y sin juicio, explicando que el objetivo es facilitar la comprensión y la sanidad, no asignar culpas. A medida que avanza la sesión, salen a la luz problemas y malentendidos arraigados. Carlos expresa su frustración con las presiones financieras y las largas horas de trabajo, sintiéndose no valorado y aislado. María comparte sus sentimientos de estar abrumada por las responsabilidades del hogar y su sensación de soledad. Ambos se dan cuenta de que han estado hablando sin escucharse realmente, sus quejas enterradas bajo capas de resentimiento y enojo.

Con la guía de Javier, Carlos y María comienzan a abrirse y a comunicarse de manera más efectiva. Javier los anima a hablar con honestidad pero también a escuchar con empatía. Les enseña técnicas de comunicación que promueven la comprensión y el respeto, ayudándolos a articular sus sentimientos sin escalar en conflicto. Las sesiones son desafiantes, pero gradualmente, comienzan a ver progreso. Carlos aprende a expresar sus preocupaciones sin recurrir al enojo, y María comienza a sentirse escuchada y valorada. Empiezan a entender las perspectivas del otro, reconociendo el dolor y el estrés que ambos han estado cargando.

Con el tiempo, las sesiones de consejería conducen a mejoras significativas en su relación. Las discusiones se vuelven menos frecuentes y menos intensas. Comienzan a implementar las estrategias que aprenden en la consejería, encontrando nuevas formas de resolver conflictos sin recurrir a gritos. Elena nota estos cambios y siente una sensación de esperanza y alivio. El Pastor Javier continúa apoyándolos, brindando no solo mediación sino también guía espiritual. Incorpora oración y escrituras en sus sesiones, recordándoles el amor de Dios y la importancia del perdón y la compasión. La familia comienza a orar junta, buscando la guía divina y la fuerza para sanar su relación.

Los cambios en el comportamiento de sus padres impactan profundamente a Elena. Ella siente que la tensión en el hogar comienza a disiparse y la atmósfera se vuelve más pacífica. La reducción en el conflicto permite a Elena concentrarse mejor en sus estudios y su participación en la iglesia. Sus calificaciones mejoran y comienza a reconectar con sus amigos, sintiéndose menos aislada y más esperanzada. La resiliencia y madurez de Elena continúan impresionando a quienes la rodean. Su comunidad eclesiástica, consciente de los desafíos que ha enfrentado, se une aún más a su alrededor, brindándole apoyo y ánimo continuos. Su historia se convierte en un poderoso testimonio de la fuerza de la fe y el poder transformador de buscar ayuda y sanidad.

Carlos y María continúan sus sesiones de consejería, comprometidos a reconstruir su relación y crear un ambiente estable y amoroso para su familia. Aprenden a apreciar los esfuerzos del otro y a apoyarse mutuamente en las dificultades que enfrentan. El proceso no siempre es suave, pero con la guía del Pastor Javier, navegan los altibajos juntos. A medida que mejoran las dinámicas familiares, Elena siente un renovado sentido de paz y seguridad. Ve de primera mano el poder de la oración, la fe y el apoyo comunitario en provocar cambios positivos. Su relación con sus padres se fortalece y el vínculo dentro de la familia se restaura gradualmente.

El camino está lejos de terminar, pero el progreso que han logrado llena a Elena de esperanza. Continúa orando por su familia, agradeciendo a Dios por la sanidad que ha comenzado y pidiendo guía y fortaleza continuas. El punto de inflexión de esa noche, cuando decidió buscar ayuda, se convierte en un momento crucial en su historia, un momento que los pone en el camino hacia la reconciliación y la paz. La fe de Elena sigue siendo su ancla, guiándola a través de los desafíos e incertidumbres que vienen. Sabe que con la ayuda de Dios y el apoyo de su comunidad eclesiástica, su familia puede superar cualquier obstáculo y construir un futuro lleno de amor y armonía.

Capítulo 5: El camino hacia la reconciliación

La familia comienza a asistir a sesiones de consejería regular con el Pastor Javier. Estas sesiones se convierten en un espacio seguro para que Carlos y María expresen sus frustraciones y miedos sin ser juzgados. Javier les ayuda a navegar por sus problemas, ofreciendo sabiduría bíblica y consejos prácticos. Las sesiones son desafiantes, pero poco a poco, comienzan a ver progreso. Inspirados por la fe inquebrantable de Elena y el apoyo de la iglesia, Carlos y María comienzan a explorar su propia fe. Empiezan a asistir a los servicios de la iglesia y a leer la Biblia, buscando orientación y fortaleza. El concepto del perdón se convierte en un tema central en su viaje. Aprenden a perdonarse mutuamente por los dolores del pasado, allanando el camino para la sanidad y la reconciliación. Las conversaciones honestas y abiertas llevan a una reconstrucción gradual de la confianza y el entendimiento dentro de la familia. Carlos y María aprenden a comunicarse de manera más efectiva, abordando los problemas con calma en lugar de con ira. Comienzan a apreciar las perspectivas del otro, fomentando la empatía y el respeto. Elena, al presenciar estos cambios, siente una renovada sensación de esperanza y paz.

Sesiones de consejería

La familia comienza a asistir a sesiones de consejería regular con el Pastor Javier. Estas sesiones se llevan a cabo en una sala tranquila y cómoda de la iglesia, diseñada para ser un espacio seguro donde Carlos y María pueden expresar sus frustraciones y miedos sin ser juzgados. Javier, con su enfoque cálido y empático, establece el tono para estas sesiones, enfatizando la importancia de la honestidad, la paciencia y el respeto mutuo. Al principio, las sesiones son tensas y cargadas emocionalmente. Carlos y María tienen años de frustración acumulada y problemas sin resolver que salen a la superficie. El Pastor Javier los guía a través de estas conversaciones difíciles, ofreciendo sabiduría bíblica y consejos prácticos. Les recuerda la importancia de escucharse mutuamente y validar los sentimientos del otro. Carlos habla sobre el estrés y la presión que siente al trabajar largas horas como taxista y la tensión financiera que esto genera. María, a su vez, comparte sus sentimientos de soledad y la abrumadora carga de manejar el hogar. Javier les ayuda a ver que sus discusiones son a menudo síntomas de problemas más profundos: sentimientos de abandono, falta de aprecio y miedo.

Javier utiliza pasajes bíblicos para ofrecer sabiduría y aliento. Se refiere a Efesios 4:31-32, "Abandonen toda amargura, ira y enojo, gritos y calumnias, junto con toda forma de malicia. Sean bondadosos y compasivos unos con otros, perdonándose mutuamente, así como Dios los perdonó en Cristo." Estos versículos resuenan con Carlos y María, recordándoles la necesidad de dejar ir la ira y abrazar el perdón. El Pastor Javier también proporciona consejos prácticos sobre comunicación. Les enseña técnicas como las declaraciones de "me siento" para expresar sus emociones sin culpar y la escucha activa, donde reflejan lo que la otra persona ha dicho para asegurar la comprensión. Estas herramientas ayudan a Carlos y María a navegar por sus problemas de manera más efectiva, reduciendo la frecuencia e intensidad de sus conflictos.

Las sesiones son desafiantes, pero poco a poco, comienzan a ver progreso. Las discusiones explosivas se vuelven menos frecuentes y empiezan a comunicarse de manera más calmada y constructiva. Comienzan a entender las perspectivas del otro, fomentando la empatía y el respeto. Carlos aprende a expresar sus preocupaciones sin recurrir a la ira, y María comienza a sentirse escuchada y valorada. Javier los anima a reservar tiempo cada semana para un "chequeo de pareja," donde discuten sus sentimientos y cualquier problema que haya surgido. Esta comunicación regular ayuda a prevenir malentendidos y mantiene su relación en un camino positivo.

Fe y perdón

Inspirados por la fe inquebrantable de Elena y el apoyo de la iglesia, Carlos y María comienzan a explorar su propia fe. Empiezan a asistir a los servicios de la iglesia regularmente, inicialmente por curiosidad y el deseo de entender la fuente de la fuerza de Elena. Con el tiempo, se sienten atraídos por la sensación de paz y comunidad que experimentan en la iglesia. También comienzan a leer la Biblia juntos, buscando orientación y fuerza. El concepto del perdón se convierte en un tema central en su viaje. Aprenden sobre el poder del perdón a través de pasajes como Colosenses 3:13,

"Sopórtense mutuamente y perdónense si alguno tiene una queja contra otro. Así como el Señor los perdonó, perdonen también ustedes".

El perdón se convierte en una parte fundamental de su proceso de sanidad. Aprenden a perdonarse mutuamente por las heridas del pasado, reconociendo que aferrarse al enojo y al resentimiento solo perpetúa su dolor. A través de la oración y la reflexión, comienzan a liberar estas emociones negativas, haciendo espacio para la curación y la reconciliación. María perdona a Carlos por sus palabras duras y su distancia emocional, comprendiendo las presiones que enfrenta. Carlos, a su vez, perdona a María por sus reproches y críticas, reconociendo sus luchas y soledad. Este perdón mutuo allana el camino para una conexión emocional más profunda y un vínculo más fuerte.

Conversaciones sanadoras

Conversaciones honestas y abiertas llevan a una reconstrucción gradual de la confianza y el entendimiento dentro de la familia. Carlos y María aprenden a apreciar los esfuerzos y sacrificios del otro. Comienzan a pasar tiempo de calidad juntos, redescubriendo el amor y la compañía que los unió en primer lugar. Empiezan a implementar pequeños gestos de amabilidad y aprecio en su vida diaria. Carlos se esfuerza en ayudar con las tareas domésticas, aliviando la carga de María. María, a su vez, expresa gratitud por el arduo trabajo de Carlos y le brinda apoyo emocional. Estos actos de bondad crean un ciclo positivo, reforzando su vínculo.

Testigo de estos cambios, Elena siente un renovado sentido de esperanza y paz. La reducción del conflicto y el ambiente mejorado en casa tienen un profundo impacto en su bienestar. Le resulta más fácil concentrarse en sus estudios y se siente más conectada con sus amigos. La tensión que una vez permeó su hogar es reemplazada por un sentido de calma y optimismo. El propio camino de fe de Elena sigue inspirando a sus padres. Ven la fortaleza y resiliencia que ha mostrado a través de los tiempos difíciles y se sienten motivados para profundizar en su propia relación con Dios. La familia comienza a orar junta, pidiendo guía y fuerza continuas para superar sus desafíos.

El camino hacia la reconciliación no está exento de retrocesos. Hay momentos de recaída, donde resurgirán antiguos patrones y las tensiones se avivan. Sin embargo, con el apoyo continuo del Pastor Javier y su nueva fe, Carlos y María son capaces de navegar estos retrocesos con gracia y paciencia. El viaje de la familia hacia la sanidad y la reconciliación está en curso, pero el progreso logrado les llena de esperanza. Continúan asistiendo a sesiones de consejería, trabajando activamente en su relación y comunicación. Su hogar, una vez lleno de conflicto y tensión, se convierte en un lugar de amor, comprensión y apoyo mutuo.

A medida que Carlos y María continúan creciendo en su fe y fortaleciendo su relación, comienzan a ver un futuro más brillante para su familia. Están comprometidos a crear un entorno estable y amoroso para Elena, uno en el que pueda prosperar y perseguir sus sueños sin la carga de los conflictos familiares. La firme creencia de Elena en el poder de Dios para sanar y su valentía para buscar ayuda han sido fundamentales en la transformación de su familia. Su historia es un testimonio del poder de la fe, el perdón y la importancia de buscar apoyo en tiempos de necesidad. El camino hacia la reconciliación ha sido desafiante, pero también ha sido un viaje de crecimiento, sanidad y amor redescubierto. A medida que la familia mira hacia el futuro, lo hacen con un sentido de unidad y esperanza, listos para enfrentar cualquier desafío que se les presente con fe y resiliencia. Su viaje sirve de inspiración para otros, demostrando que incluso las relaciones más fracturadas pueden ser sanadas a través de la fe, el perdón y el apoyo de una comunidad amorosa.

Capítulo 6: Cambio transformador

Con el tiempo, la dinámica familiar mejora significativamente. Los conflictos que una vez dominaron su hogar se vuelven menos frecuentes y menos intensos. Carlos y María trabajan juntos para crear un ambiente más armonioso, priorizando su relación y el bienestar de su familia. El hogar, que antes estaba lleno de tensión, comienza a sentirse como un lugar de seguridad y amor. Los padres de Elena se involucran más en la iglesia, encontrando consuelo y comunidad en su fe. Se unen a un grupo de estudio bíblico para parejas, donde conocen a otras parejas que han enfrentado desafíos similares. A través de estas interacciones, adquieren perspectivas y apoyo, fortaleciendo aún más su relación. El crecimiento espiritual de Carlos y María impacta positivamente a su familia, trayendo un sentido de paz y estabilidad. La familia comienza a pasar tiempo de calidad juntos, creando nuevos y positivos recuerdos. Disfrutan de actividades como cenas familiares, salidas de fin de semana y noches de cine. Estos momentos de unión fortalecen sus lazos y ayudan a reconstruir la confianza que una vez se rompió. Elena se siente encantada de ver a su familia sanar y prosperar.

Relaciones renovadas

Con el tiempo, la dinámica familiar de Elena mejoró significativamente. Los conflictos que antes dominaban su hogar se volvieron menos frecuentes y menos intensos. Carlos y María, guiados por sus sesiones de consejería con el Pastor Javier y su renovada fe, trabajan juntos para crear un ambiente más armonioso. Priorizan su relación y el bienestar de su familia, haciendo esfuerzos conscientes para comunicarse mejor y apoyarse mutuamente. El hogar, una vez lleno de tensión y discordia, empieza a sentirse como un lugar de seguridad y amor. Las constantes discusiones que solían resonar a través de las paredes son reemplazadas por risas y conversaciones significativas. Los cambios son graduales pero profundos, trayendo una paz que la familia no había experimentado en mucho tiempo.

Los padres de Elena se involucran más en la iglesia, encontrando consuelo y comunidad en su fe. Se unen a un grupo de estudio bíblico para parejas, donde conocen a otras parejas que han enfrentado desafíos similares. Estas interacciones proporcionan a Carlos y María nuevas perspectivas y consejos prácticos sobre cómo mantener una relación saludable y amorosa. Comparten sus luchas y éxitos, obteniendo ideas y apoyo que fortalecen aún más su vínculo. El grupo de estudio bíblico se convierte en una fuente de aliento y amistad. Carlos y María esperan con ansias las reuniones semanales, donde profundizan en las escrituras y discuten su aplicación en sus vidas. El grupo ora juntos, comparten historias personales y se apoyan mutuamente a lo largo de los altibajos de la vida. Este sentido de comunidad ayuda a Carlos y María a sentirse menos aislados en sus luchas y más conectados con otros que entienden y empatizan con su camino.

Crecimiento espiritual

El crecimiento espiritual de Carlos y María impacta positivamente a su familia, trayendo un sentido de paz y estabilidad al hogar. Comienzan a incorporar la fe en su vida diaria, orando juntos como familia y discutiendo enseñanzas bíblicas. Estas prácticas crean una base de valores compartidos y respeto mutuo, lo que fortalece su unidad familiar. Elena nota los cambios positivos en sus padres y siente una profunda gratitud y alivio. Ve a sus padres acercarse más el uno al otro y a Dios, lo que le llena de esperanza y alegría. La transformación en la relación de sus padres inspira a Elena a seguir profundizando su propia fe y compromiso con su familia.

La familia comienza a pasar tiempo de calidad juntos, creando nuevos y positivos recuerdos. Disfrutan de actividades como cenas familiares, donde se reúnen alrededor de la mesa para compartir comidas y hablar sobre su día. Estas cenas se convierten en una rutina querida, fomentando la comunicación abierta y el vínculo familiar. Los fines de semana, planifican salidas a parques locales, museos y eventos culturales. Estas salidas proporcionan oportunidades para la relajación y la diversión, permitiendo a la familia reconectarse y disfrutar de la compañía mutua. Ríen, exploran y crean nuevos recuerdos que reemplazan los dolorosos del pasado. Las noches de cine se convierten en un evento regular, con la familia acurrucándose en el sofá para ver sus películas favoritas. Estos momentos de unión fortalecen sus vínculos y ayudan a reconstruir la confianza que una vez estaba rota. El simple acto de estar juntos, sin la sombra del conflicto, trae una inmensa alegría y sanidad a la familia.

Elena está llena de alegría al ver a su familia sanando y prosperando. La transformación en su hogar es nada menos que milagrosa, y siente una profunda gratitud por el papel que su fe y el apoyo de su iglesia han jugado en este viaje. La familia, antes fracturada, ahora está en un camino de unidad y amor, y el corazón de Elena está lleno de esperanza para el futuro. La fe de Elena continúa creciendo a medida que presencia el poder de la oración y el impacto de una comunidad de apoyo. Permanece activamente involucrada en las actividades de la iglesia, obteniendo fuerza de sus amigos y mentores. Su resiliencia y creencia inquebrantable en la capacidad de Dios para sanar han sido instrumentales para traer este cambio positivo en su familia.

Unidad familiar

A medida que la familia continúa sanando y creciendo, comienzan nuevas tradiciones que reflejan su renovado compromiso mutuo. Establecen una noche familiar semanal, donde se turnan para planificar actividades que todos puedan disfrutar. Estas tradiciones se convierten en una parte integral de sus vidas, creando un sentido de continuidad y estabilidad. Carlos y María también comienzan a establecer metas para su futuro. Discuten sus sueños y aspiraciones, tanto como individuos como en pareja. Apoyan las ambiciones del otro, encontrando maneras de equilibrar el trabajo, la familia y el crecimiento personal. Su relación fortalecida les permite enfrentar desafíos juntos con confianza y confianza.

Los cambios positivos en su familia inspiran a Carlos y María a retribuir a su comunidad. Se involucran más en los programas de alcance de la iglesia, ofreciendo su tiempo y recursos para ayudar a otros en necesidad. Comparten su testimonio de reconciliación y sanidad, ofreciendo esperanza y aliento a otras familias que enfrentan luchas similares. Carlos comienza a ser mentor de hombres jóvenes en la iglesia, compartiendo sus experiencias y las lecciones que ha aprendido. María se involucra en el ministerio de mujeres, apoyando y guiando a mujeres que están atravesando momentos difíciles. Su participación en estos programas no solo ayuda a otros, sino que también refuerza su propia fe y compromiso con su familia.

El Pastor Javier y la comunidad eclesiástica continúan brindando un apoyo inquebrantable a la familia de Elena. Celebran el progreso de la familia y les ofrecen aliento continuo. La iglesia celebra servicios especiales de acción de gracias, donde familias como la de Elena comparten sus historias y agradecen los milagros en sus vidas. Estos servicios están llenos de gratitud, esperanza y la poderosa presencia del amor de Dios. Nos recuerdan el poder transformador de la fe y la comunidad e inspiran a todos los presentes a creer en la posibilidad de un cambio positivo.

A medida que la familia mira hacia adelante, lo hace con un renovado sentido de esperanza y optimismo. Han enfrentado y superado desafíos significativos, surgiendo más fuertes y unidos. Su viaje de sanidad y reconciliación es un testimonio del poder de la fe, el perdón y el apoyo de una comunidad amorosa. La familia de Elena es ahora una fuente de inspiración para otros. Su historia es un faro de esperanza, recordando a todos que con la guía de Dios, cualquier obstáculo puede ser superado. Demuestra que incluso las relaciones más fracturadas pueden ser sanadas con dedicación, fe y la disposición a buscar ayuda. El camino hacia la reconciliación no ha sido fácil, pero ha estado lleno de crecimiento, aprendizaje y amor. A medida que avanzan, la familia de Elena está comprometida a nutrir sus relaciones, apoyarse mutuamente y mantener su fe. Saben que todavía pueden surgir desafíos, pero están seguros de su capacidad para enfrentarlos juntos, guiados por el amor de Dios y la fortaleza de su vínculo.

Capítulo 7: Un testimonio del poder de Dios

Elena y su familia comparten su testimonio de reconciliación y sanidad con su comunidad de iglesia. Durante un servicio especial, se paran ante la congregación y relatan su viaje de la discordia a la armonía. Su historia es una de fe, perseverancia y el poder transformador del amor de Dios. Su testimonio inspira a otras familias en la iglesia que están enfrentando luchas similares. La congregación está conmovida por su honestidad y resiliencia, encontrando esperanza en la evidencia del trabajo de Dios en sus vidas. Carlos y María se convierten en mentores de otras parejas, compartiendo sus experiencias y ofreciendo apoyo. La familia reconoce abiertamente el papel de Dios en su transformación, dando toda la gloria a Él por su renovada unidad y amor. Están agradecidos por las oraciones, el apoyo y la guía que recibieron de su comunidad de iglesia. Su fe no solo ha sanado a su familia, sino que también ha fortalecido su determinación de vivir de acuerdo con la voluntad de Dios.

Compartiendo su historia

A medida que pasan los meses y los cambios positivos en la familia de Elena se vuelven más evidentes, el Pastor Javier sugiere que compartan su testimonio con la comunidad eclesiástica. Cree que su historia podría inspirar a otros que enfrentan luchas similares y demostrar el poder transformador de la fe y la oración. La familia está de acuerdo, sintiéndose tanto nerviosa como emocionada por la perspectiva de abrirse sobre su viaje. Se organiza un servicio especial dedicado a testimonios de fe y sanidad. El día del servicio, la iglesia está llena de miembros ansiosos por escuchar las historias del trabajo de Dios en su comunidad.

Elena, Carlos y María se paran ante la congregación, tomados de las manos para apoyarse. La sala queda en silencio mientras el Pastor Javier los presenta y recuenta brevemente su viaje. Luego, con una profunda respiración, Carlos comienza a hablar. Carlos empieza describiendo los tiempos oscuros que su familia enfrentó, las constantes discusiones y la insoportable tensión que llenaba su hogar. Su voz tiembla ligeramente mientras relata los sentimientos de frustración y desesperanza que una vez lo consumieron. María sigue, compartiendo su propia perspectiva del caos, la tensión emocional y los momentos en que se sintió completamente abrumada. Elena luego habla sobre su propia experiencia, el dolor de ver a sus padres pelear y el consuelo que encontró en su fe. Habla sobre sus oraciones persistentes y cómo se aferró a la esperanza de que Dios sanaría a su familia. Sus palabras están llenas de emoción, y muchos en la congregación se sienten conmovidos hasta las lágrimas.

Carlos y María describen el punto de inflexión en su viaje: la discusión intensa que llevó a Elena a buscar ayuda del Pastor Javier. Hablan sobre la resistencia inicial a la consejería y cómo la orientación del Pastor Javier y el apoyo de la comunidad eclesiástica gradualmente les ayudaron a abrirse y a comunicarse de manera más efectiva. Detallan las conversaciones difíciles pero necesarias que tuvieron durante las sesiones de consejería, los pequeños pasos que tomaron para reconstruir la confianza y la mejora gradual en su relación. Expresan su gratitud por la sabiduría bíblica y los consejos prácticos que recibieron, los cuales les ayudaron a navegar sus problemas y a encontrar un terreno común.

Inspirando a otros

A lo largo de su testimonio, la familia reconoce abiertamente el papel de Dios en su transformación. Hablan de cómo su fe les proporcionó fuerza y guía, y de cómo las oraciones y el apoyo de su comunidad de iglesia jugaron un papel crucial en su sanidad. Carlos y María enfatizan la importancia del perdón y la paciencia, virtudes que aprendieron a través de su fe renovada. Carlos comparte un momento conmovedor cuando sintió la presencia de Dios durante una de las sesiones de consejería, un momento que lo llenó de una abrumadora sensación de paz y claridad. María cuenta cómo leer la Biblia juntos y orar en familia los acercó y les ayudó a entender las luchas de cada uno.

La congregación escucha atentamente, muchos asintiendo con la cabeza en acuerdo y secándose las lágrimas. La honestidad y vulnerabilidad con la que la familia comparte su historia resuena profundamente con todos los presentes. Su testimonio de fe, perseverancia y el poder transformador del amor de Dios ofrece esperanza a muchos que están enfrentando sus propios desafíos. Después del servicio, numerosas familias se acercan a Elena, Carlos y María, agradeciéndoles por compartir su viaje y expresando cuánto los ha inspirado su historia. Algunos comparten sus propias luchas, encontrando consuelo en el conocimiento de que no están solos y que la sanidad es posible.

Carlos y María deciden tomar un papel activo apoyando a otras parejas en la iglesia. Se convierten en mentores, compartiendo sus experiencias y ofreciendo orientación a aquellos que están navegando tiempos difíciles en sus relaciones. Organizan talleres sobre comunicación y perdón, basándose en las lecciones que aprendieron durante su propio viaje. Estos talleres se convierten en una fuente de fuerza y apoyo para muchas parejas en la iglesia. Los consejos prácticos y el enfoque empático de Carlos y María ayudan a otros a encontrar formas de resolver conflictos y fortalecer sus relaciones. Se sienten humildes por la oportunidad de retribuir y ayudar a otros a experimentar la misma sanidad que ellos encontraron.

Dando gloria a Dios

La familia reconoce abiertamente el papel de Dios en su transformación, dando toda la gloria a Él por su unidad y amor renovados. Están profundamente agradecidos por las oraciones, el apoyo y la guía que recibieron de su comunidad de iglesia. La fe inquebrantable de Elena y la intervención del Pastor Javier fueron fundamentales en su viaje, y se aseguraron de expresar su sincero agradecimiento. Carlos y María también agradecen a su grupo de estudio bíblico por los insights y el aliento que les brindaron. Las amistades que formaron en el grupo continúan siendo una fuente de apoyo y alegría. Reconocen que su fe no solo ha sanado a su familia, sino que también ha fortalecido su determinación de vivir de acuerdo con la voluntad de Dios.

A medida que avanzan, la familia permanece comprometida con su fe y entre ellos. Continúan asistiendo a la iglesia regularmente, participando en el estudio bíblico y siendo voluntarios en diversas actividades de la iglesia. Su hogar, una vez lleno de conflictos, ahora es un lugar de paz, amor y fe. Elena sigue prosperando, con su corazón lleno de gratitud por la transformación que ha presenciado. Permanece activa en su grupo de jóvenes, obteniendo fuerza de su fe e inspirando a otros con su historia. Su viaje la ha hecho más resiliente, compasiva y profundamente conectada con su fe.

La familia de Elena se convierte en un testimonio del poder de la fe y el amor transformador de Dios. Su historia deja un impacto duradero en su comunidad, inspirando a otros a mantener la esperanza y a confiar en el plan de Dios, no importa cuán difíciles sean las circunstancias. Su viaje de la discordia a la armonía es un recordatorio poderoso de que con fe, perseverancia y el apoyo de una comunidad amorosa, cualquier obstáculo puede ser superado. Como miran hacia el futuro, Elena, Carlos y María están llenos de esperanza y confianza. Saben que pueden surgir desafíos, pero están equipados con las herramientas y la fe para enfrentarlos juntos. Su historia sirve como un faro de luz, guiando a otros hacia la sanidad y la reconciliación, y mostrando el poder milagroso del amor de Dios.

Epílogo: Reflexiones y esperanzas futuras

Al reflexionar sobre el viaje desde la discordia hacia la armonía, Elena se siente llena de gratitud por las lecciones aprendidas y la fortaleza de su fe. Ella está orgullosa de la resiliencia de su familia y su compromiso con el cambio. Elena se da cuenta de que las luchas que enfrentaron los han acercado y han profundizado su fe. La familia continúa creciendo espiritualmente, permaneciendo activa en su iglesia y apoyando a otros en necesidad. Participan en varios ministerios de la iglesia, se ofrecen como voluntarios para proyectos de servicio comunitario y mantienen su participación en grupos de consejería y estudios bíblicos. Su viaje de fe continúa, y están comprometidos a nutrir su crecimiento espiritual. La historia de Elena deja un impacto duradero en su comunidad. Ejemplifica el poder de la fe, el perdón y el amor transformador de Dios. Su viaje inspira a otros a mantener la esperanza y confiar en el plan de Dios, sin importar cuán difíciles sean las circunstancias. El legado de Elena es uno de fe y resiliencia, un testimonio de los cambios milagrosos que pueden ocurrir cuando una familia se vuelve a Dios en busca de sanidad. Al final, la familia de Elena emerge más fuerte y unida, sus lazos fortalecidos por las pruebas que soportaron y la fe que los sostuvo. Esperan un futuro lleno de amor, paz y la luz guía de su fe compartida.

Recordando el pasado

Mientras Elena se sienta en el balcón del apartamento de su familia en Buenos Aires, mira las luces de la ciudad y reflexiona sobre el notable viaje que ha vivido su familia. El camino desde la discordia hacia la armonía ha sido largo y desafiante, pero al recordar cada paso, se siente llena de profunda gratitud por las lecciones aprendidas y la fortaleza de su fe. Elena recuerda las incontables noches que pasó en oración, pidiéndole a Dios sanidad y paz en su hogar. Recuerda la resistencia inicial de sus padres a la consejería y cómo su disposición eventual a buscar ayuda marcó el comienzo de su transformación. Los recuerdos de las cenas familiares llenas de risas, las salidas de fin de semana y las noches de cine le traen una cálida sonrisa a su rostro. Ella se da cuenta de que las luchas que enfrentaron los han acercado y profundizado su fe.

Crecimiento continuo

Elena está increíblemente orgullosa de la resiliencia de su familia y su compromiso con el cambio. Sus padres, Carlos y María, han recorrido un largo camino desde los días de discusiones constantes y tensión. Han abrazado las enseñanzas de su fe, aprendiendo a perdonar y comunicarse con amor y respeto. Sus esfuerzos por reconstruir su relación no solo han sanado su matrimonio, sino que también han creado un ambiente estable y amoroso para Elena. La familia continúa creciendo espiritualmente, permaneciendo activa en su iglesia y apoyando a otros en necesidad. Carlos y María asisten regularmente a grupos de estudio bíblico y sesiones de consejería, no solo para su propio crecimiento, sino también para orientar a otras parejas que enfrentan desafíos similares. Encuentran gran satisfacción en devolver a la comunidad que los apoyó en sus tiempos más oscuros.

La familia participa en varios ministerios de la iglesia, se ofrece como voluntarios para proyectos de servicio comunitario y mantiene su participación en grupos de consejería y estudios bíblicos. Los fines de semana, a menudo se les encuentra organizando colectas de alimentos, ayudando con eventos de la iglesia o visitando a quienes lo necesitan. Su hogar se ha convertido en un refugio de hospitalidad, frecuentemente organizando reuniones para miembros de la iglesia y amigos. Carlos ha asumido un rol de liderazgo en el ministerio de hombres, donde comparte sus experiencias y la sabiduría que ha ganado. María está activa en el ministerio de mujeres, ofreciendo apoyo y guía a otras mujeres que están atravesando situaciones difíciles. Juntos, lideran talleres sobre comunicación y perdón, basándose en su propio viaje para ayudar a otros a encontrar sanidad y reconciliación.

Su viaje de fe continúa, y están comprometidos a nutrir su crecimiento espiritual. Cada mañana, la familia comienza su día con una oración de gratitud, pidiendo la guía y fortaleza de Dios. Por las noches, se reúnen para una devoción familiar, leyendo las escrituras y discutiendo su relevancia en sus vidas. Estas prácticas los mantienen firmes y conectados, reforzando los valores de amor, paciencia y comprensión. La fe personal de Elena sigue floreciendo. Ella permanece profundamente involucrada en su grupo de jóvenes, donde orienta a los miembros más jóvenes y lidera sesiones de estudio bíblico. Su historia de resiliencia y fe la ha convertido en un modelo a seguir para muchos. A menudo habla en eventos de la iglesia, compartiendo su testimonio y alentando a otros a confiar en el plan de Dios, sin importar cuán difíciles sean las circunstancias.

La historia de Elena deja un impacto duradero en su comunidad. Ejemplifica el poder de la fe, el perdón y el amor transformador de Dios. Su viaje inspira a otros a aferrarse a la esperanza y confiar en el plan de Dios, demostrando que incluso las situaciones más desafiantes se pueden superar con fe y perseverancia. Su testimonio ha provocado un efecto dominó, alentando a muchos a buscar ayuda, abrazar la fe y trabajar hacia la sanidad en sus propias vidas.

Legado de fe

El legado de Elena es de fe y resiliencia, un testimonio de los cambios milagrosos que pueden ocurrir cuando una familia se vuelve a Dios para la sanidad. Su historia ha sido compartida no solo dentro de su iglesia, sino también en otras comunidades, difundiendo un mensaje de esperanza y renovación. Elena suele ser invitada a hablar en iglesias vecinas y centros comunitarios, donde comparte el viaje de su familia y el profundo impacto de la fe.

Al final, la familia de Elena emerge más fuerte y más unida, sus lazos robustecidos por las pruebas que soportaron y la fe que los sustentó. Han aprendido a apoyarse mutuamente y en Dios, encontrando fortaleza en su unidad y creencias compartidas. La paz y la armonía que ahora llenan su hogar son un testimonio de su arduo trabajo y fe inquebrantable.

Mientras miran hacia el futuro, la familia de Elena está llena de amor, paz y la luz guía de su fe compartida. Planean continuar su participación activa en la iglesia y la comunidad, siempre listos para ofrecer apoyo y aliento a quienes lo necesiten. Carlos y María sueñan con iniciar un ministerio de matrimonios para ayudar a otras parejas a construir relaciones sólidas basadas en la fe. Inspirada por el viaje de su familia, Elena está considerando una carrera en consejería o ministerio. Espera utilizar sus experiencias para ayudar a otros a encontrar sanidad y esperanza. Está decidida a vivir una vida que honre a Dios y refleje el amor y la gracia que ha recibido.

El futuro de Elena y su familia es brillante, lleno de posibilidades infinitas y guiado por su fe. Están comprometidos a nutrir sus relaciones, crecer espiritualmente y hacer un impacto positivo en su comunidad. Su historia es un poderoso recordatorio de que con fe, perseverancia y el apoyo de una comunidad amorosa, cualquier obstáculo se puede superar y un futuro lleno de amor y paz siempre está al alcance.

Fin

LOS DESAFÍOS EDUCATIVOS DE JORGE EN RÍO DE JANEIRO, BRASIL

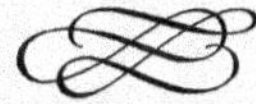

Capítulo 1: Comienzos humildes

• **Introducción a Jorge:** Un brillante niño que vive en un vecindario desfavorecido de Río de Janeiro, Brasil.

• **Contexto familiar:** La familia de Jorge lucha con la pobreza, lo que dificulta el acceso a una educación de calidad y a recursos.

• **Promesa académica temprana:** A pesar de los desafíos, Jorge muestra un notable potencial académico y un amor por aprender.

Capítulo 2: Los desafíos de la pobreza

• **Luchas diarias:** Jorge enfrenta numerosos obstáculos, como la falta de útiles escolares, acceso limitado a la tecnología y la necesidad de ayudar a sustentar a su familia.

• **Fe en Jesús:** La fe de Jorge se convierte en su fuente de fuerza y esperanza. Ora a diario por orientación y oportunidades.

• **Comunidad de apoyo:** Su iglesia local proporciona apoyo moral y, ocasionalmente, financiero, animándolo a seguir persiguiendo sus sueños.

Capítulo 3: Superando los primeros obstáculos

• **Años de escuela primaria:** Jorge sobresale en la escuela a pesar de la falta de recursos, a menudo estudiando a la luz de una vela y utilizando libros de texto prestados.

• **Mentoría:** Un amable maestro en su escuela se fija en el potencial de Jorge y comienza a mentorearlo, proporcionándole lecciones adicionales y ánimo.

• **Primera beca:** Jorge solicita y recibe una pequeña beca que cubre sus tarifas escolares y algunos útiles, un testimonio de su arduo trabajo y fe.

Capítulo 4: El poder de la comunidad

• **Participación en la iglesia:** La comunidad eclesiástica de Jorge se une en torno a él, organizando recaudaciones de fondos y brindando apoyo adicional para su educación.

• **Ampliando horizontes:** A través de su iglesia, Jorge se involucra en programas juveniles que ofrecen tutoría, capacitación en liderazgo y crecimiento espiritual.

• **Nuevas amistades:** Hace amigos que comparten su determinación y fe, creando una red de apoyo que lo ayuda a mantenerse motivado.

Capítulo 5: Desafíos en la escuela secundaria

• **Transición a la escuela secundaria:** Jorge enfrenta nuevos desafíos en la secundaria, incluyendo un currículo más riguroso y una mayor competencia.

• **Equilibrando responsabilidades:** Equilibra sus estudios con trabajos a tiempo parcial para ayudar a su familia, sacrificando a menudo el sueño y el tiempo libre.

• **Fe continua:** A pesar de las presiones, la fe de Jorge sigue siendo fuerte. Continúa orando y asistiendo a la iglesia regularmente, sacando fuerzas de su relación con Jesús.

Capítulo 6: Oportunidades de avance

• **Beca importante:** Jorge solicita y gana una beca prestigiosa que cubre su matrícula, libros y gastos de vida, lo que le permite concentrarse completamente en sus estudios.

• **Programas de mentoría:** Es aceptado en un programa de mentoría que lo vincula con profesionales en su campo deseado, brindándole orientación e inspiración.

• **Excelencia académica:** Con el apoyo y los recursos proporcionados por la beca y la mentoría, Jorge sobresale académicamente, ocupando a menudo los primeros lugares de su clase.

Capítulo 7: Logrando sueños

• **Graduación:** Jorge se gradúa de la escuela secundaria con honores, un momento de orgullo para él, su familia y su comunidad de iglesia.

• **Aceptación en la universidad:** Es aceptado en una universidad de prestigio en Brasil, donde planea estudiar ingeniería, un campo que le apasiona.

• **Fe y gratitud:** A lo largo de su viaje, Jorge nunca pierde de vista su fe. Atribuye su éxito a la guía y provisión de Dios.

Capítulo 8: Correspondiendo a la comunidad

• **Participación comunitaria:** Jorge comienza a hacer voluntariado en su iglesia y en centros comunitarios locales, mentoreando a estudiantes más jóvenes que enfrentan desafíos similares.

• **Charlas inspiradoras:** Comparte su historia en escuelas y iglesias, inspirando a otros a perseverar y confiar en el plan de Dios.

• **Aspiraciones futuras:** Jorge sueña con crear un fondo de becas para ayudar a otros estudiantes desfavorecidos a alcanzar sus objetivos educativos.

Epílogo: Un legado de fe y determinación

• **Reflexionando sobre el viaje:** Jorge mira atrás en su camino con gratitud, reconociendo las muchas formas en que Dios intervino y proveyó.

- **Éxito continuado:** Continúa sobresaliendo en sus estudios universitarios, manteniendo su fe y compromiso de ayudar a otros.

- **Legado de esperanza:** La historia de Jorge sirve como un faro de esperanza e inspiración, demostrando el poder de la fe, la perseverancia y el apoyo comunitario para superar la adversidad.

"Los desafíos educativos de Jorge en Río de Janeiro, Brasil"

Capítulo 1: Comienzos humildes

Jorge es un niño brillante que vive en un barrio desfavorecido de Río de Janeiro, Brasil. A pesar de los numerosos desafíos que enfrenta su familia, tiene una chispa en sus ojos y una curiosidad insaciable por el mundo. Jorge es conocido por su sonrisa contagiosa y actitud positiva, lo cual lo hace querer por todos los que lo conocen. La familia de Jorge lucha contra la pobreza, lo que dificulta el acceso a una educación y recursos de calidad. Su padre trabaja como obrero de la construcción y su madre toma diversos trabajos de limpieza para llegar a fin de mes. A pesar de su arduo trabajo, el dinero siempre es escaso. La familia vive en un pequeño y abarrotado apartamento en una favela, donde las necesidades básicas como el agua potable y la electricidad a menudo son poco fiables. A pesar de estas dificultades, Jorge muestra un potencial académico notable y un amor por el aprendizaje desde una edad temprana. Se siente cautivado por los libros, a menudo los toma prestados de amigos y los lee hasta altas horas de la noche a la luz de una vela. Sus maestros en la escuela pública local notan su agudo intelecto y dedicación, prediciendo un futuro brillante para él si puede superar los obstáculos en su camino.

Introducción a Jorge

Jorge es un niño brillante que vive en un barrio desfavorecido de Río de Janeiro, Brasil. A pesar de los numerosos desafíos que enfrenta su familia, tiene una chispa en sus ojos y una curiosidad insaciable por el mundo. Con una sonrisa contagiosa y una actitud positiva, Jorge se gana el cariño de todos los que lo conocen. Su optimismo es un faro de esperanza en su comunidad, donde muchas familias enfrentan luchas similares.

Contexto familiar

La familia de Jorge lucha con la pobreza, lo que dificulta el acceso a una educación de calidad y recursos. Su padre, Antonio, trabaja largas horas como obrero de construcción, a menudo dejando la casa antes del amanecer y regresando después del anochecer. Su madre, Luisa, realiza varios trabajos de limpieza, manejando múltiples hogares para ganar lo suficiente para mantener a la familia. A pesar de su arduo trabajo, el dinero siempre es escaso, y la familia debe presupuestar cuidadosamente cada real. La familia vive en un pequeño y abarrotado apartamento en una favela, una zona urbana densamente poblada caracterizada por condiciones de vida precarias. El apartamento, con sus paredes agrietadas y techo con goteras, es un recordatorio constante de sus dificultades financieras. Necesidades básicas como agua potable y electricidad a menudo son poco fiables, y los cortes de energía son frecuentes. A pesar de estas dificultades, el apartamento está lleno de amor y calidez, gracias a los esfuerzos de Luisa para convertirlo en un hogar.

Promesa académica temprana

A pesar del entorno desafiante, Jorge muestra un potencial académico notable y un amor por el aprendizaje desde una edad temprana. Le fascinan los libros, a menudo los toma prestados de amigos y los lee hasta altas horas de la noche a la luz de las velas cuando falla la electricidad. Sus historias favoritas son las de aventuras y descubrimientos, encendiendo su imaginación y alimentando sus sueños de un futuro mejor. Los maestros de Jorge en la escuela pública local rápidamente notan su aguda inteligencia y dedicación. La Sra. Silva, su maestra de tercer grado, está particularmente impresionada por su habilidad para entender conceptos complejos y su entusiasmo por aprender. A menudo lo elogia frente a la clase, prediciendo un futuro brillante para él si puede superar los obstáculos en su camino. Su aliento se convierte en una fuente de motivación para Jorge, quien sueña con algún día marcar una diferencia en el mundo.

La vida en la favela es dura, pero la familia de Jorge saca lo mejor de su situación. Las mañanas comienzan temprano, con Antonio dirigiéndose al sitio de construcción y Luisa preparándose para visitar a sus clientes. Jorge ayuda a su madre con las tareas antes de ir a la escuela, barriendo el pequeño espacio vital y trayendo agua de un grifo comunal. El desayuno suele ser sencillo, a menudo solo pan y café, pero se comparte con amor y un sentido de unión. Aunque económicamente desfavorecida, el vecindario es rico en espíritu comunitario. Los vecinos se cuidan unos a otros, compartiendo lo que tienen y ofreciendo apoyo en tiempos difíciles. Los niños juegan al fútbol en los estrechos callejones, usando porterías improvisadas y balones remendados con cinta adhesiva. Los sonidos de risas y música llenan el aire, proporcionando un marcado contraste con las dificultades que enfrentan los residentes.

En la escuela, el entusiasmo de Jorge por aprender lo distingue. Siempre está ansioso por participar en clase, levantando la mano para responder preguntas e involucrándose en discusiones. Sus materias favoritas son matemáticas y ciencias, donde sobresale y a menudo ayuda a sus compañeros a entender problemas difíciles. Durante el recreo, en lugar de jugar con los demás niños, se le puede encontrar en la biblioteca, estudiando libros y absorbiendo tanto conocimiento como puede. A pesar de su amor por la escuela, Jorge enfrenta numerosos desafíos. La escuela carece de recursos y las aulas están abarrotadas. Los libros de texto están desactualizados y no hay suficientes suministros para todos. Sin embargo, Jorge saca lo mejor de lo que tiene, a menudo usando papel de desecho para hacer sus tareas y tomando libros prestados de amigos y de la biblioteca de la iglesia local.

La determinación de Jorge no pasa desapercibida. La Sra. Silva y otros maestros en la escuela hacen un esfuerzo por apoyarlo, proporcionando materiales adicionales cuando pueden y ofreciendo sesiones de tutoría adicionales. Ven en Jorge un potencial que podría llevar a grandes cosas, y están comprometidos a ayudarlo a lograr sus sueños. En casa, a pesar de la constante tensión financiera, los padres de Jorge hacen todo lo posible para apoyar su educación. Antonio a menudo habla con él sobre la importancia de la educación y cómo puede abrir puertas a un futuro mejor. Luisa, aunque agotada por sus trabajos de limpieza, encuentra tiempo para sentarse con Jorge y escucharlo leer o ayudarlo con sus tareas. Su aliento y creencia en sus habilidades le dan a Jorge la fortaleza para seguir adelante.

La iglesia local también juega un papel crucial en la vida de Jorge. El pastor, el Padre Miguel, es consciente de las dificultades que enfrentan muchas familias en la favela y se asegura de apoyar a los niños tanto como sea posible. La iglesia organiza programas después de la escuela, proporcionando un espacio seguro para que los niños estudien y ofreciendo sesiones de tutoría gratuitas. Jorge es un asistente regular, y la comunidad eclesiástica se convierte en otro pilar de apoyo para él.

A pesar de los numerosos desafíos que enfrenta, Jorge sueña con un futuro más brillante. Quiere convertirse en ingeniero, inspirado por las historias que lee y el deseo de crear un mundo mejor. Imagina construir hogares más seguros para las familias en la favela, diseñar infraestructuras eficientes y contribuir al desarrollo de su comunidad. Sus sueños son grandes, pero su determinación es aún mayor. La historia de Jorge apenas está comenzando, pero ya es evidente que posee la resiliencia, inteligencia y fe necesarias para superar los obstáculos en su camino. Su viaje estará lleno de desafíos, pero con el apoyo de su familia, maestros, comunidad eclesiástica y su inquebrantable fe en Dios, Jorge está decidido a triunfar. Mientras mira hacia el futuro, lleva consigo las esperanzas y sueños de su familia y comunidad, listo para marcar la diferencia paso a paso.

Capítulo 2: Los desafíos de la pobreza

Jorge enfrenta numerosos obstáculos, como la falta de útiles escolares, el acceso limitado a la tecnología y la necesidad de ayudar a mantener a su familia. A menudo va a la escuela sin comidas adecuadas, su estómago rumiando mientras intenta concentrarse en sus lecciones. Después de la escuela, ayuda a su madre con sus trabajos de limpieza, ganando algunos reais extra para contribuir a los gastos del hogar. La fe de Jorge se convierte en su fuente de fuerza y esperanza. Ora todos los días por guía y oportunidades, creyendo que Jesús lo ayudará a encontrar un camino hacia un futuro mejor. Su fe es una constante en su vida, dándole el valor necesario para enfrentar cada día con determinación. Su iglesia local proporciona apoyo moral y ocasionalmente financiero, alentándolo a seguir persiguiendo sus sueños. Los miembros de la iglesia conocen bien a Jorge y a menudo contribuyen con útiles escolares o una comida caliente. La iglesia se convierte en una segunda familia para Jorge, un lugar donde se siente amado y apoyado.

Luchas diarias

La vida en la favela presenta numerosas luchas diarias para Jorge. Todas las mañanas, se despierta con el sonido de su padre yéndose al trabajo y su madre trajinando, preparando su día. A pesar de su arduo trabajo, sus ingresos apenas cubren lo esencial. La familia a menudo tiene que tomar decisiones difíciles, como decidir si comprar comida o pagar los servicios. Los útiles escolares de Jorge son mínimos. A menudo va a la escuela con solo algunos cuadernos desgastados y un único lápiz. La falta de materiales adecuados dificulta mantenerse al día con sus tareas. Los libros de texto son escasos y frecuentemente los pide prestados a los compañeros o a la biblioteca de la escuela. Cuando necesita completar proyectos, utiliza materiales reciclados, encontrando formas creativas de cumplir con los requisitos con lo poco que tiene.

El acceso a la tecnología es otro obstáculo significativo. En un mundo donde la alfabetización digital es cada vez más importante, Jorge tiene una exposición limitada a las computadoras y al internet. La escuela tiene un laboratorio de informática, pero a menudo está abarrotado y con pocos recursos. En casa, la familia no tiene una computadora y el acceso a internet es un lujo que no pueden permitirse. Esta brecha en el acceso a la tecnología hace que sea un desafío para Jorge completar tareas que requieren investigación en línea o habilidades digitales. Después de la escuela, Jorge se apresura a casa para ayudar a su madre con sus trabajos de limpieza. A menudo la acompaña a las casas que limpia, ayudando con tareas como barrer, trapear y quitar el polvo. Estos trabajos son cruciales para los ingresos de la familia, y la contribución de Jorge, aunque pequeña, hace una diferencia. El trabajo es físicamente exigente, y al final del día, tanto Jorge como su madre están exhaustos. A pesar de esto, Jorge sigue comprometido con sus estudios, encontrando tiempo para hacer la tarea y leer siempre que puede.

Fe en Jesús

Uno de los aspectos más desafiantes de la vida diaria de Jorge es ir a la escuela sin comidas adecuadas. El desayuno es a menudo solo un pedazo de pan y café, y el almuerzo a veces se omite por completo. Su estómago rumiando hace difícil concentrarse durante las lecciones, y la falta de nutrición afecta sus niveles de energía. Los maestros notan su tez pálida y sus frecuentes bostezos, pero están limitados en cómo pueden ayudar debido a la pobreza generalizada en la comunidad. En medio de estos desafíos, la fe de Jorge en Jesús se convierte en su fuente de fuerza y esperanza. Todos los días, ora por guía y oportunidades, creyendo que Jesús lo ayudará a encontrar un camino hacia un futuro mejor. Su fe es una constante en su vida, dándole el valor necesario para enfrentar cada día con determinación. Jorge encuentra alivio en las historias de la Biblia, trazando paralelos entre sus luchas y las de los personajes bíblicos que superaron grandes dificultades gracias a su fe.

La iglesia local de Jorge juega un papel vital en apoyarlo. La iglesia es más que solo un lugar de culto; es una piedra angular de la comunidad, proporcionando apoyo espiritual, emocional y ocasionalmente financiero a quienes lo necesitan. Los miembros de la iglesia conocen bien a Jorge y a menudo contribuyen con útiles escolares o una comida caliente. Organizan recaudaciones de fondos, ventas de pasteles y eventos comunitarios para recaudar dinero para niños como Jorge. Para Jorge, la iglesia se convierte en una segunda familia. El pastor, el Padre Miguel, se interesa especialmente en él, a menudo brindando orientación y aliento. El Padre Miguel recuerda frecuentemente a Jorge el plan de Dios para él, reforzando su creencia de que sus luchas actuales son temporales y que días mejores están por venir. La comunidad eclesiástica es muy unida, y Jorge siente un profundo sentido de pertenencia y apoyo de sus compañeros congregantes.

Comunidad de apoyo

El apoyo moral de su comunidad eclesiástica es invaluable. Los miembros de la congregación frecuentemente revisan cómo está Jorge, ofreciéndole palabras de aliento y pequeños gestos de bondad. La Sra. Fernández, una anciana miembro de la iglesia, a menudo le trae bocadillos caseros y lo anima a perseverar en sus estudios. El grupo juvenil de la iglesia también se convierte en una fuente de amistad y apoyo, proporcionando un espacio seguro para que Jorge comparta sus experiencias y encuentre camaradería. A pesar de los abrumadores desafíos, la fe de Jorge alimenta su determinación. Él cree profundamente que Dios tiene un plan para él y que cada obstáculo que enfrenta es una oportunidad para volverse más fuerte. Esta creencia le da la resiliencia para superar las dificultades y mantenerse enfocado en su educación. Las oraciones de Jorge están llenas de gratitud por el apoyo que recibe y de esperanza por un futuro mejor. A menudo reflexiona sobre Filipenses 4:13, "Todo lo puedo en Cristo que me fortalece", sacando fuerzas de este versículo en momentos de duda.

Incluso en los momentos más oscuros, hay momentos de esperanza y pequeñas victorias que mantienen a Jorge en marcha. Cuando un negocio local dona útiles escolares a la iglesia, Jorge recibe una mochila nueva llena de cuadernos y bolígrafos. Estas pequeñas bendiciones se sienten como milagros y reafirman su creencia de que Dios lo está cuidando. Sus maestros continúan apoyándolo, brindándole ayuda adicional y animándolo a solicitar becas y oportunidades que podrían cambiar su vida. Mientras Jorge navega los desafíos diarios de la pobreza, se mantiene firme en su compromiso con la educación y la fe. Sabe que el camino por delante no será fácil, pero está decidido a superar cada obstáculo con la ayuda de su familia, comunidad y una fe inquebrantable en Jesús. Su viaje es un testimonio del poder de la perseverancia y el impacto profundo que una comunidad de apoyo puede tener en la vida de una persona.

La historia de Jorge aún se está desarrollando, pero cada día da pasos hacia un futuro más brillante. Con cada oración, cada acto de bondad de su comunidad y cada pequeña victoria, se acerca más a lograr sus sueños. Su fe y determinación brillan intensamente, iluminando el camino por delante e inspirando a quienes lo rodean a creer en el poder de la esperanza y la resiliencia.

Capítulo 3: Superando los primeros obstáculos

Jorge se destaca en la escuela a pesar de la falta de recursos. A menudo estudia a la luz de las velas y usa libros prestados. Sus maestros están asombrados por su resiliencia y determinación. Las materias favoritas de Jorge son matemáticas y ciencias, y sueña con convertirse en ingeniero algún día. Una amable maestra de su escuela, la Sra. Almeida, nota el potencial de Jorge y comienza a ser su mentora. Ella le brinda lecciones extra y aliento, ayudándolo a enfrentar los desafíos académicos que enfrenta. La Sra. Almeida a menudo se queda tarde después de la escuela, trabajando con Jorge en materias difíciles e introduciéndolo a nuevos conceptos. Jorge solicita y recibe una pequeña beca de una organización local sin fines de lucro. Esta beca cubre sus cuotas escolares y algunos

suministros, un testimonio de su arduo trabajo y fe. La beca es un impulso significativo para Jorge y su familia, aliviando algunas de las cargas financieras y permitiéndole concentrarse más en sus estudios.

Años de escuela primaria

Los años de escuela primaria de Jorge están marcados por tanto dificultad como logros notables. A pesar de la falta de recursos, se destaca académicamente, impulsado por su amor por el aprendizaje y sus sueños de un futuro más brillante. Cada día después de la escuela, Jorge regresa a su modesto hogar en la favela, donde continúa sus estudios a la luz de las velas debido a los frecuentes cortes de energía. El tenue parpadeo de la vela arroja un cálido resplandor sobre los libros prestados que estudia diligentemente, absorto en los misterios de las matemáticas y las ciencias. La resiliencia y la determinación de Jorge son evidentes en su rutina diaria. A menudo se despierta antes del amanecer para ayudar a su madre con las tareas y prepararse para la escuela. Su mochila, aunque vieja y desgastada, siempre está ordenadamente llena de sus limitados útiles escolares. En la escuela, presta mucha atención a sus maestros, ansioso por absorber cada bit de conocimiento. Sus compañeros de clase admiran su dedicación, a menudo acudiendo a él para obtener ayuda con materias difíciles.

Mentoría

Un día, durante una lección de matemáticas particularmente desafiante, las excepcionales habilidades para resolver problemas de Jorge llamaron la atención de la Sra. Almeida, su maestra de primaria. La Sra. Almeida, una educadora compasiva y dedicada, nota el potencial de Jorge y lo toma bajo su ala. Ve en él una combinación rara de inteligencia, curiosidad y resiliencia. Decidida a ayudarlo a tener éxito, comienza a ser su mentora, proporcionando lecciones adicionales y aliento. La Sra. Almeida a menudo se queda tarde después de la escuela, trabajando con Jorge en materias difíciles e introduciéndole nuevos conceptos. Le proporciona materiales de práctica adicionales y lo ayuda a desarrollar hábitos de estudio efectivos. Bajo su guía, la comprensión de Jorge de las matemáticas y la ciencia se profundiza, y su confianza crece. La Sra. Almeida también lo anima a explorar sus intereses, prestándole libros sobre ingeniería y otras materias.

Primera beca

Sus sesiones no son solo sobre académicos; también involucran discusiones sobre la vida y el futuro. La Sra. Almeida comparte historias de ingenieros e inventores famosos que superaron grandes dificultades, inspirando a Jorge a seguir persiguiendo sus sueños. Su apoyo se convierte en un faro de esperanza para él, reforzando su creencia de que puede lograr cualquier cosa con trabajo duro y fe. Reconociendo las luchas financieras que enfrenta la familia de Jorge, la Sra. Almeida lo anima a postularse para becas ofrecidas por organizaciones locales sin fines de lucro. Ella lo ayuda a reunir los documentos necesarios y escribe una carta de recomendación brillante, destacando sus logros académicos y potencial. Jorge aplica con una mezcla de esperanza y nerviosismo, rezando por un resultado positivo.

Para gran alegría de Jorge, le otorgan una pequeña beca de una organización local sin fines de lucro dedicada a apoyar a estudiantes desfavorecidos. La beca cubre sus tarifas escolares y proporciona algunos suministros muy necesarios, incluidos cuadernos, bolígrafos nuevos y una mochila. Esta beca es un testimonio del trabajo duro y la fe de Jorge, y alivia significativamente la carga financiera de su familia. La beca es un impulso significativo para Jorge y su familia. Con sus tarifas escolares cubiertas, sus padres pueden asignar sus limitados recursos a otras necesidades esenciales, reduciendo parte de la tensión financiera. Para Jorge, la beca representa no solo asistencia financiera, sino también el reconocimiento de su potencial y un trampolín hacia sus sueños.

Con los nuevos suministros y menos preocupaciones sobre las tarifas escolares, Jorge puede concentrarse más en sus estudios. Se adentra más en sus materias favoritas, matemáticas y ciencias, y comienza a explorar conceptos de ingeniería con un vigor renovado. La beca también le abre nuevas oportunidades para participar en proyectos escolares y competencias, enriqueciendo aún más su experiencia de aprendizaje. La gratitud de Jorge por la beca y el apoyo de la Sra.

Almeida y su comunidad es inmensa. Sabe que muchas personas creen en él y están apostando por su éxito. Esta fe colectiva en sus habilidades alimenta su determinación de sobresalir. Permanece profundamente comprometido con sus estudios, a menudo quedándose hasta tarde para terminar su tarea y prepararse para los exámenes.

A pesar de sus compromisos académicos, Jorge continúa equilibrando sus responsabilidades en casa. Ayuda a su madre con sus trabajos de limpieza, asegurándose de que sus contribuciones al hogar no disminuyan. Este equilibrio requiere una gestión del tiempo cuidadosa y sacrificios, pero Jorge lo maneja con una madurez más allá de sus años. Sus padres, al ver su dedicación, se sienten llenos de orgullo y esperanza por su futuro. La comunidad eclesiástica local también continúa apoyando a Jorge. Celebran su beca como una victoria para toda la comunidad, organizando una pequeña reunión para felicitarlo. Los miembros de la iglesia reafirman su compromiso de ayudar a Jorge a alcanzar sus sueños, ofreciendo oraciones y apoyo moral. Este sentido de pertenencia y aliento fortalece el espíritu de Jorge, recordándole que no está solo en su camino.

A medida que Jorge avanza en la escuela primaria, se mantiene enfocado en su objetivo a largo plazo de convertirse en ingeniero. Los desafíos que enfrenta solo fortalecen su determinación, y el apoyo que recibe de su familia, maestro y comunidad lo mantiene motivado. Cada día lo acerca un paso más a sus sueños, y él aprovecha cada oportunidad para aprender y crecer. La historia de Jorge sobre superar obstáculos tempranos a través del trabajo duro, la fe y el apoyo comunitario inspira a sus compañeros y es un testimonio del poder de la resiliencia. Su viaje nos recuerda que incluso frente a la adversidad, la determinación y la esperanza pueden allanar el camino hacia un futuro más brillante. Con cada año que pasa, los sueños de Jorge de convertirse en ingeniero se vuelven más tangibles, y su fe inquebrantable sigue guiándolo hacia adelante.

Capítulo 4: El poder de la comunidad

La comunidad eclesiástica de Jorge se une a su alrededor, organizando eventos para recaudar fondos y proporcionar apoyo

adicional para su educación. Realizan ventas de pasteles, lavados de autos y otros eventos para recaudar dinero para sus gastos escolares. Los esfuerzos de la congregación aseguran que Jorge tenga las herramientas que necesita para tener éxito. A través de su iglesia, Jorge se involucra en programas juveniles que ofrecen tutoría, capacitación en liderazgo y crecimiento espiritual. Estos programas amplían sus horizontes y lo exponen a nuevas ideas y oportunidades. Jorge aprende habilidades valiosas que lo ayudan tanto académica como personalmente. Hace amigos que comparten su determinación y fe, creando una red de apoyo que lo ayuda a mantenerse motivado. Estos amigos estudian juntos, asisten a actividades de la iglesia y se apoyan mutuamente en los desafíos que enfrentan. Su camaradería es una fuente de fortaleza para Jorge.

Participación en la iglesia

La comunidad eclesiástica de Jorge se convierte en una piedra angular de apoyo en su camino hacia el éxito académico y personal. Reconociendo su potencial y los desafíos financieros que enfrenta su familia, la congregación se une a su alrededor, decidida a brindarle el apoyo que necesita para prosperar. Los miembros de la iglesia organizan varias actividades para recaudar fondos para ayudar a cubrir los gastos escolares de Jorge. Realizan ventas de pasteles, donde el aroma de productos recién horneados llena el salón de la iglesia, atrayendo a personas del vecindario. Las mesas están llenas de pasteles, galletas y repostería casera, todo hecho con amor y un propósito compartido. Los lavados de autos se convierten en un evento regular los fines de semana.

El grupo juvenil, incluyendo a Jorge, lava autos con entusiasmo en el estacionamiento de la iglesia, sus risas y charlas crean un ambiente animado. Los miembros de la iglesia y los residentes locales traen sus vehículos, felices de contribuir a una causa digna mientras limpian sus autos. Otros eventos incluyen cenas comunitarias, donde las familias se reúnen para disfrutar de una comida y donan lo que pueden. Estas cenas fomentan un sentido de unidad y propósito, con todos contribuyendo a su manera. Los esfuerzos de la congregación aseguran que Jorge tenga las herramientas que necesita para tener éxito, desde nuevos suministros escolares hasta cubrir las cuotas escolares.

Ampliando horizontes

A través de su iglesia, Jorge se involucra en programas juveniles que ofrecen tutoría, capacitación en liderazgo y crecimiento espiritual. Estos programas amplían sus horizontes y lo exponen a nuevas ideas y oportunidades. La iglesia organiza sesiones de tutoría después de la escuela, donde los voluntarios ayudan a los estudiantes con sus tareas y materias difíciles. Jorge asiste a estas sesiones regularmente, encontrándolas invaluables para mantenerse al día con sus tareas escolares y sobresalir en sus estudios. Los tutores, a menudo estudiantes universitarios o maestros jubilados, brindan atención personalizada, ayudando a Jorge a comprender conceptos complejos y mejorar sus calificaciones.

Jorge también participa en programas de capacitación en liderazgo, donde aprende sobre trabajo en equipo, oratoria y gestión de proyectos. Estas habilidades son beneficiosas para sus actividades académicas y lo preparan para futuros roles en su comunidad y carrera. Las sesiones de capacitación en liderazgo involucran actividades grupales, discusiones y proyectos reales, dando a Jorge experiencia práctica en liderazgo y organización. Los programas juveniles de la iglesia enfatizan el crecimiento espiritual, con sesiones regulares de estudio bíblico, reuniones de oración y retiros.

Nuevas amistades

Estas actividades profundizan la fe de Jorge y le proporcionan una base moral sólida. Durante los retiros, el grupo juvenil pasa tiempo en la naturaleza, participando en ejercicios de formación de equipos, adoración y reflexión. Estas experiencias fortalecen la conexión de Jorge con su fe y su comunidad. A través de estos programas, Jorge hace amigos que comparten su determinación y fe. Se relaciona con otros jóvenes que están igualmente comprometidos con su educación y crecimiento personal. Estas amistades se convierten en una red de apoyo crucial para Jorge, ayudándolo a mantenerse motivado y resiliente.

Jorge y sus amigos forman grupos de estudio, reuniéndose en las casas de unos y otros o en la iglesia para prepararse para los exámenes y trabajar en proyectos. Se apoyan mutuamente en los desafíos que enfrentan, compartiendo recursos y ánimos. Su camaradería es una fuente de fortaleza para Jorge, brindándole un sentido de pertenencia y solidaridad. El grupo juvenil también participa en diversas actividades de la iglesia, como proyectos de servicio comunitario, celebraciones de fiestas y programas de alcance. Se ofrecen como voluntarios para ayudar en colectas de alimentos, visitar a miembros ancianos de la comunidad y organizar eventos para niños más pequeños. Estas actividades inculcan un sentido de responsabilidad y compasión en Jorge, reforzando los valores que él valora.

El apoyo de su comunidad eclesiástica ayuda a Jorge a crecer tanto académica como personalmente. Aprende habilidades valiosas que mejoran su resiliencia y determinación. La capacitación en liderazgo aumenta su confianza, y las sesiones de tutoría mejoran su desempeño académico. La guía espiritual que recibe profundiza su fe, proporcionándole un fuerte sentido de propósito y dirección. La participación de Jorge en las actividades de la iglesia también le enseña la importancia de retribuir a su comunidad. Ve de primera mano el impacto que el esfuerzo colectivo y la fe pueden tener, inspirándolo a ayudar a otros y contribuir al bienestar de los que lo rodean.

A lo largo de este viaje, Jorge permanece consciente y agradecido por la presencia de Dios en su vida. Ve el apoyo de su comunidad eclesiástica como una encarnación del amor y la provisión de Dios. Jorge a menudo reflexiona sobre el Salmo 46:1, "Dios es nuestro refugio y fortaleza, una ayuda siempre presente en los problemas," encontrando consuelo y motivación en este verso. Con el apoyo continuo de su comunidad eclesiástica, Jorge sigue destacando en sus estudios y desarrollo personal. Las habilidades que adquiere a través de los programas juveniles lo preparan para futuros desafíos, mientras que las amistades que forma proporcionan una base sólida de apoyo. Su fe sigue siendo una luz guía, ayudándole a navegar los obstáculos en su camino.

La historia de Jorge de superar obstáculos tempranos a través del poder de la comunidad y la fe sirve de inspiración para otros. Destaca el profundo impacto que una red de apoyo y una fuerte creencia en Dios pueden tener en la vida de un individuo. Al mirar hacia el futuro, Jorge está lleno de esperanza y determinación, listo para alcanzar sus sueños y retribuir a la comunidad que tanto le ha dado. La participación de Jorge en su comunidad eclesiástica no solo lo ayuda a superar desafíos inmediatos, sino que también sienta las bases para un futuro lleno de promesa y posibilidades. A través de la fe, la amistad y el esfuerzo colectivo, está bien encaminado para realizar sus sueños y tener un impacto positivo en el mundo que lo rodea.

Capítulo 5: Desafíos en la escuela secundaria

Jorge enfrenta nuevos desafíos en la escuela secundaria, incluyendo un currículo más riguroso y mayor competencia. El trabajo escolar es exigente y a menudo se encuentra luchando por mantenerse al día. Sin embargo, su determinación y ética de trabajo lo mantienen en marcha. Equilibra sus estudios con trabajos a tiempo parcial para ayudar a su familia, a menudo sacrificando sueño y tiempo de ocio. Jorge trabaja como repartidor por las tardes y fines de semana, haciendo recados para negocios locales. A pesar de su agenda ocupada, se mantiene enfocado en sus objetivos académicos. A pesar de las presiones, la fe de Jorge sigue siendo fuerte. Continúa orando y asistiendo a la iglesia regularmente, encontrando fuerza en su relación con Jesús. Su fe le proporciona un sentido de paz y propósito, guiándolo en los tiempos difíciles.

Transición a la escuela secundaria

La transición de Jorge a la escuela secundaria trae un nuevo conjunto de desafíos. El currículo es más riguroso y la competencia es más dura. Se encuentra en clases más grandes con trabajos más exigentes. Las materias son más complejas y el ritmo es más rápido, requiriendo más tiempo y esfuerzo para mantenerse al día. En la escuela secundaria, materias como matemáticas avanzadas, física, química y literatura se vuelven más intensivas. La escuela de Jorge es conocida por sus altos estándares académicos y los maestros esperan mucho de sus estudiantes. Las tareas son más largas y frecuentes, y los exámenes son más desafiantes. Jorge a menudo pasa sus noches y fines de semana enterrado en los libros de texto, tratando de dominar el material.

A pesar de sus mejores esfuerzos, Jorge a veces lucha por mantenerse al día con la exigente carga académica. Hay noches en las que se siente abrumado por la gran cantidad de trabajo. Sus calificaciones fluctúan y hay momentos en los que duda de su capacidad para tener éxito. Sin embargo, su determinación y ética de trabajo lo mantienen en marcha. Se recuerda a sí mismo sus sueños y los sacrificios que hace su familia para apoyarlo. Para ayudar económicamente a su familia, Jorge toma trabajos a tiempo parcial. Trabaja como repartidor por las tardes y los fines de semana, haciendo recados para negocios locales. Entrega comestibles, paquetes y hasta documentos, navegando por las concurridas calles de Río de Janeiro en su bicicleta. El trabajo es físicamente agotador y consume mucho tiempo, dejándolo con poco tiempo para descansar o divertirse.

Equilibrando responsabilidades

Equilibrar sus estudios con el trabajo significa que Jorge a menudo sacrifica sueño y tiempo libre. Se despierta temprano para estudiar antes de la escuela y se queda despierto hasta tarde para completar tareas después de sus turnos de reparto. Los fines de semana, mientras otros adolescentes disfrutan de su tiempo libre, Jorge está trabajando o estudiando. Su vida social es limitada, pero sabe que estos sacrificios son necesarios para lograr sus metas. A pesar de su apretada agenda, Jorge sigue centrado en sus objetivos académicos. Reserva tiempo cada día para tareas y estudios, utilizando cada momento libre de manera eficiente. Crea un horario de estudio para mantenerse organizado y prioriza sus tareas para asegurarse de cumplir con todos los plazos. La disciplina y habilidades de gestión del tiempo de Jorge son cruciales para mantener su rendimiento académico.

Fe continua

Durante estos tiempos difíciles, la fe de Jorge sigue siendo una fuente de fortaleza y consuelo. Continúa orando a diario, buscando orientación y apoyo de Jesús. Su relación con Dios le proporciona un sentido de paz y propósito, ayudándole a enfrentar los desafíos que encaran. Asiste regularmente a servicios de iglesia, donde encuentra consuelo y ánimo por parte de su comunidad eclesiástica. La iglesia sigue desempeñando un papel vital en la vida de Jorge. La congregación está al tanto de sus luchas y frecuentemente ofrece oraciones y apoyo moral. El padre Miguel, el pastor, a menudo se preocupa por Jorge, brindando orientación espiritual y recordándole el plan de Dios. El grupo juvenil sigue siendo un pilar de apoyo, con amigos que comparten valores y aspiraciones similares.

Los profesores de la escuela secundaria de Jorge también reconocen su potencial y dedicación. Le ofrecen ayuda extra cuando la necesita y lo animan a seguir adelante. La señora Almeida, su mentora de la primaria, sigue siendo una fuente constante de apoyo, ofreciendo sesiones de tutoría y consejos. La iglesia local también organiza grupos de estudio y sesiones de tutoría, donde Jorge y sus compañeros pueden obtener ayuda adicional con sus tareas. Durante momentos de duda y fatiga, Jorge recurre a su fe en busca de motivación. Lee pasajes de la Biblia que le recuerdan la presencia y fortaleza de Dios. Versículos como Isaías 40:31, "Pero los que esperan a Jehová tendrán nuevas fuerzas; levantarán alas como las águilas; correrán, y no se cansarán; caminarán, y no se fatigarán," le brindan el ánimo que necesita para seguir adelante.

A pesar de su apretada agenda, Jorge encuentra tiempo para retribuir a su comunidad. Se ofrece como voluntario en la iglesia, ayudando con eventos y proyectos de servicio comunitario. Estas actividades no solo le brindan un descanso de sus responsabilidades académicas y laborales, sino que también refuerzan su sentido de propósito y conexión con su comunidad. Los desafíos que Jorge enfrenta en la secundaria construyen su resiliencia y carácter. Aprende a perseverar frente a la adversidad y a confiar en su fe y comunidad para obtener apoyo. Cada obstáculo que supera fortalece su creencia en sí mismo y en sus sueños. El camino de Jorge a través de la secundaria no se trata solo de logros académicos; se trata de crecimiento personal y el desarrollo de un carácter sólido y basado en la fe.

A medida que Jorge avanza en la secundaria, sigue enfrentando desafíos, pero su determinación, ética de trabajo y fe permanecen inquebrantables. Sabe que cada paso que toma lo acerca más a su sueño de convertirse en ingeniero. Con el apoyo de su familia, iglesia y escuela, Jorge está decidido a superar cualquier obstáculo en su camino. Los años de secundaria de Jorge son un testimonio del poder de la perseverancia, la fe y la comunidad. Su historia inspira a quienes lo rodean, mostrando que con trabajo duro y fe inquebrantable, es posible superar incluso los desafíos más desalentadores. Mientras mira hacia el futuro, Jorge sigue esperanzado y decidido, listo para cumplir sus sueños y tener un impacto positivo en el mundo.

Capítulo 6: Oportunidades de avance

Jorge solicita y gana una prestigiosa beca que cubre su matrícula, libros y gastos de manutención, permitiéndole concentrarse completamente en sus estudios. La beca es otorgada por una fundación educativa nacional y es altamente competitiva. Los logros académicos y la historia personal de Jorge impresionan al comité de selección. Es aceptado en un programa de mentoría que lo conecta con profesionales en el campo que desea, proporcionando orientación e inspiración. Jorge es emparejado con un ingeniero que se convierte en un mentor valioso, ofreciendo consejos sobre trayectorias profesionales y ayudándolo a navegar las complejidades de la educación superior. Con el apoyo y los recursos proporcionados por la beca y la mentoría, Jorge sobresale académicamente, a menudo clasificando entre los mejores de su clase. Participa en ferias de ciencias, competiciones de matemáticas y otros desafíos académicos, ganando continuamente elogios y reconocimiento.

Beca importante

El arduo trabajo y la determinación de Jorge finalmente dan sus frutos cuando conoce una prestigiosa beca ofrecida por una fundación educativa nacional. La beca está diseñada para apoyar a estudiantes desfavorecidos con logros académicos excepcionales y potencial de liderazgo. Animado por sus maestros, familia y comunidad eclesiástica, Jorge decide postularse, a pesar de saber que la competencia será feroz. El proceso de solicitud es riguroso. Jorge pasa incontables horas preparando su solicitud, que incluye escribir ensayos, reunir cartas de recomendación y documentar sus logros académicos y participación comunitaria. La Sra. Almeida lo ayuda a perfeccionar sus ensayos, asegurándose de que capturen su pasión por el aprendizaje y sus sueños de convertirse en ingeniero. Sus maestros y el Padre Miguel escriben brillantes cartas de recomendación, destacando su perseverancia, inteligencia y compromiso con su comunidad.

Después de enviar su solicitud, Jorge enfrenta un angustioso período de espera. Continúa enfocándose en sus estudios y trabajos a tiempo parcial, pero la anticipación de la decisión de la beca siempre está en el fondo de su mente. Reza diariamente, pidiéndole guía a Dios y expresando sus esperanzas y miedos. Su familia y comunidad eclesiástica también rezan por un resultado positivo, sabiendo cuánto significa esta oportunidad para él. Finalmente llega el día en que Jorge recibe una carta de la fundación. Con manos temblorosas, la abre y lee las palabras que esperaba: le han otorgado la beca. Abrumado de alegría y gratitud, comparte la noticia con su familia y comunidad eclesiástica. Celebran este increíble logro, sabiendo que marca un punto de inflexión en la vida de Jorge.

La beca cubre la matrícula, libros y gastos de manutención de Jorge, permitiéndole concentrarse completamente en sus estudios. Este apoyo financiero quita una enorme carga de su familia, que ahora puede asignar sus limitados recursos a otras necesidades esenciales. Jorge está profundamente agradecido por la oportunidad y decidido a aprovecharla al máximo. Además del apoyo financiero, la beca incluye acceso a un programa de mentoría. Este programa conecta a Jorge con profesionales en el campo que desea, proporcionando orientación e inspiración. Jorge es emparejado con el Sr. Carvalho, un ingeniero experimentado con décadas de experiencia. El Sr. Carvalho se convierte en un mentor valioso, ofreciendo consejos sobre trayectorias profesionales y ayudando a Jorge a navegar las complejidades de la educación superior.

Programas de mentoría

El Sr. Carvalho toma un interés personal en el desarrollo de Jorge. Se reúnen regularmente, discutiendo el progreso académico, los objetivos profesionales y los desafíos que enfrenta Jorge. El Sr. Carvalho comparte sus propias experiencias, ofreciendo consejos prácticos y conocimientos sobre la profesión de la ingeniería. Presenta a Jorge a contactos de la industria, proporciona oportunidades de pasantías y lo ayuda a desarrollar un plan de carrera claro. Con el apoyo y los recursos proporcionados por la beca y la mentoría, Jorge sobresale académicamente. Libre de la necesidad de trabajar en empleos a tiempo parcial, puede dedicar más tiempo a sus estudios. Participa en ferias de ciencias, competiciones de matemáticas y otros desafíos académicos, ganando continuamente elogios y reconocimiento. Sus maestros están impresionados con su progreso y a menudo lo destacan como un estudiante modelo.

La participación de Jorge en ferias de ciencias y competencias de matemáticas se convierte en una parte significativa de su experiencia en la escuela secundaria. Disfruta el desafío de aplicar el conocimiento teórico a problemas prácticos y competir contra otros estudiantes talentosos. Sus proyectos a menudo se enfocan en soluciones de ingeniería innovadoras para problemas del mundo real, reflejando su deseo de tener un impacto positivo en su comunidad. En una feria de ciencias, Jorge diseñó un sistema de filtración de agua de bajo costo para proporcionar agua potable a comunidades desatendidas. Su proyecto ganó el primer lugar, y los jueces elogiaron su ingenio y conciencia social. Este reconocimiento aumenta su confianza y refuerza su compromiso de usar sus habilidades para el bien común.

Excelencia académica

Los logros de Jorge no pasan desapercibidos. Recibe varios premios por excelencia académica, incluyendo los máximos honores de la escuela en matemáticas y ciencias. Su nombre aparece frecuentemente en el cuadro de honor, y es invitado a hablar en asambleas escolares y eventos comunitarios. Estos reconocimientos son un testimonio de su arduo trabajo, dedicación y el inquebrantable apoyo de sus mentores y comunidad. A pesar de su ocupado horario académico, Jorge sigue participando activamente en su iglesia y comunidad. Se ofrece como voluntario para eventos de la iglesia, ayuda a organizar recaudaciones de fondos y asesora a estudiantes más jóvenes. Su fe continúa siendo una fuente de fortaleza y guía, y a menudo habla sobre la importancia de la perseverancia y la confianza en Dios.

A medida que Jorge se acerca al final de la escuela secundaria, se siente lleno de un sentido de logro y anticipación por el futuro. El programa de becas y mentoría no solo le ha proporcionado los recursos y la orientación que necesitaba, sino que también le ha abierto puertas a nuevas oportunidades. Se siente preparado para enfrentar los desafíos de la educación superior y está emocionado por las posibilidades que se avecinan. El viaje de Jorge desde un vecindario desfavorecido en Río de Janeiro hasta el umbral de la educación universitaria es un testimonio del poder de la fe, la determinación y el apoyo comunitario. Sabe que el camino por delante todavía tendrá sus desafíos, pero confía en su capacidad para superarlos. Con la base de conocimientos, habilidades y fe que ha construido, Jorge espera un futuro en el que pueda alcanzar sus sueños y tener un impacto positivo en el mundo.

Jorge está inmensamente agradecido por el apoyo que ha recibido. Está comprometido a devolver a su comunidad y ayudar a otros a alcanzar sus sueños. Planea usar su educación y habilidades para abordar los desafíos que enfrentan comunidades como la suya, asegurándose de que otros tengan las oportunidades que él tuvo la fortuna de recibir. La historia de Jorge es una de esperanza, resiliencia y el poder transformador de la educación y la fe.

Capítulo 7: Logrando sueños

Jorge se gradúa de la escuela secundaria con honores, un momento de orgullo para él, su familia y su comunidad eclesial. Su ceremonia de graduación celebra su arduo trabajo y perseverancia. Los padres de Jorge, maestros y miembros de la iglesia asisten, animándolo mientras recibe su diploma. Es aceptado en una universidad de primer nivel en Brasil, donde planea estudiar ingeniería, un campo que le apasiona. La universidad le ofrece una beca completa, reconociendo su potencial y determinación. El sueño de Jorge de convertirse en ingeniero está ahora al alcance. A lo largo de su viaje, Jorge nunca pierde de vista su fe. Atribuye su éxito a la guía y provisión de Dios. Frecuentemente reflexiona sobre las oraciones y el apoyo que lo ayudaron a superar cada obstáculo. La gratitud de Jorge es evidente en sus oraciones diarias y en su compromiso de vivir una vida que honre a Dios.

Graduación

La graduación de secundaria de Jorge es un día lleno de alegría y orgullo, no solo para él sino para todos los que lo han apoyado en el camino. La ceremonia se lleva a cabo en el gran auditorio de la escuela, decorado con serpentinas y globos. El aire está lleno de emoción y anticipación mientras las familias y amigos se reúnen para celebrar los logros de los graduados. Cuando se llama el nombre de Jorge, el auditorio estalla en aplausos. Camina por el escenario con una sonrisa confiada, recibiendo su diploma con honores. Este momento es la culminación de años de trabajo duro, determinación y perseverancia. Los padres de Jorge, de pie en la audiencia con lágrimas de alegría, lo animan ruidosamente, abrumados de orgullo. La Sra. Almeida, sus maestros y muchos miembros de su comunidad eclesial también están allí, celebrando su éxito.

La ceremonia está llena de discursos conmovedores por parte de los estudiantes y el cuerpo docente, reflexionando sobre el viaje que todos han emprendido. Jorge escucha atentamente, sintiendo una profunda conexión con las palabras que se están diciendo. El director destaca los notables logros de Jorge y su resiliencia al superar obstáculos significativos, reconociéndolo como una inspiración para sus compañeros. Jorge es invitado a dar un breve discurso, donde expresa su gratitud a todos los que lo apoyaron y atribuye su éxito a la guía de Dios y al apoyo inquebrantable de su familia y comunidad.

Aceptación en la universidad

Poco después de graduarse, Jorge recibe la noticia de que ha sido aceptado en una de las mejores universidades de Brasil. La universidad reconoce su potencial y determinación ofreciéndole una beca completa que cubre la matrícula, los libros y los gastos de vivienda. Esta oportunidad es un sueño hecho realidad para Jorge, quien siempre ha aspirado a estudiar ingeniería.

Los meses previos a su partida a la universidad están ocupados pero llenos de emoción. Jorge y su familia se preparan para este nuevo capítulo en su vida. Compran los suministros necesarios, y su madre, Luisa, empaca sus maletas con cuidado, añadiendo pequeñas notas de ánimo para que las encuentre más tarde. Su comunidad eclesiástica realiza un servicio especial para orar por el éxito y el viaje seguro de Jorge, bendiciéndolo con su amor y apoyo. Al llegar a la universidad, Jorge está nervioso y emocionado. El campus es vasto y está lleno de caras nuevas, pero rápidamente se adapta a su nuevo entorno. Su horario está lleno de conferencias, sesiones de laboratorio y grupos de estudio, pero Jorge prospera en este entorno. La rigurosa atmósfera académica lo desafía, pero él se enfrenta a la situación, impulsado por su pasión por la ingeniería y su deseo de tener éxito.

Fe y gratitud

A lo largo de su viaje, Jorge nunca pierde de vista su fe. Encuentra una iglesia local cerca de la universidad donde asiste a los servicios regularmente, convirtiéndose en un miembro activo de la congregación. Esta comunidad eclesiástica se convierte en una nueva fuente de apoyo y amistad para él. Jorge también se mantiene conectado con su iglesia natal a través de llamadas regulares y visitas durante las vacaciones, compartiendo actualizaciones y buscando orientación continua. Jorge reflexiona frecuentemente sobre las oraciones y el apoyo que lo ayudaron a superar cada obstáculo. A menudo piensa en las noches estudiando a la luz de las velas, los trabajos a tiempo parcial y el inquebrantable apoyo de su familia e iglesia. Estos recuerdos alimentan su gratitud y su impulso para tener éxito. La gratitud de Jorge es evidente en sus oraciones diarias y su compromiso de vivir una vida que honre a Dios. Ora todas las mañanas y noches, agradeciendo a Dios por las oportunidades que ha recibido y pidiendo orientación en sus estudios y carrera futura.

En la universidad, Jorge sobresale en sus cursos de ingeniería. Participa en proyectos de investigación, se une a clubes de ingeniería y asume roles de liderazgo. Sus profesores notan su dedicación y potencial, a menudo seleccionándolo para proyectos especiales y oportunidades de mentoría. El trabajo de Jorge en el desarrollo de soluciones de ingeniería innovadoras para problemas del mundo real le gana reconocimiento y premios dentro de la universidad. A pesar de su apretada agenda, Jorge mantiene un equilibrio entre sus estudios, su fe y su participación comunitaria. Se ofrece como voluntario para proyectos de servicio comunitario, asesora a estudiantes más jóvenes y continúa siendo activo en su iglesia. Su capacidad para gestionar su tiempo de manera efectiva y mantenerse fiel a sus valores impresiona a quienes lo rodean.

El sueño de Jorge de convertirse en ingeniero está ahora al alcance. Está en camino de alcanzar sus metas, equipado con el conocimiento, las habilidades y la fe que lo han guiado hasta ahora. Su viaje desde un barrio desfavorecido en Río de Janeiro hasta una universidad de élite es un testimonio del poder de la perseverancia, la fe y el apoyo comunitario. Jorge está comprometido a retribuir a su comunidad. Planea usar sus habilidades en ingeniería para desarrollar proyectos que puedan mejorar la vida de quienes viven en las favelas, como viviendas asequibles y sistemas de agua potable. Sueña con crear un fondo de becas para ayudar a otros estudiantes de entornos desfavorecidos a continuar sus estudios superiores. Jorge frecuentemente vuelve a su escuela secundaria e iglesia para hablar con los estudiantes, compartiendo su historia y alentándolos a perseguir sus sueños.

A medida que Jorge mira hacia adelante, ve un futuro lleno de posibilidades. Está decidido a tener un impacto positivo en el mundo, usando sus talentos y educación para lograr cambios. Su trayectoria continúa inspirando a quienes le rodean, demostrando que con fe, trabajo duro y el apoyo de la comunidad, todo es posible. La historia de Jorge es una de esperanza, resiliencia y el poder transformador de la fe y la educación. Su éxito es un triunfo compartido con su familia, iglesia y comunidad, y un faro de inspiración para otros que enfrentan desafíos similares. A medida que avanza, Jorge lleva consigo las lecciones aprendidas, la gratitud por el apoyo recibido y un compromiso inquebrantable de marcar la diferencia en el mundo.

Capítulo 8: Correspondiendo a la comunidad

Jorge comenzó a hacer voluntariado en su iglesia y centros comunitarios locales, mentorando a estudiantes más jóvenes que enfrentan desafíos similares. Organiza grupos de estudio, tutoriza a estudiantes con dificultades y comparte su historia para motivar a otros. Jorge siente pasión por devolver a la comunidad que le apoyó. Comparte su historia en escuelas y iglesias, inspirando a otros a perseverar y confiar en el plan de Dios. Los discursos de Jorge están llenos de pasión y autenticidad, resonando profundamente con las audiencias. Anima a los jóvenes a perseguir sus sueños y a confiar en su fe durante los tiempos difíciles. Jorge sueña con iniciar un fondo de becas para ayudar a otros estudiantes desfavorecidos a alcanzar sus objetivos educativos. Imagina un programa que no sólo brinde apoyo financiero, sino también mentoría y recursos. Jorge está decidido a crear oportunidades para otros, tal como otros crearon oportunidades para él.

Participación comunitaria

El viaje de Jorge desde un vecindario desfavorecido hasta el éxito académico ha moldeado profundamente su deseo de devolver a su comunidad. Ahora, como estudiante universitario con un futuro brillante por delante, dedica gran parte de su tiempo libre a hacer voluntariado en su iglesia y centros comunitarios locales. Su enfoque principal es mentorear a estudiantes más jóvenes que enfrentan desafíos similares a los que él superó. Jorge comienza organizando grupos de estudio y sesiones de tutoría para estudiantes en su vecindario. Recuerda lo crucial que fue el apoyo de la Sra. Almeida y su comunidad eclesiástica durante sus años formativos y busca proporcionar lo mismo para la próxima generación. Cada semana, reúne a estudiantes en el sótano de la iglesia, transformándolo en un ambiente de aprendizaje colaborativo y animado. Les ayuda con sus tareas, explica conceptos difíciles y enseña técnicas de estudio efectivas.

Estos grupos de estudio se convierten en un refugio seguro para los estudiantes que tienen dificultades académicas. El estilo de enseñanza paciente de Jorge y su capacidad para relacionarse con sus experiencias lo convierten en un mentor efectivo. Anima a los estudiantes a hacer preguntas y participar activamente, fomentando un sentido de camaradería y apoyo mutuo. El éxito de estos grupos de estudio se difunde rápidamente y más estudiantes se unen, ansiosos por aprender y mejorar sus calificaciones. Además de las sesiones grupales, Jorge ofrece tutoría individual a los estudiantes que necesitan ayuda adicional. Identifica a aquellos que están quedándose atrás y dedica tiempo adicional para asegurar que comprendan el material. El enfoque personalizado de Jorge no sólo mejora su desempeño académico, sino que también aumenta su confianza. Los padres en la comunidad están agradecidos por sus esfuerzos, viendo cambios positivos en las actitudes de sus hijos hacia la escuela.

Charlas inspiradoras

Jorge cree que compartir su historia puede inspirar a otros a superar sus obstáculos y perseguir sus sueños. Regularmente habla en escuelas e iglesias, donde sus discursos están llenos de pasión y autenticidad. Relata su trayectoria, destacando los desafíos que enfrentó, el apoyo que recibió y el papel de la fe en su éxito. Su historia resuena profundamente con las audiencias, especialmente los jóvenes que se ven reflejados en sus experiencias. Los discursos de Jorge no sólo tratan de su pasado; están llenos de mensajes de esperanza y aliento. Enfatiza la importancia de la perseverancia, el trabajo duro y la fe. Recuerda a su audiencia que sin importar cuán difíciles sean sus circunstancias, pueden alcanzar sus objetivos con determinación y el apoyo de su comunidad. La capacidad de Jorge para conectarse con sus oyentes hace que sus charlas sean impactantes, dejándolos a menudo con sentimientos de inspiración y motivación.

En sus charlas, Jorge resalta la importancia de confiar en la fe durante los tiempos difíciles. Comparte cómo la oración y su relación con Dios le proporcionaron fortaleza y guía. Anima a los jóvenes a confiar en el plan de Dios y a buscar consuelo en su fe. El mensaje de Jorge es claro: la fe, combinada con el esfuerzo y el apoyo, puede llevar a resultados increíbles.

Aspiraciones futuras

Impulsado por el deseo de crear oportunidades para otros, Jorge sueña con iniciar un fondo de becas para estudiantes desfavorecidos. Él visualiza un programa que no solo proporcione apoyo financiero, sino también mentoría y recursos. Jorge quiere asegurarse de que los estudiantes como él tengan acceso a las herramientas que necesitan para triunfar.

El programa de becas de Jorge tiene como objetivo identificar a estudiantes talentosos de entornos desfavorecidos y apoyarlos a lo largo de su trayectoria educativa. El programa ofrecerá asistencia financiera para matrícula, libros y otros gastos relacionados con la escuela. Más importante aún, incluirá un componente de mentoría, emparejando a cada beneficiario de la beca con un mentor que pueda proporcionar orientación y apoyo.

Para construir el fondo de becas, Jorge comienza organizando eventos de recaudación de fondos. Colabora con su iglesia y negocios locales para organizar cenas benéficas, ferias comunitarias y campañas de patrocinio. Su pasión y dedicación atraen a donantes que se inspiran en su visión y están ansiosos por contribuir. Jorge también aprovecha las redes sociales para crear conciencia y obtener apoyo de una audiencia más amplia.

Jorge está decidido a crear oportunidades para otros, tal como otros crearon oportunidades para él. Cree que la educación es una herramienta poderosa para romper el ciclo de la pobreza y quiere empoderar a los estudiantes para que alcancen su máximo potencial. El programa de becas de Jorge se convierte en un faro de esperanza para muchos, ofreciéndoles la oportunidad de alcanzar sus sueños y mejorar sus vidas. A medida que el fondo de becas crece, Jorge visualiza expandir su alcance, ayudando a más estudiantes cada año. Planea establecer asociaciones con instituciones educativas y organizaciones para proporcionar recursos y apoyo adicionales. Jorge sueña con crear una red de beneficiarios de becas que puedan compartir sus experiencias y mentorar a futuros estudiantes, fomentando una comunidad de apoyo mutuo e inspiración.

A través de su participación comunitaria, discursos motivacionales y fondo de becas, Jorge deja un impacto duradero en su comunidad. Sus esfuerzos inspiran a otros a retribuir y apoyarse mutuamente, creando un efecto dominó de cambio positivo. La historia de Jorge es un testimonio del poder de la perseverancia, la fe y el impacto transformador de la educación. Jorge permanece comprometido con su misión, encontrando continuamente formas de apoyar y elevar a su comunidad. Él equilibra sus responsabilidades académicas con su trabajo voluntario, impulsado por un profundo sentido de propósito y gratitud. La fe de Jorge sigue guiándolo, proporcionando fortaleza e inspiración mientras trabaja para marcar la diferencia.

Al mirar hacia el futuro, Jorge se siente lleno de esperanza y determinación. Sabe que hay muchos más desafíos por superar y sueños por cumplir. Con el apoyo de su familia, iglesia y comunidad, Jorge confía en que puede seguir teniendo un impacto positivo. Su camino es un ejemplo brillante de cómo la fe, el trabajo duro y una comunidad solidaria pueden transformar vidas y crear oportunidades para un futuro mejor. La historia de Jorge es una de resiliencia, gratitud y un compromiso incansable de retribuir. Nos recuerda que, sin importar dónde comenzamos, todos tenemos el poder de hacer una diferencia en la vida de los demás. A través de sus acciones y dedicación, Jorge ejemplifica el verdadero significado de comunidad y el impacto profundo de la fe y la educación.

Epílogo: Un legado de fe y determinación

Jorge mira hacia atrás en su camino con gratitud, reconociendo las muchas maneras en que Dios intervino y proveyó. Recuerda los desafíos que enfrentó y las personas que lo ayudaron en el camino. La historia de Jorge es un testimonio del poder de la fe, la perseverancia y el apoyo comunitario. Continúa sobresaliendo en sus estudios universitarios, manteniendo su fe y compromiso con ayudar a los demás. Los logros académicos de Jorge abren puertas a pasantías y oportunidades de investigación, impulsando sus objetivos profesionales. Su fe sigue siendo una fuerza guía en su vida, influyendo en sus decisiones y acciones. La historia de Jorge sirve como un faro de esperanza e inspiración, demostrando el poder de la fe, la perseverancia y el apoyo comunitario para superar la adversidad. Su legado es uno de resiliencia y determinación, mostrando que con trabajo duro y fe, incluso los obstáculos más desafiantes pueden ser superados. El camino de Jorge inspira a otros a creer en las posibilidades que la fe y la perseverancia pueden traer, creando un efecto dominó de esperanza y cambio en su comunidad y más allá.

Reflexionando sobre el viaje

Jorge se sienta en su modesta habitación del dormitorio universitario, rodeado de libros y apuntes, tomándose un momento para reflexionar sobre su extraordinario viaje. Al recordar el camino que lo trajo hasta aquí, siente una abrumadora sensación de gratitud.

Cada desafío que enfrentó, cada dificultad soportada y cada momento de duda fue respondido con fe, perseverancia y el inquebrantable apoyo de su comunidad. Jorge recuerda las largas noches estudiando a la luz de las velas, los trabajos a medio tiempo que ayudaron a mantener a su familia y las incontables horas dedicadas a la oración. Piensa en los sacrificios de sus padres, en el aliento de sus maestros y el apoyo moral y financiero de su iglesia. Recuerda los momentos cruciales en los que la guía de Dios fue evidente, proporcionándole fuerza y abriendo puertas de oportunidad.

Su viaje es un testimonio del poder de la fe, la perseverancia y el apoyo comunitario. La historia de Jorge ilustra cómo estos elementos combinados pueden superar incluso los obstáculos más desalentadores. Reconoce las muchas maneras en las que Dios intervino y proveyó, a menudo de maneras inesperadas y milagrosas.

Éxito continuado

Jorge sigue sobresaliendo en sus estudios universitarios. Sus logros académicos han abierto puertas a pasantías y oportunidades de investigación que promueven sus metas profesionales. Está trabajando en proyectos innovadores de ingeniería que tienen el potencial de causar un impacto significativo en la sociedad. Sus profesores están impresionados con su dedicación y pensamiento innovador, eligiéndolo con frecuencia para asignaciones especiales y roles de liderazgo.

A pesar de su apretada agenda y las exigencias de la vida universitaria, Jorge permanece firme en su fe. Sigue asistiendo regularmente a los servicios religiosos, participa en grupos de estudio bíblico y reza diariamente. Su fe es una fuerza guía en su vida, influyendo en sus decisiones y acciones. Jorge a menudo busca la guía de Dios cuando enfrenta decisiones difíciles, confiando en su plan y provisión.

La historia de Jorge sirve como un faro de esperanza e inspiración, demostrando el poder de la fe, la perseverancia y el apoyo comunitario para superar la adversidad. Sus experiencias le han mostrado que con trabajo duro y fe, incluso los obstáculos más desafiantes pueden ser superados. Comparte su viaje con otros, inspirándolos a creer en las posibilidades que la fe y la perseverancia pueden traer.

El éxito de Jorge crea un efecto dominó de esperanza y cambio en su comunidad y más allá. Su historia inspira a otros a perseguir sus sueños y confiar en el plan de Dios. Muchos jóvenes en su vecindario lo ven como un modelo a seguir y aspiran a seguir sus pasos. La dedicación de Jorge a retribuir asegura que el apoyo que recibe se transmita a otros, creando un ciclo de generosidad y esperanza.

Legado de esperanza

El legado de Jorge es uno de resiliencia y determinación. Su viaje desde un vecindario desfavorecido en Río de Janeiro hasta una universidad de élite en Brasil es un poderoso ejemplo de lo que se puede lograr con fe y perseverancia. El impacto de Jorge va más allá de sus logros académicos y profesionales; radica en las vidas que toca y la esperanza que inspira.

De cara al futuro, Jorge tiene grandes sueños. Imagina completar su título en ingeniería y seguir una carrera en la que pueda realizar un impacto significativo. Sueña con desarrollar tecnologías que puedan mejorar la vida de las comunidades desatendidas, particularmente en áreas como el agua limpia, la vivienda sostenible y la energía renovable.

Jorge también está comprometido a iniciar un fondo de becas para ayudar a otros estudiantes desfavorecidos a alcanzar sus metas educativas. Quiere proporcionar apoyo financiero, tutoría y recursos a estudiantes que, como él, enfrentan obstáculos significativos pero tienen el potencial de tener éxito. Planea usar su red e influencia para recaudar fondos y crear oportunidades para estos estudiantes.

Jorge permanece profundamente involucrado en su comunidad. Dedica su tiempo a mentorizar a jóvenes estudiantes, organizar programas educativos y apoyar iniciativas locales. Su compromiso con retribuir es inquebrantable, y está decidido a usar su éxito para elevar a otros.

Al reflexionar sobre su camino, Jorge se siente lleno de propósito y esperanza. Sabe que su historia está lejos de terminar y que hay muchos más desafíos y oportunidades por delante. Con su fe como base, está listo para enfrentar lo que venga, confiado en el conocimiento de que la guía de Dios y el apoyo de su comunidad continuarán iluminando su camino. El viaje de Jorge es un ejemplo brillante del poder de la fe, la perseverancia y el apoyo comunitario. Es una historia de superar la adversidad, lograr sueños e inspirar a otros a hacer lo mismo. Mientras avanza, Jorge sigue comprometido a causar un impacto positivo en el mundo, viviendo una vida que honre a Dios y el increíble apoyo que ha recibido. Su legado es uno de esperanza, resiliencia y el poder transformador de la fe y la educación.

Fin

EL VIAJE COMO REFUGIADO DE JOCHAR EN ALEPO, SIRIA

Capítulo 1: La vida en Alepo

• **Introducción a Jochar:** Un joven que vive en Alepo, Siria, con su familia, navegando los desafíos de la vida diaria en una ciudad devastada por la guerra.

• **Conflicto y persecución:** La creciente violencia y persecución obligan a Jochar y su familia a vivir con miedo constante por su seguridad.

• **Volviendo a la fe:** En medio del caos, la fe de Jochar en Jesús se convierte en su fuente de fuerza y esperanza.

Capítulo 2: Decisión de huir

• **Peligro en aumento:** La situación en Alepo empeora, haciendo imposible que la familia de Jochar permanezca.

• **Difícil decisión:** La familia decide huir de su hogar, dejando atrás sus pertenencias y la vida que una vez conocieron.

• **Preparándose para partir:** Jochar y su familia reúnen lo poco que pueden llevar y se embarcan en un viaje peligroso.

Capítulo 3: El viaje comienza

• **Escapando de Alepo:** La familia enfrenta numerosos peligros al abandonar Alepo, incluido el conflicto armado y el terreno traicionero.

• **Fe y coraje:** Jochar guía a su familia con fe inquebrantable, orando por protección y guía.

• **Encuentros en el camino:** Conocen a otros refugiados y comparten historias de pérdida y esperanza, encontrando consuelo en sus experiencias compartidas.

Capítulo 4: La vida como refugiados

• **Llegando a un campamento de refugiados:** La familia de Jochar llega a un campamento de refugiados, donde encuentran refugio temporal y necesidades básicas.

• **Desafíos en el campamento:** La vida en el campamento es difícil, con recursos limitados, hacinamiento e incertidumbre sobre el futuro.

• **Aferrándose a la fe:** Jochar organiza reuniones de oración y grupos de estudio bíblico, brindando apoyo espiritual a otros refugiados.

Capítulo 5: La providencia de Dios

• **Ayuda humanitaria:** Las organizaciones de ayuda proporcionan asistencia, ofreciendo alimentos, atención médica y oportunidades educativas.

• **Bendiciones inesperadas:** La familia de Jochar recibe atención especial de una organización de ayuda cristiana que reconoce su fe y los apoya.

• **Nuevas oportunidades:** Jochar encuentra maneras de ser voluntario en la organización de ayuda, ayudando a otros mientras adquiere habilidades valiosas.

Capítulo 6: Un nuevo comienzo

• **Noticias de reubicación:** La familia de Jochar recibe noticias de que han sido aceptados para su reubicación en un país seguro.

• **Emociones encontradas:** La familia siente una mezcla de alivio y tristeza mientras se prepara para dejar el campamento de refugiados y a las personas que han conocido.

• **Viaje a un nuevo hogar:** Con la ayuda de la organización de ayuda, la familia de Jochar viaja a su nuevo país, llena de esperanza por un futuro mejor.

Capítulo 7: Construyendo una nueva vida

• **Instalándose:** La familia se adapta a su nuevo hogar, navegando diferencias culturales y aprendiendo un nuevo idioma.

• **Apoyo comunitario:** Las iglesias y comunidades locales dan la bienvenida a la familia de Jochar, brindando apoyo y amistad.

• **Nuevas oportunidades:** Jochar busca oportunidades educativas y laborales, decidido a reconstruir su vida y proveer para su familia.

Capítulo 8: Gratitud y esperanza

• **Reflexionando sobre el viaje:** Jochar reflexiona sobre el difícil viaje que han soportado y la fe que los ha sostenido.

• **Testimonio de fe:** Jochar comparte su historia con otros, dando gloria a Dios por Su provisión y guía.

Epílogo: Un legado de fe y determinación

• **Mirando hacia adelante:** Con un corazón lleno de gratitud, Jochar espera un futuro lleno de esperanza y posibilidades, comprometido a ayudar a otros refugiados y compartir el mensaje del amor de Dios.

<u>"El viaje como refugiado de Jochar en Alepo, Siria"</u>

Capítulo 1: La vida en Alepo

Jochar es un joven de poco más de veinte años que vive en la antigua ciudad de Alepo, Siria. Proviene de una familia amorosa que incluye a sus padres, su hermana menor Leila y su anciana abuela. A pesar de la guerra civil en curso, la familia de Jochar intenta mantener una apariencia de vida normal. Jochar trabaja como mecánico, ayudando a mantener a su familia, mientras también sigue sus estudios de ingeniería cuando puede. Su hogar es un modesto apartamento, lleno de recuerdos y el calor de los lazos familiares. A medida que el conflicto en Siria se intensifica, Alepo se convierte en una de las áreas más afectadas. La ciudad está destrozada por bombardeos, tiroteos y batallas callejeras. La vida se vuelve cada vez más peligrosa, con amenazas constantes a la seguridad y la estabilidad. Jochar y su familia viven en un estado de miedo perpetuo, sus vidas diarias marcadas por los sonidos de explosiones y la vista de la destrucción. La situación empeora cuando los cristianos en Alepo comienzan a enfrentar persecuciones dirigidas. La familia de Jochar, siendo cristianos devotos, no se libra de las amenazas y el acoso. En medio de este caos, la fe de Jochar en Jesús se convierte en su fuente de fortaleza y esperanza. A pesar del miedo y la incertidumbre, se aferra a su creencia de que Dios los guiará y protegerá. La familia reza junta cada noche, buscando consuelo y valor. Jochar a menudo lee pasajes de la Biblia a su familia, encontrando consuelo en versículos que hablan de la protección y el amor de Dios. Su fe no solo lo sostiene, sino que también inspira a su familia a mantener la esperanza.

Introducción a Jochar

Jochar es un joven resiliente y decidido de poco más de veinte años, que vive en la antigua y devastada ciudad de Alepo, Siria. Reside con su amorosa familia, que incluye a sus padres, su hermana de 16 años, Leila, y su anciana abuela, Amina. A pesar de la guerra civil en curso que ha asolado su ciudad, la familia de Jochar se esfuerza por mantener una apariencia de normalidad.

Jochar trabaja como mecánico en un pequeño garaje, ayudando a mantener a su familia económicamente. Sus manos, a menudo manchadas de grasa, son testimonio de su arduo trabajo y dedicación. Cuando no está trabajando, Jochar persigue su pasión por la ingeniería, estudiando libros de texto que logró rescatar de su escuela. Sueña con usar sus habilidades algún día para reconstruir su país. El modesto apartamento de la familia, aunque pequeño y desgastado, está lleno del calor de los lazos familiares y recuerdos apreciados.

Conflicto y persecución

A medida que el conflicto en Siria se intensifica, Alepo se convierte en una de las áreas más afectadas. La ciudad, una vez un vibrante centro cultural y económico, es ahora un paisaje de escombros y ruinas. Los bombardeos, tiroteos y batallas callejeras se convierten en una ocurrencia diaria, destrozando cualquier sentido de seguridad y estabilidad. Jochar y su familia viven en un miedo constante, sus vidas interrumpidas por los sonidos de explosiones y la vista de la destrucción.

La situación empeora a medida que los cristianos en Alepo comienzan a enfrentar persecuciones dirigidas. La familia de Jochar, siendo cristianos devotos, no se libra de estas amenazas y acosos. Su fe los convierte en un objetivo para los grupos extremistas, añadiendo otra capa de peligro a su ya precaria existencia. El padre de Jochar, Nabil, un miembro respetado de la iglesia local, recibe notas amenazantes y su hogar es vandalizado en varias ocasiones. El sentido de seguridad que una vez sintieron dentro de su comunidad ahora es reemplazado por ansiedad y vigilancia.

Volviendo a la fe

En medio de este caos, la fe de Jochar en Jesús se convierte en su inquebrantable fuente de fortaleza y esperanza. A pesar del temor y la incertidumbre pervasivos, se aferra a su creencia de que Dios los guiará y protegerá. Cada noche, la familia se reúne en su pequeña sala de estar para rezar juntos, buscando consuelo y valentía en su fe. Estos momentos de oración son sagrados, un tiempo donde pueden escapar momentáneamente de los horrores externos y encontrar paz en la presencia mutua. Jochar a menudo lee pasajes de la Biblia a su familia, encontrando consuelo en versículos que hablan de la protección y el amor de Dios. Salmos como el Salmo 91, que habla de la protección de

Dios bajo Sus alas, se convierten en un faro de esperanza para la familia. Su fe no solo lo sostiene, sino que también inspira a su familia a mantener la esperanza. Incluso ante el peligro, la madre de Jochar, Layla, a menudo dice: "Dios está con nosotros, y no nos abandonará." Estas palabras resuenan profundamente en Jochar, reforzando su determinación de confiar en el plan de Dios.

La fe de Jochar se manifiesta también en sus acciones. Se ofrece como voluntario para ayudar a reconstruir partes de la iglesia que fueron dañadas en los bombardeos, trabajando junto a otros miembros de la comunidad para restaurar su lugar de culto. También apoya a los vecinos necesitados, compartiendo los pocos alimentos y recursos que tiene su familia. Estos actos de bondad fortalecen los lazos de la comunidad y fomentan un sentido de solidaridad en medio del caos.

La vida diaria en Alepo es una lucha constante por la supervivencia. La familia de Jochar tiene que racionar su comida y agua, a menudo sin las necesidades básicas. Los cortes de electricidad son frecuentes, sumiendo su apartamento en la oscuridad durante horas o incluso días. A pesar de estas dificultades, Jochar permanece decidido a continuar sus estudios. A la luz de las velas, se dedica a sus libros de texto de ingeniería, impulsado por la esperanza de que su educación algún día lo ayudará a reconstruir su país. Leila, la hermana menor de Jochar, lo ve como una fuente de fortaleza. Ella ayuda en la casa, cuidando a su abuela y asistiendo a su madre con las tareas diarias. A pesar de las terribles circunstancias, Leila mantiene la esperanza, inspirada por la inquebrantable fe y resiliencia de su hermano. Sueña con convertirse en enfermera para ayudar a sanar a los heridos en su tierra devastada por la guerra.

La iglesia local, aunque dañada, sirve como un faro de esperanza para la familia de Jochar y muchos otros. El pastor, el Padre Elías, proporciona orientación espiritual y apoyo práctico, organizando distribuciones de alimentos y refugio para los necesitados. La comunidad eclesiástica se une en tiempos de crisis, reforzando los lazos que los mantienen juntos. La familia de Jochar encuentra fuerzas en esta comunidad unida. Participan en reuniones de oración y grupos de estudio bíblico, donde encuentran consuelo en la fe y experiencias compartidas. Estas reuniones son una fuente de apoyo espiritual y emocional, ayudándoles a sobrellevar las realidades diarias de vivir en una zona de guerra.

A pesar de la violencia implacable y la persecución, Jochar mantiene la esperanza. Cree profundamente en el poder de la fe y la resiliencia del espíritu humano. Su determinación por sobrevivir y proteger a su familia impulsa sus acciones todos los días. Continúa trabajando como mecánico, a pesar de los peligros, y se dedica a sus estudios, aferrándose al sueño de un futuro mejor. La historia de Jochar es una de increíble resistencia, fe y del inquebrantable espíritu humano. Frente a una adversidad inimaginable, permanece firme en su creencia de que Dios los guiará en sus horas más oscuras. Su viaje apenas comienza, y los desafíos que le esperan pondrán a prueba su fe y determinación de maneras que nunca habría imaginado. Pero con cada paso, Jochar se mantiene comprometido con su familia, su fe y la esperanza de un mañana más brillante.

Capítulo 2: Decisión de huir

A medida que la violencia en Alepo se intensifica, se hace evidente que quedarse en la ciudad ya no es una opción. Una noche, una bomba detona cerca de su apartamento, rompiendo sus ventanas y sacudiendo el edificio hasta sus cimientos. Esta experiencia cercana a la muerte obliga a la familia de Jochar a enfrentar la realidad de que deben irse para sobrevivir. Dejar su hogar es una decisión desgarradora. Han vivido en Alepo toda su vida; sus raíces están profundamente arraigadas en el suelo de la ciudad. La abuela de Jochar, que está frágil y enferma, lucha con la idea de dejar atrás el único hogar que ha conocido. Pero la familia sabe que quedarse significa una muerte segura. Después de mucha oración y discusión, deciden huir. Con el corazón pesado, Jochar y su familia comienzan a prepararse para su viaje. Solo pueden llevar lo que pueden cargar, dejando atrás la mayoría de sus pertenencias. Jochar empaca una pequeña bolsa con artículos esenciales, incluyendo la Biblia familiar, algo de ropa y algunos recuerdos personales. Se despiden de sus vecinos, muchos de los cuales también planean huir, y emprenden un viaje peligroso con la esperanza de que Dios guíe sus pasos.

Peligro en aumento

A medida que la violencia en Alepo se intensifica, la situación ya peligrosa se vuelve insostenible. Los bombardeos y disparos diarios hacen que la supervivencia sea una cuestión de suerte. Una noche, mientras Jochar y su familia están cenando, una bomba detona cerca de su apartamento. La explosión es ensordecedora, y la onda expansiva rompe sus ventanas, enviando fragmentos de vidrio por toda la habitación. El edificio tiembla violentamente, y el polvo llena el aire.

Jochar instintivamente protege a su hermana menor, Leila, tirándola al suelo. Sus padres y su abuela entran en pánico, sus rostros pálidos por el miedo. La proximidad de la explosión confirma la dura realidad: quedarse en Alepo ya no es una opción. Esta experiencia cercana a la muerte obliga a la familia de Jochar a enfrentar la realidad de que deben irse para sobrevivir.

Difícil decisión

Dejar su hogar es una decisión desgarradora. La familia de Jochar ha vivido en Alepo toda su vida; sus raíces están profundamente arraigadas en el suelo de la ciudad. Su apartamento, aunque modesto, está lleno de recuerdos de tiempos más felices, reuniones familiares y celebraciones. La abuela de Jochar, Amina, que está frágil y enferma, lucha con la idea de dejar atrás el único hogar que ha conocido. Se sienta en su silla favorita, con lágrimas corriendo por su rostro, mientras mira el apartamento por última vez.

La familia se reúne para una discusión seria. El padre de Jochar, Nabil, enfatiza la necesidad de supervivencia sobre el sentimentalismo. Todos saben que quedarse significa una muerte segura. Después de mucha oración y discusión, deciden huir. La decisión se toma con corazones pesados, pero con la firme creencia de que Dios los protegerá y guiará.

Preparándose para partir

Con corazones pesados, Jochar y su familia comienzan a prepararse para su viaje. Solo pueden llevar lo que pueden cargar, dejando atrás la mayoría de sus pertenencias. El proceso es emotivo, ya que revisan sus posesiones, decidiendo qué llevar y qué dejar. Jochar empaca una pequeña bolsa con artículos esenciales, incluyendo la Biblia familiar, algo de ropa y algunos recuerdos personales como fotos de familia y sus libros de texto de ingeniería. Leila cuidadosamente empaca una pequeña mochila con su libro favorito, una muñeca que le dio su abuela, y algo de ropa. Su madre, Layla, se asegura de que tengan suficiente comida y agua para el primer tramo del viaje, empacándolo todo en bolsas improvisadas. El padre de Jochar empaca sus documentos de identificación y cualquier dinero que hayan ahorrado.

Se despiden de sus vecinos, muchos de los cuales también están planeando huir. Las despedidas son llorosas, llenas de abrazos y promesas de reunirse algún día. El vínculo que comparten con sus vecinos, forjado a través de dificultades compartidas, hace que esta despedida sea aún más dolorosa. Algunos de sus vecinos los bendicen con pequeños regalos para el viaje, como comida extra o una manta. Al amanecer, Jochar y su familia emprenden su peligroso viaje con la esperanza de que Dios guíe sus pasos. Las calles de Aleppo, que antes bullían de vida, ahora están extrañamente silenciosas, llenas de escombros y restos de la guerra. Navegan a través de los escombros, manteniéndose en las sombras para evitar atraer la atención.

El viaje está lleno de peligros. Deben pasar por áreas controladas por varios grupos militantes, cada uno de los cuales representa una amenaza potencial. Jochar guía a su familia con una fe inquebrantable, sus ojos constantemente escaneando en busca de peligro. Su corazón late con miedo, pero saca fuerzas de su creencia de que Dios los está vigilando. El primer tramo de su viaje es agotador. Viajan principalmente a pie, de vez en cuando consiguiendo paseos de conductores comprensivos que arriesgan sus vidas para ayudar a los refugiados. Por la noche, buscan refugio en edificios abandonados o campamentos improvisados establecidos por otras familias que huyen. Cada día es una prueba de su resistencia y fe.

Una noche, mientras descansan en una granja abandonada, oyen el sonido distante de disparos. La familia se agrupa, rezando por protección. Jochar se mantiene despierto, vigilando y consolando a su hermana, que está temblando de miedo. La cara de su padre está con una expresión seria, pero sus ojos reflejan su determinación de proteger a su familia a toda costa. A lo largo del viaje, encuentran a otros refugiados que comparten sus historias de pérdida y esperanza. Estos encuentros proporcionan breves momentos de consuelo y solidaridad. Jochar a menudo toma la iniciativa en organizar reuniones de oración improvisadas, donde rezan por fuerza y guía. Estos momentos de oración comunitaria fortalecen su resolución y les recuerdan que no están solos en su lucha.

A pesar de las dificultades, la familia de Jochar se mantiene esperanzada. Su fe en Dios los sostiene, y encuentran pequeños momentos de alegría incluso en medio de su prueba. Leila encuentra consuelo leyendo su libro favorito durante los descansos, y Amina cuenta historias de su infancia para levantar sus ánimos. La determinación de Jochar de proteger a su familia y su fe inquebrantable en Dios lo mantienen en marcha. Sabe que el viaje por delante será largo y difícil, pero cree que les espera un futuro más brillante. La decisión de huir de Aleppo es el comienzo de un nuevo capítulo en sus vidas, uno lleno de incertidumbre pero también de esperanza y fe. La historia de Jochar es un poderoso testimonio de la fortaleza del espíritu humano y el poder transformador de la fe. Mientras dejan atrás Aleppo, llevan consigo la esperanza de que Dios los guiará a la seguridad y a un nuevo comienzo.

Capítulo 3: El viaje comienza

Salir de Aleppo está lleno de peligros. La familia de Jochar navega por las calles devastadas por la guerra, evitando los puntos de control militares y las áreas de conflicto activo. El viaje es lento y arduo, con la amenaza constante de ser capturados o atacados. Jochar lidera a su familia, su corazón latiendo con miedo pero fortalecido por su fe. Viajan principalmente de noche para evitar ser detectados, descansando en edificios abandonados y bajo la cubierta de árboles durante el día. A lo largo del viaje, la fe de Jochar permanece inquebrantable. Reza constantemente, pidiendo la protección y guía de Dios. Su coraje y determinación inspiran a su familia, dándoles la fuerza para seguir adelante. A pesar del agotamiento y el miedo, Jochar asegura a su familia que no están solos, y que Dios está con ellos en cada paso del camino. En el camino, encuentran a otros refugiados, cada uno con sus propias historias de pérdida y esperanza. Estas experiencias compartidas crean un vínculo entre ellos, proporcionando apoyo y aliento mutuos. Jochar a menudo toma la iniciativa en organizar reuniones de oración y compartir versículos de la Biblia, lo que trae un sentido de comunidad y esperanza en medio de la desesperanza.

Escapando de Alepo

Salir de Aleppo está lleno de peligros. La familia de Jochar navega por las calles devastadas por la guerra, evitando los puntos de control militares y las áreas de conflicto activo. La ciudad, antes vibrante y bulliciosa, es ahora un laberinto de destrucción y peligro. Edificios reducidos a escombros bordean las calles, y los sonidos de disparos lejanos y explosiones son constantes recordatorios del conflicto. El viaje es lento y arduo, con la amenaza constante de ser capturados o atacados. Jochar lidera a su familia, su corazón latiendo con miedo pero fortalecido por su fe. Viajan principalmente de noche para evitar ser detectados, moviéndose en silencio por las calles oscuras. Jochar usa su conocimiento de la ciudad para encontrar las rutas más seguras, evitando las carreteras principales y manteniéndose en callejones estrechos. Durante el día, descansan en edificios abandonados y bajo la cubierta de árboles, intentando permanecer ocultos de los soldados y militantes patrullando.

La primera noche, al salir de su vecindario, la familia de Jochar encuentra un puesto de control militar. Rápidamente se desvían a través de una serie de calles laterales, el padre de Jochar llevando a su madre anciana a cuestas para mantenerla callada y segura. El corazón de Jochar late con fuerza mientras pasan furtivamente por el puesto de control, el miedo a ser descubiertos pesando sobre él. Pero su fe le da valor, y reza en silencio pidiendo la protección de Dios.

Fe y coraje

A lo largo del viaje, la fe de Jochar permanece inquebrantable. Reza constantemente, pidiendo la protección y guía de Dios. Cada noche, antes de partir, Jochar reúne a su familia en oración, buscando fuerza y coraje para el viaje que se avecina. Su fe inquebrantable es un faro de esperanza para su familia, inspirándolos a seguir adelante a pesar del agotamiento y el miedo. El coraje y la determinación de Jochar son contagiosos. Su familia obtiene fuerza de su ejemplo, confiando en su liderazgo y en la protección de Dios. Leila, aunque asustada, mira a su hermano con admiración, encontrando consuelo en su comportamiento tranquilo y palabras de aliento. Su madre, Layla, susurra oraciones mientras caminan, su fe proporcionando una fuente constante de consuelo. A pesar del peligro constante, Jochar asegura a su familia que no están solos. Les recuerda la presencia de Dios, contándoles historias de la Biblia que hablan de liberación y protección. Sus palabras traen consuelo y esperanza, ayudando a su familia a perseverar durante los momentos más oscuros del viaje.

Encuentros en el camino

En el camino, encuentran a otros refugiados, cada uno con sus propias historias de pérdida y esperanza. Estas experiencias compartidas crean un vínculo entre ellos, proporcionando apoyo y aliento mutuos.

Una noche, se encuentran con una familia acurrucada en un almacén abandonado, los padres y sus dos hijos pequeños aferrándose entre sí para abrigarse y consolarse. Jochar comparte su comida con ellos, y pasan la noche intercambiando historias y rezando juntos. Estos encuentros destacan la humanidad compartida y la resistencia de aquellos que huyen del conflicto. Jochar a menudo toma la iniciativa en organizar reuniones de oración improvisadas y compartir versículos de la Biblia, lo que trae un sentido de comunidad y esperanza en medio de la desesperanza. En una de esas reuniones, Jochar lee el Salmo 23, "El Señor es mi pastor; nada me faltará. En lugares de verdes pastos me hace descansar. Junto a aguas de reposo me conduce. Él restaura mi alma." Las palabras resuenan profundamente con todos los presentes, proporcionando un momento de paz y reflexión.

En otro encuentro, se encuentran con un hombre anciano que viaja solo. Ha perdido a su familia debido a la violencia y está luchando por continuar. La familia de Jochar lo acoge, ofreciéndole comida y compañía. Jochar y su padre ayudan al hombre a caminar, apoyándolo mientras viajan. La gratitud del hombre y su fe en la misericordia de Dios inspiran a la familia de Jochar, reforzando su creencia en el poder de la bondad y la comunidad. El viaje está lleno de desafíos. Hay momentos en que la comida y el agua escasean, y la familia se ve obligada a tomar decisiones difíciles sobre el racionamiento de sus suministros. El esfuerzo físico del viaje se vuelve evidente a medida que se forman ampollas en sus pies y la fatiga se instala. La abuela de Jochar, Amina, lucha por mantener el ritmo, pero Jochar y su padre se turnan para llevarla cuando ya no puede caminar. Una noche particularmente angustiosa, se ven obligados a cruzar un río para evitar una patrulla militar. El agua está fría y rápida, y luchan por mantener el equilibrio. Jochar reza por fuerza mientras ayuda a su hermana y abuela a cruzar, con el corazón pesado de preocupación. Llegan al otro lado, empapados y temblando, pero aliviados de haber evitado ser detectados.

A pesar de las dificultades, hay momentos de gracia que elevan sus espíritus. Una tarde, mientras descansan en una pequeña arboleda, presencian una puesta de sol impresionante, el cielo ardiendo con colores. Jochar lo toma como una señal de la presencia y protección de Dios, y la familia se detiene para apreciar la belleza en medio de la turbulencia. En otra ocasión, encuentran un pequeño grupo de voluntarios que distribuyen comida y mantas a los refugiados. Conmovidos por la historia de Jochar, los voluntarios les ofrecen suministros adicionales y palabras de aliento. Estos actos de bondad y generosidad renuevan su fe y determinación.

A través de todo, Jochar permanece firme en su fe. Sabe que el camino por delante es incierto, pero cree que Dios está guiando sus pasos. Cada día es un testimonio de su resiliencia y fe, y el liderazgo y la creencia inquebrantable de Jochar proporcionan un ancla estable para su familia. La historia de Jochar es una de increíble resiliencia, fe y el espíritu humano inquebrantable. Frente a una adversidad inimaginable, permanece firme en su creencia de que Dios los guiará a través de sus horas más oscuras. Su viaje apenas está comenzando, y los desafíos que se avecinan pondrán a prueba su fe y determinación de formas que nunca hubiera imaginado. Pero con cada paso, Jochar sigue comprometido con su familia, su fe y la esperanza de un mañana mejor.

Capítulo 4: La vida como refugiados

Después de semanas de viaje traicionero, la familia de Jochar llega a un campo de refugiados. El campo proporciona refugio temporal, necesidades básicas y una semblanza de seguridad. Las condiciones son duras, con tiendas de campaña abarrotadas, comida limitada y mala sanidad. Pero para la familia de Jochar, es un lugar donde pueden descansar y recuperar sus fuerzas. La vida en el campo de refugiados es difícil. Los recursos son escasos y el futuro sigue siendo incierto. La familia de Jochar lucha por adaptarse a la nueva realidad, enfrentándose a largas filas para la comida, atención médica limitada y una preocupación constante por su futuro. A pesar de estos desafíos, Jochar sigue siendo un pilar de fuerza para su familia, organizando oraciones diarias y grupos de estudio bíblico para mantener alto el ánimo. La fe de Jochar sigue siendo su luz guía. Se convierte en un miembro activo de la pequeña comunidad cristiana del campamento, organizando reuniones de oración y grupos de estudio bíblico. Estos encuentros proporcionan apoyo espiritual y un sentido de comunidad a los refugiados. El liderazgo y la fe inquebrantable de Jochar inspiran a quienes le rodean, brindando consuelo y esperanza a muchos.

Llegando a un campamento de refugiados

Después de semanas de viaje traicionero, la familia de Jochar finalmente llega a un campo de refugiados. El campamento es un laberinto extenso de tiendas de campaña y refugios improvisados, instalado en las afueras de un país vecino. La vista es tanto un alivio como un recordatorio claro de su situación precaria. Al entrar al campamento, son recibidos por trabajadores de ayuda que los dirigen a un área de registro.

El campamento proporciona refugio temporal, necesidades básicas y una semblanza de seguridad. Jochar y su familia son asignados a una pequeña tienda, que comparten con otra familia. Las condiciones son duras, con tiendas abarrotadas, comida limitada y mala sanidad. El suelo es duro y el aire está grueso con el olor a sudor y cuerpos sin lavar. Pero para la familia de Jochar, es un lugar donde pueden descansar y recuperar sus fuerzas.

Desafíos en el campamento

La vida en el campamento de refugiados es difícil. Los recursos son escasos y el futuro sigue siendo incierto. La familia de Jochar lucha por adaptarse a la nueva realidad. Las largas filas para comida y agua se convierten en parte de su rutina diaria. A cada familia se le dan tarjetas de racionamiento y deben esperar horas para recibir porciones escasas de arroz, lentejas y, ocasionalmente, verduras frescas. La comida a menudo apenas es suficiente para mitigar el hambre.

La atención médica también es limitada. La abuela de Jochar, Amina, que ha sido frágil durante todo el viaje, lucha contra las duras condiciones del campamento. La tienda médica del campamento siempre está llena y conseguir un tratamiento adecuado es un desafío. Jochar pasa horas esperando en la fila para que el médico vea a Amina, quien solo puede ofrecer cuidados básicos y medicamentos.

La preocupación constante por el futuro pesa mucho sobre la familia. La incertidumbre de cuándo o si podrán regresar a casa o reasentarse en un país más seguro es una fuente de estrés diario. A pesar de estos desafíos, Jochar sigue siendo un pilar de fortaleza para su familia. Asume el papel de protector y proveedor, asegurándose de que tengan lo necesario para sobrevivir.

Cada día, Jochar se levanta temprano para unirse a la fila por comida y agua. Organiza su pequeño espacio vital, tratando de crear la mayor comodidad posible en su tienda abarrotada. Leila ayuda con las tareas del hogar, trayendo agua y limpiando su área. La familia trabaja junta para mantener una semblanza de normalidad. A pesar de las dificultades, Jochar trata de mantener el ánimo de su familia alto. Organiza oraciones diarias y grupos de estudio bíblico, reuniendo a aquellos en el campamento que comparten su fe. Estas reuniones brindan un necesario apoyo espiritual y un sentido de comunidad para los refugiados.

Aferrándose a la fe

La fe de Jochar sigue siendo su luz guía. Se convierte en un miembro activo de la pequeña comunidad cristiana del campamento, organizando reuniones de oración y grupos de estudio bíblico. Estas reuniones se realizan bajo un gran toldo improvisado donde los refugiados se sientan en el suelo, compartiendo sus experiencias y encontrando fortaleza en su fe.

Durante estas reuniones, Jochar lee pasajes de la Biblia, eligiendo versículos que ofrecen esperanza y aliento. A menudo lee del Libro de los Salmos, recordándoles a todos la protección y el amor de Dios. "El Señor es mi pastor; nada me faltará. En verdes pastos me hace descansar. Junto a aguas de reposo me conduce. Él restaura mi alma" (Salmos 23:1-3). Estas palabras traen consuelo a quienes están cansados y asustados.

El liderazgo y la fe inquebrantable de Jochar inspiran a los que lo rodean. Su capacidad para mantenerse esperanzado y positivo, a pesar de las circunstancias, trae consuelo y esperanza a muchos. Escucha las historias de otros refugiados, ofreciendo palabras de aliento y oraciones. Su compasión y empatía lo hacen una figura respetada en el campamento.

La comunidad cristiana dentro del campamento se convierte en una red de apoyo crucial para Jochar y su familia. Comparten sus recursos, se apoyan emocionalmente y celebran pequeñas victorias juntos. La tienda de Jochar se convierte en un lugar de reunión donde la gente viene a orar, buscar consejo y encontrar consuelo. La participación de Jochar en la comunidad va más allá del apoyo espiritual. Se ofrece como voluntario con los trabajadores de ayuda, ayudando a distribuir alimentos y organizar actividades para los niños del campamento. Sus habilidades mecánicas son útiles, ya que repara equipos rotos y ayuda a instalar nuevas instalaciones. Estas actividades le dan un sentido de propósito y lo hacen sentir útil.

A pesar de las dificultades, hay momentos de gracia que elevan sus espíritus. Un día, una organización de ayuda visita el campamento, trayendo suministros y ayuda médica muy necesaria. Proporcionan vacunas, distribuyen ropa y ofrecen comidas más sustanciales. Jochar y su familia reciben mantas y raciones adicionales de alimentos, lo que marca una diferencia significativa en sus vidas diarias. En otra ocasión, Jochar se hace amigo de un joven médico que trabaja como voluntario en el campamento. Conmovido por la dedicación de Jochar a su familia y comunidad, el médico se asegura de que Amina reciba mejor atención médica. Estos actos de bondad y generosidad renuevan su fe y determinación para seguir adelante.

A través de todo, Jochar se mantiene firme en su fe. Sabe que el camino por delante aún es incierto, pero cree que Dios está guiando sus pasos. Cada día en el campamento es un testimonio de su resistencia y fe, y el liderazgo y la creencia inquebrantable de Jochar proporcionan un ancla constante para su familia y comunidad. La historia de Jochar es un poderoso testimonio de la fuerza del espíritu humano y el poder transformador de la fe. Mientras navegan la vida en el campamento de refugiados, esperan que Dios los lleve a un lugar seguro y a un nuevo comienzo.

Capítulo 5: La providencia de Dios

Las organizaciones de ayuda comienzan a proporcionar asistencia al campamento, ofreciendo alimentos, atención médica y oportunidades educativas. Una organización de ayuda cristiana presta especial atención a la familia de Jochar, reconociendo su fe y el liderazgo que Jochar proporciona dentro de la comunidad. Esta organización ofrece apoyo adicional, proporcionándoles raciones extra de alimentos, ropa y acceso a atención médica. La familia de Jochar comienza a recibir bendiciones inesperadas. Se les proporcionan mejores viviendas, y a Jochar se le da la oportunidad de trabajar con la organización de ayuda. Este trabajo no solo proporciona algunos ingresos, sino que también le permite ayudar a otros en el campamento, cumpliendo su deseo de servir. A través de su trabajo con la organización de ayuda, Jochar adquiere habilidades y experiencias valiosas. Aprende sobre logística, administración y organización comunitaria. Estas nuevas oportunidades le dan esperanza y un sentido de propósito, sabiendo que está marcando una diferencia en las vidas de los demás mientras se prepara para un futuro mejor.

Ayuda humanitaria

A medida que los días se convierten en semanas y las semanas en meses, la presencia de varias organizaciones de ayuda se hace más pronunciada en el campamento de refugiados. Estas organizaciones proporcionan apoyo crítico, ofreciendo alimentos, atención médica y oportunidades educativas a los refugiados. Una organización de ayuda cristiana en particular presta especial atención a la familia de Jochar, reconociendo su fe y el liderazgo que Jochar proporciona dentro de la comunidad.

Los representantes de esta organización se conmueven por la dedicación de Jochar a su familia y su comunidad. Ofrecen a su familia raciones extra de alimentos, ropa y acceso a una atención médica más completa. Estos recursos adicionales marcan una diferencia significativa en sus vidas diarias, aliviando algunas de las cargas que han estado llevando.

Bendiciones inesperadas

La familia de Jochar comienza a recibir bendiciones inesperadas. Un día, la organización de ayuda cristiana organiza para que se muden a mejores viviendas. El nuevo alojamiento sigue siendo modesto, pero es más espacioso y ofrece mayor privacidad y comodidad. Las paredes son más seguras y tienen un techo más resistente sobre sus cabezas, proporcionando el alivio tan necesario de los elementos.

Además de mejores condiciones de vida, a Jochar se le da la oportunidad de trabajar con la organización de ayuda. Este trabajo le proporciona algunos ingresos, aliviando la tensión financiera en su familia. Pero más que el beneficio financiero, este trabajo le permite a Jochar cumplir su deseo de servir a otros. Asume el rol de enlace comunitario, ayudando a coordinar la distribución de ayuda y servicios de apoyo dentro del campamento.

El trabajo de Jochar incluye organizar distribuciones de alimentos, ayudar a las familias a acceder a atención médica y facilitar programas educativos para los niños. Su capacidad para hablar tanto árabe como algo de inglés lo convierte en un recurso invaluable para los trabajadores de ayuda, que dependen de él para comunicarse efectivamente con los refugiados.

Nuevas oportunidades

A través de su trabajo con la organización de ayuda, Jochar adquiere habilidades y experiencias valiosas. Aprende sobre logística, administración y organización comunitaria. Estas nuevas oportunidades le dan esperanza y un sentido de propósito, sabiendo que está marcando una diferencia en las vidas de los demás mientras se prepara para un futuro mejor. Un día, se le pide a Jochar que ayude a establecer una nueva iniciativa educativa en el campamento. El objetivo es proporcionar educación básica para los niños, muchos de los cuales han estado fuera de la escuela durante meses o incluso años. Jochar asume este desafío con entusiasmo, trabajando de cerca con los trabajadores de ayuda para crear un plan de estudios y reunir suministros. Ayuda a construir aulas improvisadas y recluta maestros voluntarios entre los refugiados.

La iniciativa educativa es un éxito rotundo. Los niños que habían perdido la esperanza de volver a la escuela ahora tienen un lugar para aprender y crecer. La hermana de Jochar, Leila, se destaca en sus estudios, su rostro se ilumina de alegría mientras participa en las lecciones. Ver el impacto de su trabajo en su hermana y en los otros niños llena a Jochar de un inmenso orgullo y gratitud.

La participación de Jochar con la organización de ayuda también le brinda oportunidades para el crecimiento y desarrollo personal. Asiste a sesiones de capacitación sobre gestión de proyectos, resolución de conflictos y liderazgo comunitario, lo que amplía sus horizontes y lo equipa con las habilidades que necesita para asumir mayores responsabilidades. A medida que gana experiencia, Jochar se vuelve más confiado en sus habilidades. Asume un rol de liderazgo dentro del campamento, organizando eventos comunitarios e impulsando nuevas iniciativas. Su carisma natural y fe inquebrantable inspiran a otros a seguir su ejemplo, y se convierte en una figura respetada dentro del campamento.

A través de su trabajo, Jochar construye relaciones sólidas con los trabajadores humanitarios y otros líderes comunitarios. Estas conexiones resultan invaluables mientras navega los desafíos de la vida en el campamento. Aprende a trabajar en colaboración, encontrando soluciones creativas a los problemas y abogando por las necesidades de sus compañeros refugiados. Una de los trabajadores humanitarios, una joven llamada Sarah, se convierte en una amiga cercana y mentora para Jochar. Ella reconoce su potencial y lo anima a continuar su educación y formación. El apoyo y aliento de Sarah motivan a Jochar a seguir luchando por un futuro mejor.

Para Jochar, el trabajo que realiza con la organización humanitaria es más que un empleo: es una vocación. Encuentra una inmensa satisfacción en ayudar a los demás y en tener un impacto positivo en su comunidad. Su fe continúa guiándolo y él ve su trabajo como una extensión de su compromiso de servir a Dios y a sus semejantes. Jochar sueña con regresar algún día a Siria y ayudar a reconstruir su país. Se imagina usando las habilidades y experiencias que ha adquirido para crear un cambio duradero y apoyar la recuperación de su tierra natal. Por ahora, se enfoca en marcar una diferencia en el campamento de refugiados, pero sus ojos siempre están puestos en el futuro, lleno de esperanza y determinación.

La historia de Jochar es un poderoso testimonio de la fortaleza del espíritu humano y el poder transformador de la fe. A través de su dedicación y arduo trabajo, no solo ha mejorado las vidas de su familia y comunidad, sino que también ha encontrado un sentido de propósito y dirección. Mientras continúa enfrentando los desafíos de la vida como refugiado, permanece firme en su creencia de que Dios está guiando sus pasos y que días más brillantes están por venir.

Capítulo 6: Un nuevo comienzo

Un día, la familia de Jochar recibe una noticia increíble: han sido aceptados para reasentamiento en un país seguro. La noticia trae una mezcla de alivio y tristeza. Están agradecidos por la oportunidad de comenzar de nuevo, pero también lamentan la pérdida de su tierra natal y las conexiones que han hecho en el campamento. Mientras se preparan para dejar el campamento, la familia de Jochar experimenta un torbellino de emociones. Se despiden de amigos que han llegado a ser como familia, sabiendo que tal vez nunca los vuelvan a ver. Están emocionados por las nuevas oportunidades que les esperan, pero también ansiosos por lo desconocido. Con la ayuda de la organización humanitaria, la familia de Jochar emprende su viaje a un nuevo país. El viaje es largo y agotador, pero está lleno de esperanza. Son recibidos en el aeropuerto por representantes de una iglesia local y organizaciones comunitarias que los ayudan a instalarse en sus nuevos hogares.

Noticias de reubicación

Una mañana, cuando el sol sale sobre el campamento de refugiados, la familia de Jochar recibe una noticia increíble: han sido aceptados para reasentamiento en un país seguro. Una trabajadora humanitaria de la organización cristiana, Sarah, les entrega la noticia con una amplia sonrisa y lágrimas de alegría en sus ojos. El momento es surrealista para Jochar y su familia. Se reúnen alrededor de Sarah, abrazándola mientras agradecen a Dios por esta oportunidad milagrosa.

La noticia trae una mezcla de alivio y tristeza. Aunque están inmensamente agradecidos por la oportunidad de comenzar de nuevo, también lamentan la pérdida de su tierra natal y las conexiones que han hecho en el campamento. Han pasado meses construyendo una vida aquí, formando vínculos con compañeros refugiados y trabajadores humanitarios que se han convertido en como familia. La realización de que deben dejar atrás a estos nuevos amigos y la familiaridad del campamento es agridulce.

Emociones encontradas

Mientras se preparan para dejar el campamento, la familia de Jochar experimenta un torbellino de emociones. Los días previos a su partida están llenos de un frenesí de actividad. Jochar ayuda a su familia a empacar sus pocas pertenencias, asegurándose de llevar solo lo necesario para su viaje. Clasifican ropa, recuerdos y documentos esenciales, tomando decisiones difíciles sobre qué dejar atrás.

Las despedidas son la parte más difícil. Jochar y su familia se despiden de amigos que se han convertido en como familia, compartiendo abrazos llenos de lágrimas y palabras sinceras. Intercambian promesas de mantenerse en contacto, sabiendo bien que la realidad del reasentamiento a menudo significa perder el contacto. Leila se aferra a su mejor amiga, una niña que conoció en el campamento, ambas llorando ante la perspectiva de ser separadas.

Hay emoción por las nuevas oportunidades que les esperan, pero también ansiedad por lo desconocido. La perspectiva de mudarse a un nuevo país con una cultura y un idioma diferentes es abrumadora. Los padres de Jochar se preocupan por encontrar trabajo y adaptarse a su nuevo entorno. Amina, la abuela de Jochar, expresa su temor por lo desconocido, aunque está agradecida por la oportunidad de vivir en seguridad.

Viaje a un nuevo hogar

Con la ayuda de la organización de asistencia, la familia de Jochar emprende su viaje a un nuevo país. Los trabajadores de ayuda les asisten con la logística, asegurándose de que tengan los documentos de viaje necesarios y coordinando su transporte. La familia recibe una detallada información sobre lo que esperar durante su viaje y al llegar. El viaje es largo y agotador, involucrando varios trayectos en autobús y vuelos. La familia navega a través de aeropuertos llenos de gente, aferrándose a sus pertenencias y entre ellos. Jochar toma la delantera, su corazón palpita con una mezcla de emoción y aprensión. Constantemente tranquiliza a su familia, recordándoles que este viaje es una bendición y que Dios está guiando sus pasos.

A pesar de la fatiga, el viaje está lleno de esperanza. Ven cómo el paisaje cambia desde el desolado campamento de refugiados hasta las bulliciosas ciudades y finalmente el sereno campo de su nuevo hogar. Jochar y su familia se asombran de las vistas que ven desde las ventanas del avión, sintiendo una sensación de asombro y gratitud. Al llegar, son recibidos en el aeropuerto por representantes de una iglesia local y organizaciones comunitarias que los ayudan a instalarse en sus nuevos hogares. La cálida bienvenida que reciben es impresionante. Los representantes sostienen carteles con sus nombres, sonriendo cálidamente y ofreciendo abrazos. Son llevados a su nuevo apartamento, un espacio modesto pero cómodo amueblado con lo necesario.

Los primeros días en su nuevo hogar son un torbellino de actividades. La comunidad eclesiástica y los voluntarios locales les ayudan con el proceso inicial de instalación. Les proporcionan alimentos, artículos del hogar y ropa. Jochar y su familia son presentados a sus nuevos vecinos, quienes les ofrecen palabras de bienvenida y apoyo.

Representantes de la organización de ayuda y de la iglesia ayudan a la familia de Jochar a navegar por su nuevo entorno. Asisten en la inscripción de Leila en la escuela, organizan clases de idioma y concertan citas médicas para Amina. A los padres de Jochar también se les proporciona información sobre oportunidades laborales y programas de formación profesional. Jochar y su familia rápidamente se integran en su nueva comunidad. Jochar asiste a clases de idioma y participa en eventos comunitarios, ansioso por adaptarse e integrarse. Sus habilidades en ingeniería pronto son reconocidas, y se le ofrece un trabajo a tiempo parcial en un taller de reparación local. Esta oportunidad le permite contribuir a los ingresos del hogar mientras continúa su educación.

Leila se adapta a su nueva escuela, haciendo amigos y destacándose en sus estudios. Encuentra alegría en cosas simples, como jugar en un parque seguro y verde y participar en actividades escolares. Amina, aunque inicialmente aprensiva, encuentra consuelo en la amabilidad de sus nuevos vecinos y en las visitas regulares de los miembros de la iglesia. La familia continúa su tradición de oraciones nocturnas, agradeciendo a Dios por su nuevo comienzo y las bendiciones recibidas. La fe de Jochar sigue siendo una piedra angular de su vida, guiando sus acciones y decisiones. Se vuelve activo en la iglesia local, uniéndose a grupos juveniles y ofreciendo voluntariado para proyectos de servicio comunitario.

Con el corazón lleno de gratitud, Jochar anticipa un futuro lleno de esperanza y posibilidades. Sueña con continuar sus estudios en ingeniería, con el objetivo de algún día usar sus habilidades para ayudar a reconstruir su tierra natal. Sus padres encuentran trabajo a través del programa de colocación laboral de la iglesia, ganando estabilidad financiera y un sentido de propósito. La historia de Jochar es un poderoso testimonio de la fortaleza del espíritu humano y el poder transformador de la fe. A través de su viaje desde Alepo hasta su nuevo hogar, Jochar y su familia han enfrentado desafíos inimaginables pero han emergido más fuertes y más unidos. Su nuevo comienzo está lleno de oportunidades y la promesa de un futuro más brillante, todo guiado por su fe inquebrantable y el apoyo de su nueva comunidad.

Capítulo 7: Construyendo una nueva vida

Adaptarse a la vida en un nuevo país conlleva su propio conjunto de desafíos. La familia de Jochar navega por las diferencias culturales, aprende un nuevo idioma y se adapta a nuevas costumbres. A pesar de estos desafíos, están agradecidos por la seguridad y las oportunidades que les brinda su nuevo hogar. Las iglesias locales y las comunidades los reciben con los brazos abiertos, ofreciéndoles apoyo y amistad. La iglesia local se convierte en una parte integral de su nueva vida. La congregación les ayuda a encontrar vivienda, inscribirse en clases de idioma y conseguir trabajos. Jochar y su familia se convierten rápidamente en miembros activos de la iglesia, encontrando consuelo y comunidad en su fe. Jochar continúa organizando reuniones de oración y estudios bíblicos, tal como lo hacía en el campo de refugiados. Jochar persigue una educación más avanzada, decidido a reconstruir su vida y proveer para su familia. Se inscribe en una universidad comunitaria, estudiando ingeniería y adquiriendo nuevas habilidades. Su determinación y arduo trabajo rinden frutos a medida que sobresale en sus estudios, abriendo puertas a pasantías y oportunidades laborales en su campo.

Instalándose

Adaptarse a la vida en un nuevo país conlleva su propio conjunto de desafíos. Jochar y su familia se enfrentan a diferencias culturales que van desde barreras de idioma hasta diferentes normas sociales y costumbres. Los primeros días están llenos de momentos de confusión y adaptación. Jochar y su familia están decididos a integrarse en su nueva sociedad manteniendo su identidad cultural.

Aprender un nuevo idioma es uno de los primeros obstáculos. Jochar, sus padres y Leila asisten a clases de idioma organizadas por el centro comunitario local. Las clases son intensivas, pero la familia las aborda con entusiasmo y determinación. Jochar a menudo pasa horas extra practicando sus habilidades lingüísticas, sabiendo que dominar el idioma es clave para su integración exitosa y futuras oportunidades.

Adaptarse a nuevas costumbres y normas sociales requiere tiempo y paciencia. Jochar y su familia aprenden a navegar las sutilezas de su nueva cultura, desde saludos y etiqueta social hasta tradiciones y festividades locales. Asisten a eventos comunitarios y se relacionan con sus vecinos, construyendo lentamente relaciones y adquiriendo una comprensión más profunda de su nuevo hogar. A pesar de estos desafíos, la familia de Jochar está profundamente agradecida por la seguridad y las oportunidades que les brinda su nuevo hogar. Sienten un profundo alivio y seguridad. Ya no tienen que preocuparse por la amenaza diaria de violencia o persecución. Aceptan la estabilidad de su nuevo entorno y la oportunidad de construir un futuro.

Apoyo comunitario

La iglesia local se convierte en una parte integral de su nueva vida. Desde el momento en que llegaron, la congregación ha sido una fuente de apoyo constante y amistad. Los miembros de la iglesia ayudan a la familia a encontrar vivienda, guiándolos en el proceso de asegurar un apartamento de alquiler y asegurándose de que tengan lo esencial para que se sientan como en casa. La iglesia también les ayuda a inscribirse en clases de idioma y a navegar el sistema educativo local para Leila. Los padres de Jochar reciben ayuda para conseguir trabajos a través del programa de asistencia laboral de la iglesia. Su padre, con su experiencia en construcción, encuentra trabajo con una empresa de construcción local, mientras que su madre toma un trabajo en un centro comunitario.

Jochar y su familia se convierten rápidamente en miembros activos de la iglesia, encontrando consuelo y comunidad en su fe. Participan en los servicios dominicales, se ofrecen como voluntarios en eventos de la iglesia y se unen a varios grupos ministeriales. Jochar continúa organizando reuniones de oración y estudios bíblicos, tal como lo hacía en el campo de refugiados. Su capacidad para conectarse con otros a través de la fe fortalece los lazos dentro de la congregación y proporciona alimento espiritual para muchos. El apoyo de la iglesia se extiende más allá de la ayuda práctica. El aliento emocional y espiritual que reciben ayuda a la familia a navegar por las complejidades de su nueva vida. Las amistades que forman dentro de la iglesia proporcionan una red de cuidado y apoyo fundamental durante su período de ajuste.

Nuevas oportunidades

Jochar está decidido a reconstruir su vida y proveer para su familia. Reconociendo la importancia de la educación para alcanzar sus objetivos, se inscribe en una universidad comunitaria para continuar sus estudios en ingeniería. El proceso de inscribirse y adaptarse al entorno académico es desalentador, pero Jochar lo aborda con la misma determinación y resiliencia que lo ha llevado a lo largo de su viaje hasta ahora. En la universidad comunitaria, Jochar estudia diligentemente, a menudo pasando largas horas en la biblioteca y asistiendo a sesiones de tutoría adicionales para asegurarse de comprender el material. Su arduo trabajo da sus frutos a medida que comienza a sobresalir en sus estudios. Sus profesores notan su dedicación y pasión por el aprendizaje, y le ofrecen orientación y apoyo.

A medida que Jochar avanza en sus estudios, nuevas oportunidades comienzan a abrirse. Consigue una pasantía en una empresa de ingeniería local, donde adquiere experiencia práctica y aplica los conocimientos que ha adquirido. La pasantía es un paso significativo hacia adelante, proporcionándole habilidades valiosas y conexiones profesionales. La empresa de ingeniería está impresionada con la ética de trabajo y la determinación de Jochar. Le ofrecen un puesto de medio tiempo mientras continúa sus estudios, permitiéndole ganar más experiencia y contribuir a los ingresos del hogar. Esta oportunidad no solo aumenta la confianza de Jochar, sino que también le brinda un sentido de logro y dirección. Leila también prospera en su nueva escuela. Sobresale académicamente y participa en actividades extracurriculares, haciendo nuevos amigos e integrándose bien en su nuevo entorno. Su éxito es una fuente de orgullo para la familia y un testimonio de su resiliencia y determinación colectiva.

A lo largo de su viaje, la fe de la familia sigue siendo una piedra angular de sus vidas. Jochar lidera las oraciones nocturnas, agradeciendo a Dios por las bendiciones que han recibido y buscando guía para el futuro. Su fe continúa proporcionándoles fuerza y esperanza, reforzando su creencia de que están en el camino correcto. Los padres de Jochar, que inicialmente estaban nerviosos por empezar de nuevo en un nuevo país, encuentran consuelo y propósito en sus nuevos roles. Se sienten orgullosos de su trabajo y del progreso que sus hijos están haciendo. El vínculo de la familia se hace más fuerte a medida que se apoyan mutuamente a través de los desafíos y celebran sus logros. La comunidad que los rodea también juega un papel crucial en su adaptación. Vecinos, miembros de la iglesia y organizaciones locales continúan ofreciendo apoyo y amistad. La familia de Jochar ya no está sola en sus luchas; son parte de una comunidad más grande que se preocupa por ellos y quiere verlos tener éxito.

El viaje de Jochar desde Alepo hasta su nuevo hogar está marcado por la resiliencia, la fe, y el apoyo inquebrantable de una comunidad compasiva. A medida que mira hacia el futuro, se siente lleno de esperanza y determinación. Su sueño de convertirse en ingeniero está al alcance, y está comprometido a usar sus habilidades para retribuir a la comunidad que ha acogido a su familia. La historia de Jochar es un testimonio poderoso de la fuerza del espíritu humano y el poder transformador de la fe y el apoyo comunitario. A través de su viaje, han superado inmensos desafíos y encontrado un lugar donde pueden construir un futuro lleno de esperanza y posibilidades. La determinación de Jochar, combinada con el amor y apoyo de su familia y comunidad, ha creado una base para un futuro más brillante.

Capítulo 8: Gratitud y esperanza

Jochar a menudo reflexiona sobre el difícil viaje que han soportado y la fe que los sostuvo. Recuerda el miedo y la incertidumbre de dejar Alepo, los desafíos del campo de refugiados, y el increíble apoyo que recibieron. A través de todo, su fe en Jesús y el apoyo de su familia y comunidad han sido sus luces guías. Jochar comparte su historia con otros, dando gloria a Dios por Su provisión y guía. Habla en iglesias, eventos comunitarios y escuelas, inspirando a otros con su testimonio de fe y resiliencia. Su historia resuena profundamente con aquellos que la escuchan, ofreciendo esperanza y aliento. Con un corazón lleno de gratitud, Jochar anticipa un futuro lleno de esperanza y posibilidades. Está comprometido a ayudar a otros refugiados y a compartir el mensaje del amor de Dios. Jochar sueña con iniciar una organización que apoye a los refugiados, proporcionándoles recursos y oportunidades para reconstruir sus vidas.

Reflexionando sobre el viaje

El viaje de Jochar es un poderoso testimonio de la resiliencia del espíritu humano y el poder transformador de la fe, la perseverancia y el apoyo comunitario. Su historia inspira a otros a creer en las posibilidades que la fe y la determinación pueden traer, creando un efecto dominó de esperanza y cambio en su comunidad y más allá. Mientras Jochar se sienta en la tranquilidad de su nuevo hogar, a menudo reflexiona sobre el arduo viaje que su familia ha soportado. Los recuerdos de su escape de Alepo son vívidos: el miedo que los atrapó mientras navegaban por las calles destrozadas por la guerra, la desesperación que los llevó a dejar todo atrás y la esperanza que los sostuvo. Recuerda el terror de los bombardeos, la incertidumbre de cada paso y el inmenso alivio cuando finalmente llegaron al campo de refugiados.

El tiempo pasado en el campamento de refugiados es otro capítulo lleno de desafíos. Jochar recuerda la escasez de recursos, las largas filas para conseguir comida y la constante preocupación por su futuro. Sin embargo, en medio de las dificultades, también recuerda la bondad de los desconocidos, la solidaridad entre los refugiados y los pequeños milagros que les dieron esperanza. El apoyo de la organización de ayuda cristiana, las oraciones y la convivencia con otros refugiados fueron salvavidas que mantuvieron su espíritu en alto. La fe de Jochar en Jesús y el apoyo inquebrantable de su familia y comunidad han sido sus luces guía a lo largo de este viaje. Reflexiona sobre las incontables noches que oraron juntos, buscando fortaleza y orientación de Dios. Su fe le proporcionó el coraje para liderar a su familia y la resiliencia para superar cada obstáculo que enfrentaron. El amor y el apoyo de sus padres y su hermana, sus momentos compartidos de miedo y triunfo, han fortalecido su vínculo y solidificado su unidad.

Testimonio de fe

Reconociendo el poder de su historia, Jochar se siente impulsado a compartir su viaje con otros. Comienza a hablar en iglesias, eventos comunitarios y escuelas, dando gloria a Dios por Su provisión y guía. Su testimonio de fe y resiliencia resuena profundamente con quienes lo escuchan. Habla de los momentos más oscuros, la incertidumbre y el miedo, y la fe inquebrantable que los llevó a través de todo.

En cada compromiso de hablar, Jochar enfatiza la importancia de la comunidad y la fe. Relata las formas milagrosas en que Dios intervino en sus vidas, desde el apoyo oportuno de la organización de ayuda cristiana hasta las bendiciones inesperadas que brindaron esperanza cuando más la necesitaban. Su historia es una de supervivencia, pero más importante aún, es una historia de fe en acción. Habla con pasión, su voz llena de la convicción de alguien que ha vivido circunstancias extraordinarias y ha emergido más fuerte.

El testimonio de Jochar ofrece esperanza y aliento a otros que enfrentan sus propias luchas. Personas de todos los ámbitos de la vida encuentran inspiración en sus palabras. Para los refugiados e inmigrantes, su historia es un faro de esperanza, mostrándoles que con fe y perseverancia, ellos también pueden superar la adversidad y construir una nueva vida. Para aquellos que enfrentan diferentes desafíos, su viaje demuestra el poder del apoyo comunitario y la fuerza que proviene de una fe inquebrantable.

Epílogo: Un legado de fe y determinación

Jochar, lleno de gratitud y esperanza, se siente impulsado a ayudar a otros refugiados. Planea establecer una organización de apoyo que vaya más allá de proporcionar necesidades básicas como alimentos y refugio; también ofrecerá cuidado emocional y espiritual. Voluntariado activamente, está aprendiendo las complejidades del trabajo sin fines de lucro y formando conexiones valiosas. Su dedicación inquebrantable se canaliza en la creación de programas para capacitación vocacional, educación en idiomas y consejería, mientras fomenta asociaciones con negocios locales para asegurar oportunidades de empleo para los refugiados. El viaje de Jochar ejemplifica la resiliencia del espíritu humano y el impacto del apoyo comunitario. Su historia y acciones inspiran a otros a involucrarse en el servicio comunitario y el apoyo a los refugiados, creando una ola de cambio positivo y esperanza.

Mirando hacia adelante

Con el corazón lleno de gratitud, Jochar espera un futuro lleno de esperanza y posibilidades. Sus experiencias han encendido un profundo deseo de ayudar a otros refugiados. Sueña con iniciar una organización dedicada a apoyar a los refugiados, proporcionándoles los recursos y oportunidades que necesitan para reconstruir sus vidas. Jochar imagina una organización que ofrezca no solo asistencia práctica—como alimentos, refugio y educación—sino también apoyo emocional y espiritual. Comienza a ofrecerse como voluntario más extensamente con grupos locales de apoyo a los refugiados, obteniendo conocimientos y construyendo conexiones. Jochar aprende sobre las complejidades de dirigir una organización sin fines de lucro, asistiendo a talleres y buscando mentoría de líderes experimentados en el campo. Su visión es clara: crear una red de apoyo que aborde las necesidades multifacéticas de los refugiados, ayudándolos a la transición suavemente a sus nuevas vidas mientras preservan su dignidad y esperanza.

El compromiso de Jochar con su nueva misión es inquebrantable. Dedica su tiempo a desarrollar programas que proporcionan formación profesional, clases de idiomas y servicios de asesoramiento. Trabaja para establecer asociaciones con negocios locales, animándolos a ofrecer oportunidades de empleo a los refugiados. El objetivo de Jochar es empoderar a los refugiados para que se conviertan en miembros autosuficientes y contribuyentes de sus nuevas comunidades. El viaje de Jochar es un poderoso testimonio de la resiliencia del espíritu humano y del poder transformador de la fe, la perseverancia y el apoyo comunitario. Su historia inspira a otros a creer en las posibilidades que la fe y la determinación pueden traer. Al compartir sus experiencias y trabajar para apoyar a otros refugiados, crea un efecto dominó de esperanza y cambio en su comunidad y más allá.

Las personas que escuchan la historia de Jochar se sienten motivadas a actuar en sus propias vidas. Algunos se inspiran para ser voluntarios en organizaciones de apoyo a refugiados, mientras que otros se involucran más en sus comunidades locales, ofreciendo apoyo a los necesitados. El mensaje de fe y resiliencia de Jochar trasciende las fronteras culturales y geográficas, resonando con cualquiera que haya enfrentado la adversidad y buscado superarla. A través de sus incansables esfuerzos y fe inquebrantable, Jochar transforma su viaje de supervivencia en un legado de esperanza y empoderamiento. Demuestra que, sin importar cuán graves sean las circunstancias, con fe, perseverancia y el apoyo de una comunidad compasiva, todo es posible. La historia de Jochar es un faro de luz, guiando a otros hacia un futuro lleno de esperanza, posibilidades y la promesa de un mejor mañana.

Fin

LA BATALLA CONTRA LA ADICCIÓN DE DAVID EN LONDRES, INGLATERRA

Capítulo 1: Vida en tormento

• **Introducción a David:** Un hombre de mediana edad que vive en Londres, luchando contra la adicción a las drogas y el alcohol.

• **Caída personal y profesional:** La adicción de David le hace perder su trabajo, tensar sus relaciones y tocar fondo.

• **Desesperación y aislamiento:** Se aísla de familiares y amigos, sintiéndose desesperanzado y perdido.

Capítulo 2: Un destello de esperanza

• **Encuentro con la fe:** En sus momentos más oscuros, David recuerda su fe de la niñez y decide visitar una iglesia local.

• **Contacto inicial:** Conoce a un pastor compasivo que escucha su historia y le ofrece esperanza y apoyo.

• **Primeros pasos:** David comienza a asistir a los servicios de la iglesia y a reuniones de oración, encontrando consuelo en los mensajes de fe y redención.

Capítulo 3: Buscando ayuda

• **Decisión de cambiar:** Animado por el pastor y la comunidad eclesiástica, David decide buscar ayuda para su adicción.

• **Ingreso a rehabilitación:** Se inscribe en un programa de rehabilitación, apoyado por la iglesia tanto espiritual como financieramente.

• **Consejería y terapia:** David participa en sesiones de consejería individual y grupal, abordando las causas profundas de su adicción.

Capítulo 4: El camino hacia la recuperación

• **Superando desafíos:** David enfrenta los desafíos físicos y emocionales de la desintoxicación y la recuperación, confiando en la oración y la fe para encontrar fortaleza.

• **Sistema de apoyo:** La comunidad eclesiástica continúa apoyándolo con visitas, cartas y oraciones, reforzando su compromiso de cambio.

• **Crecimiento personal:** A través de la consejería y la guía espiritual, David comienza a sanar y crecer, desarrollando mecanismos de afrontamiento más saludables.

Capítulo 5: Fe renovada

• **Despertar espiritual:** David experimenta un profundizamiento de su fe, comprendiendo el poder transformador de Jesús en su vida.

• **Bautismo:** Decide ser bautizado, simbolizando su compromiso con una nueva vida en Cristo y dejando atrás su pasado.

• **Participación en la Iglesia:** David se involucra más en las actividades de la iglesia, encontrando propósito y pertenencia al servir a los demás.

Capítulo 6: Reconstruyendo relaciones

• **Reconciliación familiar:** Con la ayuda de su pastor, David se reconecta con familiares distanciados, buscando perdón y reconstruyendo relaciones.

- **Perdón y sanidad:** Su familia, conmovida por su sinceridad y transformación, comienza a perdonarlo y apoyarlo.

- **Restaurando amistades:** David restablece la conexión con viejos amigos, compartiendo su viaje y fe renovada, inspirándolos con su historia.

Capítulo 7: Un nuevo comienzo

- **Carrera y estabilidad:** Con el apoyo de su comunidad eclesiástica, David encuentra un nuevo trabajo y comienza a reconstruir su vida profesional.

- **Crecimiento continuo:** Continúa asistiendo a grupos de apoyo y consejería para mantener su sobriedad y crecimiento personal.

- **Retribución:** David comienza a hacer voluntariado en el centro de rehabilitación y en la iglesia, ayudando a otros que luchan con la adicción.

Capítulo 8: Testimonio e inspiración

- **Compartiendo su historia:** David comienza a compartir su testimonio en eventos de la iglesia y grupos de apoyo, difundiendo esperanza y aliento.

- **Impacto en la comunidad:** Su historia inspira a otros a buscar ayuda y confiar en el poder transformador de Dios.

- **Viaje continuo:** David se mantiene comprometido con su fe y recuperación, sabiendo que su camino es continuo y que la gracia de Dios está siempre presente.

Epílogo: Una vida transformada

- **Reflexionando sobre el viaje:** David mira hacia atrás en su vida, reconociendo los profundos cambios que ha traído su fe y el apoyo de su iglesia.

- **Aspiraciones futuras:** Sueña con iniciar un ministerio para ayudar a otros que luchan contra la adicción, brindándoles el apoyo y la fe que salvaron su vida.

• **Legado de esperanza:** La historia de David es un testimonio del poder de la fe, la redención y el amor inquebrantable de Dios, inspirando a innumerables otros a buscar un camino de sanidad y transformación.

"La batalla contra la adicción de David en Londres, Inglaterra"

Capítulo 1: Vida en tormento

David es un hombre de mediana edad que vive en la bulliciosa ciudad de Londres. Una vez tuvo una prometedora carrera en finanzas, una familia amorosa y un círculo de amigos cercanos. Sin embargo, con los años, la vida de David tomó un giro oscuro cuando cayó en las garras de la adicción a las drogas y el alcohol. Su descenso en la adicción fue gradual, comenzando con beber socialmente que eventualmente se salió de control. La adicción de David lo hace perder su trabajo. Su rendimiento en el trabajo se deteriora ya que frecuentemente llega tarde o falta completamente debido a las resacas o borracheras. Su mente, una vez aguda, se nubla, y sus colegas, que antes lo admiraban, ahora lo compadecen. Finalmente, su empleador no tiene otra opción que despedirlo, citando su falta de fiabilidad y comportamiento errático. La pérdida de su trabajo marca el comienzo de una espiral descendente severa. Las relaciones de David con su familia y amigos se tensan. Su esposa, Sarah, incapaz de lidiar con su comportamiento y promesas rotas, se lleva a sus dos hijos y se muda con sus padres. Sus amigos, que antes eran solidarios, gradualmente se alejan, incapaces de verlo autodestruirse. David se aísla de familia y amigos, sintiéndose desesperado y perdido. Pasa la mayor parte de sus días bebiendo y usando drogas, descuidando su salud y viviendo en un estado de desesperación constante. Su apartamento, antes ordenado y limpio, se convierte en un desastre, reflejando el caos de su vida. La soledad y el auto-desprecio lo consumen, y contempla acabar con su vida, creyendo que no hay salida de la oscuridad.

Introducción a David

David es un hombre de mediana edad que vive en la bulliciosa ciudad de Londres. Una vez tuvo una prometedora carrera en finanzas, una familia amorosa y un círculo de amigos cercanos. Su vida parecía perfecta por fuera, con un trabajo estable, una casa hermosa y una comunidad solidaria. Sin embargo, con los años, la vida de David tomó un giro oscuro cuando cayó en las garras de la adicción a las drogas y el alcohol. Lo que empezó como beber socialmente para relajarse después de un día estresante gradualmente se salió de control.

El descenso de David en la adicción fue gradual pero implacable. Inicialmente, bebía solo los fines de semana, pero a medida que aumentaban las presiones en el trabajo, comenzó a beber todas las noches para lidiar con el estrés. Esta bebida social pronto se convirtió en una necesidad en lugar de una elección. Cuando el alcohol ya no proporcionaba el escape que necesitaba, David recurrió a las drogas, buscando una forma más fuerte de adormecer su dolor y ansiedad.

Caída personal y profesional

La adicción de David le causa perder su trabajo. Al principio, sus colegas notan cambios menores: David llega tarde, no cumple con las fechas límite y aparece desaliñado. Su mente, antes aguda, se vuelve turbia y su productividad se desploma. La calidad de su trabajo se deteriora y comienza a cometer errores críticos que ponen en riesgo los proyectos de su equipo. A medida que su adicción se profundiza, David frecuentemente llega tarde o falta varios días debido a resacas o atracones. Su comportamiento errático se convierte en un tema de preocupación entre sus colegas, quienes antes lo admiraban pero ahora sienten lástima por él. Se pierden reuniones, llamadas importantes quedan sin respuesta y su carrera, que alguna vez fue prometedora, está en ruinas. Su empleador, que había sido paciente y comprensivo al principio, eventualmente no tuvo más opción que dejarlo ir, citando su falta de fiabilidad y comportamiento errático.

La pérdida de su trabajo marca el comienzo de una grave espiral descendente. Sin la estructura y el propósito que le proporcionaba su trabajo, los días de David se desvanecen en una bruma de abuso de sustancias. Sus relaciones con su familia y amigos se vuelven tensas. Su esposa, Sarah, incapaz de lidiar con su comportamiento y promesas incumplidas, se lleva a sus dos hijos y se muda con sus padres. Las discusiones y la tensión emocional son demasiado para ella, y siente que no tiene otra opción más que irse por el bien de sus hijos. Los amigos de David, que alguna vez fueron solidarios, poco a poco se distancian, incapaces de verlo destruirse a sí mismo. Las invitaciones a eventos sociales se secan y las llamadas telefónicas quedan sin respuesta. David se siente abandonado, pero está demasiado consumido por su adicción para ver que sus acciones han alejado a todos.

Desesperación y aislamiento

David se aísla de su familia y amigos, sintiéndose desesperado y perdido. Su vida social, antes vibrante, se reduce a beber y consumir drogas en solitario en su oscuro y desordenado apartamento. El aislamiento agrava sus sentimientos de desesperanza y desesperación. Pasa la mayor parte de sus días bebiendo y usando drogas, descuidando su salud y viviendo en un estado de constante desesperación. Los platos se acumulan en el fregadero, la ropa se queda sin lavar y el apartamento se impregna de un olor rancio y pasado.

Su apartamento, antes ordenado y limpio, se convierte en un desastre, reflejando el caos de su vida. Botellas vacías, parafernalia de drogas y envases de comida desechados cubren el suelo. Las cortinas permanecen cerradas, bloqueando la luz y el mundo exterior. La soledad y el autodesprecio lo consumen. David deja de cuidarse a sí mismo, descuidando la higiene y la nutrición básicas. Pierde peso, su ropa le cuelga en su cuerpo demacrado y sus ojos se ven apagados y sin vida.

David contempla acabar con su vida, creyendo que no hay salida de la oscuridad. Los pensamientos de suicidio se vuelven más frecuentes y siente que la muerte podría ser el único escape del dolor y la desesperación que se han convertido en sus constantes compañeras. Piensa en las personas que ha perdido, la carrera que ha destruido y el hombre que solía ser. El peso de sus fracasos se siente insoportable.

Una noche, mientras se sienta en su desordenado apartamento, mirando el fondo de una botella vacía, un fugaz recuerdo de su fe infantil cruza por su mente. Recuerda la paz que sentía en la iglesia, el consuelo de la oración y el sentido de pertenencia que venía de ser parte de una comunidad de fe. En su desesperación, David se aferra a este recuerdo, esperando que pueda ofrecerle un atisbo de esperanza en su hora más oscura. Esta tenue remembranza de fe y esperanza prepara el escenario para el viaje de redención de David, mientras comienza a buscar una salida de la oscuridad y hacia la luz de un nuevo comienzo.

Capítulo 2: Un destello de esperanza

En sus momentos más oscuros, David recuerda su fe infantil. Recuerda las veces que iba a la iglesia con sus padres y la sensación de paz que le traía. Desesperado por cualquier forma de alivio, decide visitar una iglesia local. La iglesia, St. Mark's, es un lugar pequeño y acogedor no muy lejos de su apartamento. David entra en la iglesia, sintiendo una mezcla de vergüenza y esperanza. Conoce al Pastor John, un hombre compasivo que escucha la historia de David sin juzgarlo. Pastor John le ofrece esperanza y apoyo, recordándole a David que no está solo y que el amor de Dios es incondicional. La amabilidad y comprensión del pastor tocan profundamente a David, encendiendo un atisbo de esperanza en su corazón. Alentado por el Pastor John, David comienza a asistir a los servicios de la iglesia y a las reuniones de oración. Encuentra consuelo en los mensajes de fe y redención, sintiendo una paz que no había experimentado en años. Los sermones sobre el perdón y las segundas oportunidades resuenan en él y empieza a creer que puede cambiar su vida.

Encuentro con la fe

Las noches de David son largas e inquietas. Mientras yace despierto en su apartamento desordenado, atormentado por pensamientos sobre su trabajo perdido, su familia distanciada y los amigos que se han alejado, busca desesperadamente algo a lo que aferrarse. Una noche particularmente desolada, mientras cambia de canal en su viejo televisor, se topa con un programa religioso. Los himnos y oraciones familiares despiertan algo profundo en su interior. Recuerda las veces que iba a la iglesia con sus padres cuando era niño: el cálido abrazo de la comunidad, los himnos edificantes y la sensación de paz y esperanza que llenaba esas mañanas de domingo.

Impulsado por la necesidad de reconectarse con esa paz perdida hace mucho tiempo, David decide visitar una iglesia local. Encuentra una pequeña y acogedora iglesia llamada San Marcos no muy lejos de su apartamento. El modesto exterior de la iglesia y el suave resplandor de las luces a través de sus vitrales parecen llamarlo. A pesar de sentir una mezcla de vergüenza y esperanza, David reúne el valor para atravesar las puertas.

Contacto inicial

David entra en San Marcos, con el corazón latiendo con ansiedad. Lo recibe el suave murmullo de susurros reverentes y el suave crujir de los libros de himnos. La atmósfera es cálida y acogedora, un marcado contraste con el caos de su propia vida. Mientras camina más adentro, se encuentra con el Pastor John, un hombre compasivo de unos cincuenta años con ojos amables y un comportamiento gentil. El Pastor John detecta de inmediato la angustia de David y se le acerca con una sonrisa de bienvenida.

"Hola, soy el Pastor John. Bienvenido a San Marcos. ¿Cómo puedo ayudarte hoy?"

David, sintiendo una mezcla de vergüenza y esperanza, comienza a compartir su historia con vacilación. Habla de su descenso a la adicción, la pérdida de su trabajo y la separación de su familia. Las lágrimas llenan sus ojos mientras relata la soledad y la desesperación que han consumido su vida. El Pastor John escucha atentamente, sin interrumpir, su expresión llena de empatía y comprensión.

"David, no estás solo," dice el Pastor John suavemente cuando David termina. "El amor de Dios por ti es incondicional y siempre hay esperanza. A veces, perdemos nuestro camino, pero eso no significa que no podamos encontrarlo de nuevo. Has dado un valiente primer paso al venir aquí hoy." La bondad y comprensión del pastor tocan profundamente a David, encendiendo un destello de esperanza en su corazón. Por primera vez en años, siente una sensación de posibilidad, una pequeña luz que atraviesa la oscuridad.

Primeros pasos

Animado por el Pastor John, David comienza a asistir a los servicios de la iglesia y a las reuniones de oración. Cada domingo, encuentra un asiento en la parte trasera de la iglesia, escuchando atentamente los sermones. Los mensajes de fe y redención resuenan en él, trayendo una sensación de paz que no había experimentado en años. Las palabras sobre el perdón y las segundas oportunidades tocan una fibra profunda en su interior, y comienza a creer que puede cambiar su vida. La comunidad eclesiástica de San Marcos es cálida y acogedora. Reciben a David con los brazos abiertos, ofreciendo sonrisas y palabras amables. Comienza a sentir un sentido de pertenencia, algo que no había sentido en mucho tiempo. Los asistentes habituales, percibiendo su vulnerabilidad, ofrecen apoyo sin indagar en su pasado. Simplemente lo aceptan tal como es, lo cual es un bálsamo para su alma herida.

David también empieza a asistir a las reuniones de oración durante la semana. Estos pequeños encuentros le permiten conectarse más profundamente con los miembros de la iglesia y compartir sus luchas en un entorno seguro y de apoyo. El grupo ora juntos, y David encuentra consuelo en estos momentos colectivos de fe. El acto de orar, de alcanzar un poder superior, le ayuda a sentirse arraigado y esperanzado. A medida que continúa asistiendo a los servicios y reuniones, el sentido de paz de David crece. Las enseñanzas sobre el amor de Dios y la posibilidad de redención lo llenan de un renovado sentido de propósito. Inspirado por la esperanza que se ha reavivado en él, empieza a dar pequeños pasos para mejorar su vida.

El viaje de David hacia la recuperación y la redención apenas ha comenzado, pero el apoyo y la fe que encuentra en San Marcos le dan la fuerza para creer que el cambio es posible. Con cada día que pasa, la oscuridad que una vez lo consumía comienza a disiparse, reemplazada por la luz de la fe y la promesa de un nuevo comienzo.

Capítulo 3: Buscando ayuda

Con el apoyo del Pastor John y la comunidad eclesiástica, David decide buscar ayuda para su adicción. Sabe que no puede superar esta batalla solo y que es necesaria la ayuda profesional. La congregación de la iglesia se une a su alrededor, ofreciéndole apoyo espiritual y financiero. David se inscribe en un programa de rehabilitación. La iglesia ayuda a cubrir los costos, y el Pastor John lo acompaña en su primer día, ofreciendo oraciones y ánimo. El centro de rehabilitación, ubicado en las afueras de Londres, proporciona un entorno estructurado donde David puede comenzar a sanar. David participa en sesiones de consejería individual y grupal, abordando las causas raíces de su adicción. Se abre sobre sus sentimientos de insuficiencia, sus miedos y los eventos que lo llevaron por este camino destructivo. Los consejeros le ayudan a desarrollar mecanismos de afrontamiento más saludables y estrategias para lidiar con sus ansias y desencadenantes.

Decisión de cambiar

Con el apoyo inquebrantable del Pastor John y la comunidad eclesiástica, David toma la crucial decisión de buscar ayuda para su adicción. Reconoce que no puede superar esta batalla solo y que la ayuda profesional es necesaria para su recuperación. La realización de que necesita cambiar su vida es tanto aterradora como liberadora. El Pastor John y otros miembros de la iglesia le aseguran que buscar ayuda no es un signo de debilidad, sino un paso valiente hacia la sanidad y la redención.

La congregación de la iglesia se une alrededor de David, ofreciéndole apoyo espiritual y financiero. Organizan un servicio de oración especial para él, pidiéndole a Dios que lo guíe y fortalezca en su viaje hacia la recuperación. Los miembros de la iglesia también contribuyen a un fondo para ayudar a cubrir los costos de su rehabilitación. Esta demostración de amor y apoyo fortalece la determinación de David, dándole la confianza para seguir adelante.

Ingreso a rehabilitación

David se inscribe en un programa de rehabilitación de buena reputación. El programa está ubicado en las afueras de Londres, proporcionando un entorno pacífico y estructurado para la sanidad. El día que David ingresa al centro de rehabilitación está lleno de emociones encontradas. Siente una sensación de temor ante lo desconocido, pero también un rayo de esperanza para un futuro mejor.

El Pastor John acompaña a David en su primer día en el centro de rehabilitación. Mientras conducen a través de los tranquilos caminos arbolados que llevan a las instalaciones, el Pastor John le ofrece palabras de ánimo y ora con David, pidiendo la guía y protección de Dios. Cuando llegan, el personal del centro recibe calurosamente a David, y el Pastor John se queda con él hasta que está instalado. La presencia del pastor es un recordatorio reconfortante del apoyo que le espera en casa.

El centro de rehabilitación es un lugar sereno, con terrenos bien cuidados, hospedajes cómodos y un equipo dedicado de profesionales. El entorno estructurado está diseñado para ayudar a los residentes a enfocarse en su recuperación, con horarios diarios que incluyen sesiones de terapia, actividades físicas y prácticas espirituales.

Consejería y terapia

El viaje de David en rehabilitación comienza con una evaluación exhaustiva por parte del personal médico y psicológico del centro. Conoce a su consejera principal, una mujer compasiva llamada Dra. Emily Stevens, quien se especializa en terapia de adicciones. Durante su primera sesión, la Dra. Stevens explica la importancia de abordar las causas raíces de su adicción, no solo los síntomas. Ella le asegura a David que está en un lugar seguro donde puede hablar abiertamente sobre sus luchas.

David participa en sesiones de consejería individual y grupal. En sus sesiones individuales con la Dra. Stevens, comienza a explorar los problemas profundamente arraigados que contribuyeron a su adicción. Habla sobre sus sentimientos de insuficiencia, sus miedos al fracaso y las presiones abrumadoras que enfrentaba en su carrera. Estas sesiones son emocionalmente agotadoras pero también catárticas, ya que David comienza a enfrentar el dolor que ha estado soportando con sustancias.

Las sesiones de consejería grupal proporcionan un tipo de apoyo diferente. David conoce a otros residentes que también están luchando contra la adicción, y comparten sus historias y experiencias. Estas sesiones ayudan a David a darse cuenta de que no está solo en su lucha. El sentido de camaradería y apoyo mutuo en el grupo es empoderador. Juntos, aprenden sobre la naturaleza de la adicción, los mecanismos de afrontamiento y las estrategias para manejar ansias y desencadenantes.

David también participa en varias actividades terapéuticas, como terapia de arte, ejercicio físico y prácticas de mindfulness. Estas actividades le ayudan a desarrollar mecanismos de afrontamiento más saludables y a construir una nueva rutina que apoye su recuperación. El personal del centro de rehabilitación lo anima a reconectarse con su fe, y David encuentra consuelo en la oración y la meditación diaria.

Las primeras semanas son increíblemente desafiantes. David experimenta síntomas de abstinencia intensos, incluyendo malestar físico, cambios de humor y ansias. El personal médico monitorea su condición de cerca, proporcionando medicación y apoyo para aliviar su abstinencia. A pesar de las dificultades, David se mantiene comprometido con su recuperación, encontrando fuerza en su fe y el aliento que recibe de la comunidad eclesiástica y el personal del centro de rehabilitación.

Conforme las semanas se convierten en meses, David comienza a notar cambios significativos. Se siente más fuerte, tanto física como mentalmente. La neblina que alguna vez nubló su mente empieza a despejarse, y gana claridad sobre su vida y sus objetivos. Las sesiones terapéuticas le ayudan a comprender la importancia de la autocompasión y el perdón, tanto para sí mismo como para aquellos que pueden haberle lastimado.

La relación de David con Dios se profundiza durante su rehabilitación. Lee la Biblia, reflexiona sobre sus enseñanzas y reza por orientación. El apoyo espiritual de la iglesia continúa siendo una parte vital de su recuperación. El Pastor John y otros miembros de la iglesia escriben cartas de aliento, y David siente sus oraciones elevándolo.

Al final de su programa de rehabilitación, David ha hecho progressos notables. Ha desarrollado una base sólida para su sobriedad, equipado con herramientas y estrategias para manejar su adicción. El sistema de apoyo que ha construido, tanto dentro del centro de rehabilitación como en St. Mark's, le da la confianza para enfrentar los desafíos que están por venir.

La decisión de David de buscar ayuda marca un momento crucial en su camino hacia la recuperación. Es un testimonio de su valor y del poder de la fe y el apoyo comunitario. Mientras se prepara para dejar el centro de rehabilitación, está lleno de un sentido de esperanza y determinación, listo para reconstruir su vida con la guía de Dios y el amor de aquellos que creen en él.

Capítulo 4: El camino hacia la recuperación

David enfrenta los desafíos físicos y emocionales de la abstinencia y la recuperación. El proceso es doloroso y agotador, pero confía en la oración y la fe para obtener fuerza. Pasa horas en la capilla del centro de rehabilitación, rezando por el coraje para continuar y por la orientación de Dios. Cada pequeña victoria, como superar un día sin ansias, es un testimonio de su determinación y fe. La comunidad eclesiástica continúa apoyando a David con visitas, cartas y oraciones, reforzando su compromiso con el cambio. El Pastor John lo visita regularmente, llevando mensajes de esperanza y aliento. Los miembros de la iglesia envían paquetes de cuidados y notas, recordándole a David que es amado y apoyado. Esta red de apoyo es crucial para ayudar a David a mantenerse enfocado en su recuperación. A través del asesoramiento y la guía espiritual, David comienza a sanar y crecer. Empieza a comprender los problemas subyacentes que contribuyeron a su adicción y trabaja en resolverlos. Aprende a perdonarse a sí mismo por sus errores pasados y a aceptar el perdón de Dios. Este proceso de autodescubrimiento y sanidad fortalece su resolución y le ayuda a desarrollar mecanismos de afrontamiento más saludables.

Superando desafíos

El camino de David hacia la recuperación está lleno de desafíos físicos y emocionales. Los días iniciales de abstinencia son especialmente angustiosos. Su cuerpo reacciona violentamente a la ausencia de drogas y alcohol, manifestándose en temblores severos, sudoración, náuseas y ansias intensas. El dolor es casi insoportable, y hay momentos en los que David siente que quiere darse por vencido. Pero en esos momentos de debilidad, se vuelve a la oración, buscando fuerza y orientación de Dios.

Pasa horas en la capilla del centro de rehabilitación, un pequeño y sereno espacio con vitrales que filtran la luz del sol en suaves tonos de azul y verde. Aquí, David encuentra consuelo y una sensación de paz en medio de la turbulencia. Se arrodilla ante el altar, sus manos fuertemente entrelazadas, susurrando oraciones por valentía y resistencia. El acto de rezar se convierte en un salvavidas, una forma de canalizar su desesperación en esperanza.

Cada pequeña victoria en su batalla contra la adicción se convierte en un testimonio de su determinación y fe. Superar un día sin ceder a las ansias, manejar una sesión terapéutica particularmente dura, o simplemente encontrar la fuerza para levantarse de la cama por la mañana—todos son hitos en su camino a la recuperación. David aprende a celebrar estas victorias, por pequeñas que sean, reconociéndolas como pasos adelante en su viaje.

Sistema de apoyo

El apoyo inquebrantable de su comunidad eclesiástica es un pilar crucial en la recuperación de David. Los miembros de la Iglesia de St. Mark's se reúnen alrededor de él, asegurándose de que se sienta amado y apoyado, incluso desde lejos. El Pastor John visita el centro de rehabilitación regularmente, trayéndole mensajes de esperanza y aliento. Estas visitas son un faro de luz para David, reforzando su compromiso con el cambio.

El pastor John a menudo trae cartas y tarjetas escritas a mano por la congregación. Estos mensajes de apoyo tocan profundamente a David. Vienen de personas de todas las edades: niños que dibujan dibujos coloridos con mensajes simples como "Estamos orando por ti, David" y miembros ancianos que comparten palabras de sabiduría y versículos bíblicos que les han ayudado en sus propios tiempos difíciles. Cada carta es un recordatorio de que no está solo en esta lucha.

Los miembros de la iglesia también envían paquetes de cuidado llenos de artículos pensados: libros, bocadillos, productos de higiene e incluso pequeñas cruces y cuentas de oración. Estos recordatorios tangibles del amor y el apoyo de su comunidad levantan el ánimo de David y le brindan el consuelo tan necesario. Saber que tantas personas están apoyando su recuperación fortalece su determinación y le ayuda a mantenerse enfocado en sus objetivos.

Crecimiento personal

A través de los esfuerzos combinados de asesoramiento y guía espiritual, David comienza a sanar y crecer de manera profunda. Las sesiones de terapia individual con la Dra. Stevens son fundamentales en este proceso. Ella le ayuda a profundizar en los problemas subyacentes que contribuyeron a su adicción, guiándolo a través de los recuerdos dolorosos y emociones que había tratado de escapar a través del abuso de sustancias. David empieza a entender los miedos e inseguridades arraigados que lo llevaron a la adicción. Se da cuenta de que sus sentimientos de insuficiencia y las presiones de su carrera lo han llevado a buscar refugio en el alcohol y las drogas. Con la ayuda de la Dra. Stevens, aprende a enfrentar estos problemas de frente, desarrollando formas más saludables de lidiar con el estrés y la ansiedad.

Las sesiones de terapia grupal también juegan un papel significativo en la recuperación de David. Compartir sus experiencias con otros que están pasando por luchas similares crea un sentido de camaradería y apoyo mutuo. Estas sesiones fomentan un ambiente donde la vulnerabilidad se encuentra con comprensión y compasión. David aprende valiosas lecciones de las historias de resiliencia y recuperación de sus compañeros. Una parte crucial del viaje de sanidad de David es aprender a perdonarse a sí mismo por sus errores pasados. Lleva una pesada carga de culpa y vergüenza por el daño que causó a su familia y amigos. La guía espiritual del pastor John le ayuda a navegar estos sentimientos. A través de la oración y la reflexión, David llega a aceptar el perdón de Dios y empieza a perdonarse a sí mismo. Aprende que el autoperdón es esencial para una verdadera sanidad y crecimiento personal.

Este proceso de autodescubrimiento y sanidad es transformador. David desarrolla un entendimiento más profundo de sí mismo y de su relación con Dios. Comienza a ver su viaje no solo como una lucha, sino como una oportunidad para un crecimiento personal profundo. La resiliencia y la fuerza interior que gana a través de este proceso se convierten en la base para su recuperación continua. El viaje de David a través de la rehabilitación está marcado por el dolor y la lucha, pero también por un increíble crecimiento y transformación. Los desafíos físicos y emocionales de la abstinencia y la recuperación ponen a prueba sus límites, pero su fe y el apoyo inquebrantable de su comunidad eclesiástica lo guían. A medida que comienza a sanar y crecer, David descubre un renovado sentido de propósito y esperanza, sentando las bases para los siguientes pasos en su camino hacia un nuevo comienzo.

Capítulo 5: Fe renovada

David experimenta un profundizamiento de su fe. Comienza a entender el poder transformador de Jesús en su vida. Los sermones y estudios bíblicos en el centro de rehabilitación, combinados con su tiempo de oración personal, lo acercan a Dios. Siente un sentido de renovación y propósito, dándose cuenta de que su camino es parte de un plan más grande. Como símbolo de su compromiso con una nueva vida en Cristo y dejando atrás su pasado, David decide ser bautizado. La iglesia organiza un servicio especial de bautismo para él. De pie ante la congregación, David declara públicamente su fe y su compromiso de vivir una vida guiada por los principios de Dios. El acto de bautismo marca un punto de inflexión significativo en su vida, un nuevo comienzo lleno de esperanza y determinación. David se vuelve más involucrado en las actividades de la iglesia. Se une a los programas de alcance de la iglesia, ofreciendo su tiempo para ayudar a otros. Encuentra propósito y pertenencia al servir a los demás, ya sea ayudando con el banco de alimentos, participando en la limpieza de la comunidad o asistiendo en eventos de la iglesia. Su participación no solo ayuda a otros sino que también fortalece su propia fe y compromiso con su nueva vida.

Despertar espiritual

El camino de David a través de la recuperación está marcado por un profundo despertar espiritual. A medida que progresa en su programa de rehabilitación, encuentra consuelo y fuerza en los servicios religiosos y estudios bíblicos que se ofrecen en el centro. Estas sesiones se convierten en una piedra angular de su rutina diaria, proporcionándole el alimento espiritual y la guía que tanto necesita.

Durante los sermones, David siente que los mensajes le hablan directamente a él. Las palabras sobre la redención, el perdón y el poder transformador de Jesús resuenan profundamente en su corazón. Comienza a ver su viaje como parte de un plan divino más grande, donde sus luchas y su recuperación son peldaños hacia un propósito mayor. Esta realización le aporta una sensación de renovación y propósito que no había sentido en años.

Su tiempo personal de oración se convierte en un ritual sagrado. Cada mañana y cada noche, David pasa momentos tranquilos en oración, reflexionando sobre su día, buscando guía y expresando su gratitud. Encuentra consuelo en las escrituras, especialmente en los pasajes que hablan de esperanza y resiliencia. Versículos como Jeremías 29:11, "Porque yo sé los planes que tengo para ti, declara el Señor, planes para prosperarte y no para dañarte, planes para darte esperanza y un futuro," se convierten en su ancla. Estos momentos de reflexión y conexión con Dios ayudan a David a fortalecer su fe y a mantenerse enfocado en su recuperación.

Bautismo

A medida que la fe de David se profundiza, siente un fuerte deseo de reafirmar públicamente su compromiso con una nueva vida en Cristo. Decide que la mejor manera de simbolizar este compromiso es a través del bautismo. Cuando comparte su decisión con el Pastor John, el pastor se alegra y rápidamente comienza a organizar un servicio de bautismo especial para él. El día del bautismo está lleno de anticipación y emoción. Toda la congregación de San Marcos se reúne para apoyar a David, con sus rostros radiantes de orgullo y aliento. La iglesia está adornada con flores y velas, creando una atmósfera cálida y acogedora. El servicio comienza con himnos y oraciones, estableciendo un tono de reverencia y celebración.

Cuando David entra en la pila bautismal, siente una oleada de emociones: nerviosismo, emoción y una gratitud abrumadora. El Pastor John, de pie a su lado, habla sobre el significado del bautismo y el valiente viaje de David. Luego, con una voz suave pero firme, el pastor pregunta a David si está listo para comprometer su vida a Cristo. Con lágrimas en los ojos, David responde afirmativamente. Cuando el Pastor John lo sumerge en el agua y luego lo levanta, David siente una increíble sensación de liberación y renovación. El acto del bautismo marca un punto de inflexión significativo en su vida, un nuevo comienzo lleno de esperanza y determinación. La congregación estalla en aplausos y vítores, dando la bienvenida a David a su nueva vida con los brazos abiertos.

Participación en la Iglesia

Después de su bautismo, David se involucra más profundamente en las actividades de la iglesia. Siente un fuerte sentido de propósito y pertenencia en el servicio a los demás. Se une a los programas de alcance de la iglesia, ansioso por retribuir a la comunidad que lo ha apoyado tan incansablemente. David comienza a ser voluntario en el banco de alimentos de la iglesia, donde ayuda a distribuir alimentos y artículos básicos a los necesitados. Encuentra una inmensa satisfacción en este trabajo, sabiendo que está haciendo una diferencia tangible en las vidas de las personas. La gratitud de los destinatarios y la camaradería entre los voluntarios llenan su corazón de alegría.

También participa en los esfuerzos de limpieza comunitaria, sintiéndose orgulloso de ayudar a embellecer los vecindarios alrededor de la iglesia. Estas actividades benefician a la comunidad y proporcionan a David una sensación de logro y conexión. Comienza a forjar nuevas amistades con otros miembros de la iglesia, construyendo una red de apoyo que refuerza su compromiso con su nueva vida. Además, David ayuda a organizar eventos y recaudaciones de fondos de la iglesia. Su experiencia en finanzas se convierte en un activo, y disfruta utilizar sus habilidades para apoyar las misiones de la iglesia. Ya sea planificando una subasta benéfica o coordinando una comida navideña para los sin hogar, David se entrega a cada tarea con entusiasmo y dedicación.

A través de su participación activa en las actividades de la iglesia, David encuentra un sentido renovado de propósito y realización. Servir a los demás se convierte en una forma para él de vivir su fe y mantenerse arraigado en su recuperación. Cada acto de servicio fortalece su propia fe y compromiso con su nueva vida, reforzando los principios de amor, compasión y comunidad que ha adoptado. El viaje de fe renovada de David es un testimonio del poder transformador del amor de Dios y la fuerza del espíritu humano. A través de su despertar espiritual, bautismo y participación en las actividades de la iglesia, reconstruye su vida sobre una base de fe y servicio. Su historia inspira a otros, mostrando que con fe, apoyo y determinación, es posible superar incluso los momentos más oscuros y emerger más fuerte y más realizado.

Capítulo 6: Reconstruyendo relaciones

Con la ayuda del Pastor John, David se comunica con sus familiares distanciados, buscando perdón y reconstruyendo relaciones. Escribe cartas sentidas a su esposa, Sarah, y a sus hijos, expresando su remordimiento y su compromiso con el cambio. Sarah, conmovida por su sinceridad y transformación, acepta reunirse con él. La primera reunión es emotiva y difícil, pero marca el comienzo de la sanidad. Sarah y los niños están cautelosos pero esperanzados. Asisten juntos a sesiones de consejería, facilitadas por la iglesia, para trabajar en su dolor y reconstruir su confianza. Poco a poco, los muros del resentimiento y el dolor comienzan a desmoronarse, y la familia empieza a sanar. David también se reconecta con viejos amigos, compartiendo su viaje y su nueva fe. Algunos amigos son escépticos, pero muchos se sienten inspirados por su transformación. Los invita a los servicios de la iglesia y a grupos de apoyo, esperando inspirarlos con su historia. Su apertura y vulnerabilidad ayudan a curar viejas heridas y forjar nuevos lazos.

Reconciliación familiar

Acercarse a su familia distanciada es una de las tareas más desalentadoras que enfrenta David en su camino hacia la recuperación. Con la ayuda del Pastor John, David comienza el proceso escribiendo cartas sentidas a su esposa, Sarah, y a sus hijos. En estas cartas, derrama su alma, expresando un profundo remordimiento por el dolor que les ha causado y compartiendo los pasos que ha tomado para cambiar su vida. Habla sobre su viaje de fe, su compromiso con la sobriedad y su deseo de enmendar las cosas.

Las cartas están llenas de emoción y vulnerabilidad cruda. David explica cómo su adicción tomó control de su vida y cómo trabaja arduamente cada día para convertirse en el hombre que merecen. Reconoce su sufrimiento y pide su perdón, prometiendo hacer todo lo posible por reconstruir su confianza. Estas cartas son el primer paso para cerrar el abismo que su adicción había creado.

Sarah, al recibir la carta, queda conmovida por la sinceridad de David y la evidente transformación en sus palabras. Siempre había esperado que él encontrara el camino de regreso, pero años de promesas rotas la habían vuelto cautelosa. A pesar de sus reservas, decide darle una oportunidad, reconociendo el valor que le tomó acercarse. Acepta reunirse con él, preparando el escenario para una reconciliación cautelosa pero esperanzada.

Perdón y sanidad

La primera reunión entre David y su familia es emotiva y difícil. Se encuentran en un lugar neutral y seguro facilitado por el Pastor John, quien ofrece apoyo y mediación. Cuando David entra en la sala, es recibido con una mezcla de caras familiares y emociones crudas. Sarah, abrazando a sus hijos, lo mira con una mezcla de esperanza y cautela. David comienza disculpándose sinceramente, con lágrimas corriendo por su rostro mientras habla. Sarah y los niños escuchan, con sus propias lágrimas fluyendo a medida que comienzan a comprender la profundidad de su remordimiento. La atmósfera está cargada con años de dolor y palabras no dichas, pero también con un rayo de esperanza para el futuro.

Después de esta reunión inicial, la familia acuerda asistir juntos a sesiones de consejería facilitadas por la iglesia. Estas sesiones se convierten en una parte crucial de su proceso de sanidad. Con la guía de un consejero capacitado, comienzan a abordar el dolor y el resentimiento profundamente arraigados. Aprenden a comunicarse abierta y honestamente, expresando sus sentimientos y trabajando en sus problemas. Sarah y los niños están cautelosos pero esperanzados. Ven los cambios en David y comienzan a creer en la posibilidad de un nuevo comienzo. Poco a poco, los muros del resentimiento y el dolor empiezan a derrumbarse. Comienzan a pasar más tiempo juntos, reconstruyendo su vínculo a través de actividades compartidas y conversaciones abiertas. Las cenas familiares, las salidas de fin de semana y los simples momentos de unión se convierten en oportunidades para sanar y reconectar.

Restaurando amistades

El camino de reconciliación de David se extiende más allá de su familia hacia sus viejos amigos. Se comunica con aquellos que ha alienado a través de su adicción, con la esperanza de reparar los lazos rotos. Algunos amigos son escépticos, habiéndolo visto recaer antes, pero muchos se sienten inspirados por los evidentes cambios en su actitud y acciones. David invita a sus amigos a tomar café, compartiendo su historia con ellos de una manera franca y sentida. Habla sobre sus luchas, su recuperación, y su renovada fe. Su apertura y vulnerabilidad resuenan con ellos, ayudando a curar viejas heridas y forjar nuevos lazos. No se aleja de reconocer el dolor que causó, sino que lo utiliza como base para reconstruir la confianza.

Muchos de sus amigos se sienten conmovidos por su sinceridad y deciden apoyarlo en su camino. Asisten a los servicios de la iglesia y a los grupos de apoyo con él, siendo testigos de primera mano del poder transformador de su fe y su compromiso con el cambio. Estas reuniones se convierten en oportunidades para que David inspire a otros con su historia, mostrando que la redención y la transformación son posibles. Los esfuerzos de David por restaurar sus relaciones no están exentos de desafíos. Hay momentos de duda y retrocesos, pero su determinación y fe lo ayudan a perseverar. Aprende a ser paciente, comprendiendo que la sanidad lleva tiempo y que la confianza debe ganarse a través de acciones consistentes.

A medida que las relaciones de David con su familia y amigos comienzan a sanar, se encuentra rodeado de una red de amor y apoyo. Esta nueva estabilidad y conexión refuerzan aún más su determinación de mantenerse en el camino de la recuperación. Continúa asistiendo a los servicios de la iglesia y a los grupos de apoyo, obteniendo fuerza de su fe y comunidad. La transformación de David se convierte en un faro de esperanza para otros que luchan con la adicción y las relaciones rotas. Su historia de redención y reconciliación inspira a muchos, mostrándoles que nunca es demasiado tarde para buscar el perdón y comenzar de nuevo.

A través de su viaje, David aprende el profundo impacto de la fe, el amor y el apoyo inquebrantable, no solo en su vida, sino también en las vidas de quienes lo rodean. La reconstrucción de relaciones ayuda a David a comprender el verdadero significado del perdón y la sanidad. No se trata solo de hacer las paces, sino también de crecer y evolucionar juntos. La historia de David es un testimonio del poder de la fe y la resiliencia del espíritu humano, inspirando a innumerables personas a emprender sus propios caminos de sanidad y transformación.

Capítulo 7: Un nuevo comienzo

Con el apoyo de su comunidad eclesiástica, David encuentra un nuevo trabajo. Un miembro de la iglesia que posee un pequeño negocio le ofrece un puesto, dándole a David la oportunidad de demostrarse a sí mismo. David trabaja arduamente, decidido a reconstruir su vida profesional. Su dedicación y fiabilidad le ganan el respeto de su empleador y colegas. David continúa asistiendo a grupos de apoyo y consejería para mantener su sobriedad y crecimiento personal. Sabe que la recuperación es un viaje continuo y que debe permanecer atento. La iglesia sigue siendo una parte central de su vida, proporcionando alimento espiritual y un sentido de comunidad. David comenzó a ofrecerse como voluntario en el centro de rehabilitación y en la iglesia, ayudando a otros que están luchando con la adicción. Comparte su historia, ofreciendo esperanza y consejos prácticos a aquellos en las primeras etapas de la recuperación. Sus experiencias y conocimientos se convierten en recursos invaluables para otros que luchan con la adicción.

Carrera y estabilidad

El camino de David hacia la recuperación incluye reconstruir su vida profesional. Con el apoyo y el estímulo de su comunidad eclesiástica, comienza a buscar un nuevo trabajo. Un domingo, después de un servicio, es abordado por el Sr. Thompson, un amable miembro de la iglesia que posee un pequeño negocio de impresión. El Sr. Thompson ha oído hablar del viaje de David y quiere darle una oportunidad para demostrarse a sí mismo. A David se le ofrece un puesto como asistente de oficina junior, un rol que implica una variedad de tareas, desde manejar inventarios hasta servicio al cliente. Aunque es un mundo aparte de su anterior trabajo de alta categoría en finanzas, David acepta la oportunidad con gratitud y determinación. Está ansioso por demostrar que puede ser un empleado confiable y dedicado.

En su primer día, David llega temprano, vestido pulcramente y listo para trabajar. Los nervios iniciales pronto desaparecen cuando es recibido calurosamente por sus nuevos colegas. El Sr. Thompson lo lleva a través de las operaciones básicas del negocio, enfatizando la importancia del trabajo en equipo y la satisfacción del cliente. La actitud positiva de David y su voluntad de aprender rápidamente le ganan el respeto de sus compañeros de trabajo. La dedicación de David a su nuevo trabajo es evidente en su puntualidad, arduo trabajo y atención a los detalles. Se enorgullece de sus tareas, sin importar cuán pequeñas sean, entendiendo que cada rol es crucial para el éxito del negocio. Su fiabilidad y fuerte ética de trabajo no pasan desapercibidos. En pocos meses, se le asignan más responsabilidades, incluida la gestión de cuentas de clientes y la supervisión de un pequeño equipo. Sus colegas y empleador lo elogian por su progreso y la energía positiva que aporta al lugar de trabajo.

Crecimiento continuo

Mientras su vida profesional comienza a estabilizarse, David sigue siendo muy consciente de la naturaleza continua de su recuperación. Continúa asistiendo regularmente a grupos de apoyo y sesiones de consejería. Estas reuniones son cruciales para su bienestar mental y emocional, proporcionando un espacio seguro para compartir sus desafíos y triunfos. Los grupos de apoyo le ayudan a mantenerse responsable y ofrecen estrategias prácticas para mantener la sobriedad. David también encuentra fortaleza en su continua participación en la iglesia. Asiste a servicios semanales, estudios bíblicos y reuniones de oración. La alimentación espiritual que recibe de estas actividades fortalece su determinación de vivir una vida guiada por la fe. Desarrolla una comprensión más profunda de las Escrituras y encuentra alegría en el sentido de comunidad y propósito compartido que la iglesia proporciona.

La comunidad eclesiástica sigue siendo un pilar de apoyo para David. Amigos de la congregación lo visitan regularmente, ofreciéndole palabras de aliento y ayuda práctica cuando es necesario. El Pastor

John sigue siendo su mentor, proporcionándole orientación espiritual y sabiduría. Este apoyo continuo refuerza el compromiso de David con su nuevo camino y le ayuda a navegar por los desafíos que surgen.

Devolver

Inspirado por la ayuda que recibió en sus momentos más oscuros, David siente un fuerte deseo de devolver. Comienza a hacer voluntariado en el centro de rehabilitación donde una vez buscó refugio. Las experiencias y conocimientos de David lo convierten en un recurso valioso para otros que están luchando con la adicción. Comparte su historia con los nuevos residentes, ofreciendo esperanza y consejos prácticos. Su presencia es un testimonio de la posibilidad de recuperación y del poder de la fe. David también se involucra en los programas de alcance de la iglesia, centrándose en ayudar a aquellos que luchan contra la adicción. Participa en talleres y grupos de apoyo, usando su viaje para inspirar y guiar a otros. Su apertura y disposición para compartir sus luchas crean un vínculo de confianza con aquellos a quienes ayuda. David enfatiza la importancia de un sistema de apoyo sólido y el papel de la fe en superar la adicción.

Además, David comienza un pequeño grupo de apoyo para adictos en recuperación en la iglesia. El grupo se reúne semanalmente, proporcionando un ambiente seguro y de apoyo para que las personas compartan sus experiencias y desafíos. David dirige las sesiones con compasión y empatía, basándose en su propio camino para ofrecer orientación y aliento. El grupo crece rápidamente, atrayendo miembros de la comunidad que buscan esperanza y sanidad. A través de su trabajo como voluntario, David encuentra un renovado sentido de propósito. Ayudar a otros se convierte en una fuente de realización y en una forma de reforzar su propia recuperación. Se da cuenta de que sus experiencias, que una vez fueron fuente de vergüenza, ahora pueden usarse para traer esperanza y cambio a otros. Cada persona a la que ayuda es un recordatorio del poder transformador de la compasión y la fe.

El nuevo comienzo de David se caracteriza por un equilibrio de estabilidad profesional, crecimiento personal y compromiso con ayudar a otros. Su viaje de la adicción a la redención es un testimonio de la resiliencia del espíritu humano y el poder de la fe. A medida que continúa reconstruyendo su vida, se mantiene fiel a sus valores, decidido a vivir cada día con propósito y gratitud. La historia de David no es solo de recuperación personal, sino también del impacto que una comunidad de apoyo y una fe inquebrantable pueden tener. Su viaje inspira a quienes lo rodean, demostrando que con determinación, apoyo y fe, es posible superar incluso los mayores desafíos.

Capítulo 8: Testimonio e Inspiración

David comienza a compartir su testimonio en eventos de la iglesia y grupos de apoyo. Su historia de adicción, recuperación y fe resuena profundamente con otros. Habla con honestidad y humildad, dando gloria a Dios por su transformación. Sus palabras inspiran esperanza y aliento, mostrando que el cambio es posible con fe y apoyo. La historia de David inspira a otros a buscar ayuda y confiar en el poder transformador de Dios. Más personas en la comunidad buscan apoyo, alentadas por el viaje de David. La iglesia ve un aumento en la asistencia a grupos de apoyo y sesiones de consejería, y la congregación se fortalece al presenciar el poder de la fe en acción. David sigue comprometido con su fe y su recuperación, sabiendo que su viaje es continuo y que la gracia de Dios está siempre presente. Sigue creciendo espiritualmente, asistiendo a estudios bíblicos y profundizando su comprensión de la palabra de Dios. Su relación con su familia se fortalece, y valora la segunda oportunidad que se le ha dado.

Compartiendo su historia

El viaje de recuperación y redención de David se convierte en un poderoso testimonio que siente la necesidad de compartir. Alentado por el Pastor John y la comunidad eclesiástica, comienza a hablar en varios eventos de la iglesia, grupos de apoyo y reuniones comunitarias. Su historia de adicción, recuperación y el poder transformador de la fe resuena profundamente con quienes la escuchan. Durante sus charlas, David habla con honestidad y humildad. No rehúye discutir los momentos más oscuros de su adicción, el dolor que causó a su familia y la profundidad de su desesperación. Sin embargo, también enfatiza la esperanza y la fortaleza que encontró a través de su fe en Jesús. Relata el apoyo inquebrantable de su comunidad eclesiástica, la guía del Pastor John y el papel de la oración y las escrituras en su recuperación.

El testimonio de David está lleno de momentos de vulnerabilidad, pero también de triunfo. Comparte cómo encontró paz y propósito a través de su fe renovada, cómo el bautismo simbolizó un nuevo comienzo y cómo el voluntariado y ayudar a otros le dieron un sentido de realización. Siempre da gloria a Dios por su transformación, insistiendo en que fue gracias a la gracia divina y el apoyo de su comunidad que pudo cambiar su vida. Sus palabras inspiran esperanza y aliento. Las personas que están luchando con sus propias batallas ven en David un faro de posibilidades. Su historia muestra que el cambio es posible, que la redención está al alcance y que la fe puede iluminar el camino a través de los momentos más oscuros.

Impacto en la comunidad

El testimonio de David tiene un profundo impacto en la comunidad. Su historia inspira a otros a buscar ayuda y confiar en el poder transformador de Dios. Las personas que han dudado en abordar sus propias luchas con la adicción u otros desafíos personales se sienten motivadas a tomar acción. La honestidad y autenticidad del viaje de David proporcionan un ejemplo poderoso de lo que es posible con fe y apoyo. La iglesia ve un aumento en la asistencia a grupos de apoyo y sesiones de asesoramiento. Más personas comienzan a pedir ayuda, alentadas por el viaje de David y el entorno de apoyo de la Iglesia de San Marcos. El Pastor John y los líderes de la iglesia están encantados de ver a la congregación fortalecerse mientras presencian el poder de la fe en acción.

La participación de David en las actividades de la iglesia y los programas de alcance también se expande. Asume un papel de liderazgo en la organización de eventos destinados a apoyar a quienes luchan contra la adicción y otras dificultades. Se llevan a cabo talleres, seminarios y reuniones de oración regularmente, con David a menudo sirviendo como orador o facilitador. Su experiencia de primera mano y su enfoque compasivo lo convierten en un defensor y mentor efectivo. El efecto dominó de la historia de David se extiende más allá de la iglesia. Los periódicos locales y las organizaciones comunitarias toman nota de su viaje, y es invitado a hablar en escuelas, centros comunitarios e incluso eventos corporativos. Su mensaje de esperanza y resiliencia llega a una audiencia más amplia, tocando las vidas de muchos que necesitan aliento y apoyo.

Viaje continuo

David permanece profundamente comprometido con su fe y su recuperación, entendiendo que su viaje está en curso y que la gracia de Dios está siempre presente. Continúa asistiendo a estudios bíblicos, deseoso de profundizar su comprensión de la palabra de Dios y fortalecer su fundamento espiritual. Estos estudios le proporcionan nuevos conocimientos y una apreciación más profunda de las escrituras, reforzando su fe y guiando sus acciones. Su relación con su familia también continúa fortaleciéndose. El proceso de reconciliación con Sarah y los niños ha sido lento pero constante. Pasan más tiempo juntos, reconstruyendo su vínculo a través de actividades compartidas y conversaciones abiertas. Las cenas familiares, las salidas de fin de semana y los momentos de simple convivencia se convierten en oportunidades preciadas para crear nuevos recuerdos y sanar viejas heridas.

David atesora la segunda oportunidad que se le ha dado. Está profundamente agradecido por el apoyo de su comunidad eclesiástica, la guía del Pastor John y el amor incondicional de su familia. Reconoce que cada día es una oportunidad para vivir su fe, ayudar a otros y crecer en su viaje personal y espiritual. La historia de David de adicción, recuperación y fe es un poderoso testamento a la resiliencia del espíritu humano y el poder transformador del amor de Dios. Su compromiso continuo con su fe y su disposición a compartir su viaje con otros crean un impacto duradero, inspirando esperanza y cambio en su comunidad y más allá. A través de su testimonio, David muestra que con fe, apoyo y determinación, es posible superar incluso los mayores desafíos y emerger más fuerte y más pleno.

Epílogo: Una vida transformada

David reflexiona sobre su vida, reconociendo los profundos cambios provocados por su fe y el apoyo de su iglesia. Recuerda los días oscuros de su adicción y el increíble viaje de recuperación y redención. Su gratitud por la gracia de Dios y el amor de su comunidad es inmensa. David sueña con iniciar un ministerio para ayudar a otros que luchan contra la adicción, proporcionándoles el apoyo y la fe que salvaron su vida. Imagina un refugio seguro donde las personas puedan encontrar los recursos y el aliento que necesitan para superar sus problemas y construir nuevas vidas. Su sueño es crear un impacto duradero, ayudando a otros a encontrar la esperanza y sanidad que él experimentó. La historia de David es un testimonio del poder de la fe, la redención y el inquebrantable amor de Dios. Inspira a innumerables personas a buscar un camino de sanidad y transformación. Su viaje de la adicción a la recuperación es un faro de esperanza, mostrando que, sin importar cuán profunda sea la oscuridad, siempre hay un camino hacia la luz a través de la fe y el apoyo de la comunidad.

Reflexionando sobre el viaje

David se sienta en su silla favorita junto a la ventana, mirando las bulliciosas calles de Londres. Al reflexionar sobre su vida, queda impresionado por los profundos cambios que han ocurrido. Recuerda los días oscuros de su adicción, la desesperación y la soledad que lo consumían. Esos recuerdos, aunque dolorosos, contrastan fuertemente con la paz y la satisfacción que ahora siente. El viaje desde las profundidades de la adicción a un lugar de recuperación y redención fue arduo y lleno de desafíos. David recuerda el momento en que decidió visitar la Iglesia de San Marcos, el primer paso en un camino que transformaría su vida. El apoyo que recibió del Pastor John y de la comunidad eclesiástica fue fundamental en su recuperación. Su creencia inquebrantable en él, junto con su fe creciente en Jesús, le proporcionaron la base que necesitaba para reconstruir su vida.

David está inmensamente agradecido por la gracia de Dios. Reconoce que fue la intervención divina la que lo trajo de vuelta del borde y lo puso en el camino hacia la sanidad. Su corazón se llena de gratitud por el amor y el apoyo de su comunidad de iglesia, que lo apoyaron en todo momento. Fueron su salvavidas, ofreciéndole oraciones, ánimo y ayuda práctica cuando más la necesitaba.

Aspiraciones futuras

Con su vida firmemente de regreso en el buen camino, David comienza a soñar cómo puede retribuir y ayudar a otros. Imagina iniciar un ministerio dedicado a apoyar a aquellos que luchan contra la adicción, proporcionándoles el mismo apoyo basado en la fe que salvó su vida. Quiere crear un refugio seguro donde las personas puedan encontrar los recursos, el aliento y la guía espiritual que necesitan para superar sus problemas. El sueño de David es establecer un centro que ofrezca servicios de apoyo integrales, incluyendo consejería, programas de rehabilitación y guía espiritual. Imagina un lugar donde los individuos puedan encontrar no solo sanidad física y emocional, sino también un renovado sentido de propósito a través de la fe. Visualiza talleres, grupos de apoyo y programas de mentoría, todos dirigidos a empoderar a las personas para reconstruir sus vidas.

Para hacer realidad este sueño, David comienza a colaborar con su iglesia y otras organizaciones locales. Organiza eventos para recaudar fondos y busca asociaciones con servicios de apoyo existentes. Su pasión y dedicación atraen la atención de donantes y voluntarios que comparten su visión. El proyecto gana impulso, y el sueño de un ministerio dedicado a ayudar a otros se vuelve cada vez más tangible.

Legado de esperanza

La historia de David es un poderoso testimonio del poder transformador de la fe, la redención y el inquebrantable amor de Dios. Inspira a innumerables personas a buscar un camino de sanidad y transformación. Su viaje de la adicción a la recuperación sirve como un faro de esperanza, mostrando que, sin importar cuán profunda sea la oscuridad, siempre hay un camino hacia la luz a través de la fe y el apoyo de la comunidad. Su testimonio se convierte en una piedra angular del ministerio que establece. Comparte su historia abiertamente, utilizándola como una herramienta para conectarse con aquellos que están luchando e inspirarlos a creer en la posibilidad del cambio. El ministerio crece, ayudando a muchas personas a encontrar la esperanza y la sanidad que David experimentó.

El legado de David es de resiliencia, fe y apoyo inquebrantable. Su viaje demuestra que, con determinación, fe y el amor de una comunidad de apoyo, es posible superar incluso los mayores desafíos. El ministerio que construye se erige como un tributo duradero al poder de la gracia de Dios y la fortaleza del espíritu humano. Mientras David continúa viviendo su fe y apoyando a otros en sus viajes, sigue profundamente agradecido por la segunda oportunidad que se le dio. Entiende que su historia es parte de un plan divino más grande y está comprometido a usar sus experiencias para tener un impacto positivo en la vida de los demás. Su vida es un testimonio del poder duradero de la fe, la posibilidad de redención y el potencial ilimitado de transformación y sanidad.

A través de su trabajo, David toca innumerables vidas, proporcionando una fuente de esperanza e inspiración para todos los que escuchan su historia. Su viaje de adicción a recuperación es un brillante ejemplo de lo que es posible cuando uno abraza la fe, busca apoyo y se compromete con el cambio positivo. La vida de David se erige como un faro de esperanza, un recordatorio de que con el amor y la gracia de Dios, todas las cosas son posibles.

Fin

LA PÉRDIDA Y EL DUELO DE LAYLA EN EL CAIRO, EGIPTO

Capítulo 1: Una pérdida trágica

• **Introducción a Layla:** Una joven viuda que vive en El Cairo, Egipto, quien pierde a su esposo, Omar, en un accidente trágico.

• **Las consecuencias inmediatas:** Layla se siente abrumada por el dolor y lucha por afrontar la repentina pérdida y la realidad de vivir sin su esposo.

• **Sistema de apoyo:** Layla depende inicialmente de su familia y amigos, quienes le ofrecen sus condolencias y apoyo durante este difícil momento.

Capítulo 2: Profunda desesperación

• **Aislamiento y soledad:** Layla se retira de las actividades sociales, sintiéndose aislada y consumida por su dolor.

• **Luchas con la fe:** Cuestiona su fe y lidia con sentimientos de ira y abandono, preguntándose por qué Dios permitió que esta tragedia sucediera.

• **Punto de inflexión:** Layla encuentra una carta de Omar que le recuerda su fe compartida y su constante creencia en el plan de Dios.

Capítulo 3: Volviendo a la fe

• **Reconexión con la iglesia:** Layla decide asistir nuevamente a los servicios de la iglesia, buscando consuelo y comprensión.

• **Oración y reflexión:** Pasa tiempo en oración y reflexión, pidiendo a Dios consuelo y guía a través de su dolor.

• **Comunidad de iglesia solidaria:** La comunidad eclesiástica la recibe con los brazos abiertos, ofreciéndole apoyo emocional y espiritual.

Capítulo 4: Encontrando fuerza en Dios

• **Renovación espiritual:** A través de la oración, la lectura de las Escrituras y las actividades de la iglesia, Layla comienza a encontrar fortaleza y paz en su fe.

• **Actividades de la iglesia:** Se involucra en grupos de la iglesia y trabajos de voluntariado, encontrando propósito y distracción de su dolor.

• **Construyendo amistades:** Layla forma nuevas amistades dentro de la iglesia, encontrando personas que entienden su dolor y ofrecen apoyo genuino.

Capítulo 5: Redescubriendo el propósito

• **Sanidad y crecimiento:** Con el paso del tiempo, Layla comienza a sanar, sintiendo un renovado sentido de propósito y dirección en su vida.

• **Ayudando a otros:** Inicia un grupo de apoyo para viudas y otros que experimentan pérdidas, utilizando su propia experiencia para ayudar a otros a navegar su duelo.

• **Proyectos personales:** Layla retoma nuevos pasatiempos y proyectos que había dejado de lado, redescubriendo la alegría en su vida diaria.

Capítulo 6: Un nuevo comienzo

• **Conociendo a alguien nuevo:** Layla conoce a un hombre amable y compasivo llamado Samir en un evento de la iglesia, que también comparte una profunda fe en Jesús.

• **Construyendo una relación:** Desarrollan una amistad que gradualmente florece en una relación romántica, basada en el respeto mutuo y valores compartidos.

• **Superando dudas:** Layla navega por las complejidades de avanzar mientras honra su pasado, encontrando fuerza en su fe y comunidad.

Capítulo 7: Abrazando el amor y la felicidad

• **Compromiso y amor:** La relación entre Layla y Samir se profundiza, lo que lleva a un compromiso para construir un futuro juntos.

• **Familia unida:** Se casan y crean un hogar amoroso y solidario, uniendo sus familias y creando nuevos recuerdos.

• **Continuación del viaje de fe:** Juntos permanecen activos en su iglesia, continuando su crecimiento en la fe y apoyándose mutuamente.

Capítulo 8: Dando gloria a Dios

• **Compartiendo su historia:** Layla comparte su viaje de pérdida, sanidad y nuevos comienzos con su iglesia y comunidad, glorificando a Dios por Su consuelo y restauración.

• **Inspirando a otros:** Su testimonio inspira a otros que enfrentan luchas similares, mostrándoles que la fe y la comunidad pueden traer sanidad y esperanza.

• **Legado de fe:** La historia de Layla se convierte en un testimonio del poder de la fe, el amor y la inquebrantable presencia de Dios en tiempos de tristeza y alegría.

Epílogo: Reflexiones y esperanzas futuras

• **Reflexionando sobre el viaje:** Layla mira hacia atrás en su trayectoria, agradecida por la sanidad y el crecimiento que ha experimentado a través de la gracia de Dios.

• **Servicio continuo:** Se mantiene dedicada a ayudar a otros en su duelo, continuando su grupo de apoyo y trabajo voluntario.

• **Mirando hacia adelante:** Layla y Samir esperan un futuro lleno de fe, amor y propósito compartido, confiando en el plan de Dios para sus vidas.

"La pérdida y el duelo de Layla en El Cairo, Egipto"

Layla es una joven vibrante que vive en la bulliciosa ciudad de El Cairo, Egipto. Comparte un vínculo profundo con su esposo, Omar, cuyo risa y espíritu amable traen alegría a su vida. Viven en un modesto apartamento en un vecindario unido, rodeados de familiares y amigos. Layla trabaja como maestra de escuela, mientras Omar es ingeniero. Su vida está llena de sueños y planes para el futuro, incluyendo formar una familia. La tragedia golpea cuando Omar muere en un repentino accidente automovilístico. Layla se sumerge en un mundo de dolor y confusión. El impacto de perder a su amado esposo es abrumador, dejándola entumecida e incapaz de comprender la magnitud de su pérdida. Se encuentra navegando a través de una niebla de duelo, apenas capaz de funcionar. Familiares y amigos se reúnen a su alrededor, ofreciendo sus condolencias y apoyo, pero nada puede aliviar el dolor abrasador en su corazón. En el impacto inmediato, la familia y amigos de Layla juegan un papel crucial en apoyarla. Sus padres y hermanos se mudan temporalmente para ayudarla con las tareas diarias y asegurar que no esté sola. Su mejor amiga, Amina, la visita a diario, trayendo comidas y ofreciendo un hombro para llorar. A pesar de la presencia física de sus seres queridos, Layla siente un inmenso vacío que nada parece llenar.

Introducción a Layla

Layla es una joven vibrante que vive en la bulliciosa ciudad de El Cairo, Egipto. Sus días están llenos del caos alegre de enseñar a una clase de enérgicos alumnos de primer grado en una escuela local. Layla siente pasión por su trabajo y sus estudiantes la adoran. Es conocida por su calidez, paciencia y capacidad para hacer que el aprendizaje sea divertido. Después de la escuela, a menudo se queda hasta tarde para ayudar a los estudiantes que necesitan atención extra, demostrando su dedicación y amor por su profesión.

Layla comparte un vínculo profundo con su esposo, Omar. Su relación está construida sobre una base de respeto mutuo, amor y sueños compartidos. Omar, un ingeniero, es conocido por su risa contagiosa y espíritu amable. Tiene una forma de hacer que todos a su alrededor se sientan valorados y apreciados. Su modesto apartamento en un vecindario unido es un testimonio de su amor y trabajo arduo. Las paredes están adornadas con fotos de sus viajes, reuniones familiares y momentos de felicidad.

Por las noches, Layla y Omar a menudo organizan reuniones para familiares y amigos. Su hogar siempre está lleno de risas, música y el aroma de deliciosas comidas caseras. Sueñan con formar una familia y a menudo hablan del futuro con emoción y anticipación. Su historia de amor es una de compañerismo y ambiciones compartidas, una mezcla perfecta de armonía y emoción.

Impacto inmediato

La tragedia golpea una tarde ordinaria. Layla recibe una llamada telefónica que destroza su mundo. Omar ha muerto en un repentino accidente automovilístico. La noticia la golpea como un golpe físico, dejándola sin aliento y desorientada. Deja caer el teléfono, sus manos temblorosas, mientras su mente lucha por comprender la realidad de su pérdida. La vida vibrante que compartió con Omar se altera de manera repentina e irrevocable.

Los días que siguen son un borrón de duelo y confusión. Layla se sumerge en un mundo de dolor que nunca imaginó posible. Siente como si estuviera navegando a través de una densa niebla, incapaz de ver o sentir algo con claridad. El impacto de perder a su amado esposo es abrumador. Pasa por los movimientos de la vida diaria en un estado de aturdimiento, apenas capaz de funcionar. Comer, dormir e incluso respirar se siente como un desafío insuperable.

Familia y amigos se reúnen a su alrededor, ofreciéndole sus condolencias y apoyo. Traen comida, se sientan en silencio con ella, y tratan de proporcionarle consuelo de cualquier manera que puedan. Sin embargo, nada puede aliviar el dolor punzante en su corazón. Layla se encuentra rodeada por un mar de caras compasivas, pero se siente completamente sola en su dolor. El mundo a su alrededor sigue adelante, pero ella está atrapada en un momento de profunda tristeza.

Sistema de apoyo

En el momento inmediato después de la muerte de Omar, la familia y amigos de Layla juegan un papel crucial en apoyarla. Sus padres y hermanos se mudan temporalmente para ayudarla con las tareas diarias. Se encargan de las tareas del hogar, cocinan comidas, y aseguran que Layla tenga todo lo que necesita. Su madre la anima suavemente a comer, mientras que su padre se ocupa de las cuestiones prácticas que Layla no puede soportar enfrentar.

Su mejor amiga, Amina, es una presencia constante. Amina la visita diariamente, trayendo comidas y ofreciendo un hombro en el que llorar. Se sienta con Layla durante horas, escuchando sus recuerdos de Omar y compartiendo su dolor. La presencia de Amina es una fuente de inmenso consuelo, aunque nada puede llenar el vacío dejado por Omar. Ella entiende cuándo Layla necesita hablar y cuándo necesita silencio, ofreciendo apoyo incondicional.

A pesar de la presencia física de sus seres queridos, Layla siente un inmenso vacío. Las noches son particularmente difíciles. El silencio del apartamento es ensordecedor, un contraste marcado con el hogar animado que solía ser. Layla a menudo se encuentra extendiendo la mano en la oscuridad, ansiando la presencia reconfortante de Omar a su lado. El dolor de su ausencia es un constante, punzante dolor que la deja sintiéndose completamente perdida y sola.

A través de esta profunda pérdida, Layla aprende a apoyarse en su sistema de apoyo más que nunca. Su familia y amigos se convierten en su salvavidas, proporcionándole la estabilidad y el cuidado que necesita para comenzar el lento proceso de sanidad. Aunque no pueden quitarle el dolor, su amor y apoyo la ayudan a navegar los días más oscuros de su duelo.

Capítulo 2: Profunda desesperación

A medida que pasan las semanas, Layla se retira de las actividades sociales y se aísla. Deja de ir al trabajo, incapaz de enfrentar el mundo sin Omar. Su apartamento, una vez lleno de amor y risas, se convierte en un recordatorio silencioso de su pérdida. Layla pasa sus días en la cama, envuelta en tristeza y desesperación. Ella aparta a aquellos que intentan ayudar, sintiendo que nadie puede entender realmente su dolor. La fe de Layla, una vez fuente de fortaleza, se pone a prueba severamente. Se pregunta por qué Dios permitió que ocurriera una tragedia así. La ira y un sentido de abandono llenan su corazón mientras lucha por reconciliar su pérdida con su creencia en un Dios amoroso. Layla dejó de orar y asistir a la iglesia, sintiéndose desconectada de su fe y comunidad. Un día, mientras ordenaba las pertenencias de Omar, Layla encuentra una carta que él había escrito antes de su muerte. En ella, Omar habla sobre su fe compartida y su inquebrantable creencia en el plan de Dios. Él alienta a Layla a mantenerse fuerte y confiar en el propósito de Dios, sin importar lo que pase. Esta carta se convierte en un punto de inflexión para Layla, reavivando una chispa de esperanza y recordándole la fortaleza que su fe les daba.

Aislamiento y soledad

A medida que pasan las semanas, el mundo de Layla se reduce a las limitaciones de su apartamento. La mujer vibrante que una vez irradiaba energía y calidez se retira en un capullo de tristeza. Deja de ir al trabajo, incapaz de reunir la fuerza para enfrentar a sus estudiantes o colegas. La escuela, comprendiendo su inmensa pérdida, le concede una licencia extendida, pero la ausencia de Layla es profundamente sentida por sus estudiantes, que extrañan a su amable y entusiasta maestra.

Su apartamento, que una vez resonaba con risas, conversaciones y el tintineo de platos, ahora está en silencio. Las reuniones animadas de amigos y familiares son reemplazadas por una quietud opresiva. Layla pasa sus días en la cama, mirando al techo o abrazando la ropa de Omar, buscando consuelo en el aroma persistente de su colonia. Su dolor es una pesada manta que la envuelve, sofocando cualquier impulso de interactuar con el mundo exterior.

Amigos y familiares tratan de comunicarse, pero Layla los aparta. Su madre llama diariamente, pero sus conversaciones son breves y tensas. Amina, su mejor amiga, deja mensajes y textos, pero no obtienen respuesta. Layla siente que nadie puede entender realmente la profundidad de su dolor, y los intentos bien intencionados de consuelo solo logran irritarla. Se siente aislada, incluso en presencia de otros, creyendo que su dolor es una carga solitaria que debe soportar sola.

Luchas con la fe

La fe de Layla, que una vez fue un faro de fortaleza y esperanza, ahora está envuelta en duda y enojo. Se pregunta por qué Dios permitió que una tragedia así les ocurriera a ella y a Omar. El Dios en el que había confiado y adorado parece distante e indiferente. Las oraciones de Layla se convierten en gritos de angustia y acusaciones. "¿Por qué lo tomaste de mí?" exige, su voz quebrándose con el peso de su dolor.

Deja de asistir a los servicios de la iglesia, sintiéndose desconectada de los mensajes de esperanza y salvación que antes la consolaban. La vista de familias felices y parejas en la iglesia solo profundiza su sentido de pérdida y abandono. La Biblia de Layla, que una vez yacía abierta en su mesa de noche, ahora acumula polvo. Los versículos que solían traerle paz parecen vacíos y sin sentido. Su vacío espiritual refleja su desolación emocional, dejándola a la deriva en un mar de desesperación.

Punto de inflexión

Una tarde lluviosa, en un intento de encontrar algún tipo de orden en medio del caos de su dolor, Layla comienza a revisar las pertenencias de Omar. Cada artículo que toca lleva un recuerdo, un fragmento de su vida juntos. Encuentra sus libros favoritos, su viejo reloj y una colección de fotografías que documentan sus momentos más felices. Entre estas reliquias, Layla descubre un sobre con su nombre, escrito con la familiar caligrafía de Omar.

Con manos temblorosas, abre la carta. Omar la había escrito meses antes de su muerte, durante una época en la que reflexionaba sobre su vida y su fe. En la carta, Omar habla de sus sueños compartidos, su profundo amor por ella y, lo más importante, su inquebrantable creencia en el plan de Dios. Escribe, "Mi querida Layla, pase lo que pase, recuerda que nuestro amor es eterno y que Dios tiene un propósito para nosotros. Mantente fuerte en tu fe, incluso en los tiempos más oscuros, porque la luz de Dios te guiará".

Al leer las palabras de Omar, Layla es invadida por un torrente de emociones. Llora por lo que han perdido, pero también siente un destello de la fe que una vez compartieron. La carta de Omar se convierte en un salvavidas, sacándola de las profundidades de su desesperación. Reaviva una chispa de esperanza y le recuerda la fuerza que su fe les había dado. Layla se aferra a la carta, leyéndola una y otra vez, encontrando consuelo en las palabras de Omar y en el amor que trasciende su ausencia física.

Esta carta marca un punto de inflexión para Layla. La inspira a reconectarse lentamente con su fe y a encontrar una manera de navegar por su dolor. Se da cuenta de que, aunque ha perdido a Omar en esta vida, su vínculo y la fe que compartieron permanecen intactos. Layla decide dar el primer paso hacia la sanidad, sabiendo que el espíritu de Omar y su creencia compartida en el plan de Dios la guiarán a través de la oscuridad.

Capítulo 3: Volviendo a la fe

Conmovida por las palabras de Omar, Layla decide asistir nuevamente a los servicios de la iglesia. Entra en el santuario familiar con inquietud, sin saber qué esperar. El calor de la congregación y los rituales reconfortantes del culto comienzan a calmar su alma herida. Los himnos y oraciones familiares agitan algo profundo dentro de ella, y empieza a sentir un atisbo de paz. Layla pasa más tiempo en oración y reflexión, buscando consuelo y guía en su dolor. A menudo se encuentra sola en la iglesia, derramando su corazón a Dios. Sus oraciones son crudas y honestas, llenas de preguntas y súplicas por fortaleza. Lentamente, comienza a sentir la presencia de Dios, proporcionándole un sentido de consuelo y tranquilidad. La comunidad eclesiástica recibe a Layla con los brazos abiertos. Entienden su dolor y le ofrecen apoyo emocional y espiritual. El pastor y los miembros de la iglesia la visitan con frecuencia, llevándole comida, orando con ella y ofreciendo palabras de consuelo. Layla comienza a sentir un sentido de pertenencia y se da cuenta de que no está sola en su dolor.

Reconexión con la Iglesia

Conmovida por las sentidas palabras de Omar, Layla reúne el valor para asistir nuevamente a los servicios de la iglesia. La decisión no es fácil. Lucha con una mezcla de esperanza y miedo, preocupada por cómo se sentirá al entrar en un lugar tan profundamente ligado a los recuerdos de su vida con Omar. Una mañana de domingo, finalmente se viste con sus mejores ropas, respira hondo y camina hacia la Iglesia de Santa María, con el corazón latiendo con ansiedad y anticipación.

Cuando Layla entra en el santuario familiar, se ve envuelta por la suave luz que entra por los vitrales y el reconfortante murmullo de la congregación. El santuario se siente tanto desconocido como familiar. Toma asiento cerca de la parte de atrás, esperando permanecer algo anónima. Comienza el himno de apertura y, al llenarse el aire con las melodías familiares, Layla siente una agitación profunda dentro de ella. Las palabras de los himnos, las oraciones y el sentido de adoración comunitaria comienzan a calmar su alma herida. Lágrimas corren por su rostro, no solo de dolor, sino por los primeros destellos de paz que ha sentido en mucho tiempo.

Oración y reflexión

En los días que siguen, Layla comienza a pasar más tiempo en oración y reflexión. A menudo visita la iglesia durante las horas tranquilas, buscando consuelo en el ambiente sereno. Layla se siente atraída por una pequeña capilla dentro de la iglesia, donde puede sentarse sola, lejos del mundo. Aquí, derrama su corazón a Dios, sus oraciones son crudas y sin filtro. Habla de su ira, su tristeza y su profundo sentido de pérdida. Sus oraciones no siempre son coherentes, pero son honestas.

Layla comienza a llevar un diario con ella, anotando sus pensamientos, oraciones y cualquier sensación de paz que siente durante estos momentos. Lee los Salmos, encontrando consuelo en las palabras de David, quien también clamó a Dios en tiempos de angustia. Versículos como el Salmo 23 y el Salmo 34 se convierten en sus anclas. Con el tiempo, comienza a sentir una suave seguridad, una sensación de que Dios está con ella, caminando a su lado en su duelo.

Comunidad de iglesia solidaria

La comunidad eclesiástica de Santa María le da una cálida bienvenida a Layla. Entienden su dolor y le ofrecen apoyo tanto emocional como espiritual. El pastor Ibrahim, quien ha conocido a Layla y a Omar por años, la visita con frecuencia. Se sienta con ella, escuchando pacientemente mientras comparte sus luchas y dudas. Ora con ella, ofreciendo palabras de consuelo y sabiduría. Layla encuentra consuelo en estas visitas, sintiendo que alguien realmente entiende su dolor.

Los miembros de la iglesia también se unen a su alrededor. Llevan comidas a su hogar, asegurándose de que esté bien alimentada. Algunos miembros ofrecen ayuda con las tareas del hogar, mientras que otros simplemente pasan tiempo con ella, ofreciendo compañía y un oído atento. Un grupo de mujeres de la iglesia invita a Layla a unirse a su grupo de oración semanal. Al principio dudosa, finalmente acepta, encontrando la fuerza para compartir su propio viaje y escuchar las historias de los demás. Estas reuniones se convierten en una fuente de fortaleza, ya que se da cuenta de que no está sola en su dolor.

La participación de Layla en la iglesia se profundiza. Comienza a asistir a clases de estudio bíblico y participa en eventos de la iglesia. El sentido de comunidad y pertenencia se hace más fuerte, y Layla empieza a sentir un sentido de propósito nuevamente. El amoroso apoyo de su familia de la iglesia ayuda a sanar su espíritu roto, dándole el valor para enfrentar cada nuevo día. Descubre que los rituales de adoración, el acto de orar y la comunión con otros le proporcionan una base sobre la cual puede reconstruir su vida.

Poco a poco, el corazón de Layla comienza a sanar. El viaje está lejos de haber terminado y aún hay días de tristeza abrumadora, pero el sentido de ser parte de una comunidad que la ama y apoya hace que la carga sea más ligera. La renovada conexión con su fe y la iglesia le da a Layla la fuerza para continuar su viaje, confiando en que la gracia de Dios la guiará a través de los valles más oscuros hacia la luz de un nuevo amanecer.

Capítulo 4: Encontrando fuerza en Dios

A través de la oración, la lectura de las escrituras y las actividades de la iglesia, Layla comienza a encontrar fuerza y paz en su fe. Se sumerge en la Biblia, encontrando consuelo en los versículos que hablan del amor y las promesas de Dios. Pasajes como el Salmo 34:18, "El Señor está cerca de los quebrantados de corazón y salva a los de espíritu abatido", resuenan profundamente en ella, proporcionando una fuente de esperanza y fortaleza. Layla se ha involucrado en varios grupos de la iglesia y trabajos voluntarios. Se une a un grupo de estudio bíblico, donde encuentra consuelo en las experiencias compartidas y la fe de los demás. Voluntariar en eventos de la iglesia y ayudar con programas de alcance comunitario le da un sentido de propósito y distracción de su dolor. Estas actividades le ayudan a reconstruir su sentido de identidad y autoestima. Layla forma nuevas amistades dentro de la iglesia. Conoce a otras mujeres que han experimentado pérdidas y comprenden su dolor. Estas amistades se convierten en una fuente vital de apoyo, proporcionándole compañía y comprensión. Comparten sus historias, se ofrecen apoyo mutuo y oran unas por otras, creando un fuerte vínculo de hermandad.

Renovación espiritual

A medida que Layla se sumerge en la oración, la lectura de las escrituras y las actividades de la iglesia, comienza a encontrar fuerza y paz en su fe. Dedica tiempo cada mañana y noche a leer la Biblia, buscando pasajes que hablen a su corazón y ofrezcan consuelo. Versículos como el Salmo 34:18, "El Señor está cerca de los quebrantados de corazón y salva a los de espíritu abatido", resuenan profundamente en ella, proporcionando una fuente de esperanza y fortaleza. Layla encuentra consuelo en las historias de figuras bíblicas que enfrentaron enormes desafíos y, sin embargo, permanecieron fieles a Dios.

Una tarde, mientras leía el Libro de Job, Layla queda impresionada por la fe inquebrantable de Job a pesar de su profundo sufrimiento. Se da cuenta de que, al igual que Job, ella también puede encontrar fortaleza en su fe durante tiempos de prueba. Layla comienza a escribir en su diario sus reflexiones sobre las escrituras, observando cómo cada pasaje habla de sus luchas actuales y ofrece un camino hacia la sanidad. Esta práctica de leer y reflexionar sobre las escrituras se convierte en una piedra angular de su renovación espiritual.

Actividades de la iglesia

La participación de Layla en las actividades de la iglesia se profundiza mientras busca encontrar propósito y distracción de su dolor. Se une a un grupo de estudio bíblico que se reúne semanalmente. En este grupo, encuentra un ambiente de apoyo donde puede hablar abiertamente sobre sus sentimientos y compartir su viaje. Las experiencias compartidas y la fe de los miembros del grupo le proporcionan un sentido de pertenencia y comprensión. Juntos, profundizan en las escrituras, discutiendo sus interpretaciones y cómo la palabra de Dios se aplica a sus vidas.

Voluntariar en eventos de la iglesia se convierte en otra salida para Layla. Ayuda a organizar colectas de caridad, comidas comunitarias y programas de alcance para los necesitados. Estas actividades le dan un sentido de propósito y le permiten enfocarse en algo positivo. Layla encuentra alegría al servir a los demás y ver el impacto de sus esfuerzos. Su dedicación y compasión no pasan desapercibidas, y se convierte en un miembro valioso del equipo de voluntarios de la iglesia.

Layla también lidera el grupo de jóvenes de la iglesia. Ella mentorea a chicas jóvenes, compartiendo sus experiencias y guiándolas en su camino de fe. A través de estas interacciones, Layla redescubre su sentido de identidad y autoestima. Ayudar a otros a navegar sus desafíos le trae una sensación de realización y fortalece su propia fe.

Construyendo amistades

En la iglesia, Layla forma nuevas amistades que se convierten en una fuente vital de apoyo. Conoce a otras mujeres que han experimentado pérdidas y entienden su dolor. Una de estas mujeres es Fatima, una viuda que perdió a su esposo hace varios años. La fortaleza y la resiliencia de Fatima inspiran a Layla, y rápidamente se convierten en amigas cercanas. Comparten sus historias, se ofrecen aliento mutuo y rezan una por la otra.

Layla también se hace amiga de Miriam, una joven madre que recientemente perdió a su hijo. Juntas, encuentran consuelo en su dolor compartido y el apoyo de su comunidad eclesiástica. Estas amistades le proporcionan a Layla compañía y comprensión, ayudándola a sentirse menos aislada en su dolor. A menudo se encuentran para tomar café después de la iglesia, discutiendo sus caminos de fe y ofreciéndose mutuamente consejos y apoyo.

El vínculo de hermandad que Layla forma con estas mujeres se fortalece a través de su fe mutua y experiencias compartidas. Se apoyan mutuamente en los altos y bajos, celebrando pequeñas victorias y proporcionando consuelo durante los tiempos difíciles. Las nuevas amigas de Layla se convierten en sus confidentes, ofreciendo un espacio seguro para que ella exprese sus emociones y miedos.

A medida que Layla construye estas amistades, se da cuenta de que no está sola en su dolor. El amor y el apoyo de su comunidad eclesiástica le ayudan a navegar su dolor y encontrar esperanza para el futuro. A través de estas relaciones, Layla experimenta el poder sanador de la hermandad y la fortaleza que proviene de una fe unida. Su camino hacia la renovación espiritual y la sanidad se enriquece por los lazos que forma y el sentido de propósito que encuentra al servir a otros y crecer en su fe.

Capítulo 5: Redescubriendo el propósito

A medida que pasa el tiempo, Layla comienza a sanar. El dolor intenso de su pérdida comienza a desvanecerse, reemplazado por un renovado sentido de propósito y dirección. Se da cuenta de que su dolor, aunque aún presente, ya no la define. Layla comienza a sentirse más como ella misma nuevamente, encontrando alegría en las pequeñas cosas y esperando con ansias el futuro. A partir de sus propias experiencias, Layla inicia un grupo de apoyo para viudas y otras personas que experimentan pérdidas. Utiliza su viaje para ayudar a otros a navegar su dolor, proporcionando un espacio seguro para que compartan su dolor y encuentren consuelo. Su grupo de apoyo crece, convirtiéndose en un faro de esperanza para muchas mujeres en situaciones similares. Layla retoma nuevos pasatiempos y proyectos que había dejado de lado anteriormente. Comienza a pintar de nuevo, una pasión que compartía con Omar. Layla también empieza a jardinear, encontrando paz y satisfacción en nutrir la vida. Estas actividades la ayudan a redescubrir la alegría y el propósito en su vida diaria, proporcionando una salida creativa para sus emociones.

Sanidad y crecimiento

A medida que pasan los meses, Layla gradualmente comienza a sanar de la devastadora pérdida de Omar. El dolor intenso y abrumador que una vez sintió comienza a desvanecerse, y descubre un sentido renovado de propósito y dirección. Aunque su dolor sigue siendo una parte de ella, ya no define cada momento de vigilia. Comienza a experimentar momentos de alegría y satisfacción, encontrando placer en pequeñas cosas cotidianas que había pasado por alto en su dolor.

Layla se da cuenta de que ahora se ríe más a menudo, y sus sonrisas ya no son forzadas. Siente una creciente sensación de paz y aceptación sobre su pérdida, dándose cuenta de que, aunque siempre extrañará a Omar, todavía puede vivir una vida plena. Los recuerdos de Omar traen calidez en lugar de dolor, y encuentra consuelo al saber que él estaría orgulloso de su resiliencia y crecimiento. Esta nueva perspectiva ayuda a Layla a mirar hacia el futuro con esperanza y anticipación.

Ayudando a otros

Basándose en sus propias experiencias de duelo y sanidad, Layla decide comenzar un grupo de apoyo para viudas y otras personas que experimentan pérdidas. Ella comprende el profundo impacto que compartir el propio viaje puede tener en la sanidad y está decidida a proporcionar un entorno seguro y de apoyo para que otros expresen su dolor y encuentren consuelo.

Layla organiza reuniones semanales del grupo de apoyo en su iglesia. La primera reunión es pequeña, con solo un puñado de mujeres asistiendo. Sin embargo, a medida que se corre la voz, más mujeres comienzan a unirse, atraídas por la promesa de comprensión y comunidad. Layla dirige las sesiones con compasión y empatía, compartiendo su propia historia y alentando a los demás a abrirse sobre sus luchas. El grupo de apoyo se convierte en un santuario donde las mujeres pueden llorar abiertamente, compartir sus historias y apoyarse entre sí.

El grupo se convierte en una comunidad unida, ofreciendo un salvavidas a muchas mujeres que se sentían aisladas en su dolor. La capacidad de Layla para relacionarse con su sufrimiento y ofrecer consejos prácticos la convierte en una líder invaluable. Ella organiza oradores invitados, talleres sobre estrategias para afrontar el dolor y actividades sociales que ayudan a las miembros a construir nuevas amistades y redes de apoyo. El grupo de apoyo se convierte en un faro de esperanza, ayudando a muchas mujeres a navegar su duelo y encontrar un camino hacia la sanidad.

Proyectos personales

Además de su trabajo con el grupo de apoyo, Layla comienza a retomar pasatiempos y proyectos que había dejado de lado durante su duelo. Una de sus primeras actividades es regresar a la pintura, una pasión que compartía con Omar. Al instalar un caballete en su apartamento, encuentra consuelo y alegría en crear arte. Pintar le permite expresar sus emociones de una manera que las palabras no pueden, y cada pincelada se siente como un paso hacia la recuperación de una parte de sí misma.

Layla también se dedica a la jardinería, transformando su pequeño balcón en un exuberante oasis de flores y plantas. Encuentra paz y satisfacción al nutrir la vida, observando cómo las semillas se convierten en flores vibrantes. El acto de cuidar su jardín se convierte en una metáfora de su propio proceso de sanidad, ambos requiriendo paciencia, atención y la creencia de que el crecimiento vendrá con el tiempo.

Estas actividades proporcionan a Layla una salida creativa para sus emociones y una sensación de logro. Le recuerdan la belleza y la alegría que aún se pueden encontrar en la vida, incluso después de una pérdida profunda. Comprometerse con sus pasiones ayuda a Layla a redescubrir la alegría y el propósito en su vida diaria, ofreciéndole momentos de tranquilidad y satisfacción.

A medida que Layla continúa sanando y creciendo, abraza sus nuevos roles como líder del grupo de apoyo y como artista. Estos esfuerzos, junto con su fe renovada y los fuertes lazos que ha formado dentro de su comunidad eclesiástica, le ayudan a construir una vida que honra la memoria de Omar mientras celebra su propia fortaleza y resiliencia. El viaje de Layla se convierte en un testimonio del poder de la fe, el amor y la capacidad del espíritu humano para sanar y renovarse.

Capítulo 6: Un nuevo comienzo

En un evento de la iglesia, Layla conoce a Samir, un hombre amable y compasivo que comparte una profunda fe en Jesús. Samir, quien también ha experimentado pérdidas, entiende el dolor de Layla y le ofrece una amistad genuina. Sus conversaciones están llenas de experiencias compartidas y respeto mutuo, sentando las bases para una conexión profunda. La amistad de Layla y Samir gradualmente se convierte en una relación romántica. Pasan tiempo juntos, apoyándose mutuamente en su dolor y encontrando alegría en la compañía del otro. Su relación se basa en el respeto mutuo, valores compartidos y una profunda fe en Dios. Layla siente una renovada sensación de esperanza y felicidad al imaginar un futuro con Samir. A pesar de sus crecientes sentimientos por Samir, Layla lucha con dudas sobre avanzar mientras honra su pasado con Omar. Con el apoyo de su comunidad eclesiástica y a través de la oración, navega estas complejidades. Aprende a equilibrar su amor por Omar con su nueva relación, encontrando fortaleza en su fe y en el amor que comparte con Samir.

Conociendo a alguien nuevo

Una tarde soleada, durante un evento benéfico organizado por la iglesia, Layla conoce a Samir. Es un hombre cálido y de buen corazón, con una sonrisa gentil y una naturaleza compasiva. Ambos están como voluntarios, sirviendo comida a los sin techo y distribuyendo ropa donada. Mientras trabajan lado a lado, entablan una conversación. Samir comparte su historia, revelando que él también ha experimentado la pérdida: su esposa falleció después de una larga enfermedad hace dos años.

Sus experiencias compartidas de duelo crean un vínculo inmediato. Layla encuentra consuelo en la comprensión y empatía de Samir, dándose cuenta de que él realmente comprende la profundidad de su dolor. A diferencia de otros que ofrecen condolencias bien intencionadas pero a veces vacías, las palabras de Samir llevan el peso de alguien que ha caminado por un camino similar. Sus conversaciones son profundas y significativas, girando a menudo en torno a su fe y cómo ésta les ha ayudado a enfrentar sus respectivas pérdidas. La base de su conexión está construida sobre el respeto mutuo y un compromiso compartido con su fe.

Construyendo una relación

A medida que las semanas se convierten en meses, la amistad de Layla y Samir florece en algo más profundo. Comienzan a pasar más tiempo juntos fuera de los eventos de la iglesia, disfrutando de actividades simples como pasear por el parque, visitar galerías de arte y asistir juntos a los servicios de la iglesia. Su relación se caracteriza por una progresión suave, llena de momentos de risa compartida, conversaciones profundas y apoyo mutuo.

La presencia de Samir trae un renovado sentido de alegría y esperanza a la vida de Layla. Se apoyan mutuamente en su duelo, entendiendo que la sanidad no es lineal y que habrá días en que el dolor resurja. Samir respeta la necesidad de Layla de honrar la memoria de Omar, y ella hace lo mismo por él respecto a su difunta esposa. Este respeto mutuo por su pasado fortalece su vínculo y sienta una base sólida para su futuro juntos.

Su fe compartida se convierte en un pilar central de su relación. Oran juntos, asisten a grupos de estudio bíblico y se ofrecen como voluntarios para actividades de la iglesia. Layla y Samir descubren que su asociación enriquece sus viajes de fe individuales, la fortaleza de uno fortalece la del otro. A través de estas experiencias compartidas, su relación se profundiza y comienzan a imaginar un futuro juntos.

Superando dudas

A pesar de sus crecientes sentimientos por Samir, Layla batalla con dudas y culpa. Se preocupa por avanzar con Samir mientras todavía honra su pasado con Omar. Estos sentimientos son complejos y a veces abrumadores. Teme que abrazar una nueva relación pueda significar que está olvidando a Omar o disminuyendo el amor que compartieron.

Layla recurre a su fe y a su comunidad eclesiástica en busca de orientación. Tiene muchas conversaciones de corazón a corazón con el Pastor Ibrahim, quien le recuerda que el amor no es un recurso finito. Él explica que su amor por Omar puede coexistir con su amor por Samir. El Pastor Ibrahim también enfatiza que el plan de Dios para su vida incluye alegría y compañía, incluso después de la pérdida.

Layla pasa muchas noches en oración, buscando claridad y paz. Pide a Dios guía sobre cómo equilibrar su pasado con su presente y futuro. Con el tiempo, a través de la oración y la reflexión, comienza a comprender que avanzar no significa olvidar a Omar. En cambio, significa llevar su memoria con ella mientras también se permite a sí misma abrazar un nuevo amor y felicidad.

Samir entiende las luchas de Layla y es paciente y solidario. Nunca presiona a Layla y la tranquiliza diciéndole que está bien tomarse las cosas con calma. Su empatía y respeto ayudan a Layla a enfrentar sus dudas. Aprende a comunicarse abierta y honestamente con Samir acerca de sus sentimientos, y esta sinceridad fortalece su vínculo.

A través de su fe compartida y el apoyo inquebrantable de su comunidad eclesiástica, Layla aprende a equilibrar su amor por Omar con su creciente relación con Samir. Encuentra fuerza en el amor que comparte con Samir, sabiendo que es un regalo de Dios y una parte de su viaje de sanidad y renovación. Layla abraza el nuevo comienzo con esperanza y gratitud, esperando con ansias el futuro con Samir a su lado.

Capítulo 7: Abrazando el amor y la felicidad

La relación de Layla y Samir se profundiza y deciden comprometerse a construir un futuro juntos. Se comprometen, planeando una boda que celebre su amor y fe. La comunidad eclesiástica, encantada por su unión, ayuda a organizar la boda, haciendo de ella una ocasión hermosa e inolvidable. Después de su matrimonio, Layla y Samir crean un hogar amoroso y de apoyo. Unen a sus familias, trayendo consigo a sus hijos de matrimonios anteriores y creando nuevos recuerdos. Su hogar está lleno de risas, amor y la calidez de una familia unida. Continúan honrando su pasado mientras abrazan su futuro juntos. Juntos, Layla y Samir permanecen activos en su iglesia, continuando para crecer en su fe y apoyarse mutuamente. Participan en actividades de la iglesia, se ofrecen como voluntarios en programas de alcance comunitario y lideran grupos de estudio bíblico. Su fe compartida fortalece su vínculo y guía su viaje como pareja.

Compromiso y amor

A medida que la relación de Layla y Samir se profundiza, se dan cuenta de que quieren pasar el resto de sus vidas juntos. Deciden comprometerse a construir un futuro como pareja y se comprometen. La propuesta es simple pero profunda, llena de palabras sentidas y promesas mutuas de amor y fe. Samir le pide la mano a Layla en matrimonio durante una tarde tranquila en su parque favorito, bajo el mismo árbol donde a menudo rezaban juntos. Layla, con lágrimas de alegría en sus ojos, dice que sí.

Su compromiso trae una inmensa alegría a la comunidad eclesiástica, que ha sido testigo de su viaje de sanidad y amor. La congregación se reúne para ayudar a planificar la boda, asegurándose de que sea un día lleno de celebración y fe. La iglesia está hermosamente decorada con flores y velas, creando una atmósfera serena y sagrada. Amigos y familiares contribuyen a los preparativos, desde cocinar comidas para la recepción hasta crear arreglos florales y organizar la ceremonia.

El día de su boda, la iglesia se llena de seres queridos que se reúnen para presenciar la unión de Layla y Samir. La ceremonia es profundamente conmovedora, con votos sinceros que hablan de amor, resiliencia y fe. El pastor Ibrahim oficia, bendiciendo su matrimonio y recordándoles la fortaleza que han encontrado el uno en el otro y en Dios. La recepción es una fiesta alegre, llena de música, risas y brindis sinceros. Es un día que Layla y Samir atesorarán para siempre, un hermoso testimonio de su viaje y su amor.

Familia unida

Después de su matrimonio, Layla y Samir trabajan juntos para crear un hogar amoroso y de apoyo. Unen a sus familias, trayendo consigo a sus hijos de matrimonios anteriores. Los hijos de Layla, Ali y Sara, y la hija de Samir, Hana, inicialmente enfrentan algunos ajustes, pero con paciencia y amor, pronto forman lazos fuertes. Layla y Samir fomentan un ambiente de comunicación abierta y comprensión, asegurándose de que cada niño se sienta valorado y amado.

Su hogar se convierte en un santuario lleno de risas, amor y la calidez de una familia unida. Establecen nuevas tradiciones mientras honran los recuerdos de su pasado. Las cenas de los domingos se convierten en un momento preciado para que la familia se reúna, comparta historias y exprese gratitud. Layla y Samir animan a sus hijos a hablar sobre sus recuerdos de Omar y de la difunta esposa de Samir, asegurándose de que sus legados sigan siendo parte de la narrativa de la familia.

Layla y Samir también priorizan la creación de nuevos recuerdos juntos. Realizan viajes familiares, exploran la rica herencia cultural de El Cairo y disfrutan de placeres simples como picnics en el parque y noches de cine en casa. Su hogar está lleno del ruido alegre de los niños jugando, el aroma de comidas caseras y la paz que proviene de una familia amorosa. Los niños, al ver el amor y el respeto entre Layla y Samir, se sienten seguros y felices, sabiendo que son parte de una familia fuerte y solidaria.

Continuación del viaje de fe

Juntos, Layla y Samir permanecen activos en su iglesia, continuando para crecer en su fe y apoyarse mutuamente. Participan en varias actividades de la iglesia y se ofrecen como voluntarios para programas de alcance comunitario. Encuentran alegría y satisfacción en servir a los demás, a menudo organizando colectas de caridad, ayudando en el banco de alimentos de la iglesia y participando en viajes de misión.

Su participación en la iglesia se extiende a liderar grupos de estudio bíblico. Layla y Samir comparten sus experiencias y conocimientos, guiando a otros en sus viajes de fe. Descubren que enseñar y tutelar los acerca como pareja y profundiza su propio entendimiento de las escrituras y del amor de Dios. Sus sesiones de estudio bíblico se convierten en un punto culminante de su semana, llenas de discusiones significativas y crecimiento espiritual compartido.

La fe compartida de Layla y Samir sigue siendo la base de su relación. Oran juntos diariamente, buscando la guía de Dios en sus decisiones y expresando gratitud por las bendiciones en sus vidas. Su fe no solo fortalece su vínculo, sino que también les ayuda a navegar los desafíos que enfrentan como una familia combinada. Confían en que Dios tiene un plan para ellos y que su amor y fe los ayudarán a superar cualquier obstáculo.

Su camino como pareja está marcado por un crecimiento continuo, tanto individualmente como juntos. Aprenden a apoyarse el uno en el otro y en Dios, encontrando fuerza en su fe y en el amor que comparten. La historia de Layla y Samir es un testimonio del poder del amor, la fe y la comunidad, mostrando que con la gracia de Dios, es posible construir una vida bella y plena incluso después de una pérdida profunda.

Capítulo 8: Dando gloria a Dios

Layla comparte su camino de pérdida, sanidad y nuevos comienzos con su iglesia y comunidad, dando gloria a Dios por Su consuelo y restauración. Habla en eventos de la iglesia, grupos de apoyo y reuniones comunitarias, inspirando a otros con su testimonio. Su historia es un poderoso recordatorio de la presencia y gracia de Dios en tiempos de tristeza y alegría. El testimonio de Layla inspira a otros que enfrentan luchas similares, mostrándoles que la fe y la comunidad pueden traer sanidad y esperanza. Muchas personas en su comunidad se acercan a ella en busca de apoyo y orientación, encontrando consuelo en sus palabras y ejemplo. Su historia se convierte en una fuente de fortaleza para muchos, demostrando el poder de la fe y la resiliencia. La historia de Layla se vuelve un testimonio del poder de la fe, el amor y la presencia infalible de Dios. Inspira a innumerables personas a buscar un camino de sanidad y transformación. Su viaje de la tristeza a la alegría es un faro de esperanza, mostrando que no importa cuán profunda sea la tristeza, siempre hay un camino hacia la luz a través de la fe y el apoyo de la comunidad.

Compartiendo su historia

Con el tiempo, el camino de Layla de pérdida, sanidad y nuevos comienzos se convierte en un poderoso testimonio que siente la necesidad de compartir con otros. Comienza a hablar en eventos de la iglesia, grupos de apoyo y reuniones comunitarias, relatando sus experiencias con cruda honestidad y sincera gratitud. La historia de Layla toca las profundidades de su dolor, las luchas que enfrentó con su fe y el increíble viaje de encontrar un nuevo amor y propósito.

En un evento de la iglesia bien concurrido, Layla se para frente a la congregación y comienza a compartir su historia. Su voz tiembla de emoción mientras relata el día en que perdió a Omar y la abrumadora tristeza que siguió. Habla de su ira inicial y cuestionamiento de Dios, pero también de la carta de Omar que reavivó su fe. Layla describe cómo la comunidad eclesiástica la abrazó, ayudándola a reconectarse con su fe y proporcionando un apoyo inquebrantable.

Destaca momentos clave de su viaje, como su decisión de comenzar un grupo de apoyo para viudas, la alegría de redescubrir sus pasiones y conocer a Samir. Layla enfatiza la importancia de la fe y la comunidad en su proceso de sanidad, dando gloria a Dios por Su consuelo y restauración. Su testimonio es recibido con lágrimas y aplausos, resonando profundamente con quienes la escuchan.

Inspirando a otros

El testimonio de Layla tiene un impacto profundo en su comunidad. Muchas personas que enfrentan luchas similares encuentran inspiración y esperanza en su historia. Después de escucharla hablar, varias mujeres se le acercan buscando apoyo y orientación. Comparten sus propias historias de pérdida y dolor, encontrando consuelo en la comprensión y empatía de Layla.

Layla se convierte en un faro de esperanza para muchos. Organiza reuniones regulares donde la gente puede reunirse para compartir sus historias y apoyarse mutuamente. Estos encuentros crecen en tamaño y alcance, atrayendo a personas fuera de su comunidad inmediata de la iglesia. La apertura y vulnerabilidad de Layla crean un espacio seguro donde los individuos se sienten vistos, escuchados y comprendidos.

Su influencia se extiende más allá de las interacciones personales. Layla es invitada a hablar en varios eventos en El Cairo, incluyendo conferencias sobre el duelo y la pérdida, talleres de salud mental y reuniones interreligiosas. Cada vez, comparte su viaje, enfatizando el poder de la fe y la comunidad para superar la adversidad. Su historia se convierte en una fuente de fortaleza para muchos, demostrando que la sanidad es posible incluso frente a una profunda tristeza.

Legado de fe

El camino de Layla se convierte en un testimonio del poder de la fe, el amor y la presencia infalible de Dios. Inspira a innumerables personas a buscar un camino de sanidad y transformación. Su historia, desde la tristeza hasta la alegría, sirve como un faro de esperanza, mostrando que no importa cuán profunda sea la tristeza, siempre hay un camino hacia la luz a través de la fe y el apoyo de la comunidad.

El legado de Layla no es solo su historia, sino las vidas que toca y cambia a través de sus palabras y acciones. Ella continúa liderando su grupo de apoyo, ayudando a otros a navegar su duelo y encontrar un nuevo propósito. Su compromiso con el servicio y su fe inquebrantable la convierten en una figura respetada y querida en su comunidad.

Layla también colabora con organizaciones locales para desarrollar recursos y programas para aquellos que están experimentando una pérdida. Ella ayuda a crear una red de servicios de apoyo, que incluye asesoramiento, guía espiritual y actividades comunitarias. Estas iniciativas aseguran que aquellos que lo necesitan tengan acceso a la ayuda y el apoyo que requieren, consolidando aún más el legado de fe y compasión de Layla.

Su relación con Samir se fortalece a medida que continúan construyendo su vida juntos. Permanecen activos en su iglesia, participando en trabajo voluntario y apoyando el crecimiento espiritual del otro. Su hogar es un lugar de amor y fe, donde organizan reuniones y eventos para apoyar a otros en su comunidad.

A medida que Layla reflexiona sobre su viaje, siente una inmensa gratitud por la sanidad y el crecimiento que ha experimentado a través de la gracia de Dios. Sabe que su historia continuará inspirando y elevando a aquellos que la escuchen, proporcionando un testimonio duradero del poder transformador de la fe y el amor. Mirando hacia el futuro, Layla y Samir están emocionados por su futuro juntos, comprometidos a servir a su comunidad y confiando en el plan de Dios para sus vidas.

Epílogo: Reflexiones y esperanzas futuras

Layla mira atrás en su camino con inmensa gratitud por la sanidad y el crecimiento que ha experimentado a través de la gracia de Dios. Reflexiona sobre los días oscuros de su duelo y la increíble transformación que siguió. El corazón de Layla está lleno de agradecimiento por el amor y el apoyo que recibió de su familia, amigos y comunidad eclesiástica. Layla sigue dedicada a ayudar a otros en su duelo. Continúa su grupo de apoyo para viudas y aquellas personas que han experimentado una pérdida, proporcionando un espacio seguro para que encuentren consuelo y sanidad. Layla también es voluntaria en varios programas de la iglesia y la comunidad, utilizando sus experiencias para tener un impacto positivo en las vidas de los demás. Layla y Samir esperan con ansias un futuro lleno de fe, amor y propósito compartido. Confían en el plan de Dios para sus vidas y están emocionados sobre las posibilidades que les depara el futuro. Juntos, continúan construyendo una vida arraigada en la fe y el amor, confiados en que la gracia de Dios los guiará a través de cualquier desafío que puedan enfrentar.

Reflexionando sobre el viaje

A medida que Layla reflexiona sobre su camino, se siente abrumada por la gratitud por la sanidad y el crecimiento que ha experimentado a través de la gracia de Dios. Recuerda los primeros días de su duelo cuando el mundo parecía oscuro y su futuro incierto. Esos días estuvieron llenos de lágrimas y dolor, pero también de las semillas de fe que eventualmente florecerían en un renovado sentido de propósito y alegría. Layla recuerda los momentos decisivos: encontrar la carta de Omar, reconectar con su fe y conocer a Samir. Cada paso de su viaje estuvo marcado por la presencia de Dios, guiándola a través del dolor y llevándola a un lugar de paz y satisfacción.

El corazón de Layla se llena de agradecimiento por el apoyo inquebrantable que recibió de su familia, amigos y comunidad eclesiástica. Sus padres y hermanos estuvieron a su lado, ofreciéndole su amor y fortaleza; su mejor amiga, Amina, fue una fuente constante de consuelo; y los miembros de su iglesia la acogieron con los brazos abiertos y la ayudaron a redescubrir su fe. Estas relaciones fueron vitales en su proceso de sanidad, recordándole que nunca estuvo sola.

A menudo se encuentra reflexionando sobre las lecciones que ha aprendido: la importancia de la fe frente a la adversidad, el poder de la comunidad y la fortaleza que proviene de ayudar a los demás. Layla se da cuenta de que su viaje no solo ha transformado su propia vida, sino que también le ha permitido convertirse en un faro de esperanza para los demás.

Servicio continuo

Layla sigue dedicada a ayudar a otros en su duelo. Continúa liderando su grupo de apoyo para viudas y aquellos que han experimentado una pérdida. El grupo se reúne regularmente, proporcionando un espacio seguro para que los miembros compartan sus historias, expresen sus emociones y encuentren consuelo en la compañía de los demás. Layla se basa en sus propias experiencias para ofrecer orientación y apoyo, ayudando a otros a navegar el difícil camino del duelo.

Su dedicación al servicio se extiende más allá del grupo de apoyo. Layla es voluntaria en varios programas de la iglesia y la comunidad, utilizando sus habilidades y experiencias para tener un impacto positivo en las vidas de los demás. Ayuda a organizar campañas de caridad, asiste en proyectos de alcance comunitario y mentora a mujeres jóvenes en la iglesia. Layla encuentra una gran satisfacción en estas actividades, sabiendo que está marcando una diferencia y honrando a Dios a través de sus acciones.

Layla también colabora con organizaciones locales para desarrollar recursos y programas para quienes enfrentan pérdidas. Trabaja con consejeros, líderes espirituales y organizadores comunitarios para crear una red de servicios de apoyo, asegurando que quienes lo necesiten tengan acceso a la ayuda que requieren. Sus esfuerzos han llevado al establecimiento de talleres, sesiones de consejería y seminarios educativos dirigidos a proporcionar apoyo integral a las personas en duelo.

Mirando hacia adelante

Layla y Samir esperan un futuro lleno de fe, amor y propósito compartido. Confían en el plan de Dios para sus vidas y están emocionados por las posibilidades que se avecinan. Juntos, continúan construyendo una vida enraizada en la fe y el amor, seguros de que la gracia de Dios los guiará a través de cualquier desafío que puedan enfrentar.

Sueñan con expandir su ministerio, llegando a más personas necesitadas y creando un impacto mayor. Layla y Samir planean iniciar una fundación dedicada a apoyar a individuos y familias que enfrentan pérdidas, proporcionando los recursos, consejerías y apoyo comunitario que necesitan para sanar. Visualizan un centro donde la gente pueda acudir en busca de consuelo, guía y la seguridad de que no están solos en su travesía.

Layla y Samir también esperan hacer crecer su familia y crear nuevos recuerdos juntos. Aprecian el tiempo que pasan con sus hijos, fusionando sus familias y fomentando un ambiente de amor y fe. Su hogar está lleno de risas, calidez y la alegría de las experiencias compartidas.

Al avanzar, Layla y Samir permanecen comprometidos con su fe, asistiendo regularmente a la iglesia, participando en grupos de estudio bíblico y ofreciendo su tiempo en programas de alcance comunitario. Obtienen fortaleza de su relación mutuamente y con Dios, sabiendo que su viaje juntos es un testimonio del poder de la fe, el amor y la presencia infalible de Dios.

La historia de Layla nos recuerda poderosamente que, no importa cuán profunda sea la tristeza, siempre hay esperanza y sanidad a través de la fe y el apoyo comunitario. Su viaje del duelo a la alegría es un testimonio de la resiliencia del espíritu humano y el poder transformador de la gracia de Dios. Al mirar hacia el futuro, Layla y Samir lo hacen con corazones llenos de gratitud, esperanza y una fe inquebrantable en el plan de Dios.

Fin

LA LUCHA DE HIRO CONTRA LA DISCRIMINACIÓN EN TOKIO, JAPÓN

Capítulo 1: Vida en Tokio

• **Introducción a Hiro:** Un joven de ascendencia coreana que vive en Tokio, Japón, conocido por su inteligencia y su corazón amable.

• **Enfrentando la discriminación:** Hiro se encuentra regularmente con discriminación y prejuicio debido a su etnia, lo que afecta su autoestima y su vida diaria.

• **Antecedentes familiares:** Una visión de la historia familiar de Hiro y sus experiencias con el prejuicio, que moldean su perspectiva y resiliencia.

Capítulo 2: Luchas y desafíos

• **Escuela y trabajo:** Hiro enfrenta acoso escolar y un trato injusto en su trabajo, lo que resalta los desafíos sociales que enfrenta.

• **Impacto emocional:** La discriminación le pasa una factura emocional a Hiro, llevándolo a sentirse aislado y frustrado.

• **Sistema de apoyo:** La familia de Hiro y un grupo cercano de amigos le brindan apoyo emocional y aliento.

Capítulo 3: Encontrando fuerza en la fe

• **Volviéndose hacia Jesús:** En medio de sus luchas, Hiro busca su fe en Jesús para obtener fuerza y orientación, asistiendo a la iglesia y leyendo las Escrituras.

• **Oración y reflexión:** A través de la oración, Hiro encuentra consuelo y comienza a ver su situación a través de una lente de fe y perdón.

• **comunidad eclesiástica:** Su comunidad eclesiástica le ofrece apoyo y amor, reforzando su creencia en responder al odio con amor.

Capítulo 4: Respondiendo con amor y perdón

• **Eligiendo el perdón:** Inspirado por las enseñanzas de Jesús, Hiro decide responder a la discriminación con amor y perdón en lugar de ira.

• **Actos de bondad:** Comienza a realizar pequeños actos de bondad hacia aquellos que lo maltratan, cambiando lentamente las percepciones.

• **Crecimiento personal:** A través de estas acciones, Hiro crece en su fe y desarrolla una comprensión más profunda de la gracia y la misericordia.

Capítulo 5: Convirtiéndose en un defensor

• **Defensa y diálogo:** Hiro comienza a abogar por las minorías étnicas en su comunidad, organizando eventos y diálogos para promover la comprensión.

• **Hablar en público:** Comparte sus experiencias y el poder del perdón en reuniones comunitarias y eventos de la iglesia, creando conciencia.

• **Construyendo puentes:** Hiro trabaja para cerrar brechas entre diferentes comunidades étnicas, fomentando un ambiente de inclusión y respeto.

Capítulo 6: Enfrentando la oposición

• **Resistencia y desafíos:** No todos son receptivos al mensaje de Hiro, y enfrenta oposición y retrocesos en sus esfuerzos de abogacía.

• **Permaneciendo fiel:** A pesar de estos desafíos, Hiro se mantiene firme en su fe, orando por fuerza y guía para continuar su misión.

• **Apoyo de aliados:** Gana apoyo de individuos y organizaciones afines, reforzando sus esfuerzos y expandiendo su impacto.

Capítulo 7: Rompiendo barreras

• **Impacto comunitario:** Los esfuerzos de Hiro comienzan a dar frutos a medida que más personas en su comunidad empiezan a abrazar la diversidad y rechazar el prejuicio.

• **Historias de cambio:** Historias personales de individuos cuyas actitudes han cambiado debido a la influencia de Hiro, destacando el poder de su defensa.

• **Reconocimiento y crecimiento:** El trabajo de Hiro gana reconocimiento, lo que conlleva plataformas más grandes y mayores oportunidades para promover la reconciliación y la unidad.

Capítulo 8: Dando gloria a Dios

• **Reconociendo el papel de Dios:** Hiro siempre da gloria a Dios por la gracia y la misericordia que han empoderado su viaje.

• **Testimonio de fe:** Comparte su testimonio ampliamente, inspirando a otros a confiar en la fe y el perdón frente a la discriminación.

• **Gratitud y humildad:** Hiro se mantiene humilde y agradecido, siempre señalando a Jesús como la fuente de su fortaleza y éxito.

Epílogo: Un legado de reconciliación

• **Reflexionando sobre el viaje:** Hiro reflexiona sobre su trayectoria, reconociendo el profundo impacto de la fe y el perdón en su vida y comunidad.

• **Misión continua:** Continúa su trabajo de abogacía, buscando siempre nuevas formas de promover la unidad y la comprensión.

• **Esperanza para el futuro:** Hiro sueña con un mundo donde el amor y la aceptación prevalezcan, confiando en la continua guía y provisión de Dios.

"La lucha de Hiro contra la discriminación en Tokio, Japón"

Capítulo 1: Vida en Tokio

Hiro es un joven de veintitantos años de ascendencia coreana, que vive en la bulliciosa ciudad de Tokio, Japón. Conocido por su inteligencia y buen corazón, Hiro sobresale académica y profesionalmente. A pesar de su éxito exterior, Hiro enfrenta una lucha diaria contra la discriminación y los prejuicios debido a su etnia. Esta discriminación afecta su autoestima e impacta cada aspecto de su vida diaria. Desde joven, Hiro ha sido objeto de insultos raciales y exclusión. En la escuela, a menudo fue blanco de acoso, con compañeros burlándose de su herencia. Esta discriminación continúa en su vida profesional, donde encuentra un trato injusto y sesgos sutiles que obstaculizan su progreso profesional. Estas experiencias hacen que Hiro sea constantemente consciente de su identidad, llevando a menudo a sentimientos de frustración e impotencia. La historia familiar de Hiro está marcada por la resiliencia y la perseverancia. Sus abuelos se mudaron a Japón hace décadas, enfrentando un prejuicio y dificultades significativas mientras intentaban construir una vida mejor. Sus padres también encontraron discriminación pero lograron proporcionar un entorno amoroso y de apoyo para Hiro y sus hermanos. Las experiencias de la familia con el prejuicio han moldeado la perspectiva de Hiro, inculcándole un fuerte sentido de identidad y resiliencia.

Introducción a Hiro

Hiro es un joven de veintitantos años de ascendencia coreana, que vive en la bulliciosa ciudad de Tokio, Japón. Conocido por su inteligencia y buen corazón, Hiro sobresale tanto académica como profesionalmente. Se graduó con máximos honores de una universidad prestigiosa y ahora trabaja como ingeniero de software en una empresa líder en tecnología. Los colegas de Hiro admiran su dedicación y habilidades técnicas, pero detrás de este exitoso exterior, él lucha diariamente contra la discriminación y los prejuicios omnipresentes debido a su etnia. Esta discriminación no solo afecta su autoestima, sino que también infiltra cada aspecto de su vida diaria, creando una lucha constante para demostrar su valía.

Enfrentando la discriminación

Desde una edad temprana, Hiro ha sido objeto de insultos raciales y exclusión. En la escuela primaria, sus compañeros se burlaban de su herencia coreana, llamándolo con nombres despectivos y mofándose de su almuerzo, que a menudo incluía platos tradicionales coreanos. El acoso se intensificó en la escuela secundaria, con algunos estudiantes negándose a sentarse junto a él y profesores que a veces pasaban por alto sus logros académicos. Esta persistente exclusión dejó a Hiro sintiéndose aislado y no deseado.

Estas experiencias de discriminación siguieron a Hiro en su vida profesional. A pesar de sus calificaciones y arduo trabajo, se encuentra con sutiles prejuicios que obstaculizan su progresión en la carrera. A veces, sus colegas hacen comentarios improvisados sobre su etnicidad, y a menudo es pasado por alto para promociones en favor de compañeros menos calificados. Las contribuciones de Hiro frecuentemente son ignoradas, y se encuentra trabajando el doble para recibir el mismo reconocimiento que sus contrapartes japonesas. Esta constante necesidad de demostrarse a sí mismo lleva a sentimientos de frustración e impotencia, lo que lo hace muy consciente de su identidad.

Antecedentes familiares

La historia familiar de Hiro está marcada por la resistencia y la perseverancia. Sus abuelos se mudaron a Japón desde Corea hace décadas, buscando mejores oportunidades pero enfrentando prejuicios y dificultades significativas. Se establecieron en una pequeña y unida comunidad coreana en Tokio, donde trabajaban en empleos meniales y ahorraban cada centavo para proporcionar un futuro mejor a sus hijos.

Los padres de Hiro también encontraron discriminación, pero lograron crear un entorno amoroso y de apoyo para Hiro y sus hermanos. Su padre trabajaba como supervisor de una fábrica, y su madre administraba un pequeño restaurante coreano que se convirtió en un favorito local por su cocina auténtica. A pesar de los desafíos que enfrentaron, inculcaron en sus hijos los valores del trabajo duro, la educación y el orgullo por su herencia. Enseñaron a Hiro y sus hermanos a estar orgullosos de sus raíces coreanas al mismo tiempo que los animaban a integrarse y tener éxito dentro de la sociedad japonesa.

Estas experiencias familiares con el prejuicio han moldeado la perspectiva de Hiro, inculcándole un fuerte sentido de identidad y resistencia. Las historias de perseverancia de sus padres y su apoyo inquebrantable han sido una fuente de fortaleza para Hiro, ayudándolo a navegar los desafíos de la discriminación y encontrar su propio camino hacia el éxito. A pesar de las barreras sociales, la familia de Hiro siempre ha enfatizado la importancia de la educación, la integridad y la fe, que han sido principios rectores en su vida.

Capítulo 2: Luchas y desafíos

En la escuela, la inteligencia de Hiro a menudo lo ponía por delante académicamente, pero socialmente fue aislado debido a su etnicidad. El acoso varió desde burlas verbales hasta altercados físicos, dejando profundas cicatrices emocionales. En el trabajo, los colegas de Hiro a menudo pasaban por alto sus contribuciones, y enfrentaba prejuicios durante las evaluaciones de rendimiento, lo que obstaculizaba su crecimiento profesional. La constante discriminación le causa un gran impacto emocional a Hiro. A menudo se siente aislado y frustrado, cuestionando su valía y lugar en la sociedad. Estos sentimientos a veces conducen a episodios de depresión y ansiedad, haciéndole difícil mantener una perspectiva positiva de la vida. A pesar de estos desafíos, la familia de Hiro y un grupo cercano de amigos le brindan un apoyo emocional inquebrantable. Sus padres y hermanos lo animan a mantenerse fuerte y a no dejar que la discriminación lo defina. Sus amigos, muchos de los cuales han enfrentado desafíos similares, ofrecen un espacio seguro donde puede expresar sus sentimientos y encontrar solidaridad.

Escuela y trabajo

En la escuela, la inteligencia de Hiro a menudo lo colocaba por delante académicamente, pero socialmente, fue aislado debido a su etnicidad. Desde la primaria hasta la preparatoria, Hiro sobresalió en materias como matemáticas y ciencia, consistentemente clasificándose en la cima de su clase. Sin embargo, su éxito académico hizo poco para protegerlo del acoso y la discriminación que enfrentaba a diario.

El acoso varió desde burlas verbales, como ser llamado con nombres despectivos, hasta altercados físicos, donde a veces lo empujaban o vandalizaban sus pertenencias. Estos incidentes dejaron profundas cicatrices emocionales, dificultándole a Hiro confiar en sus compañeros o sentirse seguro en el entorno escolar. A menudo pasaba los descansos para almorzar solo en la biblioteca, sumergiéndose en libros para escapar de la dura realidad de su vida escolar.

En su vida profesional, Hiro continuó enfrentando discriminación. A pesar de sus calificaciones y el trabajo duro que ponía en su trabajo como ingeniero de software, sus colegas a menudo pasaban por alto sus contribuciones. Durante las reuniones de equipo, sus ideas eran frecuentemente desestimadas o atribuidas a otros. En las evaluaciones de desempeño, enfrentaba prejuicios, recibiendo calificaciones más bajas en comparación con sus compañeros a pesar de sus logros demostrables. Estos prejuicios obstaculizaban su crecimiento profesional, dificultándole avanzar en su carrera. La sensación de ser infravalorado y no reconocido en el trabajo fue una fuente significativa de frustración y desilusión para Hiro.

Impacto emocional

La constante discriminación tuvo un grave impacto emocional en Hiro. Frecuentemente se sentía aislado y frustrado, cuestionando su valía y lugar en la sociedad. Los prejuicios implacables que encontraba tanto en la escuela como en el trabajo lo llevaron a episodios de depresión y ansiedad. Había días en los que levantarse de la cama se sentía como un desafío insuperable, y el peso de las expectativas sociales y la discriminación aplastaban su espíritu.

La autoestima de Hiro sufrió enormemente. A menudo se encontraba dudando de sus habilidades y cuestionando si alguna vez sería verdaderamente aceptado por quien era. Estos sentimientos de insuficiencia y rechazo a veces le dificultaban mantener una perspectiva positiva de la vida. El impacto emocional de sus experiencias se manifestó también en síntomas físicos, como insomnio y estrés crónico, exacerbando aún más sus luchas.

Sistema de apoyo

A pesar de estos desafíos, la familia de Hiro y un grupo cercano de amigos le brindaron apoyo emocional inquebrantable. Sus padres, que habían enfrentado sus propias batallas contra la discriminación, lo alentaban a mantenerse fuerte y no dejar que los prejuicios lo definieran. A menudo compartían historias de resiliencia y perseverancia, recordándole a Hiro la fortaleza y el coraje que corrían en su familia. Sus hermanos, que también comprendían los desafíos de ser de ascendencia coreana en Japón, lo apoyaban, ofreciéndole empatía y comprensión.

Los amigos de Hiro, muchos de los cuales habían enfrentado desafíos similares, le ofrecían un espacio seguro donde podía expresar sus sentimientos y encontrar solidaridad. Este grupo de amigos, una mezcla de diferentes antecedentes étnicos, se unía por sus experiencias compartidas de discriminación y su apoyo mutuo. A menudo se reunían en un café local, discutiendo sus luchas y triunfos, ofreciendo consejos y ánimos. Estas reuniones eran un santuario para Hiro, un lugar donde podía ser él mismo sin temor al juicio.

Además, Hiro encontró consuelo en su comunidad eclesiástica. El ambiente de apoyo de la iglesia y la guía espiritual que recibía del pastor y los demás congregantes lo ayudaron a navegar la turbulencia emocional que enfrentaba. La sensación de pertenencia y la aceptación incondicional que sentía en la iglesia contrastaban fuertemente con la discriminación que encontraba en otras áreas de su vida, proporcionándole un refugio muy necesario.

En conjunto, la familia de Hiro, sus amigos y su comunidad eclesiástica formaron una sólida red de apoyo que le ayudó a soportar los desafíos emocionales y sociales que enfrentaba. Su apoyo inquebrantable y ánimo fueron cruciales para ayudarlo a mantener su resiliencia y esperanza en un futuro mejor.

Capítulo 3: Encontrando fuerza en la fe

En medio de sus luchas, Hiro recurre a su fe en Jesús para encontrar fuerza y guía. Recordando las enseñanzas de su infancia, comienza a asistir nuevamente a los servicios de la iglesia y profundiza en las escrituras. Los mensajes de amor, perdón y esperanza resuenan profundamente en él, ofreciéndole una nueva perspectiva sobre sus luchas. Hiro comienza a dedicar más tiempo a la oración y la reflexión, buscando consuelo y dirección. Encuentra consuelo en pasajes como Mateo 5:44, "Pero yo os digo: amad a vuestros enemigos y orad por quienes os persiguen." Esta escritura le ayuda a ver su situación a través de un lente de fe y perdón, permitiéndole comenzar a sanar emocionalmente. La comunidad eclesiástica recibe a Hiro con los brazos abiertos, ofreciendo apoyo y amor. El pastor y los miembros de la congregación regularmente se preocupan por él, brindándole ánimos espirituales y emocionales. Hiro se involucra activamente en las actividades de la iglesia, reforzando su creencia en responder al odio con amor.

Recurriendo a Jesús

En medio de sus luchas, Hiro recurre a su fe en Jesús para encontrar fuerza y guía. Al crecer, Hiro fue enseñado en los principios del cristianismo por sus padres, quienes siempre enfatizaron la importancia de la fe y la oración. Sin embargo, a medida que crecía y se sumergía más en los desafíos de la vida diaria, se fue alejando de la asistencia regular a la iglesia y de las devociones personales.

Un día particularmente difícil, después de enfrentar una discriminación flagrante en el trabajo, Hiro sintió una abrumadora sensación de desesperanza. Buscando consuelo, recordó las palabras y enseñanzas reconfortantes de su infancia y decidió visitar una iglesia cercana. Esta decisión marcó el comienzo de su viaje de regreso a la fe.

En el momento en que entró en la iglesia, Hiro fue envuelto por una sensación de paz que no había sentido en mucho tiempo. Los himnos, las oraciones y el espíritu comunitario despertaron algo profundo dentro de él. Los mensajes de amor, perdón y esperanza entregados por el pastor resonaron profundamente en él, ofreciéndole una nueva perspectiva sobre sus luchas. Se sintió atraído por las enseñanzas de

Jesús, quien predicaba sobre amar a los enemigos y poner la otra mejilla. Estas enseñanzas proporcionaron a Hiro un marco para procesar sus experiencias y comenzar su camino hacia la sanidad.

Oración y reflexión

Hiro comienza a pasar más tiempo en oración y reflexión, buscando consuelo y dirección. Dedica una parte de su día a la lectura de la Biblia, encontrando fortaleza en sus versos. Un pasaje que se destaca especialmente para él es Mateo 5:44, "Pero yo os digo: amad a vuestros enemigos y orad por los que os persiguen." Esta escritura se convierte en una piedra angular para Hiro, ayudándole a ver su situación a través de un lente de fe y perdón.

Cada noche, Hiro se arrodilla junto a su cama, derramando su corazón a Dios. Ora por la fuerza para soportar la discriminación que enfrenta, por el coraje para responder con amor y por la sabiduría para navegar sus desafíos. Con el tiempo, estos momentos de oración se convierten en un santuario para él, un tiempo en el que se siente más cercano a Dios y más en paz.

A través de sus reflexiones, Hiro comienza a ver sus adversidades no solo como obstáculos sino como oportunidades para crecer y demostrar su fe. Empieza a perdonar a quienes lo han agraviado, reconociendo que aferrarse al enojo y al resentimiento solo lo perjudica a él. Este proceso de perdón no es fácil, pero cada paso lo acerca más a la sanidad emocional y a la madurez espiritual.

comunidad eclesiástica

La comunidad eclesiástica recibe a Hiro con los brazos abiertos, ofreciéndole apoyo y amor. Desde el primer día que asiste, el pastor y los miembros de la congregación hacen un esfuerzo por acercarse a él. Conocen sus luchas y están a su lado, brindándole tanto aliento espiritual como emocional. El pastor, en particular, se convierte en un mentor para Hiro, guiándolo en su viaje de fe con sabiduría y compasión.

Hiro comienza a asistir a varias actividades de la iglesia, incluyendo grupos de estudio bíblico y eventos de voluntariado. Estas actividades no solo profundizan su comprensión de las escrituras, sino que también lo conectan con otros miembros de la iglesia que comparten sus valores y ofrecen un apoyo inquebrantable. La iglesia se convierte en una segunda familia para Hiro, un lugar donde se siente aceptado y valorado.

A medida que Hiro se involucra más, asume roles que le permiten retribuir a la comunidad. Ayuda a organizar campañas de caridad, participa en programas de alcance comunitario e incluso comienza a liderar un pequeño grupo de estudio bíblico para recién llegados. A través de estas actividades, Hiro encuentra un sentido de propósito y realización.

El apoyo que recibe de su comunidad eclesiástica refuerza su creencia en responder al odio con amor. Comienza a ver el impacto positivo de sus acciones, ya que algunos de sus colegas y vecinos comienzan a tratarlo con más respeto y amabilidad. La transformación de Hiro y su creciente fe inspiran a aquellos que lo rodean, tanto dentro de la iglesia como en su comunidad en general. Su viaje para encontrar fortaleza en la fe se convierte en un poderoso testimonio del poder duradero del amor y el perdón.

Capítulo 4: Respondiendo con amor y perdón

Inspirado por las enseñanzas de Jesús, Hiro decide responder a la discriminación con amor y perdón en lugar de con ira. Reconoce que aferrarse a la amargura solo lo perjudica a él y resuelve cambiar su enfoque. Hiro comienza a realizar pequeños actos de bondad hacia aquellos que lo maltratan. Lleva bocadillos adicionales al trabajo para compartir con sus colegas, ayuda a sus compañeros de clase con sus estudios y siempre saluda a las personas con una sonrisa. Con el tiempo, estos gestos comienzan a cambiar las percepciones, rompiendo barreras de prejuicio. A través de estas acciones, Hiro crece en su fe y desarrolla una comprensión más profunda de la gracia y la misericordia. Aprende que el perdón no es una señal de debilidad, sino una herramienta poderosa para la sanidad y el cambio. Esta nueva perspectiva fortalece su resolución y enriquece su viaje espiritual.

Eligiendo el perdón

Inspirado por las enseñanzas de Jesús, Hiro toma la decisión consciente de responder a la discriminación con amor y perdón en lugar de con ira. Recuerda las lecciones de sus lecturas de la Biblia, particularmente las enseñanzas de Jesús sobre poner la otra mejilla y amar a los enemigos. Hiro se da cuenta de que aferrarse a la amargura y la ira solo le perjudica más y le aleja de los principios fundamentales de su fe. Decide cambiar su enfoque, entendiendo que el perdón es un camino hacia la paz personal y el crecimiento espiritual.

Hiro comienza este viaje de perdón con una oración, pidiéndole a Dios que le ayude a dejar de lado su resentimiento y reemplazarlo por compasión. Reza por aquellos que le han hecho daño, pidiendo que sus corazones se ablanden y que el entendimiento reemplace los prejuicios. Este acto diario de oración fortalece la determinación de Hiro y establece el tono de sus interacciones.

Actos de bondad

Decidido a practicar lo que predica, Hiro comienza a realizar pequeños actos de bondad hacia aquellos que lo maltratan. En el trabajo, lleva bocadillos extras para compartir con sus colegas, incluso con aquellos que han sido despectivos o groseros con él. Les ayuda con sus tareas, ofreciendo asistencia sin esperar nada a cambio. Estas gestos inicialmente son recibidos con escepticismo, pero Hiro se mantiene constante y genuino en sus esfuerzos.

En la escuela, Hiro ayuda a sus compañeros con sus estudios, dando tutorías a quienes lo necesitan y ofreciéndose voluntario para proyectos de grupo. Su paciencia y disposición para ayudar lentamente comienzan a cambiar sus percepciones. También se esfuerza por saludar a todos con una sonrisa, un acto simple que gradualmente rompe barreras y fomenta un ambiente más positivo.

En su vecindario, Hiro participa en limpiezas comunitarias y otras iniciativas locales. Saluda a sus vecinos con calidez, independientemente de sus actitudes anteriores hacia él. Al participar activamente en su comunidad y mostrar bondad a todos, Hiro empieza a fomentar un sentido de unidad y entendimiento.

Estos actos de bondad no cambian inmediatamente los corazones de todos, pero plantan semillas de duda en las mentes de aquellos que mantienen prejuicios. Con el tiempo, la constante y incondicional bondad mostrada por Hiro comienza a romper los muros de la discriminación. Colegas que antes lo ignoraban ahora se unen a él para almorzar, compañeros de clase buscan su consejo, y vecinos lo saludan con genuina calidez.

Crecimiento personal

A través de estas acciones, Hiro experimenta un crecimiento personal significativo. Comienza a ver los frutos de su trabajo no solo en las actitudes cambiantes de quienes lo rodean, sino en su propio corazón. La práctica del perdón y la bondad enriquece su viaje espiritual, dándole una comprensión más profunda de la gracia y la misericordia.

Hiro aprende que el perdón no es un signo de debilidad, sino una herramienta poderosa para la sanidad y el cambio. Requiere fuerza y humildad, cualidades que Hiro cultiva a diario. Cada acto de bondad refuerza su creencia en el poder transformador del amor, y comienza a sentir un profundo sentido de paz y plenitud.

Esta nueva perspectiva fortalece la determinación de Hiro. Se vuelve más seguro en su identidad y en su misión de difundir amor y comprensión. Su fe se fortalece, y se convierte en un faro de esperanza en su comunidad, demostrando que incluso los más pequeños actos de bondad pueden llevar a cambios significativos.

El viaje de Hiro de responder con amor y perdón transforma no solo su vida, sino también la vida de aquellos que lo rodean. Sus acciones inspiran a otros a reconsiderar sus prejuicios y a abrazar los valores de compasión y aceptación. A través de su fe inquebrantable y determinación, Hiro se convierte en un testimonio viviente del poder del amor, mostrando que la verdadera fuerza reside en el perdón y la bondad.

Capítulo 5: Convirtiéndose en un defensor

Hiro comienza a abogar por las minorías étnicas en su comunidad, organizando eventos y diálogos para promover el entendimiento. Inicia un grupo comunitario con el objetivo de celebrar la diversidad cultural y educar a otros sobre los desafíos que enfrentan las minorías étnicas. Hiro comparte sus experiencias y el poder del perdón en reuniones comunitarias y congregaciones de la iglesia. Sus discursos sinceros y emotivos crean conciencia sobre la discriminación y la importancia de la inclusión. Se convierte en un orador muy solicitado, inspirando a muchos con su mensaje de amor y reconciliación. Hiro trabaja incansablemente para cerrar brechas entre diferentes comunidades étnicas. Colabora con otros grupos de defensa y organizaciones locales para fomentar un entorno de inclusión y respeto. Sus esfuerzos llevaron a la creación de programas de intercambio cultural y eventos comunitarios que celebran la diversidad.

Defensa y diálogo

Hiro se da cuenta de que su viaje personal de perdón y amabilidad puede ser un catalizador para un cambio social más amplio. Comienza a abogar por las minorías étnicas en su comunidad, con el objetivo de abordar y reducir la discriminación que enfrentan. Reconociendo la necesidad de una plataforma para dar voz a estos problemas, Hiro inició un grupo comunitario dedicado a celebrar la diversidad cultural y educar a otros sobre los desafíos que enfrentan las minorías étnicas.

El grupo, llamado "Unidad en la Diversidad", celebra reuniones regulares donde los miembros pueden compartir sus experiencias y discutir estrategias para promover el entendimiento y la inclusión. Hiro organiza talleres y seminarios con oradores invitados de diversos orígenes étnicos, proporcionando un espacio para el diálogo abierto y el aprendizaje. Estos eventos cubren temas como la historia de los diferentes grupos étnicos en Japón, el impacto de la discriminación y la importancia de la empatía cultural.

Hiro también inicia festivales y ferias culturales que muestran las tradiciones, comidas y artes de varias comunidades étnicas. Estos eventos atraen a grandes multitudes, creando oportunidades para que la gente experimente y aprecie la riqueza de diferentes culturas. Las actividades del grupo ayudan a romper estereotipos y a construir un sentido de solidaridad entre los miembros de la comunidad.

Hablar en público

El trabajo de defensa de Hiro se extiende más allá de su grupo comunitario. Se convierte en un orador público activo, compartiendo sus experiencias y el poder transformador del perdón en reuniones comunitarias, escuelas y reuniones de iglesias. Sus discursos sinceros y conmovedores crean conciencia sobre la discriminación y la importancia de la inclusión.

En sus charlas, Hiro habla sobre sus luchas personales con la discriminación y cómo su fe lo guió a responder con amor y perdón. Enfatiza que el verdadero cambio comienza con acciones y actitudes individuales, alentando a su audiencia a reflexionar sobre sus propios comportamientos y prejuicios. Su mensaje resuena profundamente con los oyentes, muchos de los cuales se sienten motivados a actuar en sus propias vidas.

A medida que se corre la voz sobre el poderoso mensaje de Hiro, es invitado a hablar en eventos y conferencias más grandes. Su capacidad para conectar con audiencias diversas y su compromiso inquebrantable para promover la inclusión lo convierten en un orador muy solicitado. A través de sus discursos, Hiro inspira a incontables individuos a adoptar los valores de compasión y entendimiento.

Construyendo puentes

Hiro trabaja incansablemente para cerrar las brechas entre diferentes comunidades étnicas. Colabora con otros grupos de defensa y organizaciones locales para fomentar un ambiente de inclusión y respeto. Una de sus iniciativas clave es la creación de programas de intercambio cultural que permiten a las personas de diferentes orígenes aprender y apreciar las culturas de los demás.

Estos programas incluyen sesiones de intercambio de idiomas, clases de cocina con platos tradicionales de varios países y talleres de arte donde los participantes crean proyectos que reflejan su herencia cultural. Al participar en estas actividades, los miembros de la comunidad construyen conexiones y ganan una apreciación más profunda por la diversidad que los rodea.

Hiro también organiza proyectos de servicio comunitario conjuntos que reúnen a personas de diferentes orígenes étnicos para trabajar hacia objetivos comunes. Ya sea limpiando parques locales, ayudando en refugios o realizando colectas de alimentos, estos proyectos ayudan a fomentar un espíritu de cooperación y respeto mutuo.

A través de sus esfuerzos, Hiro cultiva un sentido de unidad en su comunidad. Las relaciones formadas a través de sus iniciativas conducen a cambios duraderos en actitudes y comportamientos, reduciendo los prejuicios y promoviendo la armonía. El trabajo de Hiro es reconocido por los líderes locales, y recibe varios premios por sus contribuciones a la construcción comunitaria y la defensa cultural.

La dedicación incansable de Hiro a la defensa y el diálogo comienza a rendir frutos tangibles. La mayor conciencia y comprensión fomentadas por sus esfuerzos llevaron a cambios en las políticas dentro de las escuelas y negocios locales, promoviendo una mayor inclusión y apoyo a las minorías étnicas. Las quejas por discriminación disminuyen, y hay una mejora notable en la cohesión social dentro de su comunidad.

Los programas de intercambio cultural y los eventos comunitarios que organiza Hiro se convierten en tradiciones anuales, muy esperadas por los residentes de Tokio. Estos eventos ayudan a mantener el impulso del trabajo de defensa de Hiro, asegurando que el mensaje de inclusión y respeto continúe resonando con las generaciones futuras.

El viaje de Hiro desde víctima de discriminación hasta campeón de la diversidad demuestra el impacto profundo que un individuo puede tener en la sociedad. Su trabajo de defensa no solo cambia la vida de quienes lo rodean, sino que también establece un poderoso ejemplo para que otros lo sigan, demostrando que el amor, el perdón y la fe pueden superar incluso las divisiones más profundas.

Capítulo 6: Enfrentando la oposición

No todos son receptivos al mensaje de Hiro. Se enfrenta a la oposición de aquellos que tienen prejuicios arraigados y de individuos que malinterpretan sus intenciones. Algunos miembros de la comunidad lo critican por ser demasiado idealista o lo acusan de ser un alborotador. A pesar de estos desafíos, Hiro se mantiene firme en su fe. Ora por fuerza y orientación, confiando en que Dios le ayudará a superar estos obstáculos. Su fe en Jesús le brinda la resiliencia para seguir adelante, incluso cuando el camino es difícil. Hiro recibe apoyo de individuos y organizaciones afines. Activistas locales, líderes religiosos y miembros de la comunidad se unen a su causa, reforzando sus esfuerzos y ampliando su impacto. Esta red de apoyo ayuda a Hiro a mantenerse motivado y confiado en su misión.

Resistencia y desafíos

A medida que los esfuerzos de defensa de Hiro ganan tracción, no todos en la comunidad son receptivos a su mensaje de inclusividad y entendimiento. Encuentra resistencia de individuos que tienen prejuicios profundamente arraigados y temen el cambio. Estos opositores a menudo vocalizan su desaprobación en reuniones comunitarias, foros en línea e incluso a través de confrontaciones directas. Acusan a Hiro de perturbar el orden social y cuestionan sus motivos, etiquetándolo como un idealista alborotador.

Algunos negocios y líderes locales que se benefician de mantener el statu quo también se oponen a las iniciativas de Hiro. Se resisten a implementar las políticas inclusivas que Hiro aboga, argumentando que son innecesarias o demasiado costosas. Esta resistencia institucional presenta obstáculos significativos, ya que impide la adopción generalizada de los cambios por los que Hiro lucha.

Hiro también enfrenta ataques personales. Cartas anónimas y publicaciones en redes sociales lo atacan con comentarios despectivos y amenazas, con el objetivo de intimidarlo para que permanezca en silencio. Estos ataques tienen un costo emocional para Hiro, desafían su determinación y ponen a prueba su compromiso con su causa.

Permaneciendo fiel

A pesar de estos formidables desafíos, Hiro se mantiene firme en su fe. Cada mañana, dedica tiempo a la oración, buscando fuerza y orientación de Jesús. A menudo reflexiona sobre versículos bíblicos que ofrecen consuelo y resiliencia, como Filipenses 4:13, "Todo lo puedo en Cristo que me fortalece." Estos momentos de reflexión espiritual fortalecen su determinación y le recuerdan el apoyo divino que sustenta su misión.

La fe de Hiro es su ancla. Le da el coraje para enfrentar la oposición con gracia y paciencia. En lugar de tomar represalias contra sus detractores, responde con amabilidad y comprensión, encarnando los principios de amor y perdón que considera sagrados. Este enfoque a menudo desarma a sus críticos y demuestra el poder transformador de la fe.

Para lidiar con el estrés y la carga emocional, Hiro se reúne regularmente con su pastor y miembros de su iglesia. Estas sesiones le brindan el apoyo y la afirmación que tanto necesita, ayudándolo a navegar los desafíos emocionales de su trabajo de defensa. La creencia inquebrantable de la comunidad eclesiástica en su misión refuerza la confianza de Hiro en que está en el camino correcto.

Apoyo de aliados

A pesar de enfrentar una oposición significativa, Hiro también reúne un apoyo sustancial de individuos y organizaciones afines. Activistas locales que comparten su visión de una sociedad más inclusiva se unen a su causa, prestando su experiencia y recursos. Estas colaboraciones amplifican el impacto de Hiro, permitiéndole llegar a una audiencia más amplia e implementar cambios más sustanciales.

Líderes religiosos de diversas comunidades de fe también se unen a Hiro, reconociendo la alineación entre su defensa y sus enseñanzas espirituales sobre compasión y justicia. Lo invitan a hablar en eventos interreligiosos y a participar en iniciativas conjuntas, promoviendo un mensaje de unidad y solidaridad.

Miembros de la comunidad que se han inspirado en el viaje de Hiro también dan un paso adelante para apoyarlo. Asisten a sus eventos, difunden su mensaje y ofrecen su tiempo para ayudar con sus proyectos. Esta creciente red de seguidores ayuda a elevar la moral de Hiro y proporciona asistencia práctica, asegurando que su trabajo de defensa pueda seguir prosperando.

Uno de los partidarios más importantes de Hiro es el Dr. Nakajima, un respetado sociólogo de una universidad local que se especializa en relaciones étnicas. El Dr. Nakajima asesora a Hiro, ayudándolo a perfeccionar sus estrategias y a conectarse con figuras influyentes en el ámbito académico y gubernamental. Con la guía del Dr. Nakajima, las iniciativas de Hiro ganan credibilidad y atraen más atención de los formuladores de políticas.

Juntos, esta coalición de aliados forma una poderosa red de apoyo que ayuda a Hiro a navegar los desafíos que enfrenta. Le proporcionan los recursos, el aliento y la solidaridad que necesita para mantenerse motivado y confiado en su misión. Con su respaldo, Hiro continúa abogando por una sociedad donde se celebre la diversidad y todos sean tratados con respeto y dignidad.

Capítulo 7: Rompiendo barreras

Los esfuerzos de Hiro comienzan a dar frutos a medida que más personas en su comunidad empiezan a abrazar la diversidad y a rechazar los prejuicios. Las escuelas y los lugares de trabajo implementan políticas contra la discriminación, y los programas de intercambio cultural se vuelven más populares. La comunidad comienza a ver el valor en el mensaje de amor y perdón de Hiro. Surgen historias personales de individuos cuyos actitudes han cambiado gracias a la influencia de Hiro.

Un colega que una vez lo ignoró se convierte en un amigo cercano, y un antiguo matón se disculpa y busca enmendarse. Estas historias destacan el poder de la abogacía de Hiro y el impacto de su dedicación. El trabajo de Hiro gana reconocimiento a mayor escala. Recibe premios por sus contribuciones a la promoción de la inclusión y es invitado a hablar en foros nacionales e internacionales. Estas plataformas le brindan mayores oportunidades para abogar por la reconciliación y la unidad, difundiendo su mensaje por todas partes.

Impacto comunitario

Los incansables esfuerzos de Hiro por promover la inclusión y la comprensión comienzan a dar resultados tangibles. Las escuelas de su comunidad empiezan a implementar políticas integrales contra la discriminación, creando ambientes seguros e inclusivos para estudiantes de todos los orígenes. Los maestros reciben capacitación sobre sensibilidad cultural e inclusión, garantizando que las aulas se conviertan en lugares de respeto y aceptación.

Los lugares de trabajo inspirados por la abogacía de Hiro también adoptan políticas similares. Los departamentos de recursos humanos introducen programas de capacitación obligatoria en diversidad, y las empresas establecen protocolos claros para abordar la discriminación. Estos cambios crean un ambiente laboral más equitativo y respetuoso, donde los empleados se sienten valorados sin importar sus antecedentes étnicos.

Los programas de intercambio cultural ganan popularidad, fomentando una mayor apreciación por la diversidad dentro de la comunidad. Eventos como festivales internacionales de gastronomía, ferias culturales y talleres de intercambio de idiomas se vuelven habituales, atrayendo grandes multitudes y promoviendo la comprensión intercultural. La gente empieza a ver la riqueza que aporta la diversidad, rompiendo prejuicios arraigados y fomentando un sentido de unidad.

Historias de cambio

A medida que se difunde el mensaje de Hiro, comienzan a surgir historias personales de transformación. Una de estas historias es la de

Kenji, un colega que inicialmente ignoró a Hiro debido a su origen étnico. Con el tiempo, influenciado por la bondad inquebrantable de Hiro y las iniciativas de intercambio cultural en su lugar de trabajo, la actitud de Kenji cambia. Se acerca a Hiro, buscando entender mejor sus experiencias y antecedentes. Este nuevo entendimiento florece en una amistad cercana, mostrando el poder de la empatía y la mente abierta.

Otra historia conmovedora involucra a Taro, un antiguo acosador escolar que atormentó a Hiro durante su infancia. Motivado por los discursos públicos y el trabajo de abogacía de Hiro, Taro reflexiona sobre su comportamiento pasado con arrepentimiento. Un día, se acerca a Hiro, ofreciéndole una disculpa sincera y expresando su deseo de hacer las paces. Este acto de reconciliación no solo sana viejas heridas, sino que también sirve como un poderoso testimonio del impacto del perdón y el crecimiento personal.

Estas historias, entre muchas otras, destacan el efecto dominó de los esfuerzos de Hiro. Ilustran cómo el compromiso de un individuo con el amor y el perdón puede inspirar cambios profundos en actitudes y comportamientos, fomentando una comunidad más inclusiva y compasiva.

Reconocimiento y crecimiento

La dedicación de Hiro y el impacto tangible de su trabajo no pasan desapercibidos. Los medios locales comienzan a destacar sus iniciativas, llamando la atención sobre los cambios positivos que están ocurriendo en la comunidad. Su historia de superar la discriminación y abogar por la unidad se convierte en una inspiración para muchos. En reconocimiento a sus contribuciones a la promoción de la inclusión y la armonía, Hiro recibe varios prestigiosos premios. Estos galardones incluyen un premio humanitario local, un premio nacional de campeón de la diversidad e incluso un premio internacional de la paz. Cada reconocimiento le brinda oportunidades para expandir su alcance e influencia.

Hiro está invitado a hablar en foros nacionales e internacionales, compartiendo su viaje y las lecciones que ha aprendido. Estas plataformas le permiten conectarse con una audiencia más amplia, abogando por la reconciliación y la unidad a nivel global. Participa en conferencias, debates y talleres, difundiendo su mensaje de amor y perdón por todas partes. A través de estos compromisos, la red de seguidores y aliados de Hiro continúa creciendo. Colabora con otros defensores y organizaciones dedicadas a promover la diversidad y la inclusión, aprovechando su experiencia y recursos colectivos para impulsar un cambio aún más significativo.

A medida que el trabajo de Hiro gana reconocimiento internacional, él se mantiene firme en su fe y misión. Cada premio y participación refuerza su compromiso con su causa, recordándole la importancia de su defensa y las vidas que toca. Con cada barrera rota y cada corazón cambiado, la visión de Hiro de un mundo donde prevalezcan el amor y la aceptación se vuelve cada vez más alcanzable. Su viaje desde un joven que enfrentó discriminación hasta un defensor celebrado de la inclusividad es un ejemplo poderoso del poder transformador de la fe, la resiliencia y la dedicación inquebrantable a un mundo justo y compasivo.

Capítulo 8: Dando gloria a Dios

Hiro continuamente da gloria a Dios por la gracia y la misericordia que han empoderado su viaje. En sus discursos e interacciones, enfatiza que su fuerza y éxito provienen de su fe en Jesús. Anima a otros a confiar en su fe en tiempos de lucha. El testimonio de fe y perdón de Hiro inspira a otros a confiar en la fe y el perdón frente a la discriminación. Su historia se comparte ampliamente, tocando las vidas de muchos que enfrentan desafíos similares. Hiro se convierte en un modelo a seguir para quienes buscan superar los prejuicios y el odio con amor. A pesar de sus logros, Hiro permanece humilde y agradecido. Siempre apunta a Jesús como la fuente de su fuerza y éxito. Su humildad y gratitud lo hacen entrañable para muchos, reforzando la autenticidad de su mensaje y la sinceridad de su misión.

Reconociendo el papel de Dios

Hiro reconoce continuamente el papel de Dios en su camino. En cada oportunidad, ya sea durante discursos, entrevistas o interacciones personales, enfatiza que su fuerza, resiliencia y éxito provienen de su fe inquebrantable en Jesús. A menudo comparte su versículo favorito de la Biblia, Filipenses 4:13, "Todo lo puedo en Cristo que me fortalece," para ilustrar cómo su fe lo ha llevado a través de los tiempos más oscuros.

Durante sus discursos, Hiro relata sus experiencias de enfrentar discriminación y cómo su fe le proporcionó la fuerza para responder con amor y perdón. Describe cómo la oración y la lectura de las escrituras han sido sus anclas, guiándolo en momentos de duda y desesperación. El mensaje de Hiro es claro: sin la gracia y misericordia de Dios, no habría logrado lo que ha logrado.

Hiro también anima a otros a confiar en su fe en tiempos de lucha. Recuerda a su audiencia que el amor de Dios es incondicional y que recurrir a Jesús puede proporcionar la fuerza y guía necesarias para superar cualquier adversidad. Sus palabras resuenan profundamente, ofreciendo esperanza y aliento a aquellos que se sienten abrumados por sus circunstancias.

Testimonio de fe

El testimonio de fe y perdón de Hiro se convierte en una herramienta poderosa para inspirar a otros. Su historia se comparte ampliamente a través de varios canales de medios, incluidos periódicos, artículos en línea y entrevistas televisivas. Cada vez, el mensaje de Hiro de superar los prejuicios con amor y perdón alcanza una audiencia más amplia, tocando las vidas de innumerables individuos que enfrentan desafíos similares. En una entrevista particularmente impactante en un popular programa de entrevistas, Hiro comparte el viaje emocional de su infancia, la discriminación que enfrentó y el momento en que decidió responder con amor en lugar de ira. La audiencia se conmueve visiblemente, con muchos expresando su admiración por su valentía y fe. Esta aparición lleva a una avalancha de apoyo y solidaridad de espectadores de todo el mundo.

Hiro se convierte en un modelo a seguir para quienes buscan superar los prejuicios y el odio con amor. Es invitado a hablar en escuelas, universidades y centros comunitarios, donde su historia inspira a jóvenes y mayores por igual. Los estudiantes escriben cartas agradeciéndole por su valentía y por darles esperanza. Los líderes comunitarios lo elogian por sus esfuerzos en promover la unidad y la comprensión. A través de su testimonio, Hiro no solo destaca la importancia de la fe, sino que también demuestra el poder transformador del perdón. Comparte anécdotas personales sobre cómo perdonar a quienes lo maltrataron le ha traído paz y le ha permitido avanzar de manera positiva. Su historia muestra que el perdón no es solo para beneficio del perdonado, sino también para el que perdona, liberándolo de las cadenas de la amargura y el resentimiento.

Gratitud y humildad

A pesar de sus numerosos logros y del amplio reconocimiento que recibe, Hiro se mantiene humilde y con los pies en la tierra. Nunca deja que los elogios opaquen la esencia de su misión o su profunda gratitud hacia Dios. En cada aparición pública y conversación privada, siempre señala a Jesús como la fuente de su fuerza y éxito. Hiro a menudo comparte la historia de cómo encontró consuelo en su fe durante los momentos más oscuros de su vida. Habla de las noches sin dormir que pasó en oración, del consuelo que encontró en las escrituras y del apoyo inquebrantable de su comunidad eclesiástica. Al hacerlo, refuerza la idea de que su viaje no es solo un triunfo personal, sino un testimonio del amor y la guía infalibles de Dios.

Su humildad y gratitud lo hacen muy querido por muchos. La gente se siente atraída por su autenticidad y la sinceridad de su misión. Ven en Hiro a un líder genuino que practica lo que predica, cuyas acciones están impulsadas por un profundo sentido de fe y el deseo de hacer del mundo un lugar mejor. En su vida personal, Hiro continúa encarnando estos valores. Se mantiene activo en su iglesia, participando en proyectos de servicio comunitario y mentoría a jóvenes. Con frecuencia visita escuelas y centros comunitarios, no solo para dar discursos, sino para escuchar las historias de los demás y ofrecer apoyo.

El viaje de Hiro es un poderoso recordatorio de que la verdadera fuerza y el éxito provienen de un lugar de fe, humildad y gratitud. Su vida es un testimonio vivo del poder transformador del amor de Dios, inspirando a otros a abrazar su fe y usarla como una fuerza para el bien en el mundo. A medida que continúa su labor de defensa, Hiro se mantiene comprometido a dar gloria a Dios, sabiendo que su viaje es parte de un propósito y un plan mayores.

Epílogo: Un legado de reconciliación

Hiro reflexiona sobre su viaje, reconociendo el profundo impacto de la fe y el perdón en su vida y comunidad. Reconoce los desafíos que enfrentó y el crecimiento que experimentó, agradecido por la gracia que lo guió. Hiro continúa su labor de defensa, siempre buscando nuevas formas de promover la unidad y el entendimiento. Se mantiene comprometido con su misión y constantemente busca oportunidades para expandir su alcance e impacto. Su trabajo se convierte en una dedicación de por vida, inspirada por su fe y motivada por su deseo de ver un mundo libre de prejuicios. Hiro sueña con un mundo donde prevalezcan el amor y la aceptación. Confía en la guía y provisión continuas de Dios, esperanzado de que las futuras generaciones construirán sobre la base que ayudó a establecer. El legado de reconciliación y fe de Hiro sirve como un faro de esperanza, inspirando a otros a seguir sus pasos y crear un mundo más inclusivo y amoroso.

Reflexionando sobre el viaje

Hiro a menudo se encuentra reflexionando sobre el increíble viaje que ha emprendido. Desde sus primeros años enfrentando discriminación y prejuicios hasta convertirse en un faro de esperanza y reconciliación, su vida ha sido un testimonio del poder transformador de la fe y el perdón. Sentado en un rincón tranquilo de su hogar, Hiro mira fotografías y cartas de personas que ha conocido en el camino, cada una un recordatorio del impacto que su trabajo ha tenido en incontables vidas.

Recuerda los muchos desafíos que enfrentó: ser acosado en la escuela, encontrarse con prejuicios en el trabajo y la carga emocional de la soledad y la frustración. Estas experiencias fueron dolorosas, pero también lo moldearon en la persona que es hoy. Reconoce que sin estas luchas, tal vez nunca habría encontrado la profundidad de su fe o la fuerza para perdonar.

Hiro está profundamente agradecido por la gracia que lo guió a través de sus momentos más oscuros. Recuerda los momentos de duda y desesperación cuando volver a Jesús le proporcionó el consuelo y la fuerza que necesitaba para continuar. Sus reflexiones a menudo están llenas de gratitud por el apoyo inquebrantable de su familia, amigos y comunidad eclesiástica, quienes lo apoyaron y creyeron en su misión.

Misión continua

El camino de Hiro está lejos de terminar. Permanece fervientemente comprometido con su labor de defensa, siempre buscando nuevas formas de promover la unidad y el entendimiento. Ya sea a través de la organización de programas de intercambio cultural, hablando en foros internacionales o colaborando con otros grupos de defensa, la dedicación de Hiro a su misión es inquebrantable.

Constantemente busca oportunidades para expandir su alcance e impacto. Hiro establece asociaciones con instituciones educativas para implementar programas de entrenamiento en diversidad, asegurándose de que la próxima generación esté equipada para abrazar la inclusión. También trabaja con legisladores para abogar por leyes que protejan los derechos de las minorías y promuevan la justicia social.

El trabajo de Hiro se convierte en una dedicación de por vida. Está profundamente inspirado por su fe y motivado por su deseo de ver un mundo libre de prejuicios. Entiende que el verdadero cambio requiere un esfuerzo persistente y un compromiso inquebrantable, y está decidido a ver su visión realizada.

Esperanza para el futuro

Hiro sueña con un mundo donde prevalezcan el amor y la aceptación. Él imagina comunidades donde personas de todos los orígenes vivan juntas en armonía, respetando y celebrando las diferencias de cada uno. Su esperanza es que las futuras generaciones construyan sobre la base que él ayudó a establecer, continuando el trabajo de promover la reconciliación y la unidad.

Hiro confía en la continua guía y provisión de Dios. Él cree que sus esfuerzos, combinados con los de innumerables otros que comparten su visión, crearán un efecto dominó, llevando a un cambio generalizado. Hiro a menudo habla con jóvenes, alentándolos a asumir la responsabilidad de la defensa y a utilizar sus voces para marcar la diferencia.

Mientras mira hacia adelante, Hiro se llena de optimismo. Sabe que el camino hacia un mundo más inclusivo y amoroso está en curso, pero confía en que con fe, perseverancia y acción colectiva, es posible. Su legado de reconciliación y fe sirve como un faro de esperanza, inspirando a otros a seguir sus pasos y trabajar hacia la creación de un mundo donde todos sean tratados con dignidad y respeto.

Al final, la historia de Hiro es una de transformación y triunfo. Es un testimonio del poder de la fe y el perdón, demostrando que no importa cuán profundo sea el prejuicio o cuán grandes sean los obstáculos, el amor y la comprensión pueden superarlo todo. La vida y obra de Hiro continúan inspirando y guiando a aquellos que luchan por un mundo donde la unidad y la compasión sean la norma, y su legado perdura como un brillante ejemplo de lo que se puede lograr

cuando nos comprometemos a vivir los principios de nuestra fe en cada aspecto de nuestras vidas.

Fin

LA RECUPERACIÓN DEL TRAUMA DE FATIMA EN KABUL, AFGANISTÁN

Capítulo 1: Vida antes del trauma

• **Introducción a Fatima:** Una joven que vive en Kabul, Afganistán, conocida por su espíritu brillante y su amor por su familia.

• **Vida cotidiana:** Descripción de las actividades diarias de Fatima, su escuela, amigos y su fuerte fe en Jesús.

• **Antecedentes familiares:** Una visión de su familia unida y sus dinámicas de apoyo.

Capítulo 2: El evento traumático

• **Violencia y conflicto:** Un brote repentino de violencia y conflicto en Kabul afecta directamente a Fatima y su familia.

• **El incidente:** Relato detallado del evento traumático que deja a Fatima emocionalmente marcada, resultando en la pérdida de un familiar o una lesión grave.

• **Consecuencias inmediatas:** Reacciones iniciales de miedo, confusión y duelo de Fatima, y el impacto inmediato en su familia.

Capítulo 3: Luchando con el trauma

• **Cicatrices emocionales:** Fatima comienza a experimentar pesadillas, recuerdos intrusivos y ansiedad, luchando por sobrellevar su trauma.

• **Aislamiento y retiro:** Se aleja de actividades sociales y de la escuela, sintiéndose desconectada de su vida anterior.

• **Fe en medio del sufrimiento:** A pesar de su dolor, Fatima se aferra a su fe en Jesús, buscando consuelo en la oración y las Escrituras.

Capítulo 4: Buscando ayuda

• **Terapia y consejería:** La familia de Fatima busca ayuda profesional, inscribiéndola en terapia para abordar su trauma.

• **Grupos de apoyo:** Se une a un grupo de apoyo para sobrevivientes de trauma, donde conoce a otros que han enfrentado experiencias similares.

• **comunidad eclesiástica:** La iglesia de Fatima le brinda apoyo adicional, ofreciendo oraciones, consejería y un espacio seguro para sanar.

Capítulo 5: El viaje de sanidad

• **Proceso terapéutico:** El viaje de Fatima a través de la terapia, aprendiendo mecanismos de afrontamiento y abordando gradualmente sus miedos y recuerdos intrusivos.

• **Crecimiento espiritual:** Su fe se profundiza a medida que experimenta pequeños momentos de paz y sanidad a través de la oración y el apoyo de su iglesia.

• **Construyendo resiliencia:** Fatima comienza a recuperar su fuerza y valentía, reintegrándose lentamente en sus actividades diarias y la escuela.

Capítulo 6: Superando obstáculos

• **Enfrentando miedos:** Con la ayuda de su terapeuta y su fe, Fatima confronta situaciones que desencadenan su trauma, construyendo su resiliencia.

• **Relaciones de apoyo:** Fortaleciendo lazos con su familia, amigos y su comunidad religiosa que la apoyan durante su recuperación.

• **Crecimiento personal:** Fatima descubre nuevos intereses y pasatiempos que le brindan alegría y un sentido de logro.

Capítulo 7: Reconstruyendo la vida

• **Nuevas oportunidades:** Fatima abraza nuevas oportunidades para la educación y el desarrollo personal, estableciendo metas para su futuro.

• **Ayudando a otros:** Inspirada por su viaje, comienza a ayudar a otros sobrevivientes de trauma a través de su iglesia y grupos de apoyo.

• **Fe en acción:** La fe de Fatima la lleva a ofrecerse como voluntaria en proyectos comunitarios, difundiendo esperanza y amor a quienes lo necesitan.

Capítulo 8: Dando gloria a Dios

• **Testimonio público:** Fatima comparte su historia de trauma y recuperación en eventos de la iglesia y de la comunidad, dando gloria a Dios por su restauración y paz.

• **Inspirando a otros:** Su testimonio inspira a otros a buscar ayuda y confiar en el poder sanador de Dios, creando un efecto de esperanza y resiliencia.

• **Continuo viaje de fe:** Fatima continúa creciendo en su fe, siempre reconociendo el papel de Dios en su sanidad y recuperación.

Epílogo: Un legado de esperanza y coraje

• **Reflexionando sobre el viaje:** Fatima reflexiona sobre su trayectoria, reconociendo el profundo impacto de la fe, la terapia y el apoyo comunitario en su recuperación.

• **Aspiraciones futuras:** Sueña con convertirse en terapeuta para ayudar a otros a superar el trauma, utilizando sus experiencias para guiar e inspirar.

• **Legado de fe:** La historia de Fatima se convierte en un testimonio del poder de la fe, la resiliencia y el amor inquebrantable de Dios, dejando un impacto duradero en su comunidad.

<u>"La recuperación del trauma de Fatima en Kabul, Afganistán"</u>

Capítulo 1: Vida antes del trauma

Fatima es una niña de doce años que vive en Kabul, Afganistán. Conocida por su espíritu brillante, irradia alegría y curiosidad. A Fatima le encanta pasar tiempo con su familia y tiene un vínculo cercano con cada miembro. Tiene un cariño especial por su abuela, que a menudo comparte historias sobre la historia y la fe de su familia. Los días de Fatima están llenos de escuela, juegos con sus amigos y ayuda a su madre con las tareas del hogar. Sobresale en sus estudios y sueña con convertirse en doctora algún día. Después de la escuela, a menudo se encuentra con sus amigos en el parque local, donde juegan y comparten historias. La fuerte fe de Fatima en Jesús es una parte significativa de su vida, proporcionándole guía y consuelo. Fatima vive con sus padres, dos hermanos menores y su abuela. Su padre trabaja como maestro y su madre dirige una pequeña tienda desde su casa. El amor y apoyo de la familia crean un entorno de crianza para Fatima, fomentando su sensación de seguridad y felicidad. Sus noches las pasan juntos, compartiendo comidas y discutiendo sobre su día.

Introducción a Fatima

Fatima es una vibrante niña de doce años que vive en la bulliciosa ciudad de Kabul, Afganistán. Su espíritu brillante y su risa contagiosa son una fuente constante de alegría para quienes la rodean. Conocida por su curiosidad y entusiasmo, a Fatima le encanta explorar nuevas ideas y aprender sobre el mundo. Tiene un vínculo especial con su abuela, que a menudo comparte historias sobre la rica historia de su familia y su profunda fe en Jesús. Estas historias inspiran a Fatima y atesora el tiempo que pasa escuchando la sabiduría de su abuela.

Vida cotidiana

Los días de Fatima están llenos de una mezcla de actividades académicas, interacciones sociales y responsabilidades familiares. Asiste a una escuela local donde sobresale en sus estudios, particularmente en ciencias y matemáticas. Fatima alberga sueños de convertirse en doctora, una meta que la motiva a trabajar duro y mantenerse enfocada. Después de la escuela, Fatima se encuentra con sus amigos en el parque del vecindario. Juegan juegos tradicionales afganos, intercambian historias y disfrutan de los momentos despreocupados de la niñez. Su juego favorito es el Buzkashi, un deporte tradicional de Asia Central jugado a caballo, que a menudo imitan a pie con equipo improvisado. Estas actividades le proporcionan un sentido de normalidad y alegría.

En casa, Fatima ayuda a su madre con las tareas del hogar. Ella colabora en la cocina, limpiando y atendiendo la pequeña tienda que su madre dirige desde su casa. Esta rutina le inculca un sentido de responsabilidad y la importancia de contribuir al bienestar de la familia. La fuerte fe de Fatima en Jesús es una piedra angular en su vida. Comienza y termina su día con oración, buscando guía y consuelo en su fe. Su creencia le proporciona un compás moral y una sensación de paz, incluso en medio de los desafíos que conlleva vivir en un país afectado por el conflicto.

Antecedentes familiares

Fatima vive con sus padres, dos hermanos menores y su amada abuela en un hogar modesto pero cálido. Su padre es un maestro dedicado en una escuela local, conocido por su pasión por la educación y su compromiso con sus estudiantes. A menudo trae a casa libros y materiales educativos, alentando a Fatima y sus hermanos a aprender y crecer. Su madre es una mujer ingeniosa y trabajadora que maneja el hogar y lleva una pequeña tienda desde su casa. La tienda vende artesanías hechas a mano, especias y varios artículos del hogar, proporcionando una fuente crucial de ingresos para la familia.

El amor y el apoyo de la familia crean un ambiente de crianza para Fatima. Sus noches a menudo se pasan juntos, compartiendo comidas y comentando su día. Estos momentos están llenos de risas, historias y oraciones, fortaleciendo el lazo entre ellos. Los padres de Fatima enfatizan la importancia de la educación, la fe y la comunidad, valores que influyen profundamente en su perspectiva de la vida. El modesto hogar de la familia está lleno de calidez y amor. Las paredes están adornadas con fotos familiares y decoraciones hechas a mano, cada una contando una historia de su patrimonio y fe. A pesar de los desafíos externos e incertidumbres, el hogar de Fatima es un santuario de seguridad y felicidad.

En general, la vida de Fatima antes del trauma está marcada por la alegría, el aprendizaje y fuertes lazos familiares. Su fe en Jesús y el apoyo de su familia le proporcionan una base sólida, preparándola para los desafíos imprevistos que se avecinan.

Capítulo 2: El evento traumático

Un fatídico día, un repentino brote de violencia estalla en su vecindario. Las calles antes pacíficas de Kabul se convierten en un campo de batalla, y la familia de Fatima se ve atrapada en el caos. El sonido de explosiones y disparos llena el aire, quebrando la serenidad de sus vidas. Durante el conflicto, una bomba detona cerca de su hogar. La explosión provocó graves lesiones a Fatima y la trágica pérdida de su abuela, quien era su más cercana confidente y fuente de sabiduría. El evento traumático deja a Fatima emocionalmente marcada, y el mundo de su familia se pone patas arriba. En el tiempo inmediato después, Fatima se siente abrumada por el miedo, la confusión y el dolor. La que una vez fue una vibrante niña ahora es asediada por los recuerdos del horrible evento. Su familia, igualmente devastada, lucha por sobrellevar su pérdida y los drásticos cambios en sus vidas.

Violencia y conflicto

Un fatídico día, la frágil paz del vecindario de Fatima en Kabul se rompe por un repentino brote de violencia. Las calles, que solían estar llenas de vida con niños jugando y vendedores ofreciendo sus productos, se transforman en una caótica zona de guerra. Explosiones y disparos retumban en el aire, y la atmósfera tranquila es reemplazada por el miedo y el pánico.

Fatima y su familia se ven atrapados en medio de este conflicto. Oyen los booms distantes de las explosiones acercándose, el traqueteo de las ametralladoras y los gritos desesperados de sus vecinos. La familia rápidamente se reúne en su hogar, buscando seguridad y rezando para que la violencia pase. A pesar de sus plegarias, el terror afuera de sus puertas se intensifica, trayendo el conflicto aterradoramente cerca.

El incidente

A medida que la violencia escala, una bomba detona cerca del hogar de Fatima. La ensordecedora explosión sacude el vecindario, lanzando escombros por todas partes y haciendo temblar los edificios. La onda expansiva rompe las ventanas y llena el aire de polvo y humo. En el caos, la abuela de Fatima, que estaba sentada cerca de la ventana, resulta gravemente herida. La propia Fatima es arrojada al suelo, sufriendo lesiones graves. La onda de choque le quita el aliento, y yace aturdida, con los oídos zumbando y la visión borrosa.

Cuando el polvo se asienta, el horror completo de la situación se hace evidente. La amada abuela de Fatima, su más cercana confidente y fuente de sabiduría, ha sucumbido a sus heridas. La pérdida es inconmensurable, y el dolor que sigue es como una pesada y sofocante manta sobre la familia.

Consecuencias inmediatas

En las consecuencias inmediatas de la explosión, Fatima se siente abrumada por el miedo, la confusión y el dolor. Sus heridas físicas son graves, pero las heridas emocionales son aún más profundas. La que una vez fue una niña vibrante, llena de vida y sueños, ahora está asediada por los recuerdos del horrible evento. Constantemente reproduce en su mente los momentos de la explosión, el sonido del estallido, la vista del cuerpo sin vida de su abuela y el abrumador sentimiento de impotencia. La familia de Fatima está igualmente devastada. Su padre, madre y hermanos menores están desconsolados por la pérdida de su matriarca y los drásticos cambios en sus vidas. Su hogar, que una vez fue un lugar de calidez y seguridad, ahora se siente vacío y desolado. El sentido de seguridad que una vez daban por sentado está destruido, reemplazado por un miedo omnipresente de la violencia que acecha justo fuera de su puerta.

La familia lucha por sobrellevar su dolor y la nueva realidad impuesta sobre ellos. Su padre, que siempre había sido un pilar de fortaleza, ahora lidia con sentimientos de culpa e impotencia. Su madre, que intenta mantener unida a la familia, encuentra cada vez más difícil manejar el hogar y su pequeña tienda en medio del caos continuo. Sus hermanos menores, confundidos y asustados, buscan consuelo en sus padres pero encuentran poco alivio en medio de su dolor compartido. Fatima, en particular, se siente alejada de las cosas que antes amaba. Ya no encuentra alegría en sus estudios ni en jugar con sus amigos. El trauma la ha vuelto retraída y silenciosa, una sombra de su antiguo yo. Se aísla, incapaz de articular la profundidad de su dolor y miedo.

La familia que antes era muy unida ahora encuentra difícil comunicar sus emociones, cada miembro lidiando con su dolor a su manera. El sentido de unidad y apoyo que siempre los había definido se ve tenso bajo el peso de su pena colectiva. Se aferran a su fe, rezando por fuerza y guía, pero el camino hacia la sanidad parece distante y lleno de incertidumbre.

Capítulo 3: Luchando con el trauma

Fatima comienza a experimentar pesadillas intensas y recuerdos recurrentes, reviviendo el evento traumático. Sus niveles de ansiedad se disparan, haciéndole difícil sentirse segura. Los sonidos o vistas simples pueden desencadenar una avalancha de recuerdos aterradores, dejándola paralizada de miedo. Fatima se aleja de sus amigos y deja de asistir a la escuela. Se aísla, pasando la mayor parte del tiempo sola en su habitación. Las actividades que antes disfrutaba ahora parecen insignificantes, y se siente desconectada del mundo que la rodea. A pesar de su dolor, Fatima se aferra a su fe en Jesús. Pasa horas en oración, buscando consuelo y comprensión. Las escrituras se convierten en su refugio, ofreciendo un rayo de esperanza en sus momentos más oscuros. Versículos como Salmo 34:18, "El Señor está cerca de los quebrantados de corazón y salva a los de espíritu abatido," le brindan consuelo.

Cicatrices emocionales

Tras el evento traumático, las cicatrices emocionales de Fatima son profundas. Comienza a experimentar pesadillas intensas que la despiertan en medio de la noche, empapada en sudor y jadeando por aire. Cada pesadilla es una repetición vívida de la explosión, los sonidos y las imágenes grabadas en su memoria. Durante el día, sufre de recuerdos recurrentes que pueden ser desencadenados por las cosas más inocentes: un ruido fuerte, la vista de escombros o incluso un movimiento repentino. Estos recuerdos son abrumadores, transportándola de nuevo a ese momento horrible, dejándola paralizada de miedo e incapaz de concentrarse en otra cosa.

Sus niveles de ansiedad se disparan, y constantemente se siente al borde. El mundo a su alrededor, antes familiar y seguro, ahora parece lleno de peligros ocultos. Salta al escuchar el más mínimo sonido, su corazón se acelera mientras su mente imagina los peores escenarios posibles. El trauma ha reconfigurado sus sentidos, haciéndole difícil distinguir entre amenazas reales e imaginadas. Este constante estado de hipervigilancia es agotador, tanto física como mentalmente.

Retiro y aislamiento

A medida que crecen su ansiedad y miedo, Fatima se aleja de sus amigos y deja de asistir a la escuela. La sola idea de enfrentar el mundo exterior, donde acecha el peligro a cada esquina, es demasiado para soportar. Se aísla, retirándose a la seguridad percibida de su habitación. Su vida social, antes vibrante, se detiene, y las risas y charlas que solían llenar sus días son reemplazadas por un pesado silencio.

Las actividades que antes disfrutaba—jugar con amigos, estudiar, ayudar a su madre—ahora parecen insignificantes. Ya no encuentra alegría en las cosas que solían hacerla feliz. Su habitación, con sus cuatro paredes, se convierte en su mundo entero, una prisión creada por ella misma. Pasa la mayor parte del tiempo sola, mirando el techo o las páginas de un libro sin realmente verlas. El aislamiento exacerba sus sentimientos de soledad y desesperación, haciendo aún más difícil reconectar con el mundo exterior.

Fe en medio del sufrimiento

A pesar de su abrumador dolor y aislamiento, Fatima se aferra a su fe en Jesús. Su fe, que siempre había sido una fuente de consuelo y fortaleza, se vuelve aún más crucial en estos tiempos oscuros. Pasa horas en oración, derramando su corazón ante Dios, buscando consuelo y comprensión. El acto de rezar, de conectarse con un poder superior, le proporciona una pequeña medida de paz en medio del caos.

Las escrituras se convierten en su refugio, un salvavidas en sus momentos más oscuros. Ella lee su Biblia diariamente, encontrando consuelo en versículos que hablan del amor y la presencia de Dios. El Salmo 34:18, "El Señor está cerca de los quebrantados de corazón y salva a los que están abatidos de espíritu," se convierte en su mantra. Se aferra a la promesa de que Dios está con ella, que Él ve su dolor y está ahí para consolarla. Este versículo, y otros similares, le proporciona un destello de esperanza, una luz en la oscuridad que amenaza con consumirla.

La fe de Fatima no está exenta de luchas. Se pregunta por qué Dios permitió que ocurriera una tragedia así y por qué le arrebató a su querida abuela. Estas preguntas la atormentan, agregando a su turbulencia emocional. Pero a pesar de estas dudas, continúa orando y leyendo su Biblia, buscando respuestas y consuelo. Su fe, aunque sacudida, sigue siendo una parte crucial de su identidad, dándole la fuerza para enfrentar cada nuevo día, por difícil que sea.

Capítulo 4: Buscando ayuda

Reconociendo la gravedad del trauma de Fatima, su familia busca ayuda profesional. La inscriben en terapias, donde comienza a abordar sus experiencias traumáticas. El terapeuta le ayuda a entender sus sentimientos y le enseña mecanismos de afrontamiento para manejar su ansiedad y sus recuerdos recurrentes. Fatima se une a un grupo de apoyo para sobrevivientes de trauma, donde conoce a otras personas que han pasado por experiencias similares. Compartir su historia con el grupo le ayuda a darse cuenta de que no está sola en su sufrimiento. El grupo proporciona un sentido de comunidad y comprensión mutua que es crucial para su proceso de sanidad. La iglesia de Fatima interviene para ofrecer apoyo adicional. La congregación ora por ella y el pastor le ofrece sesiones de consejería para ayudarla a navegar su duelo y trauma. La iglesia se convierte en un refugio seguro, un lugar donde Fatima se siente amada y apoyada.

Terapia y consejería

Reconociendo la gravedad del trauma de Fatima, su familia entiende que la ayuda profesional es esencial. Encuentran un terapeuta de renombre que se especializa en trauma e inscriben a Fatima en terapia.

Al principio, Fatima es reticente a abrirse, pero su terapeuta crea un ambiente seguro y de apoyo donde ella se siente cómoda compartiendo sus experiencias.

Durante sus sesiones, el terapeuta ayuda a Fatima a entender sus sentimientos y reacciones. Exploran las raíces de sus pesadillas y recuerdos recurrentes, identificando desencadenantes y desarrollando estrategias para manejarlos. Fatima aprende varios mecanismos de afrontamiento, como ejercicios de respiración profunda, técnicas de anclaje y visualización. Estas herramientas le permiten recuperar algo de control sobre su ansiedad y reducir la intensidad de sus recuerdos recurrentes.

A medida que la terapia avanza, Fatima comienza a ver pequeñas pero significativas mejoras. Empieza a procesar su duelo y trauma de una manera más constructiva, trabajando gradualmente a través de las capas de dolor y miedo que la han consumido. Su terapeuta también la anima a establecer pequeñas metas alcanzables, ayudándole a reconstruir su confianza y sentido de la normalidad.

Grupos de apoyo

Además de la terapia individual, el terapeuta de Fatima recomienda unirse a un grupo de apoyo para sobrevivientes de trauma. Fatima inicialmente es reacia e insegura respecto a compartir sus miedos y dolores más profundos con extraños. Sin embargo, su terapeuta y su familia la animan a intentarlo, y finalmente, ella acepta.

En el grupo de apoyo, Fatima conoce a otras personas que han pasado por experiencias similares. Las primeras reuniones son desafiantes, pero a medida que escucha a otros compartir sus historias, comienza a sentir un sentido de conexión y comprensión. Cuando finalmente comparte su propia historia, la empatía y el apoyo del grupo le brindan un profundo sentimiento de alivio. Se da cuenta de que no está sola en su sufrimiento, y esta experiencia colectiva la ayuda a sentirse menos aislada.

El grupo de apoyo se convierte en una parte vital del proceso de sanidad de Fatima. Los miembros ofrecen consejos prácticos, apoyo emocional y un sentido de comunidad. Celebran juntos los pequeños logros y ofrecen consuelo durante los reveses. Este viaje compartido ayuda a Fatima a construir resiliencia y esperanza para el futuro.

Comunidad eclesiástica

La iglesia de Fatima interviene para ofrecer apoyo adicional durante este tiempo difícil. La congregación, habiendo sido testigo de sus luchas, se une para proporcionar una red de amor y cuidado. Organizan círculos de oración, específicamente dedicados a la sanidad y bienestar de Fatima. La efusión de apoyo espiritual fortalece su determinación y la ayuda a sentirse menos sola en su batalla.

El pastor, consciente de la situación de Fatima, ofrece sesiones de consejería individuales para ayudarla a navegar su duelo y trauma. Estas sesiones complementan su terapia profesional, proporcionando una dimensión espiritual a su camino de sanidad. La guía del pastor ayuda a Fatima a reconectar con su fe a un nivel más profundo, abordando sus preguntas y dudas sobre el papel de Dios en su sufrimiento.

La iglesia se convierte en un refugio seguro para Fátima, un lugar donde se siente amada y apoyada. Encuentra consuelo en los rituales familiares de adoración, en la presencia solidaria de la congregación y en el cuidado pastoral que recibe. La comunidad eclesiástica también ayuda a su familia, brindando apoyo práctico como comidas, cuidado de niños y aliento moral. Esta red de apoyo integral juega un papel crucial en su recuperación, ayudándola a recuperar un sentido de estabilidad y esperanza.

A medida que Fátima se involucra con su terapeuta, grupo de apoyo y comunidad eclesiástica, comienza a ver un camino hacia adelante. Cada fuente de apoyo contribuye a su sanidad de maneras únicas y complementarias, ayudándola a reconstruir su vida y encontrar fuerza en su fe, su resiliencia y el amor de quienes la rodean.

Capítulo 5: El viaje de sanidad

A medida que Fátima avanza en su terapia, comienza a aprender mecanismos de afrontamiento efectivos para manejar su trauma. Técnicas como la respiración profunda, la atención plena y llevar un diario le ayudan a abordar sus miedos y a reducir la intensidad de sus recuerdos traumáticos. Gradualmente, comienza a confrontar los recuerdos que una vez la paralizaron, encontrando fuerza en su capacidad para enfrentarlos. La fe de Fátima se profundiza a medida que experimenta momentos de paz y sanidad a través de la oración. Comienza a asistir a la iglesia con más regularidad, encontrando consuelo en los himnos y sermones familiares. El apoyo inquebrantable de la comunidad eclesiástica le ayuda a sentirse menos sola, reforzando su creencia de que Dios está con ella en cada paso de su viaje de sanidad. Con el tiempo, Fátima comienza a recuperar su fuerza y coraje. Lentamente se reintegra en sus actividades diarias, comenzando con visitas cortas a su escuela y reconectando con sus amigos. Su familia y terapeuta animan estos pequeños pasos, celebrando cada hito en su recuperación.

Proceso terapéutico

A medida que Fátima avanza en su terapia, comienza a aprender e implementar mecanismos de afrontamiento efectivos para manejar su trauma. Su terapeuta le presenta técnicas como la respiración profunda, la atención plena y llevar un diario, que Fátima practica diligentemente.

- **Respiración profunda:** Siempre que siente que la ansiedad se apodera de ella, Fátima utiliza ejercicios de respiración profunda para calmar su sistema nervioso. Aprende a inhalar profundamente por la nariz, mantener la respiración por unos segundos y luego exhalar lentamente por la boca. Esta técnica simple le ayuda a recuperar el control de sus emociones y a reducir la intensidad de sus ataques de pánico.
- **Atención plena:** Los ejercicios de atención plena enseñan a Fátima a mantenerse presente en el momento, en lugar de sentirse abrumada por recuerdos del pasado o preocupaciones del futuro. Practica enfocarse en su respiración, en las sensaciones de su cuerpo, o en los sonidos y vistas a su alrededor. Esta práctica le ayuda a desprenderse de sus recuerdos traumáticos y a reducir el poder que tienen sobre su vida diaria.

- **Llevar un diario:** Escribir se ha convertido en una herramienta poderosa para Fátima. Comienza a llevar un diario a diario, volcando sus pensamientos y sentimientos en papel. Este proceso le permite procesar sus emociones de una manera segura y estructurada, dándole una visión de su viaje de sanidad. Al documentar su progreso, puede ver las mejoras tangibles que está logrando con el tiempo.

Gradualmente, Fátima comienza a confrontar los recuerdos que una vez la paralizaron. Con la guía de su terapeuta, revisita el evento traumático en un entorno controlado y de apoyo. A través de técnicas como la terapia de exposición y la reestructuración cognitiva, aprende a replantear sus recuerdos traumáticos, reduciendo su impacto emocional. A medida que confronta y procesa estos recuerdos, Fátima encuentra fuerza en su capacidad para enfrentarlos. Cada sesión se convierte en un paso hacia recuperar su vida, y comienza a sentir un creciente sentido de empoderamiento.

Crecimiento espiritual

La fe de Fátima se profundiza a medida que experimenta momentos de paz y sanidad a través de la oración. Comienza a asistir a la iglesia con más regularidad, encontrando consuelo en los himnos familiares, sermones y en la presencia de su familia de la iglesia. Los rituales y el apoyo de la comunidad le proporcionan un sentido de estabilidad y continuidad, arraigándola en su fe. En sus oraciones, Fátima habla con franqueza a Dios sobre sus miedos, dolor y esperanzas. Encuentra consuelo en escrituras como el Salmo 23:4, "Aunque ande en valle de sombra de muerte, no temeré mal alguno, porque tú estarás conmigo; tu vara y tu cayado me infundirán aliento." Estos versículos refuerzan su creencia de que Dios está con ella, guiándola en sus tiempos más oscuros.

El apoyo inquebrantable de la comunidad eclesiástica ayuda a Fatima a sentirse menos sola. Los miembros de la congregación la visitan con frecuencia, ofreciéndole palabras de aliento y actos de bondad. Organizan grupos de oración y brindan asistencia práctica, reforzando el sentido de pertenencia y apoyo de Fatima. La participación de Fatima en las actividades de la iglesia crece. Se une a un grupo de jóvenes, donde se conecta con compañeros que comparten su fe. Esta participación le ayuda a reconstruir sus conexiones sociales y le proporciona una vía positiva para su energía y emociones. A través de estas interacciones, empieza a sentir un renovado sentido de propósito y comunidad.

Construyendo Resiliencia

Con el tiempo, Fatima comienza a recuperar su fuerza y valor. Su terapeuta, su familia y la comunidad eclesiástica la apoyan mientras ella se reintegra lentamente en sus actividades diarias. La alientan a dar pasos pequeños y manejables y celebran cada hito en su recuperación.

- **Reconectando con la escuela:** Fatima comienza visitando su escuela por períodos cortos, acompañada por un familiar o un amigo de confianza. Estas visitas la ayudan a readaptarse al entorno escolar sin abrumarla. Luego empieza a asistir a clases a tiempo parcial, aumentando gradualmente su asistencia a medida que gana confianza.
- **Reconstruyendo amistades:** Fatima se pone en contacto con sus amigos, explicándoles su ausencia y las dificultades que ha enfrentado. Sus amigos, comprensivos y solidarios, la reciben de nuevo con los brazos abiertos. La incluyen en sus actividades, ayudándola a sentir un sentido de normalidad y conexión.
- **Participando en actividades:** Fatima comienza a participar en actividades que antes disfrutaba. Vuelve a jugar en el parque local, visita sus lugares favoritos en la ciudad y participa en las tradiciones familiares. Estas actividades le brindan alegría y un sentido de logro, recordándole la vida vibrante que tenía antes del trauma.
- **Celebrando logros:** Cada pequeño paso en la recuperación de Fatima es celebrado por su familia, su terapeuta y la comunidad eclesiástica. Ya sea asistir a un día completo de clases, pasar tiempo con amigos o participar en un evento de la iglesia, estos logros son reconocidos y celebrados, reforzando su progreso y resistencia.

A través de su proceso terapéutico, crecimiento espiritual y la reconstrucción de su vida diaria, se despliega el viaje de sanidad de Fatima. Su resiliencia se fortalece con cada paso, apoyada por su fe, familia y comunidad. Empieza a ver un futuro donde su trauma no la define, sino que se convierte en parte de su historia de fortaleza y perseverancia.

Capítulo 6: Superando obstáculos

Con la guía de su terapeuta y una fe renovada, Fatima comienza a enfrentar situaciones que desencadenan su trauma. Practica la terapia de exposición, exponiéndose gradualmente a recordatorios del evento traumático en un entorno controlado y seguro. Cada éxito aumenta su confianza y resistencia. Fatima fortalece sus lazos con su familia, amigos y la comunidad eclesiástica. Sus relaciones se convierten en una fuente vital de apoyo, brindándole aliento y amor. Su familia, inspirada por su progreso, también encuentra sanidad en el proceso. Fatima descubre nuevos intereses y pasatiempos que le brindan alegría y un sentido de logro. Comienza a pintar, una pasión que compartía con su abuela, y a la jardinería, encontrando paz al cuidar la vida. Estas actividades le ayudan a reconstruir su sentido de identidad y propósito.

Enfrentando miedos

Con la guía de su terapeuta y su fe renovada, Fatima comienza a enfrentar situaciones que desencadenan su trauma. Su terapeuta la introduce a la terapia de exposición, una técnica que ayuda a las personas a enfrentar y reducir gradualmente su ansiedad exponiéndolas al objeto o contexto temido en un entorno controlado y seguro.

- **Terapia de exposición:** Fatima comienza con pequeños pasos. Por ejemplo, empieza mirando fotos de su vecindario, luego escucha grabaciones de ruidos de la ciudad y, eventualmente, visita áreas similares a donde ocurrió el evento traumático. Inicialmente, estas actividades provocan una intensa ansiedad, pero con cada exposición exitosa, Fatima gana confianza. Su terapeuta la apoya en estos ejercicios, ayudándola a usar técnicas de respiración profunda y mindfulness para mantenerse centrada.

- **Construcción de confianza:** Cada exposición exitosa construye la confianza y resiliencia de Fatima. Aprende que puede enfrentar sus miedos sin sentirse abrumada. El apoyo de su terapeuta y el enfoque estructurado de las sesiones de terapia la hacen sentir segura y en control.
- **Participación comunitaria:** Fatima también comenzó a participar en actividades comunitarias que antes desencadenaban su ansiedad. Con el aliento de su terapeuta y familia, gradualmente asistió a eventos locales, visitó el mercado y eventualmente regresó a la escuela a tiempo completo. Estos pasos se celebraron como victorias significativas, reforzando su progreso.

Relaciones de apoyo

Fatima fortalece sus lazos con la familia, amigos y su comunidad eclesiástica. Estas relaciones se convierten en una fuente vital de apoyo, proporcionándole ánimos y amor.

- **Apoyo familiar:** Su familia es su piedra angular. Celebran sus pequeñas victorias y le proporcionan un entorno seguro y amoroso para su recuperación. Su padre y madre se turnan para acompañarla a la terapia y eventos comunitarios, mostrando su inquebrantable apoyo. Sus hermanos también juegan un papel crucial, ofreciendo distracciones lúdicas e interés genuino, ayudando a Fatima a sentirse normal y amada.
- **Comunidad eclesiástica:** La comunidad eclesiástica de Fatima sigue siendo una fuente significativa de apoyo emocional y espiritual. El pastor visita regularmente a la familia, ofreciendo oraciones y consejería. Los miembros de la iglesia la visitan frecuentemente, invitándola a actividades del grupo juvenil y eventos de la iglesia. Este apoyo constante ayuda a Fatima a sentirse conectada y valorada.
- **Amistades:** Sus amigos, inicialmente preocupados por su aislamiento, la reciben nuevamente con los brazos abiertos. La

invitan a grupos de estudio, citas para jugar y reuniones sociales, asegurándose de que se sienta incluida y apoyada. Estas amistades, nuevas y viejas, proporcionan un sentido de normalidad y alegría en su vida.

Crecimiento personal

Fatima descubre nuevos intereses y pasatiempos que le brindan alegría y un sentido de logro. Estas actividades la ayudan a reconstruir su sentido de identidad y propósito.

- **Pintura:** Fatima vuelve a pintar, una pasión que compartía con su abuela. Encuentra consuelo y expresión en el arte, usando colores y pinceles para transmitir sus emociones y experiencias. Sus pinturas se convierten en una salida terapéutica, permitiéndole procesar su trauma de manera creativa. Incluso participa en una exposición de arte local, mostrando su trabajo y recibiendo comentarios positivos que fortalecen su confianza.
- **Jardinería:** La jardinería se convierte en otra fuente de paz y satisfacción para Fatima. Comienza un pequeño jardín en su patio trasero, plantando flores, vegetales y hierbas. El acto de nutrir la vida y ver crecer sus plantas le brinda una profunda sensación de satisfacción y tranquilidad. Le recuerda la resistencia y belleza de la vida, incluso ante la adversidad.
- **Nuevos intereses:** Explorando nuevos pasatiempos, como leer novelas y escribir historias, Fatima expande sus horizontes y encuentra alegría en el aprendizaje. Se une a un club de lectura en su iglesia, donde participa en discusiones animadas y hace nuevos amigos que comparten sus intereses.
- **Voluntariado:** Inspirada por el apoyo que recibió, Fatima comenzó a ser voluntaria en los programas de alcance de su iglesia. Ayuda a organizar eventos, participa en campañas benéficas y apoya a otros miembros de la comunidad en necesidad. Esta participación no solo ayuda a otros, sino que también le da a Fatima un renovado sentido de propósito y contribución.

A través de enfrentar sus miedos, fortalecer sus relaciones y descubrir nuevos intereses, el viaje de Fatima para superar obstáculos se convierte en un poderoso testimonio de su resiliencia y fe. Aprende que, aunque el trauma siempre será parte de ella, no la define. Su capacidad para crecer y encontrar alegría en la vida nuevamente refleja el poder sanador de la fe, la comunidad y la determinación personal.

Capítulo 7: Reconstruyendo la Vida

Fatima abraza nuevas oportunidades para la educación y el desarrollo personal. Ella establece metas para su futuro, decidida a tener un impacto positivo a pesar de su pasado. Su resiliencia y determinación inspiran a quienes la rodean, y se convierte en un modelo a seguir para sus compañeros. Inspirada por su viaje, Fatima comienza a ayudar a otros sobrevivientes de traumas a través de su iglesia y grupos de apoyo. Ella se ofrece como voluntaria para compartir su historia y brindar apoyo a quienes están luchando, utilizando sus experiencias para ofrecer esperanza y guía. La fe de Fatima la lleva a ofrecerse como voluntaria en proyectos comunitarios, difundiendo esperanza y amor a aquellos en necesidad. Ella participa en iniciativas para apoyar a familias vulnerables, demostrando el poder de la fe y la resiliencia para superar la adversidad.

Nuevas oportunidades

A medida que Fatima continúa sanando, comienza a abrazar nuevas oportunidades para la educación y el desarrollo personal, estableciendo metas para su futuro con un renovado sentido de propósito y determinación.

- **Metas educativas:** Con el aliento de su familia y terapeuta, Fatima regresa a la escuela a tiempo completo. Ella se dedica nuevamente a sus estudios, destacándose en materias que le apasionan, particularmente ciencias y matemáticas. Su sueño de convertirse en doctora resurge, dándole una meta clara por la cual esforzarse. Comienza a participar en actividades extracurriculares, uniéndose al club de ciencias e incluso iniciando un programa de mentoría entre compañeros para ayudar a estudiantes más jóvenes con sus estudios.

- **Becas y programas:** Reconociendo su potencial y determinación, los maestros y consejeros escolares de Fatima la ayudan a solicitar becas y programas educativos. Ganó una beca por su destacada resiliencia y desempeño académico, que cubre su matrícula y proporciona recursos adicionales para sus estudios. Fatima también participa en un programa de verano en una universidad local, donde asiste a conferencias, realiza experimentos y conoce a otros estudiantes con aspiraciones similares.
- **Liderazgo e inspiración:** La resiliencia y determinación de Fatima inspiran a quienes la rodean. Sus compañeros y maestros admiran su valentía y perseverancia, y se convierte en un modelo a seguir para sus compañeros. Es elegida como presidenta del consejo estudiantil, donde aboga por la conciencia sobre la salud mental y apoya iniciativas para crear un ambiente escolar más inclusivo y solidario.

Ayudando a otros

Inspirada por su viaje, Fatima comienza a ayudar a otros sobrevivientes de traumas a través de su iglesia y grupos de apoyo.

- **Voluntaria en grupos de apoyo:** Fatima se ofrece como voluntaria para compartir su historia y brindar apoyo a quienes están luchando. Asiste a reuniones de grupos de apoyo regularmente, ofreciendo un oído atento y consejos compasivos a los nuevos miembros. Sus experiencias y las estrategias de afrontamiento que aprendió se convierten en recursos invaluables para otros que navegan su propia recuperación de traumas.
- **Mentoría:** Fatima asesora a chicas más jóvenes que han enfrentado desafíos similares. Se reúne con ellas regularmente, las ayuda con sus estudios, brinda apoyo emocional y las alienta a perseguir sus sueños. Su mentoría no se trata solo del éxito académico, sino también de construir resiliencia y confianza.

- **Su aporte a la iglesia:** Dentro de su comunidad eclesiástica, Fatima se convierte en una figura clave en la organización y liderazgo de iniciativas de apoyo para sobrevivientes de traumas. Ayuda a coordinar grupos de oración, sesiones de consejería y talleres sobre salud mental y sanidad. Su participación trae esperanza y un sentido de comunidad a muchos que se sienten aislados en sus luchas.

Fe en acción

La fe de Fatima la lleva a ofrecerse como voluntaria en proyectos comunitarios, difundiendo esperanza y amor a aquellos en necesidad.

- **Servicio comunitario:** Fatima participa en varias iniciativas de servicio comunitario, como colectas de alimentos, donaciones de ropa y proyectos de limpieza. Se une a un equipo que visita campamentos de refugiados y barrios desfavorecidos, brindando ayuda y apoyo a familias vulnerables. Su naturaleza compasiva y disposición para ayudar inspiran a otros a unirse a estos esfuerzos.
- **Campañas de concientización sobre la salud:** Fatima colabora con organizaciones de salud locales para crear conciencia sobre el trauma y la salud mental. Ayuda a organizar seminarios y ferias de salud donde profesionales médicos proporcionan información y recursos a la comunidad. Su participación asegura que el apoyo a la salud mental sea un foco clave, cerrando la brecha entre el bienestar físico y emocional.
- **Defensa y oratoria pública:** Fatima se convierte en defensora de la concientización sobre la salud mental y la recuperación del trauma, hablando en eventos comunitarios, escuelas e iglesias. Comparte su historia de resiliencia y fe, enfatizando la importancia de buscar ayuda y apoyarse mutuamente en momentos difíciles. Sus discursos resuenan con muchos, animándolos a enfrentar sus desafíos con coraje y esperanza.
- **Iniciativas basadas en la fe:** Fatima ayuda a su iglesia a desarrollar iniciativas basadas en la fe que combinan orientación espiritual con apoyo práctico. Participa en grupos

de estudio bíblico, reuniones de oración y viajes misioneros, utilizando sus experiencias para ilustrar el poder transformador de la fe. Sus acciones demuestran cómo la fe puede ser una fuente de fortaleza y un catalizador para el cambio positivo.

Al aceptar nuevas oportunidades, ayudar a otros y poner su fe en acción, Fatima reconstruye su vida con propósito y pasión. Su viaje del trauma al triunfo se convierte en un faro de esperanza, mostrando que con resiliencia, fe y apoyo comunitario, es posible superar incluso los desafíos más profundos.

Capítulo 8: Dando gloria a Dios

Fatima comparte su historia de trauma y recuperación en eventos de la iglesia y de la comunidad, dando gloria a Dios por Su restauración y paz. Su testimonio toca muchos corazones, inspirando a otros a buscar ayuda y confiar en el poder sanador de Dios. Su historia crea un efecto dominó de esperanza y resiliencia, alentando a otros a encontrar fuerza en su fe y comunidad. Personas de diferentes ámbitos la buscan, pidiendo su orientación y encontrando inspiración en su viaje. Fatima continúa creciendo en su fe, siempre reconociendo el papel de Dios en su sanidad y recuperación. Permanece activa en su iglesia, participando en grupos de estudio bíblico y reuniones de oración, y sigue inspirando a otros con su fe inquebrantable.

Testimonio público

El viaje de Fatima del trauma a la recuperación se convierte en un poderoso testimonio sobre el poder sanador de la fe. Es invitada a compartir su historia en varios servicios de la iglesia, reuniones comunitarias y eventos de concientización sobre la salud mental.

- **Eventos de la iglesia:** Durante los servicios dominicales y eventos especiales de la iglesia, Fatima se presenta ante la congregación para compartir su viaje. Habla con un profundo sentido de gratitud y humildad, detallando sus experiencias de miedo y pérdida y el abrumador apoyo que recibió de su fe y comunidad. Su testimonio honesto y sincero conmueve a muchos, llevando a algunos a las lágrimas y a otros de rodillas en oración. Enfatiza cómo la presencia y guía de Dios jugaron un papel crucial en su sanidad, citando instancias específicas donde la oración y las escrituras le proporcionaron consuelo y fortaleza.

- **Reuniones comunitarias:** La historia de Fatima no se limita a la iglesia; también comparte sus experiencias en centros comunitarios y foros públicos. Las escuelas locales la invitan a hablar con los estudiantes sobre la resiliencia y la importancia de buscar ayuda cuando enfrentan desafíos personales. El enfoque articulado y empático de Fatima resuena con los jóvenes, muchos de los cuales enfrentan sus propias luchas. Destaca la importancia de la salud mental, alentando a los estudiantes a apoyarse mutuamente y a confiar en su fe en tiempos difíciles.
- **Eventos de concientización sobre la salud mental:** Reconocida por su defensa, Fatima es invitada a hablar en conferencias y talleres sobre salud mental. Su relato de primera mano sobre cómo lidiar con el TEPT y el viaje hacia la recuperación proporciona información valiosa tanto a profesionales como a sobrevivientes. Colabora con organizaciones de salud mental para desestigmatizar la terapia y los grupos de apoyo, enfatizando la importancia de combinar la ayuda profesional con la sanidad espiritual.

Inspirando a otros

El testimonio de Fatima tiene un impacto profundo, creando un efecto dominó de esperanza y resiliencia en toda su comunidad y más allá.

- **Conexiones personales:** Personas de todos los ámbitos de la vida se acercan a Fatima, compartiendo sus propias historias de trauma y buscando su orientación. Ella recibe cartas y mensajes de personas que se han inspirado en su valentía y fe. Fatima se toma el tiempo para responder a cada una, ofreciendo palabras de aliento y sugiriendo recursos que pueden ayudarlos en sus propios caminos.

- **Orientación y mentoría:** Fatima se convierte en mentora de muchos que están luchando con sus propios traumas. Se reúne con ellos individualmente, proporcionando un oído atento y consejos prácticos basados en sus experiencias. Su empatía y genuina preocupación crean un espacio seguro para que los demás se abran y comiencen su proceso de sanidad. También continúa liderando grupos de apoyo, facilitando discusiones que fomentan el apoyo mutuo y la comprensión entre los miembros.
- **Reconocimiento público:** Su historia gana reconocimiento y es destacada en periódicos locales y entrevistada en programas de radio comunitarios. Estas plataformas le permiten llegar a una audiencia más amplia, difundiendo su mensaje de fe, esperanza y resiliencia aún más lejos. La influencia de Fatima crece y se le invita a participar en paneles y mesas redondas sobre la recuperación del trauma y la salud mental.

Continuo viaje de fe

La fe de Fatima sigue siendo la piedra angular de su vida, guiándola en cada paso de su continuo viaje.

- **Participación activa:** Ella permanece profundamente involucrada en su iglesia, participando activamente en grupos de estudio bíblico, reuniones de oración y proyectos de servicio comunitario liderados por la iglesia. Su fe inquebrantable y su dedicación a su crecimiento espiritual inspiran a quienes la rodean. Fatima a menudo dirige sesiones de oración, compartiendo conocimientos de sus propias experiencias y alentando a otros a profundizar su relación con Dios.
- **Crecimiento espiritual:** El viaje espiritual de Fatima está marcado por un crecimiento continuo. Se adentra más en los estudios teológicos, buscando una mayor comprensión de la palabra de Dios y su aplicación en la vida diaria. Este conocimiento más profundo enriquece su fe personal y mejora su capacidad para apoyar y guiar a otros.

- **Líder inspiradora:** Dentro de su iglesia y comunidad, Fatima es vista como un faro de esperanza y una líder. Ella asesora a miembros más jóvenes de la iglesia, ayudándolos a navegar sus propios viajes espirituales. Su vida se convierte en un testimonio viviente del poder transformador de la fe, mostrando que incluso frente a dificultades inimaginables, el amor y la gracia de Dios pueden traer sanidad y restauración profundas.
- **Aspiraciones futuras:** Fatima sueña con iniciar su propia organización sin fines de lucro dedicada a apoyar a sobrevivientes de trauma. Ella imagina un lugar donde las personas puedan recibir tanto apoyo profesional como espiritual, asegurándose de que nadie tenga que caminar solo por el camino de la recuperación. Su misión impulsada por la fe continúa guiándola mientras planea y se prepara para este nuevo proyecto, confiando en la guía de Dios para ayudarla a alcanzar sus objetivos.

A través de su testimonio público, inspirando a otros, y su continuo viaje de fe, Fatima encarna la resiliencia y la esperanza que provienen de una fe profunda y constante. La historia de su vida sirve como un poderoso recordatorio del amor inquebrantable de Dios y la increíble fortaleza que se puede encontrar en la fe y el apoyo comunitario.

Epílogo: Un legado de esperanza y valentía

Fatima reflexiona sobre su viaje, reconociendo el profundo impacto de la fe, la terapia y el apoyo comunitario en su recuperación. Ella está agradecida por la fortaleza y resiliencia que ha ganado y por el amor y apoyo de quienes la rodean. Fatima sueña con convertirse en terapeuta para ayudar a otros a superar el trauma, usando sus experiencias para guiar e inspirar. Planea continuar su educación superior en psicología, decidida a marcar la diferencia en la vida de quienes han sufrido como ella. La historia de Fatima se convierte en un testimonio del poder de la fe, la resiliencia y el amor inquebrantable de Dios. Su viaje desde el trauma hasta la sanidad deja un impacto duradero en su comunidad, demostrando que con fe y apoyo, es posible superar incluso los tiempos más oscuros.

Reflexionando sobre el viaje

Fatima se sienta en su jardín, un oasis de paz que ella misma cultivó. Los colores vibrantes y las flores fragantes son un testimonio de su viaje desde la oscuridad hacia la luz. Mientras cuida de sus plantas, reflexiona sobre los profundos cambios que han moldeado su vida. Recuerda el terror y el dolor que una vez dominaron su existencia y los contrasta con la paz y la esperanza que ahora siente.

- **Gratitud y Reconocimiento:** Fatima está profundamente agradecida por la fortaleza y la resiliencia que ha desarrollado. Reconoce los roles críticos que la fe, la terapia y el apoyo comunitario han jugado en su recuperación. A menudo reflexiona sobre momentos específicos: las palabras reconfortantes de su terapeuta, el apoyo inquebrantable de su comunidad eclesiástica y las veces que sintió la presencia de Dios más profundamente durante sus horas más oscuras.
- **Sistema de Apoyo:** Fatima piensa frecuentemente en las personas que la apoyaron en el camino. Su familia, amigos y comunidad eclesiástica le proporcionaron una base de amor y aliento en la que siempre podía confiar. Recuerda los pequeños actos de amabilidad y las conversaciones profundas que la ayudaron a sanar. Su apoyo colectivo le enseñó el valor de la comunidad y el poder de la fe colectiva.

Aspiraciones futuras

Fatima está decidida a convertir su dolor en propósito. Inspirada por su camino y el apoyo que recibió, sueña con convertirse en terapeuta. Su objetivo es ayudar a otros a navegar las turbulentas aguas del trauma y encontrar sus propios caminos hacia la sanidad.

- **Persecución educativa:** Fatima planea seguir educación superior en psicología. Ya ha comenzado a tomar cursos en línea y a leer extensamente sobre la recuperación del trauma y las técnicas terapéuticas. Su pasión por aprender y ayudar a los demás la impulsa hacia adelante. Se imagina a sí misma en un aula, absorbiendo conocimientos que un día usará para cambiar vidas.

- **Metas Profesionales:** Una vez cualificada, Fatima aspira a especializarse en terapia de trauma. Quiere trabajar con niños y adultos que han experimentado traumas severos, ofreciéndoles la misma compasión y apoyo que ayudó en su recuperación. Su experiencia personal le da una perspectiva única y una profunda empatía, haciéndola una candidata excepcional para este campo.

Legado de fe

La historia de Fatima no es solo suya; se convierte en un faro de esperanza para toda su comunidad. Su viaje del trauma a la sanidad es un testimonio del poder de la fe, la resiliencia y el amor inquebrantable de Dios.

- **Impacto comunitario:** La historia de recuperación de Fatima tiene un efecto dominó, inspirando a otros a buscar ayuda y confiar en el poder sanador de Dios. A menudo comparte su camino en reuniones comunitarias y eventos de la iglesia, cada vez tocando más vidas y reforzando el mensaje de que la recuperación es posible.
- **Mentoría y guía:** Fatima orienta a los miembros más jóvenes de su comunidad, guiándolos a través de sus luchas con un corazón compasivo y comprensivo. Lidera grupos de apoyo, organiza proyectos de servicio comunitario y continúa siendo voluntaria en su iglesia. Sus acciones y palabras motivan a otros a perseverar y mantener su fe, incluso frente a la adversidad.
- **Fe y resiliencia:** Su vida es un poderoso ejemplo de lo que se puede lograr a través de una fe inquebrantable y el apoyo comunitario. Encarga la resiliencia, mostrando que es posible salir más fuerte de las circunstancias más desafiantes. La fe de Fatima no es solo un viaje personal sino un legado compartido que continúa creciendo e inspirando.
- **Esperanza para el futuro:** Fatima mira al futuro con optimismo y esperanza. Confía en el plan de Dios para su vida

y sigue comprometida a ayudar a los demás. Su sueño de convertirse en terapeuta y sus esfuerzos continuos en su comunidad son sus formas de retribuir y honrar el apoyo que recibió. Ella se imagina un mundo donde la fe, el amor y la resiliencia pueden ayudar a cualquiera a superar sus luchas.

A medida que Fatima continúa su camino, lleva consigo las lecciones aprendidas, la fuerza ganada y el apoyo inquebrantable de su comunidad y su fe en Dios. Su historia es un testamento duradero del poder de la fe, la importancia de la comunidad y la increíble resiliencia del espíritu humano.

Fin

LA LUCHA DE MATEO COMO HUÉRFANO EN NAIROBI, KENIA

Capítulo 1: Vida en las calles

• **Introducción a Mateo:** Un joven huérfano por la enfermedad y la pobreza, que vive en las calles de Nairobi, Kenia.

• **Luchas diarias:** Mateo enfrenta las duras realidades de la vida en la calle, incluida el hambre, el peligro y la soledad.

• **Aferrándose a la fe:** A pesar de sus circunstancias, Mateo se aferra a su fe en Jesús, encontrando consuelo en la oración y en los recuerdos de las enseñanzas de sus padres.

Capítulo 2: Un detalle de esperanza

• **Bondad inesperada:** Mateo recibe actos ocasionales de bondad de extraños, como comida y mantas, que refuerzan su esperanza.

• **Descubriendo el orfanato:** Mateo se entera de un orfanato local a través de un predicador callejero que comparte historias de esperanza y fe.

• **Decisión de buscar ayuda:** Animado por su fe y las palabras del predicador, Mateo decide buscar el orfanato para tener la oportunidad de una vida mejor.

Capítulo 3: Encontrando un nuevo hogar

• **Llegada al orfanato:** Mateo llega al orfanato, donde es recibido por cuidadores compasivos y otros niños.

• **Adaptándose a la nueva vida:** Mateo se ajusta al ambiente estructurado, las comidas regulares y las oportunidades educativas ofrecidas en el orfanato.

• **Fe en acción:** El orfanato enfatiza la fe y la oración, ayudando a Mateo a profundizar su relación con Jesús.

Capítulo 4: Construyendo relaciones

• **Nuevas amistades:** Mateo forma lazos fuertes con otros niños en el orfanato, compartiendo historias y sueños.

• **Mentoría:** Una cuidadora llamada Grace se convierte en mentora de Mateo, brindándole orientación, amor y apoyo.

• **Apoyo comunitario:** La comunidad local de la iglesia apoya el orfanato con donaciones y trabajo voluntario, reforzando un sentido de pertenencia.

Capítulo 5: Superando desafíos

• **Desafíos educativos:** Mateo enfrenta desafíos iniciales en la escuela debido a años de educación perdidos, pero recibe tutoría y aliento.

• **Sanidad emocional:** A través de la consejería y la oración, Mateo comienza a sanar del trauma de perder a sus padres y vivir en las calles.

• **Crecimiento personal:** Mateo descubre sus talentos e intereses, como el dibujo y el fútbol, lo que aumenta su confianza.

Capítulo 6: Sueños y aspiraciones

• **Progreso académico:** Con trabajo duro y determinación, Mateo sobresale en sus estudios, soñando con convertirse en maestro para ayudar a otros huérfanos.

• **Roles de liderazgo:** Asume roles de liderazgo en el orfanato, mentoreando a los niños más pequeños y ayudando en las tareas.

• **Visión para el futuro:** Inspirado por sus cuidadores y su fe, Mateo establece metas para su futuro, incluyendo la educación superior y el servicio comunitario.

Capítulo 7: Correspondiendo a la comunidad

• **Participación comunitaria:** Mateo participa en programas de divulgación organizados por el orfanato, ayudando a otros niños de la calle.

• **Compartiendo su historia:** Comparte su testimonio en la iglesia y en eventos comunitarios, inspirando a otros con su viaje de fe y perseverancia.

• **Defensor y concientizador:** Mateo se convierte en un defensor de los niños huérfanos, creando conciencia sobre sus necesidades y potencial.

Capítulo 8: Gloria a Dios

• **Reconocimiento y premios:** Mateo recibe reconocimiento por sus logros académicos y su servicio comunitario, atribuyendo su éxito a la provisión y protección de Dios.

• **Hitos espirituales:** Experimenta hitos espirituales significativos, como su bautismo y liderando grupos de oración, dando toda la gloria a Dios.

• **Continuo viaje de fe:** Mateo se mantiene dedicado a su fe, buscando continuamente la guía de Dios en su vida.

Epílogo: Un legado de esperanza y transformación

• **Reflexionando sobre el viaje:** Mateo mira hacia atrás en su camino desde las calles hasta el orfanato, reconociendo el poder transformador de la fe y el amor.

• **Aspiraciones futuras:** Sueña con iniciar su propia organización para apoyar a huérfanos y niños vulnerables en Nairobi.

• **Legado de fe:** La historia de Mateo se convierte en un faro de esperanza e inspiración, demostrando el impacto de la fe, la compasión y el amor inquebrantable de Dios.

<u>"La lucha de Mateo como huérfano en Nairobi, Kenia"</u>

Capítulo 1: Vida en las calles

Mateo es un joven de alrededor de diez años, huérfano por la enfermedad y la pobreza. Deambula por las bulliciosas calles de Nairobi, Kenia, donde cada día es una lucha por la supervivencia. A pesar de su dura realidad, Mateo conserva un destello de esperanza, recordando las amorosas enseñanzas de sus padres antes de que fallecieran. Sus grandes ojos marrones, llenos de curiosidad y resiliencia, cuentan una historia de pérdida y determinación.

La vida en las calles es implacable. Mateo busca comida, a menudo pasando días con solo sobras para comer. Duerme en callejones y edificios abandonados, siempre alerta ante los peligros que acechan en la noche. El frío, el hambre y la soledad son sus compañeros constantes. Sin embargo, Mateo enfrenta estas adversidades con una calma extraordinaria, su fe actuando como un faro en la oscuridad.

A pesar de sus circunstancias desesperadas, Mateo se aferra a su fe en Jesús. Sus padres le inculcaron una profunda creencia en el amor y la protección de Dios. Cada noche, susurra oraciones por seguridad y un mañana mejor. Estas oraciones le ofrecen consuelo y un sentido de conexión con su familia perdida. La fe de Mateo se convierte en su ancla, proporcionándole la fortaleza para enfrentar cada nuevo día, recordándole que, a pesar de los desafíos, aún hay esperanza en el horizonte.

Introducción a Mateo

Mateo es un niño joven, de alrededor de diez años, que ha quedado huérfano por enfermedad y pobreza. Su hogar, que alguna vez fue seguro y amoroso, ahora es solo un recuerdo distante mientras navega las duras realidades de la vida en las bulliciosas calles de Nairobi, Kenia. Los días de Mateo están marcados por una lucha implacable por la supervivencia, pero su espíritu permanece intacto. Es un niño pequeño con grandes ojos marrones que reflejan tanto su continua curiosidad como el dolor de su pasado. Sus ojos cuentan una historia de pérdida y determinación, capturando la esencia de un niño obligado a crecer demasiado rápido.

Luchas diarias

La vida en las calles es implacable. La existencia diaria de Mateo gira en torno a buscar comida, a menudo pasando días con solo sobras para comer. Rebusca en los contenedores de basura y depende de ayudas ocasionales de extraños compasivos para saciar el hambre. Las noches son particularmente duras. Mateo duerme en callejones y edificios abandonados, envolviéndose en mantas raídas para protegerse del frío. La amenaza constante de peligro está siempre presente; debe mantenerse alerta para evitar ser dañado o explotado. La soledad es quizás la dificultad más profunda, ya que Mateo anhela el consuelo del abrazo de sus padres. Sin embargo, enfrenta estos desafíos con una fuerza silenciosa que desmiente su joven edad, aprovechando un reservorio interno de resistencia.

Aferrándose a la fe

A pesar de sus terribles circunstancias, Mateo se aferra a su fe en Jesús. Sus padres le habían inculcado una profunda creencia en el amor y la protección de Dios, un legado al que Mateo se aferra en su ausencia. Cada noche, murmura oraciones por seguridad y un mejor mañana, encontrando consuelo en el ritual. Estas oraciones lo conectan con su familia perdida, recordándole la calidez y seguridad que una vez conoció. La fe de Mateo se convierte en su ancla en la tormenta, proporcionándole la fortaleza para enfrentar cada nuevo día con esperanza. Incluso cuando el mundo a su alrededor se siente oscuro y hostil, su creencia en la presencia de Dios le ofrece un destello de luz, guiándolo a través de sus momentos más difíciles.

Capítulo 2: Un destello de esperanza

En medio de la lucha diaria, Mateo ocasionalmente encuentra actos de bondad. Un vendedor podría darle una pieza de fruta, o un transeúnte podría ofrecerle una manta. Estos pequeños gestos de compasión refuerzan la esperanza de Mateo, recordándole que la bondad aún existe en el mundo. Cada acto de bondad renueva su fe y le da la fuerza para seguir adelante. Un día, Mateo se encuentra con un predicador callejero que comparte historias de esperanza y fe. El predicador habla de un orfanato local que proporciona comida, refugio y educación para niños como Mateo. Intrigado y animado por las palabras del predicador, Mateo comienza a soñar con una vida mejor. El mensaje del predicador resuena profundamente, encendiendo una chispa de esperanza dentro de él. Animado por su fe y las historias del predicador, Mateo decide buscar el orfanato. Reúne sus escasas pertenencias y se embarca en un viaje a través de las caóticas calles de Nairobi, impulsado por la esperanza de encontrar un lugar al que pertenezca. Su corazón está lleno de tanto miedo como anticipación mientras da este valiente paso hacia una nueva vida.

Bondad inesperada

En medio de la lucha diaria, Mateo ocasionalmente encuentra actos de bondad que sirven como salvavidas en su existencia desafiante. A veces, un vendedor ambulante nota su difícil situación y discretamente le da una pieza de fruta, un gesto pequeño pero significativo que alivia su hambre por un rato. Otras veces, un transeúnte le ofrece una manta, proporcionándole el calor tan necesario durante las noches frías. Estos pequeños pero profundos actos de compasión refuerzan la esperanza de Mateo, recordándole que la bondad todavía existe en el mundo. Cada acto de bondad se siente como un toque divino, renovando su fe y dándole la fuerza para seguir adelante. Estos momentos de generosidad no solo tratan del alivio físico que proporcionan, sino también del apoyo emocional y espiritual que ayuda a Mateo a seguir creyendo en un futuro mejor.

Descubriendo el orfanato

Un día fatídico, mientras vagaba por las calles en busca de comida, Mateo encuentra a un predicador callejero. La voz del predicador, llena de calidez y convicción, llama la atención de Mateo. El predicador comparte historias de esperanza y fe, hablando de un orfanato local que proporciona comida, refugio y educación para niños como Mateo. Lo describe como un paraíso donde los niños son cuidados y se les da la oportunidad de construir un futuro. Intrigado por las palabras del predicador y la posibilidad de una vida mejor, Mateo escucha atentamente. El mensaje del predicador resuena profundamente en él, encendiendo una chispa de esperanza en su corazón. Por primera vez en mucho tiempo, Mateo se permite soñar con un futuro libre de las luchas de la vida en la calle.

Decisión de buscar ayuda

Animado por su fe y las historias del predicador, Mateo decide buscar el orfanato. La decisión no se toma a la ligera; es un salto de fe impulsado por la desesperación y la esperanza. Reúne sus escasas pertenencias, que consisten en algunas ropas desgastadas y una pequeña y preciada fotografía de sus padres. Con una mezcla de miedo y anticipación, Mateo emprende un viaje a través de las caóticas calles de Nairobi. Cada paso que da está lleno de incertidumbre, pero su corazón se eleva con el pensamiento de encontrar un lugar al que pertenezca. Las calles están llenas de actividad, pero Mateo las navega con un enfoque singular, impulsado por la esperanza de encontrar seguridad, calor y la oportunidad de una vida mejor. Mientras camina, reza en silencio, pidiendo la guía y la protección de Dios en este nuevo camino que ha elegido. Este valiente paso marca el comienzo de un capítulo significativo en la vida de Mateo, lleno de la promesa de transformación y renovación.

Capítulo 3: Encontrando un nuevo hogar

Mateo llega al orfanato, un lugar modesto pero acogedor gestionado por cuidadores compasivos. Al pasar por las puertas, es recibido con cálidas sonrisas y brazos abiertos. Los niños del orfanato, cada uno con su propia historia de dificultades, aceptan rápidamente a Mateo como uno de los suyos. Por primera vez en mucho tiempo, Mateo siente un sentido de pertenencia. La vida en el orfanato es un marcado contraste con las calles. Mateo se adapta al entorno estructurado, las comidas regulares y la seguridad de un techo sobre su cabeza. Comienza a asistir a la escuela regularmente, una oportunidad que solo había soñado. Los cuidadores, particularmente una amable mujer llamada Grace, le proporcionan el amor y apoyo que Mateo ha estado extrañando. El orfanato enfatiza la fe y la oración, ayudando a Mateo a profundizar su relación con Jesús. Las oraciones diarias, las historias bíblicas y los servicios dominicales se convierten en partes integrales de su vida. Mateo encuentra consuelo en estas prácticas espirituales, sintiéndose más cerca de sus padres y sus enseñanzas. Su fe continúa siendo una fuente de fortaleza y guía.

Llegada al orfanato

Mateo llega al orfanato, un lugar modesto pero acogedor ubicado en un tranquilo vecindario. La vista de las grandes puertas y el jardín bien cuidado más allá de ellas llena a Mateo con una mezcla de esperanza y nerviosismo. Al pasar por las puertas, su corazón palpita, pero de inmediato es recibido con cálidas sonrisas y brazos abiertos por los cuidadores.

La jefa de los cuidadores, una mujer amable llamada Grace, se agacha al nivel de Mateo y se presenta con una voz gentil, preguntándole su nombre y cómo se siente. Mateo, abrumado por la emoción, logra susurrar su nombre. La presencia tranquilizadora de Grace lo hace sentir seguro por primera vez en meses. Ella lo introduce a los otros niños, quienes rápidamente aceptan a Mateo como uno de los suyos, cada uno entendiendo el dolor y las luchas de estar solo. Lo invitan a unirse a sus juegos, compartir sus historias y hacerlo sentir en casa. Por primera vez en mucho tiempo, Mateo siente un sentido de pertenencia y la calidez de una comunidad.

Adaptándose a la nueva vida

La vida en el orfanato es un contraste marcado con las calles. Mateo se maravilla del ambiente estructurado, donde cada día está lleno de actividades, comidas y un lugar seguro para dormir. Ya no tiene que preocuparse por encontrar su próxima comida o un lugar seguro para descansar. En su lugar, se despierta al sonido de risas y al aroma del desayuno cocinándose en la cocina.

Mateo comienza a asistir a la escuela regularmente, una oportunidad con la que solo había soñado mientras vivía en las calles. Al principio, el entorno del aula le resulta abrumador, pero con la paciencia y el estímulo de sus maestros y compañeros, empieza a prosperar. Absorbe ávidamente el conocimiento, emocionado por aprender y crecer. La rutina y la previsibilidad de la escuela y el orfanato le proporcionan un sentido de estabilidad y seguridad.

Grace, la cuidadora principal, se interesa especialmente en Mateo. Nota sus luchas iniciales con la adaptación y se toma el tiempo para ayudarlo a acomodarse. A menudo se sienta con él durante las comidas, le habla sobre su día y le ayuda con sus tareas. Su presencia maternal proporciona el amor y el apoyo que Mateo ha extrañado desde el fallecimiento de sus padres. Ella se convierte en una figura materna para él, guiándolo con amabilidad y paciencia.

Fe en acción

El orfanato enfatiza la fe y la oración, ayudando a Mateo a profundizar su relación con Jesús. Cada mañana comienza con una oración grupal, y cada noche termina con un tiempo compartido de reflexión y gratitud. Los cuidadores cuentan historias bíblicas que inspiran esperanza y valentía, reforzando los valores de amor, perdón y resiliencia.

Los servicios dominicales en la iglesia local se convierten en un punto culminante para Mateo. Encuentra consuelo en los himnos, los sermones y la adoración colectiva de la comunidad. Las enseñanzas de Jesús, que sus padres le habían inculcado, ahora cobran vida a través de las historias y lecciones que aprende en el orfanato.

Mateo comienza a ver su vida a través del lente de la fe, entendiendo que su camino, por doloroso que sea, tiene un propósito. Reza con más fervor, encontrando consuelo en sus conversaciones con Dios. Estas prácticas espirituales no solo fortalecen su fe, sino que también lo ayudan a sentirse más cerca de sus padres y sus enseñanzas. Su fe se convierte en una piedra angular de su nueva vida, proporcionando la fortaleza y guía que necesita para sanar y crecer.

A través del orfanato, Mateo experimenta el amor y el apoyo de una nueva familia, tanto en el sentido físico como espiritual. Este ambiente nutritivo le ayuda a comenzar a sanar de los traumas de su pasado, dándole esperanza y un sentido de propósito para el futuro.

Capítulo 4: Construyendo relaciones

En el orfanato, Mateo forma fuertes lazos con otros niños. Comparten sus historias, sueños y temores, creando una red de apoyo. Mateo, con su naturaleza cálida y cariñosa, rápidamente se convierte en un miembro querido de esta nueva familia. Juntos, encuentran alegría en placeres simples, como jugar al fútbol y compartir comidas. Grace, una de las cuidadoras, toma un interés especial en Mateo. Ella se convierte en su mentora, ofreciendo orientación, amor y aliento. La presencia maternal de Grace ayuda a Mateo a navegar su nueva vida, proporcionando un sentido de estabilidad y seguridad. Bajo su tutoría, Mateo comienza a sanar y crecer, redescubriendo su autoestima. La comunidad eclesiástica local juega un papel vital en apoyar al orfanato. Proporcionan donaciones, ofrecen su tiempo como voluntarios y rezan por los niños. Esta participación comunitaria refuerza un sentido de pertenencia y seguridad para Mateo. La iglesia se convierte en una familia extendida, rodeándolo de amor y fe.

Nuevas amistades

En el orfanato, Mateo rápidamente forma fuertes lazos con los otros niños. Cada niño tiene una historia de dificultades y supervivencia, y encuentran consuelo en compartir estas experiencias entre ellos. Mateo, con su naturaleza cálida y cariñosa, se convierte en un miembro querido de esta nueva familia. Escucha atentamente las historias de sus compañeros, ofreciendo consuelo y comprensión.

Los niños comparten sus sueños y temores, creando una red de apoyo que les ayuda a sobrellevar sus traumas pasados. Encuentran alegría en placeres simples como jugar al fútbol, leer libros y trabajar en manualidades. El fútbol, en particular, se convierte en un pasatiempo favorito. Mateo, con sus rápidos reflejos y mente estratégica, a menudo toma la posición de portero. Las risas y la camaradería en el campo son un marcado contraste con la soledad y el peligro de su vida anterior en las calles.

Las comidas en el orfanato son otra fuente de unión. Los niños se reúnen alrededor de largas mesas, compartiendo historias sobre su día y disfrutando de la calidez de la compañía. Los ojos de Mateo se iluminan al escuchar los relatos de sus amigos, sintiendo un profundo sentido de pertenencia. Estos momentos compartidos le ayudan a reconstruir su sentido de identidad y comunidad.

Mentoría

Grace, una de las cuidadoras, tiene un interés especial en Mateo. Con su conducta gentil y naturaleza atenta, se convierte en más que una cuidadora: se convierte en su mentora. Grace reconoce el potencial de Mateo y la profundidad de su dolor. Ella le ofrece orientación, amor y ánimo, ayudándolo a navegar las complejidades de su nueva vida.

Grace pasa tiempo extra con Mateo, ayudándolo con su trabajo escolar y escuchando sus inquietudes. Ella lo anima a perseguir sus intereses, como el dibujo y el fútbol, y lo apoya en el establecimiento de metas personales. Bajo su mentoría, Mateo comienza a sanar y crecer, redescubriendo su sentido de autoestima.

Un día, Grace le da a Mateo un diario, animándolo a escribir sus pensamientos y sueños. Mateo comienza a escribir regularmente, encontrando terapéutico expresar sus emociones en el papel. La presencia paternal de Grace le brinda un sentido de estabilidad y seguridad, ayudándolo a construir una base sólida para su futuro.

Apoyo comunitario

La comunidad eclesiástica local juega un papel vital en apoyar al orfanato. Ellos proporcionan donaciones, ofrecen su tiempo como voluntarios y rezan por los niños. Cada domingo, los miembros de la iglesia visitan el orfanato, llevando comida, ropa y útiles escolares. Su generosidad asegura que los niños tengan todo lo que necesitan para prosperar. La participación de la comunidad eclesiástica refuerza un sentido de pertenencia y seguridad para Mateo. La iglesia se convierte en una familia extendida, rodeándolo con amor y fe. Los miembros de la iglesia a menudo pasan tiempo hablando con los niños, compartiendo historias de la Biblia y dirigiendo sesiones de oración. Mateo encuentra estas interacciones profundamente reconfortantes, sintiendo la fuerza de una comunidad más grande detrás de él.

Durante los servicios religiosos, Mateo siente un profundo sentido de paz y conexión. Los himnos familiares y las oraciones colectivas le recuerdan a sus padres y su fe. El pastor, un hombre sabio y compasivo, toma un interés personal en Mateo, ofreciéndole orientación espiritual y ánimo. Los eventos especiales organizados por la iglesia, como celebraciones festivas y proyectos de servicio comunitario, fortalecen aún más estos lazos. Mateo participa con entusiasmo, encontrando alegría en retribuir y ser parte de una misión más grande. El apoyo inquebrantable de la comunidad ayuda a Mateo a sanar y crecer, reforzando su fe y su creencia en la bondad de las personas.

A través de estas relaciones, la vida de Mateo se transforma de una de aislamiento y supervivencia a una llena de amor, apoyo y esperanza. Las amistades que forma, la mentoría que recibe de Grace y el apoyo comunitario de la iglesia crean una fuerte red que lo empodera para superar su pasado y mirar hacia un futuro más brillante.

Capítulo 5: Superando desafíos

Inicialmente, a Mateo le cuesta con sus estudios debido a los años perdidos de educación. El trabajo escolar parece abrumador, y a menudo se siente desalentado. Sin embargo, con tutoría del personal del orfanato y el ánimo de sus amigos, Mateo comienza a ponerse al día. Su determinación y trabajo duro empiezan a dar frutos, y encuentra alegría en el aprendizaje. A través de terapia y oración, Mateo comienza a sanar del trauma de perder a sus padres y vivir en las calles. El orfanato proporciona un espacio seguro para expresar sus sentimientos y miedos. Con el apoyo de Grace y sus nuevos amigos, Mateo lentamente supera sus pesadillas y ansiedades, encontrando paz en su corazón. Mateo descubre sus talentos e intereses, como el dibujo y jugar al fútbol. Estas actividades aumentan su confianza y proporcionan una salida creativa para sus emociones. Los dibujos de Mateo a menudo representan escenas de esperanza y alegría, reflejando su viaje interno de sanidad y crecimiento. El fútbol se convierte en una forma de conectarse con otros y desarrollar habilidades de trabajo en equipo.

Dificultades educativas

Cuando Mateo comienza la escuela en el orfanato, se enfrenta a la abrumadora tarea de ponerse al día con años de educación perdida. El trabajo escolar parece abrumador, y Mateo a menudo se siente fuera de lugar entre sus compañeros que están más avanzados en sus estudios. Tareas simples, como leer un libro o resolver problemas de matemáticas, se convierten en fuentes de frustración y desaliento para él.

Los maestros del orfanato, reconociendo el potencial de Mateo y las lagunas en su educación, le proporcionan tutoría adicional. Trabajan con él pacientemente, desglosando conceptos complejos en pasos manejables. Los amigos de Mateo también lo apoyan, ofreciendo estudiar juntos y explicándole lo que encuentra difícil. Su ánimo y apoyo lo ayudan a mantenerse motivado.

Poco a poco, el arduo trabajo de Mateo empieza a dar sus frutos. Comienza a comprender el material y se vuelve más seguro de sus habilidades. Sus calificaciones mejoran y encuentra alegría en el aprendizaje. En el momento en que resuelve un problema de matemáticas difícil o lee un libro por sí mismo, Mateo siente una sensación de logro y orgullo. Su determinación y resiliencia se hacen evidentes para todos los que lo rodean.

Sanidad emocional

Las cicatrices emocionales de perder a sus padres y vivir en la calle son profundas. Mateo frecuentemente experimenta pesadillas y ataques de ansiedad, reviviendo los eventos traumáticos de su pasado. Sin embargo, el orfanato proporciona un ambiente seguro y nutritivo donde puede comenzar a sanar. Mateo asiste a sesiones de consejería regulares con un terapeuta compasivo que lo ayuda a procesar su dolor y trauma. Estas sesiones se convierten en un espacio donde Mateo puede expresar abiertamente sus sentimientos y miedos. El terapeuta le enseña mecanismos de afrontamiento para manejar su ansiedad, como ejercicios de respiración y técnicas de visualización.

La oración y la orientación espiritual también juegan un papel crucial en el proceso de sanidad de Mateo. A menudo pasa tiempo en la capilla del orfanato, rezando y reflexionando sobre sus experiencias. La atmósfera pacífica y sus conversaciones con Dios le proporcionan una sensación de consuelo y seguridad. Grace, la cuidadora, se convierte en un pilar de apoyo para Mateo. Ella lo escucha sin juzgar y le ofrece sabiduría y aliento. Su presencia amorosa ayuda a Mateo a sentirse comprendido y valorado. Con el tiempo, con el apoyo de Grace, sus amigos y su fe, Mateo comienza a superar sus pesadillas y ansiedades. Encuentra una sensación de paz y esperanza que le permite mirar hacia el futuro.

Crecimiento personal

A medida que Mateo se asienta en la vida del orfanato, comienza a explorar sus intereses y descubrir sus talentos. Dibujar se ha convertido en una actividad particularmente significativa para él. Pasa horas con lápices de colores y papel, creando obras de arte detalladas e imaginativas. Los dibujos de Mateo a menudo representan escenas de esperanza y alegría, como atardeceres vibrantes, jardines florecientes y rostros sonrientes. Estos dibujos reflejan su viaje interno de sanidad y crecimiento, sirviendo como una representación visual de su resiliencia y optimismo.

Jugar al fútbol también se convierte en una parte importante de la vida de Mateo. Se une al equipo de fútbol del orfanato, encontrando tanto una salida física como emocional en el deporte. En el campo, los reflejos rápidos y el pensamiento estratégico de Mateo lo convierten en un activo para su equipo. El fútbol no solo aumenta su confianza, sino que también le enseña habilidades valiosas como el trabajo en equipo, el liderazgo y la perseverancia.

El apoyo y el aliento de sus amigos y mentores en el orfanato ayudan a Mateo a desarrollar un sentido más fuerte de sí mismo. Comienza a establecer metas para sí mismo, tanto académicas como personales, y trabaja diligentemente para alcanzarlas. Cada paso hacia adelante, por pequeño que sea, refuerza su creencia en su propio potencial y valía.

A través de estas actividades y experiencias, Mateo se convierte en un niño seguro y capaz. Aprende a abrazar su pasado mientras mira hacia un futuro lleno de promesas y oportunidades. Los desafíos que enfrenta se convierten en peldaños en su camino hacia el crecimiento personal y el autodescubrimiento.

Capítulo 6: Sueños y aspiraciones

Con trabajo duro y determinación, Mateo sobresale en sus estudios. Su sueño de convertirse en maestro para ayudar a otros huérfanos comienza a tomar forma. Se sumerge en su trabajo escolar, motivado por el deseo de retribuir y hacer una diferencia. Sus maestros y cuidadores están orgullosos de su progreso y lo alientan a perseguir sus sueños. Mateo asume roles de liderazgo en el orfanato, mentorando a los niños más pequeños y ayudando con las tareas. Su empatía natural y bondad lo convierten en un modelo a seguir para los demás. Lidera grupos de oración y organiza actividades, inspirando a sus compañeros con su dedicación y fe. Las habilidades de liderazgo de Mateo florecen, y se convierte en una figura confiable y respetada en el orfanato. Inspirado por sus cuidadores y su fe, Mateo establece metas ambiciosas para su futuro. Planea seguir una educación superior y sueña con iniciar su propia organización para apoyar a huérfanos y niños vulnerables en Nairobi. Su visión es crear un refugio seguro para los niños, ofreciéndoles el mismo amor y oportunidades que él recibió. La fe de Mateo lo guía, y está decidido a causar un impacto positivo en el mundo.

Progreso académico

La dedicación de Mateo a sus estudios comienza a producir resultados notables. Pasa incontables horas inmerso en su trabajo escolar, impulsado por un propósito y una ambición recién encontrados. Sus maestros notan su pasión por aprender y su determinación inquebrantable para sobresalir. El sueño de Mateo de convertirse en maestro se vuelve más claro con cada día que pasa. Él visualiza un futuro donde pueda ayudar a otros huérfanos a recibir la educación y el apoyo que necesitan para tener éxito.

Los logros académicos de Mateo le ganaron la admiración de sus compañeros y el respeto de sus educadores. Destaca en materias como matemáticas, ciencia y literatura, a menudo quedándose hasta tarde para estudiar y completar tareas. El aliento de sus cuidadores y maestros aumenta su confianza, haciéndole creer en su potencial para lograr grandes cosas.

El arduo trabajo de Mateo da sus frutos, ya que constantemente está entre los mejores estudiantes de su clase. Su éxito en la escuela se convierte en un faro de esperanza para otros niños en el orfanato, mostrándoles que ellos también pueden superar sus circunstancias y alcanzar sus sueños.

Roles de liderazgo

Reconociendo su empatía natural y amabilidad, los cuidadores del orfanato animan a Mateo a asumir roles de liderazgo. Comienza a ser mentor de niños más pequeños, ayudándolos con sus estudios y ofreciendo orientación en sus desafíos. La paciencia y comprensión de Mateo lo hacen un mentor eficaz, y los niños más pequeños lo admiran.

Mateo también toma la iniciativa de ayudar con las tareas en el orfanato, poniendo un ejemplo para sus compañeros. Organiza grupos de oración, donde lidera discusiones sobre fe y resiliencia, proporcionando apoyo espiritual a quienes lo necesitan. Su dedicación a su fe y su disposición para ayudar a los demás inspiran a los niños del orfanato a seguir su ejemplo.

Bajo el liderazgo de Mateo, el orfanato se convierte en una comunidad más cohesionada y solidaria. Organiza actividades como juegos de fútbol, proyectos de arte y sesiones de estudio, fomentando un sentido de camaradería y trabajo en equipo. Las habilidades de liderazgo de Mateo florecen, y se convierte en una figura confiable y respetada tanto entre los niños como entre los cuidadores.

Visión para el futuro

Inspirado por el amor y apoyo que recibió en el orfanato, Mateo se marca objetivos ambiciosos para su futuro. Sueña con continuar su educación superior y convertirse en maestro, decidido a tener un impacto positivo en las vidas de otros huérfanos y niños vulnerables en Nairobi. Su visión va más allá de sus aspiraciones personales; sueña con crear una organización que proporcione un refugio seguro para los niños, ofreciéndoles el mismo amor, educación y oportunidades que transformaron su vida.

La fe de Mateo sigue siendo una fuerza guía en su vida. Cree que Dios tiene un plan para él y que sus experiencias están destinadas a ayudar a otros. Con esta convicción, comienza a redactar un plan para su futura organización, imaginando un lugar donde los niños puedan encontrar refugio, recibir una educación de calidad y crecer en un ambiente de cuidado.

Mateo comparte su visión con sus mentores y cuidadores, quienes se conmueven por su pasión y determinación. Le proporcionan orientación y recursos para ayudarlo a alcanzar sus objetivos. El sueño de Mateo se convierte en una misión colectiva, con el apoyo de su comunidad impulsándolo hacia adelante.

Mientras Mateo continúa destacándose en sus estudios y roles de liderazgo, permanece enfocado en su objetivo final. Sabe que su viaje está lejos de terminar, pero con su fe inquebrantable, el apoyo de su comunidad y su determinación implacable, está seguro de que puede crear un futuro más brillante para él y para muchos otros niños necesitados.

Capítulo 7: Correspondiendo a la comunidad

Mateo participa en programas de alcance organizados por el orfanato, ayudando a otros niños de la calle. Comparte su historia con ellos, ofreciendo esperanza y aliento. La empatía y la compasión de Mateo brillan mientras ayuda a distribuir comida, organizar actividades y proporcionar apoyo a quienes lo necesitan. Sus esfuerzos son un testimonio de su deseo de devolver a la comunidad que lo ayudó. Mateo comparte su testimonio en eventos de iglesia y de la comunidad, inspirando a otros con su recorrido de fe y perseverancia. Su historia toca muchos corazones, mostrando que con fe, amor y determinación, es posible superar incluso las circunstancias más difíciles. Las palabras de Mateo resuenan profundamente, alentando a otros a buscar ayuda y confiar en el plan de Dios. Mateo se convierte en un defensor de los niños huérfanos, creando conciencia sobre sus necesidades y su potencial. Colabora con organizaciones locales y usa las redes sociales para difundir su mensaje. Sus esfuerzos de defensa atraen la atención sobre la difícil situación de los niños de la calle y la importancia de proporcionarles apoyo y oportunidades. La pasión y dedicación de Mateo tienen un impacto significativo, inspirando a otros a unirse a su causa.

Participación comunitaria

Mateo participa activamente en los programas de alcance organizados por el orfanato, impulsado por un profundo sentido de gratitud y un deseo de devolver a la comunidad que transformó su vida. Se une con entusiasmo a las iniciativas dirigidas a ayudar a otros niños de la calle, aquellos que se encuentran en la misma situación en la que él una vez se encontró. La participación de Mateo incluye la distribución de alimentos y ropa, la organización de actividades recreativas y el apoyo emocional a los niños.

Un programa de alcance particular se enfoca en un área de tugurios cercana donde muchos niños viven en condiciones desesperadas. Mateo visita estas áreas regularmente, a menudo acompañado por sus mentores y amigos del orfanato. Habla con los niños y sus familias, compartiendo su propia historia de supervivencia y esperanza. Su presencia y sus palabras ofrecen un inmenso aliento, mostrando a estos niños que hay un camino para salir de sus actuales dificultades.

La empatía y compasión de Mateo brillan intensamente en estas interacciones. Escucha los miedos y sueños de los niños, ofreciendo palabras de consuelo y apoyo. Su genuina preocupación y la ayuda práctica que brinda hacen una diferencia significativa en sus vidas. Los esfuerzos de Mateo son un testimonio de su dedicación a ayudar a los demás, un reflejo del amor y apoyo que recibió.

Compartiendo su historia

El testimonio de Mateo se convierte en una herramienta poderosa de inspiración y cambio. En los servicios de la iglesia y las reuniones comunitarias, comparte su viaje desde las calles hasta encontrar un nuevo hogar en el orfanato. Habla con franqueza sobre los desafíos que enfrentó, los momentos de desesperación y el poder transformador de la fe y el apoyo de la comunidad.

Su historia resuena profundamente con aquellos que la escuchan. Muchos se conmueven hasta las lágrimas, inspirados por su resiliencia y la fortaleza de su fe. Mateo enfatiza el papel del amor de Dios y el apoyo inquebrantable de la iglesia y el orfanato en su recuperación y crecimiento. Sus palabras alientan a otros que enfrentan dificultades a mantener la esperanza y buscar apoyo en su fe y comunidad.

Mateo también habla en escuelas y centros juveniles, llegando a jóvenes que podrían estar enfrentando sus propios desafíos. Su historia sirve como un faro de esperanza, ilustrando que con determinación, apoyo y fe, es posible superar incluso los obstáculos más desalentadores.

Defensor y concientizador

Consciente del impacto más amplio que puede tener, Mateo se convierte en un defensor de los niños huérfanos y vulnerables.

Colabora con ONG locales, líderes comunitarios y trabajadores sociales para crear conciencia sobre los problemas que enfrentan los niños de la calle. Mateo utiliza diversas plataformas para difundir su mensaje, incluyendo redes sociales, discursos públicos y talleres comunitarios.

Organiza campañas de sensibilización que destacan la importancia de brindar apoyo y oportunidades a los niños huérfanos. A través de estos esfuerzos, Mateo busca cambiar las percepciones sociales y alentar a más personas a involucrarse en ayudar a estos niños. Utiliza estadísticas, historias personales y llamamientos emocionales para transmitir la urgencia y la importancia de la causa.

Los esfuerzos de defensa de Mateo incluyen presionar por mejores políticas y sistemas de apoyo para los niños huérfanos. Se reúne con funcionarios gubernamentales, presentándoles datos y anécdotas personales para impulsar cambios en la legislación y aumentar los fondos para orfanatos y programas de apoyo. Su pasión y dedicación a la causa tienen un impacto significativo, atrayendo más atención a las necesidades de los niños vulnerables.

A través de su incansable trabajo, Mateo ayuda a crear una comunidad más consciente y más dispuesta a apoyar a los niños necesitados. Sus esfuerzos inspiran a muchos a contribuir, ya sea mediante el voluntariado, las donaciones o simplemente difundiendo el mensaje. El viaje de Mateo de un niño de la calle a un defensor ejemplifica el poder transformador de la fe, el amor y la perseverancia, mostrando que cualquiera puede hacer una diferencia si está dispuesto a dar el primer paso.

Capítulo 8: Gloria a Dios

Mateo recibe reconocimiento por sus logros académicos y su servicio a la comunidad. Le otorgan becas y distinciones, que atribuye a la provisión y protección de Dios. Mateo permanece humilde, siempre señalando su fe como la fuente de su fortaleza y éxito. Sus logros son un testimonio del poder transformador de la fe y el amor. Mateo experimenta hitos espirituales significativos, como el bautismo y liderar grupos de oración. Estos momentos profundizan su fe y su compromiso de servir a los demás. El viaje espiritual de Mateo está marcado por el crecimiento y la devoción, y continúa inspirando a otros con su creencia inquebrantable en el amor y la guía de Dios. Mateo permanece dedicado a su fe, buscando continuamente la guía de Dios en su vida. Asiste a la iglesia regularmente, participa en el estudio de la Biblia y orienta a niños más pequeños en sus viajes espirituales. La fe de Mateo es el fundamento de su vida, guiándolo en cada decisión y acción. Su viaje es un poderoso ejemplo de resiliencia, compasión y el poder duradero de la fe.

Reconocimiento y premios

El arduo trabajo y la dedicación de Mateo no pasan desapercibidos. Sus logros académicos y contribuciones a la comunidad le han valido varios premios y becas. En una ceremonia especial organizada por su escuela, Mateo recibe el premio al mejor estudiante, una beca para educación superior y un reconocimiento por su liderazgo en el servicio comunitario. Estas distinciones le traen alegría y orgullo, pero Mateo se mantiene humilde, atribuyendo su éxito a la provisión y protección de Dios.

Durante sus discursos de aceptación, Mateo siempre reconoce su fe como la piedra angular de sus logros. Habla abiertamente sobre cómo su creencia en Jesús le ayudó a superar sus desafíos e inspiró a ayudar a otros. Estos momentos se convierten en poderosos testimonios, reforzando el mensaje de que la fe puede llevar a una profunda transformación personal y comunitaria.

Los medios locales notan la historia de Mateo, y aparece en varios artículos de noticias y entrevistas de televisión. En estas apariciones públicas, Mateo continúa dando gloria a Dios, enfatizando que sus logros son el resultado de la guía divina y el apoyo de su iglesia y comunidad. Su humildad y gratitud resuenan con muchos, ampliando aún más el impacto de su testimonio.

Hitos espirituales

A lo largo de su trayectoria, Mateo experimenta importantes hitos espirituales que profundizan su fe. Uno de los momentos más profundos es su bautismo. Rodeado de sus amigos, cuidadores y la comunidad de su iglesia, Mateo declara públicamente su compromiso con Jesús. La ceremonia es un evento profundamente emocional, simbolizando un nuevo capítulo en su vida dedicado a la fe y el servicio.

Después de su bautismo, Mateo asume más responsabilidades dentro de la iglesia. Comienza a liderar grupos de oración, donde comparte sus experiencias y anima a otros a encontrar fortaleza en su fe. Estas reuniones se convierten en una fuente de inspiración para muchos, ya que la fe genuina y la resiliencia de Mateo brillan a través de sus palabras y acciones.

Mateo también comienza a mentorear a niños más pequeños en el orfanato en sus jornadas espirituales. Les enseña sobre la oración, el estudio de la Biblia y la importancia de mantener una fe fuerte. Su mentoría ayuda a estos niños a desarrollar sus propias relaciones con Dios, creando un efecto dominó de fe y esperanza.

Continuo viaje de fe

La dedicación de Mateo a su fe continúa guiándolo en cada aspecto de su vida. Asiste regularmente a los servicios de la iglesia y participa activamente en grupos de estudio bíblico. Estas actividades no solo fortalecen su propia fe, sino que también le permiten contribuir al crecimiento espiritual de su comunidad.

Mateo se convierte en conocido por su compasión y sabiduría, y a menudo es buscado para recibir consejos y orientación. Su profundo entendimiento de las escrituras y sus experiencias personales lo convierten en un mentor y modelo a seguir efectivo. La fe de Mateo influye en cada decisión que toma, desde sus búsquedas académicas hasta sus proyectos de servicio comunitario.

Sigue involucrado en varios programas de alcance, utilizando su historia para inspirar a otros. La vida de Mateo se convierte en un testimonio del poder duradero de la fe, la resiliencia y la compasión. Su trayectoria muestra que con fe, es posible superar incluso las circunstancias más desafiantes y hacer un impacto positivo en el mundo.

La historia de Mateo es un poderoso ejemplo de cómo la fe puede transformar vidas. Sus reconocimientos y premios no son solo logros personales, sino símbolos de lo que es posible cuando uno confía en

Dios. Los hitos espirituales de Mateo destacan la importancia de una relación sólida con Jesús, y su continuo viaje de fe demuestra que el verdadero éxito se mide por el impacto que uno tiene en los demás y la fuerza de su fe. Su vida inspira a muchos a buscar la guía de Dios y vivir con propósito, amor y resiliencia.

Epílogo: Un legado de esperanza y transformación

Mateo mira hacia atrás en su viaje desde las calles hasta el orfanato con inmensa gratitud. Reconoce el poder transformador de la fe, el amor y el apoyo de la comunidad. Reflexionando sobre sus experiencias, Mateo siente un profundo sentido de propósito y realización. Su viaje ha sido desafiante, pero lo ha moldeado en un individuo resiliente y compasivo. Mateo sueña con comenzar su propia organización para apoyar a huérfanos y niños vulnerables en Nairobi. Imagina crear una red de refugios seguros que proporcionen educación, amor y oportunidades de crecimiento. Mateo está decidido a usar sus experiencias para guiar e inspirar a otros, ofreciéndoles la misma esperanza y apoyo que él recibió. La historia de Mateo se convierte en un faro de esperanza e inspiración, demostrando el impacto de la fe, la compasión y el amor inquebrantable de Dios. Su viaje del trauma a la sanidad deja un impacto duradero en su comunidad, mostrando que con fe y apoyo, es posible superar incluso los tiempos más oscuros. El legado de Mateo es uno de resiliencia, fe y amor, inspirando a las futuras generaciones a creer en el poder de la fe y la bondad de la humanidad.

Reflexionando sobre el viaje

Mateo a menudo se toma el tiempo para reflexionar sobre su viaje, maravillándose de la increíble transformación que ha experimentado. Desde las duras realidades de vivir en las calles hasta encontrar un hogar amoroso en el orfanato, cada paso de su viaje ha estado marcado por el poder de la fe, el amor y el apoyo comunitario. Mateo recuerda los momentos más oscuros de su vida, el hambre, el frío y la soledad abrumadora, y los contrasta con la calidez, seguridad y amor que ahora experimenta a diario.

Sus reflexiones están llenas de gratitud hacia las personas que lo apoyaron en el camino: los extraños que le mostraron amabilidad, los cuidadores del orfanato, su mentora Grace y la comunidad eclesiástica que lo acogió. Cada uno de estos individuos jugó un papel vital en su viaje, ayudándolo a construir una base de resiliencia y compasión. Mateo siente un profundo sentido de propósito y realización, sabiendo que sus experiencias lo han moldeado en la persona que es hoy.

Aspiraciones futuras

Impulsado por el deseo de retribuir y ayudar a otros, Mateo sueña con comenzar su propia organización para apoyar a huérfanos y niños vulnerables en Nairobi. Imagina crear una red de refugios seguros que proporcionen no solo necesidades básicas como comida y refugio, sino también educación, amor y oportunidades de crecimiento personal. Mateo quiere asegurar que ningún niño tenga que soportar las dificultades que él enfrentó y que tengan los recursos y el apoyo para construir un futuro mejor.

Su visión incluye escuelas, centros de formación vocacional y servicios de asesoramiento, todos orientados a empoderar a los niños para superar sus circunstancias y alcanzar su máximo potencial. Mateo está decidido a utilizar sus propias experiencias como guía, asegurando que la organización esté enraizada en la compasión, la comprensión y un profundo compromiso con el bienestar de cada niño al que sirve. Está dedicado a crear un legado de esperanza y transformación, ofreciendo la misma esperanza y apoyo que recibió a incontables otros.

Legado de fe

La historia de Mateo se ha convertido en un faro de esperanza e inspiración para su comunidad. A través de su viaje, ha demostrado el profundo impacto de la fe, la compasión y el amor inquebrantable de Dios. Su transformación de un niño traumatizado de las calles a un líder seguro y compasivo es un testimonio del poder de la fe y la bondad de la humanidad.

Mateo continúa compartiendo su historia en eventos de la iglesia, reuniones comunitarias y escuelas, inspirando a otros a creer en el poder de la fe y la resiliencia. Su testimonio anima a las personas a tender la mano y apoyar a los necesitados, fomentando un sentido de comunidad y responsabilidad colectiva. La vida de Mateo sirve como un recordatorio poderoso de que con fe, apoyo y determinación, es posible superar incluso los tiempos más oscuros y emergen más fuertes y compasivos.

El legado de Mateo es uno de resiliencia, fe y amor. Se ha convertido en un modelo a seguir para las futuras generaciones, mostrándoles que sin importar cuán terribles sean sus circunstancias, siempre hay esperanza. Su creencia inquebrantable en el amor y la guía de Dios ha sido la piedra angular de su viaje, y continúa viviendo su vida al servicio de los demás, guiado por su fe.

Cuando Mateo mira hacia el futuro, está lleno de esperanza y determinación. Sabe que su viaje está lejos de terminar y que hay muchos más niños que necesitan ayuda y apoyo. Mateo está comprometido a continuar su trabajo, expandiendo su alcance y haciendo un impacto duradero en su comunidad. Su vida es un testimonio del poder de la fe, la compasión y la fuerza perdurable del espíritu humano, inspirando a otros a creer en la posibilidad de la transformación y la importancia de retribuir.

Fin

EL VIAJE DE PARLEH DESDE LAS LUCHAS HASTA EL ÉXITO EN FREETOWN, SIERRA LEONA

Capítulo 1: Crecer en Freetown

• **Introducción a Parleh:** Parleh es una joven que vive en un vecindario empobrecido en Freetown, Sierra Leona.

• **Luchas familiares:** La familia de Parleh enfrenta dificultades financieras, luchando por llegar a fin de mes y satisfacer las necesidades básicas.

• **Vida temprana:** A pesar de las adversidades, Parleh muestra un gran interés por aprender y sueña con un futuro mejor.

Capítulo 2: Los desafíos de acceder a la educación

• **Barreras educativas:** Parleh enfrenta numerosos obstáculos para acceder a la educación, incluyendo la falta de suministros escolares y recursos.

• **Asistencia escolar:** Su asistencia a la escuela es irregular debido a las limitaciones financieras y a la necesidad de ayudar a su familia con las tareas del hogar.

• **Determinación para aprender:** A pesar de estos desafíos, Parleh permanece decidida a continuar su educación y a menudo estudia a la luz de las velas.

Capítulo 3: La fe como una luz guía

• **Viaje de fe:** La fe de Parleh en Jesús sigue siendo una fuente de fortaleza y esperanza en medio de las dificultades.

• **Participación en la iglesia local:** Ella asiste regularmente a una iglesia local que le proporciona nutrición espiritual y una comunidad de apoyo.

• **Programas de apoyo educativo:** La iglesia ofrece programas de apoyo educativo, incluyendo tutorías y acceso a materiales de estudio.

Capítulo 4: Superando obstáculos

• **Apoyo de la comunidad eclesiástica:** Parleh recibe aliento y apoyo de su comunidad de fe, lo que refuerza su moral y confianza.

• **Becas y ayuda:** A través de la red de la iglesia, Parleh obtiene becas y ayuda financiera que le permiten continuar su educación.

• **Mentoría:** Miembros de la iglesia y maestros actúan como mentores de Parleh, brindándole orientación y ayudándola a navegar los desafíos de su viaje académico.

Capítulo 5: Logrando el éxito académico

• **Trabajo duro y dedicación:** La dedicación y el esfuerzo de Parleh dan frutos, ya que se destaca en sus estudios y a menudo ocupa los primeros lugares de su clase.

• **Graduación:** Ella se gradúa de la escuela secundaria con honores, un hito significativo que llena a su familia y comunidad de orgullo.

• **Persiguiendo educación superior:** Con el continuo apoyo de su iglesia, Parleh se inscribe en una universidad para obtener un título en educación.

Capítulo 6: Convertirse en maestra

• **Vida universitaria:** Parleh enfrenta nuevos desafíos en la universidad, pero se mantiene firme en su fe y determinación para triunfar.

• **Graduación con título:** Ella se gradúa con un título en educación, cumpliendo su sueño de convertirse en maestra.

• **Regreso a su comunidad:** Parleh regresa a su vecindario con la misión de inspirar y educar a la próxima generación.

Capítulo 7: Inspirando el cambio

• **Carrera docente:** Parleh comienza a enseñar en una escuela local, donde se convierte en un modelo a seguir para sus estudiantes.

• **Impacto en la comunidad:** Su historia de perseverancia y fe inspira a otros niños en su comunidad a perseguir sus sueños a pesar de las adversidades.

• **Iniciativas educativas:** Parleh colabora con su iglesia para desarrollar más programas de apoyo educativo e iniciativas para niños desfavorecidos.

Capítulo 8: Dando gloria a Dios

• **Compartiendo su testimonio:** Parleh comparte su viaje de fe y éxito en eventos de la iglesia y la comunidad, dando gloria a Dios por Su guía y provisión.

• **Mentoría:** Ella actúa como mentora para las jóvenes de su comunidad, animándolas a concentrarse en su educación y confiar en el plan de Dios para sus vidas.

• **Continuación del viaje de fe:** Parleh sigue activa en su iglesia, creciendo continuamente en su fe y sirviendo a su comunidad.

Epílogo: Un legado de esperanza e inspiración

• **Reflexionando sobre el viaje:** Parleh reflexiona sobre su viaje desde la lucha hasta el éxito, reconociendo el papel de la fe y el apoyo comunitario.

• **Aspiraciones futuras:** Ella sueña con expandir su impacto creando una fundación para apoyar la educación de los niños desfavorecidos en Sierra Leona.

• **Legado de fe y determinación:** La historia de Parleh deja un legado duradero, demostrando el poder de la fe, la perseverancia y el apoyo de una comunidad amorosa.

<u>"El viaje de Parleh desde las luchas hasta el éxito en Freetown, Sierra Leona"</u>

Capítulo 1: Creciendo en Freetown

Parleh es una joven vibrante que vive en un vecindario empobrecido en Freetown, Sierra Leona. Su familia, aunque lucha financieramente, está muy unida y es solidaria. Parleh es conocida por su brillante sonrisa y mente curiosa, siempre ansiosa por aprender a pesar de los desafíos que la rodean. La familia de Parleh enfrenta importantes dificultades financieras. Su padre trabaja como obrero, ganando un ingreso escaso que apenas cubre sus necesidades básicas, mientras que su madre realiza varios trabajos pequeños para contribuir al hogar. A pesar de su arduo trabajo, hay días en los que se acuestan con hambre y noches en las que se preocupan por el futuro. Parleh a menudo ayuda con las tareas del hogar y cuida de sus hermanos menores, entendiendo el peso de la responsabilidad desde una edad temprana. A pesar de las penurias, Parleh exhibe un gran interés por aprender. A menudo se la encuentra con la nariz enterrada en libros prestados, soñando con un futuro mejor. Sus momentos favoritos son cuando se sienta con su madre, quien le cuenta historias de grandes mujeres que superaron la adversidad. Estas historias encienden un fuego dentro de Parleh, quien sueña con algún día hacer una diferencia en su comunidad.

Introducción a Parleh

Parleh es una joven vibrante, de alrededor de diez años, que vive en un vecindario empobrecido en Freetown, Sierra Leona. Mientras su vecindario está lleno de actividad, está marcado por edificios en ruinas y caminos de tierra, reflejando las duras realidades económicas que enfrentan sus residentes. A pesar de estos alrededores, el espíritu de Parleh brilla intensamente. Ella es conocida por su brillante sonrisa y mente curiosa, siempre ansiosa por aprender a pesar de los desafíos que la rodean. Su contagiosa risa y optimismo la convierten en una figura querida entre sus compañeros y vecinos.

Luchas familiares

La familia de Parleh enfrenta importantes dificultades financieras. Su padre trabaja como obrero, a menudo aceptando trabajos extenuantes y físicamente demandantes que le generan un ingreso escaso. Este ingreso apenas cubre sus necesidades básicas, dejando poco margen para cualquier gasto inesperado. Su madre realiza varios trabajos pequeños, como lavar ropa para los vecinos y vender productos caseros en el mercado local, para contribuir al hogar. A pesar de su arduo trabajo, hay días en los que la familia se acuesta con hambre, y a menudo pasan noches preocupados por el futuro.

Parleh tiene dos hermanos menores, y ella a menudo ayuda con las tareas del hogar y los cuida. Desde temprana edad, entiende el peso de la responsabilidad sobre sus hombros. Ella recoge agua de la bomba comunal, ayuda a preparar comidas simples y asegura que sus hermanos estén seguros y entretenidos mientras sus padres trabajan. La constante lucha por llegar a fin de mes es una carga pesada, pero la resiliencia y determinación de Parleh brillan.

Vida temprana

A pesar de las penurias, Parleh exhibe un gran interés por aprender. La educación es un lujo en su vecindario, con muchos niños incapaces de asistir a la escuela regularmente debido a restricciones financieras. Sin embargo, Parleh está decidida a aprovechar al máximo cada oportunidad. A menudo se la encuentra con la nariz enterrada en libros prestados, soñando con un futuro mejor. Estos libros son a menudo de segunda mano, sus páginas están desgastadas y sus cubiertas raídas, pero para Parleh, son tesoros. Sus momentos favoritos son cuando se sienta con su madre, quien le cuenta historias de grandes mujeres que superaron la adversidad. Estas historias, a menudo transmitidas a través de generaciones, encienden un fuego dentro de Parleh. Su madre habla de mujeres que lucharon por sus derechos, que lideraron sus comunidades con sabiduría y valentía, y que nunca se rindieron ante la adversidad. Estas narrativas inspiran a Parleh, alimentando sus sueños de algún día hacer una diferencia en su comunidad.

La escuela de Parleh es una estructura simple con pocos recursos. Las aulas están abarrotadas y los maestros, aunque dedicados, a menudo se sienten abrumados por la cantidad de estudiantes. Parleh, sin embargo, se destaca académicamente. Siempre está en la cima de su clase, su inteligencia natural y curiosidad la impulsan a aprender más. Participa con entusiasmo en clase, haciendo preguntas y ayudando a sus compañeros a entender conceptos difíciles. Sus maestros notan su potencial y la animan a seguir esforzándose por la excelencia. En su tiempo libre, Parleh disfruta jugando con sus amigos en las polvorientas calles de su vecindario. Inventan juegos y cuentan historias, su risa resonando a través de los callejones. Estos momentos de alegría proporcionan un respiro muy necesario de las luchas diarias que todos enfrentan. A pesar de los desafíos, la infancia de Parleh está marcada por un sentido de esperanza y posibilidad. Ella sueña con convertirse en maestra o doctora, alguien que pueda devolver a su comunidad y ayudar a otros a salir de la pobreza.

A través de todo, la fe de Parleh juega un papel central en su vida. Su familia es devota y a menudo se reúnen para la oración y la reflexión. Estos momentos de conexión espiritual le brindan a Parleh fortaleza y esperanza, reforzando su creencia de que con fe, trabajo duro y determinación, puede superar cualquier obstáculo. Su fe es una luz guía, iluminando su camino y dándole el valor para soñar en grande.

Capítulo 2: Los desafíos de acceder a la educación

Parleh enfrenta numerosos obstáculos para acceder a la educación. La escuela local está mal financiada, con aulas abarrotadas y falta de suministros básicos. Hay días en que Parleh no puede asistir a la escuela porque su familia no puede pagar las cuotas, los uniformes o los libros. Debido a las limitaciones financieras, la asistencia de Parleh es irregular. A veces, falta a la escuela para ayudar a su madre en el trabajo o para cuidar de sus hermanos. Los días en que puede asistir son preciosos para ella, y absorbe cada lección con fervor. A pesar de estos desafíos, Parleh sigue decidida a continuar con su educación. A menudo estudia a la luz de las velas, usando materiales improvisados para practicar sus lecciones. Su determinación es inquebrantable, impulsada por la creencia de que la educación es su camino para salir de la pobreza.

Barreras educativas

Parleh enfrenta numerosos obstáculos para acceder a la educación. La escuela local a la que asiste está mal financiada, reflejando las luchas económicas más amplias de la región. El edificio de la escuela está en mal estado, con paredes agrietadas y techos con goteras. Las aulas están superpobladas, a menudo acomodando el doble de estudiantes para los que fueron diseñadas. Los suministros básicos como libros de texto, cuadernos y materiales de escritura son escasos. Los maestros hacen lo mejor que pueden bajo condiciones desafiantes, pero la falta de recursos dificulta una enseñanza efectiva.

En muchos días, Parleh no puede asistir a la escuela porque su familia no puede pagar las cuotas, uniformes o libros requeridos. Las cuotas escolares, aunque relativamente pequeñas, son una carga significativa para su familia, que ya lucha por satisfacer sus necesidades básicas. Los uniformes, que son obligatorios, a menudo están desgastados y remendados, pero incluso estas humildes prendas a veces están fuera del alcance económico de la familia.

Asistencia escolar

Debido a estas limitaciones financieras, la asistencia de Parleh es irregular. Hay días en que debe quedarse en casa para ayudar a su madre en el trabajo o para cuidar de sus hermanos menores. La pequeña tienda de su madre, que vende productos hechos a mano y otros artículos, requiere manos extra, especialmente durante tiempos de mucho trabajo o cuando su madre está enferma. En otros días, la necesidad de ir a buscar agua, cocinar o hacer otras tareas del hogar tiene prioridad sobre la escuela.

A pesar de estas interrupciones, Parleh atesora los días en que puede asistir a la escuela. Cada día en el aula es una preciosa oportunidad para aprender y crecer. Llega temprano, ansiosa por absorber cada lección. El entusiasmo de Parleh por aprender es evidente en sus ojos, que se iluminan cuando comprende un nuevo concepto o lee una nueva historia. Sus maestros notan su dedicación y a menudo le dan materiales extra para estudiar en casa, sabiendo que los aprovechará bien.

Determinación por aprender

A pesar de los numerosos desafíos que enfrenta, Parleh sigue decidida a continuar con su educación. A menudo estudia a la luz de las velas después de terminar sus tareas y cuidar de sus hermanos. Sin escritorio ni materiales de estudio adecuados, se las arregla con lo que tiene, usando pedazos de papel y libros prestados. Su determinación es inquebrantable, impulsada por la creencia de que la educación es su camino para salir de la pobreza. Las noches de Parleh son un testimonio de su determinación. Después de un largo día de ayudar a su familia y atender las tareas domésticas, se sienta a estudiar bajo la tenue luz de una vela. Su madre, al ver su dedicación, trata de brindarle todo el apoyo posible, a veces quedándose despierta con ella para ofrecerle ánimos y ayuda donde pueda. Las historias que su madre le cuenta sobre grandes mujeres que superaron la adversidad siguen inspirando a Parleh, recordándole que ella también puede lograr grandeza.

Incluso en los días en que no puede asistir a la escuela, Parleh encuentra formas de aprender. Pide prestados libros a amigos y vecinos, ansiosa por expandir su conocimiento. Escucha atentamente la radio, con la esperanza de captar programas educativos. Sus amigos, conscientes de su situación, a menudo comparten sus apuntes y la ayudan a ponerse al día con las lecciones que ha perdido. La comunidad de Parleh, a pesar de sus propias luchas, se une para apoyarla, reconociendo su potencial y haciendo lo que pueden para ayudarla. A través de todos estos desafíos, la fe de Parleh sigue siendo una luz guía. Ella ora por fuerza y sabiduría, encontrando consuelo en su relación con Jesús. Su fe le proporciona la esperanza y la resiliencia necesarias para enfrentarse a los obstáculos de cada día. Ella cree profundamente que Dios tiene un plan para ella, y que con fe, perseverancia y trabajo duro, puede superar cualquier barrera.

El viaje de Parleh no es solo una búsqueda de educación, sino un testimonio del poder de la determinación, la resiliencia y la fe. Su historia inspira a quienes la rodean y sirve como un poderoso recordatorio del potencial transformador de la educación y la capacidad del espíritu humano para superar la adversidad.

Capítulo 3: La fe como una luz guía

La fe de Parleh en Jesús es una fuente de fortaleza y esperanza en medio de las dificultades. Su familia es devota y a menudo se reúnen para rezar y leer la Biblia. La fe de Parleh la ayuda a mantener una actitud positiva, incluso cuando las circunstancias parecen sombrías. Parleh asiste regularmente a una iglesia local que proporciona alimento espiritual y una comunidad de apoyo. La iglesia se convierte en un santuario donde encuentra paz y aliento. Es aquí donde aprende sobre el poder de la oración y la importancia de confiar en el plan de Dios. La iglesia ofrece programas de apoyo educativo, incluyendo tutoría y acceso a materiales de estudio. Estos programas son una tabla de salvación para Parleh, quien participa con entusiasmo y aprovecha todos los recursos disponibles para ella.

Viaje de fe

La fe de Parleh en Jesús es una fuente de fortaleza y esperanza en medio de las dificultades que enfrenta. Su familia, a pesar de sus luchas financieras, es profundamente devota. Se reúnen todas las tardes para rezar y leer la Biblia juntos, encontrando consuelo en su fe. Estos momentos de oración y reflexión ayudan a Parleh a mantener una actitud positiva, incluso cuando sus circunstancias parecen sombrías. Su madre a menudo lee en voz alta salmos, proporcionando consuelo y la certeza de que Dios los está cuidando. El verso favorito de Parleh es Jeremías 29:11, "Porque yo sé muy bien los planes que tengo para vosotros —afirma el Señor—, planes de bienestar y no de calamidad, a fin de daros un futuro y una esperanza." Este verso se convierte en su mantra, infundiéndole la creencia de que días más brillantes están por venir.

Participación en la iglesia local

Parleh asiste regularmente a una iglesia local que proporciona alimento espiritual y una comunidad de apoyo. La iglesia es un edificio modesto, pero está lleno de calidez y un sentido de pertenencia. La congregación, aunque pequeña, es unida y solidaria. Cada domingo, Parleh se une a los otros miembros para adorar, sintiendo una profunda sensación de paz y ánimo. Los servicios de la iglesia, con sus himnos y sermones edificantes, le ofrecen un respiro de los desafíos de la vida diaria. El pastor, un hombre amable y compasivo, a menudo habla sobre el poder de la fe y la importancia de confiar en el plan de Dios. Sus sermones resuenan profundamente en Parleh, reforzando su creencia de que nunca está sola en sus luchas.

Programas de apoyo educativo

La iglesia ofrece programas de apoyo educativo, que se convierten en una tabla de salvación para Parleh. Estos programas incluyen sesiones de tutoría, donde voluntarios ayudan a los niños con sus tareas escolares, y proporcionan acceso a materiales de estudio que de otro modo serían difíciles de conseguir. La pequeña biblioteca de la iglesia, aunque modesta, es un tesoro para Parleh, llena de libros que alimentan su amor por el aprendizaje. Participa con entusiasmo en estos programas, aprovechando todos los recursos disponibles para ella. Los tutores, muchos de los cuales son estudiantes mayores o miembros de la iglesia, toman un especial interés en Parleh, reconociendo su potencial y determinación.

Además de la tutoría, la iglesia organiza grupos de estudio donde los niños pueden colaborar en sus tareas y proyectos. Estas sesiones fomentan un sentido de comunidad y apoyo mutuo entre los estudiantes. Parleh disfruta estas sesiones de grupo, ya que le brindan la oportunidad de aprender de otros y compartir sus conocimientos. Forma amistades con otros niños que comparten su entusiasmo por la educación, creando una red de compañeros que se animan y motivan mutuamente. La iglesia también proporciona suministros escolares a niños necesitados, asegurando que la falta de materiales no obstaculice su educación. A través de estos programas, Parleh recibe cuadernos, bolígrafos e incluso un uniforme escolar. Cada regalo, sin importar lo pequeño que sea, es un recordatorio del apoyo inquebrantable de la iglesia y la provisión de Dios.

A través de estas experiencias, la fe de Parleh se profundiza. Aprende que la fe no se trata solo de asistir a la iglesia los domingos, sino de confiar en el plan de Dios todos los días y encontrar fortaleza en Sus promesas. Su relación con Jesús se convierte en una fuente de resiliencia, guiándola a través de los momentos más difíciles. Comienza a ver su educación no solo como un objetivo personal, sino como parte de un propósito más grande que Dios tiene para su vida. El apoyo que Parleh recibe de la comunidad de su iglesia es invaluable. Le proporciona las herramientas que necesita para tener éxito académicamente, mientras la nutre espiritual y emocionalmente. La iglesia se convierte en su santuario, un lugar donde se siente amada, apoyada y empoderada para perseguir sus sueños.

A medida que Parleh continúa navegando los desafíos de su vida, su fe sigue siendo su luz guía. Le da la fuerza para enfrentar cada día con esperanza y determinación, sabiendo que Dios tiene un plan para ella. Su viaje es un testimonio del poder de la fe, la comunidad y el potencial transformador de la educación.

Capítulo 4: Superando obstáculos

El apoyo de la comunidad de su iglesia eleva la moral y la confianza de Parleh. Los miembros de la iglesia frecuentemente revisan a su familia, ofreciendo ayuda y ánimo. Esta red de apoyo se convierte en algo crucial para ayudar a Parleh a mantenerse enfocada en sus metas. A través de la red de la iglesia, Parleh consigue becas y ayuda financiera que le permiten continuar su educación. Estas becas cubren sus tarifas escolares y le proporcionan los suministros necesarios, aliviando una carga significativa de los hombros de su familia. Parleh recibe mentoría de los miembros de la iglesia y maestros que la guían en su viaje académico. Ellos le brindan no solo apoyo académico, sino también orientación emocional y espiritual, ayudándola a enfrentar los desafíos con gracia y resiliencia.

Apoyo de la comunidad eclesiástica

El apoyo de la comunidad de su iglesia es un salvavidas para Parleh, proporcionándole la moral y la confianza que necesita para continuar su educación. Los miembros de la iglesia visitan con frecuencia a su familia, trayendo comida, ropa y otros elementos esenciales. Ofrecen no solo apoyo material, sino también aliento emocional, compartiendo historias de fe y perseverancia. Un miembro de la iglesia, la Sra. Kargbo, se vuelve particularmente cercana a la familia de Parleh, a menudo pasando tiempo con ellos para ofrecer orientación y compañía. La iglesia organiza reuniones de oración para las familias necesitadas, y estos encuentros se convierten en una fuente de fortaleza para Parleh. El apoyo inquebrantable de la comunidad la ayuda a mantenerse enfocada en sus metas, recordándole que no está sola en su viaje.

Becas y ayuda

A través de la extensa red de la iglesia, Parleh consigue becas y ayuda financiera que le permiten continuar su educación. Estas becas cubren sus tarifas escolares, uniformes y libros, aliviando una carga significativa de los hombros de su familia. La iglesia se asocia con organizaciones locales e internacionales para proporcionar estas becas, asegurando que estudiantes talentosos como Parleh puedan perseguir sus sueños a pesar de las limitaciones financieras. Una de esas becas es otorgada por una organización benéfica que patrocina la educación de niños desfavorecidos. Cuando Parleh recibe la beca, se siente como un milagro; no solo alivia el estrés financiero de su familia, sino que también refuerza su creencia de que Dios está cuidando de ella.

Mentoría

La mentoría juega un papel crítico en el viaje académico de Parleh. Ella recibe orientación de miembros dedicados de la iglesia y maestros que se convierten en sus mentores. La Sra. Kargbo, por ejemplo, toma un interés especial en el progreso de Parleh. La ayuda con sus tareas y proyectos, proporcionando tanto apoyo académico como lecciones de vida. La Sra. Kargbo comparte sus propias experiencias, enseñándole a Parleh sobre resiliencia, determinación y la importancia de la fe. En la escuela, el Sr. Kamara, un maestro compasivo y alentador, nota el potencial de Parleh y la toma bajo su ala. Le proporciona clases extra para ayudarla a ponerse al día con el trabajo escolar perdido y la prepara para los exámenes. La dedicación del Sr. Kamara va más allá de lo académico; también asesora a Parleh sobre cómo gestionar su tiempo de manera efectiva, lidiar con el estrés y establecer metas alcanzables.

La iglesia también establece un programa de mentoría, emparejando a estudiantes mayores que ya se han graduado con estudiantes más jóvenes como Parleh. Estos mentores proporcionan apoyo entre pares, ayudan con técnicas de estudio y ofrecen consejos sobre cómo equilibrar el trabajo escolar con otras responsabilidades. A través de este programa, Parleh conoce a Mariatu, una estudiante universitaria que se convierte en una figura de hermana mayor para ella. El viaje de Mariatu desde circunstancias similares hasta el éxito académico inspira a Parleh y le muestra que sus sueños están al alcance. Esta red de mentores proporciona a Parleh un sistema de apoyo holístico, abordando sus necesidades académicas así como su bienestar emocional y espiritual. Le ayudan a enfrentar los desafíos con gracia y resiliencia, enseñándole a abordar los problemas con una mentalidad positiva y fe en el plan de Dios.

A medida que Parleh progresa en su educación, el apoyo de su comunidad de iglesia, becas y mentores colectivamente la empoderan para superar los obstáculos que una vez parecían insuperables. Su determinación y el apoyo inquebrantable de quienes la rodean se convierten en la base de su éxito, preparando el escenario para sus logros futuros.

Capítulo 5: Logrando el éxito académico

La dedicación y el trabajo duro de Parleh dan sus frutos mientras sobresale en sus estudios. A menudo ocupa los primeros lugares en su clase, impresionando a sus maestros con su intelecto y determinación. Sus logros traen orgullo y esperanza a su familia y comunidad. Parleh se gradúa de la escuela secundaria con honores, un hito significativo que trae un inmenso orgullo a su familia y comunidad. La ceremonia de graduación es una ocasión alegre que celebra no solo el éxito académico de Parleh, sino también su resiliencia y determinación. Con el continuo apoyo de su iglesia, Parleh se inscribe en una universidad para obtener un título en educación. Su sueño es convertirse en maestra y ayudar a otros niños de su comunidad a alcanzar sus sueños. Este paso marca el comienzo de un nuevo capítulo en su viaje.

Trabajo duro y dedicación

La dedicación y el trabajo duro de Parleh comienzan a dar frutos mientras sobresale en sus estudios. Ella dedica incontables horas a sus tareas escolares, a menudo quedándose despierta hasta tarde en la noche para revisar sus lecciones y completar tareas. Su perseverancia es evidente en su rendimiento, ya que constantemente ocupa los primeros lugares en su clase. Sus maestros están impresionados por su intelecto, determinación y la calidad de su trabajo. Los logros de Parleh sirven como un faro de esperanza e inspiración para su familia y comunidad. Su éxito es un testimonio de su inquebrantable resolución para superar la adversidad y su creencia en el poder de la educación.

Sus hábitos de estudio son rigurosos; mantiene un horario disciplinado, equilibrando sus responsabilidades académicas con sus deberes en casa. Los programas de apoyo educativo de la iglesia juegan un papel crucial en su éxito, proporcionándole acceso a tutorías, materiales de estudio y un lugar tranquilo para estudiar. La dedicación de Parleh a su educación se vuelve bien conocida en su comunidad, ganándose la admiración de sus compañeros y adultos por igual.

Graduación

La graduación de Parleh de la escuela secundaria es una ocasión trascendental, simbolizando no solo el logro académico sino también su resiliencia y determinación. La ceremonia de graduación está llena de alegría y orgullo. Miembros de la familia, amigos y miembros de la comunidad eclesial se reúnen para celebrar este significativo hito. Parleh se para en el escenario, radiante de orgullo mientras recibe su diploma con honores. Los aplausos del público reflejan su éxito arduamente ganado y el orgullo colectivo de su comunidad.

Durante la ceremonia, Parleh da un emotivo discurso, agradeciendo a su familia, maestros, mentores y comunidad eclesial por su inquebrantable apoyo. Habla sobre los desafíos que enfrentó y la fuerza que encontró en su fe y el amor de los que la rodean. Sus palabras conmueven a muchos hasta las lágrimas e inspiran a otros estudiantes a perseguir sus sueños a pesar de los obstáculos que puedan encontrar.

Persiguiendo educación superior

Con su diploma de escuela secundaria en mano y el continuo apoyo de su iglesia, Parleh fija su mirada en la educación superior. Aplica a varias universidades y es aceptada en una institución de renombre para obtener un título en educación. La noticia de su aceptación es recibida con celebración y esperanza renovada dentro de su familia y comunidad. Su iglesia continúa desempeñando un papel fundamental, ayudando a asegurar becas y ayuda financiera para cubrir sus gastos universitarios. Organizan recaudaciones de fondos y se ponen en contacto con organizaciones benéficas, asegurando que Parleh tenga los recursos que necesita. Su familia, aunque aún enfrenta desafíos financieros, está eufórica e inmensamente orgullosa de sus logros.

La vida universitaria presenta nuevos desafíos, pero Parleh los aborda con la misma determinación y fe que la han llevado hasta aquí. Se entrega a sus estudios, ansiosa por aprender todo lo que pueda sobre la enseñanza y la educación. Asiste a conferencias, participa en proyectos grupales y aprovecha cada oportunidad para mejorar sus conocimientos y habilidades. Su objetivo es claro: convertirse en una maestra que pueda marcar la diferencia en las vidas de los niños de su comunidad. Sus profesores notan rápidamente su pasión y dedicación, a menudo elogiando sus ideas y compromiso con sus estudios. La habilidad de Parleh para relacionar su aprendizaje con situaciones de la vida real en su comunidad le gana el respeto y la admiración de sus compañeros.

A lo largo de su tiempo en la universidad, Parleh permanece profundamente conectada con su iglesia. Continúa participando en actividades de la iglesia, mentora a estudiantes más jóvenes y comparte su viaje con otros. Su fe sigue siendo una luz guía, proporcionándole fuerza y resistencia mientras navega este nuevo capítulo de su vida. El viaje de Parleh desde ser una estudiante con dificultades en un vecindario empobrecido hasta convertirse en una académica universitaria es un poderoso testimonio del poder transformador de la fe, la educación y el apoyo comunitario. Su historia de éxito inspira a muchos en su comunidad, demostrando que con trabajo duro, determinación y fe, es posible superar incluso los desafíos más desalentadores y alcanzar los sueños.

Capítulo 6: Convertirse en maestra

La vida universitaria presenta nuevos desafíos para Parleh, pero ella se mantiene firme en su fe y determinación para tener éxito. Se adapta al riguroso entorno académico, equilibrando sus estudios con trabajos a tiempo parcial para mantenerse. Parleh se gradúa con un título en educación, cumpliendo su sueño de convertirse en maestra. La ceremonia de graduación es un testimonio de su arduo trabajo y del apoyo que recibió de su familia, iglesia y comunidad. Armada con su título y un profundo sentido de propósito, Parleh regresa a su vecindario con la misión de inspirar y educar a la próxima generación. Es bienvenida con los brazos abiertos, y su historia se convierte en un faro de esperanza para muchos.

Vida universitaria

La vida universitaria es una transición significativa para Parleh. Enfrenta un entorno académico más exigente, con cursos desafiantes y mayores expectativas. Sin embargo, aborda estos desafíos con la misma determinación y resiliencia que han definido su viaje hasta ahora. Parleh se adapta rápidamente al riguroso entorno académico, encontrando un equilibrio entre sus estudios y trabajos a tiempo parcial.

Sus días son largos y exigentes. Asiste a clases, participa en seminarios y se involucra en proyectos grupales, a menudo se queda despierta hasta tarde para completar tareas y estudiar para exámenes. A pesar de la intensidad, Parleh prospera en este nuevo entorno. Se destaca en sus cursos, adquiriendo conocimientos y habilidades que está ansiosa por llevar de vuelta a su comunidad.

Para mantenerse económicamente, Parleh toma trabajos a tiempo parcial. Trabaja en la biblioteca de la universidad, tutoriza a otros estudiantes y ocasionalmente ayuda en tiendas locales. Estos trabajos, aunque exigentes, le enseñan valiosas lecciones de gestión del tiempo y responsabilidad. Su capacidad para equilibrar trabajo y estudios impresiona a sus profesores y compañeros, quienes admiran su dedicación y ética de trabajo.

A lo largo de su viaje universitario, Parleh permanece profundamente conectada con su fe. Regularmente asiste a servicios religiosos y participa en grupos cristianos del campus. Su fe le proporciona la fuerza y resiliencia necesarias para superar los desafíos de la vida universitaria. También mantiene el contacto con su familia y la comunidad eclesiástica en casa, obteniendo fuerza de su apoyo inquebrantable.

Graduación con título

El día de la graduación de Parleh llega, marcando un hito significativo en su vida. Vestida con su toga y birrete, se mantiene erguida con orgullo y gratitud. La ceremonia de graduación es una ocasión trascendental, llena de alegría y celebración. Parleh cruza el escenario para recibir su título en educación, un símbolo de su arduo trabajo, perseverancia y el apoyo que recibió de su familia, iglesia y comunidad.

Al recibir su diploma, el corazón de Parleh se llena de un sentido de logro y gratitud. Reflexiona sobre su viaje, desde los días de estudiar a la luz de las velas hasta estar en este escenario como graduada universitaria. Su familia y los miembros de la iglesia, que han venido a apoyarla, vitorean ruidosamente, sus rostros brillando de orgullo. El momento es un testimonio del esfuerzo colectivo y el amor que la han ayudado a llegar a este punto.

Regreso a su comunidad

Armada con su título y un profundo sentido de propósito, Parleh regresa a su vecindario. Su regreso a casa es recibido con gran emoción y celebración. La comunidad la recibe con los brazos abiertos, está orgullosa de sus logros y ansiosa por ver el impacto positivo que tendrá. Parleh está decidida a inspirar y educar a la próxima generación. Consigue un puesto de enseñanza en una escuela local y comienza a implementar métodos de enseñanza innovadores que aprendió durante sus estudios. Su aula se convierte en un lugar de aprendizaje e inspiración, donde se anima a los niños a soñar en grande y trabajar arduamente para alcanzar sus metas.

Como maestra, Parleh es más que una educadora; es una mentora y un modelo a seguir. Comparte su historia con sus estudiantes, enseñándoles sobre el poder de la fe, la perseverancia y el apoyo comunitario. Su viaje se convierte en un faro de esperanza, mostrando que a pesar de las dificultades, es posible superar los desafíos y alcanzar los sueños propios. Parleh también se involucra activamente en su iglesia, continuando su participación en programas de apoyo educativo y mentoría para niñas jóvenes. Colabora con los miembros de la iglesia para desarrollar iniciativas que proporcionen recursos y apoyo a los niños desfavorecidos, asegurando que tengan las oportunidades para tener éxito tal como ella lo hizo.

Su impacto en la comunidad es profundo. Los niños la admiran con esperanza, los padres la ven como una fuente de inspiración para sus propias familias, y la comunidad eclesiástica se enorgullece de sus logros. La historia de Parleh es un testimonio poderoso del poder transformador de la fe, la educación y el apoyo inquebrantable de una comunidad amorosa.

Capítulo 7: Inspirando el cambio

Parleh comienza a enseñar en una escuela local, donde rápidamente se convierte en un modelo a seguir para sus estudiantes. Su estilo de enseñanza es compasivo e inspirador, animando a los estudiantes a soñar en grande y trabajar duro. Su historia de perseverancia y fe inspira a otros niños en su comunidad a perseguir sus sueños a pesar de las dificultades. Los padres la ven como un símbolo de esperanza, y los niños la admiran como prueba de que todo es posible con fe y determinación. Parleh colabora con su iglesia para desarrollar más programas de apoyo educativo e iniciativas para niños desfavorecidos. Estos programas proporcionan tutorías, becas y mentoría, ayudando a más niños a acceder a una educación de calidad.

Carrera docente

El primer día de Parleh en la escuela local está lleno de anticipación y emoción. Al entrar en su aula, es recibida por las caras curiosas de sus estudiantes. Su estilo de enseñanza es inmediatamente aparente: es cálida, atractiva y profundamente apasionada por la educación. La compasión de Parleh brilla mientras se toma el tiempo para entender las necesidades y estilos de aprendizaje únicos de cada estudiante. Crea un entorno acogedor donde los estudiantes se sienten valorados y alentados a expresarse.

Parleh utiliza métodos de enseñanza innovadores para hacer que el aprendizaje sea atractivo e interactivo. Incorpora la narración de cuentos, actividades prácticas y aplicaciones de la vida real en sus lecciones, haciendo que los temas cobren vida para sus estudiantes. Su dedicación se extiende más allá del aula; a menudo se queda después de la escuela para ofrecer ayuda adicional y tutorías a aquellos que lo necesitan. Sus estudiantes se sienten inspirados por su entusiasmo y dedicación, y su rendimiento académico comienza a mejorar.

Impacto en la comunidad

La noticia del éxito de Parleh como maestra se difundió rápidamente por toda la comunidad. Su historia de perseverancia y fe se convierte en un faro de esperanza para muchos. Los padres que alguna vez vieron la educación como una meta inalcanzable para sus hijos comienzan a creer en su poder transformador. Ven en Parleh un símbolo de lo que es posible con trabajo duro y fe. Los miembros de la comunidad comienzan a unirse a sus esfuerzos, reconociendo el profundo impacto que tiene en la próxima generación.

Los niños de la comunidad miran a Parleh como un modelo a seguir. Su viaje desde una estudiante con dificultades hasta una maestra respetada es una prueba viviente de que con determinación y apoyo, todo es posible. Ella anima a sus estudiantes a soñar en grande y a creer en su potencial. La influencia de Parleh se extiende más allá de su aula, ya que se convierte en mentora y asesora de muchos jóvenes en la comunidad, guiándolos a través de sus propios viajes educativos.

Iniciativas educativas

Decidida a expandir su impacto, Parleh colabora con su iglesia para desarrollar una serie de programas de apoyo educativo e iniciativas dirigidas a ayudar a los niños desfavorecidos a acceder a una educación de calidad. Juntos, lanzan varios programas clave:

- **Servicios de tutoría:** Parleh organiza sesiones de tutoría después de la escuela en la iglesia, donde voluntarios, incluidos exalumnos y miembros de la comunidad, ayudan a los niños con sus tareas y brindan apoyo académico adicional. Estas sesiones están diseñadas para cerrar la brecha para los estudiantes que tienen dificultades en sus clases regulares.
- **Programas de becas:** Reconociendo las barreras financieras que enfrentan muchas familias, Parleh y su iglesia establecen un fondo de becas. Este fondo proporciona asistencia financiera para matrículas escolares, uniformes, libros y otros

suministros necesarios. Parleh busca activamente donaciones y subvenciones para asegurar que la mayor cantidad posible de niños se beneficien de estas becas.

- **Programas de tutoría:** Entendiendo la importancia de los modelos a seguir, Parleh crea un programa de mentoría que empareja a los estudiantes con profesionales e individuos exitosos de la comunidad. Estos mentores brindan orientación, consejos sobre carreras y apoyo emocional, ayudando a los estudiantes a navegar sus desafíos educativos y personales.
- **Actividades extraescolares:** Parleh sabe que la educación va más allá de lo académico. Ella colabora con artistas locales, músicos y entrenadores deportivos para ofrecer actividades extracurriculares que fomenten la creatividad, el trabajo en equipo y la confianza en sí mismos. Estos programas ayudan a los estudiantes a desarrollar habilidades integrales y descubrir sus pasiones.

El impacto de estas iniciativas es profundo. La asistencia y el rendimiento académico mejoran, y más niños pueden permanecer en la escuela y perseguir sus sueños. La comunidad ve un cambio en las actitudes hacia la educación, con mayor énfasis en su importancia y su potencial para cambiar vidas. Los esfuerzos de Parleh crean un efecto dominó, inspirando a otros a involucrarse y contribuir a la causa.

La dedicación de Parleh a sus estudiantes y a su comunidad solidifica su papel como líder y agente de cambio. Su trabajo es un testimonio del poder de la fe, la educación y el apoyo comunitario para transformar vidas e inspirar a las futuras generaciones. Su historia continúa siendo una fuente de inspiración, demostrando que con fe, determinación y el apoyo de una comunidad amorosa, todo es posible.

Capítulo 8: Dando gloria a Dios

Parleh comparte su camino de fe y éxito en eventos de la iglesia y la comunidad, dando gloria a Dios por Su guía y provisión. Su testimonio resuena profundamente, inspirando a otros a confiar en el plan de Dios para sus vidas. Ella mentorea a jóvenes en su comunidad, animándolas a mantenerse enfocadas en su educación y a confiar en el plan de Dios para sus vidas. Su mentoría ayuda a muchas jóvenes a encontrar dirección y esperanza. Parleh sigue activa en su iglesia, creciendo continuamente en su fe y sirviendo a su comunidad. Su fe continúa guiándola, y dedica su vida a ayudar a otros y difundir el amor de Dios.

Compartiendo su testimonio

El viaje de Parleh desde un vecindario empobrecido en Freetown hasta convertirse en una respetada maestra y líder comunitaria es nada menos que notable. Reconociendo el profundo impacto que su fe ha tenido en su vida, siente la obligación de compartir su historia. Parleh comienza hablando en su iglesia, de pie ante la congregación que la ha apoyado a lo largo de su camino. Ella relata sus luchas, sus momentos de duda y cómo su fe inquebrantable en Dios la guió a través de los tiempos más oscuros.

El testimonio de Parleh es poderoso y profundamente conmovedor. Ella habla sobre los momentos en que estudiaba a la luz de las velas, impulsada por la creencia de que Dios tenía un plan para ella. Describe el apoyo que recibió de su comunidad eclesiástica, las becas y mentorías que allanaron el camino para su éxito y la fuerza que encontró a través de la oración y la fe. Sus palabras resuenan profundamente en aquellos que las escuchan, inspirando a muchos a confiar en el plan de Dios para sus propias vidas.

Su historia rápidamente se extiende más allá de su iglesia. Parleh es invitada a hablar en eventos comunitarios, escuelas y otras iglesias. Ella utiliza estas oportunidades para resaltar la importancia de la fe, la educación y el apoyo comunitario. Sus discursos están llenos de gratitud y humildad, siempre dando gloria a Dios por Su guía y provisión. Cada vez que comparte su testimonio, toca el corazón de muchos, alentándolos a perseverar en sus luchas con fe y esperanza.

Mentoría

Reconociendo el impacto que la mentoría tuvo en su propia vida, Parleh siente pasión por retribuir. Se convierte en mentora de jóvenes en su comunidad, muchas de las cuales enfrentan los mismos desafíos que ella una vez enfrentó. Parleh organiza sesiones de mentoría regulares donde ofrece orientación, ánimo y consejos prácticos sobre cómo navegar en sus trayectorias educativas. Les ayuda a establecer metas, desarrollar planes de estudio y encontrar recursos para apoyar su aprendizaje.

El mentorado de Parleh va más allá de la academia. Ella enseña a las chicas sobre la importancia de la fe, la resiliencia y la autoconfianza. Comparte escrituras que la han inspirado, como Jeremías 29:11: "Porque yo sé los planes que tengo para ti," declara el Señor, "planes para prosperarte y no para hacerte daño, planes para darte esperanza y un futuro." Su mentorado ayuda a muchas chicas jóvenes a encontrar dirección y esperanza, inculcándolas la creencia de que pueden superar cualquier obstáculo con fe y determinación.

El impacto de su mentorado es profundo. Muchas de las chicas que ella mentorea logran éxito académico y se convierten en líderes por derecho propio. Ellas, a su vez, comienzan a mentorizar a otras, creando un efecto dominó de cambio positivo dentro de la comunidad. La influencia de Parleh ayuda a romper el ciclo de la pobreza, inspirando a una nueva generación a perseguir sus sueños y confiar en el plan de Dios para sus vidas.

Continuación del viaje de fe

A lo largo de su viaje, la fe de Parleh sigue siendo la piedra angular de su vida. Ella continúa involucrada activamente en su iglesia, participando en grupos de estudio bíblico, reuniones de oración y proyectos de servicio a la comunidad. Su fe sigue guiando sus decisiones y acciones, anclándola en un sentido de propósito y dirección.

La dedicación de Parleh a su fe y servicio comunitario la lleva a asumir más roles de liderazgo dentro de la iglesia. Ayuda a organizar programas de alcance, apoya iniciativas educativas y trabaja en estrecha colaboración con líderes de la iglesia para abordar las necesidades de la comunidad. Su compromiso con servir a los demás y difundir el amor de Dios se convierte en un aspecto definitorio de su vida.

Su continuo viaje de fe está marcado por el crecimiento personal y la madurez espiritual. Parleh encuentra alegría en ayudar a los demás y ser testigo del impacto positivo de sus esfuerzos. Permanece humilde y agradecida, siempre señalando a Dios como la fuente de su fuerza y éxito. Su vida se convierte en un testimonio vivo del poder de la fe, la perseverancia y el apoyo comunitario, inspirando a muchos a seguir sus pasos.

La historia de Parleh es una historia de transformación y esperanza. Ilustra cómo la fe y la determinación pueden superar las circunstancias más desafiantes y cómo el viaje de una persona puede inspirar y elevar a toda una comunidad. Su legado de fe, amor y servicio continúa creciendo, dejando una marca indeleble en las vidas de aquellos que toca.

Epílogo: Un legado de esperanza e inspiración

Parleh reflexiona sobre su viaje de lucha al éxito, reconociendo el papel de la fe y el apoyo comunitario. Está agradecida por el amor y el ánimo que recibió, que la ayudaron a superar numerosos desafíos. Sueña con expandir su impacto al comenzar una fundación para apoyar la educación de niños desfavorecidos en Sierra Leona. Su visión es crear más oportunidades para que los niños accedan a una educación de calidad y alcancen sus sueños. La historia de Parleh deja un legado duradero, demostrando el poder de la fe, la perseverancia y el apoyo de una comunidad amorosa. Su viaje inspira a otros a creer en su potencial y confiar en el plan de Dios, mostrando que con fe y determinación, todo es posible.

Reflexionando sobre el viaje

Mientras Parleh se sienta en su modesto hogar en Freetown, se toma un momento para reflexionar sobre su extraordinario viaje. Desde el vecindario empobrecido donde una vez luchó por encontrar esperanza, hasta convertirse en una educadora y líder comunitaria respetada, su vida es un testimonio del poder de la fe y la resiliencia. Piensa en los numerosos desafíos que enfrentó: dificultades financieras, barreras educativas y expectativas sociales, y cómo cada obstáculo fue superado gracias a una fe inquebrantable en Dios y el apoyo inquebrantable de su iglesia y comunidad.

Parleh a menudo revisita recuerdos de su infancia, recordando los días en que estudiaba a la luz de una vela, impulsada por sueños de un futuro más brillante. Recuerda la calidez del amor de su familia y la fuerza que obtuvo de su fe. Cada logro y hito es un recordatorio del esfuerzo colectivo y la guía divina que la llevaron a donde está hoy. Parleh siente una profunda gratitud por el amor y el aliento que recibió de su familia, mentores, miembros de la iglesia y amigos. Su creencia en su potencial alimentó su determinación y la empoderó para tener éxito.

Aspiraciones futuras

El viaje de transformación de Parleh está lejos de haber terminado. Inspirada por sus propias experiencias y el impacto de la educación en su vida, sueña con expandir su alcance comenzando una fundación dedicada a apoyar la educación de niños desfavorecidos en Sierra Leona. Su visión para la fundación incluye proporcionar becas, suministros escolares y acceso a recursos educativos de calidad para niños en comunidades desfavorecidas. Quiere crear una red de centros de aprendizaje que ofrezcan tutoría, mentoría y un espacio seguro para que los estudiantes crezcan y prosperen.

Parleh imagina asociarse con organizaciones locales e internacionales para amplificar sus esfuerzos, asegurándose de que ningún niño se quede atrás debido a limitaciones financieras o falta de recursos. Planea aprovechar sus conexiones y la buena voluntad de su comunidad eclesiástica para construir una fundación sólida que tendrá un impacto duradero. Al empoderar a los niños con educación, Parleh espera romper el ciclo de pobreza y abrir puertas a posibilidades infinitas para la próxima generación.

Legado de fe y determinación

La historia de Parleh se convierte en un faro de esperanza e inspiración, demostrando el poder transformador de la fe, la perseverancia y el apoyo de una comunidad amorosa. Su viaje desde una niña enfrentando probabilidades insuperables hasta convertirse en una educadora y líder comunitaria exitosa es un testimonio poderoso de lo que se puede lograr con fe y determinación. La labor de su vida inspira a otros a creer en su potencial y a confiar en el plan de Dios, sin importar cuán desafiantes sean sus circunstancias.

El impacto del viaje de Parleh resuena en toda su comunidad y más allá. Niños que antes dudaban de sus habilidades ahora la ven como un modelo a seguir, un ejemplo viviente de que los sueños pueden hacerse realidad con trabajo arduo y fe. Su historia anima a los padres a apoyar la educación de sus hijos y a fomentar un ambiente de esperanza y aliento. Los miembros de la iglesia y los líderes comunitarios están motivados a continuar sus esfuerzos en apoyar iniciativas educativas, sabiendo que sus contribuciones pueden marcar una diferencia significativa.

El legado de Parleh no solo está en los éxitos tangibles que ha logrado, sino también en las vidas que ha tocado y la esperanza que ha inspirado. Continúa mentorando a niñas jóvenes, compartiendo sus experiencias y ofreciendo orientación. Su fundación tiene como objetivo crear un efecto dominó, donde cada niño empoderado a través de la educación impacte a otros, creando un ciclo de cambio positivo.

Al final, el viaje de Parleh ejemplifica que con fe, apoyo comunitario y determinación inquebrantable, cualquier cosa es posible. Su historia es un brillante ejemplo de la capacidad del espíritu humano para superar la adversidad y el potencial ilimitado que yace dentro de cada individuo. Mientras mira hacia el futuro, Parleh permanece comprometida con su misión, impulsada por la misma fe y resiliencia que la han guiado hasta ahora.

Fin

EL VIAJE DE AIDEN DESDE LAS DIFICULTADES AL ÉXITO EN DUBLÍN, IRLANDA

Capítulo 1: Vida temprana y luchas

• **Introducción a Aiden:** Un joven que crece en Dublín, Irlanda, que enfrenta un grave impedimento del habla.

• **Desafíos escolares:** Aiden experimenta un intenso acoso escolar debido a su impedimento del habla, lo que lleva a una baja autoestima y depresión.

• **Dinámica familiar:** Perspectiva sobre la familia solidaria de Aiden que, a pesar de sus mejores esfuerzos, lucha por ayudarlo a superar sus desafíos.

Capítulo 2: La profundidad de la desesperación

• **Impacto emocional:** El acoso y la aislamiento llevan a Aiden a alejarse de actividades sociales, afectando su rendimiento académico y su salud mental.

• **Mecanismos de afrontamiento:** Aiden intenta inicialmente afrontar su situación evitando situaciones que requieren hablar, pero esto solo profundiza su aislamiento y tristeza.

• **Punto de inflexión:** Un incidente de acoso particularmente duro lleva a Aiden a un punto crítico, haciéndole darse cuenta de que necesita ayuda más allá de su familia.

Capítulo 3: Encontrando fe y comunidad

• **Buscando consuelo:** Los padres de Aiden lo animan a asistir al grupo juvenil de su iglesia local, esperando que le brinde apoyo y amistad.

• **Comunidad eclesiástica:** Aiden encuentra consuelo y fortaleza en el entorno solidario de su iglesia, donde es aceptado y valorado.

• **Reuniones del grupo juvenil y de oración:** Comienza a asistir regularmente a las reuniones del grupo juvenil y de oración, encontrando consuelo en las enseñanzas de Jesús y la fraternidad del grupo.

Capítulo 4: Construyendo confianza a través de la fe

• **Crecimiento espiritual:** La fe de Aiden se profundiza a medida que aprende a confiar en el plan de Dios para su vida, encontrando paz y propósito a través de la oración y las Escrituras.

• **Relaciones de apoyo:** Establece fuertes amistades dentro de la comunidad eclesiástica, ganando mentores que lo alientan y guían.

• **Primeros pasos hacia la sanidad:** Animado por su familia de la iglesia, Aiden comienza a participar en actividades de la iglesia que requieren que hable, construyendo lentamente su confianza.

Capítulo 5: Superando desafíos

• **Terapia y coaching de habla:** Con el apoyo de su iglesia y su familia, Aiden comienza terapia del habla y coaching, logrando un progreso significativo en la superación de su impedimento.

• **Avances personales:** Pequeñas victorias, como hablar en el grupo juvenil y leer las Escrituras en voz alta, aumentan su autoestima y motivación.

• **Mayor participación:** Aiden asume más responsabilidades dentro de la iglesia, como liderar oraciones y organizar eventos, mejorando aún más sus habilidades de habla.

Capítulo 6: Convirtiéndose en un orador motivacional

• **Descubrimiento de un llamado:** Aiden siente que tiene la vocación de usar sus experiencias y la confianza adquirida para ayudar a otros que enfrentan desafíos similares.

• **Primer compromiso de habla:** Da su primer discurso motivacional en un evento de la iglesia, compartiendo su viaje y el papel de la fe en su sanidad.

• **Influencia creciente:** La historia de Aiden resuena con muchos, lo que lleva a más oportunidades de hablar en escuelas, iglesias y organizaciones comunitarias.

Capítulo 7: Ayudando a otros a superar problemas

• **Fundación de un grupo de apoyo**: Aiden comienza un grupo de apoyo para personas con impedimentos del habla y otros desafíos, proporcionando un espacio seguro para compartir y aliento.

• **Talleres y seminarios**: Realiza talleres y seminarios enfocados en superar la adversidad, construir confianza y el poder de la fe.

• **Papel de mentor**: Aiden se convierte en mentor para jóvenes que enfrentan problemas similares, ofreciendo orientación, apoyo e inspiración.

Capítulo 8: Dando gloria a Dios

• **Testimonio público**: Aiden comparte regularmente su testimonio, dando gloria a Dios por su transformación y éxito.

• **Participación eclesiástica**: Permanece activamente involucrado en su iglesia, continuando a liderar e inspirar a través de su fe.

• **Impacto en la comunidad**: La historia y el éxito de Aiden tienen un profundo impacto en su comunidad, fomentando una cultura de aceptación, apoyo y fe.

Epílogo: Un legado de esperanza e inspiración

• **Reflexionando sobre el viaje**: Aiden reflexiona sobre su viaje de ser un niño intimidado a convertirse en un orador motivacional seguro, reconociendo el papel fundamental de la fe y la comunidad.

- **Aspiraciones futuras**: Sueña con expandir su trabajo para llegar a más personas a nivel mundial, abogando por aquellos con impedimentos del habla y otros desafíos.

- **Legado de fe y resiliencia**: La historia de Aiden deja un legado duradero, demostrando el poder de la fe, la resiliencia y el apoyo de una comunidad amorosa.

"El viaje de Aiden desde las dificultades al éxito en Dublín, Irlanda"

Capítulo 1: Vida temprana y luchas

Aiden es un niño pequeño que crece en la vibrante ciudad de Dublín, Irlanda. Desde una edad temprana, enfrenta el desafío de un impedimento severo del habla, lo que hace que la comunicación sea difícil y lo hace sentir diferente de sus compañeros. A pesar de sus dificultades, Aiden es un niño de buen corazón e inteligente, con un amor por la lectura y una curiosidad por el mundo. La escuela se convierte en un campo de batalla para Aiden. Su impedimento del habla lo convierte en un blanco para los matones, que se burlan y lo aíslan. Las constantes burlas y el ridículo afectan su autoestima, haciéndolo temer la escuela cada día. El miedo a hablar en clase o a que los maestros lo llamen se suma a su ansiedad, lo que lleva a una disminución en su rendimiento académico. En casa, la familia de Aiden es su santuario. Sus padres, aunque no son ricos, brindan un ambiente amoroso y de apoyo. Hacen todo lo posible para ayudar a Aiden a superar sus desafíos, buscando terapia del habla y brindando aliento. Sin embargo, luchan por encontrar soluciones efectivas, y sus corazones se rompen al ver disminuir la confianza de Aiden.

Introducción a Aiden

Aiden es un niño pequeño que crece en la vibrante ciudad de Dublín, Irlanda. Con sus calles adoquinadas, edificios históricos y un ambiente animado, Dublín es un lugar donde se hacen realidad los sueños. Sin embargo, desde una edad temprana, Aiden enfrenta el desafío de un impedimento severo del habla, lo cual hace que la comunicación sea difícil y lo deja sintiéndose diferente de sus compañeros. A pesar de sus dificultades, Aiden es un niño bondadoso e inteligente, con un amor por la lectura y una curiosidad por el mundo. Sus ojos se iluminan cuando habla de sus libros favoritos, y a menudo se pierde en historias de aventuras y heroísmo.

Desafíos escolares

La escuela se convierte en un campo de batalla para Aiden. Su impedimento del habla lo convierte en blanco de los acosadores, quienes se burlan y lo aíslan. Las constantes burlas y el ridículo afectan su autoestima, haciendo que tema ir a la escuela cada día. El miedo a hablar en clase o a ser llamado por los maestros aumenta su ansiedad, lo que lleva a un descenso en su rendimiento académico. Empieza a tartamudear más, y las palabras que una vez podía decir con esfuerzo se vuelven casi imposibles de pronunciar. Los susurros y risas de sus compañeros resuenan en su mente, y empieza a retraerse, pasando más tiempo solo y evitando interacciones sociales.

Dinámica familiar

En casa, la familia de Aiden es su santuario. Sus padres, aunque no son ricos, le brindan un ambiente amoroso y de apoyo. Hacen su mayor esfuerzo para ayudar a Aiden a superar sus desafíos, buscando terapia del habla y brindándole ánimo. Su madre, una mujer gentil y paciente, pasa horas practicando ejercicios de habla con él. Su padre, un hombre trabajador, le cuenta historias de personas famosas que superaron obstáculos. Sin embargo, luchan por encontrar soluciones efectivas, y sus corazones se rompen al ver cómo disminuye la confianza de Aiden. A pesar de sus mejores esfuerzos, a menudo se sienten impotentes, deseando poder hacer más para aliviar su dolor. La hermana menor de Aiden lo admira, ofreciéndole su propio apoyo inocente, pero ni siquiera su ánimo puede protegerlo de las duras realidades que enfrenta fuera de su hogar.

El amor de Aiden por la lectura se convierte en su escape. Se sumerge en los libros, encontrando consuelo en las páginas de historias donde los héroes triunfan sobre la adversidad. Su habitación está llena de estanterías, y pasa horas perdido en cuentos de caballeros, exploradores y magos. La biblioteca se convierte en su refugio, un lugar donde puede soñar sin temor al juicio. Aiden también muestra interés por el dibujo, a menudo dibujando escenas de sus libros favoritos. Estos pasatiempos no solo proporcionan una distracción, sino que también lo ayudan a expresarse de maneras que las palabras no pueden.

El acoso y su impedimento del habla llevan a un sentido de aislamiento. Aiden evita jugar con otros niños durante el recreo, eligiendo en su lugar sentarse solo con un libro o dibujar en silencio. La risa y la charla de sus compañeros se sienten como un recordatorio de la aceptación que anhela pero que no parece encontrar. Sus maestros notan su aislamiento pero no están seguros de cómo ayudarlo a integrarse. Algunos adultos bien intencionados le sugieren que "simplemente se esfuerce más" por hablar normalmente, sin entender la profundidad de su lucha. El mundo social de Aiden se encoge, y él se vuelve más retraído, encontrando más fácil esconderse en las sombras que enfrentarse al ridículo.

A pesar de los desafíos, hay momentos de luz en la vida de Aiden. Encuentra consuelo en el apoyo inquebrantable de su familia y en las historias de resistencia y valor que le cuentan. Su terapeuta del habla, una mujer amable llamada Mrs. O'Brien, cree en su potencial y trabaja incansablemente para ayudarlo a mejorar. Ella le presenta técnicas que, aunque difíciles, ofrecen esperanza de mejora. En la iglesia, encuentra una comunidad que lo acepta tal como es, donde puede participar sin temor al juicio. Estos pequeños bolsillos de esperanza le brindan el ánimo que necesita para seguir adelante.

Capítulo 2: La profundidad de la desesperación

El acoso implacable y el aislamiento resultante llevan a Aiden a una profunda depresión. Se retira de las actividades sociales, pasando más tiempo solo en su habitación. El peso de su impedimento del habla se siente insuperable, y comienza a creer que nunca podrá hablar normalmente ni ser aceptado por sus compañeros. En un intento por evitar más dolor, Aiden deja de participar en cualquier actividad que requiera hablar. Evita el contacto visual, mantiene la cabeza baja e intenta hacerse invisible. Esto solo profundiza su aislamiento y tristeza, haciéndolo sentir más atrapado e impotente. Un incidente particularmente cruel de acoso en la escuela lleva a Aiden a su punto de quiebre. En el aftermath, se da cuenta de que no puede seguir por este camino y necesita ayuda más allá de la que su familia puede proporcionar. Este momento de claridad se convierte en el catalizador para buscar una nueva dirección en su vida.

Impacto emocional

El acoso implacable y el aislamiento resultante llevan a Aiden a una profunda depresión. Se retira de las actividades sociales, pasando más tiempo solo en su habitación. El chico vibrante y curioso que una vez amó explorar y aprender ahora se siente como una sombra de su antiguo yo. Pierde interés en sus libros y dibujos favoritos, las historias que antes le traían alegría ahora parecen distantes e inalcanzables. El peso de su impedimento del habla se siente insuperable, y comienza a creer que nunca podrá hablar normalmente o ser aceptado por sus compañeros. Cada palabra burlona y risa cruel resuena en su mente, reforzando sus sentimientos de inutilidad y desesperación.

Mecanismos de afrontamiento

En un intento por evitar más dolor, Aiden deja de participar en cualquier actividad que requiera hablar. Evita el contacto visual, mantiene la cabeza baja y trata de hacerse invisible. Ya no levanta la mano en clase, incluso cuando sabe la respuesta, y evita las actividades en grupo a toda costa. Sus calificaciones comienzan a sufrir, no por falta de comprensión, sino porque tiene demasiado miedo de hablar o pedir ayuda. Esto solo profundiza su aislamiento y tristeza, haciéndolo sentir más atrapado e indefenso. El chico que una vez fue animado ahora es un observador silencioso, moviéndose por sus días en una neblina de miedo y ansiedad.

Punto de inflexión

Un incidente de acoso particularmente cruel en la escuela lleva a Aiden a su punto de quiebre. Los matones lo acorralan en el patio de la escuela, sus burlas más viciosas que nunca. Imitan su tartamudeo, sus risas lo atraviesan como un cuchillo. Después, se siente completamente destrozado. Se retira al baño, se encierra en un cubículo y llora hasta que ya no le quedan lágrimas. Cuando regresa a casa ese día, sus padres inmediatamente sienten que algo está terriblemente mal. Se sientan con él, abrazándolo mientras solloza incontrolablemente. En ese momento de vulnerabilidad, Aiden se da cuenta de que no puede seguir por este camino y necesita ayuda más allá de lo que su familia puede proporcionar. Este momento de claridad se convierte en el catalizador para buscar una nueva dirección en su vida.

Esa noche, los padres de Aiden lo persuaden suavemente para que comparta lo que sucedió. A través de sus lágrimas, él relata el incidente de acoso, y la profundidad de su dolor y desesperación se vuelve dolorosamente clara. Sus padres, desconsolados pero decididos, deciden que es hora de buscar ayuda profesional. Contactan a un terapeuta local que se especializa en trabajar con niños que enfrentan desafíos similares. La primera sesión de terapia de Aiden está programada para la semana siguiente, y aunque está aprensivo, siente una pequeña chispa de esperanza.

En los días previos a su primera sesión de terapia, la familia de Aiden se une a él. Sus padres lo tranquilizan diciéndole que estarán allí para él sin importar qué, y su hermana, aunque joven, le ofrece sus propias palabras inocentes de aliento. Crean un plan para ayudar a Aiden a sentirse más apoyado, incluyendo cenas familiares donde todos comparten algo positivo sobre su día y noches tranquilas leyendo juntos. Estos pequeños actos de amor y solidaridad comienzan a reparar el espíritu quebrantado de Aiden, dándole la fuerza para enfrentar los desafíos que se avecinan.

Cuando llega el día de su primera sesión de terapia, Aiden está lleno de una mezcla de miedo y esperanza. Su terapeuta, la Dra. O'Connor, es una mujer cálida y comprensiva que lo pone a gusto de inmediato. Ella escucha pacientemente mientras Aiden comparte su historia, validando sus sentimientos y asegurándole que hay un camino hacia la sanidad. Durante las próximas semanas, trabajan juntos para desarrollar estrategias de afrontamiento y comenzar a abordar la raíz de su impedimento del habla. La Dra. O'Connor le presenta ejercicios que pueden ayudar a mejorar su habla, y discuten maneras de construir su autoestima y confianza.

A medida que la terapia progresa, Aiden lentamente comienza a redescubrir su fuerza interior. Empieza a comprender que su valor no está definido por su impedimento del habla ni por las crueles palabras de los acosadores. Con la orientación de la Dra. O'Connor y el apoyo inquebrantable de su familia, empieza a ver un futuro donde puede comunicarse con confianza y ser aceptado por quien es. Esta nueva perspectiva le da el coraje para dar pequeños pasos hacia adelante, reclamando partes de su vida y de la persona que una vez fue.

Una noche, después de una sesión de terapia particularmente positiva, los padres de Aiden sugirieron asistir al grupo juvenil de su iglesia local. Creen que podría proporcionarle apoyo adicional y un sentido de pertenencia. Aunque vacilante al principio, Aiden acepta intentarlo. Esta decisión marca el comienzo de un nuevo capítulo en su vida, uno lleno de esperanza, sanidad y la promesa de aceptación.

Capítulo 3: Encontrando fe y comunidad

Los padres de Aiden, desesperados por encontrar una manera de ayudar a su hijo, lo animan a asistir al grupo de jóvenes de la iglesia local. Esperan que el ambiente de apoyo y las nuevas amistades puedan proporcionar el consuelo y el ánimo que Aiden necesita desesperadamente. Al principio, Aiden está dudoso, pero pronto encuentra consuelo y fortaleza dentro de la comunidad eclesiástica. Los miembros del grupo de jóvenes lo reciben con los brazos abiertos y, por primera vez en mucho tiempo, Aiden se siente aceptado y valorado por quien es, no juzgado por su impedimento del habla. Aiden comienza a asistir al grupo de jóvenes y a las reuniones de oración regularmente. Encuentra consuelo en las enseñanzas de Jesús y en la comunión del grupo. Los mensajes de amor, aceptación y fe resuenan profundamente con él, proporcionando una base para su viaje de sanidad.

Buscando consuelo

Los padres de Aiden, viendo el impacto que el acoso y la aislamiento han tenido en su hijo, están desesperados por encontrar una manera de ayudarlo. Recuerdan sus propias experiencias en la iglesia y el sentido de comunidad que proporcionaba. Con corazones esperanzados, animan a Aiden a asistir al grupo de jóvenes de la iglesia local. Creen que el ambiente de apoyo y la posibilidad de formar nuevas amistades podrían proporcionar el consuelo y el ánimo que Aiden necesita desesperadamente.

Comunidad eclesiástica

Al principio, Aiden está dudoso. La idea de conocer gente nueva y estar en un entorno social donde podría tener que hablar le aterra. Pero con la persuasión suave de sus padres y la promesa de que lo acompañarían, Aiden accede a intentarlo. La primera vez que entra en la iglesia, siente una ola de ansiedad. Sin embargo, sus miedos comienzan a disiparse rápidamente cuando los miembros del grupo de jóvenes lo saludan con calidez y amabilidad genuinas. Se presentan, preguntan sobre sus intereses y lo hacen sentir bienvenido. Por primera vez en mucho tiempo, Aiden se siente aceptado y valorado por quien es, no juzgado por su impedimento del habla.

Grupo de jóvenes y reuniones de oración

A medida que Aiden se siente más cómodo con el grupo de jóvenes, comienza a asistir a sus reuniones regulares y sesiones de oración. Estas reuniones se convierten en un santuario para él. El líder del grupo, James, muestra un interés especial en Aiden, reconociendo su potencial y el dolor que ha soportado. James comparte historias de luchas personales y cómo la fe le ayudó a superarlas, lo cual resuena profundamente en Aiden.

Las enseñanzas de Jesús sobre el amor, la aceptación y el perdón tocan una fibra sensible en el corazón de Aiden. Aprende que es amado incondicionalmente por Dios y que tiene un propósito único en la vida. Estos mensajes proporcionan una base para su viaje de sanidad. La comunión del grupo también juega un papel crucial en la transformación de Aiden. Encuentra consuelo en las oraciones compartidas y en el apoyo comunitario. Los miembros del grupo, conscientes de sus dificultades del habla, nunca lo apresuran ni lo hacen sentir incómodo. En cambio, lo escuchan pacientemente y lo animan a compartir sus pensamientos y sentimientos.

Aiden comienza a formar amistades significativas dentro del grupo de jóvenes. Establece un vínculo con Emily, una chica que ha enfrentado sus propios desafíos, y encuentran fortaleza en las historias de cada uno. Comienzan a pasar tiempo juntos fuera de la iglesia, estudiando la Biblia y discutiendo sus sueños y miedos. El apoyo inquebrantable y la comprensión de Emily ayudan a Aiden a sentirse menos solo en sus luchas. También se vuelve cercano a Ryan, otro miembro del grupo de jóvenes que se convierte en su confidente y animador.

Cuanto más se sumerge Aiden en las enseñanzas de la iglesia, más comienza a encontrar fortaleza y propósito. Empieza a creer que su impedimento del habla no lo define y que puede superar sus desafíos con fe y perseverancia. Las reuniones de oración se convierten en una fuente de inmenso consuelo, permitiéndole expresar sus miedos y esperanzas en un espacio seguro. Las palabras de la Biblia, especialmente pasajes como Filipenses 4:13, "Todo lo puedo en Cristo que me fortalece", se convierten en sus mantras, dándole el valor para enfrentar cada día.

Animado por su familia de la iglesia, Aiden comienza a dar pequeños pasos hacia la sanidad. Comenzó a participar en actividades de la iglesia que requerían hablar, como leer las escrituras durante los servicios o liderar una oración. Estas pequeñas victorias aumentan su confianza y le ayudan a darse cuenta de que es capaz de mucho más de lo que jamás pensó posible. Cada vez que habla, los aplausos de apoyo y el ánimo del grupo de jóvenes y de la congregación fortalecen su determinación.

James, el líder del grupo de jóvenes, se convierte en un mentor para Aiden. Pasa tiempo con Aiden, ofreciendo orientación y apoyo. James comparte técnicas para mejorar las habilidades de habla de Aiden y le enseña cómo confiar en su fe durante momentos de duda. Bajo la tutoría de James, Aiden comienza a ver su impedimento del habla no como un obstáculo, sino como un desafío único que puede superar con perseverancia y fe.

A medida que Aiden continúa participando en su comunidad eclesiástica, experimenta un crecimiento emocional y espiritual significativo. El amor y la aceptación que recibe ayudan a sanar las profundas heridas infligidas por años de acoso e aislamiento. Comienza a sentir un sentido de pertenencia y propósito, sabiendo que es valorado y amado por su familia eclesiástica y por Dios. Su fe se profundiza y se siente más seguro de su capacidad para superar su impedimento del habla y cualquier otro desafío que la vida le pueda presentar.

Capítulo 4: Construyendo confianza a través de la fe

A medida que la fe de Aiden se profundiza, aprende a confiar en el plan de Dios para su vida. A través de la oración y las escrituras, comienza a encontrar paz y propósito, dándose cuenta de que su valor no está definido por su impedimento del habla. Este crecimiento espiritual fortalece su determinación para superar sus desafíos. Dentro de la comunidad eclesiástica, Aiden construye sólidas amistades y gana mentores que lo animan y guían. Estas relaciones le proporcionan un sentido de pertenencia y apoyo que nunca había experimentado antes. Sus mentores lo ayudan a ver su potencial y los dones únicos que posee. Animado por su familia eclesiástica, Aiden comienza a participar en actividades de la iglesia que requieren que hable. Estos pequeños pasos, como leer escrituras en voz alta o compartir sus pensamientos en discusiones grupales, lentamente construyen su confianza. Cada éxito, por pequeño que sea, es celebrado y refuerza su progreso.

Crecimiento espiritual

A medida que la fe de Aiden se profundiza, aprende a confiar en el plan de Dios para su vida. Cada día, pasa tiempo en oración y reflexión, pidiendo fuerza y guía. Comienza a encontrar paz en el conocimiento de que su valor no está definido por su impedimento del habla, sino por su identidad como un amado hijo de Dios. Escrituras como Jeremías 29:11, "Porque yo sé los pensamientos que tengo acerca de vosotros, dice Jehová, pensamientos de paz, y no de mal, para daros Fin que esperáis," se vuelven una piedra angular de su viaje espiritual. Esta realización lo llena de un sentido de propósito y una renovada determinación para superar sus desafíos. Su crecimiento espiritual también incluye aprender a perdonar a aquellos que lo han acosado, lo que libera una gran carga emocional y le permite avanzar con un corazón más ligero.

Relaciones de apoyo

Dentro de la comunidad eclesiástica, Aiden construye sólidas amistades y gana mentores que lo animan y guían. Estas relaciones le proporcionan un sentido de pertenencia y apoyo que nunca había experimentado antes.

- **Amigos:** Aiden forma vínculos estrechos con compañeros como Emily y Ryan. Emily, quien ha superado sus propias luchas, comparte sus experiencias y estrategias de afrontamiento con Aiden. Ryan, siempre optimista y solidario, se convierte en una fuente de inquebrantable ánimo. Estudian juntos, asisten a actividades de la iglesia y se apoyan mutuamente en sus viajes personales. Su amistad ayuda a Aiden a sentirse menos aislado y más comprendido.

- **Mentores:** El líder del grupo juvenil de Aiden, James, toma un interés especial en mentorearlo. James ve el potencial en Aiden que otros no han visto. Pasa tiempo con Aiden, compartiendo sabiduría y ofreciendo consejos prácticos sobre oratoria y crecimiento personal. James introduce a Aiden en técnicas que pueden ayudar a mejorar su habla, como ejercicios de respiración y prácticas de hablar lento y deliberado. También anima a Aiden a mirar más allá de sus impedimentos y reconocer sus dones y fortalezas únicas.

Primeros pasos hacia la sanidad

Animado por su familia eclesiástica, Aiden comienza a participar en actividades de la iglesia que requieren que hable.

- **Leer las Escrituras en voz alta:** Uno de los primeros pasos que Aiden toma es leer la Biblia en voz alta durante las reuniones del grupo juvenil. Inicialmente, está nervioso y se traba con sus palabras, pero los aplausos de apoyo y el ánimo de sus compañeros le dan la confianza para seguir intentándolo. Cada lectura exitosa aumenta su autoestima y refuerza su progreso.
- **Discusión en grupo:** Aiden comienza a compartir sus pensamientos durante las discusiones en grupo. Al principio, habla brevemente, pero a medida que su confianza crece, empieza a expresar ideas y opiniones más complejas. El grupo valora sus ideas y perspectivas, lo que fortalece aún más su autoconfianza.
- **Liderando oraciones:** Eventualmente, Aiden asume la responsabilidad de liderar oraciones grupales. Este es un paso significativo para él, ya que implica hablar delante de otros y guiarlos espiritualmente. Los comentarios positivos y los agradecimientos sinceros que recibe de su familia eclesiástica le hacen darse cuenta del impacto de sus palabras y acciones.

Pequeñas victorias y celebraciones

Cada éxito, por pequeño que sea, es celebrado por la familia eclesiástica de Aiden.

- **Reconocimiento:** Después de su primera lectura exitosa de las escrituras, James y el grupo de jóvenes le dan un aplauso y palabras de aliento. Este reconocimiento hace que Aiden se sienta orgulloso y lo motiva a seguir mejorando.
- **Ánimo:** Cada vez que Aiden participa en discusiones o dirige oraciones, sus amigos y mentores se aseguran de reconocer sus esfuerzos y progreso. Le recuerdan cuánto ha avanzado y lo alientan a seguir adelante.
- **Apoyo:** Durante momentos de duda o dificultad, la comunidad eclesiástica de Aiden se reúne a su alrededor, ofreciendo oraciones, consejos y una oreja para escuchar. Este apoyo inquebrantable lo ayuda a navegar los desafíos que enfrenta y refuerza su confianza en sí mismo.

Crecimiento personal y confianza

A través de estas actividades y el continuo apoyo de su comunidad eclesiástica, Aiden comienza a experimentar crecimiento personal y una mayor confianza. Se da cuenta de que tiene una voz que vale la pena escuchar y que su impedimento del habla no lo define. Su fe en Dios y el amor de su familia de la iglesia se convierten en la base sobre la cual construye su nuevo yo, más seguro de sí mismo.

- **Resiliencia:** Aiden aprende que la resiliencia no se trata solo de superar desafíos físicos, sino también de abrazar las propias vulnerabilidades y encontrar fuerza en ellas. Su viaje se convierte en una inspiración para otros en el grupo de jóvenes, que ven de primera mano el poder de la fe y la perseverancia.
- **Autoestima:** A medida que aumenta la confianza de Aiden, también lo hace su autoestima. Comienza a verse a sí mismo como un individuo capaz y valioso con dones únicos para ofrecer. Esta nueva autoestima permea todos los aspectos de

su vida, desde sus interacciones con sus compañeros hasta su desempeño en la escuela.

El viaje de Aiden para construir confianza a través de la fe está marcado por hitos significativos y victorias personales. El apoyo de su comunidad eclesiástica y el profundizamiento de su fe juegan un papel crucial en su transformación, ayudándole a superar su impedimento del habla y a abrazar su potencial.

Capítulo 5: Superando desafíos

Con el apoyo de su iglesia y su familia, Aiden comienza terapia del habla y entrenamiento. Su terapeuta trabaja con él para desarrollar técnicas para manejar su impedimento del habla, y Aiden hace progresos significativos. Las mejoras en su habla aumentan su confianza y le dan esperanza para el futuro. Pequeñas victorias, como hablar en los grupos de jóvenes y leer las escrituras en voz alta, son monumentales para Aiden. Estos momentos aumentan su autoestima y motivación, mostrándole que es capaz de superar sus desafíos. Cada avance es un paso más cerca de recuperar su voz. Aiden asume más responsabilidades dentro de la iglesia, como liderar oraciones y organizar eventos. Estos roles mejoran aún más sus habilidades para hablar y refuerzan sus habilidades de liderazgo. Su mayor participación también le ayuda a conectarse más profundamente con su fe y comunidad.

Terapia y coaching del habla

Con el inquebrantable apoyo de su iglesia y su familia, Aiden se embarca en un viaje de terapia del habla y entrenamiento.

- **Sesiones de terapia:** El terapeuta de Aiden, el Dr. Collins, se especializa en impedimentos del habla y emplea una combinación de técnicas para ayudar a Aiden a manejar su habla. Estas sesiones son rigurosas y requieren que Aiden practique ejercicios de habla, técnicas de respiración y control muscular diariamente. El Dr. Collins utiliza refuerzos positivos y guía paciente, paso a paso, lo que ayuda a Aiden a sentirse más cómodo y menos consciente de su habla.

- **Progreso:** A medida que Aiden sigue diligentemente el régimen de terapia, comienza a notar mejoras significativas en su habla. Aprende a ralentizar su habla, a pronunciar claramente y a usar pausas efectivamente para reducir los tartamudeos. Estas técnicas transforman gradualmente sus patrones de habla, haciendo la comunicación menos estresante y más fluida.
- **Aumento de confianza:** Las visibles mejoras en la habla de Aiden proporcionan un enorme impulso a su confianza. Comienza a sentirse más a gusto durante las conversaciones y se muestra más dispuesto a participar en interacciones sociales. El progreso que hace en la terapia le da esperanza y un renovado sentido de propósito.

Avances personales

El viaje a través de la terapia del habla y el apoyo de su comunidad llevaron a varios avances personales para Aiden.

- **Participación en el Grupo Juvenil:** Una de las primeras victorias importantes de Aiden es hablar durante una reunión del grupo juvenil. Animado por sus amigos y mentores, comparte sus pensamientos sobre un pasaje de la Biblia. La respuesta positiva de sus compañeros refuerza su confianza, haciéndole darse cuenta de que su voz es valiosa y digna de ser escuchada.
- **Lectura de las Escrituras en Voz Alta:** Aiden asume el desafío de leer las escrituras en voz alta durante los servicios de la iglesia. Inicialmente nervioso, descubre que sus técnicas de habla mejoradas y el entorno de apoyo le ayudan a tener éxito. Cada lectura exitosa es recibida con aplausos y ánimos, reforzando su autoestima.
- **Logros en el Aula:** En la escuela, Aiden comienza a participar más activamente en las discusiones de clase. Sus maestros notan su progreso y le ofrecen apoyo adicional y elogios. Estas pequeñas victorias en el aula son monumentales para Aiden, demostrando que es capaz de superar sus desafíos y sobresalir académicamente.

Mayor participación

La creciente confianza de Aiden y sus habilidades mejoradas en el habla le llevaron a asumir más responsabilidades dentro de la iglesia.

- **Dirigir oraciones:** Aiden comienza a dirigir oraciones durante reuniones del grupo juvenil y servicios de la iglesia. Esta responsabilidad no solo mejora sus habilidades de habla sino que también fortalece sus habilidades de liderazgo. Aprende a articular claramente sus pensamientos y a guiar a otros en la oración, fomentando una conexión más profunda con su fe y comunidad.
- **Organización de eventos:** Aiden asume un papel clave en la organización de eventos de la iglesia, como retiros juveniles y programas de alcance comunitario. Estas actividades requieren que se comunique de manera efectiva, planifique meticulosamente y trabaje en colaboración con otros. Su éxito en estos roles refuerza aún más su creencia en sus capacidades.
- **Roles de mentoría:** A medida que crece la confianza de Aiden, comienza a ser mentor de miembros más jóvenes del grupo juvenil que enfrentan desafíos similares. Comparte sus experiencias, ofrece consejos prácticos y brinda apoyo emocional. Este rol de mentoría permite a Aiden devolver a su comunidad y refuerza su camino de crecimiento personal.

Desarrollando habilidades de liderazgo

A través de su creciente participación en las actividades de la iglesia, las habilidades de liderazgo de Aiden florecen.

- **Colaboración en equipo:** Aiden aprende la importancia del trabajo en equipo y la colaboración. Trabaja estrechamente con otros líderes del grupo juvenil para planear y ejecutar eventos, desarrollando habilidades en delegación, resolución de problemas y comunicación efectiva.
- **Hablar en público:** Cada oportunidad de hablar en público, ya sea dirigiendo oraciones o dando discursos, ayuda a Aiden a

refinar sus habilidades para hablar en público. Se vuelve más cómodo al dirigirse a grandes grupos, y su manera de hablar continúa mejorando con la práctica.

- **Inspirando a otros:** El viaje y los logros de Aiden inspiran a quienes lo rodean. Sus compañeros lo miran como un modelo a seguir, y sus mentores se enorgullecen de su progreso. La historia de Aiden se convierte en un testimonio del poder de la fe, la determinación y el apoyo comunitario.

Profundizando la conexión con la fe y la comunidad

Las crecientes responsabilidades y roles de liderazgo de Aiden profundizan su conexión con su fe y comunidad.

- **Integración de la fe:** Dirigir oraciones y organizar eventos de la iglesia permiten a Aiden integrar su fe más profundamente en su vida diaria. Encuentra consuelo y fortaleza en su relación con Dios, que continúa guiándolo a través de sus desafíos.
- **Vinculación comunitaria:** A través de su participación activa en la iglesia, Aiden forma lazos más fuertes con los miembros de su comunidad. Experimenta la alegría de servir a otros y la satisfacción de ser parte de una comunidad solidaria y amorosa.

El viaje de Aiden a través de la terapia y el entrenamiento en el habla, junto con sus avances personales y su mayor participación en las actividades de la iglesia, marca un progreso significativo en la superación de sus desafíos. Su arduo trabajo y determinación, apoyados por su fe y comunidad, condujeron a un crecimiento personal profundo y un renovado sentido de propósito.

Capítulo 6: Convirtiéndose en un orador motivacional

Mientras crece la confianza de Aiden, siente un llamado para usar sus experiencias y su nueva confianza para ayudar a otros que enfrentan desafíos similares. Se da cuenta de que su viaje puede inspirar y apoyar a aquellos que luchan con impedimentos del habla y otros obstáculos. Aiden dio su primer discurso motivacional en un evento de la iglesia, compartiendo su viaje y el papel de la fe en su sanidad. Su honestidad y vulnerabilidad resonaron con la audiencia, y su historia inspiró a muchos. Esta experiencia despertó una pasión por el discurso público y la defensa. La noticia del poderoso testimonio de Aiden se difunde, llevando a más oportunidades para hablar en escuelas, iglesias y organizaciones comunitarias. Su mensaje de fe, resiliencia y superación de la adversidad resuena profundamente, y se convierte en un orador muy solicitado.

Descubrimiento de un llamado

Mientras crece la confianza de Aiden, empieza a sentir un propósito más profundo para su viaje.

- **Autorealización:** Aiden se da cuenta de que sus luchas y triunfos con su impedimento del habla podrían servir como un faro de esperanza para otros que enfrentan desafíos similares. El apoyo que recibió de su comunidad eclesiástica y su familia alimenta su deseo de devolver el favor y ayudar a otros que están luchando.
- **Ánimo de los mentores:** Sus mentores y amigos en la iglesia notan su pasión por ayudar a los demás y lo animan a compartir su historia en una plataforma más grande. Creen que sus experiencias y su nueva confianza pueden tener un impacto significativo.
- **Convicción interior:** Aiden siente una fuerte convicción interior, un llamado, para convertirse en un orador motivacional. Ve esto como una forma de usar su voz no solo para compartir su viaje personal, sino también para difundir mensajes de fe, resiliencia y el poder del apoyo comunitario.

Primer compromiso de habla

El primer gran paso de Aiden en el discurso público ocurre durante un evento organizado por la iglesia para inspirar y elevar a los jóvenes.

- **Preparación:** Con el apoyo de sus mentores de la iglesia, Aiden se prepara diligentemente para su primer discurso. Practica su discurso múltiples veces, enfocándose en transmitir su viaje con honestidad y vulnerabilidad. Su discurso incluye anécdotas de su infancia, el costo emocional de su impedimento del habla y el poder transformador de la fe.

- **El evento:** El día del evento, el salón de la iglesia está lleno de miembros de la comunidad, incluidos muchos jóvenes que enfrentan sus propios desafíos. Cuando Aiden sube al escenario, una mezcla de nerviosismo y emoción lo llenan.
- **Entregando el discurso:** Aiden comienza su discurso compartiendo su historia con autenticidad y emoción. Habla sobre los momentos más oscuros de su vida, el punto de inflexión cuando buscó ayuda y el papel crucial que su fe jugó en su viaje de sanidad. Su honestidad y vulnerabilidad tocan una fibra sensible en la audiencia, muchos de los cuales se conmovieron hasta las lágrimas.
- **Reacción del público:** La respuesta fue abrumadoramente positiva. Miembros de la audiencia se acercaron a él después, expresando cuánto les había resonado su historia y cómo los había inspirado a enfrentar sus propios desafíos con una esperanza renovada. Esta experiencia despertó una pasión por el discurso público y la defensa en Aiden.

Influencias crecientes

La noticia del poderoso testimonio de Aiden se difunde rápidamente dentro y fuera de la comunidad eclesiástica.

- **Invitaciones aumentadas:** Poco después de su primer discurso, Aiden recibe invitaciones para hablar en otros eventos. Escuelas, iglesias y organizaciones comunitarias están ansiosas por tenerlo para compartir su historia. Su capacidad para conectar con las audiencias a un nivel emocional lo convierte en un orador muy solicitado.
- **Cobertura mediática:** Los medios locales comienzan a notar el inspirador viaje de Aiden. Es invitado a compartir su historia en programas de radio, podcasts y televisión local. Su mensaje de fe, resiliencia y superación de la adversidad alcanza a una audiencia aún más amplia.

- **Construcción de una plataforma:** Aiden comienza un blog y cuentas en redes sociales para compartir sus experiencias y pensamientos sobre cómo superar desafíos. Su presencia en línea crece rápidamente a medida que personas de todo el mundo se conectan con su mensaje y se inspiran en su viaje.

Impacto de sus discursos

Los discursos de Aiden comienzan a crear un impacto significativo en individuos y comunidades.

- **Inspirando cambio:** Muchas personas que escuchan a Aiden hablar se sienten inspiradas a tomar acción en sus propias vidas. Algunas buscan ayuda para sus desafíos, otras se sienten motivadas a apoyar a seres queridos que enfrentan problemas similares, y muchas simplemente se sienten elevadas por su mensaje de esperanza y perseverancia.
- **Grupos de apoyo:** La historia de Aiden conduce a la formación de grupos de apoyo dentro de las comunidades que visita. Estos grupos proporcionan espacios seguros para que las personas compartan sus luchas y se apoyen mutuamente, al igual que el apoyo que Aiden recibió de su comunidad eclesiástica.
- **Defensa de la terapia del habla:** Aiden se convierte en un defensor de la importancia de la terapia del habla y el apoyo a la salud mental. Colabora con organizaciones locales para aumentar la conciencia y recaudar fondos para estos servicios, asegurando que más personas puedan acceder a la ayuda que necesitan.

Planes futuros

Con su creciente influencia, Aiden comienza a imaginar un futuro donde pueda tener un impacto aún mayor.

- **Ampliando Alcance:** Aiden planea expandir sus compromisos para hablar a un nivel nacional y eventualmente internacional.

Sueña con llegar a la mayor cantidad de personas posible con su mensaje de fe, resiliencia y el poder de la comunidad.

- **Escribir un Libro:** Animado por la respuesta positiva a sus discursos, Aiden comienza a escribir un libro sobre su viaje. Espera que compartir su historia en forma escrita inspire a más personas y proporcione un recurso duradero para quienes enfrentan desafíos similares.
- **Crecimiento Continuo:** Aiden se mantiene comprometido con su crecimiento personal y su camino espiritual. Continúa buscando orientación de sus mentores, profundizando su fe y mejorando sus habilidades para hablar. Su dedicación para ayudar a otros y difundir un mensaje de esperanza sigue siendo inquebrantable.

El descubrimiento de su vocación, su primer compromiso como orador y su creciente influencia marcan hitos significativos en el viaje de Aiden. Su pasión por ayudar a los demás y su capacidad para inspirar a través de sus propias experiencias tienen un profundo impacto en su comunidad y más allá. La historia de Aiden se convierte en un testimonio del poder de la fe, la resiliencia y el apoyo de una comunidad amorosa.

Capítulo 7: Ayudando a otros a superar problemas

Aiden comienza un grupo de apoyo para personas con impedimentos del habla y otros desafíos. El grupo proporciona un espacio seguro para compartir experiencias y ofrecer ánimo. La empatía y comprensión de Aiden lo convierten en un líder eficaz, y el grupo crece rápidamente. Aiden ofrece talleres y seminarios enfocados en superar adversidades, construir confianza y el poder de la fe. Estos eventos proporcionan herramientas prácticas e inspiración, ayudando a los participantes a desarrollar sus propias estrategias para el éxito. Aiden se convierte en mentor de jóvenes que enfrentan problemas similares. Ofrece orientación, apoyo e inspiración, basándose en sus propias experiencias. Su mentoría ayuda a otros a encontrar su voz y realizar su potencial.

Fundación de un grupo de apoyo

- **Identificando la necesidad:** Después de varios compromisos como orador, Aiden se da cuenta de que muchas personas con impedimentos del habla y otros desafíos carecen de un sistema de apoyo. Inspirado en crear un espacio seguro para compartir experiencias y ofrecimiento de ánimo, decide comenzar un grupo de apoyo.
- **Creando el grupo:** Aiden utiliza su creciente red e influencia para reunir a personas que enfrentan luchas similares. El grupo de apoyo se reúne semanalmente en un centro comunitario proporcionado por su iglesia. Su misión es ofrecer a sus miembros apoyo emocional, consejos prácticos y un sentido de comunidad.
- **Construyendo confianza:** La empatía y comprensión de Aiden lo convierten rápidamente en un líder eficaz. Fomenta discusiones abiertas, donde los miembros comparten sus luchas y victorias. Su propia historia sirve como un recordatorio poderoso de que superar los obstáculos es posible. El grupo crece rápidamente, atrayendo a más miembros cada semana.
- **Actividades y discusiones:** El grupo de apoyo participa en diversas actividades, incluyendo discusiones grupales, sesiones uno a uno y proyectos colaborativos. Discuten temas como estrategias de afrontamiento, ejercicios para aumentar la confianza y apoyo basado en la fe. Estas actividades fomentan un sentido de pertenencia y apoyo mutuo entre los miembros.

Talleres y seminarios

- **Diseño del currículo:** Aiden diseña talleres y seminarios para proporcionar herramientas prácticas e inspiración para superar la adversidad. Estos eventos cubren una amplia gama de temas, desde la construcción de la autoestima y técnicas de comunicación efectiva hasta el papel de la fe en el crecimiento personal.

- **Contenido atractivo:** Los talleres incluyen sesiones interactivas, oradores invitados y actividades prácticas. Aiden utiliza presentaciones multimedia y anécdotas personales para mantener a los participantes involucrados. Se asegura de que cada sesión sea informativa y motivadora.
- **Retroalimentación de los participantes:** Después de cada taller, Aiden recolecta retroalimentación para mejorar continuamente el contenido y la entrega. Los participantes a menudo expresan cómo estos talleres les han proporcionado estrategias accionables y un renovado sentido de esperanza.
- **Programas de alcance:** Para llegar a una audiencia más amplia, Aiden colabora con escuelas, centros comunitarios y otras organizaciones. Conduce talleres y seminarios en diferentes ubicaciones, asegurándose de que más personas se beneficien de su mensaje y herramientas para el éxito.

Papel de mentor

- **Orientación personalizada:** Aiden se convierte en un mentor para los jóvenes que enfrentan luchas similares. Ofrece orientación personalizada, ayudándoles a establecer metas realistas y desarrollar planes para alcanzarlas. Aiden se reúne con sus mentores regularmente, proporcionando apoyo constante y ánimo.
- **Inspiración y apoyo:** Basándose en sus propias experiencias, Aiden ayuda a sus mentorizados a navegar sus desafíos. Les enseña cómo manejar sus impedimentos del habla, construir confianza en sí mismos y abrazar sus fortalezas únicas. Su mentoría no solo se trata de superar dificultades del habla, sino también de desarrollo personal y encontrar su propósito.
- **Creación de historias de éxito:** Bajo la mentoría de Aiden, muchos jóvenes comienzan a florecer. Experimentan avances personales, como hablar con confianza en público o sobresalir académicamente. Aiden celebra estos éxitos, reforzando la creencia de que con el apoyo adecuado y determinación, todo es posible.

- **Expandiendo la mentoría:** A medida que se corre la voz sobre su efectiva mentoría, más jóvenes e incluso adultos buscan su orientación. Aiden expande sus esfuerzos de mentoría, capacitando a otros en su grupo de apoyo para convertirse también en mentores. Esto crea un efecto dominó, multiplicando el impacto de su trabajo.

Impacto en la comunidad

- **Cambio positivo:** El grupo de apoyo, los talleres y los programas de mentoría, colectivamente crean un cambio positivo significativo en la comunidad. Los miembros de la comunidad comienzan a ver el potencial en personas con impedimentos del habla y otros desafíos, fomentando una cultura de aceptación y apoyo.
- **Aumentando la conciencia:** Los esfuerzos de Aiden aumentan la conciencia sobre los impedimentos del habla y la importancia de entornos de apoyo. Inspiradas por la defensa de Aiden, las escuelas y lugares de trabajo en la comunidad han comenzado a implementar prácticas más inclusivas.
- **Construcción de una red:** El grupo de apoyo crece hasta convertirse en una red de individuos y familias que abogan por aquellos con impedimentos del habla. Esta red proporciona recursos, comparte historias de éxito y continúa expandiendo la misión de apoyo y empoderamiento de Aiden.

El compromiso de Aiden para ayudar a los demás transforma su comunidad. Su grupo de apoyo, talleres y programas de mentoría no solo proporcionan ayuda práctica sino que también inspiran esperanza y confianza. El liderazgo y la empatía de Aiden crean un entorno de apoyo donde los individuos pueden superar sus luchas y realizar su potencial. Su trabajo fomenta una cultura de aceptación y apoyo, dejando un impacto positivo duradero en todos los involucrados.

Capítulo 8: Dando gloria a Dios

Aiden comparte regularmente su testimonio, dando gloria a Dios por su transformación y éxito. Su fe está en el corazón de su viaje, y enfatiza la importancia de confiar en el plan de Dios. Su historia inspira a otros a buscar ayuda y confiar en el poder sanador de Dios. Aiden permanece activamente involucrado en su iglesia, continuando liderar e inspirar a través de su fe. Participa en varias actividades de la iglesia, desde liderar grupos juveniles hasta organizar programas de alcance comunitario. Su presencia es un testimonio del poder de la fe y la perseverancia. El viaje y éxito de Aiden han tenido un impacto profundo en su comunidad. Su historia fomenta una cultura de aceptación, apoyo y fe, alentando a otros a enfrentar sus desafíos y confiar en la guía de Dios. Su influencia se extiende más allá de su comunidad inmediata, tocando vidas en todas partes.

Testimonio público

- **Compartiendo su viaje:** Aiden comparte regularmente su testimonio en varios lugares, incluyendo iglesias, escuelas y eventos comunitarios. Él relata su viaje de ser un niño acosado con un severo impedimento del habla a ser un conferencista motivacional confiado. Su historia resalta el papel de la fe en su transformación, inspirando a otros a confiar en el plan de Dios y buscar Su guía.

- **Enfatizando la fe:** En cada discurso, Aiden enfatiza la importancia de confiar en el plan de Dios. Él comparte instancias específicas donde la oración y la fe le proporcionaron fuerza y dirección. A menudo cita escrituras que le ayudaron en sus tiempos más oscuros, alentando a otros a encontrar consuelo y guía en su fe.

- **Inspirando esperanza:** El testimonio de Aiden resuena profundamente con quienes lo escuchan. Muchas personas que enfrentan sus propias luchas encuentran esperanza y aliento en sus palabras. A menudo recibe mensajes emotivos de personas que se conmovieron con su historia y se inspiraron a buscar ayuda y confiar en el poder sanador de Dios.

Participación eclesiástica

- **Dirigiendo grupos de jóvenes:** Aiden continúa liderando el grupo de jóvenes en su iglesia, compartiendo sus experiencias y siendo un mentor para los jóvenes. Organiza actividades que promueven la fe, la confianza y la resiliencia. A través de su liderazgo, muchos jóvenes encuentran un espacio seguro para expresar sus luchas y crecer en su fe.
- **Organizando alcance comunitario:** Aiden juega un papel significativo en la organización de programas de alcance comunitario. Estas iniciativas van desde colectas de alimentos y eventos de caridad hasta talleres que abordan diversas necesidades de la comunidad. Su involucramiento no solo ayuda a los necesitados, sino que también fortalece el vínculo dentro de la comunidad.
- **Programas basados en la fe:** Aiden ayuda a desarrollar programas basados en la fe que integran habilidades prácticas con el crecimiento espiritual. Colabora con los líderes de la iglesia para crear talleres sobre oratoria, superación de adversidades y construcción de confianza, todo basado en valores cristianos. Estos programas ayudan a los participantes a crecer tanto espiritual como personalmente.

Impacto en la comunidad

- **Cultura de Aceptación:** El viaje y éxito de Aiden han fomentado una cultura de aceptación dentro de su comunidad. Las personas son más abiertas a abrazar la diversidad y apoyar a aquellos con desafíos. Su historia ha ayudado a romper los estigmas asociados con los impedimentos del habla y otras discapacidades, promoviendo un ambiente más inclusivo.
- **Fomentando la Fe:** La influencia de Aiden se extiende más allá de su comunidad inmediata. Sus discursos y talleres tienen un efecto dominó, alcanzando a individuos y comunidades lejos y cerca. Muchas personas han compartido cómo la historia de Aiden los alentó a abrazar su propia fe y confiar en el plan de Dios, incluso en tiempos difíciles.

- **Modelo a Seguir:** Aiden se ha convertido en un modelo a seguir para muchos, demostrando que con fe, perseverancia y apoyo comunitario, uno puede superar obstáculos significativos. Su viaje muestra que los desafíos pueden convertirse en fortalezas y que cada individuo tiene el potencial de hacer un impacto positivo.

Crecimiento continuo e influencia

- **Expandiendo alcance:** Aiden continúa buscando nuevas oportunidades para compartir su mensaje. Colabora con otros conferencistas motivacionales y organizaciones para llegar a una audiencia más amplia. Su objetivo es inspirar a la mayor cantidad de personas posible, alentándolos a creer en sí mismos y confiar en Dios.
- **Desarrollando recursos:** Aiden trabaja en la creación de recursos como libros, cursos en línea y contenido motivacional que pueda llegar a personas a nivel global. Estos recursos están diseñados para proporcionar consejos prácticos y aliento espiritual, ayudando a las personas a superar sus desafíos y crecer en su fe.
- **Legado de fe:** El legado de Aiden es uno de fe, resiliencia e inspiración. Su viaje sirve como un poderoso testimonio del poder transformador de la fe y el soporte comunitario. A través de sus esfuerzos continuos, deja un impacto duradero en innumerables vidas, alentando a las futuras generaciones a creer en su potencial y confiar en el amor inquebrantable de Dios.

El testimonio público de Aiden y su involucramiento en la iglesia demuestran el profundo impacto de su viaje de fe. Su historia fomenta una cultura de aceptación y apoyo, inspirando a otros a abrazar sus desafíos y confiar en la guía de Dios. La influencia de Aiden se extiende mucho más allá de su comunidad inmediata, tocando vidas en todo el mundo y dejando un legado de esperanza e inspiración.

Epílogo: Un legado de esperanza e inspiración

Aiden reflexiona sobre su viaje desde un niño intimidado hasta un orador motivacional seguro de sí mismo. Reconoce el papel fundamental de la fe, la familia y el apoyo de la comunidad en su transformación. Su gratitud por el amor y el aliento recibidos es inmensa. Aiden sueña con expandir su trabajo para llegar a más personas a nivel mundial. Imagina comenzar una fundación para abogar por individuos con impedimentos del habla y otros desafíos, proporcionando recursos, apoyo y defensa en una escala mayor. Su objetivo es crear un mundo donde todos tengan la oportunidad de alcanzar su potencial. La historia de Aiden deja un legado duradero, demostrando el poder de la fe, la resiliencia y el apoyo de una comunidad amorosa. Su viaje desde las luchas hasta el éxito es un faro de esperanza e inspiración, mostrando que con fe y determinación, todo es posible. La vida de Aiden es un testimonio del poder transformador del amor de Dios y la fortaleza del espíritu humano.

Reflexionando sobre el viaje

- **De la intimidación al éxito:** Cuando Aiden mira hacia atrás en su vida, recuerda vívidamente el dolor de ser un niño intimidado con un grave impedimento del habla. Cada día en la escuela era una lucha, llena de ridículo y aislamiento. Estos recuerdos, que una vez fueron fuentes de profundo dolor, ahora son insignias de honor que marcan su increíble viaje de superar la adversidad.

- **Fe y apoyo:** Aiden reconoce el papel fundamental de la fe en su transformación. Su creencia en Dios proporcionó la base sobre la cual construyó su resiliencia y confianza. También reconoce el apoyo inquebrantable de su familia, que nunca dejó de creer en él a pesar de los desafíos. Su amor, combinado con la aceptación y el aliento de su comunidad eclesiástica, fueron elementos cruciales que le ayudaron a darle un giro a su vida.

- **Gratitud:** El corazón de Aiden se llena de gratitud al pensar en todos los que lo apoyaron. Desde sus padres, que buscaron terapia del habla y le proporcionaron apoyo emocional, hasta los mentores y amigos de la iglesia que lo alentaron a encontrar su voz, cada persona jugó un papel crítico en su éxito. Su gratitud es inmensa, alimentando su deseo de retribuir y ayudar a otros.

Aspiraciones futuras

- **Alcance global:** Con su nueva confianza y plataforma, Aiden sueña con expandir su trabajo para llegar a una audiencia global. Imagina un mundo donde las personas con impedimentos del habla y otros desafíos tengan acceso a los recursos y el apoyo que necesitan para prosperar.
- **Fundación para la defensa:** Para hacer realidad esta visión, Aiden planea comenzar una fundación dedicada a abogar por individuos con impedimentos del habla. Esta fundación proporcionará recursos como terapia del habla, asesoramiento y apoyo educativo. También trabajará para crear conciencia sobre los desafíos que enfrentan estas personas, con el objetivo de reducir el estigma y promover la inclusión.
- **Recursos y apoyo:** La fundación de Aiden ofrecerá una gama de servicios, incluidos talleres, seminarios y recursos en línea. Estos estarán diseñados para empoderar a los individuos, proporcionándoles herramientas y estrategias prácticas para superar sus desafíos. La fundación también se enfocará en la defensa, trabajando para influir en cambios de políticas que apoyen a las personas con impedimentos del habla.

Legado de fe y resiliencia

- **Faro de esperanza:** El viaje de Aiden desde la lucha hasta el éxito es un poderoso testimonio del poder transformador de la fe y la resiliencia. Su historia sirve como un faro de esperanza para cualquier persona que enfrente desafíos aparentemente insuperables. Demuestra que con fe, determinación y el apoyo de una comunidad amorosa, todo es posible.

- **Poder Transformador de la Fe:** La vida de Aiden es un testimonio del poder transformador del amor de Dios. Su fe fue el ancla que lo mantuvo firme durante las tormentas de la intimidación y la duda. Fue esta fe la que le dio la fuerza para perseverar y el coraje para compartir su historia con el mundo.
- **Fortaleza del Espíritu Humano:** La historia de Aiden también destaca la fortaleza del espíritu humano. A pesar de los desafíos y obstáculos que enfrentó, nunca se rindió. Su viaje nos recuerda que la resiliencia y la perseverancia pueden llevar a logros increíbles, incluso frente a la adversidad.

A medida que Aiden continúa reflexionando sobre su viaje, se mantiene comprometido con su misión de ayudar a otros. Sabe que su historia está lejos de terminar y que hay muchas más personas que pueden beneficiarse de sus experiencias e ideas. Con la fe como su guía y una comunidad amorosa detrás de él, Aiden mira hacia el futuro con esperanza y determinación, listo para hacer un impacto duradero en el mundo.

Fin

EL VIAJE DE MEI DESDE LAS DIFICULTADES AL ÉXITO EN LA CHINA RURAL

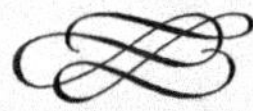

Capítulo 1: Creciendo en una aldea remota

• **Introducción a Mei:** Una joven que crece en una aldea remota en China, con acceso limitado a educación y atención médica de calidad.

• **Luchas familiares:** La familia de Mei enfrenta inestabilidad financiera, trabajando arduamente para llegar a fin de mes y proporcionar necesidades básicas.

• **Primera y aspiraciones:** A pesar de los desafíos, Mei es una chica brillante y ambiciosa que sueña con convertirse en doctora para ayudar a su comunidad.

Capítulo 2: Los desafíos del acceso limitado

• **Barreras educativas:** La aldea de Mei carece de instalaciones educativas adecuadas y maestros calificados, lo que dificulta que ella reciba una educación de calidad.

• **Problemas de salud:** El acceso limitado a servicios de salud significa que la familia y los vecinos de Mei a menudo sufren de enfermedades tratables.

• **Determinación para aprender:** Mei estudia diligentemente con los recursos que puede encontrar, a menudo usando libros de texto viejos y autoenseñándose.

Capítulo 3: Encontrando fe y esperanza

• **Descubrimiento de la fe:** Mei es presentada al cristianismo a través de una amiga y comienza a leer la Biblia y orar en secreto.

• **Fortaleza a través de la fe:** Su fe en Jesús le brinda esperanza y perseverancia, inspirándola a creer en un futuro mejor.

• **Culto secreto:** Mei se une a un pequeño grupo cristiano clandestino, donde encuentra apoyo espiritual y aliento.

Capítulo 4: Un destello de oportunidad

• **Oportunidad de beca:** Mei se entera de una beca ofrecida por una organización cristiana que podría permitirle asistir a la universidad.

• **Proceso de aplicación:** A pesar de los desafíos, Mei solicita la beca, impulsada por su fe y determinación para marcar la diferencia.

• **Aceptación y alegría:** Mei recibe la beca, trayendo una inmensa alegría a ella y su familia, y marcando el comienzo de un nuevo capítulo en su vida.

Capítulo 5: Vida universitaria

• **Transición a la universidad:** Mei se muda a una ciudad más grande para asistir a la universidad, enfrentando desafíos iniciales para adaptarse a un nuevo entorno.

• **Desafíos académicos:** Trabaja duro para sobresalir en sus estudios, a menudo desvelándose para estudiar y mejorar su conocimiento.

• **Apoyo de la fe:** La fe de Mei sigue siendo su ancla, proporcionándole fuerza y resiliencia a través de la exigente carga académica.

Capítulo 6: Convertirse en doctora

• **Graduación:** Mei se gradúa con un título en medicina, cumpliendo su sueño de convertirse en doctora.

• **Primer trabajo:** Comienza a trabajar en un hospital en la ciudad, ganando experiencia valiosa y perfeccionando sus habilidades.

• **Compromiso de servir:** Mei sigue comprometida con su meta de proporcionar atención médica a comunidades desfavorecidas, inspirada por su fe y el apoyo que recibió.

Capítulo 7: Regresar para servir a su comunidad

• **Regreso a casa:** Mei decide volver a su aldea remota para proporcionar servicios de atención médica muy necesarios.

• **Estableciendo una clínica:** Con la ayuda de la organización cristiana que apoyó su educación, Mei establece una pequeña clínica en su aldea.

• **Impacto en la comunidad:** La clínica de Mei se convierte en un faro de esperanza para su comunidad, mejorando significativamente el acceso a la atención médica y salvando vidas.

Capítulo 8: Dando gloria a Dios

• **Compartiendo su historia:** Mei comparte su viaje de fe, perseverancia y éxito con su comunidad y su iglesia, dando gloria a Dios por Su guía y provisión.

• **Inspirando a otros:** Su historia inspira a otros jóvenes en su aldea a seguir sus sueños y aferrarse a su fe.

• **Continuando su viaje de fe:** Mei permanece profundamente involucrada en su comunidad de fe, continuando su crecimiento espiritual y sirviendo a los demás.

Epílogo: Un legado de sanidad y esperanza

• **Reflexionando sobre el viaje:** Mei reflexiona sobre su trayectoria desde una aldea remota hasta convertirse en doctora, reconociendo el poder transformador de la fe y la educación.

• **Aspiraciones futuras:** Sueña con expandir su clínica y capacitar a otros trabajadores de salud para servir a comunidades rurales.

• **Legado de fe y servicio:** La historia de Mei deja un legado duradero, demostrando el poder de la fe, la perseverancia y el impacto de devolver a la comunidad.

"El viaje de Mei desde las dificultades al éxito en la China Rural"

Capítulo 1: Creciendo en una aldea remota

Mei es una niña que crece en un pueblo remoto de China, enclavado entre colinas exuberantes y lejos de las bulliciosas ciudades. El pueblo, aunque pintoresco, carece de acceso a comodidades modernas, incluyendo educación y atención médica de calidad. Mei, conocida por su brillante sonrisa y mente inquisitiva, es un faro de esperanza en su familia. La familia de Mei enfrenta una inestabilidad financiera significativa. Sus padres trabajan incansablemente en los campos y realizan trabajos ocasionales para mantener a la familia. A pesar de su arduo trabajo, a menudo luchan por llegar a fin de mes, y las necesidades básicas a veces son difíciles de conseguir. Las dificultades financieras de la familia son un telón de fondo constante en la infancia de Mei. A pesar de estas dificultades, Mei es ambiciosa y sueña con convertirse en doctora. Quiere mejorar la atención médica en su comunidad y ayudar a aquellos que sufren de enfermedades prevenibles. Sus sueños están alimentados por un profundo sentido de compasión y un deseo de marcar la diferencia.

Introducción a Mei

Mei es una niña que crece en un pueblo remoto de China, enclavado entre colinas exuberantes y lejos de las bulliciosas ciudades. El pueblo, aunque pintoresco, carece de acceso a comodidades modernas, incluyendo educación y atención médica de calidad. Mei es conocida por su brillante sonrisa y mente inquisitiva, siempre deseosa de aprender y explorar a pesar de las limitaciones de su entorno. Su naturaleza curiosa y amor por el conocimiento la convierten en un faro de esperanza en su familia.

Luchas familiares

La familia de Mei enfrenta una inestabilidad financiera significativa. Sus padres, Li y Xiao, trabajan incansablemente en los campos, cultivando arroz y vegetales para vender en el mercado local. Para complementar sus ingresos, realizan trabajos ocasionales, como reparar herramientas o tejer cestas. A pesar de su arduo trabajo, a menudo luchan por llegar a fin de mes, y las necesidades básicas como una nutrición adecuada, ropa y útiles escolares a veces son difíciles de conseguir. Las dificultades financieras de la familia son un telón de fondo constante en la infancia de Mei, moldeando su comprensión de la resiliencia y la determinación.

Primera infancia y aspiraciones

A pesar de estas dificultades, Mei es ambiciosa y sueña con convertirse en doctora. Quiere mejorar la atención médica en su comunidad y ayudar a aquellos que sufren de enfermedades prevenibles. Sus sueños están alimentados por un profundo sentido de compasión y un deseo de marcar la diferencia. La inspiración de Mei proviene de su abuela, que a menudo le cuenta historias sobre métodos tradicionales de sanidad y la importancia de cuidar a los demás. Estas historias encienden un fuego dentro de Mei, haciendo que se sienta decidida a seguir una carrera en medicina.

La primera infancia de Mei está marcada por una rutina que combina trabajo arduo y momentos de alegría. Asiste a la escuela del pueblo, que es un pequeño edificio de una sola habitación con un puñado de maestros dedicados pero sobrecargados de trabajo. La falta de recursos significa que Mei a menudo tiene que compartir libros de texto con sus compañeros, pero esto no disminuye su entusiasmo por aprender. Se destaca en sus estudios, a menudo quedándose despierta hasta tarde para estudiar a la luz de las velas después de terminar sus tareas.

En casa, Mei ayuda a sus padres con las tareas agrícolas y domésticas. Va a buscar agua al pozo, cuida de los animales y ayuda a preparar las comidas. A pesar del ajetreo diario, su familia encuentra momentos para reír y unirse. Se reúnen alrededor de la pequeña chimenea por las noches, compartiendo historias y sueños para el futuro. La naturaleza compasiva de Mei también se extiende a sus amigos y vecinos. Es conocida por su disposición a ayudar a los demás, ya sea asistiendo a un vecino anciano con las tareas o tutelando a niños más pequeños en su pueblo. Su desinterés y dedicación le ganan la admiración de su comunidad.

Un día, Mei presencia cómo un vecino enferma con una condición tratable que se deteriora debido a la falta de instalaciones médicas. Esta experiencia la impacta profundamente, reforzando su determinación de convertirse en doctora. Sueña con construir una clínica en su pueblo donde la gente pueda recibir la atención que necesita sin tener que viajar largas distancias.

A través de todas estas experiencias, Mei permanece imperturbable ante los obstáculos en su camino. Sus sueños no solo son ambiciones personales sino una promesa a su comunidad, una promesa de traer cambio y esperanza. Su viaje comienza con la creencia de que la educación y la fe iluminarán el camino hacia un futuro mejor para ella y para los que ama.

Capítulo 2: Los desafíos del acceso limitado

La escuela del pueblo está mal equipada, con libros de texto desactualizados y una escasez de maestros calificados. El entorno de aprendizaje de Mei está lejos de ser ideal, pero ella no se desanima. Saca el máximo provecho de los recursos limitados, a menudo pidiendo prestados libros y enseñándose a sí misma. El acceso limitado a los servicios de salud en su aldea significa que las enfermedades que son fácilmente tratables en la ciudad pueden volverse graves o incluso fatales aquí. Mei es testigo de cómo sus vecinos e incluso sus propios familiares sufren debido a la falta de atención médica, lo que fortalece su determinación de convertirse en médica. Mei estudia diligentemente, a menudo a la luz de las velas, utilizando cualquier recurso que pueda encontrar. Su dedicación es inquebrantable y se vuelve conocida en su aldea por su búsqueda incansable de conocimiento.

Barreras educativas

La escuela del pueblo es un pequeño edificio de una sola habitación que sirve a niños de todas las edades. Está mal equipada, con libros de texto desactualizados que a menudo están rotos y faltan páginas. La escuela tiene una grave escasez de maestros calificados, muchos de los cuales son voluntarios con capacitación limitada. A pesar de estos desafíos, Mei no se desanima. Saca el máximo provecho de los recursos limitados, a menudo pidiendo prestados libros a los pocos aldeanos que los tienen. Mei es ingeniosa; frecuentemente encuentra libros y cuadernos viejos desechados por otros, utilizándolos para complementar su aprendizaje. Toma notas meticulosas y practica sus lecciones repetidamente, decidida a absorber la mayor cantidad de conocimiento posible.

El entorno escolar es desafiante. Las clases están superpobladas, con niños de diferentes edades y niveles de habilidad compartiendo el mismo espacio. El ruido y la falta de atención individual hacen que el aprendizaje sea difícil, pero la concentración de Mei nunca flaquea. A menudo se queda después de la escuela para hacer preguntas y buscar aclaraciones de sus maestros, quienes están impresionados por su dedicación y ganas de aprender. Ellos le brindan la ayuda que pueden, pero sus recursos son limitados.

Problemas de salud

La situación de salud en el pueblo de Mei es terrible. No hay una clínica local, y el hospital más cercano está a varias horas a pie o en carro tirado por burro, el único medio de transporte disponible para la mayoría de los aldeanos. Las carreteras son a menudo intransitables, especialmente durante la temporada de lluvias, lo que dificulta aún más el acceso a la atención médica. Enfermedades comunes que son fácilmente tratables en la ciudad pueden volverse graves o incluso fatales en la aldea debido a la falta de instalaciones médicas y profesionales capacitados.

Mei es testigo de cómo sus vecinos e incluso sus propios familiares sufren debido a la falta de atención médica. Su hermano menor, por ejemplo, una vez cayó gravemente enfermo con una fiebre alta que persistió durante días. La familia intentó remedios tradicionales, pero su condición empeoró. Fue solo después de un agotador viaje al hospital de la ciudad que recibió la atención que necesitaba. Estas experiencias no son incidentes aislados; son parte de la vida diaria en su aldea. El corazón de Mei se duele por los que la rodean, y estas experiencias solo fortalecen su determinación de convertirse en médica. Sueña con el día en que pueda proporcionar los servicios médicos tan necesarios para su comunidad, asegurando que nadie tenga que sufrir debido a la falta de atención.

Determinación para aprender

A pesar de los numerosos obstáculos, la determinación de Mei para aprender es inquebrantable. Estudia diligentemente, a menudo a la luz de las velas, ya que la aldea no tiene electricidad. Sus padres, reconociendo su pasión y potencial, hacen todo lo que pueden para apoyarla. Ahorran lo poco que pueden para comprarle libros y materiales de escritura de segunda mano. Las noches de Mei se pasan encorvada sobre su escritorio improvisado, absorbiendo cada palabra y resolviendo cada problema con intensa concentración.

Su dedicación no pasa desapercibida. Los ancianos de la aldea y sus maestros ven su búsqueda incansable de conocimiento y comienzan a apoyarla de pequeñas maneras. Proporcionan materiales adicionales, ofrecen sesiones de tutoría adicionales y la alientan a seguir luchando por sus sueños. Mei se vuelve conocida en su aldea por su búsqueda incansable de conocimiento. A menudo da tutoría a otros niños, compartiendo lo que ha aprendido y ayudándolos con sus estudios. Su entusiasmo es contagioso, inspirando a otros a tomar su educación más en serio.

La fe de Mei también juega un papel crucial en su determinación. Ella reza por fortaleza y guía, encontrando consuelo y ánimo en sus creencias espirituales. Su fe le da la perseverancia para continuar, incluso cuando los desafíos parecen insuperables. Es esta combinación de fe, apoyo familiar y determinación personal lo que alimenta su camino, manteniéndola enfocada en su objetivo final de convertirse en médica y transformar su comunidad.

Capítulo 3: Encontrando fe y esperanza

Mei es introducida al cristianismo por una amiga que le da una Biblia. Ella comienza a leerla en secreto, encontrando consuelo y sabiduría en sus páginas. Las enseñanzas de Jesús resuenan profundamente en ella, proporcionándole una nueva fuente de fortaleza y esperanza. La fe de Mei en Jesús le da la perseverancia para seguir luchando por sus sueños. Empieza a orar regularmente, encontrando consuelo en la creencia de que Dios tiene un plan para su vida. Mei se une a un pequeño grupo cristiano clandestino en su aldea, donde encuentra apoyo espiritual y ánimo. Este grupo se convierte en una tabla de salvación para ella, reforzando su fe y dándole un sentido de comunidad.

Descubrimiento de la fe

La introducción de Mei al cristianismo llega a través de una amistad inesperada. Una nueva estudiante, Li, se une a su escuela y rápidamente se convierte en amiga de Mei debido a su amor compartido por el aprendizaje. Un día, Li le entrega discretamente una pequeña y desgastada Biblia, susurrándole que ha sido una fuente de consuelo y guía para ella. Curiosa y ansiosa por entender, Mei comienza a leerla en secreto por la noche.

A medida que se adentra en la Biblia, Mei se siente cautivada por las historias y enseñanzas de Jesús. Los pasajes sobre el amor, la compasión y la perseverancia resuenan profundamente en ella, particularmente el mensaje de que Dios tiene un propósito para la vida de todos, sin importar cuán difíciles sean las circunstancias. Las Bienaventuranzas, en particular, tocan una fibra sensible en ella, ya que hablan de la bienaventuranza de aquellos que soportan dificultades con fe. Comienza a memorizar versículos y reflexionar sobre su significado, encontrando consuelo y sabiduría en las páginas de la Biblia.

Fortaleza a través de la fe

A medida que la comprensión de Mei sobre el cristianismo se profundiza, también lo hace su fe. Empieza a incorporar la oración en su rutina diaria, encontrando a menudo un lugar tranquilo en los campos o junto al río donde puede hablar con Dios lejos de miradas indiscretas. Estos momentos de oración se convierten en su santuario, un tiempo en el que puede dejar a un lado sus cargas y buscar fortaleza y guía. Mei encuentra un inmenso consuelo en la creencia de que Dios la está cuidando y que sus luchas son parte de un plan más grande.

Su nueva fe le da la perseverancia para seguir luchando por sus sueños. Siempre que se siente abrumada por los desafíos de sus estudios o las dificultades en casa, recuerda las enseñanzas de Jesús y siente un renovado sentido de propósito. La creencia de que no está sola, de que hay un poder superior guiándola, proporciona a Mei la fuerza interior para seguir adelante.

Culto secreto

A pesar de los riesgos involucrados, Mei busca a otras personas que comparten su fe. A través de Li, se entera de un pequeño grupo cristiano clandestino que se reúne en secreto. Este grupo consiste en aldeanos que se reúnen para orar, leer la Biblia y apoyarse espiritualmente.

Unirse a este grupo es un paso significativo para Mei. Las reuniones se llevan a cabo en lugares rotativos para evitar detección, a menudo en la madrugada o a altas horas de la noche. Cada miembro del grupo entiende los peligros pero se une por una fe compartida y la necesidad de comunidad. Mei encuentra el coraje para asistir a su primera reunión, donde es recibida calurosamente.

El grupo se convierte en una tabla de salvación para ella. Aquí, Mei encuentra no solo apoyo espiritual, sino también un sentido de pertenencia. Conoce a otros que han enfrentado luchas similares y escucha sus historias de fe y perseverancia. Estas reuniones se convierten en una fuente de fuerza y ánimo, reforzando su creencia en el poder de la fe. El grupo ora juntos, leen y discuten la Biblia, y se apoyan mutuamente ante los desafíos de la vida.

La participación de Mei en esta comunidad de adoración secreta también profundiza su comprensión del cristianismo. Aprende más sobre las enseñanzas de Jesús, la importancia de vivir una vida de amor y servicio, y el poder de la oración. Este alimento espiritual fortalece su determinación para alcanzar sus sueños y para usar su eventual éxito para ayudar a otros en su comunidad.

Capítulo 4: Un destello de oportunidad

Mei se entera de una beca ofrecida por una organización cristiana que podría permitirle asistir a la universidad. Esta oportunidad parece un sueño lejano, pero la fe y la determinación de Mei la impulsan a postularse. A pesar de los desafíos, incluyendo la necesidad de recomendaciones y la naturaleza competitiva de la beca, Mei persevera. Su solicitud está llena de esperanza y el deseo de hacer una diferencia.

Mei recibe la beca, un momento de inmensa alegría para ella y su familia. Esta oportunidad marca el comienzo de un nuevo capítulo en su vida, acercándola un paso más a su sueño de convertirse en doctora.

Oportunidad de beca

Una tarde, durante una reunión secreta de adoración, Mei escucha una conversación que llama su atención. Un anciano del grupo menciona una organización cristiana que ofrece becas a estudiantes merecedores de bajos recursos. La beca proporciona financiación completa para la educación universitaria, incluyendo matrícula, libros y gastos de manutención. Esta oportunidad parece casi demasiado buena para ser verdad, un sueño lejano para alguien de su aldea remota. Sin embargo, el anciano le asegura que con fe y perseverancia, nada es imposible.

Emocionada por la perspectiva, Mei siente una oleada de esperanza y determinación. Sabe que esta beca podría ser la clave para cumplir su sueño de convertirse en doctora y mejorar la atención médica en su aldea. Al día siguiente, se acerca al anciano para obtener más información, recibiendo folletos y formularios de inscripción. El plazo es ajustado, y el proceso desalentador, pero Mei no se desanima.

Proceso de aplicación

El proceso de solicitud es riguroso, requiriendo numerosos documentos, ensayos y recomendaciones. Mei debe reunir sus expedientes académicos, escribir una declaración personal y obtener cartas de recomendación de sus maestros y líderes comunitarios. Cada paso presenta un nuevo desafío.

La escuela de Mei carece de recursos y no tiene experiencia con tales solicitudes. Los maestros, aunque solidarios, no están seguros de cómo ayudar. Mei toma la iniciativa, explicando los requisitos y buscando su asistencia. Sus maestros, impresionados por su determinación, aceptan escribir recomendaciones elogiosas. Destacan su excelencia académica, perseverancia y compromiso con su comunidad.

Escribir su declaración personal es otro reto. Mei pone su corazón en ella, detallando su trayectoria, sus luchas y sus aspiraciones. Escribe sobre las dificultades financieras de su familia, las pobres instalaciones educativas y de salud en su aldea, y su sueño de convertirse en doctora para ayudar a su comunidad. Enfatiza su fe en Jesús y cómo le ha dado fuerza y esperanza. Pasa muchas noches perfeccionando sus ensayos, asegurándose de que reflejen su pasión y determinación.

A pesar de la naturaleza competitiva de la beca, Mei sigue esperanzada. Reza por orientación y fuerza, confiando en que Dios tiene un plan para ella. Envía su solicitud, sabiendo que ha hecho todo lo posible. El periodo de espera es agonizante, lleno de ansiedad y anticipación.

Aceptación y alegría

Semanas después, llega una carta que cambia la vida de Mei para siempre. Duda antes de abrirla, su corazón late con una mezcla de esperanza y miedo. Mientras lee las palabras, "¡Felicidades! Has sido galardonada con la beca", lágrimas de alegría corren por su rostro. Apenas puede creerlo: su sueño se está convirtiendo en realidad.

La familia de Mei está llena de alegría cuando comparte la noticia. Se reúnen en su pequeña casa, abrazándose y llorando lágrimas de felicidad. Sus padres, que han sacrificado tanto, están abrumados de orgullo. Agradecen a Dios por responder a sus oraciones y por la increíble bendición concedida a su hija.

Esta beca marca el comienzo de un nuevo capítulo en la vida de Mei. La acerca un paso más a su sueño de convertirse en doctora y servir a su comunidad. La oportunidad le llena de energía renovada y determinación. Mei sabe que el camino por delante será desafiante, pero con su fe y el apoyo de su familia y comunidad, está lista para enfrentar cualquier obstáculo. La beca no es solo una ayuda financiera; es un testamento a su perseverancia, fe y al apoyo inquebrantable de quienes la rodean. Es un faro de esperanza, iluminando el camino hacia su futuro.

Capítulo 5: Vida universitaria

Mudarse a una ciudad más grande para la universidad es un cambio significativo para Mei. Enfrenta los desafíos iniciales de adaptarse a un nuevo entorno, incluyendo el ritmo rápido de la vida urbana y la exigente carga académica. Mei trabaja duro para sobresalir en sus estudios. A menudo se queda despierta hasta tarde, impulsada por su pasión por aprender y su deseo de ayudar a su comunidad. Su determinación le ayuda a superar los desafíos académicos que enfrenta. A lo largo de su trayectoria universitaria, la fe de Mei sigue siendo su ancla. Asiste regularmente a la iglesia y participa en actividades basadas en la fe, encontrando fuerza y resiliencia en su relación con Dios.

Transición a la universidad

Mudarse a una ciudad más grande para la universidad es un cambio monumental para Mei. Las calles bulliciosas, los edificios imponentes y el constante murmullo de actividad son un marcado contraste con la tranquila aldea rural en la que creció. La transición es abrumadora al principio. Mei se encuentra luchando por navegar el sistema de transporte público de la ciudad y adaptarse al estilo de vida acelerado. A menudo se siente fuera de lugar, rodeada de estudiantes de entornos más acomodados que parecen estar mejor preparados para la vida universitaria.

Su habitación en la residencia es pequeña pero acogedora, compartida con dos estudiantes más que rápidamente se convierten en sus amigas. Ellas le ayudan a adaptarse al nuevo entorno, compartiendo consejos sobre estudio, la vida en la ciudad y el cuidado personal. A pesar de los desafíos iniciales, Mei gradualmente empieza a encontrar su estabilidad. Aprende a equilibrar su tiempo entre asistir a clases, estudiar y explorar la ciudad.

Desafíos académicos

La carga académica es exigente, con cursos rigurosos y altas expectativas. Mei se inscribe en un programa pre-médico, que incluye materias desafiantes como biología, química y física. El ritmo es implacable y el material a menudo es difícil de comprender. Mei pasa incontables horas en la biblioteca, examinando libros de texto y artículos de investigación.

Sus profesores son conocedores pero estrictos, llevándola al límite. Mei a menudo siente la presión de rendir bien, sabiendo que la beca y su futuro dependen de su éxito académico. Enfrenta momentos de duda y agotamiento, pero permanece firme en su compromiso con sus estudios.

Mei desarrolla una rutina disciplinada, asistiendo a clases durante el día y estudiando hasta altas horas de la noche. Su pasión por aprender y su sueño de convertirse en doctora la impulsan a superar la fatiga. Busca ayuda de sus profesores y compañeros, formando grupos de estudio que proporcionan apoyo y camaradería.

Apoyo de la fe

A lo largo de su trayectoria universitaria, la fe de Mei continúa siendo su ancla. Encuentra una iglesia local que le recuerda al pequeño grupo cristiano subterráneo del que formaba parte en su pueblo. La comunidad eclesiástica la recibe con los brazos abiertos, proporcionando un sentido de pertenencia y estabilidad en medio del caos de la vida universitaria.

Mei asiste a los servicios eclesiásticos cada domingo, participa en grupos de estudio bíblico y es voluntaria en programas de alcance comunitario. Estas actividades no solo profundizan su fe, sino que también le dan un sentido de propósito y realización. Forma fuertes lazos con los miembros de la iglesia que se convierten en su sistema de apoyo, ofreciendo oraciones, ánimo y ayuda práctica.

Durante los periodos de estrés, Mei recurre a la oración en busca de consuelo y guía. Pasa momentos tranquilos reflexionando, leyendo la Biblia y encontrando fuerza en versículos que hablan de perseverancia, esperanza y el amor de Dios. Su relación con Dios se fortalece, proporcionándole la resiliencia para enfrentar los desafíos venideros. Una de las miembros de la iglesia, una mujer mayor llamada Li, se convierte en una mentora para Mei. Li es una médica retirada que comparte la pasión de Mei por la atención sanitaria. Le ofrece consejos sobre cómo manejar sus estudios y equilibrar su fe con sus esfuerzos académicos. La guía de Li es invaluable, ayudando a Mei a navegar las complejidades de la vida universitaria con confianza y gracia.

Las compañeras de cuarto y los compañeros de clase de Mei también se convierten en una parte crucial de su red de apoyo. Comparten los altos y bajos de la vida universitaria, celebrando éxitos y consolándose mutuamente en tiempos difíciles. La determinación y amabilidad de Mei le ganan el respeto y la amistad de quienes la rodean. Además de sus estudios e implicación en la iglesia, Mei participa en clubes y organizaciones universitarias. Se une a la asociación de estudiantes de medicina, donde conoce a personas afines que comparten su pasión por la atención sanitaria. A través de estas actividades, Mei gana experiencia práctica, construye su red profesional y mejora sus habilidades de liderazgo.

La experiencia universitaria ayuda a Mei a crecer no solo académicamente, sino también a nivel personal. Se vuelve más independiente, segura de sí misma y autosuficiente. Aprende a enfrentar los desafíos con resiliencia y gracia, obteniendo fortaleza de su fe y su red de apoyo. A medida que avanzan los semestres, el arduo trabajo de Mei comienza a dar frutos. Sus calificaciones mejoran y recibe el reconocimiento de sus profesores por su dedicación y excelencia académica. El viaje de Mei está lejos de ser fácil, pero con cada día que pasa, se acerca más a su sueño de convertirse en doctora y marcar una diferencia en su comunidad.

Capítulo 6: Convertirse en doctora

Mei se gradúa con un título en medicina, cumpliendo su sueño de toda la vida. La ceremonia de graduación es un momento de triunfo, simbolizando su arduo trabajo y perseverancia. Mei comienza a trabajar en un hospital en la ciudad, ganando experiencia valiosa y perfeccionando sus habilidades médicas. Su dedicación y compasión rápidamente la convierten en un miembro valioso del personal médico. A pesar de las oportunidades en la ciudad, Mei sigue comprometida con su objetivo de proporcionar atención sanitaria a comunidades desfavorecidas. Su fe y el apoyo recibido continúan inspirando su dedicación.

Graduación

El día de la graduación de Mei es una ocasión trascendental, que marca la culminación de años de arduo trabajo, determinación y fe. El gran auditorio de la universidad está lleno de los rostros orgullosos de graduados, sus familias y amigos. Los padres de Mei han viajado desde su remoto pueblo para asistir a la ceremonia, con el corazón lleno de orgullo y alegría. Mientras Mei cruza el escenario para recibir su título en medicina, los aplausos de sus compañeros y profesores son atronadores. La ceremonia simboliza no solo sus logros académicos, sino también su crecimiento personal y la realización de su sueño de toda la vida.

Después de la ceremonia, la familia y amigos de Mei se reúnen para celebrar su éxito. Sus padres, aunque abrumados por la grandeza del evento, están radiantes de orgullo. Reflexionan sobre los sacrificios que hicieron y las dificultades que soportaron, todo lo cual parece valer la pena al presenciar el logro de Mei. La comunidad eclesiástica de Mei también está presente, celebrando su hito con oraciones y bendiciones. Reconocen la importancia de su viaje y el papel de la fe en guiarla hasta este momento.

Primer trabajo

Con su título en mano, Mei comienza su carrera como médica en un hospital de renombre en la ciudad. El hospital es una instalación moderna y bulliciosa con equipos de última generación y una población diversa de pacientes. Mei comienza como médica junior, rotando por varios departamentos como medicina de emergencia, pediatría y medicina interna. Cada rotación le proporciona una experiencia práctica invaluable y la oportunidad de aplicar los conocimientos que adquirió durante sus estudios.

La dedicación de Mei a sus pacientes y su compasiva manera de atender rápidamente le ganan el respeto y la admiración de sus colegas y supervisores. Trabaja largas horas, a menudo quedándose tarde para asegurarse de que sus pacientes reciban la mejor atención posible. Su empatía y genuina preocupación por el bienestar de sus pacientes la destacan. Mei se toma el tiempo para escuchar sus preocupaciones, explicar sus condiciones y proporcionarles tranquilidad. Sus colegas notan su compromiso y predicen un futuro brillante para ella en el campo médico.

Durante este tiempo, Mei también continúa siendo activa en su comunidad eclesiástica, ofreciendo sus servicios en campamentos de salud organizados por la iglesia. Estos campamentos proporcionan servicios médicos gratuitos a poblaciones desfavorecidas en la ciudad, permitiendo a Mei combinar sus habilidades profesionales con su deseo de servir a los demás. Su participación en estos campamentos refuerza su compromiso de usar su experiencia médica para hacer una diferencia en la vida de las personas.

Compromiso de servir

A pesar de las prometedoras oportunidades de carrera en la ciudad, el corazón de Mei permanece con su pueblo y las comunidades desfavorecidas que carecen de acceso a una atención médica de calidad. Su fe y el apoyo que recibió a lo largo de su camino le recuerdan constantemente su misión. Mei siente un profundo llamado a regresar a sus raíces y usar sus habilidades para mejorar la salud y el bienestar de su pueblo.

Después de ganar una experiencia y confianza sustanciales en el hospital, Mei decide dar un paso audaz. Se pone en contacto con la organización cristiana que le otorgó su beca, buscando su apoyo para establecer un centro de salud en su pueblo. Inspirada por su inquebrantable dedicación, la organización accede a ayudar, proporcionando fondos y recursos para el proyecto.

Mei regresa a su pueblo para discutir sus planes con los líderes de la comunidad local y su familia. Los aldeanos se sorprenden inicialmente, pero apoyan abrumadoramente su iniciativa. Reconocen los inmensos beneficios que una clínica local traería y ofrecen su ayuda en cualquier forma que puedan.

Capítulo 7: Regresar para servir a su comunidad

Mei decide regresar a su remoto pueblo para brindar los servicios de salud tan necesarios. Su comunidad está emocionada y esperanzada con su regreso. Con la ayuda de la organización cristiana que apoyó su educación, Mei establece una pequeña clínica en su pueblo. La clínica está equipada con suministros médicos básicos y sirve como un faro de esperanza. La clínica de Mei mejora significativamente el acceso a la atención médica en su pueblo. Ella trata enfermedades, proporciona educación sobre salud y ofrece atención preventiva, salvando innumerables vidas y mejorando la salud general de su comunidad.

Regreso a casa

Después de ganar experiencia y habilidades valiosas trabajando en un hospital de la ciudad, Mei siente un impulso apremiante para volver a sus raíces. Su decisión de regresar a su aldea remota está impulsada por un profundo sentido de responsabilidad y una vocación de servir a su comunidad. El regreso de Mei es una ocasión trascendental, llena de anticipación y esperanza. Al llegar, los aldeanos se reúnen para darle la bienvenida con los brazos abiertos, sus rostros radiantes de alegría y gratitud. El aire está lleno de emoción, y Mei siente un abrumador sentido de pertenencia y propósito. La comunidad, habiendo oído hablar de sus logros, está orgullosa y optimista con respecto a los cambios que ella traerá.

Estableciendo una clínica

Con el apoyo inquebrantable de la organización cristiana que financió su educación, Mei se embarca en el ambicioso proyecto de establecer una clínica en su aldea. La organización proporciona ayuda financiera, suministros médicos y apoyo logístico para asegurar el éxito de la clínica. Mei trabaja incansablemente, supervisando la construcción y el equipamiento de la clínica. Colabora con arquitectos y constructores locales para diseñar un espacio funcional y acogedor. La clínica es modesta pero bien equipada con suministros médicos esenciales, salas de examen, una pequeña farmacia y una sala de espera. Se llama "Clínica Esperanza" para simbolizar la nueva era de salud y optimismo que trae a la aldea.

Mei recluta a un equipo dedicado de profesionales de la salud, incluidos enfermeros, parteras y personal de apoyo. Se asegura de que compartan su compromiso de brindar atención compasiva y de calidad. El equipo recibe entrenamiento para familiarizarse con las operaciones de la clínica y las necesidades específicas de salud de la comunidad. Mei también organiza sesiones de educación en salud para el personal, enfatizando la importancia de la atención preventiva y el compromiso comunitario.

Impacto en la comunidad

La apertura de la Clínica Esperanza marca un punto de inflexión para la aldea. La clínica se convierte en un salvavidas para la comunidad, proporcionando acceso a la atención médica que antes no estaba disponible. Mei y su equipo ofrecen una amplia gama de servicios, incluidas revisiones generales, atención materna e infantil, inmunizaciones, tratamiento de enfermedades comunes y atención de emergencia. También realizan talleres de educación en salud, enseñando a los aldeanos sobre higiene, nutrición y prevención de enfermedades.

El impacto de la clínica es profundo e inmediato. La presencia y dedicación de Mei inspiran confianza entre los aldeanos. Los pacientes ya no tienen que viajar largas distancias para recibir atención médica, y muchas vidas se salvan gracias a intervenciones oportunas. El enfoque compasivo de Mei y su conexión personal con la comunidad la convierten en una figura querida. A menudo va más allá de sus deberes médicos, ofreciendo apoyo emocional y consejería a quienes lo necesitan.

Mei también se enfoca en la atención preventiva, organizando revisiones de salud y exámenes regulares para detectar enfermedades de manera temprana. Introduce programas de vacunación para proteger a los niños de enfermedades prevenibles y realiza atención prenatal y postnatal para las madres embarazadas, reduciendo significativamente las tasas de mortalidad materna e infantil. Los programas de extensión de la clínica se extienden a aldeas vecinas, creando una red de apoyo y atención.

Compromiso y educación comunitaria

Entendiendo la importancia de la participación comunitaria, Mei se involucra activamente con líderes locales, escuelas y familias. Organiza reuniones comunitarias para discutir problemas de salud, recopilar retroalimentación y construir confianza. Mei también visita escuelas para educar a los niños sobre prácticas de higiene y salud, fomentando una cultura de concienciación sobre la salud desde una edad temprana.

Para llegar a más personas, Mei organiza campamentos de salud en áreas remotas. Estos campamentos ofrecen servicios médicos gratuitos y educación en salud, y distribuyen suministros esenciales como mosquiteros y kits de agua limpia. Los campamentos se convierten en una parte crucial de los esfuerzos de extensión de la clínica, asegurando que incluso las personas más aisladas reciban atención.

Desafíos y soluciones

Establecer y dirigir la clínica no está exento de desafíos. Mei enfrenta obstáculos logísticos, incluidos la escasez de suministros y problemas de transporte. Sin embargo, su determinación y el apoyo de la organización cristiana la ayudan a superar estos obstáculos. También encuentra resistencia de algunos tradicionalistas en la aldea, que desconfían de la medicina moderna. Mei aborda sus inquietudes con paciencia y respeto, ganándose gradualmente su confianza a través de cuidados consistentes y resultados positivos.

Con el tiempo, el éxito de la clínica se hace evidente. Los indicadores de salud en la aldea mejoran significativamente, con una reducción en la prevalencia de enfermedades y un aumento en la esperanza de vida. El trabajo de Mei gana reconocimiento más allá de la aldea, atrayendo la atención de autoridades sanitarias regionales y organizaciones no gubernamentales. Su clínica es aclamada como un modelo de atención médica basada en la comunidad en áreas rurales.

Para Mei, el viaje llega a un círculo completo. Su sueño de convertirse en doctora y servir a su comunidad se realiza, trayéndole inmensa satisfacción y alegría. Ella ve el impacto tangible de su trabajo en los rostros más saludables y felices de los aldeanos. La fe, perseverancia y dedicación de Mei han transformado su aldea, dejando un legado duradero de salud y esperanza. A través de sus esfuerzos, Mei no solo brinda atención médica sino que también infunde un sentido de empoderamiento y resiliencia en su comunidad. Ella continúa inspirando a otros, demostrando que con fe, determinación y apoyo comunitario, incluso los sueños más desafiantes pueden hacerse realidad.

Capítulo 8: Dando gloria a Dios

Mei comparte su viaje de fe, perseverancia y éxito con su comunidad e iglesia. Su testimonio destaca el papel de la guía y provisión de Dios en su vida, inspirando a otros a confiar en el plan de Dios. La historia de Mei inspira a otros jóvenes de su aldea a perseguir sus sueños y mantener su fe. Ella se convierte en un modelo a seguir, mostrando que con determinación y fe, todo es posible. Mei sigue profundamente involucrada en su comunidad de fe, continuando su crecimiento espiritual y sirviendo a los demás. Su fe continúa guiándola mientras ayuda a su comunidad.

Compartiendo su historia

El viaje de Mei desde una niña de aldea con sueños de convertirse en doctora hasta una médica respetada que dirige una clínica es una historia de fe, perseverancia y guía divina. Ella frecuentemente comparte su historia en reuniones de la iglesia, reuniones comunitarias y eventos regionales, enfatizando el papel crucial que la fe en Dios jugó durante su viaje. Su testimonio resuena profundamente con aquellos que la escuchan, destacando momentos en los que la intervención divina parecía guiar su camino, como cuando descubrió la beca o cuando la organización cristiana intervino para ayudar a establecer su clínica.

La narración de Mei es sentida y sincera. Ella relata sus luchas, los sacrificios que hizo su familia y la búsqueda incansable de sus sueños. Habla de las noches pasadas estudiando a la luz de las velas, los obstáculos emocionales y financieros que superó, y la creencia inquebrantable de que Dios tenía un plan para su vida. Estas historias no solo ilustran su resiliencia sino que también sirven como un poderoso testimonio de la idea de que la fe y el trabajo duro pueden conducir a resultados milagrosos.

Inspirando a otros

La historia de Mei se convierte en un faro de esperanza para los jóvenes de su aldea. Ella les muestra que a pesar de sus circunstancias actuales, ellos también pueden lograr grandes cosas. Su viaje de una niña de la aldea a doctora es prueba de que los sueños son alcanzables con determinación y fe. Las jóvenes y los niños la admiran, viendo en ella un ejemplo tangible de éxito y servicio.

Para seguir inspirando y apoyando a los jóvenes, Mei organiza charlas motivacionales y talleres. Invita a oradores invitados, incluidos profesionales de varios campos, para que compartan sus experiencias y alienten a los estudiantes a soñar en grande. Mei también asesora personalmente a varios estudiantes, brindándoles orientación sobre caminos educativos, solicitudes de becas y planificación de carreras. A través de estos esfuerzos, infunde un sentido de propósito y ambición en las mentes jóvenes de su comunidad.

Continuando su viaje de fe

La fe de Mei sigue siendo la piedra angular de su vida y trabajo. Ella continúa estando profundamente involucrada en su iglesia, participando y, a menudo, liderando grupos de estudio bíblico, reuniones de oración y proyectos de servicio comunitario. Su clínica se convierte en un lugar no solo de sanidad médica, sino también de apoyo espiritual. Mei a menudo reza con sus pacientes, ofreciéndoles tanto tratamiento físico como consuelo espiritual. Además de sus deberes médicos, Mei organiza programas de extensión comunitaria que incluyen educación en salud, enseñanzas espirituales y actividades de construcción comunitaria. Colabora con líderes de la iglesia para asegurar que su clínica y la iglesia trabajen de la mano para abordar las necesidades holísticas de la comunidad: físicas, emocionales y espirituales.

Entendiendo la importancia del apoyo comunitario, Mei inicia una red de iglesias y clínicas locales, fomentando la colaboración y el intercambio de recursos. Esta red ayuda a mejorar el acceso a la atención médica en las aldeas circundantes y fortalece el espíritu comunitario en general. La visión de Mei es crear un modelo autosuficiente de atención médica y apoyo basado en la fe que pueda replicarse en otras áreas rurales.

Mirando hacia el futuro, Mei sueña con ampliar su clínica para incluir más servicios especializados, como programas de salud materna e infantil, consejería en salud mental y manejo de enfermedades crónicas. También planea establecer un centro de capacitación para trabajadores de la salud, asegurando que la próxima generación esté bien equipada para continuar con la misión de proporcionar atención médica de calidad a las comunidades desfavorecidas.

El compromiso de Mei con su fe y su comunidad es inquebrantable. Ella imagina un futuro en el que cada niño en su aldea tenga acceso a una educación y atención médica de calidad, donde nadie sufra por falta de recursos médicos y donde el espíritu de fe y apoyo comunitario sea fuerte y vibrante.

El viaje de Mei deja un legado duradero en su aldea y más allá. Su historia es un testimonio del poder transformador de la fe, la resistencia y el apoyo comunitario. Ha demostrado que con la guía de Dios y un compromiso inquebrantable para servir, una persona puede hacer una diferencia significativa. El trabajo de su vida continúa inspirando a innumerables otros a creer en sus sueños, confiar en el plan de Dios y dedicarse al servicio de sus comunidades. A través de sus acciones y su historia, Mei ejemplifica el impacto profundo que la fe y la determinación de un individuo pueden tener en toda una comunidad, fomentando un legado de esperanza, salud y crecimiento espiritual.

Epílogo: Un legado de sanidad y esperanza

Mei reflexiona sobre su viaje desde una aldea remota hasta convertirse en doctora. Reconoce el poder transformador de la fe y la educación, y el apoyo de su familia y comunidad. Mei sueña con expandir su clínica y capacitar a otros trabajadores de la salud para servir a las comunidades rurales. Su visión incluye crear una red de clínicas para proporcionar servicios de atención médica integral. La historia de Mei deja un legado duradero, demostrando el poder de la fe, la perseverancia y el impacto de retribuir a la comunidad. Su viaje inspira a las futuras generaciones a creer en su potencial y confiar en el plan de Dios.

Reflexionando sobre el viaje

Mei se sienta en el porche de la casa de su infancia, mirando las colinas exuberantes que rodean su aldea. Los recuerdos de su viaje inundan su mente: desde los días de estudio a la luz de las velas en una aldea remota hasta convertirse en una respetada doctora y un pilar de su comunidad. Siente una inmensa gratitud por el poder transformador de la fe y la educación que ha guiado su vida.

Mei recuerda el apoyo incansable de su familia, especialmente de sus padres que trabajaron incansablemente para mantenerla. Piensa en el pequeño grupo cristiano clandestino que alimentó su fe y la organización cristiana que vio su potencial y le ofreció una beca que le cambió la vida. Reflexionando sobre sus logros, Mei reconoce que nada de esto hubiera sido posible sin el inquebrantable apoyo de su comunidad y su firme creencia en el plan de Dios.

Aspiraciones futuras

Con su clínica ahora como piedra angular de la aldea, Mei sueña con expandir su alcance. Ella visualiza una red de clínicas en toda la China rural, proporcionando servicios de atención médica integral a comunidades desatendidas. Su objetivo es establecer clínicas que ofrezcan no solo atención médica general, sino también servicios especializados como salud materna e infantil, asesoramiento en salud mental y manejo de enfermedades crónicas.

Para lograr esto, Mei planea capacitar a una nueva generación de trabajadores de la salud dentro de estas comunidades. Su objetivo es crear un centro de capacitación adjunto a su clínica donde los profesionales de la salud aspirantes puedan aprender y crecer. Su visión incluye asociaciones con universidades y organizaciones de salud para proporcionar recursos y conocimientos. Mei cree que al empoderar a los locales con conocimientos y habilidades médicas, puede asegurar una atención médica sostenible para las futuras generaciones.

Legado de fe y servicio

El viaje de Mei deja un profundo legado en su aldea y más allá. Su historia es un poderoso testimonio del impacto de la fe, la perseverancia y el apoyo comunitario. Al compartir sus experiencias, Mei inspira a otros a seguir sus sueños y confiar en el plan de Dios. Su vida ejemplifica cómo la determinación y la fe pueden superar incluso los obstáculos más desafiantes.

El legado de Mei se extiende más allá de sus logros médicos. Se la recuerda por su espíritu compasivo, su dedicación a servir a los demás y su fe inquebrantable. Su influencia inspira a los jóvenes de su aldea a creer en su potencial y esforzarse por la excelencia. Los padres cuentan a sus hijos la historia de Mei, alentándolos a trabajar duro y a tener fe en sus habilidades.

Como parte de sus aspiraciones futuras, Mei trabaja activamente en la creación de una red de clínicas. Colabora con otros médicos, profesionales de la salud y organizaciones sin fines de lucro para replicar el éxito de su clínica en el pueblo en otras áreas rurales. Cada nueva clínica se convierte en un faro de esperanza, brindando servicios médicos tan necesarios y difundiendo el mensaje de fe y perseverancia. El centro de capacitación que Mei visualiza no es solo un lugar para aprender habilidades médicas sino también un centro para inculcar valores de compasión, empatía y servicio comunitario. Ella desarrolla un plan de estudios que combina un riguroso entrenamiento médico con lecciones sobre práctica ética y participación comunitaria. Al mentorizar a estos futuros trabajadores de la salud, Mei asegura que su legado de sanidad y esperanza continúe prosperando.

Mei también se enfoca en la educación sobre la salud, llevando a cabo talleres y seminarios en escuelas y centros comunitarios. Ella cree que la atención preventiva y la educación sobre la salud son cruciales para mejorar los resultados de salud en general. Sus programas cubren temas como nutrición, higiene, salud mental y prevención de enfermedades, empoderando a las personas con conocimientos para hacerse cargo de su salud. La historia de Mei se comparte ampliamente, no solo en su pueblo sino también en plataformas regionales y nacionales. Es invitada a hablar en conferencias, escuelas y eventos comunitarios, donde su mensaje de fe, resiliencia y servicio inspira a innumerables individuos. Su viaje demuestra que con fe y determinación, se pueden superar las adversidades y hacer una diferencia significativa en el mundo.

A lo largo de los años, Mei ha recibido numerosos premios y reconocimientos por sus contribuciones a la salud y al servicio comunitario. Estos elogios, aunque humildes, son un testimonio del poder de su fe y del impacto de su trabajo. Mei se mantiene con los pies en la tierra, siempre dando gloria a Dios y reconociendo el apoyo de su comunidad. Mei continúa profundamente involucrada en su comunidad de fe. Dirige grupos de estudio bíblico, participa en actividades de la iglesia y mentora a jóvenes cristianos. Su fe es la base de su vida, guiando sus acciones y decisiones. El viaje espiritual de Mei es uno de crecimiento continuo, profundizando su relación con Dios y reforzando su compromiso de servir a los demás.

El legado de Mei es uno de esperanza, sanidad e inspiración. La historia de su vida se convierte en un faro para otros, demostrando que con fe, perseverancia y apoyo comunitario, todo es posible. Las futuras generaciones en su pueblo y más allá ven a Mei como un modelo a seguir, inspiradas por su viaje desde un pueblo remoto hasta convertirse en doctora y líder comunitaria.

A través de su trabajo, Mei no solo ha transformado la atención médica en su pueblo, sino que también ha creado un efecto dominó de cambio positivo. Su historia demuestra el impacto profundo que la fe y la determinación de una persona pueden tener en toda una comunidad. El viaje de Mei es un testimonio del poder transformador de la fe, la educación y el apoyo inquebrantable de una comunidad amorosa.

Fin

EL VIAJE DE AHMED DESDE LA PERSECUCIÓN HASTA EL ÉXITO EN BAMAKO, MALÍ

Capítulo 1: Una vida cambiada

• **Introducción a Ahmed:** Un joven que vive en Bamako, Mali, que se convierte al cristianismo.

• **Conversión inicial:** El viaje de Ahmed hacia la fe en Jesús, el momento transformador que lleva a su conversión.

• **Consecuencias inmediatas:** Enfrentando la reacción negativa de su comunidad y familia, que desaprueban su nueva fe.

Capítulo 2: Enfrentando la persecución

• **Perder su trabajo:** Ahmed es despedido de su trabajo debido a sus creencias religiosas, lo que genera dificultades financieras.

• **Ostracismo de la comunidad:** Es ostracizado por su comunidad, perdiendo amigos y conexiones sociales.

• **Luchas emocionales:** Ahmed lucha con sentimientos de aislamiento, miedo e incertidumbre sobre su futuro.

Capítulo 3: Encontrando fuerza en la fe

• **Fe profundizada:** A pesar de la persecución, la fe de Ahmed en Jesús se fortalece, brindándole esperanza y resiliencia.

• **Comunidad cristiana solidaria:** Ahmed encuentra una comunidad cristiana solidaria en Bamako que lo acoge y le proporciona asistencia.

• **Alimento espiritual:** Asiste a servicios religiosos, reuniones de oración y estudios bíblicos, que lo ayudan a mantenerse espiritualmente fuerte.

Capítulo 4: Reconstruyendo su vida

• **Comenzar de nuevo:** Con la ayuda de su nueva comunidad, Ahmed comienza a reconstruir su vida buscando nuevas oportunidades de empleo.

• **Espíritu emprendedor:** Animado por su iglesia, Ahmed decide iniciar un pequeño negocio para sustentarse a sí mismo y a su nueva comunidad.

• **Desafíos iniciales:** Enfrentando los desafíos de iniciar un negocio con recursos limitados y poca experiencia, pero confiando en la fe y el apoyo de la comunidad.

Capítulo 5: Construyendo una empresa exitosa

• **Crecimiento del negocio:** A través del trabajo duro, la determinación y la bendición de Dios, el pequeño negocio de Ahmed comienza a crecer y prosperar.

• **Creación de empleo:** Ahmed contrata a otras personas que han enfrentado persecuciones similares, brindándoles empleo y un entorno de apoyo.

• **Impacto en la comunidad:** Su negocio no solo proporciona estabilidad financiera, sino que también fomenta un sentido de comunidad y apoyo entre los empleados.

Capítulo 6: Defensa de la libertad religiosa

• **Usando su plataforma:** A medida que su negocio crece, Ahmed utiliza su plataforma para hablar en contra de la persecución religiosa y abogar por la libertad religiosa.

• **Charlas públicas:** Participa en eventos de oratoria, compartiendo su historia y promoviendo la importancia de la tolerancia religiosa.

• **Colaboración con ONGs:** Ahmed colabora con organizaciones no gubernamentales que trabajan para proteger las libertades religiosas y apoyar a las personas perseguidas.

Capítulo 7: Fe y servicio continuos

• **Viaje de fe continuo:** Ahmed permanece profundamente comprometido con su fe, continuando su crecimiento espiritual y liderando a otros en su comunidad.

• **Servicio y alcance:** Comienza programas de alcance a través de su iglesia para ayudar a aquellos que enfrentan persecución, proporcionando recursos y apoyo.

• **Mentoría y liderazgo:** Ahmed mentorea a jóvenes cristianos en su comunidad, animándolos a mantenerse firmes en su fe a pesar de los desafíos.

Capítulo 8: Dando gloria a Dios

• **Compartiendo su testimonio:** Ahmed comparte regularmente su testimonio en la iglesia, foros de negocios y eventos públicos, dando gloria a Dios por su camino.

• **Gratitud y humildad:** Permanece humilde y agradecido, siempre reconociendo el papel de Dios en su éxito y el apoyo de su comunidad cristiana.

• **Inspirando a otros:** La historia de Ahmed inspira a otros que enfrentan persecución, demostrando el poder de la fe, la resiliencia y la provisión de Dios.

Epílogo: Un legado de fe y libertad

• **Reflexionando sobre el viaje:** Ahmed reflexiona sobre su trayecto de la persecución al éxito, reconociendo el profundo impacto de su fe y el apoyo comunitario.

• **Aspiraciones futuras:** Sueña con expandir su negocio y continuar su trabajo de abogacía, buscando crear un impacto más amplio.

• **Legado de esperanza:** La historia de Ahmed deja un legado duradero, ejemplificando el poder de la fe, la perseverancia y la lucha por la libertad religiosa.

"El viaje de Ahmed desde la persecución hasta el éxito en Bamako, Malí"

Capítulo 1: Una vida cambiada

Ahmed, un joven que vive en Bamako, Malí, es conocido por su tranquila determinación y fuerte ética de trabajo. Criado en una devota familia musulmana, la vida de Ahmed da un giro dramático cuando se convierte al cristianismo. El viaje de Ahmed hacia la fe en Jesús comienza después de una serie de revelaciones personales y encuentros con enseñanzas cristianas. El momento transformador de su conversión trae un profundo sentido de paz y propósito, pero también el comienzo de nuevos desafíos. Ahmed enfrenta un rechazo inmediato de su familia y comunidad. Su familia, sintiéndose traicionada, reacciona con ira y decepción, cortando todo lazo con él. La comunidad lo ostraciza, viendo su conversión como una traición a su fe compartida.

Introducción a Ahmed

Ahmed, un joven de unos veintitantos años, vive en Bamako, Malí, conocido por su tranquila determinación y fuerte ética de trabajo. Es muy respetado en su comunidad por su honestidad y dedicación, trabajando diligentemente en una empresa de construcción local. Criado en una devota familia musulmana, Ahmed siempre ha estado profundamente arraigado en sus tradiciones culturales y religiosas. Su familia, compuesta por sus padres, dos hermanas menores y un hermano mayor, está muy unida y a menudo se reúnen para comer y rezar, encontrando consuelo en su fe compartida y los lazos comunitarios.

Conversión inicial

El viaje de Ahmed al cristianismo comienza sutilmente. Comienza con un encuentro accidental con una transmisión de radio cristiana mientras sintoniza su radio una noche. Intrigado por el mensaje de amor, perdón y salvación, Ahmed comienza a escuchar regularmente. Con el tiempo, conoce a un colega cristiano, John, quien responde a sus muchas preguntas sobre el cristianismo y comparte su propio testimonio de fe.

Un día, Ahmed decide asistir en secreto a un servicio religioso local con John. La experiencia es abrumadora. La calidez de la congregación, la sinceridad de su adoración y el poderoso mensaje de esperanza y redención resuenan profundamente en él. Después de meses de lucha interna y visitas secretas a la iglesia, Ahmed experimenta un momento profundo de claridad durante una sesión de oración solitaria. Siente una abrumadora sensación de paz y una presencia inconfundible de Dios. Este momento transformador solidifica su decisión de convertirse al cristianismo.

Consecuencias inmediatas

La alegría y la paz que Ahmed siente por su nueva fe se ven rápidamente ensombrecidas por la inmediata reacción adversa de su familia y comunidad. Cuando Ahmed finalmente reúne el valor para contarle a su familia sobre su conversión, la reacción es explosiva. Sus padres están desconsolados y enojados, sintiéndose traicionados por su decisión de abandonar la fe compartida. Su padre, una figura respetada en su vecindario, está particularmente furioso, viendo la conversión de Ahmed como una afrenta personal y una deshonra para su familia.

A pesar de los intentos de Ahmed de explicar su nueva fe y la profunda paz que le brinda, su familia se niega a escucharlo. Su padre exige que renuncie al cristianismo y regrese al islam. Cuando Ahmed se mantiene firme en su decisión, su padre lo deshereda y su familia corta todo contacto. Se les prohíbe a sus hermanos hablar con él, y se ve obligado a abandonar el hogar familiar.

La reacción de la comunidad es igualmente dura. La noticia de la conversión de Ahmed se difunde rápidamente, y él se convierte en objeto de chismes y desprecio. Los vecinos que antes lo saludaban calurosamente ahora lo evitan, y es rechazado de los círculos sociales a los que antes pertencía. El imán local condena públicamente su conversión durante las oraciones del viernes, reforzando el rechazo de la comunidad hacia Ahmed.

Frente a esta severa reacción, Ahmed se ve obligado a encontrar un nuevo lugar para vivir. Alquila una pequeña y deteriorada habitación en una parte lejana de la ciudad, aislado de su vida anterior. A pesar de la abrumadora sensación de pérdida y el constante temor de ser atacado por su fe, Ahmed encuentra consuelo en su nueva comunidad eclesiástica. Le brindan apoyo emocional y espiritual, ayudándolo a navegar por este turbulento período de su vida.

En estos tiempos difíciles, Ahmed se aferra a su fe más que nunca. Se sumerge en la oración y el estudio de la Biblia, encontrando fuerza en las enseñanzas de Jesús y en las historias de los primeros cristianos que enfrentaron persecución. Su fe, aunque puesta a prueba, se fortalece, dándole la resistencia para enfrentar los desafíos que tiene por delante.

Capítulo 2: Enfrentando la persecución

A medida que se difunde la noticia de su conversión, Ahmed es despedido de su trabajo debido a sus nuevas creencias religiosas. Esta repentina pérdida de ingresos trae dificultades financieras e incertidumbre, obligándolo a depender de sus ahorros menguantes. Las conexiones sociales de Ahmed se deterioran rápidamente. Sus amigos lo evitan, sus vecinos lo rechazan y se convierte en un paria social. Este aislamiento exacerba su sensación de soledad y temor. La combinación de perder su trabajo y ser rechazado por la sociedad le causa un fuerte impacto emocional. Ahmed lucha con sentimientos de aislamiento, miedo e incertidumbre sobre su futuro. Se enfrenta a momentos de duda y desesperación, cuestionando su decisión y temiendo por su seguridad.

Perder su trabajo

A medida que se corre la voz de la conversión de Ahmed al cristianismo en la comunidad unida de Bamako, las repercusiones se extienden más allá del ostracismo social. El empleador de Ahmed, un musulmán devoto que le da gran importancia a la conformidad religiosa, está profundamente perturbado por la noticia. Una mañana, Ahmed es llamado a la oficina de su jefe. La atmósfera es tensa y la conversación es breve. Su jefe le informa que sus servicios ya no son necesarios, citando sus creencias religiosas como la razón del despido.

La repentina pérdida de su trabajo sumerge a Ahmed en la incertidumbre financiera. Sus ingresos constantes, que le permitían vivir modestamente y ahorrar un poco cada mes, se cortan abruptamente. Obligado a depender de sus menguantes ahorros, Ahmed enfrenta la dura realidad del desempleo en una comunidad donde su nueva fe lo convierte en un paria. La presión financiera se suma a su carga emocional, mientras se preocupa por cómo pagará el alquiler, la comida y las necesidades básicas.

Ostracismo de la comunidad

Las consecuencias sociales de la conversión de Ahmed son inmediatas y severas. Amigos que antes compartían comidas y risas con él ahora cruzan la calle para evitar cualquier interacción. Sus antiguos vecinos, que solían saludarlo calurosamente, ahora le dan la espalda. El sentido de comunidad que había sido una constante reconfortante en su vida se desmorona.

Ahmed se encuentra aislado también en su nuevo vecindario. Las personas sospechan del individuo solitario que rara vez interactúa con alguien y los susurros sobre su conversión se esparcen rápidamente. Las invitaciones a reuniones sociales y eventos comunitarios cesan, y es excluido de las redes informales de apoyo que son cruciales en comunidades unidas.

El ostracismo se extiende a los negocios locales. Los tenderos se niegan a atenderlo y a menudo se encuentra con hostilidad cuando intenta comprar alimentos u otras necesidades. Este rechazo social complica su aislamiento y profundiza su sensación de miedo y soledad.

Luchas emocionales

La combinación de perder su trabajo y ser ostracizado tiene un gran impacto emocional en Ahmed. Las noches se vuelven especialmente difíciles a medida que el peso de sus circunstancias se abalanza sobre él. Pasa horas en su pequeña habitación alquilada, lidiando con sentimientos de aislamiento y desesperación. El joven que una vez fue vibrante y esperanzado ahora batalla con episodios de depresión y ansiedad, cuestionando su decisión de convertirse y temiendo por su futuro.

Hay momentos en que Ahmed se siente abrumado por la duda. Se pregunta si su fe vale el costo de perder todo lo que una vez sostuvo querido. Extraña profundamente a su familia y el dolor de su rechazo lo afecta en lo más profundo. La ausencia de la guía firme pero cariñosa de su padre, el cálido abrazo de su madre y la compañerismo juguetón de sus hermanos deja un vacío que parece imposible de llenar.

A pesar de estas luchas, Ahmed se aferra a su fe. Pasa largas horas en oración, buscando consuelo y guía en Jesús. Las enseñanzas de la Biblia, especialmente pasajes sobre la perseverancia en la cara de la persecución, le ofrecen consuelo y fortaleza. Su nueva comunidad cristiana le proporciona un salvavidas, con miembros de la iglesia frecuentemente visitándolo para ofrecer apoyo, compartir comidas y rezar con él.

Durante este período oscuro, la fe de Ahmed es tanto puesta a prueba como fortalecida. Comienza a entender el verdadero costo del discipulado y encuentra una conexión más profunda con los primeros cristianos que también enfrentaron persecución por sus creencias. A través de la oración, las escrituras y el apoyo inquebrantable de sus amigos cristianos, Ahmed lentamente comienza a reconstruir su sentido de propósito y resolución, decidido a seguir el camino que su fe ha trazado ante él.

Capítulo 3: Encontrando fuerza en la fe

A pesar de la persecución, la fe de Ahmed en Jesús se fortalece. Encuentra consuelo en la oración y las escrituras, que le proporcionan esperanza y resiliencia. Su nueva fe se convierte en una fuente de fuerza interior y propósito. Ahmed descubre una comunidad cristiana de apoyo en Bamako. Este grupo de creyentes lo recibe con los brazos abiertos, brindándole asistencia emocional y práctica. Le ayudan a encontrar un refugio temporal y le ofrecen el calor de la convivencia. Ahmed asiste regularmente a servicios de la iglesia, reuniones de oración y estudios bíblicos. Estos encuentros se convierten en su santuario, donde encuentra alimento espiritual y aliento. El sentido de pertenencia a una comunidad de fe le ayuda a mantenerse fuerte durante tiempos difíciles.

Fe profundizada

A pesar de la intensa persecución y aislamiento que Ahmed enfrenta, su fe en Jesucristo se profundiza con cada día que pasa. Cada mañana comienza con una oración, buscando fuerza y guía. Sus días están llenos de lectura de las escrituras, encontrando consuelo en pasajes que hablan de resistencia y propósito divino. Versos como Filipenses 4:13, "Todo lo puedo en Cristo que me fortalece," se convierten en un mantra, fortificando su espíritu contra las duras realidades de su vida.

Mientras Ahmed se sumerge en la Biblia, descubre nuevas capas de significado y esperanza en sus enseñanzas. Las historias de los primeros cristianos que enfrentaron persecución resuenan profundamente con él, dándole un sentido de solidaridad con aquellos que han sufrido por su fe a lo largo de la historia. Esta conexión a una narrativa más amplia de fe y resiliencia refuerza su propia determinación a perseverar.

Comunidad cristiana solidaria

Un domingo, Ahmed reúne el valor para asistir a un servicio en una pequeña iglesia cristiana de la que ha oído hablar. Nervioso pero esperanzado, entra en el modesto edificio y queda inmediatamente impactado por la calidez de la congregación. El pastor, un hombre amable y empático llamado Pastor Samuel, nota la aprensión de Ahmed y se le acerca con una sonrisa de bienvenida.

La comunidad eclesiástica abraza a Ahmed sin dudarlo. Entienden los riesgos y sacrificios que ha hecho para seguir su fe, y están ansiosos de apoyarlo en cualquier forma que puedan. Los miembros de la congregación se reúnen rápidamente a su alrededor, ofreciéndole no solo apoyo emocional sino también asistencia práctica. Una pareja de ancianos le proporciona un refugio temporal, asegurándose de que tenga un lugar seguro para dormir y descansar. Otros donan ropa, comida y dinero para ayudarlo a salir adelante.

La comunión que experimenta dentro de esta comunidad es un marcado contraste con el ostracismo y la hostilidad que enfrenta en otros lugares. Aquí, Ahmed encuentra un sentido de pertenencia que había estado desesperadamente buscando. El amor y la aceptación de sus compañeros cristianos le proporcionan una renovada esperanza y valor para enfrentar cada día.

Alimento espiritual

La participación de Ahmed en la iglesia se profundiza a medida que asiste regularmente a los servicios, reuniones de oración y estudios bíblicos. Los servicios dominicales se convierten en un punto culminante de su semana, donde la adoración comunitaria y los poderosos sermones elevan su espíritu. Los himnos y las oraciones resuenan profundamente, a menudo llevándolo a lágrimas de gratitud y alegría.

Las reuniones de oración, celebradas varias veces a la semana, ofrecen a Ahmed un espacio para expresar sus miedos y esperanzas en un entorno de apoyo. Aprende el poder de la oración colectiva, sintiendo la fuerza de su comunidad mientras oran por las necesidades y cargas de los demás. Los estudios bíblicos son particularmente enriquecedores, ya que le proporcionan una comprensión más profunda de las escrituras y las enseñanzas de Jesús. Participar en discusiones con otros creyentes le ayuda a entender y aplicar los principios bíblicos a su propia vida.

A través de estas reuniones, Ahmed no solo obtiene nutrición espiritual, sino que también forma vínculos estrechos con otros miembros de la iglesia. Encuentra mentores en cristianos mayores y más experimentados que lo guían en su viaje de fe. Su sabiduría y aliento le ayudan a navegar sus luchas con mayor confianza y claridad.

El apoyo de la comunidad eclesiástica y su creciente fe se convierten en el ancla de Ahmed en la tormenta. Le proporcionan la resiliencia para soportar la persecución que enfrenta y la esperanza para imaginar un futuro mejor. La fuerza que obtiene de su fe y la comunión de su comunidad cristiana le permiten reconstruir su vida, paso a paso.

Capítulo 4: Reconstruyendo su vida

Con la ayuda de su nueva comunidad cristiana, Ahmed comienza a reconstruir su vida. Busca activamente nuevas oportunidades de empleo, pero enfrenta el rechazo debido a su conversión. A pesar de estos contratiempos, se mantiene esperanzado y persistente. Alentado por su iglesia, Ahmed decide iniciar un pequeño negocio. Con poca experiencia y recursos limitados, enfrenta una curva de aprendizaje pronunciada. Sin embargo, su determinación y fe lo impulsan a perseverar. Comenzar un negocio está lleno de desafíos. Ahmed lucha por asegurar financiamiento, obtener suministros y atraer clientes. Aun así, se apoya en el apoyo de su comunidad eclesiástica y en su fe inquebrantable para superar estos obstáculos.

Comenzar de nuevo

Con el apoyo inquebrantable de su nueva comunidad cristiana, Ahmed se embarca en el desafiante viaje de reconstruir su vida. Cada día, busca en los listados de empleos locales, envía solicitudes y asiste a entrevistas, pero su anterior conversión al cristianismo arroja una larga sombra. Muchos posibles empleadores, influenciados por el prejuicio social contra los conversos, rechazan sus solicitudes de inmediato. A pesar de los rechazos frecuentes, Ahmed se mantiene esperanzado y persistente. Entiende que encontrar la oportunidad correcta tomará tiempo y perseverancia.

Durante este período, la comunidad eclesiástica de Ahmed juega un papel crucial en mantener su ánimo elevado. Le ofrecen consejos prácticos sobre cómo mejorar su currículum, realizan entrevistas simuladas para aumentar su confianza y le proporcionan un pequeño estipendio para cubrir sus necesidades básicas mientras busca empleo estable. Su apoyo refuerza su creencia de que no está solo en esta lucha.

Espíritu emprendedor

A medida que las semanas se convierten en meses sin asegurar un empleo, Ahmed comienza a explorar formas alternativas de ganarse la vida. Una noche, durante una reunión en la iglesia, el Pastor Samuel sugiere que Ahmed considere iniciar su propio negocio. Inicialmente dudoso debido a su falta de experiencia, Ahmed se entusiasma con la idea al contemplar el potencial que tiene para la independencia y la estabilidad.

Con el aliento de la iglesia, Ahmed decide lanzarse al emprendimiento. Realiza una investigación exhaustiva, leyendo libros y recursos en línea sobre cómo iniciar y administrar un pequeño negocio. Identifica un vacío en el mercado local para productos de cuero hechos a mano, un oficio que había aprendido de su padre. A pesar de la empinada curva de aprendizaje, la determinación y la fe de Ahmed lo impulsan a avanzar.

Desafíos iniciales

Empezar un negocio resulta ser más desafiante de lo que Ahmed anticipaba. Se enfrenta a numerosos obstáculos, desde asegurar Financiamiento inicial hasta obtener suministros de calidad. Su primer paso es recaudar capital, y con ahorros limitados y sin acceso a préstamos bancarios tradicionales, recurre a su comunidad eclesiástica. La congregación organiza una recaudación de fondos, y gracias a su generosidad, Ahmed logra reunir suficiente dinero para comprar materiales básicos y alquilar un pequeño taller.

A continuación, Ahmed se centra en la obtención de suministros. Visita mercados locales y negocia con proveedores, a menudo enfrentándose a escepticismo y precios altos. A pesar de estos contratiempos, logra asegurar un proveedor confiable de cuero y otros materiales. Con su taller configurado y los materiales en mano, comienza a fabricar su primer lote de productos.

Atraer clientes es otro desafío significativo. Ahmed dedica incontables horas a diseñar, fabricar y perfeccionar sus productos de cuero. Para comercializar sus productos, monta un pequeño puesto en el mercado local y utiliza las redes sociales para llegar a una audiencia más amplia. Las ventas iniciales son lentas y hay días en que se pregunta si tomó la decisión correcta.

Sin embargo, la fe de Ahmed y el apoyo inquebrantable de su comunidad eclesiástica lo mantienen en pie. Los miembros de la iglesia ayudan a correr la voz sobre su negocio, y algunos incluso se convierten en sus primeros clientes. Le brindan retroalimentación valiosa, ayudándole a mejorar la calidad y el diseño de sus productos. Con el tiempo, el boca a boca y las críticas positivas comienzan a atraer más clientes.

A pesar de los desafíos iniciales, el negocio de Ahmed gradualmente comienza a ganar tracción. Cada pequeño éxito, desde vender su primer lote de productos hasta recibir comentarios positivos de los clientes, aumenta su confianza y lo motiva a seguir adelante. Su viaje como emprendedor le enseña valiosas lecciones sobre resiliencia, adaptabilidad y el poder del apoyo comunitario.

A través de la perseverancia y la fe, Ahmed no solo comienza a reconstruir su vida, sino que también descubre un nuevo sentido de propósito y realización en su trabajo. Su pequeño negocio se convierte en un símbolo de esperanza y resiliencia, demostrando que con fe y determinación, es posible superar incluso los desafíos más desalentadores.

Capítulo 5: Construyendo una empresa exitosa

A través del trabajo duro, la determinación y la bendición de Dios, el pequeño negocio de Ahmed comienza a crecer. Él aprovecha sus habilidades y el apoyo de su comunidad para expandir su base de clientes y aumentar sus ingresos. A medida que su negocio prospera, Ahmed contrata a otros que han enfrentado persecuciones similares. Crea un ambiente de trabajo solidario e inclusivo, proporcionando oportunidades de empleo a quienes lo necesitan. El negocio de Ahmed se ha convertido en más que una fuente de estabilidad financiera. Fomenta un sentido de comunidad y apoyo entre sus empleados, muchos de los cuales encuentran un renovado sentido de propósito y pertenencia.

Crecimiento del negocio

La fe inquebrantable de Ahmed y su incansable trabajo comienzan a dar frutos. Su negocio de productos de cuero empieza a atraer un flujo constante de clientes, gracias a las recomendaciones boca a boca y la alta calidad de sus productos. La retroalimentación positiva de los clientes mejora su reputación, y él aprovecha las redes sociales para llegar a una audiencia más amplia. Su negocio gana tracción y pronto Ahmed se encuentra luchando por mantener el ritmo de la creciente demanda.

Para manejar la carga de trabajo creciente, Ahmed optimiza su proceso de producción. Invierte en mejores herramientas y equipos, y aprende nuevas técnicas para mejorar la calidad y eficiencia de su trabajo. La combinación de su artesanía, servicio al cliente y acumen empresarial lleva a un aumento significativo en ventas y ingresos. Ahmed puede expandir su línea de productos, ofreciendo una mayor variedad de artículos de cuero, desde billeteras y cinturones hasta bolsos y pedidos personalizados.

Creación de empleo

A medida que su negocio prospera, Ahmed siente un fuerte llamado a retribuir a la comunidad que lo apoyó durante sus tiempos más oscuros. Decide contratar empleados, centrándose en aquellos que han enfrentado persecuciones similares o que están luchando por encontrar empleo debido a su fe. Sus primeras contrataciones son miembros de su comunidad eclesiástica que habían sido marginados y dejados sin trabajo debido a sus creencias cristianas.

Ahmed crea un ambiente de trabajo solidario e inclusivo, enfatizando el respeto, la colaboración y el apoyo mutuo. Proporciona a sus empleados capacitación en el trabajo, enseñándoles las habilidades que necesitan para tener éxito en el negocio de la artesanía en cuero. Sus empleados no solo obtienen estabilidad financiera, sino también un renovado sentido de propósito y pertenencia. El ambiente de trabajo en el negocio de Ahmed se convierte en un refugio seguro, donde los empleados son valorados y alentados a crecer tanto profesional como personalmente.

Impacto en la comunidad

El negocio de Ahmed rápidamente se convierte en algo más que una fuente de estabilidad financiera. Evoluciona en un centro de comunidad y apoyo. Los empleados y sus familias se benefician del ingreso constante y del sentido de comunidad fomentado por el liderazgo inclusivo de Ahmed. El impacto positivo de su negocio se extiende más allá del lugar de trabajo, ya que los empleados comparten sus experiencias y nuevas esperanzas con otros en sus comunidades.

Ahmed también toma la iniciativa de interactuar con la comunidad en general. Organiza talleres y sesiones de capacitación para enseñar habilidades de trabajo con cuero a quienes están interesados en aprender, independientemente de su origen religioso. Estas sesiones ayudan a romper barreras y promover entendimiento y tolerancia entre diferentes grupos comunitarios.

Además, el éxito de Ahmed inspira a otros en la comunidad que enfrentan persecución. Su viaje de la aislamiento y las dificultades financieras al éxito empresarial sirve como un poderoso testimonio de la fuerza de la fe, la resiliencia y la importancia de apoyarse mutuamente. Muchos en la comunidad ven a Ahmed como un modelo a seguir y un faro de esperanza, motivándolos a perseguir sus sueños a pesar de los desafíos que enfrentan.

A medida que su negocio sigue creciendo, Ahmed se mantiene fiel a sus valores fundamentales. Prioriza prácticas comerciales éticas, salarios justos y el bienestar de sus empleados. Su negocio se convierte en un brillante ejemplo de cómo el emprendimiento, impulsado por la fe y el deseo de ayudar a otros, puede crear un cambio positivo en una comunidad.

La historia de Ahmed se difunde más allá de Bamako, atrayendo la atención de los medios locales e incluso de organizaciones internacionales centradas en la libertad religiosa y los derechos humanos. Es invitado a compartir sus experiencias y perspectivas en varios foros, amplificando aún más el impacto de su trabajo.

Mediante trabajo arduo, determinación y la bendición de Dios, el pequeño negocio de Ahmed se transforma en una empresa exitosa que no solo proporciona estabilidad financiera, sino que también fomenta un sentido de comunidad, apoyo y esperanza entre aquellos a quienes toca. Su viaje sigue inspirando y elevando, demostrando el profundo impacto que la fe y la perseverancia de una persona pueden tener en las vidas de muchos.

Capítulo 6: Defensa de la libertad religiosa

A medida que su negocio crece, Ahmed usa su plataforma para hablar en contra de la persecución religiosa. Se convierte en un defensor de la libertad religiosa, usando su éxito para generar conciencia sobre la importancia de la tolerancia y la aceptación. Ahmed participa en compromisos de hablar en público, compartiendo su historia y promoviendo la importancia de la tolerancia religiosa. Su testimonio resuena con muchos, resaltando la necesidad de cambio y el poder de la fe. Ahmed colabora con organizaciones no gubernamentales que trabajan para proteger las libertades religiosas y apoyar a las personas perseguidas. Estas asociaciones amplifican su voz y amplían su impacto.

Usando su plataforma

Con el éxito de su negocio, Ahmed se da cuenta de que tiene una plataforma poderosa para abordar el urgente problema de la persecución religiosa. Siente una profunda responsabilidad de usar su nueva influencia para abogar por aquellos que, como él, han sufrido por sus creencias. Ahmed comienza compartiendo su propia historia más ampliamente, ilustrando las duras realidades que enfrentan los conversos al cristianismo en Malí.

Ahmed escribe artículos y piezas de opinión para publicaciones locales e internacionales, discutiendo los desafíos de la intolerancia religiosa y la necesidad de una mayor libertad de creencias. Sus palabras son tanto un testimonio personal como un llamado a la acción, instando a la sociedad a abrazar la diversidad religiosa y proteger los derechos de todas las personas a practicar su fe libremente.

Charlas públicas

La historia de Ahmed atrae una atención significativa, lo que lleva a invitaciones para hablar en varios eventos. Habla en iglesias, centros comunitarios, instituciones educativas y conferencias interreligiosas. Su elocuencia y autenticidad cautivan a las audiencias, y su mensaje de tolerancia, fe y resiliencia resuena profundamente.

Durante estos compromisos, Ahmed comparte su viaje desde la persecución hasta el éxito, enfatizando el papel de la fe y el apoyo de su comunidad cristiana en su transformación. Resalta los costos emocionales y sociales de la persecución religiosa, instando a los oyentes a abogar por el cambio y a apoyar a aquellos que están marginados debido a sus creencias.

Los discursos de Ahmed a menudo incluyen anécdotas poderosas que ilustran el costo humano de la intolerancia religiosa, haciendo que el tema sea comprensible y urgente para su audiencia. Fomenta el diálogo y el entendimiento, promoviendo la idea de que la libertad religiosa es esencial para una sociedad pacífica y justa.

Colaboración con ONGs

Para ampliar su impacto, Ahmed colabora con organizaciones no gubernamentales (ONG) que se centran en la libertad religiosa y los derechos humanos. Estas asociaciones le proporcionan recursos adicionales y plataformas para amplificar su mensaje. Trabaja con ONG internacionales para desarrollar programas que apoyen a individuos perseguidos, proporcionándoles asistencia legal, refugio y capacitación vocacional.

Ahmed también participa en campañas de defensa junto a estas organizaciones, abogando por cambios en las políticas que protejan las libertades religiosas. Participa en mesas redondas con políticos, ofreciendo sus perspectivas y experiencias para moldear políticas más inclusivas y tolerantes.

A través de estas colaboraciones, Ahmed ayuda a lanzar iniciativas destinadas a aumentar la conciencia sobre la persecución religiosa. Estas iniciativas incluyen campañas educativas en escuelas y comunidades, dirigidas a fomentar una cultura de aceptación y comprensión desde una edad temprana. Ahmed también apoya la creación de grupos de diálogo interreligioso, donde personas de diferentes creencias religiosas pueden reunirse para discutir sus creencias y encontrar puntos en común.

El trabajo de Ahmed con ONG también se extiende a esfuerzos de base. Ayuda a organizar talleres y sesiones de capacitación para líderes locales y miembros de la comunidad, educándolos sobre la importancia de la libertad religiosa y cómo apoyar a aquellos que enfrentan persecución. Estos esfuerzos ayudan a construir una red de aliados comprometidos con la promoción de la tolerancia y la protección de los derechos de las minorías religiosas.

A través de su trabajo de defensa, Ahmed no solo aumenta la conciencia sobre el problema de la persecución religiosa, sino que también moviliza a otros para que tomen acción. Sus esfuerzos contribuyen a un movimiento creciente en Malí y más allá, destinado a crear una sociedad más inclusiva y tolerante. Su trabajo inspira a muchos a unirse a la causa, demostrando que el cambio es posible cuando las personas se unen para defender la justicia y los derechos humanos.

El viaje de Ahmed desde la persecución hasta la defensa destaca el poder de la resiliencia y la fe. Sus esfuerzos para promover la libertad religiosa y apoyar a las personas perseguidas dejan un impacto duradero, allanando el camino hacia un mundo más justo y compasivo.

Capítulo 7: Fe y servicio continuos

Ahmed sigue profundamente comprometido con su fe. Continúa creciendo espiritualmente, buscando formas de profundizar su relación con Dios y guiar a otros en su comunidad. Ahmed inicia programas de alcance a través de su iglesia para ayudar a quienes enfrentan persecución. Proporciona recursos, apoyo y aliento, encarnando los principios del amor y la compasión. Ahmed guía a jóvenes cristianos en su comunidad, animándolos a mantenerse firmes en su fe a pesar de los desafíos. Su liderazgo inspira a otros a seguir sus pasos y permanecer firmes en sus creencias.

Viaje de fe continuo

Ahmed sigue profundamente comprometido con su fe, buscando constantemente formas de profundizar su relación con Dios. Dedica tiempo cada día a la oración, la meditación y la lectura de las escrituras, encontrando fuerza y guía en sus prácticas espirituales. Ahmed asiste regularmente a los servicios de la iglesia y participa en grupos de estudios bíblicos, donde se involucra en discusiones y reflexiones significativas con otros creyentes.

También busca oportunidades para expandir su conocimiento teológico, inscribiéndose en cursos en línea y asistiendo a seminarios. Este aprendizaje continuo le ayuda a crecer espiritualmente y le capacita para liderar y apoyar mejor a su comunidad. El camino de fe de Ahmed se caracteriza por una búsqueda constante de crecimiento espiritual y una comprensión más profunda del amor y el propósito de Dios para su vida.

Servicio y alcance

Inspirado por sus propias experiencias de persecución y apoyo, Ahmed inicia varios programas de alcance a través de su iglesia. Estos programas están diseñados para ayudar a quienes enfrentan persecución al proporcionar recursos esenciales, apoyo y aliento. Ahmed organiza colectas de alimentos, donaciones de ropa y arreglos de refugio para individuos y familias que han sido marginados o desplazados debido a su fe.

También establece servicios de consejería, ofreciendo apoyo emocional y psicológico a aquellos que luchan con el trauma de la persecución. Ahmed se asocia con terapeutas y consejeros locales para ofrecer sesiones gratuitas o de bajo costo, asegurando que todos tengan acceso a la ayuda que necesitan. Estos servicios ayudan a los individuos a procesar sus experiencias y a reconstruir sus vidas con dignidad y esperanza.

Además, los programas de alcance de Ahmed incluyen talleres educativos sobre tolerancia religiosa y derechos humanos. Trabaja con escuelas locales y centros comunitarios para educar a las personas sobre la importancia de respetar diversas creencias y proteger los derechos de todos los individuos a practicar su fe libremente. Estos talleres fomentan una cultura de aceptación y comprensión, ayudando a reducir incidentes de persecución religiosa en la comunidad.

Mentoría y liderazgo

Ahmed asume un rol de mentor dentro de su comunidad, enfocándose en jóvenes cristianos que enfrentan desafíos similares. Organiza programas de mentoría que emparejan a miembros experimentados de la iglesia con individuos más jóvenes, brindando orientación, apoyo y ánimo. A través de estos programas, los jóvenes cristianos aprenden a navegar su viaje de fe en medio de la adversidad, encontrando fuerza en sus creencias y en el apoyo de su comunidad.

El liderazgo de Ahmed va más allá de la mentoría. Él lidera con el ejemplo, mostrando lo que significa vivir una vida de fe, resiliencia y servicio. Su propio viaje de persecución al éxito sirve como un testimonio poderoso, inspirando a otros a permanecer firmes en sus creencias y a confiar en el plan de Dios para sus vidas.

También inicia sesiones de formación en liderazgo, ayudando a los jóvenes cristianos a desarrollar las habilidades que necesitan para convertirse en líderes por derecho propio. Estas sesiones cubren temas como hablar en público, organización comunitaria y defensa, equipando a los participantes para asumir roles de liderazgo dentro de la iglesia y la comunidad en general.

Los esfuerzos de Ahmed para mentorear y liderar inspiran a muchos a seguir sus pasos. Su compromiso inquebrantable con su fe, combinado con su dedicación para servir y apoyar a los demás, crea un efecto dominó de cambio positivo. Los jóvenes cristianos de su comunidad se sienten empoderados para mantener firmes sus creencias y contribuir a construir una sociedad más inclusiva y tolerante.

A través de su continuo viaje de fe, servicio y mentoría, Ahmed sigue teniendo un impacto profundo en su comunidad. Su trabajo no solo proporciona apoyo inmediato a quienes enfrentan persecución, sino que también fomenta una cultura de resiliencia, compasión y fe. El legado de fe y servicio de Ahmed demuestra el poder transformador de vivir las propias creencias con coraje y amor, inspirando a las futuras generaciones a continuar su misión.

Capítulo 8: Dando gloria a Dios

Ahmed comparte regularmente su testimonio en la iglesia, foros empresariales y eventos públicos. Da gloria a Dios por su viaje, enfatizando el papel de la fe en su transformación y éxito. A pesar de sus logros, Ahmed se mantiene humilde y agradecido. Reconoce el papel de Dios en su éxito y el apoyo inquebrantable de su comunidad cristiana. La historia de Ahmed inspira a otros que enfrentan persecución. Su viaje demuestra el poder de la fe, la resiliencia y la provisión de Dios, ofreciendo esperanza y ánimo a quienes están en situaciones similares.

Compartiendo su testimonio

Ahmed da prioridad a compartir regularmente su testimonio en varios lugares. En su iglesia, a menudo se pone de pie ante la congregación para contar su viaje de persecución al éxito. Sus palabras están llenas de sinceridad y gratitud al describir los desafíos que enfrentó y cómo su fe en Jesús lo sostuvo en los momentos más oscuros. El testimonio de Ahmed se convierte en una herramienta poderosa para la evangelización, alentando a otros a profundizar su propia fe y confianza en el plan de Dios.

Además de su iglesia, Ahmed habla en foros empresariales donde se dirige tanto a audiencias secular como religiosas. Comparte cómo su fe guió su viaje emprendedor, ayudándolo a superar obstáculos y construir un negocio próspero. Su historia resuena con muchos, demostrando que la fe y la perseverancia pueden llevar al éxito incluso frente a adversidades significativas.

Ahmed también es invitado a hablar en eventos públicos, como reuniones comunitarias y conferencias enfocadas en la libertad religiosa y los derechos humanos. Aquí, comparte no solo su historia personal sino que también aboga por una mayor tolerancia y aceptación de diversas creencias religiosas. Su testimonio se convierte en un catalizador para el cambio, inspirando a otros a unirse a la lucha contra la persecución religiosa y a defender sus derechos y los de los demás.

Gratitud y humildad

A pesar de sus numerosos logros, Ahmed permanece profundamente humilde y agradecido. Nunca se atribuye el crédito de su éxito solo a sí mismo, siempre señalando a Dios como la fuente de su fortaleza y guía. En sus discursos e interacciones personales, Ahmed expresa frecuentemente su gratitud por la intervención divina que ha dado forma a su vida. Reconoce que sin la gracia de Dios y el apoyo de su comunidad cristiana, no estaría donde está hoy.

La humildad de Ahmed es evidente en sus acciones diarias. Continúa sirviendo en su iglesia, participando en proyectos de servicio comunitario y ofreciendo su tiempo para mentorizar a otros. Su disposición para ayudar y su manera amable le ganan el cariño de muchos, reforzando su papel como líder servidor. La gratitud de Ahmed se extiende a su familia y amigos que estuvieron a su lado durante sus horas más oscuras, y a menudo comparte historias de su apoyo y amor, destacando la importancia de la comunidad para superar la adversidad.

Inspirando a otros

La historia de Ahmed sirve como un faro de esperanza para muchos que enfrentan desafíos similares. Su viaje desde la persecución hasta el éxito ilustra el poder transformador de la fe, la resiliencia y la provisión de Dios. Personas de diversos orígenes y estilos de vida encuentran inspiración en su testimonio, dándose cuenta de que ellos también pueden superar sus luchas con la ayuda de la fe y la perseverancia.

Las personas que enfrentan persecución religiosa encuentran consuelo particular en la historia de Ahmed. Se convierte en un símbolo de fuerza y coraje, demostrando que es posible prosperar a pesar de la inmensa presión y discriminación. Su mensaje es claro: con fe en Dios, ningún obstáculo es insuperable.

El impacto de Ahmed va más allá de aquellos que enfrentan directamente la persecución. Su historia inspira a las personas a vivir su fe con más valentía y a apoyar a otros que están luchando. Iglesias, grupos comunitarios y organizaciones comienzan a unirse a la causa de la libertad religiosa, impulsados por el ejemplo de Ahmed. Su influencia ayuda a fomentar una sociedad más inclusiva y compasiva, donde personas de todas las religiones puedan coexistir pacíficamente.

A través de su testimonio, gratitud y servicio humilde, Ahmed da continuamente gloria a Dios. Su vida se convierte en un testimonio del poder perdurable de la fe, la importancia del apoyo comunitario y las posibilidades infinitas que surgen cuando uno confía en el plan de Dios. El legado de fe y resiliencia de Ahmed deja una marca indeleble en su comunidad y más allá, inspirando a innumerables personas a perseguir sus sueños y mantenerse firmes en sus creencias.

Epílogo: Un legado de fe y libertad

Ahmed reflexiona sobre su viaje desde la persecución hasta el éxito. Reconoce el impacto profundo de su fe y el apoyo comunitario, entendiendo que estos fueron los pilares de su transformación. Ahmed sueña con expandir su negocio y continuar su trabajo de defensa. Su objetivo es crear un impacto más amplio, defendiendo la libertad religiosa y apoyando a los individuos perseguidos a mayor escala. La historia de Ahmed deja un legado duradero, ejemplificando el poder de la fe, la perseverancia y la lucha por la libertad religiosa. Su viaje inspira a otros a creer en su potencial y confiar en el plan de Dios, mostrando que con fe y determinación, todo es posible.

Reflexionando sobre el viaje

Cuando Ahmed mira hacia atrás en su viaje desde la persecución hasta el éxito, siente un profundo sentido de gratitud y asombro. El camino que recorrió estuvo lleno de desafíos, pero también estuvo marcado por momentos profundos de fe y apoyo. Recuerda el miedo y la soledad que sintió cuando se convirtió al cristianismo y la inmensa reacción negativa que enfrentó de su comunidad y su familia. Sin embargo, fue durante estos tiempos más oscuros cuando su fe en Jesús creció más fuerte.

Reflexiona sobre los momentos decisivos cuando su nueva comunidad cristiana en Bamako lo recibió con los brazos abiertos, brindándole no solo apoyo emocional sino también asistencia práctica que le permitió reconstruir su vida. Ahmed reconoce que sin el apoyo inquebrantable de su iglesia, su viaje habría sido mucho más difícil. Las oraciones, el aliento y la ayuda tangible de sus compañeros creyentes fueron fundamentales para ayudarlo a navegar su camino desde la desesperación hasta la esperanza.

Aspiraciones futuras

Mirando hacia el futuro, Ahmed alberga sueños que son tanto ambiciosos como altruistas. Su negocio, que comenzó como una empresa modesta, ha crecido sustancialmente, proporcionándole los recursos y la plataforma para perseguir objetivos más amplios. Ahmed visualiza expandir su negocio aún más, no solo para obtener ganancias financieras, sino para crear más oportunidades de empleo para aquellos que enfrentan persecución y discriminación similares.

Más allá del crecimiento empresarial, Ahmed siente pasión por continuar y amplificar su trabajo de defensa. Tiene la intención de aprovechar su éxito e influencia para abogar por la libertad religiosa a mayor escala. Ahmed planea establecer asociaciones con organizaciones internacionales y ONG dedicadas a proteger los derechos religiosos y apoyar a las comunidades perseguidas en todo el mundo. Su objetivo es crear una red de apoyo que trascienda fronteras, ofreciendo recursos, asistencia legal y refugios seguros para quienes lo necesiten.

Legado de esperanza

La historia de Ahmed es más que un éxito personal; es un faro de esperanza para muchos. Su viaje ejemplifica el poder transformador de la fe, la resiliencia y el apoyo comunitario. Al superar una inmensa adversidad, Ahmed ha demostrado que con determinación y confianza en Dios, incluso los obstáculos más insuperables pueden ser conquistados.

Su legado es uno de inspiración y empoderamiento. La historia de vida de Ahmed anima a otros a creer en su potencial y confiar en el plan de Dios, sin importar cuán desesperadas puedan parecer sus circunstancias. Se ha convertido en un símbolo de lo que se puede lograr cuando uno se mantiene firme en su fe y aprovecha el apoyo de una comunidad compasiva.

Además de inspirar a las personas, los esfuerzos de Ahmed han tenido un impacto tangible en su comunidad. Las personas a las que ha empleado y asesorado han encontrado no solo estabilidad financiera, sino también un renovado sentido de propósito y pertenencia. A través de su defensa, Ahmed ha aumentado la conciencia sobre la importancia de la libertad religiosa y ha fomentado conversaciones que promueven la tolerancia y la comprensión.

El sueño de Ahmed de crear un impacto duradero a través de sus esfuerzos empresariales y de defensa continua impulsándole hacia adelante. Su historia sirve como un recordatorio poderoso de que, con fe, perseverancia y una comunidad de apoyo, todo es posible. Mientras mira hacia el futuro, Ahmed sigue comprometido con su misión de fomentar un mundo donde todos puedan vivir y adorar libremente, dejando un legado que inspirará a generaciones venideras.

Fin

EL VIAJE DE BIANCA DESDE LA ENFERMEDAD A LA SANIDAD EN ROMA, ITALIA

Capítulo 1: Una enfermedad repentina

- **Introducción a Bianca:** Una joven que vive en Roma, Italia, conocida por su personalidad vibrante y su amor por la vida.

- **Diagnóstico:** A Bianca le diagnostican una enfermedad grave que la deja postrada en la cama, provocando un cambio significativo en su vida y la de su familia.

- **Luchas iniciales:** El costo emocional y financiero que enfrenta la familia de Bianca mientras navegan por su tratamiento y cuidado.

Capítulo 2: Soportando las pruebas

- **Desafíos diarios:** Las luchas diarias de Bianca con el dolor, la inmovilidad y el impacto en su salud mental.

- **Lucha familiar:** Las cargas emocionales y financieras que enfrenta su familia, desgastando sus recursos y espíritus.

- **Fe y esperanza:** A pesar de su condición, la fe inquebrantable de Bianca en Jesús le brinda esperanza y fortaleza.

Capítulo 3: El poder de la comunidad

• **Apoyo de la iglesia:** La iglesia local de Bianca en Roma interviene, ofreciendo oraciones, visitas regulares y apoyo emocional.

• **Actos de bondad:** Los miembros de la iglesia y amigos proporcionan comidas, asistencia financiera y compañía, aliviando algunas de las cargas de la familia.

• **Crecimiento espiritual:** La fe de Bianca se profundiza a medida que se apoya en las escrituras, la oración y el apoyo de su comunidad.

Capítulo 4: Sanidad milagrosa

• **Punto de inflexión:** Una experiencia espiritual significativa o un momento de oración que reaviva la esperanza de Bianca por sanarse.

• **Recuperación gradual:** Bianca comienza a mostrar signos de mejoría, sorprendiendo a sus médicos y familiares.

• **Recuperación total:** Con el tiempo, Bianca se recupera milagrosamente, recuperando su fuerza y movilidad, lo que se considera un testimonio de su fe y el poder de la oración.

Capítulo 5: Persiguiendo un nuevo sueño

• **Inspirada por el cuidado:** Bianca se siente inspirada por el apoyo que recibió durante su enfermedad y decide convertirse en enfermera.

• **Escuela de enfermería:** Se inscribe en un programa de enfermería, enfrentando y superando desafíos con la misma determinación que mostró durante su enfermedad.

• **Sistema de apoyo:** Su iglesia y su familia continúan apoyándola en sus estudios, brindándole aliento y oración.

Capítulo 6: Convertirse en enfermera

• **Graduación:** Bianca se gradúa de la escuela de enfermería, un momento de orgullo para ella y sus apoyadores.

• **Primer trabajo:** Comienza a trabajar en un hospital local, dedicando su vida a cuidar de los demás y trayendo esperanza a sus pacientes.

• **Compartiendo su historia:** Bianca comparte su testimonio con pacientes, colegas y su comunidad religiosa, inspirando a muchos con su viaje de fe y sanidad.

Capítulo 7: Marcando la diferencia

• **Impacto en los pacientes:** La empatía y la experiencia personal de Bianca con la enfermedad la convierten en una enfermera excepcional, teniendo un profundo impacto en sus pacientes.

• **Participación comunitaria:** Se involucra en programas de atención médica a través de su iglesia, brindando cuidado y educación a comunidades desatendidas.

• **Fe continua:** Bianca sigue activa en su iglesia, continuando su crecimiento espiritual e inspirando a otros con su historia.

Capítulo 8: Dando gloria a Dios

• **Testimonio público:** Bianca comparte regularmente su viaje de enfermedad, fe y recuperación en eventos de la iglesia y reuniones comunitarias.

• **Gratitud y adoración:** Continúa dando gloria a Dios por su sanidad milagrosa y la fuerza que encontró en su fe.

• **Animando a otros:** La historia de Bianca se convierte en un faro de esperanza para aquellos que enfrentan luchas similares, alentándolos a confiar en el plan de Dios y el poder de la oración.

Epílogo: Una vida de servicio y fe

• **Reflexionando sobre el viaje:** Bianca reflexiona sobre su trayectoria desde la enfermedad hasta la sanidad, reconociendo el profundo impacto de su fe y el apoyo de su comunidad.

• **Aspiraciones futuras:** Sueña con avanzar en su carrera de enfermería y posiblemente iniciar una fundación para apoyar a pacientes con enfermedades graves.

• **Legado de esperanza y sanidad:** La historia de Bianca deja un legado duradero, demostrando el poder de la fe, la perseverancia y la importancia del apoyo comunitario.

"El viaje de Bianca desde la enfermedad a la sanidad en Roma, Italia"

Bianca, una joven que vive en el corazón de Roma, Italia, es conocida por su personalidad vibrante y su entusiasmo por la vida. Es la personificación de la alegría y la energía, siempre vista con una sonrisa y una palabra amable para todos. Su amor por la vida es contagioso, esparciendo calidez donde quiera que vaya. Una tarde soleada, la vida de Bianca da un giro drástico. Después de semanas de fatiga inexplicable y enfermedades frecuentes, es diagnosticada con una enfermedad grave y rara que la deja postrada en cama. El diagnóstico conmociona a su familia, que de repente se ve inmersa en un mundo de jerga médica, tratamientos y visitas al hospital. La vida activa de Bianca se reemplaza por una rutina de citas médicas y tratamientos. La enfermedad tiene un impacto emocional y financiero significativo en la familia de Bianca. Sus padres luchan por equilibrar el trabajo y el cuidado de Bianca, a menudo tomando permisos no remunerados para estar a su lado. Las facturas médicas comienzan a acumularse, aumentando su estrés. A pesar de estos desafíos, la familia de Bianca se mantiene esperanzada, encontrando fuerza en su amor mutuo y en su fe.

Introducción a Bianca

Bianca es una joven que vive en el corazón de Roma, Italia, conocida por su personalidad vibrante y su entusiasmo por la vida. Con su radiante sonrisa y energía contagiosa, Bianca es un faro de alegría en su vecindario. Tiene un don para hacer amigos donde quiera que vaya, y su perspectiva positiva de la vida es una fuente de inspiración para todos los que la conocen. Bianca ama explorar las calles históricas de Roma, jugar con sus amigos en el parque local y ayudar a su madre a hornear deliciosos pasteles italianos. Su entusiasmo ilimitado y su corazón bondadoso la hacen querida por su familia, amigos y maestros.

Diagnóstico

Una tarde soleada, la vida de Bianca da un giro drástico. Después de semanas de fatiga inexplicable, fiebres frecuentes y dolor persistente, sus padres deciden llevarla al hospital para un chequeo completo. Los médicos realizan una serie de pruebas, y los resultados revelan una enfermedad grave y rara. El diagnóstico es devastador: Bianca sufre de una condición debilitante que la deja postrada en cama. La noticia golpea a su familia como una ola. Bianca, que antes estaba llena de vida y energía, ahora enfrenta un futuro lleno de incertidumbre y miedo. El diagnóstico empuja a la familia a un mundo de jerga médica, tratamientos y visitas al hospital, rompiendo la normalidad de su vida cotidiana.

Luchas iniciales

La enfermedad tiene un impacto emocional y financiero significativo en la familia de Bianca. Sus padres, María y Luca, están desolados al ver a su vibrante hija confinada a una cama. Luchan por equilibrar sus trabajos con las demandas de cuidar a Bianca. María, que trabaja como maestra, y Luca, un taxista, a menudo toman permisos no remunerados para estar con su hija durante sus tratamientos. Las crecientes facturas médicas aumentan su estrés, creando una pesada carga financiera. A pesar de sus mejores esfuerzos, los ahorros de la familia se agotan rápidamente, y comienzan a preocuparse por cómo llegarán a fin de mes.

La condición de Bianca requiere visitas frecuentes al hospital y una variedad de tratamientos, desde medicamentos hasta fisioterapia. La rutina de citas médicas, pruebas y tratamientos se convierte en la nueva normalidad para la familia. El hogar vibrante y animado que antes conocían ahora está lleno del suave zumbido de equipos médicos y la constante preocupación por la salud de Bianca.

Impacto emocional

El impacto emocional en la familia es profundo. Los padres de Bianca están constantemente ansiosos, luchando con sentimientos de impotencia mientras ven a su hija luchar contra su enfermedad. Los hermanos de Bianca, su hermano menor Marco y su hermana mayor Sofía, también sienten la tensión. Extrañan los días en que su hermana podía jugar y reír con ellos. Sofía asume más responsabilidades en casa, ayudando con las tareas y cuidando de Marco, pero el peso de la situación es pesado en sus jóvenes hombros.

A pesar de estos desafíos abrumadores, la familia de Bianca sigue siendo esperanzada. Encuentran fortaleza en su amor mutuo y en su fe, creyendo que vendrán días mejores. Bianca, aunque debilitada físicamente, mantiene un espíritu valiente. Su resiliencia y esperanzainspiran a su familia a seguir luchando junto a ella. Frente a la adversidad, la historia de Bianca apenas comienza. Su viaje a través de la enfermedad pondrá a prueba su fe, fortalecerá su espíritu y, en última instancia, la llevará a un camino de sanidad y un nuevo propósito.

Capítulo 2: Soportando las pruebas

Bianca enfrenta luchas diarias con el dolor y la inmovilidad. Tareas simples se convierten en desafíos monumentales. El dolor constante afecta su salud mental, conduciéndola a episodios de depresión y ansiedad. Extraña a sus amigos de la escuela, el patio de juegos y los días despreocupados de su infancia. La tensión en la familia de Bianca es inmensa. Se reúnen a su alrededor, pero la preocupación constante y la presión económica pesan mucho. Sus hermanos, demasiado jóvenes para comprender completamente, sienten el impacto mientras la atención de sus padres se divide. A pesar de sus mejores esfuerzos, el ánimo de la familia decae bajo el estrés continuo. En medio de estas pruebas, la fe inquebrantable de Bianca en Jesús proporciona un faro de esperanza. Su fe se convierte en su ancla, dándole fuerza para soportar el dolor y la incertidumbre. Encuentra consuelo en la oración, creyendo que Dios tiene un plan para ella. Esta fe no solo sostiene a Bianca, sino que también levanta a su familia durante los momentos más oscuros.

Desafíos diarios

Bianca enfrenta una batalla implacable con el dolor y la inmovilidad. Cada día presenta una serie de desafíos monumentales que ponen a prueba su fuerza y determinación. Tareas simples como cepillarse los dientes, comer o levantarse de la cama se convierten en esfuerzos hercúleos debido a su estado debilitado. El dolor constante y persistente erosiona su energía una vez ilimitada y disminuye su espíritu vibrante. Cada movimiento es una lucha, y la frustración de no poder hacer las cosas que antes amaba pesa mucho en ella.

Las limitaciones físicas impuestas por su enfermedad tienen un grave impacto en la salud mental de Bianca. Experimenta episodios de depresión y ansiedad, encontrando cada vez más difícil mantener la actitud optimista que una vez tuvo. El aislamiento de sus amigos y de las actividades que disfrutaba exacerba sus sentimientos de soledad y tristeza. Bianca extraña las alegrías simples de la escuela, las risas de sus amigos y los días despreocupados jugando en el parque. Su mundo, una vez lleno de posibilidades infinitas, ahora se siente confinado a las cuatro paredes de su habitación.

Lucha de la familia

La tensión en la familia de Bianca es inmensa y multifacética. María y Luca, sus padres, están constantemente preocupados por la salud y el futuro de su hija. Hacen lo mejor que pueden para mantener una apariencia de normalidad, pero el estrés y el agotamiento constantes les pasan factura. La carga financiera de las facturas médicas de Bianca añade otra capa de ansiedad. A pesar de trabajar horas extras y hacer numerosos sacrificios, la familia lucha por mantenerse al día con los gastos crecientes. La preocupación sobre cómo costear el próximo tratamiento o pagar la próxima factura es una sombra constante sobre sus vidas.

Los hermanos de Bianca, Marco y Sofía, también sienten el impacto de la enfermedad de su hermana. Marco, demasiado joven para comprender completamente, siente una sensación de confusión y frustración al ver a su hermana, antes vivaz, ahora postrada en la cama. Sofía, quien ha asumido más responsabilidades en casa, lucha por equilibrar sus tareas escolares, las labores del hogar y la carga emocional de ver a su familia en distress. Los hermanos extrañan la atención y los tiempos despreocupados con sus padres, que ahora a menudo están preocupados con las necesidades de Bianca.

A pesar de sus mejores esfuerzos para mantenerse fuertes, el ánimo de la familia decae bajo el estrés continuo. El ambiente antes cálido y alegre de su hogar ahora a menudo está teñido de preocupación y fatiga. Las cenas en familia, antes un tiempo de unión y risas, ahora son más silenciosas, llenas de preocupación por el bienestar de Bianca.

Fe y esperanza

En medio de estas pruebas, la fe inquebrantable de Bianca en Jesús proporciona un faro de esperanza. Su fe se convierte en su ancla, dándole la fuerza para soportar el dolor y la incertidumbre. Cada noche, se aferra a su Biblia, encontrando consuelo en sus páginas y en la oración. Versículos como Jeremías 29:11, "Porque yo sé muy bien los planes que tengo para ustedes —afirma el Señor—, planes de bienestar y no de calamidad, a fin de darles un futuro y una esperanza," resuenan profundamente en ella, ofreciendo un destello de esperanza en sus momentos más oscuros.

La fe de Bianca no solo la sostiene a ella, sino también eleva a su familia. Sus padres, al ver la creencia inquebrantable de su hija, encuentran una fuerza renovada para continuar su lucha. Se unen a ella en oración, buscando consuelo y guía. El coraje y la determinación silenciosa de Bianca se convierten en una fuente de inspiración para sus hermanos también. Marco y Sofía, a pesar de su corta edad, empiezan a entender el poder de la fe y la importancia de la esperanza.

Juntos, la familia se apoya en su fe para enfrentar los desafíos que enfrentan. Obtienen fuerza unos de otros y de su creencia de que Dios tiene un plan para Bianca. Esta fe compartida fomenta un sentido de unidad y resistencia, ayudándoles a soportar las pruebas que se les presentan. A pesar de las abrumadoras dificultades, la fe de Bianca se convierte en una luz que guía a ella y a su familia a través de los momentos más oscuros, proporcionando esperanza de que días mejores están por venir.

Capítulo 3: El poder de la comunidad

La comunidad eclesiástica local de Bianca en Roma interviene para ofrecer su apoyo. Organizan cadenas de oración, visitan regularmente y brindan consuelo emocional a Bianca y su familia. La iglesia se convierte en una segunda familia, envolviéndolos en una manta de amor y fe. Los miembros de la iglesia y amigos proporcionan comidas, asistencia financiera y compañía, aliviando algunas de las cargas de la familia. Los vecinos se ofrecen como voluntarios para ayudar con las tareas domésticas y el cuidado de los niños, permitiendo que los padres de Bianca se concentren en su cuidado. Estos actos de bondad traen momentos de alivio y alegría en medio de la lucha. A medida que Bianca se apoya en las escrituras y la oración, su fe se profundiza. Encuentra un nuevo significado en su sufrimiento, creyendo que Dios está usando su experiencia para un propósito mayor. Su viaje espiritual se convierte en una fuente de inspiración para su familia y la comunidad eclesiástica.

Apoyo de la iglesia

La comunidad eclesiástica local de Bianca en Roma, una piedra angular de la vida espiritual de su familia, interviene para ofrecer un apoyo inquebrantable. Reconociendo la inmensa lucha que enfrentan Bianca y su familia, los miembros de la iglesia se reúnen, demostrando la verdadera esencia de la comunión cristiana. Organizan cadenas de oración, asegurándose de que Bianca sea continuamente levantada en oración. Estas oraciones, ofrecidas por individuos y grupos pequeños, crean un flujo constante de apoyo espiritual que Bianca puede sentir incluso en sus momentos más desafiantes.

Las visitas regulares de los miembros de la iglesia se convierten en un salvavidas para Bianca y su familia. Cada visita trae no solo consuelo emocional sino también asistencia práctica. Los ancianos y voluntarios de la iglesia pasan tiempo con Bianca, leyendo escrituras, compartiendo historias de fe y simplemente ofreciendo su presencia. Estas interacciones proporcionan a Bianca un sentido de normalidad y compañía, rompiendo la monotonía de sus días en cama. Para sus padres, estas visitas son una fuente de inmenso alivio, ofreciéndoles apoyo emocional y una oportunidad para compartir sus cargas con amigos comprensivos.

La comunidad eclesiástica se convierte en una segunda familia para Bianca, envolviéndola a ella y a sus seres queridos en una manta de amor y fe. Atienden las necesidades espirituales de la familia, asegurándose de que la familia de Bianca no se sienta aislada o abandonada. Se celebran servicios de oración especiales en honor a Bianca, donde la congregación se reúne para orar por su sanidad y fortaleza. Estas oraciones y servicios comunales refuerzan la fe de la familia y proporcionan un poderoso recordatorio de la solidaridad de la iglesia con ellos.

Actos de bondad

Los actos de bondad de los miembros de la iglesia y amigos juegan un papel crucial en aliviar algunas de las cargas de la familia. Trenes de comidas organizados aseguran que la familia de Bianca siempre tenga comidas caseras, reduciendo el estrés de la preparación de comidas. Los voluntarios se turnan para entregar estas comidas, cada una con un mensaje de esperanza y ánimo. Estos gestos no solo proporcionan sustento físico sino que también alimentan el alma de la familia con amor y compasión.

La asistencia financiera de la iglesia ayuda a aliviar las crecientes facturas médicas y otros gastos. Se organizan recaudaciones de fondos y donaciones de manera discreta para proporcionar apoyo sin agregar a las preocupaciones de la familia. Esta ayuda financiera es un salvavidas, permitiendo que los padres de Bianca se concentren en su cuidado sin la constante preocupación de la ruina financiera.

Vecinos y amigos también se ofrecen, ofreciendo ayuda con las tareas del hogar y el cuidado de niños. Se turnan para limpiar la casa, hacer la colada e incluso hacer recados, liberando a los padres de Bianca para que puedan dedicar su tiempo y energía a ella. Estos actos de bondad traen momentos de alivio y alegría en medio de la lucha, recordando a la familia que no están solos en su viaje.

La compañía de los miembros de la iglesia y vecinos se convierte en una fuente de consuelo y alegría para Bianca. Los amigos la visitan regularmente para hacerle compañía, trayendo libros, juegos e historias para compartir. Crean un ambiente alegre, lleno de risas y positividad, que ilumina los días de Bianca y le ayuda a sobrellevar su enfermedad.

Crecimiento espiritual

A medida que Bianca se apoya en las escrituras y la oración, su fe se profundiza considerablemente. Pasa horas leyendo la Biblia, encontrando consuelo y fuerza en sus palabras. Versículos como Romanos 8:28, "Y sabemos que en todas las cosas Dios trabaja para el bien de aquellos que lo aman, que han sido llamados según su propósito," toman un nuevo significado. Bianca comienza a ver su sufrimiento no como un castigo, sino como parte de un plan divino mayor.

El viaje espiritual de Bianca se convierte en una fuente de inspiración para su familia y la comunidad eclesiástica. Su fe inquebrantable y perspectiva positiva, incluso frente a una enfermedad grave, sirven como un testimonio poderoso de la fortaleza de su creencia. Bianca comienza a compartir sus reflexiones y experiencias durante las visitas a la iglesia, ofreciendo ánimo y esperanza a los demás. Sus ideas sobre la fe y el sufrimiento resuenan profundamente con quienes la rodean, fomentando un sentido de propósito compartido y comunidad.

Su familia, al presenciar el crecimiento espiritual de Bianca, ve fortalecida su propia fe. Empiezan a ver sus luchas a través del lente de la perspectiva de Bianca, encontrando un nuevo significado y esperanza en sus circunstancias. La comunidad eclesiástica, inspirada por el ejemplo de Bianca, redobla sus esfuerzos para apoyarla a ella y a otros que enfrentan pruebas similares.

El viaje de fe de Bianca ilustra el poder transformador de la creencia y el apoyo comunitario. Su historia se convierte en un faro de esperanza, demostrando que incluso en los momentos más oscuros, la fe y el amor pueden iluminar el camino. El poder de la comunidad, combinado con la fortaleza de la fe de Bianca, crea un efecto dominó, tocando las vidas de muchos y reforzando la importancia de la compasión y la solidaridad frente a la adversidad.

Capítulo 4: Sanidad milagrosa

Una noche, durante una reunión de oración en la iglesia, Bianca experimenta un momento espiritual profundo. Mientras la congregación ora fervientemente, Bianca siente una abrumadora sensación de paz y calidez, una sensación que describe como el toque de Dios. Este momento reaviva su esperanza de sanidad. En las semanas posteriores a esta experiencia, Bianca comienza a mostrar signos de mejoría. Su energía regresa lentamente, y el dolor disminuye. Sus doctores están asombrados mientras ella comienza a recuperar movilidad, haciendo un progreso que desafía sus expectativas. Con el tiempo, Bianca se recupera milagrosamente. Recupera su fuerza y movilidad, volviendo a ser la niña vibrante y alegre que una vez fue. Su recuperación se ve como un testimonio de su fe y el poder de la oración, trayendo una inmensa alegría a su familia y comunidad.

Punto de inflexión

Una noche, durante una reunión de oración en la iglesia particularmente intensa, la vida de Bianca da un giro milagroso. La atmósfera en la iglesia está cargada de fervorosa oración y fe. La congregación, habiendo sido testigo de la lucha de Bianca, vierte sus corazones en las oraciones, suplicando por una intervención divina. A medida que las oraciones crecen en intensidad, Bianca, sentada tranquilamente con su familia, cierra los ojos y se une a ellas en oración.

De repente, Bianca experimenta un momento espiritual profundo. Siente una abrumadora sensación de paz y calidez envolviéndola, una sensación como ninguna otra que haya sentido antes. Es como si una presencia divina hubiera llenado el lugar, envolviéndola en un abrazo reconfortante. Bianca describe más tarde este momento como el toque de Dios, una sensación poderosa e indescriptible que le asegura que no está sola y que la sanidad es posible.

Este momento reaviva su esperanza de sanidad. Por primera vez en meses, Bianca siente un profundo sentido de calma y la certeza de que superará su enfermedad. La experiencia renueva su fe y fortalece su determinación de luchar contra su condición con una creencia inquebrantable en el plan de Dios.

Recuperación gradual

En las semanas siguientes a este encuentro espiritual, Bianca comienza a mostrar signos notables de mejoría. Sus niveles de energía empiezan a aumentar, y el dolor persistente que la había aquejado durante tanto tiempo comienza a disminuir. Los cambios son sutiles al principio, pero innegables. La familia, los amigos y los doctores de Bianca observan estas mejoras con una mezcla de asombro y optimismo cauteloso.

La recuperación de Bianca es gradual pero constante. Comienza sentándose en la cama por períodos más largos y luego pasa a ponerse de pie con apoyo. Cada pequeño logro es celebrado por su familia y la comunidad de su iglesia, quienes ven estos cambios como respuestas a sus oraciones. Su movilidad mejora día a día; pasa de dar pasos tentativos a caminar distancias cortas alrededor de su casa. Los médicos de Bianca están desconcertados por su progreso, ya que su recuperación desafía sus expectativas médicas y pronósticos previos.

El apoyo de su comunidad eclesiástica se mantiene inquebrantable. Continúan orando por ella, visitándola y brindándole apoyo moral, reforzando la creencia de que la recuperación de Bianca es un testimonio del poder de la oración y la fe. La propia Bianca está llena de una renovada determinación, impulsada por el amor y la fe que la rodea.

Recuperación completa

Con el tiempo, Bianca logra una recuperación completa. Su fuerza regresa y recupera la movilidad total. La vibrante y alegre chica que había sido opacada por la enfermedad resurge, trayendo una inmensa alegría a su familia y comunidad. Bianca retoma su vida con un renovado entusiasmo, ansiosa por abrazar todas las actividades que una vez amó. Vuelve a la escuela, se reconecta con sus amigos y participa en eventos de la iglesia y la comunidad con su entusiasmo y esperanzacaracterísticos.

La recuperación completa de Bianca es vista como un milagroso testimonio de su fe y del poder de la oración. Su historia se difunde por toda su comunidad y más allá, convirtiéndose en un faro de esperanza e inspiración. Las personas se conmueven por el poder de la fe y el increíble apoyo de una comunidad amorosa. Sus médicos, aunque todavía desconcertados por su recuperación, reconocen la naturaleza extraordinaria de su sanidad.

La transformación en la vida de Bianca también fortalece la fe de quienes la rodean. Su familia, habiendo presenciado el giro milagroso de los acontecimientos, profundiza sus propias prácticas espirituales, llenos de gratitud y asombro por el milagro que han experimentado. La comunidad eclesiástica, rejuvenecida por la recuperación de Bianca, se compromete aún más con su fe, creyendo de todo corazón en el poder de la oración colectiva y la intervención divina.

El viaje de Bianca desde la enfermedad hasta la sanidad no solo revitaliza su propio espíritu, sino que también eleva a toda su comunidad. Su historia sirve como un poderoso recordatorio de la fuerza que proviene de la fe, la importancia del apoyo comunitario y la posibilidad de milagros. La milagrosa sanidad de Bianca se convierte en una historia fundamental de fe para su comunidad, inspirando a otros a creer en lo imposible y confiar en el plan de Dios.

Capítulo 5: Persiguiendo un nuevo sueño

Inspirada por el cuidado y el apoyo que recibió durante su enfermedad, Bianca decide convertirse en enfermera. Quiere retribuir y ayudar a otros como ella fue ayudada. Este nuevo sueño la llena de propósito y determinación. Bianca se inscribe en un programa de enfermería. Las demandas académicas y la capacitación práctica presentan nuevos desafíos, pero los enfrenta con la misma resistencia que demostró durante su enfermedad. Su determinación y compasión la convierten en una estudiante destacada. Su iglesia y su familia continúan apoyándola durante sus estudios. Le brindan ánimo, oración y ayuda práctica, asegurándose de que pueda concentrarse en alcanzar sus metas.

Inspirada por el cuidado

El viaje de sanidad de Bianca deja un profundo impacto en ella. El cuidado, el amor y el apoyo que recibió de sus médicos, enfermeras y la comunidad de su iglesia la inspiraron profundamente. Siente un fuerte llamado a retribuir y ayudar a otros que están sufriendo, tal como ella fue ayudada. Este propósito renovado enciende un apasionado deseo dentro de ella de convertirse en enfermera. Bianca se imagina brindando cuidado compasivo a quienes lo necesitan, ofreciendo asistencia médica y apoyo emocional. Este sueño la llena de un renovado sentido de propósito y determinación, mientras embarca en un nuevo capítulo de su vida.

Escuela de enfermería

Bianca se inscribe en un prestigioso programa de enfermería en Roma. Las demandas académicas y la rigurosa capacitación práctica presentan nuevos desafíos, pero Bianca los enfrenta con la misma resistencia y determinación que mostró durante su enfermedad. Se adapta rápidamente al exigente horario, equilibrando su tiempo entre intensas sesiones de estudio, práctica clínica en terreno y trabajo voluntario.

La dedicación de Bianca a sus estudios es inquebrantable. A menudo se queda despierta hasta tarde, estudiando libros de texto y revistas médicas, decidida a sobresalir en sus cursos. Su compasión y empatía por los pacientes brillan durante sus rotaciones clínicas, donde se destaca como una estudiante ejemplar. Sus profesores y compañeros están impresionados por su capacidad para conectar con los pacientes y brindar no solo atención médica, sino también consuelo emocional. La propia experiencia de Bianca con la enfermedad le da una perspectiva única, permitiéndole empatizar profundamente con las luchas y temores de sus pacientes.

Bianca también se involucra activamente en actividades extracurriculares relacionadas con su campo. Se une a asociaciones de estudiantes de enfermería, asiste a conferencias médicas y participa en programas de alcance comunitario de salud. Estas experiencias amplían su comprensión del cuidado de la salud y consolidan su compromiso de hacer una diferencia.

Sistema de apoyo

A lo largo de su trayectoria en la escuela de enfermería, el sistema de apoyo de Bianca juega un papel crucial en su éxito. Su familia, que fue testigo de su milagrosa recuperación, sigue siendo su mayor apoyo. Le brindan ayuda práctica, como transporte hacia y desde las clases y rotaciones clínicas, y apoyo emocional, ofreciéndole palabras de aliento y amor cuando enfrenta desafíos.

La comunidad de su iglesia continúa siendo un pilar de fortaleza para ella. Organizan grupos de oración específicamente para su éxito en la escuela de enfermería y revisan regularmente su progreso. Los miembros de la iglesia se ofrecen como voluntarios para ayudarla a estudiar, proporcionando espacios tranquilos para que trabaje e incluso dándole tutoría en materias difíciles. Su creencia inquebrantable en sus habilidades aumenta su confianza y motivación.

El apoyo financiero de su comunidad eclesiástica también alivia la carga de las matrículas y otros gastos. Organizaban eventos para recaudar fondos y donan generosamente para asegurarse de que Bianca pueda concentrarse en sus estudios sin el estrés adicional de las preocupaciones financieras. Esta asistencia práctica es invaluable, permitiéndole dedicarse completamente a su educación en enfermería.

La fe de Bianca sigue siendo una fuente constante de fortaleza a lo largo de este viaje. Ella continúa confiando en la oración y las escrituras para guiarla, encontrando consuelo e inspiración en su relación con Dios. Su fe no solo la sostiene, sino que también la motiva a sobresalir en sus estudios, sabiendo que sus esfuerzos son parte de un plan mayor para servir a los demás y glorificar a Dios.

Conforme Bianca avanza en su programa de enfermería, se convierte en un modelo a seguir para sus compañeros. Su historia de superar la enfermedad y perseguir un nuevo sueño a través de la fe y la determinación inspira a otros en su comunidad y más allá. Sus profesores la elogian por su resiliencia y dedicación, a menudo destacándola como un ejemplo de lo que se puede lograr a través del trabajo arduo y un corazón compasivo.

El viaje de Bianca a través de la escuela de enfermería está marcado por el crecimiento personal y académico. Se desarrolla en una enfermera habilidosa y empática, lista para tener un impacto significativo en el campo de la salud. Su viaje es un testimonio del poder de la fe, la perseverancia y el apoyo de una comunidad amorosa, mostrando que con determinación y el sistema de apoyo adecuado, se puede superar cualquier obstáculo y alcanzar los sueños.

Capítulo 6: Convertirse en enfermera

Bianca se gradúa de la escuela de enfermería, un momento de orgullo para ella y sus seguidores. La ceremonia de graduación está llena de lágrimas de alegría y aplausos sinceros, celebrando no solo sus logros académicos sino su increíble trayectoria de resiliencia. Comienza a trabajar en un hospital local en Roma, dedicando su vida a cuidar a los demás. Su empatía y experiencia personal con la enfermedad la convierten en una enfermera excepcional, impactando profundamente a sus pacientes y colegas. Bianca comparte su testimonio con pacientes, colegas y su comunidad eclesiástica. Su historia de fe, sanidad y perseverancia inspira a muchos, mostrando el poder de la esperanza y la oración.

Graduación

El día de la graduación de Bianca de la escuela de enfermería es una ocasión trascendental llena de emociones. La ceremonia tiene lugar en un gran auditorio, adornado con coloridos estandartes y flores. Mientras Bianca camina por el escenario para recibir su diploma, lágrimas de alegría corren por su rostro. Su familia, amigos y miembros de la iglesia aplauden fuertemente, sus aplausos resonando en el salón. Para Bianca, este momento no solo significa la culminación de su arduo trabajo y dedicación, sino también un testimonio de su trayectoria de resiliencia y fe. Reflexiona sobre los desafíos que superó, desde su grave enfermedad hasta las rigurosas demandas de la escuela de enfermería, y siente una profunda gratitud por todos los que la apoyaron en el camino.

Primer trabajo

Poco después de graduarse, Bianca consigue un puesto en un hospital local en Roma. En su primer día, entra en el entorno bullicioso del hospital con una mezcla de emoción y nerviosismo. El hospital es una instalación de vanguardia con corredores ocupados llenos de médicos, enfermeras y pacientes. Bianca es asignada al pabellón de medicina general, donde rápidamente se convierte en una parte integral del equipo. Sus supervisores y colegas están impresionados por su conocimiento, dedicación y enfoque compasivo hacia el cuidado del paciente.

La empatía y la experiencia personal de Bianca con la enfermedad la convierten en una enfermera excepcional. Ella se conecta profundamente con sus pacientes, entendiendo sus miedos y ansiedades. Su comportamiento amable y sus palabras reconfortantes proporcionan consuelo a quienes están en dolor. Bianca a menudo pasa tiempo adicional con los pacientes, escuchando sus historias y ofreciendo aliento. Su capacidad para relacionarse con sus luchas crea un vínculo de confianza y respeto.

Muchos pacientes y sus familias expresan su gratitud, a menudo diciendo que el cuidado de Bianca marca una diferencia significativa en su proceso de sanidad.

Sus colegas también notan su impacto positivo. Bianca es conocida por su trabajo en equipo y su disposición para ayudar a los demás. A menudo se ofrece como voluntaria para casos desafiantes y apoya a las nuevas enfermeras con su experiencia y conocimiento. Su presencia eleva a toda la sala, fomentando una cultura de empatía y colaboración. La administración del hospital reconoce sus contribuciones, y rápidamente se convierte en un miembro valioso del personal de enfermería.

Compartiendo su historia

A medida que Bianca se asienta en su rol en el hospital, siente un deseo creciente de compartir su viaje con los demás. Comienza compartiendo su testimonio con sus pacientes. Siempre que es apropiado, cuenta su propia batalla con la enfermedad y cómo su fe en Jesús la ayudó a superarla. Su historia resuena profundamente con aquellos a quienes cuida, proporcionándoles esperanza y fortaleza. Los pacientes se inspiran en su perseverancia y encuentran consuelo al saber que la recuperación es posible.

La historia de Bianca también llega a sus colegas. Durante las reuniones de personal y las sesiones de capacitación, habla sobre sus experiencias y la importancia de la compasión en la enfermería. Su testimonio anima a otras enfermeras a abordar su trabajo con renovada empatía y dedicación. La administración del hospital incluso la invita a hablar en eventos más grandes, donde se dirige a una audiencia más amplia, incluidos profesionales médicos y miembros de la comunidad.

Su comunidad eclesiástica sigue siendo una plataforma para compartir su historia. En los servicios de la iglesia y reuniones, Bianca habla sobre su camino de fe, sanidad y perseverancia. Ella enfatiza el poder de la oración y el apoyo de una comunidad amorosa para superar los desafíos de la vida. Su testimonio inspira a muchos dentro de la congregación, animándolos a confiar en el plan de Dios y a mantenerse esperanzados en tiempos difíciles.

El impacto de Bianca se extiende más allá de su círculo inmediato. Los medios locales se enteran de su inspiradora historia, y es invitada a compartir sus experiencias en televisión y en periódicos. Su mensaje de esperanza llega a una audiencia más amplia, tocando la vida de innumerables personas que enfrentan sus propias luchas. Bianca se convierte en un símbolo de resiliencia y fe, demostrando que con determinación, apoyo y creencia, se puede superar cualquier obstáculo.

A medida que continua su trabajo en el hospital y su defensa en la comunidad, Bianca se mantiene firme en su fe. Ella ora regularmente y asiste a la iglesia, buscando guía y fortaleza de Dios. Su viaje desde la enfermedad hasta la sanidad y ahora sirviendo a otros como enfermera es un testimonio viviente del poder transformador de la fe y del impacto de la compasión y el apoyo comunitario. La vida de Bianca, llena de propósito y servicio, continúa inspirando y elevando a quienes la rodean.

Capítulo 7: Marcando la diferencia

La empatía y la comprensión de Bianca la convierten en una enfermera querida. Forma conexiones profundas con sus pacientes, brindando no solo atención médica, sino también apoyo emocional y espiritual. Sus pacientes encuentran esperanza y consuelo en su presencia. Bianca se involucra en programas de alcance sanitario a través de su iglesia, brindando atención y educación a comunidades desatendidas. Organiza campamentos de salud, realiza talleres y ofrece su tiempo como voluntaria, difundiendo esperanza y sanidad. Bianca permanece activa en su iglesia, creciendo espiritualmente. Lidera grupos de oración, asesora a miembros jóvenes y participa en el servicio comunitario, retribuyendo continuamente a la comunidad que la apoyó.

Impacto en los pacientes

La empatía natural de Bianca y su profunda comprensión de las experiencias de sus pacientes la convierten en una enfermera querida en el hospital. No solo proporciona atención médica; ofrece apoyo emocional y espiritual que resuena profundamente con aquellos a quienes cuida. Sus rondas diarias están llenas de más que solo revisar signos vitales y administrar tratamientos; pasa tiempo escuchando los miedos y esperanzas de sus pacientes, compartiendo historias y ofreciendo palabras de aliento.

Para muchos pacientes, Bianca se convierte en un faro de esperanza y consuelo. A menudo ora con ellos, ofreciendo consuelo espiritual en su momento de necesidad. Su toque suave y presencia tranquilizadora traen una sensación de paz a quienes están en dolor. La habilidad de Bianca para conectar con sus pacientes a nivel personal transforma su estancia en el hospital de una experiencia clínica a una llena de compasión y comprensión. Las historias de su amabilidad se propagan por todo el hospital, y los pacientes frecuentemente la solicitan por su nombre, sabiendo que recibirán un cuidado que aborda tanto sus necesidades físicas como emocionales.

Participación comunitaria

La dedicación de Bianca para marcar una diferencia se extiende más allá de las paredes del hospital. A través de su iglesia, se involucra activamente en programas de alcance de salud dirigidos a comunidades desatendidas en Roma. Reconociendo la disparidad en el acceso a la atención médica, organiza campamentos de salud en varios vecindarios, llevando atención médica directamente a quienes más la necesitan.

Estos campamentos de salud proporcionan servicios médicos básicos, educación sobre salud y atención preventiva a personas que de otro modo no la recibirían. Bianca coordina con médicos locales, enfermeras y voluntarios para asegurar que cada campamento esté bien dotado de personal y equipado. Ella realiza talleres sobre temas como nutrición, higiene y prevención de enfermedades, empoderando a los miembros de la comunidad con conocimientos para mejorar su salud.

Los esfuerzos de Bianca en la comunidad no pasan desapercibidos. Su trabajo aporta mejoras tangibles a la vida de muchos, desde niños que reciben vacunas hasta personas mayores que obtienen el consejo médico que tanto necesitan. También hace visitas a domicilio a aquellos que están demasiado enfermos o frágiles para asistir a los campamentos, asegurándose de que todos reciban la atención que necesitan.

Voluntariado su tiempo y habilidades, Bianca encarna el espíritu de servicio y compasión. Trabaja incansablemente para cerrar la brecha entre los servicios de salud y aquellos que carecen de acceso, impulsada por su fe y su deseo de retribuir a la comunidad que una vez la apoyó.

Fe continua

A lo largo de su camino, Bianca permanece profundamente arraigada en su fe. Su iglesia sigue siendo una parte central de su vida, proporcionando alimento espiritual y una sensación de pertenencia. Bianca lidera grupos de oración, donde comparte sus ideas y experiencias, guiando a otros en sus recorridos espirituales. Su historia de sanidad y perseverancia sirve como un poderoso testimonio, inspirando fe y esperanza en quienes la escuchan.

Bianca también asesora a los jóvenes miembros de la iglesia, ofreciendo orientación y apoyo mientras navegan por sus propios caminos. Les ayuda a comprender la importancia de la fe, la resiliencia y el servicio, basándose en sus propias experiencias de vida. Su mentoría fomenta un fuerte sentido de comunidad y alienta a la generación más joven a mantenerse firmes en sus creencias y aspiraciones.

Además de sus roles en los grupos de oración y mentoría, Bianca participa en varios proyectos de servicio comunitario organizados por la iglesia. Estos proyectos van desde alimentar a los sin hogar hasta organizar colectas de ropa para familias necesitadas. La participación de Bianca en estas actividades refleja su compromiso con servir a los demás y vivir su fe a través de la acción.

Su continuo viaje de fe está marcado por el crecimiento personal y una relación cada vez más profunda con Dios. Bianca encuentra alegría en la adoración, fortaleza en la oración y propósito en el servicio. Sigue siendo un pilar de su comunidad eclesiástica, brindando apoyo constante y elevando a quienes la rodean. Su vida, llena de actos de bondad y dedicación a los demás, se alza como un testimonio del poder transformador de la fe y la compasión.

Capítulo 8: Dando gloria a Dios

Bianca comparte regularmente su camino de enfermedad, fe y recuperación en eventos de la iglesia y reuniones comunitarias. Su testimonio resuena con muchos, ofreciendo un poderoso mensaje del amor de Dios y el poder de la oración. Continuamente da gloria a Dios por su milagrosa sanidad y la fuerza que encontró en su fe. La gratitud de Bianca es evidente en su vida diaria, desde su trabajo hasta su adoración, siempre reconociendo el papel de Dios en su camino. La historia de Bianca se convierte en un faro de esperanza para aquellos que enfrentan luchas similares. Ella alienta a otros a confiar en el plan de Dios y en el poder de la oración, ofreciendo apoyo e inspiración a quienes lo necesitan.

Testimonio público

El camino de Bianca desde la enfermedad hasta la sanidad se convierte en una historia central en su comunidad eclesiástica y más allá. Regularmente comparte su poderoso testimonio en eventos de la iglesia, reuniones de grupos juveniles y encuentros comunitarios. Cada vez que habla, relata su batalla con la enfermedad, el apoyo inquebrantable de su familia y su iglesia, y la sanidad milagrosa que experimentó a través de la fe y la oración.

Su testimonio es más que un simple recuento de eventos; es una vívida narración de esperanza e intervención divina. Bianca describe los momentos más oscuros de su enfermedad, el sentimiento de desesperación y el encuentro espiritual durante la reunión de oración en la iglesia que reavivó su esperanza. Sus palabras están llenas de emoción, atrayendo a los oyentes a su historia y permitiéndoles sentir la profundidad de sus luchas y la alegría de su recuperación.

La historia de Bianca resuena profundamente con quienes la escuchan. Muchos encuentran consuelo e inspiración en sus palabras, dándose cuenta de que ellos también pueden encontrar fuerza en su fe durante tiempos difíciles. Su testimonio se convierte en un faro de esperanza, demostrando el profundo impacto de confiar en el amor de Dios y el poder transformador de la oración.

Gratitud y adoración

La gratitud de Bianca por su sanidad milagrosa es evidente en cada aspecto de su vida. Comienza cada día con una oración de agradecimiento, reconociendo la mano de Dios en su recuperación. Su gratitud se derrama en su trabajo como enfermera, donde trata a cada paciente con compasión y empatía, viendo su trabajo como una forma de honrar las bendiciones de Dios.

En la adoración, la fe de Bianca brilla intensamente. Participa con entusiasmo en los servicios de la iglesia, cantando alabanzas con un corazón lleno de gratitud. Sus oraciones son sentidas, a menudo llevándola a las lágrimas mientras reflexiona sobre el viaje que la devolvió a la salud. Frecuentemente comparte sus experiencias durante los servicios de adoración, recordando a otros la importancia de la fe y el poder del amor de Dios.

Las acciones diarias de Bianca están impregnadas de un sentido de propósito y agradecimiento. Ya sea que esté ayudando a un paciente, mentoreando a un joven miembro de la iglesia o haciendo voluntariado en la comunidad, lo hace con un espíritu de adoración, siempre dando gloria a Dios. Su vida se convierte en un testimonio viviente de los milagros que la fe puede traer.

Animando a otros

La historia de Bianca se convierte en una fuente de ánimo para muchos que están enfrentando sus propias batallas. Ella se acerca a aquellos que luchan con enfermedades, ofreciéndoles no solo asesoramiento médico, sino también apoyo espiritual. Sus palabras tienen peso porque habla desde la experiencia, habiendo recorrido el difícil camino de la enfermedad y la recuperación ella misma.

A menudo visita a pacientes que están pasando por momentos difíciles, compartiendo su historia y orando con ellos. Su presencia trae consuelo y esperanza, recordándoles que no están solos y que la fe puede mover montañas. Bianca también habla en grupos de apoyo y programas de divulgación de salud, animando a los participantes a aferrarse a la esperanza y confiar en el plan de Dios.

A través de su continua divulgación, Bianca construye una red de apoyo e inspiración. Organiza círculos de oración, tanto dentro de la iglesia como en la comunidad, donde las personas pueden reunirse para compartir sus cargas y encontrar fuerza en la fe colectiva. Su liderazgo en estos círculos fomenta un sentido de comunidad y aliento mutuo.

La vida y la historia de Bianca sirven como un poderoso ejemplo de resiliencia y fe. Ella inspira a otros a creer en la posibilidad de los milagros y a no perder nunca la esperanza, sin importar cuán graves sean las circunstancias. Su mensaje es claro: con fe, perseverancia y el apoyo de una comunidad amorosa, todo es posible.

Epílogo: Una vida de servicio y fe

Bianca reflexiona sobre su viaje desde la enfermedad hasta la sanidad, reconociendo el profundo impacto de su fe y el apoyo de la comunidad. Comprende que sus luchas formaban parte de un plan mayor que la llevó a una vida de servicio y compasión. Bianca sueña con avanzar en su carrera de enfermería y posiblemente iniciar una fundación para apoyar a pacientes con enfermedades graves. Su visión incluye proporcionar ayuda financiera, apoyo emocional y educación sanitaria a quienes lo necesiten. La historia de Bianca deja un legado duradero, demostrando el poder de la fe, la perseverancia y la importancia del apoyo comunitario. Su viaje inspira a las futuras generaciones a creer en su potencial y confiar en el plan de Dios, demostrando que con fe y determinación, todo es posible.

Reflexionando sobre el viaje

Mientras Bianca reflexiona sobre su viaje desde la enfermedad hasta la sanidad, está llena de un profundo sentido de gratitud y asombro. Recuerda los desafíos abrumadores, los momentos de desesperación y el giro milagroso de los eventos que restauraron su salud. Su viaje ha sido transformador, no solo físicamente, sino espiritual y emocionalmente.

Bianca reconoce el papel fundamental de su fe y el apoyo inquebrantable de su familia, amigos y comunidad eclesiástica. Estos fueron los pilares que la sostuvieron durante los tiempos más oscuros y la guiaron hacia la luz. Ve su experiencia como un testimonio del poder del amor de Dios y la importancia de una comunidad solidaria.

Aspiraciones futuras

Mirando hacia el futuro, Bianca sueña con expandir su impacto. Ella se imagina avanzando en su carrera de enfermería, especializándose en áreas que puedan brindar aún más alivio a quienes lo necesitan. También sueña con iniciar una fundación que apoye a los pacientes con enfermedades graves, proporcionándoles atención médica, apoyo espiritual y asistencia financiera.

Su fundación tendría como objetivo cerrar la brecha entre el tratamiento médico y el cuidado espiritual, asegurándose de que los pacientes reciban apoyo holístico. Bianca planea colaborar con otros profesionales de la salud, líderes espirituales y voluntarios para crear una red de apoyo que se extienda más allá de las paredes del hospital.

Legado de esperanza y sanidad

La historia de Bianca deja un legado duradero de esperanza y sanidad. Demuestra la increíble resiliencia del espíritu humano y el poder transformador de la fe. Su viaje desde ser una paciente postrada en cama hasta convertirse en una enfermera compasiva sirve de inspiración para muchos, mostrando que con fe, determinación y el apoyo de la comunidad, todo es posible.

Su legado no solo trata sobre su recuperación, sino sobre el impacto que continúa teniendo en las vidas de los demás. La dedicación de Bianca a su fe y a su comunidad ejemplifica lo mejor de la humanidad: compasión, perseverancia y el deseo de retribuir. Su historia inspirará a las generaciones futuras a confiar en el plan de Dios, abrazar sus desafíos y esforzarse por hacer una diferencia en el mundo.

Fin

EL VIAJE DE VIHAAN DE LA POBREZA AL ÉXITO EN LA INDIA RURAL

Capítulo 1: Una vida de luchas

• **Introducción a Vihaan:** Un niño que vive en un pequeño pueblo de la India, enfrentando pobreza extrema.

• **Trabajo infantil:** Vihaan es forzado a trabajar desde niño para ayudar a su familia, laborando largas horas en condiciones duras.

• **Dificultades familiares:** Una visión de las luchas de su familia, destacando la falta de recursos y oportunidades.

Capítulo 2: Un destello de esperanza

• **Encuentro con el misionero:** Vihaan conoce a un misionero cristiano local que ofrece comida, compasión y un oído atento.

• **Introducción a la fe:** El misionero presenta a Vihaan a Jesús, compartiendo historias de esperanza, amor y resiliencia.

• **Primeros pasos en la fe:** Vihaan comienza a asistir a las reuniones organizadas por el misionero, encontrando consuelo y esperanza en las enseñanzas de Jesús.

Capítulo 3: Abrazando la fe

• **Crecimiento espiritual:** La fe de Vihaan se fortalece a medida que sigue asistiendo a los servicios de la iglesia y a los estudios bíblicos.

• **Apoyo del misionero:** El misionero se convierte en un mentor para Vihaan, brindándole orientación, aliento y apoyo.

• **Impacto en la familia:** La nueva fe de Vihaan aporta esperanza a su familia, a pesar de sus luchas continuas.

Capítulo 4: Persiguiendo la educación

• **Oportunidad educativa:** Con el apoyo del misionero, Vihaan es inscrito en una escuela local, recibiendo su primera educación formal.

• **Equilibrando trabajo y estudio:** Vihaan equilibra su trabajo escolar con sus responsabilidades laborales, demostrando determinación y perseverancia.

• **Destacándose académicamente:** A pesar de los desafíos, Vihaan destaca en sus estudios, mostrando una aptitud natural para aprender.

Capítulo 5: Superando desafíos

• **Hitos académicos:** Vihaan logra hitos significativos en su educación, ubicándose a menudo en la parte superior de su clase.

• **Apoyo comunitario:** La comunidad cristiana local, inspirada por la dedicación de Vihaan, proporciona apoyo y recursos adicionales.

• **Soñando en grande:** Animado por su éxito, Vihaan comienza a soñar con un futuro más allá de su aldea, aspirando a convertirse en ingeniero.

Capítulo 6: Alcanzando el éxito

• **Educación superior:** Con becas y el apoyo del misionero y la comunidad, Vihaan puede asistir a una prestigiosa universidad de ingeniería.

• **Graduación y carrera:** Vihaan se gradúa con un título en ingeniería y asegura un trabajo, marcando el comienzo de un nuevo capítulo en su vida.

- **Crecimiento profesional:** Destaca en su carrera, ganando reconocimiento y respeto en su campo.

Capítulo 7: Correspondiendo a la comunidad

• **Regresando a su aldea:** Vihaan regresa a su aldea con una misión de devolver y elevar su comunidad.

• **Iniciativas educativas:** Inicia programas para proporcionar oportunidades educativas a otros niños desfavorecidos, asegurándose de que tengan acceso a los recursos que él una vez no tuvo.

• **Mentoría y apoyo:** Vihaan se convierte en mentor de jóvenes estudiantes, compartiendo su historia y alentándolos a perseguir sus sueños.

Capítulo 8: Fe y defensa

• **Abogando por el cambio:** Vihaan utiliza su plataforma para abogar por los derechos de los niños y la importancia de la educación, trabajando con ONGs y gobiernos locales.

• **Desarrollo comunitario:** Inicia proyectos de desarrollo comunitario, mejorando la infraestructura y el acceso a la educación en su aldea.

• **Crecimiento espiritual:** Vihaan continúa creciendo en su fe, participando activamente en su iglesia y liderando grupos de oración comunitarios.

Capítulo 9: Dando gloria a Dios

• **Compartiendo su testimonio:** Vihaan comparte su viaje en eventos de la iglesia y reuniones comunitarias, dando gloria a Dios por su transformación y éxito.

• **Inspiración a otros:** Su testimonio inspira a muchos, tanto dentro como fuera de su comunidad, mostrando el poder de la fe y la perseverancia.

• **Legado de esperanza:** La vida de Vihaan se convierte en testimonio del impacto de la fe, la educación y el apoyo de una comunidad amorosa.

Epílogo: Un legado de empoderamiento y fe

• **Reflexionando sobre el viaje:** Vihaan reflexiona sobre su trayectoria, desde la pobreza y el trabajo infantil hasta convertirse en ingeniero y líder comunitario.

• **Aspiraciones futuras:** Sueña con expandir sus iniciativas educativas y crear más oportunidades para niños desfavorecidos en toda India.

• **Fe duradera:** La historia de Vihaan deja un legado duradero, demostrando el poder transformador de la fe, la educación y el apoyo inquebrantable de una comunidad compasiva.

"El viaje de Vihaan de la pobreza al éxito en la India Rural"

Capítulo 1: Una vida de luchas

Vihaan es un joven que crece en un pequeño pueblo rural en India. Su familia vive en extrema pobreza, luchando por satisfacer sus necesidades básicas. A pesar de las dificultades, Vihaan se destaca por sus ojos brillantes y su rápida sonrisa, que revelan su espíritu resiliente y curiosidad por el mundo que lo rodea. Desde una edad temprana, Vihaan se ve obligado a trabajar como niño para ayudar a su familia. Trabaja largas horas en los campos y realiza trabajos esporádicos, soportando condiciones duras y ganando un ingreso escaso. Sus manos se vuelven ásperas y callosas por el trabajo, y sus sueños parecen distantes e inalcanzables. La familia de Vihaan lucha diariamente por sobrevivir. Sus padres trabajan incansablemente, pero sus ingresos combinados apenas son suficientes para poner comida en la mesa. La falta de recursos y oportunidades convierte cada día en una batalla. A pesar de estos desafíos, el amor y el apoyo mutuo de la familia permanecen fuertes, proporcionando una luz de esperanza en sus vidas difíciles.

Introducción a Vihaan

Vihaan es un joven que vive en un pequeño pueblo rural en India. El pueblo, enclavado entre campos extensos y caminos de tierra, es hogar de familias que trabajan sin descanso solo para sobrevivir. A pesar de la pobreza extrema, el pueblo está vivo con los colores vibrantes de la ropa tradicional, el aroma de la cocina local y los sonidos de los niños jugando en los campos. Vihaan, con sus ojos brillantes y su rápida sonrisa, es un faro de resiliencia en este entorno áspero. Su curiosidad por el mundo que lo rodea y su bondad inherente lo hacen muy querido en su comunidad, aunque su familia enfrenta dificultades inimaginables.

Trabajo infantil

Desde una edad temprana, Vihaan se ve obligado a trabajar como niño para apoyar a su familia. Cada día, se levanta antes del amanecer para trabajar largas horas en los campos, plantando, desyerbando y cosechando cultivos bajo el calor abrasador. Cuando no está en los campos, realiza trabajos esporádicos como traer agua, llevar cargas pesadas y cuidar el ganado. El trabajo es agotador, y sus pequeñas manos se vuelven ásperas y callosas por el trabajo constante. Su cuerpo a menudo duele de agotamiento, pero el pensamiento de ayudar a su familia lo impulsa a seguir adelante. A pesar del costo físico, Vihaan se aferra a sus sueños, aunque parecen más como estrellas distantes que objetivos alcanzables.

Dificultades familiares

La familia de Vihaan lucha a diario para satisfacer sus necesidades básicas. Su padre trabaja como jornalero, tomando cualquier trabajo que pueda encontrar, mientras su madre se encarga de su pequeño y deteriorado hogar y cuida de Vihaan y sus hermanos. Sus ingresos combinados apenas son suficientes para poner comida en la mesa, y hay días en los que la familia se acuesta con hambre. La falta de recursos significa que Vihaan y sus hermanos a menudo pasan sin ropa nueva, atención médica adecuada o incluso útiles escolares básicos. A pesar de estas adversidades, el amor de la familia entre sí es inquebrantable. Encuentran consuelo el uno en el otro, compartiendo risas y sueños durante los escasos momentos de descanso de su trabajo. Este fuerte lazo familiar le proporciona a Vihaan la esperanza y la fuerza para soportar sus luchas diarias, creyendo que algún día su situación mejorará.

La madre de Vihaan a menudo le cuenta historias por la noche, historias de grandes héroes y figuras legendarias que superaron tremendas adversidades. Estos cuentos encienden una chispa de esperanza dentro de él, inspirándolo a creer que él también puede superar sus circunstancias. Su padre, aunque exhausto del trabajo del día, siempre encuentra un momento para impartir sabiduría a Vihaan, alentándolo a ser amable, trabajador y a nunca perder la esperanza.

En el trasfondo de sus luchas diarias, la belleza del pueblo reside en su simplicidad y en la comunidad unida. Los festivales y celebraciones religiosas traen breves períodos de alegría y alivio, donde todos se reúnen, olvidando sus penas por un rato. Estos momentos, aunque fugaces, proporcionan a Vihaan un sentido de pertenencia y refuerzan su determinación de hacer una vida mejor para él y su familia.

A pesar de los abrumadores desafíos, el espíritu de Vihaan permanece intacto. Sus ojos brillantes y su sonrisa rápida son testimonio de su resiliencia e inquebrantable esperanza. Sueña con un futuro en el que pueda sacar a su familia de la pobreza y crear una vida llena de oportunidades y felicidad. Este capítulo de la vida de Vihaan, marcado por la lucha y la dificultad, prepara el escenario para su notable viaje de transformación y éxito.

Capítulo 2: Un destello de esperanza

Un día, Vihaan se encuentra con un misionero cristiano local llamado John, que le ofrece comida, compasión y un oído atento. La amabilidad y calidez de John son un marcado contraste con las dificultades a las que Vihaan está acostumbrado, y se siente atraído por el mensaje de esperanza y amor del misionero. John introduce a Vihaan en las enseñanzas de Jesús, compartiendo historias de resiliencia, amor y redención. Estas historias resuenan profundamente en Vihaan, quien comienza a sentir una sensación de esperanza y posibilidad que nunca antes había experimentado. Vihaan empieza a asistir a reuniones organizadas por John. Encuentra consuelo y confort en las enseñanzas de Jesús y en el sentido de comunidad entre los asistentes. Su fe comienza a crecer, proporcionándole una nueva fuente de fuerza y determinación.

Encuentro con el misionero

Una sofocante tarde, mientras Vihaan se arrastra de regreso a casa después de un largo día de trabajo, se encuentra con un misionero cristiano local llamado John. John, un hombre mayor con un comportamiento amable y ojos bondadosos, es conocido en el pueblo por sus esfuerzos humanitarios. A menudo camina por los polvorientos caminos del pueblo, distribuyendo comida, ropa y palabras de aliento. Al notar la apariencia cansada de Vihaan, John se le acerca y le ofrece una cálida sonrisa junto con una comida sencilla. Vihaan al principio es reacio, pero la bondad genuina en los ojos de John lo tranquiliza. John escucha atentamente mientras Vihaan habla sobre su vida, ofreciendo compasión y comprensión de una manera que Vihaan rara vez ha experimentado. Este pequeño acto de bondad planta una semilla de esperanza en el corazón de Vihaan.

Introducción a la fe

A medida que su amistad se desarrolla, John introduce a Vihaan en las enseñanzas de Jesús. Comparte historias de la Biblia, relatos de resiliencia, amor y redención. John habla del amor de Jesús por todas las personas, independientemente de sus circunstancias, y del poder de la fe para superar los tiempos más oscuros. Estas historias resuenan profundamente en Vihaan, quien ve reflejos de sus propias luchas en las pruebas que enfrentan los personajes de estos relatos. El mensaje de amor incondicional y esperanza eterna resuena en su corazón, y por primera vez, Vihaan comienza a imaginar un futuro en el que pueda superar sus circunstancias.

Primeros pasos en la fe

John invita a Vihaan a asistir a reuniones organizadas por la comunidad cristiana local. En estas reuniones, Vihaan encuentra un sentido de pertenencia y aceptación que nunca había conocido. La calidez de la comunidad, las oraciones compartidas y las canciones de adoración llenan su corazón con un nuevo tipo de paz. Vihaan comienza a participar activamente, aprendiendo más sobre las enseñanzas de Jesús y abrazando el apoyo de la comunidad. Empieza a rezar, encontrando consuelo en los momentos tranquilos de conexión con Dios. Su fe comienza a crecer, y con ella, un renovado sentido de fortaleza y determinación. Las enseñanzas de Jesús se convierten en una luz guía en su vida, proporcionándole la esperanza y la resiliencia necesarias para enfrentar sus desafíos diarios.

A medida que Vihaan se adentra más en su fe, nota cambios sutiles dentro de sí mismo. La desesperación que una vez nubló sus días comienza a disiparse, reemplazada por una tranquila confianza. Las palabras de la Biblia resuenan en su mente, ofreciendo consuelo y guía durante los momentos más difíciles. John continúa siendo su mentor, proporcionando tanto guía espiritual como consejos prácticos. La nueva fe de Vihaan también comienza a impactar a su familia, ya que les comparte la esperanza y fortaleza que ha encontrado. Su familia, al ver el cambio positivo en él, empieza a abrir sus corazones a las enseñanzas también.

La vida de Vihaan, aunque aún plagada de dificultades, ahora tiene una corriente subyacente de esperanza. Su fe actúa como un salvavidas, elevándolo por encima de las olas de desesperación que una vez amenazaron con ahogarlo. La comunidad que ha encontrado a través del ministerio de John se convierte en una segunda familia, ofreciendo apoyo y ánimo. Con cada reunión, oración y acto de bondad que recibe y da, la creencia de Vihaan en un futuro más brillante se fortalece. Este capítulo marca el comienzo de un viaje transformador, impulsado por la fe, la resiliencia y el inquebrantable apoyo de una comunidad compasiva.

Capítulo 3: Abrazando la fe

A medida que Vihaan continúa asistiendo a los servicios religiosos y estudios bíblicos, su fe en Jesús se profundiza. Comienza a ver el mundo a través de una nueva lente, llena de esperanza y posibilidades. Su viaje espiritual se convierte en un pilar de su vida, dándole la resiliencia para enfrentar sus luchas diarias. John se convierte en un mentor para Vihaan, proporcionando guía, ánimo y apoyo práctico. Le ayuda a entender las enseñanzas de Jesús y cómo aplicarlas a su vida. Este mentorazgo se convierte en una fuente crítica de fortaleza e inspiración para Vihaan. La nueva fe de Vihaan trae un sentido de esperanza a su familia. Notan los cambios en él y comienzan a ver la posibilidad de un futuro mejor. Su optimismo y resiliencia inspiran a su familia, proporcionándoles la fuerza para continuar sus propias luchas.

Crecimiento espiritual

A medida que Vihaan se sumerge en los servicios religiosos y estudios bíblicos, su fe en Jesús se profundiza significativamente. Cada sermón y sesión de estudio revela nuevas ideas, ayudándole a ver su vida a través de una lente de esperanza y posibilidad. Aprende sobre el amor incondicional de Jesús, el poder del perdón y la importancia de la compasión y la perseverancia. Estas enseñanzas resuenan profundamente con él, transformando su perspectiva de la vida. Vihaan comienza a abordar sus luchas diarias con un renovado sentido de propósito, creyendo que es parte de un plan más grande. Este crecimiento espiritual se convierte en el pilar de su vida, proporcionándole la resiliencia necesaria para enfrentar las dificultades que se le presenten.

Apoyo del misionero

John, el misionero, se convierte en algo más que un amigo para Vihaan; se convierte en un mentor y una figura paterna. Pacientemente le explica las enseñanzas de Jesús, ayudando a Vihaan a entender los significados más profundos detrás de las parábolas y las escrituras. John también proporciona apoyo práctico, ayudando a Vihaan a navegar los desafíos de equilibrar el trabajo y la fe. Le enseña a Vihaan cómo orar con intención, cómo encontrar paz en las escrituras y cómo aplicar las enseñanzas de Jesús a la vida cotidiana. El inquebrantable apoyo y ánimo de John le dan a Vihaan un sentido de estabilidad y esperanza. Aprende a confiar en el plan de Dios, encontrando fortaleza en su fe durante los tiempos de duda y dificultad.

Impacto en la familia

La nueva fe de Vihaan comienza a repercutir en su familia. Notan un cambio notable en él: sus ojos brillan con esperanza y su comportamiento es más positivo y resiliente. Comparte las historias y enseñanzas que aprende con su familia, animándolos a mantener la esperanza y la fe. Poco a poco, su familia comienza a absorber algo de su optimismo. Empiezan a asistir a los servicios de la iglesia ocasionalmente, curiosos por la fuente de la fortaleza y esperanzade Vihaan. Las experiencias de fe compartidas acercan más a la familia, fomentando un sentido de unidad y esperanza. Los hermanos de Vihaan, que antes veían el mundo como un lugar de dificultades implacables, comienzan a soñar con futuros más brillantes. Sus padres, inspirados por la resiliencia de Vihaan y el apoyo de la comunidad cristiana, empiezan a creer en la posibilidad de una vida mejor.

La rutina diaria de Vihaan ahora incluye momentos de oración y reflexión, donde agradece a Dios por las bendiciones y la fortaleza que recibe. Enfrenta cada día con un sentido de propósito, sabiendo que su fe lo guiará a través de cualquier obstáculo. Su viaje espiritual no es solo una transformación personal, sino un faro de esperanza para su familia y comunidad. Las enseñanzas de Jesús se convierten en una fuente de consuelo y fortaleza para todos ellos, transformando gradualmente su perspectiva de la vida.

Este capítulo marca un cambio profundo en la vida de Vihaan, mientras abraza su fe completamente y permite que lo guíe a través de sus luchas. Su fe creciente, junto con el apoyo inquebrantable de John y su comunidad eclesiástica, establece la base para su continuo crecimiento y resiliencia. El viaje de Vihaan es un testimonio del poder transformador de la fe, mostrando que incluso frente a inmensas dificultades, la esperanza y la perseverancia pueden prevalecer.

Capítulo 4: Persiguiendo la educación

Con el apoyo de John, Vihaan es inscrito en una escuela local, recibiendo su primera educación formal. Esta oportunidad es un punto de inflexión en su vida, abriendo puertas que nunca había imaginado. Vihaan está decidido a aprovecharla al máximo, a pesar de los desafíos que enfrenta. Vihaan compagina su trabajo escolar con sus responsabilidades laborales, demostrando una determinación y perseverancia notables. A menudo estudia hasta altas horas de la noche, utilizando cualquier momento libre para aprender. Su arduo trabajo comienza a dar frutos mientras sobresale académicamente. A pesar de los muchos obstáculos, Vihaan muestra una aptitud natural para el aprendizaje. Rápidamente se sitúa en la cima de su clase, impresionando a sus maestros con su inteligencia y dedicación. Su éxito académico se convierte en una fuente de orgullo para su familia y comunidad.

Oportunidad educativa

Con el apoyo inquebrantable de John y el ánimo de la comunidad cristiana, Vihaan es inscrito en una escuela local. Esto marca su primera educación formal, una oportunidad que parecía inalcanzable hace un tiempo. El día de su inscripción, Vihaan siente una mezcla de emoción y nervios. La idea de sentarse en un aula, aprender de los libros de texto e interactuar con compañeros que comparten su sed de conocimiento lo llena de esperanza. Sabe que este cambio es un punto de inflexión en su vida, una puerta de entrada a un futuro que solo se había atrevido a soñar.

Equilibrando trabajo y estudio

La nueva vida de Vihaan como estudiante presenta desafíos significativos. Debe equilibrar sus responsabilidades escolares con sus tareas laborales, ya que su familia todavía depende de sus ingresos para sobrevivir. Su día comienza temprano, ayudando a sus padres con las tareas del hogar y trabajando en los campos antes de ir a la escuela. Después de clases, regresa a sus tareas laborales, a menudo trabajando hasta el anochecer. A pesar de su rutina agotadora, Vihaan está decidido a tener éxito. Estudia hasta altas horas de la noche a la luz tenue de una lámpara de queroseno, sus libros de texto esparcidos sobre una pequeña mesa de madera. Su determinación y resistencia brillan mientras completa meticulosamente sus deberes y se prepara para los exámenes. Sus maestros notan su dedicación y a menudo le brindan apoyo adicional, sabiendo las dificultades que enfrenta.

Destacándose académicamente

A pesar de los muchos obstáculos, la aptitud natural de Vihaan para el aprendizaje se hace evidente. Absorbe nueva información rápidamente, sorprendiendo a menudo a sus maestros con sus preguntas perspicaces y su comprensión profunda de temas complejos. Su entusiasmo por el aprendizaje es contagioso, y pronto se convierte en un modelo a seguir para sus compañeros de clase.

El rendimiento académico de Vihaan comienza a destacar. Consistentemente se encuentra en la cima de su clase, obteniendo altas calificaciones en todas las materias. Sus logros no pasan desapercibidos. El director de la escuela, los maestros e incluso los líderes comunitarios locales reconocen su arduo trabajo y potencial. Ven en Vihaan no solo a un estudiante brillante sino a un faro de esperanza para otros niños en el pueblo que aspiran a romper el ciclo de la pobreza a través de la educación.

En casa, el éxito académico de Vihaan trae un inmenso orgullo a su familia. Sus padres, que han sacrificado tanto, ven sus esfuerzos y esperanzas realizados a través de su hijo. Los hermanos de Vihaan lo admiran, inspirados por su dedicación y logros. Su historia se difunde por todo el pueblo, convirtiéndose en una fuente de motivación para muchas familias que comienzan a considerar la importancia de la educación para sus hijos.

El viaje de Vihaan a través de la educación no se trata solo de éxito personal; se trata de abrir el camino para otros. Su determinación para equilibrar el trabajo y el estudio, su excelencia académica y su fe inquebrantable en el plan de Dios ilustran una transformación notable. De un niño obligado a trabajar para apoyar a su familia, Vihaan se convierte en un ejemplo brillante de lo que se puede lograr con fe, trabajo duro y el apoyo de una comunidad solidaria.

Este capítulo en la vida de Vihaan es un testimonio de su resiliencia y el poder transformador de la educación. Muestra el comienzo de un viaje que no solo cambiará la vida de Vihaan, sino que también inspirará y elevará a toda su comunidad. A medida que continúa destacándose académicamente, Vihaan se mantiene apegado a su fe y comprometido a usar su educación para hacer un impacto positivo en el mundo que lo rodea.

Capítulo 5: Superando desafíos

Vihaan logra hitos significativos en su educación, a menudo ocupando los primeros lugares en su clase. Sus logros académicos se convierten en un faro de esperanza para su aldea, mostrando que con determinación y apoyo, todo es posible. Inspirada por la dedicación de Vihaan, la comunidad cristiana local proporciona apoyo y recursos adicionales. Ayudan con suministros escolares, tutorías y apoyo moral, asegurando que Vihaan pueda continuar su educación sin una carga financiera indebida. Animado por su éxito, Vihaan comienza a soñar con un futuro más allá de su aldea. Aspira a convertirse en ingeniero, un sueño alimentado por su deseo de mejorar la vida de quienes lo rodean, tanto en su comunidad como más allá.

Hitos académicos

El viaje de Vihaan a través de la educación está marcado por hitos significativos. A pesar de los muchos desafíos que enfrenta, su determinación inquebrantable y su arduo trabajo dan sus frutos. Cada año académico, Vihaan ocupa los primeros lugares en su clase, superando consistentemente a sus compañeros. Sus maestros a menudo elogian su dedicación, inteligencia y la curiosidad que trae a sus estudios. Gana varios premios académicos y con frecuencia es llamado a representar a su escuela en competiciones regionales. Estos logros no solo traen orgullo personal, sino que también sirven como un faro de esperanza para toda la aldea. La historia de éxito de Vihaan se difunde, convirtiéndose en una inspiración para otros niños y sus familias, mostrándoles que con determinación y apoyo, todo es posible.

Apoyo comunitario

La comunidad cristiana local, ya impresionada por la determinación de Vihaan, intensifica su apoyo. Rinden homenaje a él asegurándose de que tenga todo lo que necesita para tener éxito. Los miembros de la iglesia organizan recaudaciones de fondos para proporcionarle suministros escolares, uniformes y libros. Los tutores locales ofrecen voluntariamente su tiempo para ayudarle con las materias que le resultan difíciles, ofreciendo lecciones adicionales después de la escuela y los fines de semana. Este sistema de apoyo alivia la carga financiera de la familia de Vihaan, permitiéndoles centrarse en sus luchas diarias sin preocuparse por los costos de la educación. La creencia de la comunidad en Vihaan se convierte en una fuente de fortaleza para él, reforzando su propia creencia en su potencial y el poder del esfuerzo colectivo.

Soñando en grande

A medida que Vihaan continúa destacándose académicamente, su confianza crece. Animado por sus logros y el apoyo inquebrantable de su comunidad, comienza a soñar en grande. La posibilidad de un futuro más allá de los confines de su aldea comienza a tomar forma en su mente. Aspira a convertirse en ingeniero, un sueño que es tanto ambicioso como profundamente arraigado en su deseo de retribuir a su comunidad. Vihaan está fascinado por la idea de usar la tecnología y la innovación para resolver problemas y mejorar vidas. Imagina construir mejor infraestructura en su aldea, asegurando que las generaciones futuras no tengan que soportar las dificultades que él enfrentó.

El sueño de Vihaan está alimentado por sus experiencias y su fe. Ve la ingeniería como una forma de crear cambios tangibles y positivos en su comunidad y más allá. Este objetivo lo impulsa a esforzarse aún más en sus estudios, buscar oportunidades de aprendizaje adicionales y desafiar continuamente sus propios límites. Hace investigaciones sobre colegios de ingeniería, buscando becas y programas que puedan hacer realidad su sueño.

El apoyo que Vihaan recibe de su comunidad también evoluciona. Comienzan a ver el panorama más amplio de sus aspiraciones y empiezan a planificar cómo ayudarlo a alcanzar sus sueños. El misionero, John, y otros líderes comunitarios se acercaron a contactos en instituciones educativas, buscando oportunidades de becas y programas de tutoría que pudieran guiar a Vihaan en su camino.

La historia de Vihaan de superar desafíos, lograr hitos académicos y soñar en grande se convierte en una narrativa poderosa en su aldea. Sirve como testimonio de lo que se puede lograr con fe, trabajo duro y apoyo comunitario. El viaje de Vihaan inspira no solo a los jóvenes, sino también a los ancianos, quienes ven en él el potencial de un futuro más brillante para toda su comunidad. Su visión de convertirse en ingeniero y usar sus habilidades para elevar a otros se transforma de un sueño distante en una meta concreta, una que está decidido a lograr con la ayuda de su fe y el apoyo inquebrantable de quienes lo rodean.

Capítulo 6: Alcanzando el éxito

Con becas y apoyo de John y la comunidad, Vihaan asiste a una prestigiosa universidad de ingeniería. La transición es un desafío, pero su determinación y fe lo ayudan a superarlo. Sobresale en sus estudios, consistentemente clasificado entre los mejores estudiantes. Vihaan se gradúa con un título en ingeniería, marcando el comienzo de un nuevo capítulo en su vida. Consigue un trabajo en una empresa de renombre, donde sus habilidades y dedicación rápidamente le ganan reconocimiento y respeto. En su carrera, Vihaan continúa sobresaliendo, obteniendo ascensos y elogios. Se le conoce no solo por su experiencia técnica, sino también por su integridad y compasión. Su viaje desde una aldea empobrecida hasta convertirse en un ingeniero exitoso se convierte en una fuente de inspiración para muchos.

Educación superior

Con el apoyo inquebrantable de John, el misionero local, y la comunidad cristiana, Vihaan recibe becas que le permiten asistir a una prestigiosa universidad de ingeniería. La transición de su pequeña aldea al bullicioso ambiente universitario es un desafío. Tiene que adaptarse a un horario académico más exigente, navegar un nuevo entorno social y manejar la presión de estar a la altura de las expectativas que conllevan sus becas. A pesar de estos obstáculos, Vihaan se mantiene firme. Su determinación y profunda fe en Jesús le proporcionan la resiliencia que necesita para superar estos desafíos.

Vihaan se dedica a sus estudios, a menudo quedándose hasta tarde en la biblioteca, absorbiendo tanto conocimiento como puede. Su trabajo duro da frutos, y consistentemente se clasifica entre los mejores estudiantes de su clase. Participa en varios proyectos y competencias de ingeniería, perfeccionando aún más sus habilidades y construyendo una red de contactos profesionales. Sus profesores reconocen su talento y potencial, a menudo proporcionándole orientación y tutoría adicionales. El viaje de Vihaan a través de la universidad está marcado por una búsqueda incansable de la excelencia, impulsado por el conocimiento de que su éxito podría abrir el camino para otros en su comunidad.

Graduación y carrera

El día de la graduación es una ocasión trascendental para Vihaan y su comunidad. Su familia y amigos, junto con John y miembros de la iglesia, asisten a la ceremonia, radiantes de orgullo. Vihaan cruza el escenario para recibir su título en ingeniería, un símbolo de su arduo trabajo, perseverancia y el apoyo de sus seres queridos.

Después de graduarse, Vihaan consigue un trabajo en una renombrada firma de ingeniería. Su primer rol es desafiante pero gratificante. Se le asigna a un equipo trabajando en un importante proyecto de infraestructura, donde sus ideas innovadoras y fuerte ética de trabajo rápidamente lo destacan. Sus colegas y superiores notan su experiencia técnica y su capacidad para abordar problemas con una nueva perspectiva.

Crecimiento profesional

La trayectoria profesional de Vihaan es notable. Dentro de unos pocos años, obtiene ascensos y elogios, convirtiéndose en una figura respetada en la comunidad de ingeniería. Sus proyectos a menudo reciben reconocimiento por su ingenio e impacto, y es invitado a hablar en conferencias y seminarios. La integridad, ética de trabajo y enfoque compasivo de Vihaan hacia el liderazgo le ganan la admiración de sus pares.

Más allá de sus logros profesionales, Vihaan permanece comprometido con su misión personal de retribuir a su comunidad. Usa su creciente influencia para abogar por oportunidades educativas y apoyo para niños desfavorecidos. El viaje de Vihaan desde una aldea empobrecida hasta convertirse en un ingeniero exitoso sirve como una poderosa fuente de inspiración para muchos, demostrando el poder transformador de la fe, la educación y el apoyo comunitario.

Vihaan también se mantiene profundamente conectado con sus raíces. Visita frecuentemente su pueblo, compartiendo sus experiencias y animando a los jóvenes estudiantes a perseguir sus sueños. Organiza talleres y programas de mentoría, proporcionando orientación y recursos para ayudarles a tener éxito. Su historia no es solo sobre el éxito personal, sino sobre elevar a otros y crear un legado de esperanza y oportunidad.

El crecimiento profesional de Vihaan es un testimonio de su inquebrantable fe y el apoyo que recibió de su comunidad. Su trayectoria inspira a otros a creer en su potencial y a trabajar hacia sus metas, sin importar cuán insuperables puedan parecer los obstáculos. A través de sus logros, Vihaan encarna los valores de perseverancia, integridad y compasión, dejando un impacto duradero tanto en su profesión como en su comunidad.

Capítulo 7: Correspondiendo a la comunidad

A pesar de su éxito, Vihaan nunca olvida sus raíces. Regresa a su pueblo con la misión de devolver y elevar a su comunidad. Su regreso es celebrado, y es bienvenido como un héroe. Vihaan inicia programas para proporcionar oportunidades educativas a otros niños desfavorecidos. Establece becas, construye una biblioteca y crea centros de tutoría, asegurando que otros tengan acceso a los recursos que él una vez careció. Vihaan orienta a los jóvenes estudiantes, compartiendo su historia y animándoles a perseguir sus sueños. Proporciona orientación y apoyo, ayudándoles a navegar los desafíos de sus propias trayectorias educativas.

Regresando a su aldea

A pesar de su éxito profesional y la atracción de una vida cómoda en la ciudad, Vihaan nunca olvida sus raíces. Su viaje desde un pueblo empobrecido hasta convertirse en un ingeniero exitoso le ha inculcado un profundo sentido de responsabilidad hacia su comunidad. Con un corazón lleno de gratitud y un deseo de devolver, Vihaan regresa a su pueblo. El día que llega, el pueblo está lleno de emoción. Su familia, amigos y vecinos se reúnen para darle la bienvenida a casa, celebrando sus logros y la esperanza que trae consigo. Lo ven como un héroe y un faro de lo que es posible con determinación y fe.

Iniciativas educativas

Vihaan sabe que la educación es la clave para romper el ciclo de la pobreza y dar a los niños las herramientas que necesitan para tener éxito. Decidido a proporcionar las oportunidades que una vez le faltaron, creó varias iniciativas educativas:

- **Programas de becas**: Vihaan establece becas para ayudar a los niños desfavorecidos a asistir a la escuela. Estas becas cubren los gastos de matrícula, uniformes escolares y suministros, asegurando que las limitaciones financieras no obstaculicen su educación. También se asocia con negocios locales y ONGs para expandir el alcance de estas becas.

- **Construcción de una biblioteca**: Comprendiendo la importancia del acceso al conocimiento, Vihaan construye una biblioteca en el pueblo. La llena con una amplia gama de libros, desde textos y materiales de referencia hasta novelas e historias para niños. La biblioteca se convierte en un centro de aprendizaje y curiosidad, animando tanto a niños como a adultos a explorar nuevos mundos e ideas.
- **Centros de tutoría**: Vihaan crea centros de tutoría donde los estudiantes pueden recibir ayuda extra con sus estudios. Contrata a maestros locales y voluntarios para proporcionar tutoría después de clases en materias como matemáticas, ciencias e inglés. Estos centros también ofrecen talleres sobre habilidades de estudio y preparación para exámenes, ayudando a los estudiantes a alcanzar la excelencia académica.

Mentoría y apoyo

Vihaan cree que la mentoría es crucial para guiar a los jóvenes estudiantes a través de sus trayectorias educativas. Dedica su tiempo a orientar a los estudiantes, compartiendo su historia de perseverancia y fe, y proporcionándoles el aliento que necesitan para perseguir sus sueños. Organiza sesiones regulares de mentoría donde él y otros profesionales exitosos de orígenes similares ofrecen orientación sobre elecciones de carrera, establecimiento de metas y superación de obstáculos.

La mentoría de Vihaan va más allá de la orientación académica. Ayuda a los estudiantes a desarrollar habilidades blandas como comunicación, liderazgo y pensamiento crítico. También proporciona apoyo emocional, ayudándolos a construir resiliencia y confianza. A través de su mentoría, Vihaan les inculca la creencia de que pueden lograr cualquier cosa que se propongan, independientemente de sus circunstancias.

Las iniciativas de Vihaan no son solo para proporcionar apoyo inmediato; están diseñadas para crear un cambio sostenible. Trabaja con líderes locales para asegurar que los programas que establece puedan continuar creciendo y evolucionando. Capacita a maestros locales y miembros de la comunidad para que asuman roles de liderazgo en iniciativas educativas, fomentando un sentido de propiedad y responsabilidad dentro del pueblo.

A través de sus esfuerzos, Vihaan no solo mejora las vidas de los estudiantes individuales, sino que también transforma la comunidad en su conjunto. El pueblo experimenta un aumento significativo en la matrícula escolar y el rendimiento académico. Más niños están graduándose y buscando una educación superior, inspirados por la historia de Vihaan y las oportunidades que él ha proporcionado.

El trabajo de Vihaan no se detiene en su pueblo. Se dirige a otras comunidades que enfrentan desafíos similares, compartiendo su modelo de apoyo educativo y mentoría. Colabora con otros pueblos, ONG y agencias gubernamentales para replicar sus iniciativas, creando una red más amplia de apoyo para los niños desfavorecidos en toda la región.

El impacto del trabajo de Vihaan se extiende más allá de la educación. Al elevar a los niños, indirectamente eleva a sus familias y a toda la comunidad. Los padres, al ver las oportunidades disponibles para sus hijos, se motivan a apoyar su educación. El nivel de vida general del pueblo mejora a medida que más individuos educados contribuyen a la economía local y al desarrollo de la comunidad.

El viaje de Vihaan de la pobreza al éxito y su compromiso con devolver deja una marca indeleble en su pueblo. Su historia inspira a otros a contribuir a sus comunidades y muestra que con fe, trabajo duro y una red de apoyo, todo es posible. El legado de Vihaan es uno de empoderamiento, educación y una búsqueda incansable de mejores oportunidades para todos, asegurando que las generaciones futuras tengan las herramientas y el apoyo que necesitan para tener éxito.

Capítulo 8: Fe y defensa

Usando su plataforma, Vihaan aboga por los derechos de los niños y la importancia de la educación. Colabora con ONG y gobiernos locales para crear políticas y programas que apoyen a los niños desfavorecidos. Vihaan inicia proyectos de desarrollo comunitario, mejorando la infraestructura y el acceso a la educación en su pueblo. Trabaja incansablemente para asegurar que las generaciones futuras tengan mejores oportunidades. A lo largo de su viaje, la fe de Vihaan sigue creciendo. Permanece activo en su iglesia, liderando grupos de oración comunitaria y participando en programas de alcance. Su viaje espiritual es un testimonio del poder de la fe y la importancia del apoyo comunitario.

Abogando por el cambio

Con el éxito de sus iniciativas educativas y el respeto que ha ganado, Vihaan usa su plataforma para abogar por un cambio más amplio. Entiende que los problemas sistémicos deben ser abordados para lograr un impacto duradero. Vihaan colabora con ONG, gobiernos locales y organizaciones internacionales para crear políticas y programas que apoyen a los niños desfavorecidos.

- **Abogacía política**: Vihaan participa en foros y paneles, compartiendo sus conocimientos y experiencias. Aboga por políticas que proporcionen educación gratuita o subsidiada, protejan los derechos de los niños y aseguren igualdad de oportunidades para todos. Sus discursos convincentes y conexiones a nivel de base lo convierten en un defensor persuasivo.
- **Colaboraciones con ONG**: Vihaan trabaja de cerca con organizaciones no gubernamentales para implementar programas educativos y sociales. Juntos, lanzan campañas para crear conciencia sobre el trabajo infantil, la importancia de la educación y la necesidad de servicios de bienestar infantil. Estas colaboraciones amplifican su impacto y traen más recursos a sus iniciativas.
- **Programas educativos**: Vihaan ayuda a diseñar e implementar programas que se centran en la capacitación de maestros, la mejora de la infraestructura escolar y las becas para estudiantes. Se asegura de que estos programas sean sostenibles y adaptados al contexto local, haciendo que la educación sea accesible y efectiva para los niños rurales.

Desarrollo comunitario

Entendiendo que la educación por sí sola no es suficiente, Vihaan inicia proyectos integrales de desarrollo comunitario. Se enfoca en mejorar la infraestructura y el acceso a los servicios esenciales en su pueblo.

- **Mejora de infraestructura**: Vihaan supervisa la construcción de nuevos edificios escolares, bibliotecas y centros comunitarios. Asegura que estas instalaciones estén equipadas con comodidades modernas, incluyendo electricidad, agua limpia y acceso a internet. Estas mejoras crean un entorno de aprendizaje propicio y elevan el nivel de vida general de la comunidad.
- **Acceso a atención médica**: Reconociendo el vínculo entre salud y educación, Vihaan colabora con proveedores de atención médica para establecer clínicas y campamentos de salud. Estas iniciativas ofrecen chequeos médicos, vacunaciones y educación sanitaria, asegurando que los niños estén sanos y listos para aprender.
- **Desarrollo económico**: Vihaan promueve proyectos de desarrollo económico, tales como capacitación vocacional y programas de microfinanzas, para ayudar a las familias a lograr estabilidad financiera. Estos proyectos empoderan a los padres para apoyar la educación de sus hijos y reducen la necesidad de trabajo infantil.

Crecimiento espiritual

A lo largo de su camino, la fe de Vihaan continúa siendo una fuente de fortaleza y guía. Permanece profundamente comprometido con su crecimiento espiritual y participa activamente en su comunidad religiosa.

- **Liderazgo en la iglesia**: Vihaan asume roles de liderazgo dentro de su iglesia, liderando grupos de oración comunitarios, organizando eventos basados en la fe y siendo mentor de los miembros jóvenes. Su liderazgo inspira a otros a profundizar su fe y contribuir a su comunidad.

- **Programas de extensión**: Vihaan inicia y participa en programas de extensión a través de su iglesia, proporcionando apoyo espiritual y material a los necesitados. Estos programas incluyen recolectas de alimentos, donaciones de ropa y orientación espiritual, reflejando su compromiso con el desarrollo holístico.
- **Educación basada en la fe**: Vihaan integra la fe en sus iniciativas educativas, enfatizando la educación moral y ética junto con las materias académicas. Cree que nutrir el crecimiento espiritual de un niño es tan importante como su desarrollo intelectual.
- **Testimonio de fe**: El camino de Vihaan es un poderoso testimonio del poder transformador de la fe. Su historia de superar la adversidad a través de la fe, la determinación y el apoyo comunitario inspira a muchos. Regularmente comparte su testimonio en eventos de la iglesia, reuniones comunitarias y foros educativos, difundiendo un mensaje de esperanza y resiliencia.

Impacto en la comunidad

Los esfuerzos de Vihaan han tenido un impacto profundo en su aldea y más allá. La infraestructura mejorada, el mejor acceso a la educación y la atención médica, y las oportunidades económicas transforman la comunidad. Niños que antes tenían pocas esperanzas ahora sueñan con convertirse en médicos, ingenieros y líderes, siguiendo los pasos de Vihaan.

- **Éxito educativo**: Los estudiantes en los programas de Vihaan logran un notable éxito académico, con muchos continuando sus estudios superiores y carreras profesionales. Estos logros crean un efecto dominó, inspirando a otros niños y familias en la aldea.
- **Estabilidad económica**: Los proyectos de desarrollo económico conducen a una mayor estabilidad financiera para muchas familias, reduciendo la pobreza y mejorando el

bienestar general de la comunidad. Los padres pueden brindar mejor apoyo para la educación y el futuro de sus hijos.

- **Renovación espiritual**: La comunidad experimenta una renovación espiritual, con una mayor participación en las actividades de la iglesia y un sentido más fuerte de unidad y propósito. Las iniciativas impulsadas por la fe de Vihaan unen a las personas, fomentando una comunidad solidaria y compasiva.

Legado de cambio

El camino de Vihaan deja un legado duradero de cambio y empoderamiento. Su historia demuestra el poder de la fe, la perseverancia y el apoyo comunitario para transformar vidas. Su labor de defensa y desarrollo asegura que las futuras generaciones tengan mejores oportunidades y un futuro más brillante.

- **Inspira a futuros líderes**: El mentorazgo y apoyo de Vihaan inspira a los jóvenes a convertirse en líderes por derecho propio, llevando adelante su visión de un mundo mejor y más equitativo. Continúan construyendo sobre su legado, creando cambios positivos en sus comunidades.
- **Desarrollo sostenible**: Los programas y políticas que Vihaan ayuda a implementar están diseñados para ser sostenibles, asegurando que los beneficios continúen durante años. Su trabajo sienta una base sólida para el desarrollo y progreso continuos.
- **Impacto global**: Los esfuerzos de defensa de Vihaan se extienden más allá de su aldea, influenciando políticas nacionales e internacionales sobre educación y bienestar infantil. Su trabajo sirve como modelo para otras comunidades que enfrentan desafíos similares, demostrando que con fe y determinación, el cambio duradero es posible.

La historia de Vihaan es un poderoso recordatorio de que la fe y la dedicación de una persona pueden transformar una comunidad e inspirar un movimiento. Su viaje de la pobreza al éxito, impulsado por su fe inquebrantable y su compromiso con el servicio, es un faro de esperanza para todos aquellos que enfrentan la adversidad.

Capítulo 9: Dar de gloria a Dios

Vihaan comparte regularmente su viaje en eventos de la iglesia y reuniones comunitarias. Su testimonio es un poderoso recordatorio del poder transformador de la fe y el impacto de una comunidad solidaria. Él da gloria a Dios por su transformación y éxito. La historia de Vihaan inspira a muchos dentro y fuera de su comunidad. Muestra el poder de la fe, la perseverancia y el apoyo de una comunidad amorosa. Su viaje se convierte en un faro de esperanza para aquellos que enfrentan luchas similares. La vida de Vihaan es un testimonio del impacto de la fe, la educación y el apoyo comunitario. Su historia deja un legado duradero, demostrando que con fe y determinación, todo es posible.

Compartiendo su testimonio

El viaje de Vihaan desde un pueblo empobrecido hasta convertirse en un ingeniero exitoso y líder comunitario es nada menos que milagroso. Regularmente comparte su poderoso testimonio en eventos de la iglesia, foros educativos y reuniones comunitarias.

- **Eventos de la iglesia**: Durante los servicios dominicales y eventos especiales de la iglesia, Vihaan sube al escenario para compartir su historia. Relata sus luchas con el trabajo infantil, el momento transformador en que conoció al misionero John y cómo la fe jugó un papel crucial en su viaje. Sus palabras resuenan profundamente con la congregación, muchos de los cuales enfrentan dificultades similares.
- **Reuniones comunitarias**: En festivales locales y reuniones comunitarias, la historia de Vihaan se convierte en un punto central. Habla con los aldeanos, animándolos a mantener la esperanza y la fe a pesar de sus circunstancias. Su narrativa está llena de anécdotas personales y lecciones aprendidas, haciéndola relatable y motivadora.
- **Foros educativos**: Vihaan es a menudo invitado a escuelas y universidades para compartir sus experiencias. Se dirige a los estudiantes, instándolos a seguir su educación con

determinación y a confiar en el plan de Dios para sus vidas. Su historia de éxito sirve como un ejemplo motivador para las mentes jóvenes.

Inspirando a otros

La historia de Vihaan se convierte en un faro de esperanza para muchos, tanto dentro como fuera de su comunidad. Su viaje ilustra el poder de la fe, la perseverancia y el apoyo de una comunidad amorosa.

- **Inspiración local**: En su pueblo, Vihaan es un modelo a seguir. Los niños pequeños lo admiran, soñando con seguir sus pasos. Los padres animan a sus hijos a estudiar con dedicación, usando los logros de Vihaan como un ejemplo de lo que es posible con dedicación y fe.
- **Impacto más allá**: Más allá de su pueblo, la historia de Vihaan se extiende a través de la región e incluso llega a plataformas nacionales e internacionales. Se publican artículos sobre su viaje en periódicos y revistas, y es invitado a hablar en programas de radio y televisión. Su mensaje de esperanza y resiliencia toca vidas en todas partes.

Legado de esperanza

La vida de Vihaan es un testimonio del impacto de la fe, la educación y el apoyo comunitario. Su historia deja un legado duradero, demostrando que con fe y determinación, todo es posible.

- **Legado educativo**: Las escuelas, bibliotecas y programas educativos que Vihaan establece continúan beneficiando a innumerables niños. Estas iniciativas aseguran que las futuras generaciones tengan acceso a una educación de calidad y los recursos que necesitan para tener éxito.
- **Desarrollo Comunitario**: Los proyectos de infraestructura y programas de desarrollo económico iniciados por Vihaan conducen a mejoras a largo plazo en su pueblo. Agua limpia, mejores carreteras y instalaciones de salud mejoran la calidad de vida de todos los residentes.

- **Crecimiento Espiritual**: La fe inquebrantable de Vihaan y su compromiso con su iglesia fomentan una comunidad espiritual fuerte. Su liderazgo en grupos de oración y programas de alcance ayuda a otros a profundizar su fe y encontrar fuerza en sus creencias.
- **Empoderamiento y Defensa**: Vihaan lucha por los derechos de los niños y la importancia de la educación a través de su trabajo de defensa. Sus esfuerzos conducen a cambios en políticas y un mayor apoyo a las comunidades desfavorecidas, creando un efecto dominó de cambio positivo.

Reflexión y gratitud

Mientras Vihaan reflexiona sobre su viaje, se siente lleno de gratitud por el apoyo que recibió de John, su iglesia y su comunidad. Reconoce la intervención divina que lo guió en sus momentos más oscuros y lo llevó a un lugar de éxito y realización.

- **Reflexión personal**: Vihaan pasa tiempo en oración y meditación, agradeciendo a Dios por la fuerza y las oportunidades que se le han dado. Permanece humilde, reconociendo que sus logros son resultado de la gracia de Dios y el apoyo inquebrantable de quienes lo rodean.
- **Servicio continuado**: Comprometido a devolver, Vihaan continúa sirviendo a su comunidad de todas las formas posibles. Amplía sus iniciativas educativas, orienta a jóvenes y lidera proyectos de desarrollo comunitario, asegurando que su legado de esperanza y empoderamiento perdure.
- **Aspiraciones futuras**: Mirando hacia el futuro, Vihaan sueña con expandir su alcance aún más. Planea establecer una fundación dedicada a apoyar a niños desfavorecidos en toda la India, proporcionándoles los recursos y oportunidades que necesitan para tener éxito.

La historia de vida de Vihaan es un poderoso ejemplo de cómo la fe, la resiliencia y el apoyo comunitario pueden transformar incluso las circunstancias más difíciles. Su legado de esperanza, empoderamiento y fe continúa inspirando y elevando, mostrando que con la guía de Dios, todo es posible.

Epílogo: Un legado de empoderamiento y fe

Vihaan reflexiona sobre su viaje desde la pobreza y el trabajo infantil hasta convertirse en ingeniero y líder comunitario. Reconoce el profundo impacto de su fe y el apoyo inquebrantable de su familia y comunidad. Vihaan sueña con ampliar sus iniciativas educativas y crear más oportunidades para los niños desfavorecidos de toda la India. Visualiza un futuro en el que cada niño tenga la oportunidad de tener éxito, sin importar su origen. La historia de Vihaan deja un legado duradero, demostrando el poder transformador de la fe, la educación, y el apoyo de una comunidad compasiva. Su viaje inspira a las generaciones futuras a creer en su potencial y confiar en el plan de Dios.

Reflexionando sobre el viaje

Vihaan a menudo se encuentra reflexionando sobre el increíble viaje que lo ha llevado desde las profundidades de la pobreza y el trabajo infantil hasta convertirse en un ingeniero exitoso y un respetado líder comunitario. Su camino ha estado marcado por pruebas y triunfos, pero a través de todo, su fe ha permanecido como una luz guía.

- **Gratitud por el apoyo**: Vihaan reconoce el profundo impacto del apoyo inquebrantable que recibió de su familia y de la comunidad cristiana. El trabajo duro y los sacrificios de sus padres, junto con el ánimo y los recursos proporcionados por el misionero John y la iglesia local, fueron fundamentales para su éxito.
- **Reflexión espiritual**: Durante momentos tranquilos de oración y meditación, Vihaan agradece a Dios por las bendiciones y oportunidades que han llegado a su vida. Reflexiona sobre la guía divina que le ayudó a superar obstáculos y la fe que le proporcionó fuerza y resiliencia.
- **Legado de resiliencia**: El viaje de Vihaan es un testimonio del poder de la resiliencia. Recuerda los días trabajando en los campos, las noches estudiando a la luz de las velas y los desafíos constantes que pusieron a prueba su determinación.

Cada una de estas experiencias lo ha moldeado en el líder decidido y compasivo que es hoy.

Aspiraciones futuras

Mirando hacia adelante, Vihaan está lleno de un sentido de propósito y visión para el futuro. Sueña con expandir sus iniciativas educativas y crear más oportunidades para los niños desfavorecidos de toda la India.

- **Expansión de programas educativos**: Vihaan planea establecer más becas, construir bibliotecas adicionales y crear centros de tutoría en diversas áreas rurales. Visualiza una red de sistemas de apoyo educativo que alcance los pueblos más remotos, asegurando que ningún niño sea privado de oportunidades de aprendizaje.
- **Fundación para el empoderamiento**: Vihaan apunta a crear una fundación dedicada a apoyar a los niños desfavorecidos. Esta organización proporcionaría no solo recursos educativos, sino también programas de mentoría, formación vocacional y servicios de salud, abordando las necesidades holísticas de las comunidades desfavorecidas.
- **Colaboración y defensa**: Vihaan tiene la intención de colaborar con otras ONG, organismos gubernamentales e instituciones educativas para amplificar su impacto. Al abogar por cambios de políticas y un mayor financiamiento para la educación rural, espera crear un sistema de apoyo sostenible y de amplio alcance.

Fe duradera

La historia de Vihaan deja un legado duradero, demostrando el poder transformador de la fe, la educación y el apoyo de una comunidad compasiva.

- **Inspirando a las futuras generaciones**: El viaje de Vihaan sirve como un faro de esperanza para las futuras generaciones. Su historia de vida se comparte en escuelas, centros comunitarios e iglesias, inspirando a los jóvenes a creer en su potencial y luchar por sus sueños, independientemente de sus circunstancias.

- **Fe en acción**: La fe duradera de Vihaan continúa guiando sus acciones. Permanece activamente involucrado en su iglesia, liderando grupos de oración comunitaria, participando en programas de alcance y mentoreando a jóvenes cristianos. Su fe no es solo un viaje personal, sino una fuerza impulsora detrás de su compromiso con el servicio y la defensa.
- **Legado de compasión**: La compasión que Vihaan recibió a lo largo de su vida ahora es una característica de su propio enfoque de liderazgo y servicio. Es conocido por su empatía, amabilidad y dedicación a elevar a los demás, cualidades que le han valido respeto y admiración.
- **Crecimiento y servicio continuos**: El viaje de Vihaan está lejos de terminar. Siempre está buscando maneras de crecer espiritualmente y profesionalmente, siempre buscando nuevas oportunidades para servir y marcar la diferencia. Su legado es uno de empoderamiento y fe continuos, un testimonio de lo que se puede lograr cuando uno se mantiene firme en sus creencias y comprometido con su comunidad.

A través de su historia, Vihaan ejemplifica el increíble impacto que la fe, la perseverancia y el apoyo comunitario pueden tener en la vida de una persona. Su viaje de la pobreza al éxito es un recordatorio poderoso de que con fe y determinación, todo es posible.

Su legado de empoderamiento y fe continúa inspirando y elevando, demostrando el potencial ilimitado que cada uno de nosotros tiene para efectuar un cambio positivo.

Fin

EL VIAJE DE YVONNE DESDE LA ADICCIÓN A LA ESPERANZA EN JOHANNESBURGO, SUDÁFRICA

Capítulo 1: Vida en las calles

• **Introducción a Yvonne:** Una joven que lucha contra la adicción y la falta de hogar en Johannesburgo, Sudáfrica.

• **Luchas diarias:** Las duras realidades de vivir en las calles, incluyendo su batalla con la adicción y la búsqueda constante de refugio y comida.

• **Sentimientos de desesperanza:** Su sensación de desesperación y aislamiento, creyendo que su vida nunca mejorará.

Capítulo 2: Un rayo de esperanza

• **Encuentro con ayuda:** Yvonne conoce a un voluntario de un centro de rehabilitación cristiano que le ofrece ayuda y un lugar donde quedarse.

• **Decisión de buscar ayuda:** Tras mucha contemplación, Yvonne decide arriesgarse y asistir al centro de rehabilitación.

Capítulo 3: El centro de rehabilitación cristiana

• **Primeras impresiones:** Las experiencias iniciales de Yvonne en el centro, donde es recibida con los brazos abiertos y comienza a sentirse segura por primera vez en años.

• **Introducción a la fe:** Aprende sobre Jesús y las enseñanzas del cristianismo a través de oraciones diarias, estudios bíblicos y consejería espiritual.

• **Comunidad de apoyo:** El fuerte sentido de comunidad y apoyo del personal y demás residentes ayuda a Yvonne a comenzar a creer en la posibilidad de la recuperación.

Capítulo 4: El camino hacia la recuperación

• **Desintoxicación y terapia:** Yvonne pasa por un proceso de desintoxicación y comienza a participar en sesiones de terapia para abordar las causas de su adicción.

• **Despertar espiritual:** Su fe se profundiza a medida que experimenta un despertar espiritual, encontrando consuelo y fuerza en su relación con Jesús.

• **Construyendo nuevos hábitos:** Yvonne aprende nuevas habilidades de afrontamiento y destrezas de vida que le ayudan a mantenerse limpia y construir una vida más estable.

Capítulo 5: Superando desafíos

• **Recaída y redención:** Yvonne enfrenta la tentación de recaer, pero la supera con el apoyo de su nueva fe y comunidad.

• **Reconexión con la familia:** Con la orientación del centro, Yvonne se pone en contacto con miembros de su familia de los que se había distanciado, buscando la reconciliación y el perdón.

• **Primeros pasos hacia la independencia:** Asume pequeñas responsabilidades en el centro, como mentorar a residentes nuevos y participar en programas de extensión.

Capítulo 6: Construyendo una nueva vida

• **Vivienda estable:** Con la ayuda del centro, Yvonne encuentra una vivienda estable y comienza a reconstruir su vida fuera del centro.

• **Empleo y educación:** Persigue una educación adicional y asegura un empleo, ganando independencia financiera y confianza en sí misma.

• **Continuando el viaje de fe:** Yvonne sigue involucrada activamente en el centro y su iglesia, continuando su crecimiento espiritual y Correspondiendo a la comunidad.

Capítulo 7: Fundando una organización sin fines de lucro

• **Inspiración y visión:** Inspirada por su viaje, Yvonne decide iniciar una organización sin fines de lucro para ayudar a otras personas que luchan contra la adicción y la falta de hogar.

• **Estableciendo la organización:** Navega por los desafíos de fundar y dirigir una organización sin fines de lucro, confiando en su fe y el apoyo de su red.

• **Programas y servicios:** La organización ofrece programas de rehabilitación, asistencia para vivienda y capacitación laboral, reflejando el apoyo que Yvonne recibió.

Capítulo 8: Haciendo un impacto

• **Acción comunitaria:** La organización sin fines de lucro de Yvonne comienza a tener un impacto significativo en Johannesburgo, ayudando a muchas personas a encontrar esperanza y recuperación.

• **Crecimiento personal:** Ella continúa creciendo como líder, mentora y defensora, impulsada por su pasión y fe.

• **Historias de éxito:** Las vidas transformadas por la organización de Yvonne sirven como un testimonio del poder de la fe, la resiliencia y el apoyo comunitario.

Capítulo 9: Dando gloria a Dios

• **Compartiendo su testimonio:** Yvonne comparte su historia en iglesias, conferencias y eventos comunitarios, dando gloria a Dios por su transformación y éxito.

• **Inspirando a otros:** Su testimonio inspira a muchos que están luchando con problemas similares, mostrándoles que la recuperación y la redención son posibles.

• **Legado de esperanza:** El viaje de Yvonne se convierte en un faro de esperanza, demostrando el poder transformador de la fe y la compasión.

Epílogo: Una vida de servicio y fe

• **Reflexionando sobre el viaje:** Yvonne reflexiona sobre su camino desde la adicción y la falta de hogar hasta convertirse en una líder comunitaria y defensora.

• **Aspiraciones futuras:** Sueña con expandir su organización sin fines de lucro para llegar a más personas y crear un cambio duradero.

• **Fe duradera:** La historia de Yvonne deja un legado duradero, mostrando la importancia de la fe, la perseverancia y el poder de una comunidad solidaria.

"El viaje de Yvonne desde la adicción a la esperanza en Johannesburgo, Sudáfrica"

Capítulo 1: Vida en las calles

Yvonne es una joven de unos veintitantos años, que vive en la bulliciosa ciudad de Johannesburgo, Sudáfrica. Ella está luchando contra la adicción y la falta de vivienda, su vida una vez prometedora se descarriló por el abuso de sustancias. Una vez llena de sueños y aspiraciones, Yvonne ahora navega por las duras realidades de la vida en la calle, constantemente luchando contra los demonios de su adicción. Cada día es una lucha por la supervivencia. Yvonne enfrenta las brutales condiciones de las calles, buscando refugio y comida. Duerme en callejones y edificios abandonados, siempre alerta a los peligros que acechan por la noche. Su adicción la lleva a medidas desesperadas, a menudo mendigando o participando en pequeños robos para asegurar su próxima dosis. El costo físico y emocional es inmenso, dejándola demacrada y cansada. La desesperación ha echado raíces en el corazón de Yvonne. Ella se siente atrapada en un ciclo de adicción y falta de vivienda, creyendo que no hay forma de salir. El aislamiento es aplastante, ya que ha perdido contacto con su familia y amigos. Cada día se funde con el siguiente, y la esperanza de un futuro mejor parece un sueño distante e inalcanzable.

Introducción a Yvonne

Yvonne es una joven de unos veintitantos años, que vive en la bulliciosa ciudad de Johannesburgo, Sudáfrica. Ella una vez tuvo sueños y aspiraciones, imaginando un futuro brillante para sí misma. Sin embargo, su vida dio un giro drástico debido al abuso de sustancias, llevándola por un camino de adicción y falta de vivienda. La vitalidad que una vez la definía se ha desvanecido, reemplazada por una lucha constante por la supervivencia. Sus días ahora están consumidos por la necesidad de encontrar su próxima dosis, y sus noches están dedicadas a navegar por los peligros de las calles.

Luchas diarias

Cada día es una batalla implacable para Yvonne. Las calles de Johannesburgo son implacables, y ella debe buscar constantemente refugio y comida. Duerme en callejones, bajo puentes o en edificios abandonados, lugares que ofrecen poca protección contra los elementos o la amenaza de violencia. Las noches son particularmente duras, llenas de los sonidos de la ciudad y el peligro siempre presente de ser atacada o robada.

Su adicción la lleva a medidas desesperadas. A menudo ruega por dinero o se dedica a pequeños robos para asegurar su próxima dosis, acciones que la dejan sintiéndose avergonzada y atrapada. El costo físico de la adicción es evidente en su apariencia: su cuerpo está demacrado, su piel está marcada por llagas y sus ojos están hundidos por la fatiga. Emocionalmente, está agotada, su espíritu desgastado por la lucha constante.

Sentimientos de desesperanza

La desesperación se ha arraigado en el corazón de Yvonne. Se siente atrapada en un ciclo vicioso de adicción y falta de hogar, creyendo que no hay escape. La soledad es aplastante. Ha perdido contacto con su familia, que ya no podía soportar verla en tal estado, y sus amigos se han alejado, incapaces de lidiar con su adicción. Cada día se mezcla con el siguiente, un ciclo monótono de desesperación y supervivencia. La esperanza de un futuro mejor parece un sueño distante e inalcanzable. Yvonne a menudo recuerda a la persona que solía ser, preguntándose cómo terminó en este lugar oscuro. Los sueños que una vez tuvo ahora se sienten como recordatorios crueles de lo que ha perdido.

Sus únicos compañeros son otros adictos, y aunque comparten una lucha común, la camaradería es fugaz y superficial, impulsada más por la necesidad que por una conexión genuina. Esta falta de relaciones significativas exacerba su sensación de soledad y desesperación. En sus momentos más oscuros, Yvonne contempla poner fin a su sufrimiento, creyendo que podría ser la única forma de escapar del dolor implacable. Sin embargo, a pesar de los abrumadores sentimientos de desesperanza, hay una pequeña parte de ella que se aferra a la leve esperanza de redención y una vida mejor. Esta esperanza, aunque frágil, la mantiene en marcha, día tras día, mientras navega por las duras realidades de la vida en la calle.

Capitulo 2: Un rayo de esperanza

Una fría noche, Yvonne se encuentra con una voluntaria llamada María de un centro de rehabilitación cristiano local. María le ofrece una comida caliente, un oído atento y un atisbo de esperanza. Le habla sobre el centro, donde las personas que luchan con la adicción pueden encontrar ayuda y un lugar para quedarse. Después de mucha reflexión y varias noches temblando de frío, Yvonne decide arriesgarse. La perspectiva de cambio es terrorífica, pero es impulsada por la leve esperanza de una vida mejor. Con el ánimo de María, se dirige al centro de rehabilitación, su corazón lleno de aprensión y esperanza tentativa.

Encuentro con ayuda

Una fría noche, mientras Yvonne tiembla en un callejón, tratando de encontrar algo de calor, se encuentra con una voluntaria llamada María de un centro de rehabilitación cristiano local. María, una mujer compasiva con una sonrisa cálida y ojos bondadosos, se acerca a Yvonne con cautela, ofreciéndole una taza de sopa humeante. El aroma de la comida caliente es irresistible, y Yvonne acepta con vacilación, sus manos temblando por el frío.

María se sienta a su lado, imperturbable por el ambiente hostil. Escucha atentamente mientras Yvonne comparte su historia, sus luchas con la adicción y la desesperación que ha consumido su vida. María no juzga ni ofrece trivialidades; simplemente escucha, ofreciendo un toque gentil y palabras de comprensión. Le habla a Yvonne sobre el centro de rehabilitación, un lugar donde las personas que luchan contra la adicción pueden encontrar refugio, comida y un camino hacia la recuperación. María habla del sistema de apoyo, el personal atento y la guía espiritual que ofrece el centro, pintando un cuadro de un refugio donde Yvonne podría empezar a reconstruir su vida.

Decisión de buscar ayuda

Yvonne pasa varias noches contemplando la oferta de María. La idea de dejar las calles e ingresar a un centro de rehabilitación es desalentadora. Teme lo desconocido, los síntomas de abstinencia y la posibilidad de fracaso. Sin embargo, la calidez y la amabilidad que

María le mostró permanecen en su mente, un marcado contraste con la fría y dura realidad de su existencia actual.

A medida que otra noche fría desciende sobre Johannesburgo, Yvonne se envuelve en su manta raída, incapaz de quitarse el frío. Piensa en las palabras de María, la posibilidad de una comida caliente todos los días, una cama donde dormir y la oportunidad de escapar del control de su adicción. El pensamiento de cambio es aterrador, pero el atisbo de esperanza que María le ofreció es más convincente.

Una noche particularmente fría, mientras el viento aúlla y las temperaturas bajan, Yvonne toma una decisión. Ya no puede soportar la lucha constante por la supervivencia en las calles. Con una mezcla de miedo y determinación, busca a María, quien le había dado la dirección del centro de rehabilitación.

El viaje hacia el centro se siente como una vida, cada paso pesado con aprensión y el peso de su pasado. A medida que se acerca a las puertas del centro, su corazón late con fuerza en su pecho. Ella duda por un momento, luchando contra el impulso de retroceder, pero luego piensa en la sonrisa de María y en la calidez de la sopa. Tomando una profunda respiración, avanza, con su corazón lleno de una esperanza tentativa.

María está allí para recibirla, su sonrisa radiante y acogedora. Envuelve a Yvonne en un cálido abrazo, guiándola hacia el interior del centro. El viaje de recuperación de Yvonne ha comenzado, y aunque el camino por delante es incierto y lleno de desafíos, por primera vez en mucho tiempo, siente un destello de esperanza.

Capítulo 3: El centro de rehabilitación cristiano

Cuando Yvonne cruza las puertas del centro de rehabilitación, es recibida con los brazos abiertos. La calidez y amabilidad del personal y de los demás residentes son abrumadoras. Por primera vez en años, comienza a sentirse segura y cuidada. El entorno es acogedor, ofreciéndole la estabilidad que desesperadamente necesita. En el centro, Yvonne es introducida a las enseñanzas de Jesús. Las oraciones diarias, los estudios bíblicos y el asesoramiento espiritual se convierten en parte de su rutina. Aprende sobre el amor incondicional, el perdón y la redención. Estas enseñanzas resuenan profundamente, plantando semillas de fe en su corazón. La comunidad del centro es un pilar de fortaleza para Yvonne. El personal y los residentes forman una familia muy unida, ofreciéndose un apoyo inquebrantable. Este sentido de pertenencia y aceptación ayuda a Yvonne a empezar a creer en la posibilidad de la recuperación. Empieza a ver que no está sola en sus luchas.

Primeras impresiones

Cuando Yvonne cruza las puertas del centro de rehabilitación, inmediatamente se ve impactada por la calidez y amabilidad que impregnan el aire. El personal y los demás residentes la reciben con los brazos abiertos y sonrisas genuinas, ofreciéndole palabras de bienvenida y aliento. El contraste con las calles duras e indiferentes es marcado y abrumador. Por primera vez en años, Yvonne comienza a sentir una sensación de seguridad y cuidado que casi había olvidado que existía.

El entorno es acogedor y estructurado, proporcionándole la estabilidad que desesperadamente necesita. El centro es limpio y ordenado, con cuartos de vida cómodos, áreas de comedor comunales, y espacios para la reflexión y la recreación. Cada día sigue una rutina que incluye comidas, sesiones de terapia y actividades espirituales, todas diseñadas para fomentar la sanidad y el crecimiento. Este sentido de orden y previsibilidad le brinda a Yvonne una sensación de paz y seguridad, erosionando lentamente el caos que había dominado su vida.

Introducción a la fe

En el centro, Yvonne es introducida a las enseñanzas de Jesús. Las oraciones diarias, los estudios bíblicos y el asesoramiento espiritual se convierten en partes integrales de su nueva rutina. Asiste a los devocionales matutinos, donde aprende a abrir su corazón en oración, y a los estudios bíblicos vespertinos, donde las historias del amor, perdón y redención de Jesús resuenan profundamente con ella. Los mensajes de amor incondicional y gracia comienzan a sembrar semillas de fe en su corazón.

Los consejeros espirituales del centro ayudan a Yvonne a entender los profundos conceptos de perdón y redención. La animan a perdonarse a sí misma por errores pasados y a abrazar la posibilidad de una nueva vida en Cristo. Las enseñanzas de Jesús le ofrecen una nueva perspectiva, una en la que es amada y valorada a pesar de su pasado. Esta nueva fe le proporciona un sentido de esperanza y propósito, convirtiéndose en una fuente de fortaleza interior a la que puede recurrir en tiempos de lucha.

Comunidad de apoyo

La comunidad en el centro de rehabilitación rápidamente se convierte en un pilar de fortaleza para Yvonne. El personal, muchos de los cuales tienen sus propias historias de lucha y recuperación, ofrece un apoyo y orientación inquebrantables. Comprenden las batallas que está enfrentando y le proporcionan las herramientas y el aliento que necesita para superarlas.

Los residentes forman una familia muy unida, vinculada por sus experiencias compartidas y su viaje colectivo hacia la recuperación. Yvonne se encuentra rodeada de personas que realmente se preocupan por su bienestar y que celebran sus pequeñas victorias con entusiasmo sincero. Este sentido de pertenencia y aceptación es transformador, ayudando a Yvonne a empezar a creer en la posibilidad de la recuperación.

Las sesiones de terapia grupal se convierten en una parte crucial de su proceso de sanidad, donde ella y otros residentes comparten sus historias, luchas y triunfos. Estas sesiones están llenas de empatía y apoyo mutuo, reforzando la idea de que no está sola en sus batallas. Las amistades que forma aquí son profundas y significativas, construidas sobre una base de confianza y fe compartida.

A medida que Yvonne continúa abrazando su nueva vida en el centro de rehabilitación, comienza a ver destellos de esperanza y posibilidad que había pensado perdidos durante mucho tiempo. Su fe se fortalece con cada día que pasa, y el apoyo de su nueva comunidad le da el valor para enfrentar los desafíos venideros. El camino hacia la recuperación apenas comienza, pero con el amor de Jesús y la fortaleza de su comunidad, Yvonne está lista para dar los primeros pasos hacia la sanidad y la transformación.

Capítulo 4: El camino hacia la recuperación

Yvonne se somete a un desafiante proceso de desintoxicación, su cuerpo y mente lidiando con los síntomas de abstinencia. Participa en sesiones de terapia individuales y grupales, abordando las causas raíces de su adicción. El proceso es agotador, pero está decidida a recuperar su vida. A través de la oración y la meditación, Yvonne experimenta un profundo despertar espiritual. Su fe en Jesús se profundiza, brindándole consuelo y fortaleza. Comienza a creer en su valor y en la posibilidad de un futuro libre de adicciones. Yvonne aprende nuevos mecanismos de afrontamiento y habilidades para la vida. Se involucra en actividades saludables como escribir en su diario, hacer ejercicio y recibir formación vocacional. Estos nuevos hábitos la ayudan a construir una vida más estable y plena, reemplazando lentamente el caos de la adicción con estructura y propósito.

Desintoxicación y terapia

El viaje de recuperación de Yvonne comienza con el desafiante proceso de desintoxicación. Su cuerpo y mente lidian con los intensos síntomas de abstinencia, que van desde el dolor físico hasta la agitación emocional. La fase de desintoxicación es extenuante y agotadora, llevándola al límite de sus capacidades. Sin embargo, Yvonne está resuelta en su determinación de recuperar su vida y se siente fortalecida por el apoyo del personal del centro de rehabilitación y sus compañeros residentes.

Participa en sesiones de terapia individual donde trabaja uno a uno con un terapeuta para descubrir y abordar las causas raíces de su adicción. Estas sesiones son profundamente introspectivas, a menudo sacando a la superficie recuerdos y emociones dolorosas. Sin embargo, son cruciales para ayudar a Yvonne a entender los factores que la llevaron por el camino de la adicción y para desarrollar estrategias que prevengan una recaída.

En las sesiones de terapia grupal, Yvonne y otros residentes comparten sus experiencias y se apoyan mutuamente a lo largo del proceso de recuperación. Estas sesiones fomentan un sentido de comunidad y comprensión mutua, reforzando la idea de que no están solos en sus luchas. Las historias compartidas de dolor y triunfo crean un vínculo entre los residentes, proporcionando una capa adicional de apoyo y aliento.

Despertar espiritual

En medio de los desafíos físicos y emocionales de la desintoxicación y la terapia, Yvonne encuentra consuelo y fortaleza en su fe. A través de la oración y la meditación diarias, experimenta un profundo despertar espiritual. Su conexión con Jesús se profundiza, y comienza a verse a sí misma a través del lente de Su amor y gracia incondicional.

Este despertar espiritual se convierte en un punto de inflexión para Yvonne. Comienza a creer en su valor y en la posibilidad de un futuro libre de adicciones. Las enseñanzas de Jesús, que enfatizan el perdón y la redención, resuenan profundamente en ella. Empieza a perdonarse por los errores del pasado y a abrazar la esperanza de un nuevo comienzo. Su fe se convierte en una fuente de fortaleza interna, guiándola a través de los momentos más oscuros de su camino hacia la recuperación.

Construyendo nuevos hábitos

A medida que Yvonne avanza en su recuperación, aprende nuevos mecanismos de afrontamiento y habilidades para la vida que la ayudan a construir una vida más estable y plena. El centro de rehabilitación ofrece una variedad de actividades saludables diseñadas para reemplazar el caos de la adicción con estructura y propósito.

Escribir en su diario se ha convertido en un hábito diario para Yvonne, permitiéndole procesar sus pensamientos y emociones de manera constructiva. Escribe sobre sus luchas, sus progresos y sus esperanzas para el futuro, encontrando claridad y catarsis en la palabra escrita.

El ejercicio físico se convierte en otro aspecto importante de su recuperación. Yvonne participa en actividades de fitness regulares, como yoga y caminatas grupales, que ayudan a mejorar su salud física y proporcionan una salida positiva para el estrés y la ansiedad.

La formación vocacional del centro ayuda a Yvonne a desarrollar habilidades prácticas que serán útiles en su futuro empleo. Aprende sobre diferentes oficios y profesiones, ganando confianza en su capacidad para construir una nueva vida para sí misma. Estas sesiones de capacitación también proporcionan un sentido de logro y propósito, reforzando su compromiso con la recuperación.

La combinación de terapia, crecimiento espiritual y nuevos hábitos transforma la perspectiva de Yvonne sobre la vida. Empieza a verse a sí misma no como una víctima de la adicción, sino como una superviviente con el potencial de construir un futuro más brillante. El camino hacia la recuperación es largo y desafiante, pero con cada día que pasa, Yvonne se vuelve más resiliente y esperanzada. Su fe en Jesús y el apoyo de su comunidad continúan siendo su luz guía, ayudándola a navegar el camino hacia una vida nueva y plena.

Capítulo 5: Superando desafíos

La tentación de recaer es una batalla constante. Hay momentos en los que Yvonne se siente abrumada por los antojos. Sin embargo, con el apoyo de su fe y la comunidad del centro, resiste. Cada victoria sobre la tentación fortalece su determinación y profundiza su compromiso con la sobriedad. Con la guía del centro, Yvonne se contacta con su familia distanciada. Es un proceso doloroso y emocional, lleno de lágrimas y conversaciones difíciles. Poco a poco, los puentes comienzan a repararse y el perdón arraiga. Reconectarse con su familia le proporciona una motivación adicional para mantenerse limpia y reconstruir su vida. Yvonne empieza a asumir pequeñas responsabilidades en el centro. Mentorea a los nuevos residentes, compartiendo su historia y ofreciendo apoyo. También participa en programas de alcance comunitario, ayudando a otros que aún están en la calle. Estas responsabilidades le dan un sentido de propósito y logro.

Recaída y redención

La batalla contra la adicción está lejos de terminar para Yvonne. La tentación de recaer es una lucha constante, especialmente durante momentos de angustia emocional o antojos abrumadores. Hay días en los que el impulso de volver a sus viejas costumbres se siente insuperable. Sin embargo, la creciente fe de Yvonne y el apoyo inquebrantable de la comunidad del centro de rehabilitación la ayudan a resistir estos impulsos.

Cada vez que Yvonne se siente tentada, recurre a la oración y a la red de apoyo que la rodea. El personal y los compañeros residentes ofrecen un espacio seguro para que exprese sus miedos y luchas sin ser juzgada. Su aliento y experiencias compartidas le brindan la fuerza para mantenerse comprometida con su sobriedad. Cada vez que Yvonne supera la tentación de recaer, siente un profundo sentido de victoria y empoderamiento. Estas pequeñas victorias fortalecen su confianza y profundizan su determinación de mantener su sobriedad.

Reconexión con la familia

Uno de los pasos más desafiantes pero gratificantes en el camino de recuperación de Yvonne es reconectarse con su familia distanciada. Con la guía y el apoyo de los consejeros del centro, Yvonne contacta a los miembros de su familia, con la esperanza de reparar las relaciones rotas. Este proceso está cargado de emociones y lleno de conversaciones difíciles. Hay lágrimas, disculpas y momentos de dolorosa honestidad mientras enfrentan el pasado y el daño causado por su adicción.

A pesar de la resistencia y la duda iniciales, la familia de Yvonne lentamente comienza a abrirse a la posibilidad de la reconciliación. Sus genuinos esfuerzos por buscar perdón y reconstruir la confianza comienzan gradualmente a sanar viejas heridas. El proceso no es rápido ni fácil, pero con el tiempo, los lazos familiares comienzan a fortalecerse. Reconectarse con su familia le proporciona a Yvonne una fuente adicional de amor y apoyo, motivándola a mantenerse limpia y continuar construyendo una vida mejor para ella misma.

Primeros pasos hacia la independencia

A medida que Yvonne progresa en su recuperación, empieza a asumir pequeñas responsabilidades en el centro de rehabilitación. Estas responsabilidades marcan sus primeros pasos hacia la independencia y autosuficiencia. Yvonne se convierte en mentora de los nuevos residentes, compartiendo su historia de adicción y recuperación. Su honestidad y vulnerabilidad resuenan con otros que están comenzando sus propios caminos hacia la sobriedad. Al ofrecer apoyo y orientación, Yvonne encuentra un renovado sentido de propósito y fulfillment.

Además de mentorear, Yvonne participa en programas de alcance comunitario organizados por el centro. Visita refugios para personas sin hogar y centros comunitarios, compartiendo su testimonio y brindando asistencia a quienes aún viven en la calle. Estos esfuerzos de alcance no solo ayudan a otros, sino que también refuerzan el compromiso de Yvonne con su nueva vida. Cada acto de servicio y cada vida que toca fortalece su propia determinación y creencia en la posibilidad de cambio.

Asumir estas responsabilidades le da a Yvonne un sentido de logro y orgullo. Comienza a verse a sí misma no solo como una superviviente de la adicción, sino como una persona capaz y compasiva con mucho que ofrecer al mundo. Su participación en las actividades del centro y programas de alcance también la ayuda a desarrollar habilidades prácticas y construir una red de apoyo que será invaluable a medida que haga la transición a una vida más independiente.

A través de estas experiencias, Yvonne aprende la importancia de retribuir y el poder de la comunidad. Se da cuenta de que su viaje no solo se trata de su propia recuperación, sino también de ayudar a otros a encontrar una salida de la oscuridad. Su fe y el apoyo de su comunidad continúan guiándola mientras toma estos primeros pasos cruciales hacia una nueva vida plena.

Capítulo 6: Construyendo una nueva vida

Con la ayuda del centro de rehabilitación, Yvonne encuentra una vivienda estable. Es un apartamento modesto, pero representa un paso monumental hacia la independencia. La seguridad de tener su propio espacio le permite centrarse en reconstruir su vida. Decidida a ganar independencia financiera, Yvonne busca más educación y formación. Consigue un trabajo, lo que le proporciona un ingreso estable y le aumenta su confianza en sí misma. La estructura y la rutina del trabajo ayudan a solidificar su nuevo estilo de vida sobrio. Yvonne sigue participando activamente en el centro de rehabilitación y en su iglesia. Continúa asistiendo a estudios bíblicos y reuniones de oración, su fe se fortalece cada día. Devolver a la comunidad que la apoyó se convierte en una parte central de su vida.

Vivienda estable

Con el apoyo inquebrantable del centro de rehabilitación, Yvonne encuentra un apartamento modesto en un vecindario tranquilo. Este pequeño pero significativo paso marca un logro monumental en su viaje hacia la independencia. El apartamento, aunque humilde, representa mucho más que solo un espacio físico; simboliza estabilidad, seguridad y un nuevo comienzo.

La transición a tener su propio espacio trae una mezcla de emociones para Yvonne. Siente un profundo sentido de logro y orgullo al tener su propio hogar. La seguridad de un entorno de vida estable le permite concentrarse en su recuperación y crecimiento personal sin la preocupación constante de encontrar refugio cada noche. Por primera vez en años, Yvonne tiene un lugar donde realmente puede descansar y reconstruir su vida.

Empleo y educación

Decidida a obtener independencia financiera y construir un futuro para sí misma, Yvonne se inscribe en programas de formación vocacional ofrecidos a través del centro de rehabilitación. Identifica un campo que no solo le interesa, sino que también tiene buenas perspectivas de empleo. La formación es rigurosa, pero la determinación y la confianza recién adquirida de Yvonne la empujan a superar los desafíos.

Tras completar su formación, Yvonne consigue un trabajo que le proporciona un ingreso estable. El sentido de propósito y rutina que el trabajo trae a su vida es invaluable. Cada día, se despierta con un objetivo claro y una razón para seguir adelante. La estructura y estabilidad de tener un empleo ayudan a solidificar su nuevo estilo de vida sobrio, reforzando los cambios positivos que ha realizado.

En el trabajo, la resiliencia y fuerte ética laboral de Yvonne le ganan rápidamente el respeto de sus colegas. Sus empleadores reconocen su dedicación y potencial, proporcionándole oportunidades para crecer y desarrollarse. Con cada cheque de pago, Yvonne siente un creciente sentido de independencia y confianza en sí misma, sabiendo que es capaz de mantenerse y contribuir a la sociedad.

Continuando el viaje de fe

Yvonne se mantiene profundamente conectada con el centro de rehabilitación y su comunidad eclesiástica, entendiendo que su fe y el apoyo que recibe son esenciales para su recuperación continua. Sigue asistiendo regularmente a estudios bíblicos, reuniones de oración y servicios de la iglesia. Estas prácticas espirituales le brindan un sentido de pertenencia y una base de fortaleza y resiliencia.

Su participación en la comunidad crece mientras se ofrece como voluntaria para ayudar con varias actividades de la iglesia y del centro. Asume roles de liderazgo en grupos de apoyo, compartiendo su historia para inspirar y guiar a otros que están en viajes similares. Su experiencia y empatía la convierten en una mentora efectiva y compasiva, y se convierte en un faro de esperanza para muchos.

El viaje de fe de Yvonne está marcado por un crecimiento continuo y una comprensión más profunda de sus creencias espirituales. Encuentra una paz y propósito profundos en su relación con Jesús, y este cumplimiento espiritual irradia a todos los aspectos de su vida. A menudo reflexiona sobre el poder transformador de la fe, sintiendo una inmensa gratitud por la segunda oportunidad que se le ha dado.

Devolver a la comunidad que la apoyó se convierte en una parte central de la vida de Yvonne. Ofrece su tiempo en el centro de rehabilitación, ayudando a organizar eventos, apoyar a nuevos residentes y participar en programas de divulgación. Su dedicación al servicio no solo fortalece su propia fe, sino que también enriquece las vidas de quienes la rodean.

El viaje de Yvonne desde la adicción y la falta de vivienda hasta la estabilidad y la fe es un testimonio del poder de la resiliencia, la comunidad y la creencia inquebrantable. Mientras construye su nueva vida, sigue comprometida con su fe, su crecimiento personal y su misión de ayudar a otros a encontrar sus propios caminos hacia la recuperación y la esperanza.

Capítulo 7: Fundando una organización sin fines de lucro

Inspirada por su recorrido, Yvonne decidió iniciar una organización sin fines de lucro para ayudar a otros que luchan contra la adicción y la falta de vivienda. Ella visualiza un lugar donde las personas puedan encontrar el mismo apoyo y esperanza que transformaron su vida. Navegar los desafíos de fundar y dirigir una organización sin fines de lucro es intimidante, pero Yvonne no se deja disuadir. Ella se apoya en su fe y el apoyo de su red para superar los obstáculos. La organización se construye sobre los principios de compasión, comunidad y fe. La organización ofrece programas de rehabilitación, asistencia para la vivienda y capacitación laboral, reflejando el apoyo que Yvonne recibió. Se convierte en un santuario para los necesitados, proporcionándoles las herramientas para reconstruir sus vidas.

Inspiración y visión

Inspirada por su viaje transformador, Yvonne siente un llamado poderoso para ayudar a otros que están luchando con la adicción y la falta de vivienda. Sus experiencias personales le dan una perspectiva única y una comprensión profunda de los desafíos que enfrentan quienes están en situaciones similares. Ella visualiza un lugar donde las personas puedan encontrar el mismo apoyo y esperanza que cambió su vida: un santuario de compasión y recuperación.

La visión de Yvonne para la organización sin fines de lucro es clara y convincente. Ella quiere crear un sistema de apoyo holístico que aborde las necesidades multifacéticas de las personas que luchan contra la adicción y la falta de vivienda. Su sueño es ofrecer una combinación de servicios de rehabilitación, asistencia para la vivienda y capacitación vocacional, todo arraigado en los principios de compasión, comunidad y fe.

Estableciendo la organización

Comenzar una organización sin fines de lucro desde cero es una tarea desalentadora, llenas de innumerables desafíos y obstáculos. Sin embargo, la determinación inquebrantable y la fe de Yvonne la impulsan hacia adelante. Ella comienza contactando a su red de apoyos, incluyendo a su comunidad eclesiástica, antiguos mentores del centro de rehabilitación y amigos que creen en su visión.

Con su aliento y asistencia, Yvonne navega el complejo proceso de establecer la organización sin fines de lucro. Pasa incontables horas investigando requisitos legales, llenando papeleo y asegurando financiación. Su iglesia organiza recolectas de fondos y campañas de concienciación, movilizando a la comunidad para apoyar su causa. A pesar de los inevitables contratiempos y los momentos de duda, la fe y la determinación de Yvonne nunca flaquean.

La fundación de la organización se construye sobre los valores fundamentales que guiaron a Yvonne a través de su propia recuperación: compasión, comunidad y fe. Ella reúne a un equipo dedicado de personal y voluntarios que comparten su pasión y compromiso. Juntos, trabajan incansablemente para dar vida a su visión, creando un entorno seguro y acogedor para los necesitados.

Programas y servicios

La organización sin fines de lucro de Yvonne ofrece una gama integral de programas y servicios diseñados para abordar las diversas necesidades de las personas que luchan contra la adicción y la falta de vivienda. Estos programas reflejan el apoyo que Yvonne recibió durante su propio viaje de recuperación y están adaptados para proporcionar un cuidado holístico.

1. **Programas de rehabilitación**: La organización sin fines de lucro proporciona acceso a servicios de desintoxicación, terapia y consejería. A los clientes se les ofrecen planes de tratamiento individualizados que abordan las causas fundamentales de su adicción, ayudándolos a construir una base para una recuperación a largo plazo. También está disponible la consejería espiritual y los estudios bíblicos, ofreciendo a los clientes la oportunidad de explorar su fe y encontrar sanidad espiritual.

2. **Asistencia de vivienda**: Entendiendo la importancia de una vivienda estable en el proceso de recuperación, la organización sin fines de lucro ofrece viviendas de transición

para los clientes. Estos entornos de vida seguros y de apoyo proporcionan un sentido de estabilidad y seguridad, permitiendo a los individuos concentrarse en su recuperación sin el estrés de encontrar refugio cada noche.

3. **Entrenamiento laboral y servicios de empleo**: Yvonne reconoce que la independencia financiera es crucial para una recuperación sostenida. La organización ofrece programas de capacitación vocacional, servicios de colocación laboral y apoyo continuo para ayudar a los clientes a asegurar y mantener empleo. Talleres de habilidades y programas de mentoría están diseñados para empoderar a los individuos y aumentar su confianza.

4. **Apoyo comunitario**: La organización sin fines de lucro fomenta un fuerte sentido de comunidad entre sus clientes, personal y voluntarios. Actividades grupales regulares, reuniones de apoyo y eventos comunitarios crean un ambiente de apoyo mutuo y estímulo. Este sentido de pertenencia y aceptación es vital para individuos que a menudo se han sentido aislados y marginados.

5. **Programas de alcance**: Para llegar a aquellos que aún viven en las calles, la organización lleva a cabo esfuerzos de alcance regulares. Voluntarios distribuyen alimentos, ropa e información sobre los servicios disponibles, construyendo confianza y alentando a los individuos a buscar ayuda.

La organización sin fines de lucro de Yvonne rápidamente se convierte en un santuario para aquellos en necesidad, proporcionándoles las herramientas y el apoyo necesarios para reconstruir sus vidas. Su organización no solo ofrece asistencia práctica sino que también infunde un sentido de esperanza y posibilidad. A medida que los clientes comienzan a reclamar sus vidas y alcanzar sus metas, la visión de Yvonne de un sistema de apoyo compasivo basado en la fe se convierte en realidad.

Capítulo 8: Haciendo un impacto

La organización sin fines de lucro de Yvonne comienza a tener un impacto significativo en Johannesburgo. A través de programas de alcance, muchos individuos encuentran esperanza y recuperación. La organización se convierte en un faro de luz en la comunidad, transformando vidas y fomentando la resiliencia. Yvonne continúa creciendo como líder, mentora y defensora. Su viaje desde las calles hasta el éxito es un testimonio de su fortaleza y fe. Ella se mantiene impulsada por su pasión por ayudar a otros y su profunda creencia en el poder transformador de la fe y la comunidad. Las vidas transformadas por la organización de Yvonne sirven como poderosos testimonios. Ex adictos encuentran sobriedad, personas sin hogar aseguran viviendas estables y muchos redescubren su fe. Estas historias de éxito destacan el impacto del trabajo de Yvonne y la importancia de la compasión y el apoyo.

Alcance comunitario

La organización sin fines de lucro de Yvonne rápidamente se convierte en un pilar de la comunidad de Johannesburgo, impactando significativamente las vidas de muchos. Los programas de alcance de la organización se extienden al corazón de la ciudad, llegando a individuos que aún luchan en las calles. Voluntarios distribuyen alimentos, ropa e información sobre los servicios disponibles en el centro. Estos esfuerzos construyen confianza y proporcionan alivio inmediato a aquellos que están en necesidad desesperada.

Una de las iniciativas más impactantes es el programa "De la Calle a la Esperanza", que se enfoca en identificar individuos con potencial de recuperación y llevarlos al círculo de servicios de la organización sin fines de lucro. Este programa incluye clínicas móviles que proporcionan atención médica y consejería en el lugar, ayudando a cerrar la brecha entre las calles y una vida estable.

A través de estos esfuerzos de alcance, innumerables individuos encuentran la esperanza y el apoyo que necesitan para comenzar su viaje hacia la recuperación. La organización se ha convertido en un faro de luz en Johannesburgo, conocida por su compasión, dedicación y eficacia en transformar vidas.

Crecimiento personal

El crecimiento personal de Yvonne es tan notable como el crecimiento de su organización sin fines de lucro. Ella continúa evolucionando como líder, mentora y defensora, impulsada por su pasión por ayudar a otros y su profunda creencia en el poder transformador de la fe y la comunidad. Su viaje desde las calles hasta el éxito no solo es un testimonio de su fortaleza y resiliencia, sino también una poderosa historia que inspira a todos a su alrededor.

Yvonne se involucra en un aprendizaje y desarrollo continuo, asistiendo a seminarios de liderazgo, conectando con otros líderes de organizaciones sin fines de lucro y adquiriendo nuevas habilidades para servir mejor a su organización. Se convierte en una figura muy respetada en la comunidad, admirada por su dedicación inquebrantable y sus incansables esfuerzos.

Su papel como mentora es particularmente impactante. Trabaja de cerca con los residentes y el personal de la organización sin fines de lucro, compartiendo sus experiencias y ofreciendo orientación. Su historia sirve como un poderoso ejemplo de lo que es posible con fe y determinación. Este mentorazgo ayuda a fomentar una cultura de empatía y apoyo dentro de la organización, animando a otros a seguir sus propios caminos hacia la recuperación y el éxito.

Historias de éxito

Las historias de éxito que emergen de la organización de Yvonne son numerosas y profundamente conmovedoras. Estos testimonios sirven como una poderosa evidencia del impacto de la organización sin fines de lucro y la importancia de la compasión y el apoyo en el proceso de recuperación.

1. **El viaje de Michael hacia la sobriedad**: Michael, un ex adicto que había estado viviendo en las calles durante años, encontró su camino hacia la organización sin fines de lucro a través de un programa de alcance comunitario. Con la ayuda de la organización, se sometió a la desintoxicación y terapia, y finalmente logró la sobriedad. Hoy en día, Michael es consejero en la organización, ayudando a otros a navegar sus caminos de recuperación.
2. **El camino de Sarah hacia la estabilidad**: Sarah, que había estado sin hogar durante la mayor parte de su vida adulta,

recibió asistencia de vivienda de la organización sin fines de lucro. Con un lugar estable para vivir, pudo enfocarse en su recuperación y crecimiento personal. Completó la formación vocacional proporcionada por la organización y ahora trabaja como técnica especializada. Sarah a menudo habla en eventos comunitarios, compartiendo su historia y animando a otros a buscar ayuda.

3. **El redescubrimiento de la fe de James**: Debido a su adicción, James había perdido toda esperanza y se había distanciado de su familia. A través del asesoramiento espiritual y el apoyo proporcionado por la organización sin fines de lucro, redescubrió su fe en Jesús y comenzó a reconstruir su vida. Reconectado con su familia y ahora activo en su iglesia, James lidera un grupo de apoyo para otros adictos en recuperación, ayudándoles a encontrar fe y propósito.

Estas historias de éxito destacan el profundo impacto del trabajo de Yvonne y la importancia de la compasión, la fe y el apoyo comunitario en la transformación de vidas. Cada historia es un testimonio del poder de creer en uno mismo y la posibilidad de un futuro mejor. A través de su organización sin fines de lucro, Yvonne ha creado un efecto en cadena de esperanza y resiliencia, demostrando que la recuperación y la redención son posibles para todos.

Capítulo 9: Dando gloria a Dios

Yvonne comparte su historia en iglesias, conferencias y eventos comunitarios. Su testimonio es un relato conmovedor de fe, resiliencia y transformación. Ella da gloria a Dios por su viaje, enfatizando que su éxito es un testimonio de Su gracia y amor. Su historia inspira a muchos que están luchando con problemas similares. Yvonne se convierte en un símbolo de esperanza, demostrando que la recuperación y la redención son posibles. Alienta a otros a confiar en el plan de Dios y en el poder de la oración. El viaje de Yvonne se convierte en un faro de esperanza, mostrando el poder transformador de la fe y la compasión. Su vida es un testimonio del impacto de una comunidad de apoyo y la fuerza inquebrantable de la fe.

Compartiendo su testimonio

El viaje de Yvonne desde las calles hasta convertirse en un faro de esperanza en Johannesburgo es nada menos que milagroso. Con frecuencia comparte su historia en iglesias, conferencias y eventos comunitarios, cautivando a las audiencias con su relato crudo y honesto sobre sus luchas y triunfos. Cada vez que habla, revive su transformación, enfatizando los momentos decisivos en los que su fe en Jesucristo la llevó adelante.

El testimonio de Yvonne es más que una narrativa personal; es un poderoso testimonio de la gracia y el amor de Dios. Ella describe cómo sintió la presencia divina guiándola a través de los tiempos más oscuros, proporcionando fuerza y dirección cuando no tenía nada. Sus palabras resuenan profundamente con los oyentes, muchos de los cuales están luchando con sus propios demonios. Ella relata la compasión que recibió del centro de rehabilitación cristiano, el apoyo inquebrantable del personal y el despertar espiritual que renovó su propósito.

Inspirando a otros

La historia de Yvonne es un faro de esperanza para innumerables individuos que luchan con la adicción, la falta de vivienda y la desesperación. Su mensaje es claro: la recuperación y la redención son posibles. Ella usa su plataforma para alentar a otros a confiar en el plan de Dios y a creer en el poder de la oración. Su transformación sirve como un ejemplo viviente de lo que la fe y la determinación pueden lograr.

Durante sus presentaciones, Yvonne a menudo se encuentra con personas que están en los puntos más bajos de sus vidas. Ella se toma el tiempo para hablar con ellos personalmente, ofreciendo palabras de aliento y esperanza. Su enfoque empático y su genuina preocupación dejan una impresión duradera. Ella se convierte en un símbolo de resiliencia, demostrando que no importa cuán graves sean las circunstancias, siempre hay un camino hacia la recuperación.

La influencia de Yvonne se extiende más allá de las interacciones individuales. Ella colabora con otras organizaciones, tanto religiosas como seculares, para abogar por mejores sistemas de apoyo para aquellos que lo necesitan. Participa en campañas para aumentar la conciencia sobre la adicción y la falta de vivienda, compartiendo sus conocimientos y soluciones basadas en sus propias experiencias.

Legado de esperanza

La historia de vida de Yvonne es un testimonio del poder transformador de la fe y la compasión. No solo supera sus propias luchas, sino que también usa sus experiencias para elevar a otros. Su viaje se convierte en una narrativa poderosa que destaca la importancia de una comunidad de apoyo y la fortaleza inquebrantable de la fe.

A través de su organización sin fines de lucro, Yvonne crea un legado de esperanza y empoderamiento. Los programas y servicios que estableció continúan ayudando a innumerables personas a salir de la adicción y la falta de vivienda. Su impacto se ve en las vidas de aquellos a quienes ha ayudado a transformar, personas que alguna vez estuvieron en las profundidades de la desesperación pero que ahora llevan vidas plenas gracias a su orientación y apoyo.

La dedicación de Yvonne a devolver a su comunidad consolida su legado. Sigue siendo una figura fundamental en las vidas de muchos, inspirando continuamente a otros a alcanzar su potencial y creer en la posibilidad de cambio. Su organización sin fines de lucro prospera, expandiendo su alcance y tocando más vidas cada año. Con sus esfuerzos incansables, se asegura de que su viaje no sea solo una victoria personal, sino un triunfo compartido que beneficia a muchos.

La historia de Yvonne sirve como un recordatorio de que con fe, perseverancia y el apoyo de una comunidad amorosa, todo es posible. Su legado es uno de resiliencia, compasión y fe inquebrantable, un faro de esperanza que continuará inspirando a futuras generaciones.

Epílogo: Una vida de servicio y fe

Yvonne reflexiona sobre su viaje desde la adicción y la falta de vivienda hasta convertirse en una líder comunitaria y defensora. Se llena de gratitud por el apoyo y la fe que guiaron su transformación. Su historia es un recordatorio poderoso de las posibilidades que existen dentro de cada individuo. Yvonne sueña con expandir su organización sin fines de lucro para alcanzar a más personas y crear un cambio duradero. Ella imagina una red de centros de apoyo en toda Sudáfrica, proporcionando servicios integrales a aquellos que lo necesitan. Su objetivo es continuar elevando y empoderando a las personas para superar sus luchas. La historia de Yvonne deja un legado duradero, mostrando la importancia de la fe, la perseverancia y el poder de una comunidad de apoyo. Su camino inspira a las generaciones futuras a creer en su potencial y confiar en el plan de Dios.

Reflexionando sobre el viaje

Yvonne se sienta silenciosamente en su modesta pero cómoda oficina, rodeada de fotos y recuerdos de las muchas vidas que ha tocado. Reflexionando sobre su viaje desde las profundidades de la adicción y la falta de vivienda hasta convertirse en un faro de esperanza y una líder comunitaria, se siente abrumada por la gratitud. Su transformación es nada menos que milagrosa, y sabe que fue posible gracias al apoyo inquebrantable de su fe y la comunidad que la rodeó.

Al mirar atrás, Yvonne recuerda las incontables noches pasadas en las frías calles de Johannesburgo, luchando contra la desesperación y la adicción. Recuerda el momento decisivo cuando María, una voluntaria de un centro de rehabilitación cristiano, extendió una mano de compasión que cambió su vida para siempre. El viaje estuvo lejos de ser fácil, lleno de momentos de duda, recaídas y miedo. Sin embargo, también estuvo marcado por un profundo crecimiento espiritual, una fe en aumento y el apoyo inquebrantable de su nueva familia cristiana.

Su vida ahora se presenta como un poderoso testimonio de las posibilidades que existen dentro de cada individuo, no importa cuán desesperadas sean sus circunstancias. La historia de Yvonne nos recuerda que con fe, resiliencia y el apoyo comunitario, cualquiera puede superar sus momentos más oscuros y emerger más fuerte.

Aspiraciones futuras

La visión de Yvonne para el futuro es expansiva y llena de esperanza. Sueña con hacer crecer su organización sin fines de lucro para alcanzar a aún más personas en toda Sudáfrica. Su objetivo es establecer una red de centros de apoyo que proporcionen servicios integrales a aquellos que luchan contra la adicción y la falta de vivienda. Estos centros ofrecerán no solo programas de rehabilitación, sino también asistencia de vivienda, capacitación laboral y orientación espiritual.

Yvonne imagina un futuro donde su organización se convierta en un santuario para aquellos que lo necesitan, proporcionándoles las herramientas y el apoyo necesarios para reconstruir sus vidas. Planea colaborar con otras organizaciones sin fines de lucro, agencias gubernamentales y líderes comunitarios para crear una red de apoyo más extensa y efectiva. Al hacerlo, ella aspira a crear un cambio duradero y elevar a incontables individuos desde las profundidades de la desesperación hacia una vida de esperanza y propósito.

Sus aspiraciones van más allá de los aspectos prácticos de su trabajo. Yvonne quiere fomentar una cultura de empatía, comprensión y aceptación. Ella espera inspirar a otros exadictos y personas sin hogar a devolver algo a sus comunidades, creando un efecto dominó de cambio positivo.

Fe duradera

A lo largo de su viaje, la fe de Yvonne ha sido la piedra angular de su fortaleza y perseverancia. Su historia no solo trata sobre la recuperación personal, sino también sobre el poder duradero de la fe y el impacto de una comunidad compasiva. Ella continúa sacando fuerza de su relación con Dios, participando activamente en su iglesia y liderando grupos de oración comunitarios.

La fe de Yvonne es una luz guía que no solo ilumina su camino, sino que también inspira a otros a confiar en el plan de Dios para sus vidas. Su legado es uno de resiliencia, mostrando que con determinación, apoyo y fe inquebrantable, cualquier obstáculo puede ser superado.

A medida que continúa su trabajo, Yvonne sigue comprometida con su misión de servicio. Ella cree que su viaje está lejos de haber terminado y que todavía hay muchas vidas por tocar y corazones por sanar. Su historia deja una impronta duradera en todos los que la escuchan, animando a las futuras generaciones a creer en su potencial y en el poder transformador de la fe.

La vida de Yvonne es un claro ejemplo de lo que se puede lograr cuando uno se niega a rendirse, abraza la fe y cuenta con el apoyo de una comunidad amorosa. Su viaje desde las calles hasta el éxito es un faro de esperanza, demostrando que con fe y perseverancia, todo es posible. Su legado inspirará a innumerables personas a encontrar su camino, confiar en el plan de Dios y luchar por un futuro mejor.

Fin

EL VIAJE DE HIROSHI DESDE LA DEPRESIÓN HASTA LA DEFENSA EN TOKIO, JAPÓN

Capítulo 1: El peso de las expectativas

• **Introducción a Hiroshi:** Un joven en Tokio, Japón, lucha con una depresión severa y pensamientos suicidas persistentes, sintiéndose atrapado bajo el peso de las expectativas.

• **Presiones sociales:** Las intensas presiones sociales para tener éxito y destacarse en un trabajo corporativo exigente contribuyen a la disminución de la salud mental de Hiroshi.

• **Luchas diarias:** El impacto de su entorno de alta presión afecta su salud mental y física, lo que resulta en sentimientos de desesperanza y aislamiento.

Capítulo 2: Un encuentro fortuito

• **Conociendo a un colega cristiano:** Hiroshi conoce a un colega comprensivo en el trabajo que reconoce sus luchas y ofrece apoyo.

• **Introducción a la fe:** El colega comparte su fe en Jesús con Hiroshi, invitándolo a explorar el mensaje de esperanza y amor a través de la fe y la comunidad.

• **Vacilación inicial:** Aunque Hiroshi es reacio, siente una creciente curiosidad por la fe como una posible fuente de consuelo y fortaleza.

Capítulo 3: Encontrando la fe

• **Primera visita a la iglesia:** Hiroshi asiste a un servicio en la iglesia por primera vez, sintiéndose acogido y profundamente conmovido por el mensaje de esperanza y amor que encuentra.

• **Despertar espiritual:** Comienza a asistir a la iglesia regularmente, participando en estudios bíblicos y reuniones de oración, sintiendo una ligereza que no había experimentado en años.

• **Comunidad solidaria:** La comunidad eclesiástica le ofrece a Hiroshi un sistema de apoyo vital, brindando comprensión, compasión y aliento.

Capítulo 4: El camino hacia la sanidad

• **Abrazando la fe:** La fe de Hiroshi en Jesús se profundiza, ofreciéndole un nuevo propósito y esperanza que había creído perdidos.

• **Dejando el trabajo:** Empoderado por su fe, Hiroshi reúne el coraje para dejar su trabajo de alta presión, priorizando su salud mental y bienestar.

• **Recuperación y renovación:** Con el apoyo de su comunidad de iglesia, Hiroshi se involucra en terapia y desarrolla prácticas de autocuidado que ayudan en su sanidad.

Capítulo 5: Descubriendo un nuevo propósito

• **Inspiración para ayudar a otros:** Inspirado por su propio viaje, Hiroshi siente el llamado de asistir a otros que enfrentan luchas similares.

• **Investigación y planificación:** Investiga problemas de salud mental y formula planes que pueden hacer una diferencia en su comunidad.

• **Creando una organización:** Hiroshi establece una organización de defensa de la salud mental, dedicada a la concienciación y a proporcionar servicios de apoyo vital.

Capítulo 6: Defensa y divulgación

• **Programas comunitarios:** Su organización lanza talleres y programas enfocados en la concienciación sobre la salud mental, la gestión del estrés y la prevención del suicidio.

• **Colaboraciones y asociaciones:** Hiroshi colabora con profesionales de salud mental y organizaciones, ampliando el alcance de sus esfuerzos de defensa.

• **Crecimiento personal:** A través de su trabajo, Hiroshi continúa creciendo personal y espiritualmente, encontrando plenitud y propósito al ayudar a otros.

Capítulo 7: Haciendo un impacto

• **Charlas públicas:** Hiroshi comparte su historia y perspectivas en conferencias, escuelas y eventos comunitarios, trabajando para romper el estigma en torno a la salud mental.

• **Historias de éxito:** Su organización ayuda a numerosas personas a encontrar esperanza y apoyo, mostrando el profundo impacto de los esfuerzos de Hiroshi.

• **Ampliando el alcance:** A medida que la organización gana reconocimiento y financiación, Hiroshi puede expandir su alcance, ayudando a aún más personas necesitadas.

Capítulo 8: Dando gloria a Dios

• **Testimonio de fe:** Hiroshi comparte el testimonio de su fe y recuperación en iglesias y reuniones comunitarias, atribuyendo su transformación a la gracia divina.

• **Inspirando a otros:** Su viaje inspira a muchos a buscar ayuda y a confiar en el poder sanador de la fe y la comunidad.

• **Continuando el viaje de fe:** Hiroshi sigue involucrado activamente en su iglesia, cultivando continuamente su fe y servicio a los demás.

Epílogo: Un legado de esperanza y sanidad

• **Reflexionando sobre el viaje:** Hiroshi reflexiona sobre su evolución, de la depresión a convertirse en un apasionado defensor de la salud mental, reconociendo el papel fundamental de la fe y la comunidad.

• **Aspiraciones futuras:** Imagina expandir aún más el alcance de su organización para crear un cambio duradero en la forma en que se aborda la salud mental en la sociedad japonesa.

• **Legado de compasión:** La historia de Hiroshi se convierte en un testimonio duradero del poder transformador de la fe, la resiliencia y la urgencia de la defensa de la salud mental.

"El viaje de Hiroshi desde la depresión hasta la defensa en Tokio, Japón"

Capítulo 1: El peso de las expectativas

Hiroshi, un joven de poco más de treinta años, vive en la bulliciosa metrópolis de Tokio, Japón. Conocido por su inteligencia y dedicación, siempre ha sido un alto rendimiento. Sin embargo, bajo la superficie, Hiroshi lucha contra una depresión severa y alberga pensamientos suicidas. El peso de su conflicto interno es inmenso, pero lo oculta bien detrás de una fachada de éxito y competencia. En Tokio, las expectativas sociales son inmensas. Hiroshi trabaja en un trabajo corporativo de alta presión donde las demandas son implacables. La cultura del exceso de trabajo y la necesidad de cumplir y superar las expectativas han afectado significativamente su salud mental. El constante estrés y miedo al fracaso lo llevan a sentirse cada vez más aislado y desesperanzado. La rutina diaria de Hiroshi es un ciclo de agotamiento y desesperación. Las largas horas de trabajo lo dejan físicamente exhausto y mentalmente agotado. El estrés se manifiesta en insomnio, frecuentes dolores de cabeza y una sensación persistente de desesperanza. A pesar de sus mejores esfuerzos, se siente atrapado en una vida que no ofrece ningún respiro, llevándolo a cuestionar el propósito de su existencia.

Introducción a Hiroshi

Hiroshi, un joven de poco más de treinta años, reside en la bulliciosa metrópolis de Tokio, Japón. Desde joven, era conocido por su inteligencia y dedicación, destacándose constantemente en los estudios y luego en su vida profesional. Sus colegas y compañeros lo consideran un modelo de éxito, siempre logrando un alto rendimiento y entregando resultados. Sin embargo, bajo la superficie, Hiroshi lucha contra una depresión severa y alberga pensamientos suicidas. El peso de su conflicto interno es inmenso, pero lo oculta bien detrás de una fachada de competencia y aparente felicidad.

Presiones sociales

En Tokio, las expectativas sociales son inmensas e implacables. Hiroshi trabaja en un trabajo corporativo de alta presión en una prestigiosa empresa, donde las demandas son constantes. La cultura de la compañía enfatiza largas horas, alta productividad y competencia constante. Se espera que los empleados prioricen el trabajo por encima de todo, a menudo a expensas de sus vidas personales y salud mental. Hiroshi no es la excepción. La necesidad de cumplir y superar expectativas ha afectado significativamente su bienestar. La presión para mantener su estatus y no mostrar ninguna señal de debilidad lo aísla aún más, llevándolo a sentimientos de desesperanza y desesperación.

Luchas diarias

La rutina diaria de Hiroshi es un ciclo de agotamiento y desesperación. Su día suele comenzar antes del amanecer, mientras se prepara para otro agotador día en la oficina. El largo viaje en trenes abarrotados solo aumenta su sensación de cansancio. En el trabajo, está constantemente bajo escrutinio para entregar resultados excepcionales, cumplir con plazos ajustados y navegar la política de oficina. Sus noches están consumidas por reuniones nocturnas y proyectos urgentes, dejando poco tiempo para descansar o relajarse.

El estrés se manifiesta físicamente y mentalmente. Hiroshi sufre de insomnio, luchando por conseguir siquiera unas pocas horas de sueño cada noche. Los frecuentes dolores de cabeza y la fatiga crónica son parte de su vida diaria. Mentalmente, siente una sensación generalizada de desesperanza, cuestionando el propósito de su existencia. A pesar de sus mejores esfuerzos por mantener las apariencias, se siente atrapado en una vida que no ofrece respiro. El constante ciclo de exceso de trabajo y estrés lo deja sintiéndose emocionalmente insensible y desconectado del mundo que lo rodea.

Cada día, Hiroshi contempla la idea de terminar con su vida como una forma de escapar de la presión y el dolor interminables. El pensamiento de alivio de su sufrimiento es una presencia constante, pero lucha contra estos pensamientos oscuros en silencio, temiendo el juicio y la incomprensión. Su lucha interna es un contraste marcado con la imagen exitosa y compuesta que proyecta al mundo exterior.

La vida de Hiroshi en Tokio, marcada por intensas presiones sociales y luchas diarias, pinta una imagen de un hombre al borde del abismo. Su historia comienza en las profundidades de la desesperación, preparando el escenario para un viaje transformador impulsado por encuentros inesperados, una fe recién descubierta y el apoyo inquebrantable de una comunidad compasiva.

Capítulo 2: Un encuentro fortuito

Una tarde, mientras trabajaba hasta tarde, Hiroshi se encuentra con un colega llamado Kenta, quien nota su angustia. Kenta es compasivo y atento, a diferencia de la mayoría de las personas en un entorno de alta presión. Inicia una conversación con Hiroshi, ofreciéndole un oído comprensivo y una preocupación genuina. Durante su conversación, Kenta comparte su fe en Jesús con Hiroshi, contando su propio viaje de la desesperación a la esperanza. Habla sobre el consuelo y la fuerza que encontró en el cristianismo e invita a Hiroshi a asistir a un servicio religioso con él. Hiroshi duda al principio, es escéptico ante la idea de que la fe podría proporcionarle el alivio que desesperadamente necesita. Sin embargo, su curiosidad se despierta por la bondad sincera de Kenta y la posibilidad de encontrar algún alivio a su tormento.

Conociendo a un colega cristiano

Una tarde, Hiroshi se encuentra trabajando hasta tarde, una vez más, en la oficina tenuemente iluminada. El zumbido de las computadoras y el ocasional movimiento de papeles son los únicos sonidos que llenan el espacio. Mientras mira fijamente su pantalla, sintiéndose abrumado y al borde del colapso, se le acerca un colega llamado Kenta. Kenta, conocido por su naturaleza compasiva y su comportamiento atento, nota la angustia de Hiroshi. A diferencia de la mayoría de las personas en su entorno de alta presión, a Kenta le importan genuinamente sus colegas.

Sintiendo la necesidad de Hiroshi de tomar un descanso, Kenta inicia una conversación. Le pregunta a Hiroshi cómo está y expresa una preocupación genuina por su bienestar. Al principio, Hiroshi está reservado, reacio a abrirse sobre sus luchas. Sin embargo, la calidez y sinceridad de Kenta lo ponen gradualmente a gusto. Se trasladan a una área más tranquila de la oficina, lejos de ojos y oídos curiosos, y Hiroshi se encuentra compartiendo más de lo que pretendía.

Introducción a la fe

A medida que la conversación se profundiza, Kenta comienza a compartir su historia personal. Se abre sobre sus propias luchas con la depresión y cómo una vez se sintió perdido y sin esperanzas, mucho como Hiroshi se siente ahora. Kenta revela que su punto de inflexión llegó cuando descubrió su fe en Jesús. Habla sobre el consuelo, la fuerza y el sentido de propósito que encontró en el cristianismo, lo que lo ayudó a navegar por sus tiempos más oscuros.

Kenta habla con una convicción serena, describiendo cómo su fe le proporcionó un ancla y una comunidad que lo apoyó incondicionalmente. Explica los principios de amor, perdón y esperanza que ofrece el cristianismo, enfatizando cómo transformaron su vida. Intrigado por la historia de Kenta, Hiroshi escucha atentamente, aunque sigue siendo escéptico sobre si la fe podría realmente marcar una diferencia en su propia vida.

Viendo un destello de interés en los ojos de Hiroshi, Kenta lo invita a asistir a un servicio religioso con él. Le asegura a Hiroshi que no hay presión ni obligación, solo una oportunidad para explorar algo que podría ofrecerle consuelo.

Vacilación inicial

La reacción inicial de Hiroshi es de vacilación. El concepto de buscar consuelo en la fe le es ajeno, y duda de que pueda proporcionarle el alivio que tan desesperadamente necesita. Su mente lógica lucha con la idea de encontrar consuelo en algo intangible. Sin embargo, no puede ignorar la sinceridad y amabilidad que exuda Kenta, lo cual es un marcado contraste con la fría y competitiva atmósfera de su lugar de trabajo.

Los días siguientes son un período de contemplación para Hiroshi. Reproduce su conversación con Kenta en su mente, reflexionando sobre la posibilidad de que la fe pueda ofrecerle una salida a su desesperación. A pesar de su escepticismo, se siente atraído por la idea de encontrar alguna forma de paz y alivio de su tormento. La curiosidad despertada por la genuina preocupación de Kenta y la esperanza de experimentar una fracción de la transformación que Kenta describió comienzan a superar sus dudas.

Finalmente, después de mucha deliberación interna, Hiroshi decide aceptar la invitación de Kenta. Con una mezcla de aprensión y esperanza tentativa, accede a asistir a un servicio religioso. Esta decisión marca el comienzo de un nuevo capítulo en la vida de Hiroshi, uno que lo llevará por un camino de descubrimiento espiritual y sanidad.

Capítulo 3: Encontrando la fe

Con una mezcla de aprensión y curiosidad, Hiroshi asiste a un servicio religioso con Kenta. La calidez de la congregación y el mensaje edificante de esperanza y amor lo tocan profundamente. Por primera vez en mucho tiempo, Hiroshi siente un destello de esperanza. Alentado por su experiencia inicial, Hiroshi comenzó a asistir a la iglesia regularmente. Participó en estudios bíblicos y reuniones de oración, abriendo gradualmente su corazón a las enseñanzas de Jesús. El sentido de comunidad y los mensajes de amor incondicional y redención resonaron con él, provocando un despertar espiritual. La comunidad eclesiástica abraza a Hiroshi, ofreciéndole comprensión, compasión y un sentido de pertenencia. Encuentra consuelo en las amistades que forma y en el apoyo colectivo del grupo. La iglesia se convierte en un santuario donde puede comenzar a sanar.

Primera visita a la iglesia

En una brillante mañana de domingo, Hiroshi sale de su pequeño apartamento, sintiendo una mezcla de aprensión y curiosidad. Ha aceptado asistir a un servicio religioso con Kenta, y mientras caminan por las bulliciosas calles de Tokio, la mente de Hiroshi se llena de dudas y preguntas. Kenta percibe su inquietud y ofrece palabras de consuelo, explicando que la iglesia es un lugar de aceptación y esperanza.

Al llegar a la iglesia, Hiroshi se siente impactado por la atmósfera acogedora. El edificio modesto pero invitante parece irradiar un sentido de paz. Dentro, la calidez de la congregación lo envuelve. Rostros sonrientes lo saludan en la puerta, y Kenta lo presenta a algunos miembros que se alegran genuinamente de conocerlo. Hiroshi siente un sentido de pertenencia que ha estado ausente de su vida durante mucho tiempo.

Durante el servicio, Hiroshi escucha atentamente el sermón del pastor. El mensaje se centra en temas de esperanza, amor y redención, conceptos que resuenan profundamente con las luchas internas de Hiroshi. Los himnos, cantados con emoción sincera, agitan algo dentro de él. Por primera vez en años, Hiroshi siente un destello de esperanza atravesar la oscuridad de su depresión.

Despertar espiritual

Alentado por su experiencia inicial, Hiroshi decide asistir a la iglesia regularmente. Comienza a participar en estudios bíblicos y reuniones de oración, donde gradualmente abre su corazón a las enseñanzas de Jesús. Las historias de amor incondicional, perdón y segundas oportunidades le hablan a un nivel profundo.

En las sesiones de estudio bíblico, Hiroshi es presentado a pasajes que ofrecen consuelo y guía. Versos como Mateo 11:28, "Venid a mí, todos los que estáis trabajados y cargados, y yo os haré descansar," le traen lágrimas a los ojos. Se encuentra reflejando en estas enseñanzas, sacando fuerza y consuelo de ellas.

Las reuniones de oración de la iglesia se convierten en una fuente de alimento espiritual para Hiroshi. Durante estos encuentros, aprende a orar, inicialmente sintiéndose incómodo pero pronto encontrando un sentido de paz y conexión. El acto de compartir sus luchas con Dios y la comunidad de apoyo a su alrededor enciende un despertar espiritual. Comienza a ver su vida a través de un nuevo lente, lleno de esperanza y posibilidades.

Comunidad solidaria

La comunidad eclesiástica acoge a Hiroshi, ofreciéndole comprensión, compasión y un sentido de pertenencia. Los miembros comparten sus propias historias de lucha y redención, haciendo que Hiroshi se dé cuenta de que no está solo. Forma profundas amistades con personas que se preocupan genuinamente por su bienestar y crecimiento espiritual.

Una de las relaciones más transformadoras que Hiroshi forma es con un miembro anciano de la iglesia llamado Masako. Sabia y gentil, Masako se convierte en una mentora para Hiroshi, guiándolo a través de su viaje espiritual. Se reúnen regularmente, discutiendo las escrituras y orando juntos. La fe inquebrantable de Masako y su suave aliento ayudan a Hiroshi a encontrar fuerza y resiliencia.

La iglesia también organiza varios grupos de apoyo y actividades en las que Hiroshi se involucra. Estos incluyen oportunidades de voluntariado, donde Hiroshi encuentra alegría al ayudar a otros, lo que refuerza aún más su sentido de propósito y comunidad. El acto de retribuir y ser parte de algo más grande que él mismo comienza a sanar las heridas de la soledad y la desesperanza.

A medida que Hiroshi continúa su viaje de fe, la iglesia se convierte en su santuario, un lugar donde puede sanar y crecer. La comunidad de apoyo, combinada con las enseñanzas de Jesús, le proporciona la base que necesita para reconstruir su vida. Empieza a sentir una sensación de paz y propósito que pensaba que había perdido para siempre.

Capítulo 4: El camino hacia la sanidad

A medida que la fe de Hiroshi en Jesús crece, comienza a experimentar un profundo sentido de propósito y esperanza. Las enseñanzas de Jesús le proporcionan una nueva perspectiva de la vida, alentándolo a encontrar alegría y significado más allá de su identidad corporativa. Con un nuevo coraje y el apoyo de su comunidad eclesiástica, Hiroshi toma la difícil decisión de dejar su trabajo de alta presión. La prioridad de su salud mental y bienestar se convierte en su enfoque principal. Esta decisión es tanto liberadora como aterradora, pero Hiroshi siente una sensación de paz sabiendo que está dando un paso hacia la sanidad. Hiroshi se involucra en la terapia y adopta prácticas de autocuidado que nutren su salud mental. Actividades como la meditación, la escritura en un diario y el ejercicio regular se convierten en parte de su rutina. Apoyado por su comunidad eclesiástica, Hiroshi reconstruye lentamente su vida, encontrando fortaleza y resiliencia en su fe.

Abrazando la fe

A medida que la fe de Hiroshi en Jesús crece, comienza a experimentar una transformación profunda. Las enseñanzas de Jesús le proporcionan una nueva perspectiva de la vida, una que lo alienta a buscar alegría y significado más allá de los confines de su exigente identidad corporativa. Hiroshi empieza a encontrar consuelo en la creencia de que su valor no está definido por su desempeño laboral o las expectativas sociales, sino por su valor inherente como hijo de Dios.

Se sumerge en las escrituras, encontrando consuelo en pasajes como Jeremías 29:11, "Porque yo sé los planes que tengo para ti," declara el Señor, "planes para prosperarte y no para dañarte, planes para darte esperanza y un futuro." Estas palabras resuenan profundamente en Hiroshi, llenándolo de esperanza y un sentido de propósito. Comienza a esperar cada día con un espíritu renovado, ansioso por descubrir lo que Dios ha planeado para él.

Dejando el trabajo

Con un nuevo coraje y el apoyo inquebrantable de su comunidad eclesiástica, Hiroshi toma la difícil decisión de dejar su trabajo de alta presión. Este paso no se toma a la ligera, ya que el trabajo ha sido una parte significativa de su identidad y sustento. Sin embargo, priorizar su salud mental y bienestar se convierte en su enfoque principal. El proceso es tanto liberador como aterrador; liberador porque siente que se quita un peso de los hombros, y aterrador por la incertidumbre que se avecina.

Hiroshi discute su decisión con su pastor y amigos cercanos de la iglesia, quienes le brindan aliento y seguridad. Le recuerdan que cuidar de su salud mental no es un signo de debilidad, sino un acto valiente de autopreservación y fe. Con sus oraciones y apoyo, Hiroshi siente una sensación de paz y claridad, sabiendo que está dando un paso significativo hacia la sanidad.

Recuperación y renovación

Libre de las demandas implacables de su trabajo corporativo, Hiroshi se dedica a la recuperación y renovación. Comienza la terapia, lo que le ayuda a abordar los problemas subyacentes que contribuyen a su depresión y ansiedad. A través del asesoramiento, aprende a sobrellevar sus emociones y desarrollar patrones de pensamiento más saludables.

Además de la terapia, Hiroshi adopta prácticas de autocuidado que nutren su salud mental. Comienza a meditar diariamente, encontrando paz y claridad en momentos de reflexión tranquila. Escribir en un diario se convierte en otra parte vital de su rutina, permitiéndole expresar sus pensamientos y emociones libremente. Esta práctica le ayuda a procesar sus experiencias y seguir su progreso.

La actividad física también se convierte en una parte integral de la recuperación de Hiroshi. Comienza a correr y se une a un gimnasio local, utilizando el ejercicio como una forma de mejorar su estado de ánimo y su salud física. Las endorfinas liberadas durante estas actividades ayudan a combatir los sentimientos de depresión, y la disciplina de mantener una rutina agrega estructura a sus días.

A lo largo de este viaje, la comunidad eclesiástica de Hiroshi sigue siendo una fuente constante de apoyo. Regularmente lo visitan, ofrecen oraciones e invitan a reuniones sociales y espirituales. Esta red de personas solidarias refuerza su sentido de pertenencia y proporciona una red de seguridad mientras navega por su camino hacia la sanidad.

A medida que Hiroshi continúa reconstruyendo su vida, encuentra fuerza y resiliencia en su fe. Los principios que aprende de las enseñanzas de Jesús lo guían a través de tiempos desafiantes, recordándole la importancia de la compasión, el perdón y la esperanza. Lenta pero seguramente, Hiroshi comienza a ver un futuro más brillante, uno donde puede prosperar no solo en su carrera sino en todos los aspectos de su vida.

Capítulo 5: Descubriendo un nuevo propósito

Inspirado por su viaje de la oscuridad a la luz, Hiroshi siente un llamado a ayudar a otros que enfrentan luchas similares. Se da cuenta de que su experiencia con la depresión y la recuperación puede ser una fuente de esperanza y orientación para los demás. Hiroshi comienza a investigar los problemas de salud mental en Japón, comprendiendo el estigma y las brechas en el apoyo para las personas que luchan con la salud mental. Él planea cómo puede hacer una diferencia significativa, imaginando una sociedad donde se hable y apoye abiertamente la salud mental. Impulsado por su visión, Hiroshi establece una organización de defensa de la salud mental. La organización tiene como objetivo crear conciencia, brindar apoyo y desestigmatizar los problemas de salud mental. Con el respaldo de su iglesia y su nueva fe, Hiroshi está decidido a crear un entorno de apoyo para quienes lo necesiten.

Inspiración para ayudar a otros

A medida que Hiroshi continúa su viaje de recuperación, se siente profundamente conmovido por la transformación que ha experimentado. El profundo impacto de su fe, el apoyo de su comunidad eclesiástica y las prácticas terapéuticas que lo han ayudado a recuperar su estabilidad lo inspiran a devolver algo a la sociedad. Siente un fuerte llamado a ayudar a otros que están lidiando con luchas similares, dándose cuenta de que su experiencia con la depresión y la recuperación puede servir como un faro de esperanza y orientación. Hiroshi comienza a ver su dolor y recuperación no como una carga, sino como una oportunidad única para marcar la diferencia en la vida de los demás.

Investigación y planificación

Hiroshi comienza a profundizar en el mundo de la salud mental, enfocándose en la situación en Japón. Lee extensamente sobre el estigma cultural que rodea a los problemas de salud mental, las altas tasas de suicidio y la falta de apoyo adecuado para la salud mental. Su investigación destaca las importantes brechas en los recursos y la urgente necesidad de discusiones abiertas sobre la salud mental.

Hiroshi también asiste a seminarios y talleres y se reúne con profesionales dc la salud mental para obtener una comprensión más profunda. Habla con sobrevivientes, terapeutas y defensores para comprender los desafíos y necesidades de quienes luchan con problemas de salud mental. A través de estas interacciones, formula una visión clara de cómo puede contribuir a mejorar la conciencia y el apoyo a la salud mental en Japón.

Él delinea un plan integral para abordar estos problemas, enfocándose en la educación, los sistemas de apoyo y la defensa. Su objetivo es crear una sociedad donde la salud mental no sea un tema tabú, sino uno que se discuta y apoye abiertamente.

Creando una organización

Impulsado por su visión y su nuevo propósito, Hiroshi decide establecer una organización de defensa de la salud mental. La organización, llamada "Shinrai" (Confianza), tiene como objetivo crear conciencia, brindar apoyo y desestigmatizar los problemas de salud mental en todo Japón. El nombre "Shinrai" refleja la misión central de construir confianza y proporcionar un apoyo confiable a quienes lo necesitan. Con el apoyo de su iglesia y su comunidad, Hiroshi establece Shinrai, comenzando con un pequeño pero dedicado equipo de voluntarios que comparten su pasión por la defensa de la salud mental. Empiezan organizando reuniones comunitarias para discutir la salud mental, proporcionando un espacio seguro para que las personas compartan sus experiencias y busquen apoyo. Estas reuniones a menudo se realizan en colaboración con iglesias locales, centros comunitarios y escuelas.

Hiroshi y su equipo lanzaron campañas de concientización para educar al público sobre los problemas de salud mental, utilizando las redes sociales, los medios de comunicación locales y eventos públicos para llegar a una audiencia amplia. Crean contenido informativo que desmiente mitos, proporciona hechos y ofrece recursos para quienes buscan ayuda. Las campañas también destacan historias personales de recuperación, incluida la propia de Hiroshi, para inspirar esperanza y demostrar que la recuperación es posible. Shinrai ofrece una variedad de servicios de apoyo, que incluyen consejería, grupos de apoyo y talleres sobre manejo del estrés y estrategias de afrontamiento. Se asocian con profesionales de la salud mental para brindar sesiones de terapia asequibles y accesibles. La organización también establece una línea de ayuda 24/7 para individuos en crisis, asegurando que la ayuda siempre esté disponible cuando se necesite.

Hiroshi enfatiza la importancia de la participación comunitaria para abordar los problemas de salud mental. Shinrai organiza programas regulares de alcance comunitario, visitando escuelas, lugares de trabajo y centros comunitarios para realizar talleres y seminarios. Estas sesiones están diseñadas para educar a las personas sobre cómo reconocer los signos de angustia mental, ofrecer apoyo de primeros auxilios en salud mental y promover un entorno de apoyo para el bienestar mental. Shinrai también se centra en la defensa, trabajando para influir en la política pública y mejorar los servicios de salud mental en Japón. Hiroshi y su equipo se relacionan con los responsables de políticas, participan en foros públicos y colaboran con otras organizaciones para impulsar una mejor infraestructura y recursos para la atención de la salud mental. Su objetivo es crear un cambio sistémico que beneficiará a las futuras generaciones.

Hiroshi aprovecha sus conexiones con la iglesia para construir una red de apoyo sólida, incluyendo asociaciones con otras organizaciones sin fines de lucro, proveedores de atención médica e instituciones educativas. Esta red ayuda a amplificar los esfuerzos de Shinrai y asegura que las personas en diferentes regiones puedan acceder al apoyo que necesitan. A medida que Shinrai crece, se convierte en un faro de esperanza para muchos, ofreciendo un salvavidas a quienes luchan en silencio. El viaje de Hiroshi desde la depresión hasta la defensa demuestra el poder transformador de la fe, la resiliencia y el apoyo comunitario. A través de Shinrai, no solo encuentra su propósito, sino que también ayuda a muchas otras personas a descubrir el suyo.

Capítulo 6: Defensa y divulgación

La organización lanza diversos programas y talleres enfocados en la concienciación sobre la salud mental, la gestión del estrés y la prevención del suicidio. Estas iniciativas están diseñadas para educar al público, proporcionar herramientas prácticas y crear una comunidad de apoyo. Hiroshi colabora con profesionales de la salud mental, ONG y otros grupos de defensa para expandir el alcance de su organización. Estas asociaciones le permiten ofrecer una gama más amplia de servicios y recursos, mejorando el impacto de su trabajo de defensa. A través de su trabajo, Hiroshi continúa creciendo personal y espiritualmente. Ayudar a otros le brinda una inmensa satisfacción y refuerza su creencia en el poder transformador de la fe y el apoyo comunitario.

Programas comunitarios

Shinrai, la organización de defensa de la salud mental de Hiroshi, se ha convertido en un centro para varios programas comunitarios destinados a crear conciencia y ofrecer apoyo. La organización lanza varias iniciativas clave:

- **Campañas de concienciación sobre la salud mental:** Shinrai lanza campañas a nivel nacional para educar al público sobre los problemas de salud mental. Estas campañas utilizan una variedad de plataformas mediáticas, incluyendo redes sociales, periódicos locales y anuncios televisivos, para llegar a una amplia audiencia. Se distribuyen folletos y carteles informativos en lugares públicos como escuelas, oficinas y centros comunitarios. El objetivo es romper el estigma asociado con la salud mental y fomentar conversaciones abiertas.
- **Talleres de gestión del estrés:** Shinrai realiza talleres sobre técnicas de gestión del estrés, incluyendo la atención plena, ejercicios de relajación y habilidades de gestión del tiempo. Estos talleres son dirigidos por profesionales capacitados y están diseñados para proporcionar herramientas prácticas que los participantes puedan usar en su vida diaria. La naturaleza interactiva de estas sesiones permite a los asistentes practicar técnicas en un entorno de apoyo y recibir retroalimentación.
- **Programas de prevención del suicidio:** Shinrai reconoce la importancia crítica de la prevención del suicidio e implementa programas específicamente dirigidos a este problema. Estos programas incluyen sesiones de entrenamiento para miembros de la comunidad sobre cómo reconocer señales de advertencia y proporcionar apoyo a las personas en crisis. Hiroshi también se asocia con escuelas locales para establecer

grupos de apoyo entre pares y proporcionar recursos para estudiantes y educadores.

- **Grupos de apoyo:** Shinrai ofrece grupos de apoyo para varios problemas de salud mental, como la depresión, la ansiedad y el TEPT. Estos grupos se reúnen regularmente y ofrecen un espacio seguro para que las personas compartan sus experiencias y reciban apoyo de sus pares. Facilitados por consejeros capacitados, estos grupos ayudan a los participantes a construir un sentido de comunidad y pertenencia.

Colaboraciones y asociaciones

Para amplificar el alcance y la efectividad de sus iniciativas, Hiroshi forma asociaciones estratégicas con profesionales de la salud mental, organizaciones no gubernamentales (ONG) y otros grupos de defensa. Estas colaboraciones permiten a Shinrai ofrecer una gama más amplia de servicios y aprovechar recursos adicionales:

- **Profesionales de la salud mental:** Hiroshi colabora con psicólogos, psiquiatras y consejeros que ofrecen su tiempo de manera voluntaria para apoyar la misión de Shinrai. Estos profesionales realizan talleres, proporcionan servicios de consejería y ofrecen su experiencia para mejorar la calidad de los programas de Shinrai.
- **ONG y grupos de defensa:** Shinrai se asocia con ONG y otros grupos de defensa que comparten objetivos similares. Estas alianzas ayudan a organizar eventos conjuntos, compartir mejores prácticas y coordinar esfuerzos para influir en las políticas públicas. Juntos, trabajan en campañas que abordan problemas sistémicos relacionados con el acceso y la calidad de la atención de salud mental.
- **Instituciones educativas:** Shinrai establece relaciones con escuelas y universidades para integrar la educación sobre salud mental en sus planes de estudio. Estas colaboraciones incluyen la formación de maestros para identificar y apoyar a estudiantes con problemas de salud mental, la organización de

días de concienciación sobre salud mental y la provisión de recursos para los consejeros escolares.

- **Asociaciones corporativas:** Reconociendo el papel del estrés en el lugar de trabajo en la salud mental, Shinrai colabora con corporaciones para implementar programas de bienestar para empleados. Estos programas incluyen talleres de manejo del estrés, días de salud mental y acceso a servicios de consejería. Al abordar la salud mental en el lugar de trabajo, Hiroshi busca crear un entorno más solidario para los empleados.

Crecimiento personal

A medida que Hiroshi lidera estos esfuerzos de defensa y alcance, continúa creciendo tanto personal como espiritualmente. La experiencia de ayudar a otros le trae una inmensa satisfacción y refuerza su creencia en el poder transformador de la fe y el apoyo comunitario:

- **Satisfacción emocional:** Ver el impacto positivo de los programas de Shinrai en individuos y comunidades le da a Hiroshi un profundo sentido de propósito. La gratitud y el progreso de aquellos a quienes ayuda son un recordatorio constante de por qué comenzó este viaje.
- **Fortaleza espiritual:** La participación de Hiroshi en Shinrai profundiza su fe. Regularmente reflexiona sobre las enseñanzas de Jesús y la importancia de la compasión, encontrando fuerza y guía en sus creencias espirituales. Sus interacciones diarias con aquellos a quienes ayuda y las historias de resiliencia que presencia solidifican aún más su fe.
- **Desarrollo de liderazgo:** Liderar Shinrai ayuda a Hiroshi a desarrollar sus habilidades de liderazgo. Aprende a navegar por las complejidades de dirigir una organización sin fines de lucro, desde la recaudación de fondos y la gestión de voluntarios hasta la planificación estratégica y la defensa de causas. Su confianza crece al ver los resultados tangibles de sus esfuerzos.
- **Conexión comunitaria:** Hiroshi construye fuertes conexiones dentro de la comunidad, formando relaciones

duraderas con voluntarios, socios y aquellos a quienes sirve. Estas relaciones proporcionan apoyo mutuo y crean una red de individuos comprometidos a mejorar la concienciación y el apoyo a la salud mental.

A través de los programas de defensa y alcance de Shinrai, Hiroshi no solo transforma las vidas de muchos, sino que también continúa su propio viaje de sanidad y crecimiento personal. Su dedicación a su causa y su fe en el poder de la comunidad lo convierten en un faro de esperanza e inspiración para otros.

Capítulo 7: Haciendo un impacto

Hiroshi comparte su historia en conferencias, escuelas y eventos comunitarios, rompiendo el estigma en torno a la salud mental. Su testimonio sincero y emotivo resuena con muchos, fomentando discusiones abiertas sobre la salud mental y la importancia de buscar ayuda. La organización ayuda a muchas personas a encontrar esperanza y apoyo, mostrando el impacto positivo del trabajo de Hiroshi. Los testimonios de aquellos que se han beneficiado de los programas destacan el poder transformador de la compasión, la fe y la comunidad. A medida que la organización gana reconocimiento y financiamiento, Hiroshi puede expandir su alcance. Se desarrollan nuevos programas y servicios, y más comunidades se benefician del apoyo y los recursos proporcionados.

Charlas públicas

El viaje de Hiroshi, desde la depresión hasta la defensa de causas, se convierte en una poderosa historia que comparte ampliamente. Es invitado a hablar en numerosas conferencias, escuelas y eventos comunitarios, cada oportunidad le permite llegar a más personas con su mensaje de esperanza y resiliencia.

- **En conferencias:** En conferencias de salud mental, Hiroshi presenta la importancia de la concienciación sobre la salud mental y la necesidad de romper los estigmas sociales. Comparte datos e ideas de los programas de Shinrai, ilustrando su efectividad y los desafíos continuos. Su testimonio personal, tejido a lo largo de sus presentaciones, agrega un elemento convincente y humanizante que resuena profundamente con profesionales y personas comunes por igual.

- **En escuelas:** Hiroshi visita escuelas para hablar con los estudiantes sobre la salud mental. Hace hincapié en la importancia de reconocer y abordar los problemas de salud mental temprano. Sus discusiones sinceras sobre sus propias luchas y recuperación ayudan a desmitificar los problemas de salud mental para los jóvenes, alentándolos a buscar ayuda si la necesitan. También trabaja con educadores para implementar programas de salud mental y proporcionar capacitación sobre cómo apoyar a los estudiantes de manera efectiva.
- **Eventos comunitarios:** En reuniones comunitarias, Hiroshi habla sobre el poder de la fe y la comunidad para superar los desafíos de la salud mental. Fomenta discusiones abiertas sobre la salud mental, con el objetivo de normalizar estas conversaciones. Sus discursos emotivos a menudo incluyen elementos interactivos, como sesiones de preguntas y respuestas, donde los asistentes pueden compartir sus experiencias y buscar consejos.

Historias de éxito

El impacto de Shinrai se ilustra mejor a través de las historias de éxito de aquellos a quienes ha ayudado. Testimonios de individuos que se han beneficiado de los programas de Shinrai muestran el poder transformador de la organización.

- **La historia de Yuki:** Yuki, una joven que lucha contra la ansiedad y la depresión, asistió a uno de los talleres de manejo del estrés de Shinrai. A través de las técnicas que aprendió y el apoyo que recibió, pudo manejar sus síntomas de manera efectiva y regresar a sus estudios. Su testimonio destaca el impacto práctico de los programas de Shinrai.
- **El viaje de Takeshi:** Takeshi, un hombre de mediana edad que había perdido su trabajo y estaba al borde de la desesperación,

encontró esperanza a través de los grupos de apoyo de Shinrai. El sentido de comunidad y los mecanismos de afrontamiento que aprendió le ayudaron a recuperar su confianza y conseguir un nuevo empleo. Su historia subraya la importancia del apoyo entre iguales y la comunidad.

- **La transformación de Reina:** Reina, una adolescente que luchaba contra una depresión severa, participó en el programa de alcance juvenil de Shinrai. El mentoría y la orientación que recibió no solo le ayudaron a manejar su salud mental, sino que también la inspiraron a convertirse en voluntaria, retribuyendo a la comunidad que la salvó. La historia de Reina es un testimonio del efecto dominó de la compasión y el apoyo.

Ampliando el alcance

A medida que Shinrai gana reconocimiento y financiación, Hiroshi puede expandir el alcance de la organización, desarrollando nuevos programas y servicios para beneficiar a más comunidades.

- **Nuevos programas:** Con recursos aumentados, Shinrai introduce nuevas iniciativas como servicios de consejería en línea, haciendo que el apoyo de salud mental sea accesible para aquellos que no pueden asistir en persona. También lanzan programas especializados para grupos vulnerables, incluidos ancianos y personas con discapacidades, abordando necesidades específicas de salud mental.
- **Expansión geográfica:** Hiroshi supervisa el establecimiento de nuevos centros Shinrai en diferentes regiones de Japón. Estos centros replican el modelo exitoso del original, ofreciendo talleres, grupos de apoyo y servicios de consejería. La expansión garantiza que más personas en todo el país puedan acceder a recursos vitales de salud mental.
- **Colaboraciones comunitarias:** Shinrai se asocia con negocios locales y organizaciones comunitarias para integrar la concienciación sobre la salud mental en varios aspectos de la vida diaria. Las colaboraciones incluyen programas de bienestar en el lugar de trabajo, ferias de salud comunitarias y

campañas de defensa conjuntas. Estas asociaciones amplifican el mensaje de Shinrai y fomentan un cambio cultural más amplio hacia la aceptación de la salud mental.

- **Mejora continua:** Hiroshi y su equipo recopilan continuamente comentarios de los participantes del programa para refinar y mejorar las ofertas de Shinrai. Evaluaciones regulares y consultas comunitarias aseguran que la organización siga siendo receptiva a las necesidades evolutivas de aquellos a quienes sirve.

A través de sus compromisos de oratoria pública, las historias de éxito de las personas ayudadas por Shinrai y el alcance en expansión de la organización, Hiroshi tiene un impacto profundo en la concienciación y el apoyo a la salud mental en Japón. Su trabajo no solo cambia vidas, sino que también modifica las percepciones sociales, demostrando el poder de la fe, la resiliencia y la comunidad para superar los desafíos de la salud mental.

Capítulo 8: Dando gloria a Dios

Hiroshi comparte regularmente su testimonio de fe y recuperación en reuniones de la iglesia y de la comunidad. Alaba a Dios por su transformación y enfatiza el papel de la fe en su viaje de la desesperación a la esperanza. La historia de Hiroshi inspira a otros a buscar ayuda y confiar en el poder curativo de la fe. Su viaje se convierte en un faro de esperanza para aquellos que luchan con problemas de salud mental, demostrando que la recuperación y la redención son posibles. Hiroshi permanece profundamente involucrado en su iglesia y continúa creciendo en su fe y servicio. Su compromiso con su viaje espiritual y su trabajo de defensa se refuerzan entre sí, creando un ciclo de crecimiento, apoyo y compasión.

Testimonio de fe

El viaje de fe de Hiroshi es una parte integral de su vida y trabajo. Regularmente comparte su testimonio en servicios de la iglesia, eventos comunitarios y conferencias de salud mental. Cada vez que habla, relata su lucha con la depresión, su encuentro con un colega compasivo y el poder transformador de descubrir la fe en Jesús.

- **Servicios de la iglesia:** En su iglesia, el testimonio de Hiroshi es un elemento fijo durante los servicios dominicales y las reuniones especiales. Su historia siempre es recibida con profunda emoción, ya que muchos en la congregación han sido testigos de su viaje de primera mano. A menudo habla de los momentos más oscuros de su vida, enfatizando cómo la oración, las escrituras y el apoyo incondicional de su comunidad religiosa le ayudaron a encontrar esperanza y sanidad.
- **Reuniones comunitarias:** En ambientes comunitarios más amplios, Hiroshi utiliza su testimonio para cerrar la brecha entre la salud mental y la fe. Narra cómo la fe jugó un papel crucial en su recuperación y cómo le proporcionó un sentido de propósito y dirección. Destaca versículos bíblicos específicos que le brindaron consuelo y fortaleza, alentando a los oyentes a encontrar consuelo en la espiritualidad durante sus luchas.
- **Conferencias de salud mental:** Al hablar en conferencias de salud mental, Hiroshi integra su fe en sus presentaciones, mostrando el enfoque holístico de la salud mental que incluye el bienestar espiritual. Habla sobre la paz y la resiliencia que la fe le trajo, instando a los profesionales de la salud mental a considerar el apoyo espiritual como un componente valioso de la terapia y la recuperación.

Inspirando a otros

El viaje de Hiroshi se ha convertido en una poderosa fuente de inspiración para muchos. Su honestidad y vulnerabilidad al compartir su historia rompen las barreras y estigmas que rodean la salud mental.

- **Conversaciones individuales:** Después de sus charlas, Hiroshi a menudo se queda para hablar con personas que se sienten tocadas por su historia. Muchas personas, inspiradas por su viaje, confían en él sobre sus propias luchas. Hiroshi ofrece palabras de aliento, consejos prácticos y oraciones sinceras, ayudándoles a ver la posibilidad de recuperación y redención.

- **Talleres y Grupos de Apoyo:** En los talleres y grupos de apoyo dirigidos por su organización, la historia de Hiroshi sirve como un pilar central de esperanza. Frecuentemente se basa en sus experiencias para ilustrar la efectividad de los sistemas de apoyo basados en la fe, mostrando a los participantes que ellos también pueden encontrar luz en sus momentos más oscuros.
- **Medios de comunicación y publicaciones:** El testimonio de Hiroshi también se comparte a través de diversas plataformas de medios. Escribe artículos y publicaciones en blogs, aparece en podcasts y es destacado en noticias locales. Su mensaje llega a una amplia audiencia, extendiendo el impacto de su historia más allá de las interacciones personales y los eventos comunitarios.

Continuando el viaje de fe

La fe de Hiroshi continúa siendo la base de su vida, moldeando su crecimiento personal y su trabajo.

- **Participación activa en la iglesia:** Hiroshi permanece profundamente involucrado en su iglesia, participando en estudios bíblicos, grupos de oración y proyectos de servicio comunitario. Su rol evoluciona de miembro a líder, guiando a nuevos creyentes y a aquellos que luchan con su fe.
- **Fe y defensa:** Su trabajo de defensa y su viaje de fe están entrelazados. La compasión y empatía que impulsan la misión de su organización están enraizadas en sus creencias espirituales. Hiroshi colabora frecuentemente con organizaciones religiosas para expandir su alcance y redes de apoyo.
- **Crecimiento espiritual personal:** Hiroshi dedica tiempo cada día a la oración, meditación y lectura de las escrituras. Estas prácticas no solo lo sostienen personalmente, sino que también mejoran su capacidad para apoyar a otros. Busca un

crecimiento espiritual continuo, asistiendo a retiros y cursos teológicos para profundizar su comprensión de la fe y su aplicación en la defensa de la salud mental.

- **Mentoría:** Hiroshi mentoriza a jóvenes miembros de su iglesia, compartiendo sus conocimientos y experiencias para ayudarlos a navegar sus propios viajes espirituales. Su mentoría incluye guiarlos en su fe, alentarlos a participar en el servicio comunitario y ayudarlos a equilibrar sus vidas espirituales y profesionales.
- **Liderazgo comunitario:** El rol dual de Hiroshi como líder comunitario y defensor de la fe le permite crear un entorno de apoyo donde la salud mental y la espiritualidad coexisten armoniosamente. Organiza diálogos interreligiosos y campañas de concienciación sobre la salud mental dentro de la iglesia, fomentando una comunidad inclusiva que abraza tanto la fe como el bienestar mental.

Al dar gloria a Dios, Hiroshi no solo comparte su viaje transformador, sino que también vive activamente su fe a través del servicio y la defensa. Su vida se convierte en un testimonio del poder de la fe y el profundo impacto de una comunidad de apoyo, inspirando a muchos a buscar ayuda y confiar en el plan de Dios para su sanidad y crecimiento.

Epílogo: Un legado de esperanza y sanidad

Hiroshi reflexiona sobre su viaje desde una severa depresión y pensamientos suicidas hasta convertirse en un defensor de la salud mental y líder comunitario. Reconoce el profundo impacto de su fe y el inquebrantable apoyo de su familia y comunidad eclesiástica. Su transformación es un testimonio del poder de la fe, la resiliencia y la comunidad. Hiroshi sueña con expandir aún más su organización para llegar a más personas y crear un cambio sistémico en la forma en que se aborda la salud mental en Japón. Visualiza un futuro donde el apoyo a la salud mental esté fácilmente disponible y el estigma social sea erradicado. La historia de Hiroshi deja un legado duradero, demostrando el poder transformador de la fe, la resiliencia y la importancia de la defensa de la salud mental. Su viaje inspira a las generaciones futuras a creer en su potencial, confiar en el plan de Dios y abogar por una sociedad más compasiva y solidaria.

Reflexionando sobre el viaje

Mientras Hiroshi reflexiona sobre su viaje, a menudo se sienta en contemplación silenciosa, revisando los hitos significativos que marcaron su camino desde las profundidades de una severa depresión y pensamientos suicidas hasta convertirse en un faro de esperanza para muchos. Recuerda los días oscuros llenos de desesperación y aislamiento, el punto de inflexión de conocer a Kenta y la decisión que cambió su vida de abrazar la fe. Cada paso de su recuperación es un testimonio del profundo impacto de la fe y del inquebrantable apoyo de su familia y comunidad eclesiástica.

- **Reflexiones personales:** Hiroshi a menudo escribe en un diario sus pensamientos, detallando el crecimiento emocional y espiritual que ha experimentado. Reconoce cómo su fe en Jesús le proporcionó la fuerza y la resiliencia para enfrentar de frente sus desafíos de salud mental. Reflexiona sobre el amor y apoyo que recibió de su familia, quienes lo acompañaron durante sus momentos más oscuros, y el entorno nutritivo de su comunidad eclesiástica, que jugó un papel crucial en su proceso de sanidad.
- **Gratitud y reconocimiento:** En sus reflexiones, Hiroshi expresa una profunda gratitud hacia las personas que lo guiaron en su viaje. Frecuentemente se comunica para agradecer a individuos como Kenta y sus mentores de la iglesia, reconociendo sus significativas contribuciones a su recuperación. También reconoce el papel de la terapia profesional y las prácticas de autocuidado en su proceso de sanidad, integrando estos elementos en su trabajo de defensa.

Aspiraciones futuras

La visión de Hiroshi para el futuro es ambiciosa pero profundamente enraizada en sus experiencias personales y su fe. Sueña con expandir su organización para crear un impacto más amplio, llegando a más individuos que luchan con problemas de salud mental en todo Japón.

- **Planes de expansión:** Hiroshi imagina abrir centros adicionales en todo Japón, proporcionando servicios integrales de apoyo a la salud mental. Estos centros ofrecerían terapia, grupos de apoyo, talleres educativos y consejería basada en la fe. Planea integrar la tecnología para llegar a áreas remotas, asegurando que el apoyo a la salud mental sea accesible para todos, independientemente de su ubicación.

- **Defensa y cambio de políticas:** Para crear un cambio sistémico, Hiroshi aspira a trabajar de cerca con los responsables de políticas, abogando por la inclusión de la educación en salud mental en los currículos escolares y en el lugar de trabajo. Imagina una sociedad donde se priorice la salud mental y los sistemas de apoyo sean robustos y accesibles. Hiroshi planea colaborar con otras organizaciones de salud mental para formar una coalición que pueda influir en la política nacional y eliminar los estigmas sociales en torno a la salud mental.

- **Compromiso comunitario y corporativo:** Hiroshi también aspira a involucrarse con el sector corporativo, promoviendo programas de bienestar mental dentro de las empresas. Cree que crear un ambiente de trabajo de apoyo puede reducir significativamente los problemas de salud mental causados por el estrés laboral. Al realizar seminarios y talleres, Hiroshi procura fomentar una cultura de compasión y comprensión en los entornos corporativos.

Legado de compasión

El viaje de Hiroshi deja un legado duradero, que demuestra el poder transformador de la fe, la resiliencia y la importancia de la defensa de la salud mental. Su historia de vida se convierte en un faro de esperanza e inspiración, animando a otros a creer en su potencial y confiar en el plan de Dios.

- **Inspirando a futuras generaciones:** La historia de Hiroshi se comparte ampliamente, desde escuelas hasta centros comunitarios, inspirando a los jóvenes a perseguir sus sueños a pesar de los desafíos. Su énfasis en la fe y el apoyo comunitario alienta a otros a buscar ayuda y creer en la posibilidad de recuperación y crecimiento.

- **Mentoría y liderazgo:** Hiroshi continúa orientando a jóvenes líderes dentro de su organización y iglesia, impartiendo los valores de compasión, resiliencia y fe. Establece programas de capacitación en liderazgo para equipar a otros con las habilidades necesarias para abogar por la salud mental y apoyar a sus comunidades.
- **Cambio cultural:** A través de su defensa incansable, Hiroshi fomenta un cambio cultural hacia una mayor aceptación y comprensión de los problemas de salud mental. Sus esfuerzos contribuyen a una sociedad donde se alienta a los individuos a hablar abiertamente sobre sus luchas y buscar la ayuda que necesitan.
- **Legado personal:** El legado personal de Hiroshi es de una fe y compasión inquebrantables. Se le recuerda no solo por sus logros profesionales, sino también por su amabilidad, empatía y dedicación para ayudar a otros. Su historia sirve como un recordatorio del poder de la fe para superar incluso los desafíos más desalentadores y de la importancia de la comunidad en fomentar la resiliencia y la esperanza.

En conclusión, el viaje de Hiroshi desde la depresión hasta la defensa es una narración poderosa de fe, resiliencia y el impacto transformador de una comunidad de apoyo. Sus continuos esfuerzos por ampliar el apoyo a la salud mental y el trabajo de defensa dejan un legado duradero, inspirando a las futuras generaciones a creer en el poder de la fe y la compasión para crear un cambio significativo.

Fin

EL VIAJE DE POLINA DESDE EL ABUSO A LA DEFENSA EN MOSCÚ, RUSIA

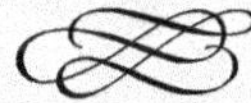

Capítulo 1: Atrapada en un entorno tóxico

• **Introducción a Polina:** Una joven que vive en Moscú, Rusia, enfrentando abuso doméstico.

• **Luchas diarias:** El miedo constante, el abuso emocional y físico, y los sentimientos de atrapamiento en su tóxico ambiente hogareño.

• **Sintiendo impotencia:** El creciente sentido de desesperanza de Polina y su incapacidad para escapar de su situación abusiva.

Capítulo 2: Un destello de esperanza

• **Buscando refugio:** Polina escucha sobre una iglesia local que ofrece consejería y apoyo a personas que enfrentan abuso doméstico.

• **Primera visita:** Ella visita la iglesia con dudas, sintiéndose tanto esperanzada como aprensiva por buscar ayuda.

• **Apoyo inicial:** La iglesia la recibe con los brazos abiertos, brindándole apoyo emocional inmediato y consejería.

Capítulo 3: Encontrando fuerza en la fe

• **Introducción a la fe:** Polina aprende sobre Jesús y las enseñanzas del cristianismo a través de los programas y sesiones de consejería de la iglesia.

• **Fortaleciendo la fe:** Su fe se hace más fuerte a medida que asiste regularmente a los servicios de la iglesia, reuniones de oración y estudios bíblicos.

• **Comunidad solidaria:** La comunidad eclesiástica proporciona un espacio seguro para Polina, ofreciéndole fuerza, ánimo y recursos prácticos.

Capítulo 4: Planeando una escape

• **Formulando un plan:** Con la guía de sus consejeros de la iglesia, Polina comienza a formular un plan para dejar su entorno abusivo.

• **Asegurando recursos:** La iglesia la ayuda a reunir los recursos necesarios, como un lugar seguro para quedarse, asistencia financiera y asesoría legal.

• **Dar el salto:** Polina toma la valiente decisión de dejar a su abusador, apoyada por su fe y la comunidad eclesiástica.

Capítulo 5: Construyendo una nueva vida

• **Refugio seguro:** Polina encuentra refugio en una casa segura proporcionada por la iglesia, donde comienza a reconstruir su vida.

• **Persiguiendo la educación:** Animada por su nueva libertad y apoyo, decide continuar su educación superior para crear un mejor futuro para sí misma.

• **Recorrido académico:** Polina se inscribe en una universidad, enfrentando y superando los desafíos de equilibrar sus estudios y sanar de su trauma.

Capítulo 6: Convirtiéndose en trabajadora social

• **Graduación:** Polina se gradúa con un título en trabajo social, impulsada por su deseo de ayudar a otros que han enfrentado luchas similares.

• **Primer trabajo:** Ella consigue un trabajo como trabajadora social, enfocándose en apoyar a las víctimas de abuso doméstico.

- **Ayudando a otros:** Polina utiliza su experiencia personal y su formación profesional para proporcionar cuidado compasivo y recursos efectivos a sus clientes.

Capítulo 7: Defensa y divulgación

- **Programas comunitarios:** Polina inicia programas comunitarios a través de su iglesia y lugar de trabajo para crear conciencia sobre el abuso doméstico y brindar apoyo a las víctimas.

- **Hablar en público:** Comparte su historia en conferencias, escuelas y eventos comunitarios, rompiendo el silencio en torno al abuso doméstico y abogando por el cambio.

- **Mentoría y apoyo:** Polina mentoriza a otros sobrevivientes, ayudándoles a navegar sus caminos hacia la libertad y la sanidad.

Capítulo 8: Dando gloria a Dios

- **Testimonio de fe:** Polina comparte su viaje de escape, fe y éxito en reuniones de la iglesia y eventos públicos, alabando a Dios por su transformación.

- **Inspirando a otros:** Su testimonio inspira a muchos, mostrándoles que con fe y apoyo, es posible superar incluso las situaciones más oscuras.

- **Viaje de fe continuo:** Polina sigue profundamente involucrada en su iglesia, continuando su crecimiento espiritual y retribuyendo a su comunidad.

Epílogo: Una vida de servicio y defensa

- **Reflexionando sobre el viaje:** Polina reflexiona sobre su camino desde el abuso hasta la defensa, reconociendo el profundo impacto de su fe y el apoyo de la comunidad.

- **Aspiraciones futuras:** Sueña con iniciar una organización sin fines de lucro dedicada a ayudar a las víctimas de abuso doméstico en toda Rusia.

- **Legado de esperanza:** La historia de Polina deja un legado duradero, demostrando el poder transformador de la fe, la resiliencia y la importancia de una comunidad solidaria.

"El viaje de Polina desde el abuso a la defensa en Moscú, Rusia"

Capítulo 1: Atrapada en un entorno tóxico

Polina es una joven de veintitantos años que vive en Moscú, Rusia. Exteriormente, parece llevar una vida típica, pero a puertas cerradas, sufre de abuso doméstico severo. Sus días están marcados por el temor constante y la agitación emocional, sintiéndose atrapada en su propio hogar. Todos los días, Polina navega por los estados de ánimo volátiles de su abusador. El abuso emocional y físico le deja moretones, tanto visibles como ocultos. Vive en un estado perpetuo de ansiedad, caminando sobre cáscaras de huevo para evitar desencadenar la ira de su abusador. Las tareas simples se vuelven onerosas mientras intenta mantener una apariencia de normalidad. La sensación de impotencia de Polina crece a medida que el abuso continúa. Se siente aislada, sin amigos ni familia a quienes recurrir en busca de ayuda. El constante menosprecio erosiona su autoestima, haciéndola creer que escapar es imposible y que merece el maltrato. Su espíritu está quebrado, y la desesperanza se instala.

Introducción a Polina

Polina es una mujer joven de unos veinte y muchos años, que vive en Moscú, Rusia. Exteriormente, parece llevar una vida típica, con un trabajo estable y un pequeño círculo de conocidos. Trabaja como asistente de marketing en una empresa de tamaño medio, siempre presentándose como alegre y diligente. Sin embargo, a puertas cerradas, Polina sufre severo abuso doméstico por parte de su pareja, Dmitry. El contraste entre su fachada pública y su infierno privado es abrumador. Sus días están marcados por un miedo constante y una agitación emocional, dejándola sintiéndose atrapada y aislada en su propio hogar.

Luchas diarias

Cada día es una batalla para Polina. Navega los volátiles estados de ánimo de su abusador, Dmitry, quien es impredecible y violento. El abuso emocional y físico la deja con moretones, tanto visibles como ocultos. Ella usa mangas largas y maquillaje para ocultar las marcas en su cuerpo, pero las cicatrices emocionales son más difíciles de esconder. Polina vive en un estado perpetuo de ansiedad, caminando sobre cáscaras de huevo para evitar desencadenar la ira de Dmitry. Las tareas simples se convierten en una carga mientras intenta mantener una apariencia de normalidad mientras maneja su miedo. El estrés constante afecta su rendimiento en el trabajo, pero lucha por mantener las apariencias, temiendo llamar la atención sobre su situación.

Sintiendo impotencia

El sentido de impotencia de Polina crece a medida que el abuso continúa. El comportamiento controlador de Dmitry la aísla de amigos y familiares. Él monitorea sus llamadas telefónicas, restringe sus interacciones sociales y le prohíbe buscar ayuda. La constante desvalorización erosiona su autoestima, haciéndole creer que escapar es imposible y que merece el maltrato. El espíritu de Polina está destrozado, y la desesperanza se instala. Sueña con una vida libre de miedo pero se siente paralizada por el abrumador pensamiento de irse y las posibles repercusiones. Cada día se mezcla con el siguiente, y la esperanza de un futuro mejor parece un sueño distante e inalcanzable.

A pesar del entorno sofocante, Polina ocasionalmente vislumbra lo que su vida podría ser sin abuso. Ella recuerda tiempos más felices y los sueños que una vez tuvo de una carrera satisfactoria, relaciones amorosas y crecimiento personal. Estos breves momentos de claridad le dan una pizca de esperanza, aunque rápidamente son eclipsados por la opresiva realidad de su situación.

Capítulo 2: Un destello de esperanza

Un día, Polina escucha acerca de una iglesia local que ofrece consejería y apoyo para personas que enfrentan abuso doméstico. Desesperada por una salida, decide buscar ayuda, impulsada por una tenue esperanza de que las cosas podrían cambiar. Polina visita la iglesia con una mezcla de miedo y esperanza. Es recibida cálidamente por los miembros de la iglesia, quienes le ofrecen un espacio seguro para hablar sobre sus experiencias. Por primera vez en mucho tiempo, se siente escuchada y comprendida. La iglesia proporciona apoyo emocional inmediato y consejería. Le ayudan a entender que el abuso no es su culpa y que merece vivir una vida libre de miedo. Este apoyo inicial es un salvavidas, dándole a Polina la fuerza para empezar a pensar en su futuro.

Buscando refugio

Un día, mientras navega por internet en un raro momento de soledad, Polina tropieza con información sobre una iglesia local que ofrece consejería y apoyo para personas que enfrentan abuso doméstico. La iglesia, San Nicolás, es conocida por sus programas de alcance y su comunidad compasiva. Desesperada por una salida e impulsada por una tenue esperanza de que las cosas podrían cambiar, Polina decide buscar ayuda. La decisión no es fácil; teme las repercusiones si Dmitry se entera. Sin embargo, la perspectiva de encontrar consuelo y apoyo supera su miedo, y resuelve visitar la iglesia.

Primera visita

Polina se dirige a San Nicolás con una mezcla de miedo y esperanza. Se siente nerviosa e insegura de lo que esperar, pero la cálida y acogedora atmósfera de la iglesia inmediatamente la tranquiliza un poco. Es recibida por María, una voluntaria que dirige el programa de apoyo para víctimas de abuso doméstico. La genuina preocupación y ojos amables de María le proporcionan a Polina un sentido de seguridad. Se sientan en una habitación tranquila, y por primera vez en mucho tiempo, Polina siente que puede compartir su historia sin ser juzgada. María escucha atentamente, ofreciendo empatía y comprensión. Polina habla de sus miedos, su aislamiento y el abuso que ha soportado. El acto de hablar es catártico, y siente que un peso comienza a levantarse de sus hombros.

Apoyo inicial

Los miembros de la iglesia brindan apoyo emocional inmediato y asesoramiento. María presenta a Polina al Padre Alexei, el pastor de la iglesia, quien refuerza el mensaje de que ella no está sola y que el abuso no es su culpa. La ayudan a entender que merece vivir una vida libre de miedo y que tiene la fuerza para hacer cambios. Este apoyo inicial actúa como un salvavidas, dándole a Polina la fuerza para comenzar a pensar en su futuro.

El Padre Alexei y María establecen un plan para sesiones de asesoramiento regulares y conectan a Polina con otros sobrevivientes que han escapado exitosamente de relaciones abusivas. Estas interacciones comienzan a restaurar la autoestima y la confianza de Polina. La iglesia también ofrece consejos prácticos sobre planificación de seguridad y los pasos legales que puede tomar para protegerse.

Además del asesoramiento, la comunidad eclesiástica extiende su apoyo de maneras prácticas. Los miembros de la congregación se ofrecen a llevar y traer a Polina de la iglesia, asegurando su seguridad. Le proporcionan un pequeño fondo de emergencia y un teléfono móvil desechable en caso de que necesite contactarlos discretamente. Estos actos de bondad y apoyo comienzan a reconstruir el sentido destrozado de confianza y comunidad de Polina.

Por primera vez en años, Polina siente un vislumbre de esperanza. La calidez y la aceptación que experimenta en la iglesia se convierten en un faro de luz en su mundo oscuro. Comienza a creer que una vida libre de abuso es posible, y con el apoyo de sus nuevos amigos en San Nicolás, da los primeros pasos tentativos hacia la recuperación de su vida.

Capítulo 3: Encontrando fuerza en la fe

A través de los programas y sesiones de asesoramiento de la iglesia, Polina aprende sobre Jesús y las enseñanzas del cristianismo. Los mensajes de amor, perdón y redención resuenan profundamente en ella. A medida que asiste a servicios de la iglesia, reuniones de oración y estudios bíblicos regularmente, la fe de Polina comienza a crecer. Las enseñanzas le ofrecen un sentido de esperanza y una creencia en un futuro mejor. La comunidad eclesiástica se convierte en una fuente vital de fortaleza para Polina. Le proporcionan no solo apoyo emocional y espiritual, sino también recursos prácticos. Este nuevo sentido de pertenencia e incentivo ayuda a Polina a empezar a creer en la posibilidad de una vida mejor.

Introducción a la fe:

A través de los diversos programas y sesiones de asesoramiento de la iglesia, Polina comienza a aprender acerca de Jesús y las enseñanzas del cristianismo. Asiste a su primera sesión de estudio bíblico con María, donde discuten los conceptos de amor, perdón y redención.

Estas enseñanzas resuenan profundamente en Polina, quien se ha sentido no amada e indigna durante tanto tiempo. La idea de que es valorada y amada por Dios, sin importar sus circunstancias pasadas o presentes, comienza a encender un nuevo sentido de autoestima en ella.

Durante las sesiones de asesoramiento, el Padre Alexei explica cómo la fe puede proporcionar fortaleza y resiliencia. Él comparte historias de la Biblia que ilustran cómo superar la adversidad y encontrar paz a través de la fe. Polina es particularmente conmovida por la historia de la compasión de Jesús hacia los oprimidos y la promesa de redención para quienes creen.

Fortaleciendo la fe

Polina comienza a asistir regularmente a los servicios de la iglesia, reuniones de oración y estudios bíblicos. Cada domingo, espera con ansias el servicio de la iglesia, donde encuentra consuelo en los sermones y las oraciones comunitarias. Los mensajes de esperanza y amor la llenan de una sensación de paz que no conocía desde hace años. Los himnos y oraciones se convierten en una rutina reconfortante, y comienza a sentir una conexión con lo divino.

A medida que se adentra más en los estudios bíblicos, Polina encuentra que las enseñanzas le proporcionan formas prácticas de lidiar con su situación. Aprende sobre el poder de la oración y comienza a incorporarla en su vida diaria. Siempre que se siente abrumada, recurre a la oración, descubriendo que le ayuda a calmar su mente y fortalecer su determinación. El entorno de apoyo y sin juicios del grupo de estudio bíblico le permite hacer preguntas y explorar su fe sin miedo.

Comunidad solidaria

La comunidad eclesiástica rápidamente se convierte en una fuente vital de fortaleza para Polina. Los miembros no solo proporcionan apoyo emocional y espiritual, sino también recursos prácticos. Le ofrecen consejos sobre cómo manejar su seguridad y la ayudan a planificar para el futuro. Las mujeres de la iglesia, muchas de las cuales han enfrentado sus propias luchas, se convierten en mentoras y amigas, ofreciéndole orientación y apoyo.

María, en particular, toma a Polina bajo su ala. La invita a tomar café después de los servicios, donde discuten sobre la fe, la vida y los planes para el futuro. Estos momentos de compañerismo ayudan a Polina a sentirse menos sola y más comprendida. La iglesia organiza grupos de apoyo donde Polina se encuentra con otros sobrevivientes de abuso doméstico. Estas reuniones proporcionan un espacio seguro para compartir sus experiencias y aprender de otras personas que han recorrido un camino similar.

El apoyo práctico de la iglesia también es invaluable. La ayudan a establecer una cuenta bancaria separada y le brindan asesoría legal sobre cómo protegerse a sí misma y a sus finanzas. La red de la iglesia la ayuda a encontrar un lugar seguro donde quedarse si alguna vez necesita salir de su hogar con urgencia.

Esta nueva sensación de pertenencia y aliento ayuda a Polina a comenzar a creer en la posibilidad de una vida mejor. Ya no se siente aislada en su lucha; en cambio, se siente levantada por una comunidad que genuinamente se preocupa por su bienestar. La combinación de fe, compañerismo y apoyo práctico comienza a reconstruir la autoestima destrozada de Polina e ilumina un rayo de esperanza para el futuro.

Capítulo 4: Planeando un escape

Con la guía de sus consejeros de la iglesia, Polina comienza a formular un plan para dejar su entorno abusivo. Planea cuidadosamente su escape, asegurándose de tener todo lo necesario para empezar de nuevo. La iglesia ayuda a Polina a reunir los recursos necesarios para su escape, incluido un lugar seguro para quedarse, asistencia financiera y asesoría legal. La conectan con profesionales que pueden ayudarla a navegar el sistema legal y proteger sus derechos. Armada con un plan sólido y el apoyo de su comunidad eclesiástica, Polina toma la valiente decisión de dejar a su abusador. El momento es tanto aterrador como emocionante, mientras se adentra en un futuro incierto con la fe como su guía.

Formulando un plan

Con el apoyo inquebrantable y la guía de sus consejeros de la iglesia, Polina comienza a formular meticulosamente un plan para dejar su entorno abusivo. El primer paso implica reunir discretamente documentos esenciales como sus papeles de identificación, detalles bancarios y cualquier otro documento crítico que pueda necesitar una vez que se vaya. El padre Alexei y María, sus contactos principales en la iglesia, la ayudan a comprender la importancia de cada documento y se aseguran de que tenga copias almacenadas de forma segura.

Las sesiones de planificación involucran discusiones detalladas sobre el tiempo y la logística. Polina practica crear una historia de cobertura para su partida, asegurándose de que parezca natural e improvisada para evitar despertar sospechas de su abusador. Discuten los momentos más seguros para que se vaya, cómo empacar una bolsa con lo esencial sin ser notada y qué pasos inmediatos debe tomar una vez fuera de la casa. Cada paso está cuidadosamente pensado para minimizar el riesgo y maximizar sus posibilidades de éxito.

Asegurando recursos

La comunidad eclesiástica se une alrededor de Polina, ayudándola a reunir todos los recursos necesarios para su escape. La conectan con una red de profesionales, incluidos asesores legales y trabajadores sociales, que le brindan información valiosa sobre sus derechos y las protecciones legales disponibles para ella. Esta red la ayuda a comprender cómo presentar órdenes de restricción y qué pasos legales puede tomar para protegerse de más abusos.

La asistencia financiera es otro recurso crítico. Una vez que se va, la iglesia establece un fondo discreto para ayudar a Polina con sus necesidades inmediatas. También la ayudan a abrir una nueva cuenta bancaria a su nombre, asegurando que tenga control sobre sus finanzas. Esta independencia financiera es crucial para su capacidad de reconstruir su vida.

Además de los recursos financieros y legales, la iglesia le proporciona una lista de casas seguras y refugios donde puede quedarse. Estos refugios están equipados para ofrecer no solo un techo sobre su cabeza, sino también apoyo emocional y psicológico. Los miembros de la iglesia recolectan donaciones de ropa, artículos de tocador y otras necesidades para asegurar que Polina tenga todo lo que necesita para su nuevo comienzo.

Dar el salto

El día que Polina decide irse está lleno de una mezcla de miedo, ansiedad y una chispa de esperanza. Con su bolsa de escape empacada y todos los arreglos necesarios en su lugar, espera el momento adecuado. La iglesia ha organizado que un voluntario la recoja y la lleve al refugio. A medida que se acerca el momento, su corazón se acelera, pero se calma con oraciones silenciosas, obteniendo fuerza de su nueva fe y del apoyo de su comunidad eclesiástica.

El momento en que sale por la puerta, siente una oleada de terror y emoción. Es un momento crucial de valentía y fe. Polina se dirige al punto de encuentro, mirando constantemente por encima del hombro, pero decidida a no retroceder. Cuando finalmente llega al coche del voluntario, una ola de alivio la invade. La voluntaria, una amable mujer llamada Svetlana, la recibe con una sonrisa tranquilizadora y una manta cálida, haciéndola sentir segura por primera vez en años.

Mientras se alejan de su antigua vida, Polina siente una mezcla de emociones. Hay temor a lo desconocido y tristeza por la vida que deja atrás, pero lo más importante es la esperanza. Esperanza de un futuro libre de abuso, esperanza de un nuevo comienzo y esperanza en la fe que la ha guiado a través de este arduo viaje. Su comunidad eclesiástica continúa apoyándola, chequeando regularmente y asegurándose de que tenga todo lo que necesita mientras comienza a reconstruir su vida.

La decisión de Polina de dejar a su abusador marca el comienzo de un nuevo capítulo. Es un paso hacia un futuro incierto, pero uno que está lleno de la promesa de sanidad, libertad y el apoyo de una comunidad amorosa.

Capítulo 5: Construyendo una nueva vida

Polina encuentra refugio en una casa segura proporcionada por la iglesia. Aquí, comienza el proceso de sanidad y reconstrucción de su vida. La casa segura ofrece un entorno estable donde puede empezar a recuperarse de su trauma. Alentada por su nueva libertad y apoyo, Polina decide seguir estudios superiores. Se inscribe en una universidad, determinada a crear un futuro mejor para ella misma. Equilibrar sus estudios con el proceso continuo de sanidad de su trauma es desafiante, pero Polina está decidida. Encuentra consuelo en su educación y se enorgullece de sus logros académicos, viéndolos como pasos hacia la independencia y el empoderamiento.

Refugio seguro

Polina encuentra refugio en una casa segura proporcionada por la iglesia, un lugar sereno y seguro donde comienza su viaje de sanidad y reconstrucción de su vida. La casa segura es un ambiente acogedor y cómodo, atendido por individuos compasivos que entienden las complejas necesidades de las sobrevivientes de abuso doméstico. Aquí, Polina está rodeada de apoyo y amabilidad, proporcionándole la estabilidad que desesperadamente necesita para empezar a recuperarse de su trauma.

La casa segura ofrece más que solo un techo sobre su cabeza. Proporciona acceso a servicios de consejería, tanto sesiones individuales como de grupo, donde Polina puede hablar sobre sus experiencias y comenzar el proceso de sanidad emocional. Los consejeros son profesionales capacitados que la ayudan a navegar sus sentimientos de miedo, ira y tristeza. Trabajan con ella para desarrollar estrategias de afrontamiento y construir su autoestima.

Además, el personal de la casa segura ayuda a Polina con asuntos prácticos como abrir una nueva cuenta bancaria, encontrar programas de capacitación laboral y acceder a servicios de salud. Le proporcionan recursos para ayudarla a recuperar su independencia y reconstruir su vida desde cero.

Pursiguiendo la educación

Animada por la seguridad y el apoyo que encuentra en la casa segura, Polina toma una decisión audaz de seguir estudios superiores. Siempre ha tenido una pasión por aprender y ve la educación como un camino hacia un futuro mejor. Con la ayuda del personal de la casa segura y su comunidad eclesiástica, Polina se inscribe en una universidad local. Elige estudiar trabajo social, impulsada por el deseo de ayudar a otros que han enfrentado luchas similares.

La inscripción de Polina en la universidad marca un hito significativo en su camino. Representa no solo un paso hacia un futuro mejor, sino también una reivindicación de su autonomía y autoestima. La comunidad eclesiástica la ayuda a asegurar becas y ayuda financiera, asegurándose de que pueda concentrarse en sus estudios sin la carga adicional del estrés financiero.

Recorrido académico

Equilibrar sus estudios con el proceso continuo de sanidad de su trauma resulta ser un desafío. Polina enfrenta momentos de duda y ansiedad, pero su determinación y el apoyo de sus nuevos amigos y mentores la mantienen en marcha. Encuentra consuelo en su educación, sumergiéndose en sus estudios como una forma de escapar y confrontar su pasado. El ambiente académico proporciona estructura y propósito, ayudándola a reconstruir su confianza y autoestima.

Polina sobresale en su trabajo académico, encontrando un profundo sentido de satisfacción en sus logros académicos. Cada trabajo que escribe, cada examen que aprueba, es un paso hacia la independencia y el empoderamiento. Sus profesores y compañeros de clase se convierten en parte de su red de apoyo, ofreciéndole aliento y reconociendo su potencial.

El recorrido de Polina por la universidad no se trata solo de adquirir conocimientos, sino también de crecimiento personal y sanidad. Participa en grupos de estudio, asiste a eventos universitarios y gradualmente comienza a sentirse que pertenece. La universidad se convierte en un lugar donde puede redefinirse, no como una víctima, sino como una sobreviviente y una futura defensora de otros necesitados.

A través de su arduo trabajo y perseverancia, Polina construye una nueva vida, una llena de esperanza, posibilidad y la promesa de un futuro más brillante. Su determinación para tener éxito académicamente y su compromiso con sanarse emocionalmente sientan las bases para sus futuros esfuerzos, allanando el camino para que tenga un impacto significativo en las vidas de otros.

Capítulo 6: Convirtiéndose en trabajadora social

Polina se gradúa con un título en trabajo social, un logro trascendental impulsado por su deseo de ayudar a otros que han enfrentado luchas similares. Su graduación es un testimonio de su resiliencia y determinación. Consigue un trabajo como trabajadora social, enfocándose en apoyar a las víctimas de abuso doméstico. Su experiencia personal y su formación profesional la hacen estar especialmente calificada para brindar atención compasiva y recursos efectivos a sus clientes. Polina usa su posición para abogar por sus clientes, ofreciéndoles el mismo apoyo y aliento que una vez recibió. Su empatía y dedicación inspiran a quienes la rodean, y se convierte en un faro de esperanza para muchos.

Graduación

El día de graduación de Polina es una ocasión trascendental. Camina por el escenario para recibir su título en trabajo social, un símbolo de su arduo trabajo, resiliencia y determinación. La ceremonia es asistida por sus mentores de la iglesia, sus consejeros y nuevos amigos que la han apoyado a lo largo de su viaje. Lágrimas de alegría y orgullo llenan sus ojos mientras acepta su diploma, dándose cuenta de que ha transformado su vida y ahora está equipada para ayudar a otros a hacer lo mismo.

La ceremonia de graduación no es solo un hito académico; es una celebración del triunfo de Polina sobre la adversidad. Su comunidad eclesiástica organiza una reunión especial en su honor, donde comparten historias de su viaje y la felicitan por su fuerza y perseverancia. Polina siente un profundo sentido de logro y gratitud, sabiendo que no solo ha cambiado su propia vida, sino que ahora está en una posición para impactar positivamente la vida de otros.

Primer trabajo

Con su título en mano, Polina consigue un trabajo como trabajadora social en una organización local sin fines de lucro dedicada a apoyar a las víctimas de abuso doméstico. La organización es bien reconocida por sus servicios integrales, que incluyen refugio de emergencia, asistencia legal, asesoramiento y defensa. El rol de Polina implica trabajar directamente con los clientes, proporcionándoles los recursos y el apoyo que necesitan para escapar de situaciones abusivas y reconstruir sus vidas.

Su experiencia personal con el abuso doméstico y su formación profesional la hacen estar especialmente calificada para ofrecer cuidado compasivo. Entiende el miedo, la confusión y la desesperanza que sienten sus clientes porque ella misma lo ha vivido. Esta profunda empatía le permite conectarse con ellos a un nivel profundo, ganándose su confianza y ayudándolos a sentirse vistos y comprendidos.

Las responsabilidades de Polina incluyen realizar evaluaciones iniciales, desarrollar planes de seguridad, coordinarse con las fuerzas del orden y los servicios legales, y facilitar grupos de apoyo. También ofrece asesoramiento individual, ayudando a los clientes a procesar su trauma y desarrollar las habilidades que necesitan para la independencia y la recuperación.

Ayudando a otros

El compromiso de Polina con sus clientes va más allá de los requisitos básicos de su trabajo. Se convierte en una defensora apasionada, trabajando incansablemente para asegurarse de que cada persona que ayuda reciba el mismo nivel de apoyo y aliento que ella una vez recibió. Ofrece no solo orientación profesional, sino también tutoría personal, compartiendo su historia cuando es apropiado para inspirar y motivar a sus clientes.

Su oficina se convierte en un refugio seguro para muchos, un lugar donde pueden encontrar no solo ayuda práctica, sino también esperanza y validación. Los clientes de Polina ven en ella un testimonio vivo de la posibilidad de superar incluso las circunstancias más oscuras. Su empatía y dedicación también inspiran a sus colegas, fomentando un ambiente de trabajo de apoyo y colaboración.

La influencia de Polina se extiende a la comunidad en general mientras trabaja en aumentar la conciencia sobre el abuso doméstico y abogar por cambios sistémicos. Colabora con otros trabajadores sociales, funcionarios del gobierno local y líderes comunitarios para desarrollar programas y políticas que mejor apoyen a las víctimas de abuso. Participa en compromisos de oratoria pública, talleres y sesiones de capacitación, compartiendo su experiencia y vivencias para educar a otros y promover un enfoque más compasivo e informado sobre la violencia doméstica.

Su trabajo no está exento de desafíos. Polina enfrenta obstáculos burocráticos, recursos limitados y el costo emocional de trabajar con sobrevivientes de trauma. Sin embargo, su fe y el apoyo de su comunidad eclesiástica continúan sosteniéndola, proporcionándole la fuerza y la resiliencia necesarias para perseverar.

A través de su dedicación y arduo trabajo, Polina se convierte en un faro de esperanza para muchos. Su viaje de víctima a defensora inspira a otros a creer en su propio potencial de sanidad y transformación. Demuestra que, con fe, determinación y una comunidad de apoyo, es posible superar incluso las circunstancias más angustiosas y construir una vida con propósito e impacto.

Capítulo 7: Defensa y difusión

Polina comienza programas comunitarios a través de su iglesia y lugar de trabajo para concienciar sobre el abuso doméstico. Estos programas brindan educación, recursos y apoyo a las víctimas, ayudándolas a encontrar el valor y los medios para escapar de sus abusadores. Ella comparte su historia en conferencias, escuelas y eventos comunitarios, rompiendo el silencio en torno al abuso doméstico. Su poderoso testimonio aboga por el cambio y destaca la necesidad de más recursos y apoyo para las víctimas. Polina guía a otras sobrevivientes, ayudándolas a navegar por sus caminos hacia la libertad y la sanidad. Su orientación y aliento proporcionan un salvavidas para muchas mujeres que aún están atrapadas en situaciones abusivas.

Programas comunitarios

Polina, reconociendo la necesidad crítica de conciencia y apoyo generalizados para las víctimas de abuso doméstico, inicia varios programas comunitarios a través de su iglesia y lugar de trabajo. Colabora con líderes locales, trabajadores sociales y educadores para diseñar programas que abordan los diversos aspectos del abuso doméstico, desde la prevención hasta la recuperación.

Estos programas incluyen talleres sobre cómo reconocer los signos de abuso, derechos y protecciones legales y cómo crear un plan de seguridad. Polina organiza reuniones mensuales de grupos de apoyo donde las sobrevivientes pueden compartir sus experiencias y brindarse apoyo mutuo en un entorno seguro y confidencial. También establece centros de recursos que ofrecen acceso a servicios de asesoramiento, ayuda legal, refugios de emergencia y capacitación laboral.

Además, Polina implementa programas educativos en las escuelas, con el objetivo de enseñar a los jóvenes sobre relaciones saludables y la importancia del consentimiento y el respeto. Estas iniciativas no solo apoyan a las víctimas actuales, sino que también trabajan para prevenir futuros abusos fomentando una cultura de conciencia y respeto.

Hablar en público

Polina se convierte en una oradora solicitada en conferencias, escuelas y eventos comunitarios. Valientemente comparte su historia personal de supervivencia y transformación, rompiendo el silencio en torno al abuso doméstico. Su poderoso testimonio arroja luz sobre el impacto emocional y físico del abuso, la importancia de buscar ayuda y el poder transformador de la fe y el apoyo comunitario.

En estos eventos, Polina no solo relata sus experiencias, sino que también enfatiza la necesidad de un cambio sistémico. Aboga por un aumento en los fondos para los servicios de abuso doméstico, protecciones legales más fuertes para las víctimas y sistemas de apoyo más integrales. Sus discursos resuenan profundamente con las audiencias, inspirando a muchos a tomar acción y apoyar los esfuerzos para combatir el abuso doméstico.

Las intervenciones públicas de Polina también incluyen sesiones de capacitación para las fuerzas del orden, proveedores de atención médica y trabajadores sociales. Al compartir sus conocimientos y experiencias, ayuda a estos profesionales a comprender mejor las necesidades de los sobrevivientes de abuso y cómo brindar apoyo efectivo y compasivo.

Mentoría y apoyo

Polina asume un rol de mentora, guiando a otras sobrevivientes en sus caminos hacia la libertad y la sanidad. Establece un programa de mentoría donde ella y otras sobrevivientes experimentadas brindan apoyo individualizado a aquellas personas que aún están en las primeras etapas de escapar del abuso.

A través de este programa, Polina ofrece asesoramiento práctico, apoyo emocional y aliento. Ayuda a las sobrevivientes a navegar por el sistema legal, asegurar vivienda y acceder a servicios de asesoramiento y capacitación laboral. Su experiencia personal y su experiencia profesional la convierten en un recurso invaluable para quienes intentan reconstruir sus vidas.

Polina también crea una red de apoyo en línea, que permite a las sobrevivientes de diferentes regiones conectarse, compartir sus historias y apoyarse mutuamente. Esta comunidad virtual se convierte en un salvavidas para muchos, ofreciendo un sentido de solidaridad y esperanza.

Su mentoría se extiende más allá del apoyo individual. Polina trabaja con empresas locales e instituciones educativas para crear oportunidades de empleo y educación para las sobrevivientes. Al ayudarlas a obtener independencia financiera y nuevas habilidades, las empodera para construir un futuro libre de abuso.

Los esfuerzos de defensa y alcance comunitario de Polina tienen un impacto profundo en su comunidad. Sus programas y discursos públicos crean conciencia, brindan recursos esenciales e inspiran el cambio. Su mentoría ofrece esperanza y orientación a innumerables sobrevivientes, ayudándolas a encontrar la fortaleza y el valor para reclamar sus vidas.

A través de su incansable trabajo, Polina transforma su propio dolor en una poderosa fuerza para el bien, demostrando que incluso las experiencias más oscuras pueden llevar a la luz y la esperanza. Sus esfuerzos no solo salvan vidas, sino que también fomentan una comunidad donde las sobrevivientes de abuso doméstico son apoyadas, empoderadas y valoradas.

Capítulo 8: Dando gloria a Dios

Polina comparte regularmente su viaje de escape, fe y éxito en reuniones de la iglesia y eventos públicos. Ella alaba a Dios por su transformación, enfatizando que su fuerza y resistencia provienen de su fe. Su testimonio inspira a muchos, mostrándoles que con fe y apoyo, es posible superar incluso las situaciones más oscuras. La historia de Polina se convierte en una fuente de esperanza y motivación para aquellos que enfrentan luchas similares. Polina permanece profundamente involucrada en su iglesia, continuando su crecimiento espiritual. Participa en diversas actividades de la iglesia y programas de alcance, retribuyendo a la comunidad que la apoyó.

Testimonio de fe

Polina comparte regularmente su profundo viaje de escape, fe y éxito en reuniones de la iglesia, conferencias de mujeres y eventos públicos. Cada vez que habla, relata los detalles desgarradores de su pasado, el momento en que buscó refugio en la iglesia y el poder transformador de descubrir la fe. Ella describe elocuentemente cómo, a través de la oración y una creencia inquebrantable en Dios, encontró la fuerza para dejar a su abusador y reconstruir su vida. Polina siempre enfatiza que su fuerza y resistencia no son únicamente suyas, sino que son un testimonio del poder de Dios obrando en su vida. Su sincera alabanza por la guía y el amor de Dios conmueve a muchos hasta las lágrimas, creando una profunda conexión emocional con su audiencia.

Durante sus testimonios, Polina comparte momentos específicos en los que sintió la presencia de Dios, como el día en que reunió el valor para dejar a su abusador o las veces que encontró apoyo inesperado cuando más lo necesitaba. Estas vívidas historias resaltan los milagros que experimentó y las intervenciones divinas que le aseguraron que nunca estuvo sola. Sus palabras están llenas de gratitud y reverencia, pintando un vívido retrato de una vida transformada por la fe.

Inspirando a otros

El testimonio de Polina tiene un profundo impacto en aquellos que lo escuchan. Muchas personas, especialmente las que enfrentan luchas similares, encuentran consuelo e inspiración en su historia. Ella les muestra que con fe y apoyo, es posible superar incluso las situaciones más oscuras. Su mensaje de esperanza y resistencia resuena profundamente, animando a otros a creer en su propia fuerza y en la posibilidad de un futuro más brillante.

En cada evento, Polina se encuentra con individuos que están en diferentes etapas de sus propios viajes. Algunos todavía están en situaciones abusivas, otros están en las primeras etapas de la recuperación, y algunos son simpatizantes o familiares de sobrevivientes. Polina se toma el tiempo para hablar con ellos personalmente, ofreciendo palabras de aliento y consejos prácticos. Su autenticidad y compasión crean un efecto dominó, inspirando a muchos a dar los primeros pasos hacia buscar ayuda o apoyar a un ser querido.

La historia de Polina también motiva a la comunidad en general a tomar acción. Muchos son movidos a ser voluntarios en refugios, donar a servicios de apoyo o abogar por mejores recursos y protecciones para las víctimas de abuso doméstico. Su testimonio no solo cambia vidas individuales, sino que también fomenta un movimiento comunitario hacia la empatía y el apoyo.

Viaje de fe continuo

Polina permanece profundamente involucrada en su iglesia, donde su fe sigue creciendo y floreciendo. Ella participa en estudios bíblicos, grupos de oración y varios programas de alcance, siempre ansiosa por devolver a la comunidad que una vez la salvó. Su participación en la iglesia no se trata solo de crecimiento espiritual personal; también se trata de ser un pilar de apoyo para los demás.

Polina asume roles de liderazgo dentro de los programas de alcance de la iglesia, organizando eventos e iniciativas destinadas a ayudar a los necesitados. Orienta a nuevos miembros y sobrevivientes de abuso, brindándoles la orientación y el aliento que necesitan para iniciar sus propios viajes de recuperación. Su enfoque práctico y su cuidado genuino la convierten en una figura amada y respetada en la comunidad.

También colabora con la iglesia para desarrollar programas educativos que aborden el abuso doméstico, con el objetivo de prevenirlo y proporcionar recursos para los afectados. Estos programas incluyen talleres, grupos de apoyo y materiales educativos que informan y empoderan a la congregación y a la comunidad en general.

En cada aspecto de su vida, Polina continúa dando gloria a Dios. Su fe es la piedra angular de su existencia, guiando sus acciones y decisiones. A través de su defensa incansable y su profunda participación espiritual, Polina asegura que su legado sea uno de fe, resistencia y apoyo inquebrantable para los necesitados. Su viaje de víctima de abuso a faro de esperanza y fe sirve como un poderoso testimonio del poder transformador del amor de Dios y la fuerza que se encuentra en la comunidad.

Epílogo: Una vida de servicio y defensa

Polina reflexiona sobre su viaje desde el abuso hasta la defensa, reconociendo el profundo impacto de su fe y el apoyo de la comunidad. Su historia es un testimonio del poder transformador de la resiliencia y la importancia de una red de apoyo. Sueña con iniciar una organización sin fines de lucro dedicada a ayudar a las víctimas de abuso doméstico en toda Rusia. Su visión incluye la creación de refugios, la provisión de apoyo legal y psicológico y la promoción de cambios en las políticas para proteger a las víctimas. La historia de Polina deja un legado duradero, demostrando el poder transformador de la fe, la resiliencia y la importancia de una comunidad de apoyo. Su viaje inspira a las generaciones futuras a creer en su potencial, confiar en el plan de Dios y trabajar hacia un mundo libre de abuso y miedo.

Reflexionando sobre el viaje

Mientras Polina se sienta en su modesta oficina llena de fotografías de las muchas mujeres y familias que ha ayudado, reflexiona sobre su extraordinario viaje desde estar atrapada en una relación abusiva hasta convertirse en un faro de esperanza y cambio. Recuerda los días más oscuros de su vida, marcados por el miedo y la impotencia, y los contrasta con su realidad actual, llena de propósito y empoderamiento. Polina entiende que su transformación se alimentó de una fe inquebrantable en Dios y el apoyo incondicional de su comunidad eclesiástica. Cada paso que dio, desde buscar ayuda en la iglesia hasta escapar de su abusador y finalmente convertirse en defensora, fue guiado por su fe y la fuerza colectiva de quienes la apoyaron. Su viaje es un testimonio vivo de la resiliencia del espíritu humano y del poder de cambio de una red compasiva y de apoyo.

Aspiraciones futuras

Polina sueña con ampliar su impacto a escala nacional. Su visión incluye la creación de una organización sin fines de lucro dedicada a ayudar a las víctimas de abuso doméstico en toda Rusia. Esta organización proporcionaría servicios de apoyo integral, incluyendo refugios seguros donde las víctimas puedan encontrar refugio y comenzar su proceso de sanidad. El apoyo legal sería una parte crucial de los servicios, ayudando a las víctimas a navegar por el complejo sistema legal para asegurar órdenes de restricción, la custodia de los niños y otras protecciones. Polina también planea ofrecer un amplio apoyo psicológico, con terapeutas y consejeros especializados en trauma y abuso.

Además, Polina aspira a convertirse en una fuerte defensora de los cambios en las políticas para proteger mejor a las víctimas de abuso doméstico. Ella imagina su organización sin fines de lucro trabajando estrechamente con legisladores y otras organizaciones para impulsar protecciones legales más fuertes, mejores fondos para servicios de apoyo y sanciones más estrictas para los abusadores. Su objetivo es crear una sociedad donde las víctimas no solo sean apoyadas sino también empoderadas para reconstruir sus vidas libres de miedo y violencia.

Legado de esperanza

La historia de Polina deja un legado duradero que se extiende mucho más allá de su comunidad inmediata. A través de su incansable trabajo y su fe inquebrantable, ha demostrado que con el apoyo adecuado y la fuerza interior, es posible superar incluso las circunstancias más aterradoras. Su viaje desde ser una víctima de abuso doméstico hasta convertirse en una poderosa defensora del cambio es un poderoso relato de esperanza, resiliencia y el poder transformador de la fe.

La vida de Polina inspira a las generaciones futuras a creer en su potencial y a confiar en el plan de Dios, sin importar cuán sombrías puedan parecer sus circunstancias. Su historia alienta a otros a hablar en contra del abuso, buscar ayuda y apoyar a los necesitados. El trabajo de Polina no solo proporciona asistencia inmediata a las víctimas, sino que también fomenta una cultura de empatía y acción, donde el apoyo comunitario se convierte en un pilar fundamental en la lucha contra el abuso doméstico.

A medida que Polina continúa su trabajo, sigue dedicada a crear un mundo donde nadie tenga que sufrir en silencio, donde el apoyo esté disponible y donde la fe y la comunidad proporcionen la fuerza necesaria para superar cualquier obstáculo. Su legado es uno de esperanza y transformación, asegurando que su impacto se sentirá por generaciones, inspirando a otros a perseguir vidas de servicio, defensa y fe inquebrantable.

Fin

EL VIAJE DE THABO DESDE LA VIOLENCIA A LA PAZ EN BOTSUANA

Capítulo 1: Creciendo en un barrio

• **Introducción a Thabo:** Un joven que crece en un barrio violento y afectado por el crimen en Botswana.

• **Luchas diarias:** Los desafíos de vivir en un entorno peligroso, presenciar la violencia de pandillas y perder a varios miembros de su familia debido a ello.

• **Impacto en la familia:** El costo emocional y psicológico para Thabo y los miembros restantes de su familia, que luchan por sobrellevar su pérdida.

Capítulo 2: Encontrando la fe

• **Encontrando un lugar confortable:** Thabo se encuentra con una iglesia local que ofrece programas juveniles que proporcionan un refugio seguro para niños y adolescentes.

• **Primera visita:** Su primera visita a la iglesia, donde es acogido cálidamente y se le presentan las enseñanzas de Jesús.

• **Fe creciente:** Thabo comienza a asistir regularmente a los servicios de la iglesia y a los programas juveniles, encontrando paz y propósito a través de su fe en Jesús.

Capítulo 3: Construyendo una base

• **Programas juveniles:** Thabo se involucra profundamente en los programas juveniles de la iglesia, que incluyen estudios bíblicos, deportes y servicio comunitario.

• **Comunidad solidaria:** El fuerte sentido de comunidad en la iglesia le proporciona a Thabo apoyo emocional y modelos a seguir positivos.

• **Crecimiento personal:** A través de su fe y la guía de la iglesia, Thabo comienza a sanar de su trauma y desarrolla un sentido de propósito.

Capítulo 4: Un llamado a la acción

• **Realización del propósito:** Inspirado por su fe y experiencias, Thabo siente un llamado a hacer una diferencia en su comunidad.

• **Comenzando pequeño:** Comienza organizando pequeños eventos comunitarios destinados a promover la paz y la unidad, ganando la confianza de los residentes locales.

• **Enfrentando desafíos:** Thabo se encuentra con la resistencia de miembros de pandillas y otros que se benefician del statu quo, pero se mantiene decidido.

Capítulo 5: estableciendo programas

• **Liderazgo comunitario:** Thabo surge como un líder comunitario, respetado por su dedicación y visión de un futuro mejor.

• **Iniciativas educativas:** Establece programas que se enfocan en la educación y la formación vocacional para proporcionar a los jóvenes alternativas a la vida de pandillas.

• **Abogar por la paz:** Thabo promueve la paz a través de diálogos comunitarios, talleres de resolución de conflictos y alianzas con organizaciones locales.

Capítulo 6: Haciendo un impacto

• **Cambios positivos:** El impacto de los programas de Thabo comienza a mostrarse, con una disminución en el reclutamiento de pandillas y un aumento en la asistencia escolar y el empleo.

• **Historias de éxito:** Se destacan individuos que han cambiado sus vidas gracias a las iniciativas de Thabo, enfatizando la efectividad del programa.

• **Apoyo comunitario:** Creciente apoyo de empresas locales, funcionarios del gobierno y ONG internacionales, ayudando a expandir el alcance de Thabo.

Capítulo 7: Superando obstáculos

• **Luchas continuas:** Thabo enfrenta desafíos constantes, incluyendo recursos limitados y ocasionales reacciones en contra de quienes se oponen al cambio.

• **Fe y perseverancia:** Su fe en Jesús y el apoyo de su comunidad eclesiástica le ayudan a mantenerse resiliente y enfocado en su misión.

• **Soluciones innovadoras:** Thabo desarrolla soluciones creativas para abordar los desafíos, como formar alianzas con otros líderes comunitarios y aprovechar la tecnología.

Capítulo 8: Dando gloria a Dios

• **Compartiendo su historia:** Thabo comparte su historia en reuniones de la iglesia, encuentros comunitarios y conferencias, dando gloria a Dios por su transformación y éxito.

• **Inspirando a otros:** Su testimonio inspira a otros en el barrio y más allá a buscar paz, educación y cambio positivo a través de la fe y la participación comunitaria.

• **Continuando el viaje de fe:** Thabo se mantiene activo en su iglesia, creciendo espiritualmente y alentando a otros a encontrar esperanza y propósito a través de la fe.

Epílogo: Un legado de paz y progreso

• **Reflexionando sobre el viaje:** Thabo reflexiona sobre su viaje desde un barrio violento hasta convertirse en un líder comunitario y defensor de la paz.

• **Aspiraciones futuras:** Sueña con expandir sus programas a nivel nacional, alcanzando a más jóvenes y creando un impacto duradero.

• **Legado duradero:** La historia de Thabo deja un legado perdurable, demostrando el poder de la fe, la resiliencia y la importancia de la educación y el apoyo comunitario.

• **Legado duradero:** La historia de Thabo deja un legado perdurable, demostrando el poder de la fe, la resiliencia y la importancia de la educación y el apoyo comunitario.

<u>"El viaje de Thabo desde la violencia a la paz en Botsuana"</u>

Capítulo 1: Creciendo en un barrio

Thabo es un joven que crece en un barrio violento y plagado de crímenes en Botsuana. El barrio está asediado por la violencia de pandillas, la pobreza y la falta de oportunidades. A pesar del caos que lo rodea, Thabo es conocido por su curiosidad y su profunda esperanza de un futuro mejor. Cada día en el barrio es una lucha por la supervivencia. Thabo presencia la violencia de las pandillas de primera mano, viendo a amigos y vecinos atrapados en una vida de crimen. La amenaza constante de violencia le dificulta concentrarse en la escuela o disfrutar de una infancia despreocupada. Los sonidos de disparos y sirenas son un trasfondo regular en su vida. La violencia tiene un gran impacto en la familia de Thabo. Han perdido a varios miembros de la familia debido a actividades relacionadas con pandillas, dejando cicatrices emocionales profundas. La madre de Thabo trabaja en múltiples empleos para mantener a la familia, mientras que la ausencia de su padre debido a la violencia agrava sus dificultades. La familia vive en un estado de miedo y dolor perpetuos, luchando por encontrar un sentido de normalidad.

Introducción a Thabo

Thabo es un joven que vive en un barrio violento y plagado de crímenes en Botsuana. A pesar del caos constante que lo rodea, Thabo se destaca por su curiosidad y su profunda esperanza en un futuro mejor. Conocido por su naturaleza inquisitiva, a menudo sueña con una vida más allá de las fronteras del barrio. El barrio está asediado por la violencia de pandillas, la pobreza y la falta de oportunidades, lo que hace que el optimismo de Thabo sea un rasgo raro y precioso.

Luchas diarias

Cada día en el barrio es una lucha por la supervivencia. La vida de Thabo está marcada por las duras realidades de su entorno. Presencia la violencia de las pandillas de primera mano, viendo a amigos y vecinos atrapados en una vida de crimen. Las calles están llenas de peligros, y los sonidos de disparos y sirenas son un trasfondo regular en su existencia. La amenaza constante de violencia le dificulta a Thabo concentrarse en la escuela o disfrutar de una infancia despreocupada. El miedo y la incertidumbre impregnan su vida diaria, ensombreciendo cualquier momento de alegría o normalidad.

A pesar de estos desafíos, Thabo se mantiene resiliente. Asiste a la escuela cuando puede, encontrando consuelo en el aprendizaje y la posibilidad de un futuro diferente. Sus maestros reconocen su potencial, pero ellos también están a menudo abrumados por la violencia que se infiltra en los terrenos de la escuela. El amor de Thabo por los libros y el aprendizaje se convierte en su escape de la cruda realidad que lo rodea.

Impacto en la familia

La violencia en el barrio tiene un gran impacto en la familia de Thabo. Han perdido a varios miembros de la familia debido a actividades relacionadas con pandillas, dejando cicatrices emocionales profundas. La madre de Thabo trabaja en múltiples empleos para mantener a la familia, a menudo saliendo antes del amanecer y regresando tarde en la noche. Su ausencia, aunque necesaria para su supervivencia, crea un vacío en el sistema de apoyo emocional de la familia.

El padre de Thabo, que una vez fue un pilar de fortaleza, está ausente debido a la violencia que lo obligó a alejarse de su hogar. Esta ausencia agrava sus dificultades, tanto emocionales como financieras. La familia vive en un estado de miedo y dolor perpetuos, luchando por encontrar un sentido de normalidad en medio del caos. Los hermanos mayores de Thabo se han visto obligados a crecer rápidamente, asumiendo responsabilidades adultas para ayudar a su madre y proteger a los niños más pequeños.

A pesar de estas dificultades, la familia de Thabo sigue siendo muy unida. Encuentran momentos de consuelo en la compañía mutua, compartiendo comidas e historias cuando pueden. Estos momentos, aunque fugaces, proporcionan a Thabo la resiliencia emocional que necesita para seguir soñando con un futuro mejor. La determinación inquebrantable de su madre por mantener a la familia unida a pesar de las adversidades se convierte en una fuente de inspiración para Thabo, alimentando su deseo de un día traer un cambio positivo a sus vidas y a su comunidad.

Capítulo 3: Encontrando la fe

Un día, Thabo oye hablar de una iglesia local que ofrece programas juveniles diseñados para proporcionar un refugio seguro para niños y adolescentes. Curioso y desesperado por un respiro de su dura realidad, decide visitar la iglesia. Durante su primera visita a la iglesia, Thabo es recibido calurosamente por la congregación. La bondad y aceptación que experimenta son algo que nunca había conocido. Las enseñanzas de Jesús, que enfatizan el amor, el perdón y la esperanza, resuenan profundamente en él. Thabo comienza a asistir regularmente a los servicios de la iglesia y a los programas juveniles. La iglesia se convierte en un santuario para él, un lugar donde puede encontrar paz y propósito. Su fe en Jesús se fortalece, proporcionándole una nueva perspectiva sobre la vida y una sensación de esperanza que nunca antes había sentido.

Encontrando un lugar confortable

Un día, Thabo escucha hablar de una iglesia local que ofrece programas juveniles diseñados para proporcionar un refugio seguro para niños y adolescentes. Su vida en el municipio ha sido nada más que caos, y está desesperado por cualquier forma de alivio. Con la curiosidad despertada, decide visitar la iglesia, con la esperanza de encontrar algo de paz lejos de la violencia y el miedo que dominan su vida diaria.

Primera visita

Durante su primera visita a la iglesia, Thabo es recibido con calidez y brazos abiertos por la congregación. La iglesia es un marcado contraste con las duras realidades del municipio. El edificio modesto pero bien cuidado irradia un sentido de paz y seguridad. Las personas que conoce son amables y acogedoras, ofreciendo sonrisas y palabras de aliento. Thabo queda impresionado por su genuino interés en su bienestar, algo que rara vez ha experimentado.

El servicio comienza, y Thabo escucha atentamente mientras el pastor habla sobre las enseñanzas de Jesús. Los mensajes de amor, perdón y esperanza resuenan profundamente en él. Por primera vez, escucha sobre una vida llena de compasión y redención, conceptos que le resultan casi desconocidos en su mundo de violencia y desesperación. Los himnos cantados por la congregación lo llenan de una calidez desconocida, y se siente atraído por el sentido de comunidad y pertenencia que ofrece la iglesia.

Fe creciente

Animado por la amabilidad que encuentra y las enseñanzas que resuenan con su deseo de una vida mejor, Thabo comienza a asistir regularmente a los servicios de la iglesia y a los programas juveniles. La iglesia rápidamente se convierte en un santuario para él, un lugar donde puede escapar de la violencia del municipio y encontrar un atisbo de paz.

Los programas juveniles son particularmente impactantes. Incluyen actividades como deportes, música y discusiones grupales, las cuales proporcionan a Thabo un entorno estructurado y positivo. Comienza a formar amistades con otros niños que asisten a la iglesia, encontrando solidaridad en sus luchas compartidas y esperanzas para el futuro.

A medida que la implicación de Thabo en la iglesia se profundiza, también lo hace su fe. Participa en estudios bíblicos, donde aprende más sobre las enseñanzas de Jesús y las historias de fe, perseverancia y redención. Estas enseñanzas le proporcionan una nueva perspectiva de la vida. El concepto de perdón es especialmente poderoso para Thabo, quien ha albergado una profunda ira y resentimiento hacia los miembros de la pandilla que han causado tanto dolor en su comunidad.

A través de la oración y la reflexión, Thabo comienza a experimentar un sentido profundo de esperanza. Empieza a creer que su vida puede cambiar y que puede ser una fuerza para el bien en su comunidad. Su fe en Jesús se convierte en una piedra angular de su identidad, dándole la fuerza para imaginar un futuro más allá de la violencia del municipio.

El apoyo y amor que recibe de la comunidad de la iglesia ayudan a sanar las heridas emocionales infligidas por años de vivir con miedo. La creciente fe de Thabo le infunde un sentido de propósito y un deseo de tener un impacto positivo. Esta nueva esperanza y fuerza se convierten en las fuerzas impulsoras detrás de sus acciones, poniéndolo en el camino hacia la sanidad y la transformación.

Capítulo 3: Construyendo una base

Thabo se involucra profundamente en los programas juveniles de la iglesia, que incluyen estudios bíblicos, actividades deportivas y proyectos de servicio comunitario. Estos programas proporcionan estructura y compromiso positivo, alejándolo de los peligros del municipio. La comunidad de la iglesia se convierte en una segunda familia para Thabo. El fuerte sentido de comunidad y apoyo le ofrece estabilidad emocional y modelos a seguir positivos. Las amistades y mentorías que forma aquí juegan un papel crucial en su desarrollo personal. A través de su fe y la guía de la iglesia, Thabo comienza a sanar del trauma de su pasado. Desarrolla un sentido de propósito y un deseo de hacer una diferencia. Su participación en proyectos de servicio comunitario lo ayuda a ver el impacto de los esfuerzos colectivos y fortalece su determinación de lograr un cambio.

Programas juveniles

Thabo se involucra profundamente en los programas juveniles de la iglesia, que sirven como un faro de esperanza y un refugio seguro de la vida turbulenta en el municipio. Estos diversos y atractivos programas están diseñados para fomentar tanto el crecimiento espiritual como el desarrollo personal. Los estudios bíblicos le ofrecen a Thabo una comprensión más profunda de la fe, reforzando las enseñanzas de amor, esperanza y redención. A través de estas sesiones, aprende a interpretar y aplicar los principios bíblicos a su vida diaria, proporcionándole una brújula moral y guiándolo hacia un comportamiento positivo.

Las actividades deportivas son otro componente crucial de los programas juveniles. Thabo descubre una pasión por el fútbol, que se convierte en una poderosa salida para su energía y emociones. La disciplina y el trabajo en equipo requeridos en los deportes lo ayudan a construir resiliencia física y mental. Disfruta de la camaradería con sus compañeros de equipo, encontrando alegría y amistad en la búsqueda compartida de la victoria en el campo.

Los proyectos de servicio comunitario también desempeñan un papel significativo en la transformación de Thabo. Estos proyectos van desde limpiar parques locales hasta ayudar a los residentes ancianos con tareas. Participar en estas actividades le da a Thabo un sentido de propósito y logro. Comienza a entender la importancia de retribuir y ve de primera mano cómo los esfuerzos colectivos pueden hacer una diferencia tangible en su comunidad. Estas experiencias despertaron en él un deseo de contribuir positivamente a la sociedad y fomentar un espíritu de altruismo.

Comunidad de apoyo

La comunidad de la iglesia se convierte rápidamente en la segunda familia de Thabo. Los miembros, muchos de los cuales han enfrentado luchas similares, le brindan un apoyo y orientación inquebrantables. Este fuerte sentido de comunidad ofrece a Thabo estabilidad emocional y una red de modelos a seguir positivos. Los líderes de la iglesia, particularmente el pastor y los mentores juveniles, se interesan especialmente en su desarrollo, ofreciendo consejos, aliento y asistencia práctica.

Thabo forma amistades profundas con otros jóvenes miembros de la iglesia. Estas relaciones se basan en el respeto mutuo y la fe compartida, proporcionándole un sentido de pertenencia y seguridad. Ya no se siente solo en sus luchas; en cambio, está rodeado de personas que se preocupan por su bienestar y futuro. Estas amistades son una fuente de fuerza y motivación, ayudándole a mantenerse enfocado en sus metas.

El mentorazgo de los miembros mayores de la iglesia es particularmente impactante. Thabo admira a estas personas, que han navegado con éxito los desafíos del municipio y han construido vidas estables y significativas. Sus historias de perseverancia y fe lo inspiran y sirven como un plan para su propio viaje. El mentorazgo que recibe le ayuda a desarrollar habilidades de vida críticas, como la comunicación efectiva, la resolución de conflictos y la fijación de objetivos.

Crecimiento personal

A través de su fe y la orientación de la iglesia, Thabo comienza a sanar del trauma de su pasado. Las enseñanzas de Jesús y el apoyo de su comunidad eclesiástica le ayudan a procesar sus experiencias y encontrar paz. Empieza a dejar de lado la ira y la amargura que lo han agobiado, reemplazándolas con perdón y esperanza.

El sentido de propósito de Thabo se fortalece a medida que se involucra más en las actividades de la iglesia. Asume roles de liderazgo dentro de los programas juveniles, organizando eventos y liderando sesiones de estudio bíblico. Estas responsabilidades le ayudan a desarrollar confianza y un sentido de agencia. Comienza a verse a sí mismo como un líder y un agente de cambio, capaz de influir en otros y hacer un impacto positivo.

Su participación en proyectos de servicio comunitario refuerza aún más su compromiso de generar cambios. Thabo ve el impacto de sus esfuerzos en la comunidad, desde calles más limpias hasta residentes más felices y saludables. Estos éxitos alimentan su determinación de continuar trabajando hacia un futuro mejor para su municipio. Comienza a soñar con iniciativas a mayor escala, imaginando una comunidad libre de violencia y llena de oportunidades.

La combinación de fe, apoyo y compromiso positivo fomenta un crecimiento personal significativo en Thabo. Se transforma de un niño atormentado por la violencia y el miedo en un joven lleno de esperanza, propósito y resiliencia. Su viaje de sanidad y desarrollo sienta una base sólida para el futuro, colocándolo en el camino para convertirse en un faro de esperanza y una fuerza de cambio en su comunidad.

Capítulo 4: Un llamado a la acción

Inspirado por su fe y experiencias, Thabo siente un llamado a hacer una diferencia en su comunidad. Se da cuenta de que tiene el potencial para ser un catalizador de cambio y ayudar a otros a evitar el camino de la violencia y la desesperación. Thabo comienza organizando pequeños eventos comunitarios destinados a promover la paz y la unidad. Estos eventos incluyen torneos deportivos, campañas de limpieza y actividades *culturales. **Sus esfuerzos comienzan a ganarse la confianza de los residentes locales, que ven su deseo genuino de mejorar sus vidas. A pesar de sus intenciones positivas, Thabo encuentra resistencia de miembros de pandillas y otros que se benefician del statu quo. Las amenazas y la intimidación son comunes, pero Thabo permanece firme, confiando en su fe y en el apoyo de su comunidad eclesiástica para mantenerse fuerte.***

Realización del propósito

A medida que la participación de Thabo en la iglesia y el servicio comunitario se profundiza, comienza a ver las implicaciones más amplias de su trabajo. Sus experiencias de trauma y sanidad, junto con las enseñanzas de Jesús, encienden un profundo sentido de propósito dentro de él. Thabo se da cuenta de que está en una posición única para tender un puente entre el municipio plagado de violencia y la paz y unidad que experimenta en su comunidad eclesial. Su fe le asegura que tiene la fuerza y la resiliencia para ser un catalizador del cambio, inspirando a otros a buscar un camino de paz y esperanza.

Empezando pequeño

Motivado por este nuevo propósito, Thabo inicia iniciativas pequeñas pero impactantes para fomentar un sentido de comunidad y unidad. Organiza torneos deportivos, comprendiendo que los deportes pueden ser una herramienta poderosa para juntar a las personas. Estos torneos se realizan en parques locales y terrenos escolares, proporcionando una salida segura y constructiva para la juventud del municipio. Los partidos de fútbol y los juegos de baloncesto se convierten en eventos populares, atrayendo a participantes y espectadores por igual, todos ansiosos por participar en una competencia amigable y camaradería.

Además de los deportes, Thabo lidera campañas de limpieza para embellecer el municipio. Estas campañas no solo mejoran el entorno físico, sino que también instilan un sentido de orgullo y pertenencia entre los residentes. Los voluntarios se reúnen temprano en las mañanas, armados con bolsas de basura y suministros de limpieza, listos para transformar áreas descuidadas en espacios limpios y acogedores. La vista de calles y parques más limpios eleva el espíritu de la comunidad, creando un sentido tangible de progreso y posibilidad.

Las actividades culturales son otro pilar de los esfuerzos de Thabo. Organiza espectáculos de talentos, presentaciones de baile y exhibiciones de arte que celebran la rica herencia y creatividad de los residentes del municipio. Estos eventos proporcionan una plataforma para que las personas muestren sus talentos y se expresen, fomentando un sentido de unidad e identidad compartida. El sincero deseo de Thabo de mejorar las vidas de sus vecinos se hace evidente a través de estas iniciativas, ganándole gradualmente la confianza y el respeto de los residentes locales.

Enfrentando desafíos

A pesar del impacto positivo de sus iniciativas, Thabo enfrenta desafíos significativos. Los miembros de bandas y otros que se benefician del status quo ven sus esfuerzos como una amenaza a su control e influencia. Thabo recibe amenazas y experimenta intimidación, intentos de sabotear sus programas y desalentar su participación. La presencia de miembros de bandas en sus eventos, a menudo buscando causar disturbios, es un recordatorio constante del peligro que enfrenta.

Sin embargo, la fe de Thabo y el apoyo constante de su comunidad eclesial fortalecen su resolución. Se apoya en las enseñanzas de Jesús, encontrando fuerza en la oración y en las Escrituras. Versos como Isaías 41:10, "No temas, porque yo estoy contigo; no te desalientes, porque yo soy tu Dios", se convierten en su ancla en momentos de duda y miedo. Su comunidad eclesial se une a su alrededor, proporcionando no solo apoyo emocional sino también asistencia práctica, como seguridad en los eventos y mediación con grupos hostiles.

Thabo también busca alianzas con otros líderes comunitarios y organizaciones que comparten su visión de paz y unidad. Al construir una red de individuos con ideas afines, fortalece sus iniciativas y crea un frente más resiliente contra aquellos que se oponen al cambio. Estas alianzas le permiten acceder a recursos adicionales, expandir sus programas y garantizar la seguridad de los participantes.

A través de estos esfuerzos, Thabo permanece imperturbable, impulsado por su fe y la creencia de que puede hacer una diferencia duradera. Navega los desafíos con gracia y determinación, convirtiéndose en un faro de esperanza en el municipio. Sus acciones inspiran a otros a unirse a su causa, transformando lentamente la comunidad y allanando el camino para un futuro más brillante y pacífico.

Capítulo 5: Estableciendo programas

Thabo emerge como un líder comunitario respetado, admirado por su dedicación y visión de un futuro mejor. Sus habilidades de liderazgo son evidentes en la forma en que organiza e inspira a otros a unirse a su causa. Reconociendo la importancia de la educación en romper el ciclo de violencia, Thabo establece programas que se enfocan en la educación y la formación vocacional. Estas iniciativas proporcionan a los jóvenes alternativas a la vida de pandillas, ofreciéndoles habilidades y oportunidades para un futuro mejor. Thabo promueve la paz a través de diálogos comunitarios, talleres de resolución de conflictos y asociaciones con organizaciones locales. Sus esfuerzos reúnen a diversos grupos para discutir y abordar las causas profundas de la violencia, fomentando una cultura de paz y cooperación.

Liderazgo comunitario

Los esfuerzos de Thabo en la comunidad no pasan desapercibidos. A medida que continúa encabezando diversas iniciativas destinadas a fomentar la unidad y la paz, emerge naturalmente como un líder comunitario respetado. Su dedicación, pasión y visión de un futuro mejor resuenan profundamente entre los residentes del municipio. El liderazgo de Thabo se caracteriza por su capacidad para organizar eficazmente, inspirar acción y mantener una visión clara en medio de los desafíos. Se convierte en un modelo a seguir para los jóvenes y en una figura de confianza para los adultos, simbolizando esperanza y cambio en un lugar durante mucho tiempo ensombrecido por la violencia y la desesperación.

Iniciativas educativas

Entendiendo que la educación es una herramienta poderosa para romper el ciclo de la violencia y la pobreza, Thabo prioriza las iniciativas educativas. Colabora con las escuelas locales, educadores y voluntarios para establecer programas extracurriculares que ofrecen apoyo académico y actividades de enriquecimiento. Estos programas incluyen sesiones de tutoría, ayuda con las tareas y talleres educativos que cubren una variedad de temas, desde matemáticas y ciencias hasta literatura y arte.

Thabo también reconoce la importancia de la formación profesional para dotar a los jóvenes de habilidades prácticas que pueden conducir al empleo y la independencia económica. Colabora con negocios locales, escuelas técnicas y profesionales del oficio para ofrecer cursos de formación profesional en áreas como carpintería, fontanería, trabajo eléctrico y habilidades informáticas. Estos cursos no solo brindan formación valiosa, sino que también inculcan un sentido de propósito y logro entre los participantes.

Para asegurar la sostenibilidad y efectividad de estos programas, Thabo obtiene financiamiento a través de subvenciones, donaciones y asociaciones con ONG y agencias gubernamentales. Además, recluta un equipo dedicado de educadores, voluntarios y mentores que comparten su visión y compromiso con el empoderamiento de la juventud. Estos esfuerzos gradualmente reducen el atractivo de la vida de pandillas al ofrecer alternativas viables y atractivas que prometen un futuro más brillante.

Abogar por la paz

La dedicación de Thabo a la paz va más allá de sus iniciativas educativas y de formación profesional. Promueve activamente la paz mediante diálogos comunitarios y talleres de resolución de conflictos. Entendiendo que la paz sostenible requiere abordar problemas subyacentes, Thabo facilita conversaciones abiertas y honestas entre los residentes, líderes comunitarios y autoridades locales. Estos diálogos brindan una plataforma para discutir las causas raíz de la violencia, como la pobreza, la falta de oportunidades y los agravios históricos.

Thabo organiza talleres de resolución de conflictos que dotan a los participantes de las habilidades necesarias para gestionar y resolver disputas pacíficamente. Estos talleres cubren temas como la comunicación efectiva, técnicas de mediación y estrategias de resolución de problemas. Al empoderar a las personas con estas habilidades, Thabo ayuda a construir una comunidad que puede manejar los conflictos constructivamente en lugar de recurrir a la violencia.

En su búsqueda por la paz, Thabo también forma asociaciones con organizaciones locales que comparten su compromiso de reducir la violencia y promover la cooperación. Estas asociaciones le permiten aprovechar recursos adicionales, experiencia y apoyo. Juntos, lanzan campañas que aumentan la conciencia sobre los beneficios de la paz y la importancia de la solidaridad comunitaria. Los esfuerzos de defensa de la paz de Thabo crean un efecto en cadena, alentando a más residentes a adoptar enfoques no violentos y a trabajar colaborativamente hacia un municipio armonioso.

A través de estos programas integrales, Thabo logra avances significativos en la transformación de su comunidad. Su liderazgo, iniciativas educativas y esfuerzos de defensa de la paz crean una base para un cambio duradero, proporcionando esperanza y oportunidades para un futuro mejor. El municipio comienza a ver mejoras tangibles, con un descenso en la actividad de pandillas, un aumento en la asistencia escolar y un creciente sentido de unidad y propósito entre sus residentes.

Capítulo 6: Haciendo un impacto

El impacto de los programas de Thabo comienza a mostrarse. La reclutación de pandillas disminuye, la asistencia escolar aumenta y más jóvenes encuentran empleo. La comunidad empieza a ver los beneficios tangibles de las iniciativas de Thabo, lo que lleva a un mayor apoyo y participación. Thabo destaca las historias de éxito de individuos que han cambiado sus vidas a través de sus programas. Estas historias sirven como poderosos testimonios de la efectividad de sus iniciativas, inspirando a otros a seguir el mismo camino. El creciente apoyo de las empresas locales, funcionarios del gobierno y ONG internacionales ayuda a expandir el alcance de Thabo. Los fondos y recursos llegan, permitiéndole ampliar sus programas y llegar a más jóvenes.

Cambios positivos

La dedicación y el arduo trabajo de Thabo están comenzando a rendir resultados notables. El municipio, una vez plagado de violencia, empieza a transformarse a medida que sus programas echan raíces y florecen. El reclutamiento de pandillas está disminuyendo notablemente a medida que más jóvenes eligen la educación y la formación vocacional en lugar de una vida delictiva. Las calles, anteriormente resonando con disparos y conflictos, ahora resuenan con los sonidos de niños jugando y estudiando.

Las tasas de asistencia escolar aumentan dramáticamente. Los programas educativos de Thabo proporcionan no solo apoyo académico sino también un ambiente seguro y estimulante que motiva a los estudiantes a permanecer en la escuela. Los padres, inicialmente escépticos, ahora ven el valor en estos programas y animan a sus hijos a participar. Las iniciativas de formación vocacional también dan sus frutos, equipando a los jóvenes con habilidades prácticas que conducen a oportunidades de empleo. Las empresas locales, antes recelosas de contratar en el municipio, comienzan a reconocer el potencial en estos individuos capacitados y les abren las puertas.

La comunidad es testigo de los beneficios tangibles de las iniciativas de Thabo. Con más jóvenes encontrando trabajos y manteniéndose fuera de las calles, la tasa de criminalidad en general disminuye. El municipio experimenta un nuevo sentido de estabilidad y seguridad. Las familias que antes temían por el futuro de sus hijos ahora ven un rayo de esperanza y un camino hacia la prosperidad.

Historias de éxito

Thabo entiende el poder de la narración para inspirar cambios y obtener apoyo. Comienza a destacar las historias de éxito de individuos que han transformado sus vidas a través de sus programas. Estas historias sirven como testimonios poderosos de la efectividad de sus iniciativas.

Una de esas historias es la de Sipho, un joven que estuvo profundamente involucrado en actividades de pandillas. A través del programa de formación vocacional de Thabo, Sipho aprendió carpintería y ahora dirige su propio pequeño negocio de muebles. Su historia de redención y éxito inspira a otros que aún están atrapados en un ciclo de violencia y desesperación. Otra historia de éxito es la de Naledi, una joven que destacó en el programa de tutoría después de la escuela y obtuvo una beca para una prestigiosa universidad. Su viaje desde un municipio peligroso hasta un futuro académico prometedor muestra el impacto transformador de las iniciativas educativas de Thabo.

Estas historias se comparten ampliamente dentro de la comunidad y más allá, a través de redes sociales, noticias locales y reuniones comunitarias. Sirven como faros de esperanza, demostrando que el cambio es posible y alentando a otros a dar el primer paso hacia una vida mejor.

Apoyo comunitario

A medida que el impacto positivo de los programas de Thabo se vuelve más evidente, el apoyo de la comunidad en general crece. Las empresas locales, viendo los beneficios de una fuerza laboral más educada y capacitada, comienzan a invertir en las iniciativas de Thabo. Ofrecen prácticas, colocaciones laborales e incluso contribuciones financieras para apoyar la expansión de los programas de formación vocacional.

Los funcionarios del gobierno, inicialmente renuentes, comienzan a reconocer el valor del trabajo de Thabo. Proporcionan subvenciones y recursos para ayudar a escalar sus programas, reconociendo que estas iniciativas contribuyen significativamente a la estabilidad social y económica del municipio. Thabo también comienza a atraer la atención de ONG internacionales que se enfocan en educación, empoderamiento juvenil y resolución de conflictos. Estas organizaciones proporcionan financiación adicional, experiencia y recursos, permitiendo a Thabo ampliar su alcance e impacto.

Con mayores fondos y recursos, Thabo puede escalar sus programas para llegar a más jóvenes. Abre nuevos centros de formación, mejora los programas de tutoría después de la escuela y lanza nuevas iniciativas dirigidas a reducir aún más la influencia de las pandillas y promover la paz. Los programas ampliados también incluyen talleres de salud y bienestar, cursos de educación financiera y formación en liderazgo, proporcionando un enfoque holístico al desarrollo comunitario.

El creciente apoyo también ayuda a construir infraestructura dentro del municipio. Se establecen nuevos centros comunitarios, equipados con bibliotecas, laboratorios de computación e instalaciones recreativas. Estos centros se convierten en centros de aprendizaje, crecimiento e interacción social positiva.

El viaje de Thabo desde un niño que creció en un municipio violento hasta convertirse en un respetado líder comunitario y defensor de la paz se convierte en un símbolo de esperanza y transformación. Su historia demuestra el poder de la fe, la resiliencia y el apoyo comunitario para superar la adversidad y crear un cambio duradero.

Capítulo 7: Superando obstáculos

A pesar del progreso, Thabo enfrenta desafíos continuos. Los recursos limitados, el rechazo ocasional de aquellos opuestos al cambio y la amenaza siempre presente de la violencia ponen a prueba su determinación. Sin embargo, su fe en Jesús y el apoyo de su comunidad eclesiástica le ayudan a mantenerse resiliente. La fe de Thabo sigue siendo su ancla. La oración regular, el estudio de la Biblia y la comunión con su familia eclesiástica lo mantienen centrado y motivado. Su creencia inquebrantable en su misión impulsa su perseverancia. Thabo desarrolla soluciones creativas para abordar los desafíos. Forma alianzas con otros líderes comunitarios, aprovecha la tecnología para difundir su mensaje y adapta constantemente sus estrategias para satisfacer las necesidades cambiantes de su comunidad.

Luchas continuas

A pesar del progreso visible y el apoyo creciente, el viaje de Thabo está lejos de ser fácil. La transformación del municipio es una batalla continua, y Thabo frecuentemente encuentra nuevos obstáculos. La financiación, aunque mejorada, sigue siendo inconsistente, lo que hace difícil mantener y expandir sus programas. Los problemas profundamente arraigados de la comunidad, como la pobreza y el desempleo, son barreras persistentes que requieren soluciones a largo plazo.

Además, Thabo enfrenta resistencia de individuos y grupos que se benefician de mantener el statu quo. Los líderes de pandillas y otros involucrados en actividades ilícitas ven sus iniciativas como una amenaza para su control y ganancias. A menudo recurren a la intimidación, sembrando miedo entre quienes participan en los programas de Thabo. Algunos incluso intentan sabotear sus esfuerzos, creando una atmósfera de tensión e incertidumbre.

La amenaza constante de violencia también se cierne sobre la comunidad. Aunque la frecuencia de los incidentes relacionados con pandillas ha disminuido, no han sido completamente erradicados. Thabo y su equipo se mantienen vigilantes, siempre preparados para protegerse a sí mismos y a sus participantes de posibles daños.

Fe y perseverancia

En medio de estas luchas, la fe de Thabo en Jesús se convierte en su fuente más vital de fortaleza. Recurre a la oración y a las Escrituras en busca de orientación y consuelo, encontrando motivación renovada en las enseñanzas de la Biblia. La comunión regular con su familia eclesiástica proporciona un entorno de apoyo donde puede compartir sus cargas y recibir aliento.

La comunidad eclesiástica organiza vigilias de oración y servicios especiales para apoyar la misión de Thabo, reforzando su creencia de que no está solo en esta lucha. Estas reuniones también sirven como un recordatorio del propósito espiritual más amplio detrás de su trabajo. La fe inquebrantable de Thabo se convierte en un faro de esperanza, no solo para él sino para todos los involucrados en sus programas.

Su perseverancia está arraigada en su convicción de que sus esfuerzos son parte de un plan divino para traer paz y prosperidad a su comunidad. Esta creencia alimenta su determinación para superar cualquier obstáculo, por más desalentador que sea. El liderazgo y la resiliencia de Thabo inspiran a quienes lo rodean, alentándolos a mantenerse comprometidos con la causa a pesar de los desafíos.

Soluciones innovadoras

Para abordar los desafíos continuos, Thabo adopta un enfoque proactivo e innovador. Reconociendo la importancia de la unidad, forma alianzas con otros líderes comunitarios, incluidos políticos locales, propietarios de negocios y educadores. Estas asociaciones ayudan a reunir recursos y crear una red de apoyo más sólida para sus iniciativas.

Thabo también aprovecha la tecnología para amplificar su mensaje y llegar a una audiencia más amplia. Utiliza plataformas de redes sociales para compartir historias de éxito, promover eventos y crear conciencia sobre los beneficios de sus programas. Al involucrarse con una audiencia más amplia en línea, atrae apoyo y financiación adicionales tanto de fuentes locales como internacionales.

Para garantizar que sus programas sigan siendo efectivos y relevantes, Thabo adapta constantemente sus estrategias. Realiza evaluaciones regulares para identificar áreas de mejora e incorpora comentarios de los participantes y miembros de la comunidad. Este enfoque dinámico le permite responder a las necesidades cambiantes de la comunidad y abordar desafíos emergentes con prontitud.

Una solución innovadora que Thabo implementa es la introducción de unidades móviles de capacitación. Estas unidades llevan formación vocacional y recursos educativos directamente a las áreas más vulnerables del municipio, facilitando el acceso de los jóvenes a sus programas. Esta iniciativa aumenta significativamente la participación y reduce las barreras de entrada.

Thabo también establece una red de casas seguras y centros de apoyo en todo el municipio. Estos centros brindan asistencia inmediata a individuos en riesgo, ofreciendo refugio, consejería y necesidades básicas. Al crear una red de seguridad para los más vulnerables, Thabo asegura que su comunidad tenga el apoyo necesario para resistir las presiones de la influencia de pandillas y la violencia.

A través de la fe, la perseverancia y el pensamiento innovador, Thabo sigue teniendo un impacto considerable en su comunidad. Su capacidad para superar obstáculos y adaptarse a nuevos desafíos destaca el poder transformador de la resiliencia y el esfuerzo colectivo.

Capítulo 8: Dando gloria a Dios

Thabo comparte su historia en reuniones de la iglesia, encuentros comunitarios y conferencias. Alaba a Dios por su transformación y éxito, enfatizando que su viaje no habría sido posible sin la guía divina y el apoyo. El testimonio de Thabo inspira a otros en el municipio y más allá. Su historia de fe, resiliencia y cambio positivo motiva a las personas a buscar la paz, la educación y la participación comunitaria como caminos hacia una vida mejor. Thabo sigue profundamente involucrado en su iglesia, creciendo continuamente de manera espiritual. Orienta a jóvenes, lidera estudios bíblicos y participa en programas de alcance, alentando a otros a encontrar esperanza y propósito a través de la fe.

Compartiendo su historia

La transformación de Thabo, de un niño rodeado de violencia a un respetado líder comunitario, es nada menos que milagrosa. Reconociendo la importancia de su viaje, comparte con entusiasmo su historia en varias plataformas. En reuniones de la iglesia, habla con sinceridad conmovedora, relatando sus luchas y las intervenciones divinas que lo guiaron en el camino. Enfatiza que cada hito en su viaje se logró gracias a la fe en el plan de Dios y al apoyo inquebrantable de su comunidad eclesiástica.

En reuniones comunitarias, las palabras de Thabo resuenan profundamente con los residentes que han sido testigos de su transformación de primera mano. Su relato sirve como testimonio del poder de la fe y la perseverancia para superar desafíos aparentemente insuperables. Su presencia en estas reuniones refuerza el mensaje de que el cambio positivo es posible, sin importar cuán desesperadas sean las circunstancias.

Thabo también es invitado a hablar en conferencias regionales e internacionales enfocadas en el desarrollo comunitario y la prevención de la violencia. Allí, comparte los enfoques innovadores y las iniciativas basadas en la fe que han contribuido a su éxito. Al dar gloria a Dios en estos entornos diversos, Thabo difunde un mensaje de esperanza y resiliencia más allá de las fronteras de su municipio.

Inspirando a otros

El testimonio de Thabo es una fuente poderosa de inspiración para muchos. Su historia muestra que la fe y la resiliencia pueden llevar a una transformación personal y comunitaria profunda. Al conocer su viaje, muchos en el municipio se sienten motivados a buscar la paz, la educación y la participación comunitaria como caminos hacia una vida mejor.

Los padres ven a Thabo como un modelo a seguir para sus hijos, alentándolos a perseguir la educación y actividades positivas en lugar de sucumbir a las tentaciones de la vida de pandillas. Los jóvenes, en particular, encuentran esperanza en las palabras de Thabo, dándose cuenta de que ellos también pueden superar sus circunstancias con determinación y fe.

Más allá de su comunidad inmediata, la historia de Thabo llega a individuos en situaciones similares alrededor del mundo. Su viaje se convierte en un faro de esperanza, mostrando que el cambio es posible a través de la fe, el apoyo comunitario y un compromiso con hacer la diferencia.

Continuando el viaje de fe

A pesar de sus muchos logros, Thabo sigue profundamente arraigado en su fe. Continúa creciendo espiritualmente, encontrando fuerza y guía en su relación con Dios. Su participación activa en la iglesia refleja su gratitud y dedicación a retribuir a la comunidad que lo apoyó.

Thabo orienta a jóvenes, compartiendo sus experiencias y ofreciendo orientación a aquellos que están luchando. Lidera estudios bíblicos, proporcionando alimento espiritual y fomentando un sentido de comunidad entre los participantes. Estas sesiones no se tratan solo de aprender las escrituras, sino también de aplicar sus enseñanzas a la vida cotidiana, promoviendo valores de amor, perdón y servicio.

Thabo también participa en varios programas de alcance organizados por su iglesia. Ya sea que visite escuelas para discutir la importancia de la educación y la paz o que ayude a organizar proyectos de servicio comunitario, la presencia de Thabo inspira y motiva a otros.

A través de su continuo viaje de fe, Thabo ejemplifica el poder de vivir una vida guiada por principios espirituales. Sus acciones y palabras consistentemente señalan de vuelta a la fe que transformó su vida, alentando a otros a confiar en el plan de Dios y encontrar su propósito a través de la fe y el servicio.

Epílogo: Un legado de paz y progreso

Thabo reflexiona sobre su viaje desde un violento municipio hasta convertirse en un líder comunitario y defensor de la paz. Reconoce el profundo impacto de su fe y el apoyo inquebrantable de su familia y la comunidad de su iglesia. Thabo sueña con expandir sus programas a nivel nacional, llegando a más jóvenes en todo Botswana. Visualiza una red de iniciativas educativas y de construcción de paz que creen un cambio duradero. La historia de Thabo deja un legado perdurable, demostrando el poder de la fe, la resiliencia y la importancia de la educación y el apoyo comunitario. Su viaje inspira a las futuras generaciones a creer en su potencial, confiar en el plan de Dios y trabajar hacia un futuro pacífico y próspero.

Reflexionando sobre el viaje

Al mirar hacia atrás en su vida, Thabo se sorprende por el contraste entre su tumultuosa infancia y la impactante vida que ahora lleva. Creciendo en un municipio violento, Thabo fue testigo de primera mano de los devastadores efectos de la violencia de pandillas y la pobreza. Estas experiencias tempranas, llenas de miedo y pérdida, podrían haberlo llevado fácilmente por un camino destructivo. Sin embargo, Thabo encontró consuelo y fortaleza en su fe, que se convirtió en la piedra angular de su transformación.

Las reflexiones de Thabo a menudo lo llevan de regreso a los momentos cruciales que moldearon su viaje. Recuerda la primera vez que entró en la iglesia local, sintiendo una sensación de seguridad y pertenencia que había estado ausente de su vida. Los programas juveniles de la iglesia, la comunidad de apoyo y las enseñanzas de Jesús le proporcionaron una nueva perspectiva y un sentido de propósito. Está profundamente agradecido por el inquebrantable apoyo de su familia y la comunidad de la iglesia, que jugaron un papel crucial en su sanidad y crecimiento.

Reconociendo el profundo impacto de su fe, Thabo reconoce que cada paso de su viaje fue guiado por la intervención divina. Su fe en Jesús le dio el valor para dejar atrás una vida de miedo y abrazar una de servicio y liderazgo. El viaje de Thabo es un testimonio del poder transformador de la fe, la resiliencia y el apoyo comunitario.

Aspiraciones futuras

El éxito de Thabo en su municipio solo ha alimentado su ambición de tener un impacto más amplio. Sueña con expandir sus programas a nivel nacional, llegando a más jóvenes en todo Botswana. Su visión incluye una red de iniciativas educativas y de construcción de paz que proporcionen a los jóvenes las habilidades y oportunidades para liberarse del ciclo de violencia y pobreza.

Thabo visualiza el establecimiento de centros en varias regiones que ofrezcan apoyo educativo, capacitación vocacional y programas de defensa de la paz. Estos centros serán refugios seguros para la juventud, al igual que lo fue la iglesia para él, donde puedan encontrar mentoría, orientación y un sentido de comunidad. Thabo planea colaborar con organizaciones locales e internacionales para asegurar financiación y recursos para estas iniciativas.

Además, Thabo aspira a crear asociaciones con escuelas y universidades para integrar la educación para la paz en el currículo. Cree que enseñar a los jóvenes sobre resolución de conflictos, empatía y construcción de comunidad es crucial para fomentar una cultura de paz. A través de talleres, seminarios y proyectos comunitarios, Thabo apunta a equipar a la próxima generación con las herramientas que necesitan para crear un futuro pacífico y próspero.

Legado duradero

La historia de Thabo deja un legado duradero que inspirará a las futuras generaciones. Su viaje desde un violento municipio hasta convertirse en un líder comunitario demuestra el poder de la fe, la resiliencia y la importancia de la educación y el apoyo comunitario. La vida de Thabo sirve como un faro de esperanza, mostrando que con determinación y fe es posible superar incluso las circunstancias más desafiantes.

Sus iniciativas ya han logrado avances significativos en la reducción de la violencia de pandillas, el aumento de la asistencia escolar y la provisión de oportunidades de empleo para los jóvenes. Estos logros subrayan la efectividad de sus programas y el impacto positivo que tienen en la comunidad. El trabajo de Thabo no solo ha transformado vidas individuales, sino que también ha fomentado un sentido de unidad y responsabilidad colectiva entre los residentes.

El legado de Thabo también es un testimonio de la importancia de retribuir. Su compromiso con ayudar a los demás, a pesar de sus propias dificultades, es un poderoso ejemplo de desinterés y compasión. Las futuras generaciones se inspirarán en la historia de Thabo para creer en su potencial, confiar en el plan de Dios y trabajar hacia un futuro pacífico y próspero.

Mientras Thabo continúa su viaje, permanece profundamente arraigado en su fe, buscando constantemente formas de crecer espiritualmente y servir a su comunidad. Su legado duradero es uno de paz, progreso y fe inquebrantable, recordándonos a todos que la verdadera transformación comienza desde el interior y se irradia hacia afuera, tocando las vidas de muchos.

Fin

POSTFACIO

A medida que llegamos al final de "Triunfos a través de la fe en Jesucristo," esperamos que las historias de estas personas de todo el mundo te hayan inspirado. A través de sus viajes, hemos sido testigos de cómo una fe inquebrantable en Dios, la resiliencia y la fortaleza del espíritu humano pueden llevar a transformaciones notables, independientemente de los desafíos enfrentados.

Las vidas de Angélica en Michigan, Sofía en la Ciudad de Nueva York, Raj en Mumbai, Elena en Buenos Aires, Jorge en Río de Janeiro, Jochar en Alepo, David en Londres, Layla en El Cairo, Hiro en Tokio, Fátima en Kabul, Mateo en Nairobi, Parleh en Freetown, Aiden en Dublín, Mei en la China rural, Ahmed en Bamako, Bianca en Roma, Vihaan en la India rural, Yvonne en Johannesburgo, Hiroshi en Tokio, Polina en Moscú y Thabo en Botsuana sirven como poderosos recordatorios de que la fe y la perseverancia pueden superar la adversidad.

Esperamos que este libro te haya proporcionado un sentido de esperanza y fe en Dios. Las historias han demostrado que, a pesar de empezar desde comienzos desafiantes, los individuos pueden lograr resultados positivos a través de la perseverancia y la fortaleza de su espíritu humano. Que estos relatos te animen a confiar en Jesucristo,

Nuestro Señor y Salvador, sanador, protector y proveedor, y a construir la resiliencia necesaria para triunfar en tu propia vida.

Recuerda, con fe, todo es posible. A medida que navegas tu camino, que encuentres inspiración y fuerza en estas historias, y que tu fe te guíe en cada desafío, llevándote a triunfar de maneras que nunca pensaste posibles.

ACERCA DEL AUTOR

David Saccoh Wright, autor de *Triunfos a través de la fe en Jesucristo: historias de superación ante la adversidad*, es una figura cuya vida y obra están profundamente arraigadas en su fe. Nacido en una familia donde los principios bíblicos eran la piedra angular de la vida diaria, Wright fue expuesto a las Escrituras desde muy temprano, lo que sentó las bases para sus futuros esfuerzos. Su pasión por la Biblia floreció durante sus años formativos, llevándolo a buscar su fe en Jesucristo con fervor y dedicación.

La trayectoria profesional de Wright está marcada por un firme compromiso con entender y esclarecer las enseñanzas bíblicas. Está particularmente influenciado por las obras de Joseph Prince, un renombrado predicador y autor, cuyo énfasis en la gracia y el "trabajo terminado" de Cristo resuena profundamente en Wright. Esta influencia es evidente en el enfoque de Wright hacia la interpretación bíblica, donde busca revelar la presencia y el significado de Jesucristo en las narrativas del Antiguo Testamento.

En su obra seminal, Wright lleva a los lectores en un viaje exploratorio de cómo la fe en Jesús puede llevar a la victoria, a pesar de los contratiempos iniciales. Su libro es un testimonio de su creencia en la centralidad de Cristo para la salvación, un tema que se entrelaza constantemente en sus escritos.

La erudición de Wright no se limita al ámbito académico; participa activamente en comunidades de fe, compartiendo sus conocimientos y fomentando una apreciación más profunda de los textos bíblicos. Sus interacciones se caracterizan por un estilo accesible que une la investigación académica con la aplicación práctica, haciendo que las complejidades de la Biblia sean comprensibles para un público amplio.

Las contribuciones de Wright como autor van más allá de sus libros. Es un prolífico escritor de artículos y poemas que profundizan en varios aspectos del desarrollo personal y el liderazgo, especialmente dirigidos a los jóvenes. Sus escritos reflejan una comprensión profunda de la necesidad del autodesarrollo arraigado en la fe en Jesucristo, junto con su sabiduría para la toma de decisiones.

La biografía de David Saccoh Wright no es meramente una crónica de sus logros, sino un reflejo de una vida vivida en busca de la verdad espiritual. Su dedicación al estudio y la divulgación de la palabra de Dios lo ha convertido en una voz respetada en sus círculos y una inspiración para muchos que buscan profundizar su fe en Jesucristo. El legado de Wright es uno de devoción inquebrantable al mensaje de la Biblia y al poder transformador del amor y sacrificio de Jesucristo.

www.ingramcontent.com/pod-product-compliance
Lightning Source LLC
Chambersburg PA
CBHW060856140726

47996CB00001B/7